v. Staudinger

Vorträge aus dem Gebiete des BGB.

für Verwaltungsbeamte.

Vorträge

aus dem Gebiete des

Bürgerlichen Gesetzbuchs

für

Verwaltungsbeamte.

Von

Dr. Julius von Staudinger.

München 1900.

J. Schweitzer Verlag (Arthur Sellier).

Seiner Excellenz

Herrn

Dr. Gustav Ritter von Kahr,

Präsidenten des k. bayer. Verwaltungsgerichtshofs in München,

Komthur des Verdienstordens der bayr. Krone, Inhaber des Verdienstordens vom heil. Michael II. Klasse zc.,

in

wärmster Verehrung

gewidmet.

Seine Excellenz Herr Dr. Ritter v. Kahr, Präsident des k. bayr. Verwaltungsgerichtshofs in München, welcher den Verfasser dieses Werkchens durch hochgeneigte Annahme der Widmung desselben mit lebhafter Freude erfüllte und zu aufrichtigem Danke verpflichtete, hat schon vor zwei Jahren überaus richtig die Nothwendigkeit und Zweckmäßigkeit erkannt, daß auch die Verwaltungsbeamten, mögen sie dienstlich mit der Verwaltungsjudikatur oder der Verwaltungspflege befaßt sein, sich mit dem neuen Bürgerlichen Gesetzbuche sammt verschiedenen Nebengesetzen desselben etwas näher bekannt machen.

Zu diesem Zwecke ist die Abhaltung von Vorträgen über das Bürgerliche Gesetzbuch speziell für die Zwecke des Verwaltungsdienstes in Aussicht genommen und zur Ausführung gebracht worden. Von Seiner Excellenz mit dem Ansinnen beehrt, diese Vorträge zu übernehmen, habe ich mich dieser Mission mit Vergnügen unterzogen und in den Wintern 1899 und 1900 dreiundzwanzig Vorträge abgehalten. Daß hiebei der gewaltige Stoff nicht in allen Einzelnheiten durchgegangen und dargestellt werden konnte, ist selbstverständlich. Mir kam es dabei hauptsächlich darauf an, meinen hochgeschätzten Herren Zuhörern einerseits einen informatorischen allgemeinen Ueberblick zu bieten, andererseits aber auch verschiedene, den Staatsverwaltungsdienst näher berührende Punkte auch etwas auszuführen und im Ganzen zugleich Anregung zu weiterem eigenen Studium interessanter Punkte und Fragen zu geben.

Sowohl aus der Mitte meiner hochverehrlichen Zuhörerschaft, wie auch von Seite auswärtiger Herren, welche den

Vorträgen nicht anwohnen konnten, ist mir vielfältig der Wunsch entgegen gebracht worden, daß ich die Vorträge im Drucke erscheinen lassen möchte. Auch diesem Wunsche entspreche ich gerne mit diesem Buche. Ich muß aber dringend bitten, die einfache Arbeit nicht unter dem Gesichtspunkte eines Kommentars oder eines Lehrbuchs oder einer gelehrten Abhandlung betrachten und beurtheilen zu wollen. Was geboten werden will, sind und bleiben eben auch im Drucke: „Vorträge", d. h. Darstellungen in leicht gefaltetem Gewande, in schlichter Sprache gehalten und ohne jede schriftstellerische Prätension nur auf eine allgemein-verständlich belehrende Einführung in das Ganze des Bürgerlichen Gesetzbuchs, wie in die ausgewählten Materien berechnet.

Für die gütige Anfertigung des alphabetischen Registers habe ich Herrn k. Amtsrichter Fritz Keidel in München gebührend zu danken.

München, im Mai 1900.

Staudinger.

Systematische Inhaltsübersicht.

Vierte Abtheilung.

Seite

Fünfte Abtheilung.

Sechste Abtheilung.

Häufigere Abkürzungen.

G. = Gesetz.

RG. = Reichsgesetz.

BGB. = Bürgerliches Gesetzbuch.

EG. = Einführungsgesetz.

AG. = Ausführungsgesetz.

HGB. = Handelsgesetzbuch.

GrBO. = Grundbuchordnung.

StGB. = Strafgesetzbuch.

CPO. = Civilprozeßordnung.

Erste Abtheilung.

Einleitende Betrachtungen.

I. Das Sehnen des deutschen Volkes nach Einheit des Bürgerlichen Rechtes wird nun gestillt. Die gewaltige Errungenschaft kann aber erst dann zu vollendetem Ausdrucke und zu vollendeter Wirkung kommen, wenn das neue Recht eindringt in die breitesten Schichten des deutschen Volks, wenn es den ganzen Lebens- und Wirthschaftsverkehr, das private wie das öffentliche Treiben wohlverstanden beherrscht, wenn es mit einem Worte zum Gemeingute wird. Dazu mitzuwirken, ist vor allem Aufgabe des Juristenstandes, des Juristenstandes in seiner vollen Breite ohne Unterschied der einzelnen Berufsrichtung. Auf die Entwicklung gelehrter Controversen und dogmatischer Feinheiten, deren Erklügelung und Beherrschung eine Kathedergröße zu zieren geeignet erscheint, ist meines Erachtens wenigstens vorerst noch nicht viel Gewicht zu legen, desto ungleich mehr aber darauf, daß unsere ganze Juristenwelt, und voran die Gesammtheit der Praktiker, durchdrungen wird von der vollen Größe der ihrer harrenden innerpolitischen Aufgabe, das neugeborne Kind zu erziehen und zu glänzenden Lebensbethätigungen zu führen. In dieser Aufgabe begegnen sich mit dem Richter- und Anwaltsstande auch die gegenwärtigen oder künftigen Träger von Verwaltungsämtern. Ihre Rechte und Pflichten bringen sie in engste Berührung mit dem Volke. Sie haben hundertfältige Gelegenheit, da und dort die Kenntniß des neuen Rechtes belehrend, mahnend oder selbst warnend zu verbreiten. Im Rechtsstaate zumal, wie er in unserem lieben Bayernlande so segensreich durchgebildet ist, weiß auch jeder Verwaltungsbeamte, selbst wenn er nicht der Verwaltungsrechtsprechung, sondern der Verwaltungspflege, der Interessenkultur, zu dienen hat, daß er überall auf dem Boden des Gesetzes sich bewegen muß, daß insbesondere die Handhabung des öffentlichen Rechts auch mit beeinflußt ist und sein muß von der Achtung und Wahrung der Privatrechte.

Von diesem Grundgedanken sind die nachfolgenden Erörterungen getragen. Dabei ist aber auch von vorneherein ein besonderer Vorbehalt einzulegen. Wenn man unser neues BGB. ansieht mit seinen 2385 Paragraphen und verschiedentlichen Nebengesetzen, so ist es sofort klar, daß es zur Unmöglichkeit gehören würde, hier einen vollen Einblick in den Inhalt des Gesetzbuchs 2c. zu gewähren oder auch nur die so mannigfaltigen Beziehungen des Bürgerlichen Rechts zum öffentlichen Rechte vollauf zu behandeln. Es kann vielmehr nur gleichsam eine kleine Gallerie von, sozusagen, Wandelbildern geschaffen werden, in deren Hintergrund die verschiedenen Berge und Thäler in neuer Beleuchtung zu schauen sind. Dabei ist vor allem eine kleine orientirende Einleitung einzuschalten.

II. Wie schon der Namen sagt, behandelt unser neues Gesetzbuch im Allgemeinen nur das Bürgerliche Recht. Dabei kommt es aber doch vor, daß auch im BGB. einzelne Bestimmungen eingeflochten sind, welche man, rein theoretisch betrachtet, als dem Gebiete des öffentlichen Rechts angehörig ansehen kann.*) Außerdem hat das BGB. aber auch sehr viele andere Berührungspunkte mit dem öffentlichen Rechte.**)

*) So z. B. im Vereinsrechte.

**) Vgl. „Das öffentliche Recht im Bürgerlichen Gesetzbuche“. Von E. Schepp, Landrath in Siegen. (Freiburg 1899.)

Eine gesetzliche Begriffsbestimmung für Bürgerliches Recht besteht nicht. Den Gegensatz zum bürgerlichen Rechte bildet das öffentliche Recht. Auch dieser Begriff ist gesetzlich nicht definirt.

Im Ganzen und Großen gilt daher dieselbe Grenzscheide, wie sie seither schon durch Wissenschaft und Praxis gezogen war.

Im Bürgerlichen Rechte steht die Person als Einzelindividuum den anderen Personen — beiderseits als Träger von Einzelrechten und Einzelpflichten — gegenüber. Im öffentlichen Rechte spiegeln sich vorwiegend die Rechte und Pflichten der Angehörigen eines den Staat darstellenden oder in demselben für Zwecke der Allgemeinheit bestehenden Organismus als solchem.

Das BGB. bewegt sich auch in der That auf einem Gebiete, welches gleichkommt dem, was man bisher schon dem bürgerlichen Rechte zugerechnet hat. Jedenfalls steht aber so viel als Axiom fest, daß alles dasjenige als dem Bürgerlichen Rechte zugehörig betrachtet werden muß, was das BGB. behandelt, ohne es ausdrücklich oder doch unzweideutig dem öffentlichen Rechte zuzuweisen, wie solches z. B. in Ansehung der Verhältnisse der Körperschaften, Stiftungen 2c. des öffentlichen Rechtes geschieht. Für alle jene Materien steht es kraft Reichsrechts fest, daß sie Bürgerliches Recht sind. Das im BGB. selbst Enthaltene ist aber nicht das einzige, was zum Bürgerlichen Rechte gehört. Es gehört dazu noch

a) der Inhalt ganz verschiedener anderer Reichsgesetze, wie z. B. Handelsgesetzbuch, Genossenschaftsgesetze, Urheberrechtsgesetze, soweit nicht einzelne Bestandtheile derselben dem Strafrechte zugehören, und ebenso gehört dazu

b) der Inhalt gar verschiedenartiger Landesgesetze. Denn so sehr auch das BGB. bestimmt und bemüht ist, einheitliches Bürgerliches Recht in Deutschland zu schaffen, so hat es doch auch der Landesgesetzgebung verschiedentlich Boden gelassen und zwar theils,

α) indem einzelne Materien ganz von der reichsrechtlichen Regelung durch das BGB. ausgeschieden und dem Landesrecht anheimgegeben wurden, theils indem

β) dem Landesrechte die Möglichkeit eingeräumt wurde, da und dort zum BGB. ergänzende, ja in Einzelpunkten (z. B. nach EG. Art. 115 in Bezug auf Dienstbarkeiten) selbst einschränkende Sonderbestimmungen zu erlassen.

Gerade dieses Gebiet des Landescivilrechts ist es nun, wo die Grenze zwischen bürgerlichem Rechte und öffentlichem Rechte nach wie vor zweifelhaft sein kann. Darüber muß eben auch nach wie vor im Einzelfalle befunden und entschieden werden. Sehr viel kommt hier darauf an, ob irgend ein landesrechtliches Rechtsverhältniß durch die Landesgesetzgebung selbst eigens als dem Gebiete des öffentlichen Rechts zugehörend erklärt oder wenigstens gekennzeichnet ist. Eine solche Vorschrift des Landesrechts für sein Gebiet ist dann allerdings in erster Linie maßgebend. Dem Landesrechte stünde es aber nicht zu, irgend eine Materie, welche reichsrechtlich durch Regelung im BGB. auch als eine bürgerlich rechtliche gekennzeichnet ist, als dem öffentlichen Rechte zugehörig zu behandeln. Wichtig ist dies namentlich für die Grenzlinie zwischen civilrechtlicher und administrativer oder verwaltungsgerichtlicher Zuständigkeit. Im Ganzen und Großen kann man sagen, daß es in letzterer Hinsicht bei dem bisherigen Rechtszustande in Bayern verbleiben wird, zumal an der Grundbestimmung in § 13 des Reichsgerichtsverfassungsgesetzes direkt nichts geändert ist. Indirekt können sich ja allerdings kleinere Verschiebungen ergeben. Ein Beispiel! Gegen Ende der Achtziger Jahre ist hier zu Lande streitig geworden und zur Kognition unseres Gerichtshofs für Kompetenzkonflikte gekommen die Frage, ob für die Ausübung eines Zwanges zur Ausstellung eines Dienstbotenzeugnisses die Gerichte oder die Polizeibehörden zuständig seien. Jener Gerichtshof hat zu Gunsten der polizeilichen Kompetenz entschieden. Man ging dabei damals sogar noch auf die alte Verordnung über die Polizeidirektionen von 1808 zurück. Künftig kommt aber in Betracht § 630 BGB., welcher den Anspruch auf ein Dienstzeugniß als Ausfluß des Dienstvertrags und damit als eine rein bürgerliche Rechtssache behandelt. Sonach ist auch der Klageweg vor dem Civil-Gerichte eröffnet.

In Bezug auf das Verhältniß des Reichs- zum Landesrechte ist noch folgendes anzufügen.

Während das EG. z. BGB. in Art. 32 sagt:

„Die Vorschriften der Reichsgesetze bleiben in Kraft. Sie treten jedoch insoweit außer Kraft, als sich aus dem Bürgerlichen Gesetzbuche oder aus diesem Gesetze die Aufhebung ergibt",

bestimmt umgekehrt Art. 55 desselben Gesetzes:

„Die privatrechtlichen Vorschriften der Landesgesetze treten außer Kraft, soweit nicht in dem Bürgerlichen Gesetzbuche oder in diesem Gesetze ein Anderes bestimmt ist."

Soweit nun dieser letztere Vorbehalt nicht reicht, tritt das Landesrecht für das privatrechtliche Gebiet in seiner Totalität außer Kraft. Es bleibt auch nicht als subsidiäre Rechtsquelle. Nur nach Maßgabe der Uebergangsbestimmungen verbleibt eine gewisse zeitlich begrenzte, sowie da und dort auch sachlich modificirte Fortwirkung.*)

Die vorbehaltenen Parthien des Landesrechts theilen sich in drei Hauptklassen:

*) Einzelheiten ergeben das bayer. Ausführungsgesetz z. BGB., sowie das bayer. Gesetz, betr. die Uebergangsvorschriften, beide vom 9. Juni 1899 (G.- u. VBl. 1899 Nr. 28).

1. Vorbehalte im BGB. selbst, zur Ergänzung desselben; z. B. über die staatliche Genehmigung bei Ausgabe von Inhaberpapieren (§ 795 BGB.);
2. Vorbehalte wegen der Beziehungen zum öffentlichen Rechte: z. B. Bergrecht, Wasserrecht, Deichrecht, Schadensersatz bei öffentlichen Aufläufen, Zusammenlegung von Grundstücken, Zwangsenteignung, Regalien, Beamtenhaftung; in gewisser Hinsicht auch Jagd und Fischerei (EG. Art. 64 fg., 69, 73, 77, 108, 109, 113 u. s. w.);
3. Vorbehalte aus Gründen der Zweckmäßigkeit territorialer Regelung wegen Verschiedenartigkeit der Verhältnisse; z. B. Anerbenrecht, Rentengüter, Gutszertrümmerung, auch Jagd und Fischerei (EG. Art. 62, 64, 69, 119).

Für andere bisher noch einheitlich ungeregelt gebliebene Materien steht bereits eine nachfolgende Regelung durch Reichsgesetz in Aussicht, z. B. für das Verlagsrecht und Versicherungsrecht (EG. Art. 75, 76). Im Uebrigen sind jene Vorbehalte politisch wie sachlich wohlbegründet. Die mannigfach dagegen im unitarischen Sinne erhobenen Ausstellungen müssen als unstichhaltig bezeichnet werden.

Mag man nun theoretisch den Unterschied zwischen bürgerlichem Rechte und öffentlichem Rechte noch so scharfsinnig konstruiren, im Meere des praktischen Lebens fließt gar vieles durcheinander. So hat insbesondere das BGB.

1. eine ganze Reihe von rechtlichen Grundbegriffen und Grundsatzungen, welche für das ganze Rechtsleben maßgebend sind, aber auch nur einheitlich maßgebend sein können, und daher nothwendig auch auf dem Gebiete des öffentlichen Rechts in gleichem Sinne zur Behandlung kommen müssen. Die Begriffe, z. B. natürliche und juristische Person, Rechtsgeschäft, Selbsthülfe,

Verjährung und Ersitzung, Kauf, Mieth- und Dienstvertrag, Besitz und Eigenthum, Hypothek und Grundschuld, Ehe, elterliche Gewalt u. s. w. müssen selbstverständlich auch überall da, wo sie etwa im Gebiete des öffentlichen Rechts bezw. dem des Verwaltungsdienstes in Betracht kommen, künftighin in demselben Sinne genommen werden, wie er durch das BGB. grundlegend fixirt ist.

2. Im BGB. sind weiter gewisse Grundeigenschaften und Grundattribute festgesetzt, welche den Menschen als Object und Subject von Rechten überallhin begleiten. Volljährig oder entmündigt, ehelich oder unehelich geboren, bevormundet oder nicht ꝛc. kann der Mensch nur in einem Rechtssinne sein. Dieser Rechtssinn wird durch das BGB. festgestellt und folgt dem Betreffenden allüberall nach.*)

Das BGB. hat endlich

3. auch noch eine ganze Reihe von Rechtssätzen, welche, wenn sie auch an sich privatrechtlicher Natur sind, doch auch einen ausgeprägt socialen Charakter haben und manchen Parthieen eine Signatur geben, welche zu kennen, würdigen und auch in seiner Berufssphäre weiter auszubilden, dem Verwaltungsbeamten nicht selten berufsmäßig förderlich sein kann.

Schon in der bisherigen Literatur ist vor Allem hingewiesen worden**)

a) auf jene Vorschriften des BGB., welche in dem Bereiche des Kampfes um das Dasein, geführt

*) Ueber denkbare Ausnahmen gegenüber älteren Landesgesetzen folgen später Bemerkungen.

**) Vgl. namentlich Weyl, Vorträge über das BGB. (München 1898) S. 53 fg., S. 76 fg., Kober, in den Bl. f. R.A. 1898 Bd. 64 S. 101 fg., 217 fg.

zwischen dem wirthschaftlich Schwächeren und wirthschaftlich Stärkeren, sich entschieden auf die Seite des Schwächeren stellen. Näheres ist darüber an späterer Stelle noch zu erörtern. So ist es z. B. im Gebiete des Miethwesens mit seiner territoriellen Verallgemeinerung des Grundsatzes: „Kauf bricht nicht Miethe", mit seinen Kündigungsvorschriften, mit seiner neuen Regelung des Pfandrechts an den Illaten, — weiter in den Vorschriften über den Dienstvertrag, namentlich nach § 618 d. BGB. in Gestalt seiner humanen hygienischen Fürsorge für die Arbeitsräume, Arbeitsvorrichtungen, Geräthe rc. im Interesse des Dienstpflichtigen, für dessen Wohn- und Schlafräume, Arbeits- und Erholungszeit, für dessen Pflege bei Erkrankung u. s. w. Hinzuweisen ist z. B. noch auf die Regelung der ganzen Unterhaltsverpflichtungsfrage, auf die Entschädigungsfolgen eines außerehelichen Beischlafs, auf die Ausdehnung der Alimentationsansprüche eines außerehelichen Kindes. Weiter sei erwähnt die Herabsetzung des gesetzlichen Zinsfußes in der Regel auf 4 %, (5 % bei Handelsgeschäften), die Wucherbestimmungen und die Abmäßigung unverhältnißmäßig hoher Konventionalstrafen oder Mäklerlöhne rc. rc. Von besonderer Wichtigkeit vom Verwaltungsstandpunkte aus ist der sog. Nothstandsparagraph 228. Er setzt fest, daß derjenige nicht widerrechtlich handelt, welcher eine fremde Sache beschädigt oder zerstört, um eine durch sie drohende Gefahr von sich oder einem Anderen abzuwenden, wenn die Beschädigung oder Zerstörung zur Abwendung der Gefahr erforderlich ist und der Schaden nicht außer Verhältniß zu der Gefahr steht. Für den Fall öffentlicher Kalamitäten (Feuersbrunst, Ueberschwemmung u. s. w.) oder drohender Katastrophen ist diese Bestimmung von nicht zu unterschätzender Bedeutung. Ganz besonders sei aber endlich noch betont der sog. Chicaneparagraph 226 mit seinem weittragenden Satze: „Die Ausübung eines Rechtes ist unzulässig, wenn sie nur den Zweck haben kann, einem Anderen Schaden zuzufügen." Das ist eine bahnbrechende Vorschrift, welche in recht heilsamer Weise das bisher gar oft und namentlich auch auf öffentlich-rechtlichem Gebiete mißbrauchte Axiom eindämmt: Qui jure suo utitur, neminem laedit.

b) Eine andere lehrreiche Gruppe von Vorschriften des BGB. bringt die ersehnte Regelung von Verhältnissen, welche mit der modernen Verkehrsentwicklung zusammenhängen, z. B. über die Behandlung eines telephonischen Vertragsabschlusses als Vertrag unter Abwesenden (§ 147); über die Schriftform in Gestalt von Telegrammen (§ 127); über die Duldung von Fernsprech- und Telegraphenleitungen, von Gas- und Fabrikanlagen und dergl. vom Standpunkte des Eigenthümers aus (§§ 905, 906); über gewisse Begünstigungen von Eisenbahn-, Dampfschiffs- und anderen Verkehrsunternehmungen nach E.G. Art. 125.

c) Eine dritte Gruppe endlich greift auch bestimmend ein in die modernen Wirthschaftsverhältnisse. So z. B. die Verpflichtung der Ehefrau und der Kinder zur Mitarbeit im Hauswesen und Geschäft des Mannes nach den näheren Bestimmungen der §§ 1356, 1617; die Entstehung von Vorbehaltsgut der Ehefrau durch selbständigen Erwerb derselben im ordentlichen gesetzlichen Güterstande; die Sicherheitshypothek zu Gunsten der Bauhandwerker, ein Punkt, der allerdings noch nicht allseitig befriedigt hat; das Aufhören der elterlichen Gewalt mit der Volljährigkeit (§ 1626) u. s. w.

Alle diese Punkte, über welche besondere Bemerkungen später da oder dort noch einzufügen sein werden, sind von der Art, daß sie aus dem positiven Privatrechte herauswirkend auch leicht eindringen werden in das ganze öffentliche Leben.

III. Was das eben erwähnte positive Recht anlangt, so ist auch schon die Frage aufgeworfen worden, wie es künftig mit dem Gewohnheitsrechte oder dem sog. Herkommen stehen möchte. Diese Frage hat ihre Berechtigung um so mehr, als namentlich der Begriff „Herkommen" bisher gelegentlich eine nicht unbedeutende Rolle gespielt hat und zwar besonders auf dem Gebiete der früherhin sog. administrativ-contentiösen Sachen.

Hiebei ist nun vor Allem zweierlei zu unterscheiden, nämlich das Herkommen:

a. im Sinne einer objectiven Rechtsnorm für die Allgemeinheit und

b. als Grundlage für den Erwerb oder, noch schärfer ausgedrückt, für den Beweis subjectiver Berechtigungen.

Hinsichtlich der Gewohnheit, des Herkommens als Rechtsnorm, bestehen schon nicht ganz übereinstimmende Ansichten. Zur Orientirung dient vielleicht folgendes:

Der I. Entwurf des BGB. §2 schreibt: „Gewohnheitsrechtliche Rechtsnormen gelten nur insoweit, als das Gesetz auf Gewohnheitsrecht verweist."

Der hiebei eingehaltene Standpunkt war der, nach dem Vorbilde des preußischen Landrechts, des französischen und österreichischen Rechts, das Gewohnheitsrecht bis auf ein Minimum zu beseitigen. Bemerkenswerth ist dabei, daß der I. Entwurf selbst trotz jenes § 2 durchaus keine eigene Verweisung auf Gewohnheitsrecht enthalten hatte. Man wollte nach den Motiven nur die Möglichkeit offen lassen, daß vielleicht künftig einmal in Zusatzgesetzen auf ein Gewohnheitsrecht verwiesen werden könnte. Dieser sehr restrictive Standpunkt des I. Entwurfs erhielt übrigens einige Abmäßigung durch die Erörterungen der Motive über Gewohnheit im natürlichen Sinne, d. h. sine opinione necessitatis. Die Motive gewährten einer solchen Gewohnheit Bedeutung:

a. als Mittel zur Auslegung von Willenserklärungen,
b. als Mittel zur Ergänzung einer Willenserklärung, indem man z. B. schlechtweg auf den Ortsbrauch sich bezieht.

Die II. Kommission beschloß, die Frage mit Stillschweigen zu übergehen, und strich jenen § 2 ganz ab. Was dabei aber jene Gewohnheit im vulgären Sinne anlangt, so legt ihr auch das gewordene Gesetz eine tiefgehende Bedeutung bei, namentlich durch den fundamentalen Satz des § 157:

„Verträge sind so auszulegen, wie Treue und Glauben es mit Rücksicht auf die Verkehrssitte erfordern."

Das eigentliche Gewohnheitsrecht tritt im BGB. selbst nur einmal, wie Weyl, Vorträge S. 49 recht zutreffend sagt, unter einer besonderen Marke, nämlich der einer „Ortsüblichkeit" auf, und zwar nach § 919 Abs. 2. Dort wird die auch in administrativer Hinsicht wichtige Frage der Flurvermarkung behandelt und im Abs. 2 gesagt: „Die Art der Abmarkung und das Verfahren bestimmen sich nach den Landesgesetzen; enthalten diese keine Vorschriften, so entscheidet die Ortsüblichkeit." Interessant ist die Vergleichung des Handelsrechts. Das alte HGB. hatte im Art. 1 bekanntlich auch auf die Handelsbräuche als allgemeine Rechtsquelle verwiesen. Im neuen HGB. ist diese Verweisung weggeblieben, offenbar zur Herstellung der Concordanz mit dem BGB.; doch findet sich für einen speziellen, hieher nicht interessirenden Punkt eine ausdrückliche Verweisung auf den Handelsgebrauch im § 39 des HGB. n. F.

Was ist nun hinsichtlich des Gewohnheitsrechts, des Herkommens im objectiven Sinne nach dem BGB. Rechtens, namentlich auch in den Beziehungen zum Landesrecht? Zweifellos richtig, obwohl auch schon nicht durchaus unbestritten, ist folgendes:

1. Soweit sich im BGB. selbst oder in einem anderen Reichsgesetze eine Verweisung auf Gewohnheitsrecht, Herkommen, Ortsgebrauch jetzt oder künftig finden sollte, kommt alles dieses als Rechtsnorm zur Vollwirksamkeit.
2. Ein particuläres Gewohnheitsrecht im Widerspruch mit dem BGB. oder einem anderen Reichsgesetz, sei die Gewohnheit schon vorhanden oder möge sie sich erst bilden, ist als Rechtsnorm undenkbar, und zwar schon nach dem allgemeinen Grundsatze der Reichsverfassung, daß Landesrecht dem Reichsrecht nicht derogiren kann. Dieser letztere Grund schlägt ebenso wie für das Gebiet des Bürgerlichen Rechts, so auch für das des öffentlichen Rechtes ein.
3. Soweit neben dem Reichsrechte auch noch dem Landesrechte Raum gelassen wird, ist auch für das landesrechtliche Gebiet die Fortdauer wie die Neubildung particulären Gewohnheitsrechts denkbar, soferne nur keine Verbotsnorm des fortgeltenden Landesrechts entgegensteht. Das gilt sowohl für das Bürgerliche Recht, wie für das öffentliche Recht und darum auch für solche Gebiete, in denen sich particuläres, bürgerliches und öffentliches Recht nahe berühren. Ich verweise desfalls z. B. auf die verschiedenen Stellen der bayer. Wassergesetze, in denen auf das Herkommen verwiesen ist, oder auf die von den Gemeindenutzungsrechten handelnden Art. 32 fg. der Gem.-Ordnung. Einen gleichen principiellen Standpunkt hat auch das bayer. Ausf.-Gesetz zum BGB. eingenommen, indem es in Art. 1 Abs. 2 verfügt: „Soweit in den in Kraft bleibenden Gesetzen und in diesem Ge-

setz auf örtliche Verordnungen oder auf das Herkommen verwiesen ist, behalten die bestehenden Verordnungen und das Herkommen ihre Geltung.*)

Demnach bleibt mir noch die Frage, ob ein gemeines, d. h. auf das ganze Reichsgebiet sich erstreckendes Gewohnheitsrecht noch bestehen kann? Für die Vergangenheit ist es durch die Einführung des codificirten neuen Rechtes zweifellos aufgehoben. Ob es sich für die Zukunft noch bilden kann? Rein rechtlich betrachtet wird die Frage von den Einen bejaht, von den Anderen verneint. Ich glaube, man muß unterscheiden:

a. Handelt es sich um eine consuetudo praeter legem, um eine Ergänzung des geschriebenen Rechts, namentlich im Bereiche neu sich bildender Rechtsinstitute, so wird man jene Frage wohl mit Fug und Recht bejahen können. Man wird sie aber verneinen müssen, soweit es sich

b. handelt um eine consuetudo contra legem imperii. Denn des neugeschaffenen Reichsrechts Tendenz ist dauernde Fixirung des Rechtsstoffs. Zur Bildung eines gemeinen Gewohnheitsrechts wäre die rechtliche Ueberzeugung nöthig, daß etwas Recht ist, nicht daß es erst Recht werden soll. Eine solche gemeinverbreitete Ueberzeugung wäre aber im Widerspruche mit dem neuen Gesetzbuche schwer möglich.

Uebrigens hat diese mehr theoretische Frage der Neubildung von gemeinem Gewohnheitsrecht vorerst insoferne wenig Werth, als es schon zu der Gewinnung der unerläßlichen Voraussetzung einer gleichmäßigen, gleichartigen und lange an-

*) Vgl. Art. 1 des Entw. des Ausf. Ges. nebst Motiven, dann die Verhandlungen des. Ges. Geb. Aussch. der II. bayr. Kammer 1898/9; Becher, Materialien, Abth. IV S. 7, 40, 192 fg. Daselbst finden sich eingehende Erörterungen über die Tragweite obiger Vorschrift, insbesondere auch in Bezug auf die Wassergesetze und die Gemeindeordnung.

dauernden Uebung in den weiten Landen deutschen Bodens mit ihren Verschiedenheiten nicht leicht kommen kann und wird, wenigstens bei unseren Lebzeiten nicht mehr.

Verschieden von dem Gewohnheitsrechte oder Herkommen als objectiver Rechtsnorm ist das Herkommen in der Function eines subjektiven Rechtstitels. In dieser Hinsicht fällt es meist zusammen mit der im älteren Rechte eine große Rolle spielenden sog. Unvordenklichkeit. Im BGB. ist dieser Begriff nicht weiter verwerthet. Er hatte bisher seine zwei Seiten, und zwar

a) als Surrogat für den directen Beweis eines Rechtstitels. In dieser Hinsicht mag ja die „Unvordenklichkeit" auch ferner noch benützt werden, natürlich unbeschadet des Grundsatzes der freien richterlichen Beweiswürdigung.

b) Die zweite Function der sog. Unvordenklichkeit war bisher die, zu dienen als Surrogat eines Titels für die ordentliche Ersitzung von Sachen, namentlich in Bezug auf Rechte an Liegenschaften. In dieser letzteren Hinsicht sei sofort eingeschaltet, daß durch das BGB. die Ersitzung des Eigenthums oder anderer dinglicher Rechte an Grundstücken mit Rücksicht auf die Einführung des Grundbuchinstituts aufs Engste beschränkt, d. h. eigentlich im Prinzipe gar nicht mehr zugelassen und nur noch in Gestalt der sog. Tabularersitzung, d. h. einer usucapio secundum tabulas geregelt ist. Davon später.

IV. Eine verwandte Frage ist die, wie steht es mit der sogen. Analogie?

Der I. Entwurf z. BGB. hatte in § 1 bestimmt:

„Auf Verhältnisse, für welche das Gesetz keine Vorschrift enthält, finden die für rechtsähnliche Verhältnisse gegebenen Vorschriften entsprechende Anwendung. In Ermangelung solcher Vorschriften sind die aus dem Geiste der Rechtsordnung sich ergebenden Grundsätze maßgebend."

In dieser Formulirung spiegelten sich die alten juristischen Begriffe: „Gesetzesanalogie“ und „Rechtsanalogie“. In der II. Komm. wurde aber die ganze Stelle gestrichen, und zwar als entbehrlich, indem es zur Handhabung der Analogie so wenig, wie zu der im innigsten Zusammenhang mit ihr stehenden Auslegung einer besonderen gesetzlichen Ermächtigung bedürfe, auch die von den Mot. z. Entw. I befürchtete Gefahr der Herbeiziehung des Naturrechts nicht bestehe, endlich auch eine allseitig befriedigende Fassung ohne doctrinären Anstrich schwer zu finden sei. Perhorreszirt ist hierin jedenfalls das sog. Naturrecht, welches die Mot. z. Entw. I mit Recht characterisiren als bloße aprioristische Konstruktion nach persönlichen Auffassungen. Damit ist die Frage im Ganzen freigelassen. Gesetzesanalogie erscheint im Allgemeinen zweifellos als berechtigt. Für die Rechtsanalogie ist ein gleich sicherer Rechtsboden gewiß nicht vorhanden.

V. Was im Uebrigen die Gesetzesauslegung im Allgemeinen betrifft, so muß man zweierlei unterscheiden, nämlich

a) die Auslegung des Gesetzes und
b) die Auslegung von Willenserklärungen, einseitigen (namentlich auch Testamenten) und Verträgen.

Zu a). Allgemeine Regeln für die Auslegung des BGB. selbst enthält dieses nicht. Immerhin ergeben sich dafür eine Reihe von Anhaltspunkten aus der festgefügten Terminologie des Gesetzes. Ein Lexikon über dessen Kunstausdrücke läßt sich hier natürlich nicht anfügen.

Eine ganze Reihe specieller Auslegungsvorschriften enthält das BGB. in § 186 fg. in Bezug auf Termine und Fristen. Dem Kerne der Sache nach sind das eigentlich keine Auslegungsvorschriften zum Gesetze, sondern Begriffsbestimmungen und Begriffsausführungen. Aber das BGB. selbst nennt sie „Auslegungsvorschriften". Fügen wir uns also. In jenem § 186 heißt es Eingangs:

„Für die in Gesetzen, gerichtlichen Verfügungen und Rechtsgeschäften enthaltenen Frist- und Terminsbestimmungen gelten die Auslegungsvorschriften der §§ 187—193."

Aus dieser allgemeinen Wortfassung folgern Fischer-Henle, Handausgabe, 1. Auflage, S. 88, daß dieser ganze Abschnitt über Fristen und Termine „auch gilt für das gesammte öffentliche Reichs- und Landesrecht, soweit nicht rechtsgültig abweichendes bestimmt ist." Einen solch allgemeinen Satz kann man aber doch wohl aus dem § 186 nicht herauslesen. Zweifellos bezieht sich der ganze Abschnitt von vorneherein nicht auf die Reichs- oder Landesgesetze über das Verfahren, namentlich auf die in der CPO. enthaltenen Vorschriften über Termine und Fristen. Aber auch gegenüber dem öffentlichen Rechte geht mir jene Behauptung zu weit. Gerade weil § 186 die nachfolgenden Normen als Auslegungsvorschriften charakterisirt, können sie doch nicht Norm geben für einschlägige Parthieen des älteren öffentlichen Rechts. Höchstens für die Zukunft können sie unter Umständen als subintelligirt gelten. Ich bin aber außerdem der Ansicht, daß, wenn das Bürgerliche Gesetzbuch Bestimmungen über Termine und Fristen gibt, solche doch auch nur für das Bürgerliche Recht bestimmt gelten können, selbst wenn im § 186 von Gesetzen in der Mehrzahl die Rede ist, soferne nicht — was betont sei — aus dem öffentlich-rechtlichen Gesetze sich selbst ergibt, daß Letzteres bei seinen etwaigen Fristbestimmungen die Analogie des Bürgerlichen Rechts im Auge hat. Wäre das der Fall, dann könnten und müßten freilich die Normen der § 186 fg. angewendet werden gemäß Art. 4 fg. des EG. z. BGB. Wenn aber nicht, dann muß eben das öffentlich-rechtliche Gesetz aus sich selbst heraus, namentlich auch aus seiner Zeit, erklärt werden.

Bei der Gesetzesauslegung muß besonders beachtet werden der Unterschied zwischen zwingenden und nachgebenden, sonst präceptiv und dispositiv genannten Rechtsnormen. Das BGB. bedient sich hiefür sehr scharf der Ausdrücke

Muß	Soll	Kann
zwingende Vorschrift.	Ordnungsvorschrift ohne Nichtigkeit.	Dispositive Vorschrift.

Zu b). Ueber die Auslegung von Willenserklärung hat das BGB. eine ganze Reihe von Vorschriften. Darunter gehören namentlich alle diejenigen zahlreichen Bestimmungen, in denen es heißt: „im Zweifel ist anzunehmen". Einzelaufführung würde hier zu weit führen. Eine Hauptgrundnorm bietet § 133, welcher vorschreibt, daß bei der Auslegung einer Willenserklärung der wirkliche Wille zu erforschen und nicht an dem buchstäblichen Sinn des Ausdrucks zu haften ist. Es ist dies ein Satz, der sich bekanntlich schon im Corpus juris und ebenso im Bayr. L.R. vorfindet. An ihn schließt sich dann auch noch an der schon erwähnte bahnbrechende Grundsatz der Auslegung der Verträge nach dem Erfordernisse von Treu und Glauben und der Verkehrssitte.

VI. Nicht völlig beseitigt, aber ziemlich eingeengt wird durch die Einführung des BGB. für das privatrechtliche Gebiet die sog. Autonomie als Rechtsquelle. Wie in den Mot. zu Entw. I S. 10 eigens erörtert wird, ist nicht hierunter begriffen die sog. Privatautonomie, d. h. die Befugniß, innerhalb der Grenzen des dispositiven Rechtes die privaten Angelegenheiten im Wege des Rechtsgeschäfts zu regeln. Unter Autonomie i. e. S. verstehen die Motive „privatrechtliche Normen, welche nicht in der gesetzgebenden Gewalt des Staats oder in der thatsächlich geübten Rechtsüberzeugung des Volks, sondern in der gewillkürten Norm seitens Einzelner ihren Grund haben."

Vier Kategorien kommen hiebei nach jenen Motiven in Betracht:

a) Souveräne Häuser;
b) Mediatisirte reichsständische Häuser;
c) Vormalige reichsritterschaftliche Häuser;
d) Körperschaften.

Ueber Letztere ist an späterer Stelle Weiteres abzuhandeln. Im Uebrigen aber möge hier in Kürze folgendes angedeutet sein.

1. Souveräne Häuser in Deutschland: Art. 57 Abs. 1 EG. bestimmt, daß in Ansehung der Landesherren und der Mitglieder der landesherrlichen Familien (sowie der Mitglieder der fürstlichen Familie Hohenzollern) die Vorschriften des Bürgerlichen Gesetzbuchs nur insoweit Anwendung finden, als nicht besondere Vorschriften der Hausverfassung oder der Landesgesetze abweichende Bestimmungen enthalten.

Gleichgestellt sind durch Art. 57 Abs. 2 auch die Mitglieder des vormaligen Hannover'schen Königshauses, des vormaligen Kurhessischen und des vormaligen Herzoglich-Nassauischen Fürstenhauses.

Der in Art. 57 E.G. niedergelegte Vorbehalt erstreckt sich hier auf alle Rechtsverhältnisse, bezüglich deren autonomische Rechtsvorschriften bestehen. Im Uebrigen ist das BGB. ergänzendes Recht. Auch Spezialbestimmungen in anderen Reichsgesetzen, wie z. B. im § 52 des Personenstandsgesetzes vom 6. Februar 1875, greifen ein.

In Gemäßheit des obigen bleibt z. B. das königlich bayerische Familienstatut vom 5. August 1819 auch in privatrechtlicher Hinsicht in Kraft, speziell dessen § 2 Titel VIII, wonach der Monarch in seinen „Dispositionen" an die Vorschriften der bürgerlichen Gesetze nicht gebunden ist. Wird in einem solchen Hausstatute, wie z. B. in Tit. VIII, §§ 4, 5 jenes Bayrischen Verfassungsgesetzes auf das Bürgerliche Recht schlechthin verwiesen, so kommt jetzt der auf das neue Recht hinführende Art. 4 des EG. z. BGB. in Betracht. Würde sich aber aus dem Hausgesetze selbst unzweifelhaft ergeben, daß mit einer darin enthaltenen Verweisung eine bestimmte Norm des älteren Rechts einbezogen ist, so behält selbstverständlich diese ebenfalls ihre auf den Geltungsbereich des Hausstatuts beschränkte Wirksamkeit.

Eine gewisse Einengung muß die Geltung privatrechtlicher Normen in den Hausgesetzen der landesherrlichen Häuser naturgemäß insoferne erleiden, als dabei Privatrechte oder Privatrechtspflichten Dritter in Frage kommen, welche nicht zu dem im Art. 57 des EG. bezeichneten Personenkreise gehören. Für solche Dritte bleiben die allgemeinen Bürgerlichen Gesetze maßgebend, so z. B. in Hinsicht auf die Formen von Verträgen, welche sie mit der Verwaltung der Civilliste abschließen.

2. Mediatisirte Reichsstände: Hierüber bestimmt Art. 58 Abs. 1 EG.. Die Grundlage der hier getroffenen Vorschriften ist bekanntlich der vielgenannte Art. XIV der Deutschen Bundesakte vom 8. Juni 1815. Die Mot. zum I. Entw. d. BGB. Bd. 1 S. 11 erörtern dazu, daß eigentlich diese ganze Grundlage durch Auflösung des deutschen Bundes hinfällig geworden wäre und nur neu zu fixiren sei, wieviel neben dem BGB. noch zu belassen sei. Von dieser grundsätzlichen Auffassung ausgehend, sind hier im Bereiche des Art. 58 auch nur mehr in Ansehung der Familienverhältnisse und der Güter der betreffenden Häuser die Landesgesetze und nach Maßgabe der Landesgesetze die Vorschriften der Hausgesetze unberührt belassen worden.

In dieser Beschränkung sind die Vorzüge des Art. 58 noch gewährt „denjenigen Häusern, welche vormals reichsständisch gewesen und seit 1806 mittelbar geworden sind oder welche diesen bezüglich der Familienverhältnisse und der Güter durch Beschluß der vormaligen deutschen Bundesversammlung oder vor dem Inkrafttreten des Bürgerlichen Gesetzbuchs durch Landesgesetz gleichgestellt worden sind." *)

3. Vormaliger Reichsadel. Zu Gunsten dessen und derjenigen Familien des landsässigen Adels, welche vor dem Inkrafttreten des Bürgerlichen Gesetzbuchs dem vormaligen Reichsadel durch Landesgesetz gleichgestellt worden sind, gilt das Gleiche wie nach Nr. 2. **)

VII. Von Interesse ist endlich noch die Stellungnahme des BGB. in Ansehung der Staatsverträge. Eine ausdrückliche Erwähnung derselben geschieht nur in Art. 56 EG. z. BGB. Danach bleiben unberührt die Bestimmungen der Staatsverträge, die ein Bundesstaat mit einem ausländischen Staate vor dem Inkrafttreten des Bürgerlichen Gesetzbuchs geschlossen hat. Wie überhaupt, so handelt es sich auch bei dieser Vorschrift des EG. zum Bürgerlichen Gesetzbuch nur um Verhältnisse des Privatrechts.***) Liegt eine solche Beziehung vor, so gilt obige Bestimmung in ihrer zeitlich eingeschränkten Gestalt auch dann, wenn sich ein solch älterer Staatsvertrag auf Materien des jetzigen BGB.

*) Obiges ist namentlich wichtig für den Bereich der IV. Bayr. Verf.-Beil., soweit sie überhaupt noch (aus anderen Gründen) in Geltung steht.

**) Einschlägig in obiges Gebiet ist auch noch Art. 59 EG. z. BGB., welcher unberührt läßt „die landesgesetzlichen Vorschriften über Familienfideicommisse und Lehen, mit Einschluß der allodifizirten Lehen, sowie über Stammgüter."

***) Die Staatsverträge beziehen sich thatsächlich zumeist auf öffentlich-rechtliche Verhältnisse.

bezieht. Hinsichtlich der Frage, wie sich das Verhältniß ab 1. Januar 1900 gestaltet, erscheint vor allem

a) klar, daß gemäß allgemeiner Grundsätze durch particuläre Staatsverträge an Normen des Reichsrechts, also auch des BGB., nichts geändert werden kann. Ebenso ist es

b) auch zweifellos, daß soweit auf dem Bürgerlichen Rechtsgebiete Landesrecht künftighin überhaupt noch Platz greift, für dessen äußeres und inneres Gebiet particuläre Staatsverträge noch zulässig und wirksam sein müssen.

c. Die Frage, in welchen Richtungen und in welchen Formen, von welchen Factoren der Legislative Staatsverträge überhaupt geschlossen werden können, gehört dem öffentlichen Rechte an, daher von vornherein nicht ins BGB.

Zweite Abtheilung.

Von den Personen.

Unter den allgemeinen Bestimmungen des BGB. stehen obenan die Vorschriften über die Personen, d. h. die Rechtssubjecte. Gerade diese allgemeinen Vorschriften sind es, welche das Rechtssubject allüberallhin begleiten, nicht blos auf den Markt, d. h. in private Verkehrsbeziehungen, sondern auch in das Rathhaus, d. h. in den Bereich des öffentlichen Rechts.

Entsprechend dem, was bisher schon Rechtens war, kennt auch das BGB. zweierlei Personen: natürliche und juristische.

*) Für das Reich vergl. Art. 11 der Reichsverfassung.

Erster Abschnitt.

Von den natürlichen Personen.

Erstes Kapitel.

Entstehung; Rechtsfähigkeit; Geschäftsfähigkeit und Verwandtes.

I. In Bezug auf die natürlichen Personen hebt § 1 BGB. mit den Worten an: „Die Rechtsfähigkeit des Menschen beginnt mit der Vollendung der Geburt."

Schon an diesen anscheinend einfachen Satz ließen sich allerlei interessante physiologische Betrachtungen knüpfen. In den Kommentaren zum BGB. geschieht dies auch meist in ausgiebiger Weise. Hier kann davon abgesehen werden. Nur so viel sei als grundlegend betont: Für den Eintritt der Rechtsfähigkeit verlangt das BGB. die vollendete Geburt, und zwar selbstverständlich die eines lebenden Menschen, d. h. eines bei Vollendung der Geburt noch Lebenden. Was man früher als „Vitalität" bezeichnete, ist nicht erfordert. Hat das Menschenkind auch noch so kurz, aber doch wirklich außerhalb des Mutterleibs gelebt, so ist es Subject von Rechten und Pflichten geworden und gewesen. Die Hauptconsequenzen treten namentlich auf dem Gebiete des Erbrechts hervor. Solche ergeben sich aber auch im Gebiete des öffentlichen Rechts, z. B. unter Umständen Erbschaftssteuerfälle, Besitzveränderungsgebühren (Gebührenäquivalente) und dgl.

II. Der Schwerpunkt jenes Satzes fällt in das Wort: Rechtsfähigkeit.

Rechtsfähigkeit im Sinne des BGB. ist die Fähigkeit, Träger von Rechten und Rechtspflichten zu sein. Rechtsfähigkeit ist danach auch der allgemeinste Begriff. Ihm gegenüber steht der andere Begriff: Geschäftsfähigkeit, d. h. die Fähigkeit, gültige Rechtshandlungen in eigener Person vorzunehmen, insbesondere sich oder auch andere durch Rechtsgeschäfte zu verpflichten. Nach BGB. kann der Mensch rechtsfähig sein, ohne die Geschäftsfähigkeit zu besitzen.

Der Gegensatz von Geschäftsfähigkeit ist ein doppelter: Geschäftsunfähigkeit und beschränkte Geschäftsfähigkeit. Diese Begriffe ziehen sich durch den ganzen Bau des BGB. bestimmend hindurch und müssen sich nothwendig auch auf den weitesten Rechtsgebieten anderer Art geltend machen.

Nach BGB. § 104 ist geschäftsunfähig,

1. wer nicht das siebente Lebensjahr vollendet hat;
2. wer sich in einem die freie Willensbestimmung ausschließenden Zustande krankhafter Störung der Geistesthätigkeit befindet, soferne nicht der Zustand seiner Natur nach ein vorübergehender ist;
3. wer wegen Geisteskrankheit entmündigt ist.

In der Geschäftsfähigkeit nur beschränkt ist nach BGB. §§ 106, 114 dagegen:

a. der Minderjährige über sieben Jahre;
b. wer wegen Geistesschwäche, Verschwendung oder Trunksucht entmündigt oder nach § 1906 unter vorläufige Vormundschaft gestellt ist.

Unterbegriffe sind: Prozeßfähigkeit und Parteifähigkeit. Sie gehören dem Gebiete des Civilprozesses an.

Dem bisher vielfach gebrauchten Begriffe Handlungsfähigkeit begegnet man im BGB. nicht, wenigstens nicht als Rechtsbegriff. Nur ein Anklang daran findet sich in Gestalt des Begriffs der civilrechtlichen Deliktsfähigkeit nach § 828. Diese ist vorhanden: bis zum vollendeten siebenten Lebensjahre gar nicht — vom siebenten bis zum vollendeten achtzehnten Lebensjahr relativ, d. h. wenn der Betreffende bei der Begehung der schädigenden Handlung nicht die zur Erkenntniß der Verantwortlichkeit erforderliche Einsicht hat, (ebenso bei

Taubstummen: 828 Abs. 2) — vom achtzehnten Lebensjahre an aus dem Gesichtspunkte des Alters in vollem Umfange.

Andere spezielle Begriffe sind z. B.: „Ehefähigkeit", „Testamentsfähigkeit" u. s. w. Unberührt bleiben natürlich ähnliche dem Gebiete des öffentlichen Rechtes angehörige Begriffe, wie z. B. die der activen und passiven Wahlfähigkeit. Diese letzteren gehen analog der privatrechtlichen Geschäftsunfähigkeit, nur mit dem wesentlichen Unterschiede, daß letztere durch die Autorität eines Dritten, des gesetzlichen Vertreters, ergänzt werden kann, während es z. B. eine Vertretung in der Wahlfähigkeit wenigstens für die Regel nicht gibt.

III. Rechtsfähig ist nach dem BGB. jeder Mensch, von der Wiege bis zum Grabe. Es findet kein Unterschied statt, sei es nach Alter, Geschlecht, Religionsbekenntniß, Stand oder aus anderen Gründen.

Die Rechtsfähigkeit besteht vor allem

1. ohne Unterschied des Alters. Was die Altersstufe an Besonderheiten mit sich bringt, bezieht sich nur auf die Geschäftsfähigkeit, nicht auf die Rechtsfähigkeit. Geradeso steht es in Ansehung des

2. Geschlechts. Mann und Frau stehen sich in der Rechtsfähigkeit gleich. Ja selbst in Bezug auf Geschäftsfähigkeit leitet das BGB. daraus, daß eine Person weiblichen Geschlechts ist, keinerlei Einengung her. Geschlechtsvormundschaft, Vogtbarkeit des Weibes als solchen besteht nicht. Darum gibt es nach BGB. auch keine Interzessionsbeschränkungen, ebenso aber auch keine sog. weiblichen Rechtswohlthaten. Selbst die Thatsache, daß eine Frau Ehefrau ist, läßt an sich ihre Geschäftsfähigkeit unbeschränkt. Allerdings kann die Ehefrau nicht über alles verfügen. Aber die hierauf bezüglichen Be-

schränkungen alteriren an sich weder die Rechts- noch die Geschäftsfähigkeit. Sie sind nicht subjectiver, sondern objectiver Natur. Gewisse Vermögensbestandtheile sind eben der Verfügungsgewalt der Ehefrau entzogen, und zwar nicht wegen etwaiger Inferiorität derselben, sondern wegen der concurrirenden Rechte des Ehemanns. Diese letzteren Rechte allein sind es auch, welche die Ehefrau in Erwerbssachen einer gewissen mitbestimmenden Gewalt des Mannes unterwerfen. Sie sind aber wahrlich nicht so gestaltet, wie die sog. Frauenrechtlerinnen solches in ihrem überschäumenden Begehren hinzustellen beliebten.

3. Welchen mannigfaltigen Einfluß in Bezug auf die Rechtsstellung der Personen die Zugehörigkeit zu einem bestimmten Glaubensbekenntnisse schon ausgeübt hat, ist jedem Juristen bekannt, wie für das öffentliche Recht, so auch für das Privatrecht. Das BGB. steht in dieser Hinsicht völlig auf dem Standpunkt des RG. vom 3. Juli 1869*) über die Gleichberechtigung der Confessionen und hat sogar auf den Grundlagen dieses Gesetzes consequent noch weitergebaut. Das BGB. kennt insbesondere auch keine Rechtsunfähigkeit oder Erwerbs- und Dispositionsunfähigkeit der sog. Religiosen, welche gewisse geistliche Ordensprofesse abgelegt haben. Den sog. Klostertod gibt es so wenig mehr, als einen bürgerlichen Tod. Vom Standpunkte des Bürgerlichen Rechts aus stehen die Religiosen anderen Sterblichen im Allgemeinen ganz gleich. Nur in Bezug auf Schenkungen an Mitglieder religiöser Orden oder ordensähnlicher Congregationen, sowie den Erwerb von Todes wegen durch

---

*) Vgl. hiezu die Erläuterungen von Staudinger in: Die Einführung norddeutscher Justizgesetze in Bayern, 1871, Abthl. 2, S. 177 fg.

solche läßt Art. 87 landesgesetzliche Vorschriften unberührt. Solche bestehen aber für Bayern in dieser Richtung nach Art. 1 des AG. vom 9. Juni 1899 nicht mehr. Im Art. 84 EG. heißt es weiter noch: „Unberührt bleiben die landesgesetzlichen Vorschriften, nach welchen eine Religionsgesellschaft oder eine geistliche Gesellschaft Rechtsfähigkeit nur im Wege der Gesetzgebung erlangen kann". Diese Stelle bezweckt aber nur, zu verhindern, daß Religionsgesellschaften oder andere geistliche Gesellschaften im Widerspruche mit der kirchenpolitischen Landesgesetzgebung die Rechtsfähigkeit im Wege der Constituirung als sog. „eingetragene Vereine" sich erwerben. Einigermaßen schlägt hieher ein auch das Verhältniß der sog. Amortisationsgesetze, d. h. der Gesetze über den Vermögenserwerb zur „todten Hand". Sie sind gewahrt durch den Art. 86 des EG., aber nur innerhalb gewisser dort gezogener reichsrechtlicher Grenzen. Sie begründen auch keine Rechtsunfähigkeit, sondern beschränken nur die Geschäftsfähigkeit in Bezug auf einzelne Rechtsvorgänge. Sie beschränken auch nicht eigentlich um der Religion willen, sondern fallen unbedingt unter wirthschaftliche Gesichtspunkte. Näheres über diese sog. Amortisationsgesetze und insbesondere über die Neuregelung für Bayern durch das Ausf.-Ges. zum BGB. möge für eine spätere Stelle (Behandlung der juristischen Personen) vorbehalten sein.

Eine entschiedene Fortbildung des Grundsatzes der Gleichberechtigung der Confessionen zeigt namentlich auch das Eherecht des BGB. In dieser Beziehung hat bekanntlich schon das Personenstandsgesetz vom 6. Februar 1875 eine weitere Nivellirung gebracht in Bezug auf die confessionellen Voraussetzungen oder eigentlich Nichtvoraussetzungen des Eheabschlusses. Uebrig geblieben waren aber auch noch die confessionellen Einflüsse in Bezug auf das Ehescheidungsrecht. Auf diesem Gebiete galten bisher noch katholische, protestantische und selbst mosaische Rechtsverschiedenheiten.*) Das BGB. hat auch damit aufgeräumt. Seine Bestimmungen über Eingehung und Scheidung der Ehe sehen ab vom Glaubensbekenntnisse der Ehegatten. Nur in einem Punkte ist demselben noch Rechnung getragen. Dieser Punkt (s. nachher unter b.) involvirt aber nichts weniger als ein odium confessionis, sondern gehört einer anderen Gruppe von Vorschriften an, welche bezeichnet werden können als solche in favorem religionis. In dieser Hinsicht ist z. B. auf folgendes Bezug zu nehmen:

a. BGB. § 1588 sagt:

„Die kirchlichen Verpflichtungen in Ansehung der Ehe werden durch die Vorschriften dieses Abschnitts (über die Ehe) nicht berührt."

Es bezieht sich dies vornehmlich auf die religiöse Gewissenspflicht zur Einholung der kirchlichen Eheeinsegnung.

b. Neben der Ehescheidung hat das BGB. auch noch aufgenommen die Rechtseinrichtung der bloßen Klage auf Aufhebung der ehelichen Gemeinschaft — ein Etwas, was noch einigermaßen an die nicht mehr recipirte alte separatio quoad torum et mensam erinnert, aber doch anders gestaltet ist. Mit jener Klage soll denjenigen Klägern eine Gewissensberuhigung gewährt werden, welche aus religiös-dogmatischen Gründen Anstand nehmen, ihrerseits eine Auflösung der Ehe dem Bande nach zu beantragen.

c. Weiter sei hingewiesen z. B. auf BGB. § 1779, nach welcher Stelle im Interesse der religiösen Erziehung eines Mündels auf das religiöse Bekenntniß desselben

*) Vgl. Staudinger, a. a. O. S. 198.

bei Auswahl des Vormunds Rücksicht zu nehmen ist. Eine persönliche Beschränkung der Rechtsfähigkeit liegt darin nicht. Es kann Jemand also auch Vormund eines Andersgläubigen werden und sein, wenn ein anderes überragendes Interesse des Mündels solches gebietet. Dies ergibt sich namentlich auch aus BGB. § 1801, welcher sagt, aber auch nur sagt, daß die Sorge für die religiöse Erziehung des Mündels dem Vormunde von dem Vormundschaftsgericht entzogen werden kann (also nicht muß), wenn der Vormund nicht dem Bekenntnisse angehört, in dem der Mündel zu erziehen ist. Angeführt sei auch noch:

d. daß z. B. nach § 618 beim Dienstvertragsverhältnisse der Dienstberechtigte, d. h. Dienstgeber, verpflichtet ist, bei Aufnahme von Dienstverpflichteten in die häusliche Gemeinschaft solche Einrichtungen und Anordnungen zu treffen, welche mit Rücksicht auf die Religion des Verpflichteten erforderlich sind.

Auf die Frage der religiösen Kindererziehung, insbesondere bei gemischten Ehen, ist später in anderem Zusammenhange zurückzukommen. Selbstverständlich ist übrigens, daß durch die Stellungnahme des BGB. hinsichtlich der gesetzlichen Behandlung der Confessionsunterschiede nicht ausgeschlossen ist, im Bereiche der nachgiebigen (dispositiven) Normen des Privatrechts die Zugehörigkeit zu einem bestimmten Glaubensbekenntnisse als maßgebend zu erklären für den Eintritt in bestimmte Rechte und Vortheile (z. B. durch Vereinssatzung, Stiftungsbrief, Testament). Als ungültig müßte Derartiges auch künftighin angesehen werden, wenn es sich als unsittlich darstellt, z. B. die Bewirkung des Abfalls von seinem Glauben seitens eines Anderen bezweckt.*)

*) Cosack, Lehrbuch § 24.

4. Besondere Standesrechte kennt das BGB. für sein Gebiet nicht.*) Eine einzige Ausnahme könnte gefunden werden in den schon erwähnten Bestimmungen des EG. über die Autonomie der Landesherren, landesherrlichen Familien, des sog. hohen Adels und vormaligen Reichsadels. Ueber den Adel selbst, dessen Erwerb, Verlust und öffentlich-rechtliche Vorzüge enthält das BGB. nichts. Man ging davon aus, daß diese ganze Materie dem öffentlichen Rechte angehöre.**) Unberührt bleibt daher speziell unser bayrisches Adelsedikt. Allerdings gibt es dabei einen Punkt, der bereits Gegenstand einer lebhaften Controverse geworden ist. Diese betrifft das Recht des sog. adeligen Namens. Näheres darüber später bei Erörterung des neugeregelten Namensrechts im Allgemeinen.

Einschaltungsweise ist aber gleich an dieser Stelle zu erwähnen, daß im BGB. eine ziemliche Reihe von Spezialvorschriften enthalten sind für:

5. Beamte, d. h. für öffentliche Beamte, nicht für sog. Privatbeamte (z. B. bei Banken rc.), welch' letztere unter andere personale Kategorien fallen. Alle diese Bestimmungen für Beamte berühren aber die Rechtsfähigkeit

---

*) Weggefallen sind insbesondere auch die in älteren Rechten (z. B. im fränkischen LR., im Eichstädter Recht) sich findenden unterschiedlichen Gestaltungen des ehelichen Güterrechts, je nachdem es sich um „Bürger und Bauern", oder „höhere" Stände, oder um gewisse andere Erwerbsstände, (Krämer, Wirthe, Metzger: gewerbsrechtliche Errungenschaftsgemeinschaft nach Bayr. LR., Augsburger Recht u. s. w.) handelt. Was im Handelsgesetzbuche für die Kaufleute besonders bestimmt ist, begründet keinen eigentlichen Standesunterschied in obigem Sinne (wie Cosack, Lehrb. § 22 annimmt), sondern nur besondere Rechtssätze für besondere Rechtsverhältnisse.

**) Art. 59 EG. läßt eigens auch unberührt „die landesgesetzlichen Vorschriften" über Familienfideicommisse und Lehen, mit Einschluß der allodifizirten Lehen, sowie über Stammgüter.

und ebenso auch die Geschäftsfähigkeit im Allgemeinen nicht.

Es sind auch nur Spezialien für einzelne Rechtsgeschäfte und Rechtsverhältnisse. Immerhin möge eine vorläufige kurze Uebersicht hier Platz finden. Vom BGB. kommen namentlich in Betracht:

§ 197 über die vierjährige Verjährungsfrist für Ansprüche auf Rückstände von Besoldungen, Wartegeldern, Ruhegehalten; § 394 über Beschränkungen der Aufrechnung einer Forderung; § 400 über Beschränkungen der Abtretung bestimmter Bestandtheile von Gehalten und dgl.; § 411 über die Nothwendigkeit einer Benachrichtigung bestimmter Art an die auszahlende Kasse bei Cession des übertragbaren Theiles eines Diensteinkommens, Wartegelds oder Ruhegehalts; § 570 über die Kündigung von Miethverhältnissen im Versetzungsfalle (nicht aber von Pacht: § 596); § 839 und 841 über Haftungsverhältnisse; § 1315 über dienstliche Verehelichungsbewilligung; § 1874, 1888 über die Uebernahme und Fortführung von Vormundschaften.

Was hier von Beamten gesagt ist, ist zum Theil auch übertragen auf Geistliche, Lehrer, Militärpersonen.

Wichtige Ergänzungen kommen hiezu durch das Landesrecht. Die reichsrechtliche Grundlage hiefür bieten die Art. 80, 81, 78 des EG. z. BGB. Danach bleiben unberührt die landesgesetzlichen Vorschriften:

a. über die vermögensrechtlichen Ansprüche und Verbindlichkeiten der Beamten, der Geistlichen und der Lehrer an öffentlichen Unterrichtsanstalten aus dem Amts- oder Dienstverhältnisse, mit Einschluß der Ansprüche der Hinterbliebenen, soweit nicht in dem Bürgerlichen Gesetzbuche eine besondere Bestimmung getroffen ist (Art 80 Abs. 1);

b. über das Pfründenrecht (Art 80 Abs. 2);

c. über die Beschränkung der Uebertragbarkeit der Ansprüche der im Art. 80 Abs. 1 bezeichneten Personen auf Besoldung, Wartegeld, Ruhegehalt, Wittwen- und Waisengeld (Art. 81);

d. über die Zulassung der Aufrechnung gegen solche Ansprüche (s. unter c) abweichend von der Vorschrift des § 394 BGB.;

e. über die Festsetzung einer Haftung der Beamten für die von ihnen angenommenen Stellvertreter und Gehülfen in weiterem Umfange, als sie nach dem BGB. haften.

Auf Grund dieser reichsrechtlichen Vorbehalte hat dann auch die Bayerische Landesgesetzgebung in Art. 12 des Ausf.-Ges. z. BGB. v. 9. Juni 1899 weitere Bestimmungen getroffen über die Aufrechnung gegen Gehälter und Pensionen, sowie über die Nichtübertragbarkeit von Wittwen- und Waisenbezügen. In den Art. 60 fg. desselben Gesetzes sind auch noch enthalten neuregelnde Vorschriften über die Haftung des Staats und der Kommunalverbände für Beamte.

Ueber Einzelnes hievon wird später noch eigens abgehandelt werden.

Rückkehrend zu den Betrachtungen über die Rechtsfähigkeit im Allgemeinen seien auch noch einige Worte angefügt über

6. die Staatsangehörigkeit. Sie begründet ebenfalls für die Rechtsfähigkeit keinen Unterschied, und zwar sowohl nicht

a. für Deutsche in den verschiedenen Bundesstaaten (allgemeine Reichsangehörigkeit, Reichsindigenat), wie im Allgemeinen auch

b. für Ausländer in Deutschland, soweit nicht das sog. Retorsionsrecht eingreift. Für die Anwendung des Letzteren hat Art. 31 EG. z. BGB. eine reichsrechtliche Grundlage geschaffen. Ueber das sog. internationale Privatrecht finden sich im EG. Art. 7 fg. eigene eingehende Normen, welche eine nähere Betrachtung an besonderer

Stelle erheischen. Sie enthalten grundsätzlich eine viel weiter gehende Berücksichtigung der Staatsangehörigkeitsverhältnisse nach dem sog. Nationalrecht, als es bisher rechtsüblich war, wo zumeist das Domicilsrecht in den Vordergrund gestellt wurde.

Zweites Kapitel.

Die Altersstufen.

I. Die Erreichung bestimmter Altersstufen ist sowohl für das Privatrecht wie für das öffentliche Recht von hoher Wichtigkeit. Wenn dabei auch gerade im Gebiete des öffentlichen Rechts die relevanten Zeitstufen vielfach mit denen des Privatrechts nicht zusammentreffen, so ist es doch andererseits unverkennbar, daß die privatrechtlich wichtigen Altersstufen auch vielfach in das öffentliche Recht hinüberspielen.

Sehr treffend sagt Weyl*): „Beim Menschen sind auf dessen Lebensweg für seine Rechtsverhältnisse seine Geburtstage wie Meilensteine und der wichtigste dieser Meilensteine ist das vollendete 21. Lebensjahr."

Bis dahin ist der Mensch minderjährig, d. h. theils geschäftsunfähig (bis zum 7. Jahre), theils in beschränkter Geschäftsfähigkeit. Zu einer Willenserklärung, durch die er nicht lediglich einen rechtlichen Vortheil erlangt, bedarf er der Einwilligung seines gesetzlichen Vertreters, d. h. des Vormunds oder des Inhabers der elterlichen Gewalt. Der gesetzliche Vertreter kann auch allein für ihn handeln, soweit nicht in Einzelfällen das Gesetz bestimmt, daß sich der Minderjährige selbst mitbetheiligen muß und nur eine Zustimmungserklärung des gesetzlichen Vertreters stattfindet. So z. B. nach § 1437 bei einem jungen Mädchen oder einer minderjährigen Frau bezüglich eines von ihr abzuschließenden Ehevertrags, durch den die allgemeine Gütergemeinschaft vereinbart oder wieder aufgehoben werden soll. Das BGB. hat

*) Vorträge S. 104.

übrigens die eben berührten Grundsätze nicht in voller Starrheit aufgestellt und festgehalten, vielmehr den heutigen Verkehrs- und Erwerbsverhältnissen und insbesondere der für Tausende von Minderjährigen heutzutage sich ergebenden Nothwendigkeit, sich schon einen Verdienst zu suchen und damit in das öffentliche Leben mit dem Kampfe ums Dasein einzutreten, in mehrfacher Richtung Rechnung getragen. Durch die bezüglichen Modificationen ist dabei zugleich bezweckt, den Rechtsverkehr mit Minderjährigen zu erleichtern und eine gewisse Sicherheit desselben für die Gegenbetheiligten zu schaffen. Hervorzuheben ist deßfalls Folgendes:

1. Der gesetzliche Vertreter kann nach § 112 BGB. mit Genehmigung des Vormundschaftsgerichts den Minderjährigen zum selbständigen Betrieb eines Erwerbsgeschäfts — irgendwelcher Art — ermächtigen. Dies hat die civilrechtliche Folge, daß dadurch der Minderjährige unbeschränkt geschäftsfähig für solche Rechtsgeschäfte wird, welche der bezügliche Geschäftsbetrieb mit sich bringt. Ausgenommen sind nur Rechtsgeschäfte, zu denen der Vertreter selbst der Genehmigung durch das Vormundschaftsgericht bedarf.

   Eine *Ersetzung* der vor allem in erster Reihe erforderlichen Ermächtigung des gesetzlichen Vertreters durch das Vormundschaftsgericht ist in *diesem* Falle des § 112 nicht statthaft. Anders im Falle

2. des § 113. BGB. Dieser behandelt die gewöhnlichen Dienst- oder Arbeitsverhältnisse, also insbesondere die Verhältnisse der Dienstboten, gewerblichen Arbeiter und Arbeiterinnen, jungen Taglöhner u. s. w. und bestimmt zunächst in Abs. 1, daß ein Minderjähriger, welcher von seinem gesetzlichen Vertreter ermächtigt ist, in Dienst oder Arbeit zu treten, dann auch für solche Rechtsgeschäfte unbeschränkt geschäftsfähig wird, welche die Eingehung

oder Aufhebung eines Dienst- oder Arbeitsverhältnisses der gestatteten Art oder die Erfüllung der sich aus einem solchen Verhältnisse ergebenden Verpflichtungen betreffen. Ausgenommen sind Verträge, zu denen der Vertreter selbst die Genehmigung des Vormundschaftsgerichts bedarf.

Ganz besonders wichtig, namentlich für das Dienstbotenwesen ist der letzte Absatz des § 113, wonach die für einen einzelnen Fall ertheilte Ermächtigung im Zweifel, also namentlich wenn seitens des Vertreters ein besonderer Vorbehalt gemacht ist, als allgemeine Ermächtigung zur Eingehung von Verhältnissen derselben Art gilt.

Hat also z. B. ein Vater oder Vormund seiner minderjährigen Tochter oder Mündel gestattet, sich als Dienstmädchen zu verdingen, so hat sie damit auch die Ermächtigung, im Wechsel des Dienstes sich für andere Plätze zu verpflichten. Zu bemerken ist dabei, daß bei den Fällen dieser zweiten Gruppe nach § 113 eine Genehmigung des Vormundschaftsgerichtes nicht erfordert wird. Die verweigerte Ermächtigung des Vormunds, nicht aber die des Vaters oder der Mutter, kann auf Antrag des Minderjährigen vom Vormundschaftsgerichte ersetzt werden.

Hat ein Minderjähriger einen Vertrag ohne die erforderliche Einwilligung des gesetzlichen Vertreters abgeschlossen, so hängt die Wirksamkeit des Vertrags von der nachträglichen Genehmigung des Vertreters ab. Damit aber die Sache nicht zu lange in Schwebe bleibt, kann der andere Theil den Vertreter zur Erklärung über die Genehmigung auffordern. Erfolgt dann diese nicht binnen zwei Wochen, so gilt sie als verweigert.

Noch sei angefügt, daß besondere Vorrechte und privatrechtliche Privilegien der Minderjährigen nicht mehr vorkommen. Es kann daher auch von einer analogen Uebertragung der sog. Jura minorum auf Andere, insbesondere auf juristische Personen, nicht mehr die Rede sein.

In die bayer. Gemeindeordnung vom 29. April 1869 war ein hierauf bezüglicher Satz des § 21 des rev. Gem.-Edicts v. 1834 ohnehin bereits nicht mehr übergegangen.*)

II. Mit dem 21. Lebensjahr tritt nach § 2 des BGB. der Mensch in den Rechtszustand der Volljährigkeit. Seine beschränkte Geschäftsfähigkeit (man sage nicht zweideutig: Geschäftsbeschränktheit) weicht der vollen Geschäftsfähigkeit. Andere Folgen der Volljährigkeit sind:

a) Ehemündigkeit des Mannes: § 1303;

b) Beendigung der elterlichen Gewalt: § 1626;

c) Ende einer bestehenden Alters-Vormundschaft: § 1773.

d) Endigung des Anspruchs eines unverheirateten Kindes auf Unterhalt durch seine Eltern, soweit dieser Anspruch nach § 1602 lediglich in seiner Minderjährigkeit begründet war.

Weitere solche Meilensteine des fortschreitenden Alters sind nach BGB. z. B. noch:

6 Jahre: in Bezug auf die Zutheilung der Sorge für ein Kind geschiedener Eltern in gewissen Fällen (§ 1635);

7 Jahre: Endpunkt der Geschäftsunfähigkeit und der civilrechtlichen Deliktsunfähigkeit (§ 104, 828);

14 Jahre: Anspruch eines Mündels auf rechtliches Gehör durch das Vormundschaftsgericht, wenn es sich um Entlassung aus dem Staatsverbande handelt (§ 1827);

16 Jahre: Eidesmündigkeit (s. Prozeßordnungen), Ehemündigkeit von Mädchen (§ 1303); Aufhören der Alimentationspflicht des unehelichen Vaters (§ 1708); Testamentsmündigkeit, ausgenommen das holographe Testament (§§ 2229, 2247);

---

*) Die Bedeutung und Rechtsfolge dieses Abstrichs war controvers. Vgl. v. Kahr, Komm. z. Gem.-Ordn. Bd. 1 S. 45.

18 Jahre: Zulässigkeit der Volljährigkeitserklärung (§ 3), Vollhaftbarkeit für Delikte im Gebiete des Civilrechts (§ 828); Anspruch auf Gehör in bestimmten Vormundschaftssachen (§ 1821, 1822);

Mit 21 Jahren: Volljährigkeit — nicht mehr Großjährigkeit genannt. —

Nach 31 Jahren: Möglichkeit einer Todeserklärung in gewöhnlichen Fällen (§ 14);

50 Jahre: Fähigkeit zur Bethätigung einer Annahme an Kindesstatt (§ 1744);

60 Jahre: Recht zur Ablehnung einer Vormundschaft (§ 1785);

70 Jahre: relevant zur Todeserklärung (§ 14).

Was nun wiederum die Volljährigkeit anlangt, so entspricht die allgemeine Normirung des 21. Lebensjahres dem RG. v. 17. Febr. 1875. Ausnahmen gibt es nur auf einem Gebiete, nämlich im Bereiche der hausverfassungsmäßigen oder landesgesetzlichen Bestimmungen über den Beginn der Volljährigkeit der Landesherren und der landesherrlichen Familien. Dies war schon in jenem Reichsgesetze vorbehalten und ist neuerdings gewahrt durch den schon öfter erwähnten Generalvorbehalt des Art. 57 EG. Es verbleibt also in Bayern in dieser Hinsicht bei den bekannten 18 Jahren. Nichts geändert ist selbstverständlich auch durch das BGB. an den zahlreichen Normen des öffentlichen Rechts, welches seinerseits bestimmten Altersstufen Bedeutung beilegt z. B. für Militärdienst, actives und passives Wahlrecht, Fähigkeit zu den verschiedenen öffentlichen Ehrenämtern, zum Schöffen- und Geschworenendienst, für Pensionsberechtigung von Beamtenkindern u. s. w.

Wenn aber das öffentliche Recht namentlich in einem älteren Gesetze da oder dort kurzweg auf die Volljährigkeit verweist, so muß natürlich der Begriff nach dem BGB. subintelligiert werden, soweit sich nicht aus dem bezüglichen Gesetze selbst unzweideutig ergibt, daß mit dem Worte Volljährigkeit eine fixe andere Altersgrenze bezeichnet werden wollte. Für Bayern ist diese Frage übrigens bedeutungslos, da hier längst, auch schon vor dem RG. v. 17. Febr. 1875 das vollendete 21. Lebensjahr als Anfang der Volljährigkeit galt. Im Allgemeinen kann es nicht angehen, daß ein Mensch da als volljährig und dort als minderjährig gilt. Dies ist auch wichtig wegen der gleich zu erörternden Möglichkeit einer Volljährigkeitserklärung.

An dieser Stelle muß vor allem auf einen besonderen Sprachgebrauch aufmerksam gemacht werden, der sich aus dem BGB. ergibt und künftig allgemein festzuhalten sein wird. Zu betonen ist nämlich, daß es nicht gleichgültig ist, ob das Gesetz eine Rechtswirkung an die Volljährigkeit knüpft oder an den fixen Zeitpunkt des vollendeten 21. Lebensjahres. Denn im ersten Falle ist eine Wandelung des Zeitpunktes abermals durch Volljährigkeitserklärung möglich, im letzteren Falle aber nicht. Z. B. knüpft BGB. § 1303 die Ehemündigkeit des Mannes an die Volljährigkeit. Wird er vor dem 21. Lebensjahr als volljährig erklärt, so wird er damit auch ehemündig. Dagegen bedarf nach § 1305 ein Kind bis zur Vollendung des 21. Lebensjahres zur Eingehung einer Ehe der Einwilligung des Vaters, unter Umständen die der Mutter. Das ist ein fixer, indispensabler Zeitpunkt, der durch Volljährigkeitserklärung nicht berührt wird. Ebenso anderswo: wenn z. B. im Art. 2 des öffentlich-rechtlichen bayer. Gesetzes über Versammlungen und Vereine v. 1856 (auch in neuester Gestalt) gesagt ist, daß Minderjährige gewissen Versammlungen nicht beiwohnen können, so wird man nicht schlechthin mehr sagen können, es heiße dies Personen bis zu 21 Jahren! Denn einerseits steht im BGB. § 2 ausnahmslos verordnet:

„Durch die Volljährigkeitserklärung erlangt der Min-„derjährige die rechtliche Stellung eines Volljährigen.“ Andererseits ist aus jenem Gesetze nicht zu entnehmen, daß mit dem Begriffe „Minderjährig“ etwas anderes gemeint sein solle, als eben die Minderjährigkeit im Sinne des bürgerlichen Rechts, zumal die neueste Revision und Abänderung des Vereinsgesetzes in einem Zeitpunkte erfolgt ist, in welchem das neue BGB. bereits abgeschlossen vorlag. Einschaltungsweise sei übrigens noch bemerkt, daß das BGB. nur der Volljährigkeitserklärung eine solche exceptionelle Wirkung beilegt, nicht mehr aber z. B. der Verheirathung einer minderjährigen Frauensperson, wie es nach verschiedenen älteren Particularrechten der Fall gewesen war.

Drittes Kapitel.

Volljährigkeitserklärung und Entmündigung.

I. Im § 3 hat das BGB. vorgesehen, daß ein Minderjähriger unter Umständen die Volljährigkeit auch schon vor zurückgelegtem 21. Lebensjahre durch einen Akt der Staatsgewalt die Volljährigkeit mit ihren Rechten erlangen kann. Jener Akt ist die „Volljährigkeitserklärung“. Diese Rechtseinrichtung war schon dem älteren Rechte bekannt (venia aetatis).

Die Neuregelung wurde in folgender Weise construirt:

1. Voraussetzungen der Maßregel sind:
   a. Vollendung des 18. Lebensjahres des Minderjährigen (§ 3);*)
   b. Einwilligung (d. h. vorherige Zustimmung) des Minderjährigen selbst (§ 4);
   c) Einwilligung des Inhabers der elterlichen Gewalt (§ 4),

*) Ueber die Frage, ob Ausländer im deutschen Reiche für volljährig erklärt werden können, vgl. Löwenfeld in Staudingers Komm. z. BGB. Bd. I S. 15.

nicht auch des Vormunds. Dessen ist im § 4 nicht gedacht und die M. zu E. I S. 35. erörterten ausdrücklich, daß nur den Rechten der Eltern nicht wider deren Willen präjudizirt werden dürfe. Die Einwilligung des Inhabers der elterlichen Gewalt ist aber nach § 4 nicht erforderlich,

a. wenn dem Gewalthaber ausnahmsweise weder die Sorge für die Person, noch die Sorge für das Vermögen des Kindes zusteht oder

b. wenn es sich um die Volljährigkeitserklärung einer minderjährigen Wittwe handelt.

2. Die Bewilligung ist facultativ. Es besteht kein Rechtsanspruch darauf. Die Bewilligung soll auch nur erfolgen, „wenn sie das Beste des Mündels befördert." Die Beurtheilung dessen ist aber ganz arbiträr. Deshalb kann auch unrichtige Beurtheilung keine Anfechtbarkeit oder Nichtigkeit begründen.

3. Zuständig ist nach dem BGB. selbst das Vormundschaftsgericht. Die Volljährigkeitserklärung ist also Justizsache. Nach Art. 147 EG. z. BGB. ist aber der Landesgesetzgebung vorbehalten, jene Zuständigkeit auch anderen als gerichtlichen Behörden zu übertragen. In Bayern wurde bisher bekanntlich landesrechtliches Rescript erfordert. Ab 1. Januar 1899 ist nach Art. 2 des bayer. Ausführungsgesetzes z. BGB. das k. Staatsministerium der Justiz zur Volljährigkeitserklärung zuständig.*)

4. Anlangend die Wirkungen der Volljährigkeitserklärung, so wird dadurch der minderjährig Gewesene jedenfalls auf dem Gebiete des Privatrechts vor dem Ge-

---

*) Ueber Antragstellung, Beginn der Wirksamkeit rc. vgl. § 58, 196 des RG. über die freiwillige Gerichtsbarkeit v. 17. Mai 1898.

setze*) dem Volljährigen gleichgestellt. Er erlangt dadurch auch die Prozeßfähigkeit nach CPO. § 52 n. Nr. Das gleiche ist anzunehmen im Bereiche des § 19 des bayer. Gesetzes über den Verwaltungsgerichtshof v. 8. August 1878. Ueber die Wirkung auf dem Gebiete des Vereins- und Versammlungsrechts in Bayern ist bereits oben S. 37 das Nöthige gesagt. Ueberhaupt ist im Grundsatze — vorbehaltlich dessen, was oben S. 37 in Bezug auf ältere Landesgesetze erörtert ist, — anzunehmen, daß die Volljährigkeitserklärung auch für das Gebiet des öffentlichen Rechts die Gleichstellung mit den nach der Regel Volljährigen bewirkt.**)

II. Wenn einerseits durch die Volljährigkeitserklärung eine Ausnahme von der Regel nach unten geschaffen wird, so bildet sich andererseits ein Ausnahmezustand nach oben durch das Rechtsinstitut der Entmündigung, welche dem an sich Volljährigen die Rechte eines solchen ganz oder theilweise entzieht.

Die Bestimmungen hierüber sind im BGB. sehr zerstreut, stehen auch theilweise in der neuen CPO.

1. Erste Frage ist: Wer kann entmündigt werden? An und für sich Jeder! Auch der Minderjährige, damit schon vor Eintritt in die Volljährigkeit gesorgt und je nach dem Landesrecht und der Sachlage auch Unterbringung in einer Irrenanstalt oder sonstige Vorkehrung bethätigt werden kann. Wegen der Ausländer enthält Art. 8 EG. z. BGB. die Bestimmung, daß ein Ausländer im Inlande nach den deutschen Gesetzen ent-

*) Anders kann es sich gestalten nach dem Inhalt von Privatdispositionen z. B. Testamenten, Stiftungsurkunden 2c.

**) So z. B. auch nach § 8 des Reichspreßgesetzes, sowie nach §§ 6—8 des RG. v. 1. Juni 1870 über Erwerb und Verlust der Reichs- und Staatsangehörigkeit.

mündigt werden kann, wenn er seinen Wohnsitz oder falls er keinen Wohnsitz hat, seinen Aufenthalt im Inlande hat. Wenn es dabei heißt: „nach den deutschen Gesetzen", so hat dies die Bedeutung, daß hier nicht das Personalstatut nach Maßgabe der Vorschriften des Heimathsstaats maßgebend sein, sondern dieselbe Beurtheilung hinsichtlich der Voraussetzungen und Wirkungen Platz greifen soll, wie beim Inländer.

2. Der zu Entmündigende muß mit einem geistigen oder sittlichen Defecte behaftet sein. Eine Entmündigung kann nicht schon wegen körperlicher Gebrechen verhängt werden. Beim Bestehen von solchen kann nur eine Pflegschaft für Person und Vermögen stattfinden nach Maßgabe des § 1910 BGB.

   Ob übrigens ein geistiger rc. Defect „angeboren" oder erst „erworben" wurde, ist gleichgültig.

3. Jener Defect muß von besonderer, gesetzlich festgelegter Beschaffenheit sein.

Im Allgemeinen sind vor allem maßgebend die zwei alten römisch-rechtlichen Gründe, zufolge deren der Betreffende als furiosus oder prodigus bezeichnet wurde. Dazu ist nunmehr im BGB. als Entmündigungsgrund auch noch die „Trunksucht" gekommen, als theilweiser Ersatz eines noch nicht bestehenden Spezialgesetzes zur Bekämpfung der Trunksucht. Im Einzelnen ist über die Entmündigungsgründe folgendes zu bemerken:

a. Im § 6 Ziff. 1 bezeichnet das BGB. als Entmündigungsgrund in erster Reihe das Bestehen von Geisteskrankheit oder Geistesschwäche solcher Art und solchen Grads, daß der Betreffende „seine Angelegenheiten nicht zu besorgen vermag." Hiezu erörtern die Mot. zu § 28 E. I eigens, daß es nicht angeht, an § 51 StGB. anzuknüpfen. Diese Stelle reiche viel weiter, als für die

Entmündigung zulässig ist. Namentlich weil dort auch vorübergehende und in der Vergangenheit liegende Zustände ins Auge gefaßt seien, während die Entmündigung in die Zukunft schaue und auf eine gewisse Dauer berechnet sei. Danach sind offenbar z. B. ganz vorübergehend stattgehabte Delirien, namentlich wenn sie Folge äußerer Einwirkungen oder acuter Krankheiten waren, an sich allein zur Entmündigung noch nicht geeignet. Andererseits ist es ebenso gewiß, daß, wenn einmal eine geistige Krankheit i. S. des BGB. wirklich besteht, dann die Entmündigung nicht ausgeschlossen wird durch intermittirende Erleichterungen: lucida intervalla, Stillstände und Relaxationen, wie sie z. B. bei der dementia paralytica in oft sehr weiter zeitlicher Ausdehnung vorkommen.

Besteht Geisteskrankheit ꝛc. wirklich, dann kann jede solche zur Entmündigung führen. Auf die pathologische Form kommt nichts an, wenn nur als Folge der Krankheit ꝛc. die schon oben betonte Voraussetzung gegeben ist, daß der Betreffende seine Angelegenheiten nicht zu besorgen vermag, d. h. die Angelegenheiten in ihrer Totalität.

Ist ein nicht bevormundeter Volljähriger in Folge geistiger Gebrechen nur außer Stande, einzelne seiner Angelegenheiten oder einen bestimmten Kreis derselben, insbesondere seine Vermögensangelegenheiten zu besorgen, also ohne total handlungs- und geschäftsunfähig zu sein, ohne der Selbstbestimmungsfähigkeit ganz oder doch erheblich verlustig zu sein, so greift nach § 1910 keine Entmündigung Platz, sondern nur die Bestellung eines Pflegers (verschieden vom Vormund).

Nach BGB. 56 Ziff. 1 gilt unter den gleichen Voraussetzungen wie Geisteskrankheit auch Geistesschwäche als Entmündigungsgrund. Das BGB. unterscheidet Geistesschwäche von Geisteskrankheit. In der Nebeneinanderstellung der Begriffe liegt keine bloße Worthäufung vor. Erstere ist von wesentlichstem Belange, wie sich aus dem ergeben wird, was später über die Wirkungen der Entmündigung zu sagen ist. Der Begriff Geistesschwäche kam übrigens erst in den letzten Stadien (Bundesrath) ins Gesetz. Er bezeichnet offenbar einen minder abnormen Zustand, in welchem die Geistesthätigkeit nicht sowohl in falsche Bahnen geleitet, als nur in ihrer Potenz durch ungenügende Entwicklung oder andere Vorkommnisse beeinträchtigt ist. Bei Entmündigung aus diesem Grunde handelt es sich hauptsächlich um Schutz gegen wirthschaftliche Ausbeutung.

b. Ein weiterer Entmündigungsgrund ist nach BGB. § 6 Ziff. 2 Verschwendung. Grundtendenz ist hiebei nach der dem Reichstage vorgelegten Denkschrift S. 2 die Fürsorge für den Verschwender selbst, für seine Familie und secundär für das öffentliche Wohl. Darum kann auch hier nach ausdrücklicher Vorschrift jenes § 6 Entmündigung nur Platz greifen, wenn der Verschwender sich oder seine Familie der Gefahr des Nothstandes aussetzt. Schon eine solche Gefahr genügt. Der wirkliche Eintritt von Nothstand braucht nicht abgewartet zu werden. Auch in jener Begrenzung ist übrigens der Begriff „Verschwendung" ein sehr wandelbarer. Sociale und wirthschaftliche Verhältnisse spielen bei der Anwendung naturgemäß eine große Rolle. Begriff und Voraussetzungen der „Verschwendung" sind recht präcis erörtert in den Mot. z. I. Entw. Bd. I. S. 63. Danach ist

α) Entmündigung zulässig bei Verschwendung sowohl in der Lebensführung, wie in dem geschäftlichen Gebahren.

β) Verschwendung kann zum Ausdruck kommen sowohl

durch Handlungen, wie durch Unterlassungen (z. B. Verwahrlosung von Vermögensinteressen);

γ) Bloßer Luxus, selbst zu großer, reicht *für sich allein* nicht aus. Ein Uebermaß von Ausgaben wird zwar immer vorliegen müssen. Aber das Entscheidende liegt dabei immer in der Begründung der Gefahr eines Nothstandes.

Auch hier kann Entmündigung schon zur Zeit noch bebestehender Minderjährigkeit verhängt werden.

Vorherige *Verwarnungen* 2c., *Besserungsaufträge* und dgl. sind nicht mehr nothwendig. Damit verschwindet dann von selbst die bisherige Streitfrage, wer solche Warnungen 2c. zu ertheilen befugt sei, ob Vormundschaftsgericht oder Polizeibehörden.

c. Die Zulassung einer Entmündigung *schon wegen Trunksucht allein* (also z. B. auch ohne Verschwendung, ohne delirium tremens etc.) ist neu für alle Rechtsgebiete Deutschlands. Beherrschend ist namentlich der Gedanke einer Fürsorge für die Familie und das öffentliche Wohl. Darin liegt eine hohe socialpolitische Bedeutung. Bezweckt wird hiebei auch, daß der Vormund das Recht und die Pflicht ausüben kann, den Trinker in eine Heilanstalt zu bringen, sowie daß die active Ausübung der elterlichen Gewalt wegfällt im Interesse der Erziehung der Kinder. Als *Trunksucht* gilt ein unwiderstehlicher dauernder *Hang* zu *übermäßigem* Genuß geistiger, berauschender *Getränke*. Nicht ist z. B. jeder hieher zu rechnen, der an regelmäßigen Branntwein- oder Biergenuß gewöhnt ist, wenn auch in größeren Quantitäten. Auch hier in § 6 Ziff. 3 ist eine wesentliche Beschränkung beigesetzt. Es wird erfordert, daß der Trinker infolge der *Trunksucht entweder*:

α) seine Angelegenheiten nicht zu besorgen vermag oder

β) sich oder seine Familie der Gefahr des Nothstandes aussetzt oder

γ) die Sicherheit anderer gefährdet.

Auch die sog. Quartalssäufer sind hieher zu rechnen nach den Verh. der Reichstagskommission; denn auch das ist ein gewisser Dauerzustand. Morphinismus u. dgl. gehört nicht hieher. Liegt auch nur Eines jener Erfordernisse vor, so ist die Entmündigung verhängbar ohne Unterschied zwischen Reich und Arm. Sie kann also z. B. den reichsten Säufer treffen, sobald er sicherheitsgefährlich wird.

4. Die Wirkungen der Entmündigung berühren nicht die Rechtsfähigkeit, sondern liegen allein auf dem Gebiete der Geschäftsfähigkeit.

Im Allgemeinen besteht hier aber ein wichtiger Unterschied.

a. Entmündigung wegen Geisteskrankheit macht nach BGB. § 104 Ziff. 3 geschäftsunfähig. Der Entmündigte ist in dieser Gesetzesstelle auf gleiche Stufe gestellt mit Kindern unter 7 Jahren.

b. Entmündigung wegen Geistesschwäche, Verschwendung oder Trunksucht begründet nur beschränkte Geschäftsfähigkeit. Der Entmündigte steht einem Minderjährigen über 7 Jahre gleich nach BGB. § 114.*)

Ob und in wie weit diese Wirkungen sich auch erstrecken auf Rechtshandlungen im Gebiete des öffentlichen Rechts, mag, namentlich gegenüber älteren öffentlich-rechtlichen Gesetzen, manchmal zweifelhaft erscheinen. In Sonder-

*) Ueber die Anwendung dieser Grundsätze auf Entmündigungen aus der Zeit vor dem 1. Jan. 1900 s. EG. z. BGB. § 155, 156.

heit gilt dies hinsichtlich der Entmündigung wegen Trunksucht, welche, wie erwähnt, das bisherige Recht nicht kannte und daher auch die bisherige öffentlich-rechtliche Gesetzgebung nicht berücksichtigen konnte. So viel ist sicher, daß wo Geschäftsunfähigkeit eintritt, dies auch auf Rechtshandlungen im Gebiete des öffentlichen Rechts erstreckt werden muß, da dieser Zustand schon seiner Grundlagen und Voraussetzungen wegen den ganzen Menschen ergreift.

Bei Eintritt beschränkter Geschäftsfähigkeit (Geistesschwäche, Verschwendung, Trunksucht) ist die Rechtslage schon nach dem Prinzipe des § 114 eben so zu beurtheilen, wie bei einem Minderjährigen. Danach ist gegenüber älteren Gesetzen die gleiche Wirkung, wie nach BGB. anzunehmen, soferne nicht aus dem bezüglichen Gesetze selbst etwas anderes abzuleiten ist.*) Bei alledem ist es, wenn für das Gebiet des Specialgesetzes der Entmündigung ebenfalls eine beschränkende Wirkung zukommt, eine weitere Frage, ob das öffentlich-rechtliche Gesetz bei in Betracht kommenden Rechtshandlungen überhaupt eine Vertretung, inbesondere im Willen selbst oder auch nur eine Vertretung in der Willenserklärung, gestattet. Verneinenden Falles ist dann eben der fragliche Rechtsakt seitens des Entmündigten rechtlich nicht möglich.

Aus dem Bereiche des BGB. selbst sind z. B. folgende specielle Wirkungen der Entmündigung zu erwähnen:

a. Der Entmündigte erhält einen Vormund BGB. § 1896.

b. Jeder Entmündigte wird selbst unfähig, Vormund zu sein. BGB. § 1780. Er hört auch durch die Entmündigung auf, Vormund zu sein, wenn er es vorher gewesen war. BGB. § 1675.

---

*) Aeltere öffentlichrechtliche Gesetze schließen von der Ausübung gewisser politischer Rechte (z. B. bei Wahlen 2c.) denjenigen aus, „welcher unter Curatel steht." Eine derartige allgemeine Bestimmung ist zweifellos auf alle Fälle der Entmündigung des neuen Rechts zu beziehen.

c. Der wegen Geisteskrankheit Entmündigte ist unfähig, ein Testament zu errichten, schon gemäß BGB. § 104. Dies gilt auch für sog. lichte Zwischenräume. Wer wegen Geistesschwäche, Verschwendung oder Trunksucht entmündigt ist, kann ein Testament nicht errichten. Diese Unfähigkeit tritt schon mit Stellung des Antrags ein, auf Grund dessen die Entmündigung erfolgt. BGB. § 2229. Ein derartig Entmündigter kann aber ein Testament widerrufen BGB. § 2253.

d. Wer durch Entmündigung in den Rechtszustand der Geschäftsunfähigkeit versetzt ist, kann keine Ehe schließen. BGB. § 1325. Wer nur in der Geschäftsfähigkeit beschränkt wurde, bedarf zur Eheschließung der Einwilligung seines gesetzlichen Vertreters. BGB. § 1304.

e. Das Erforderniß der Einwilligung des Vaters oder der Mutter nach BGB. § 1305 hängt, wie schon früher betont, nur mit dem Alter, nicht mit der Volljährigkeit zusammen. Durch Entmündigung des Nupturienten wird dieses Erforderniß daher auch nicht berührt.

An sich bestehen bleibt das Erforderniß der Einwilligung eines Entmündigten zu einer Ehe seines Kindes, nach den näheren Bestimmungen des § 1305 BGB. Für den Fall, daß der Entmündigte zur Abgabe einer Erklärung dauernd außer Stand ist, trifft die Bestimmung des § 1305 Abs. 2 Vorkehrung.

5. Bezüglich der Wiederaufhebung der Entmündigung enthält § 6 BGB. die Vorschrift, daß Erstere einzutreten hat, wenn der Grund der Entmündung wegfällt. Unter dieser Voraussetzung muß also die Entmündigung wieder aufgehoben werden.

6. Das Verfahren auf Entmündigung ist neu geregelt in der neuen CPO. § 645 fg. Es ist gerichtlicher Natur. In den bezüglichen Vorschriften ist namentlich

auch die Antwort enthalten auf die Frage, wer das Recht hat, Antrag auf Entmündigung zu stellen. Gerade diese Frage wird nicht selten von Belang für die Interessen auf dem Gebiete der inneren Staatsverwaltung. Allgemeine Regel für Entmündigung wegen Geisteskrankheit oder Geistesschwäche ist nach CPO. § 646 n. Nr., daß der Antrag gestellt werden kann von dem Ehegatten, einem Verwandten oder demjenigen gesetzlichen Vertreter des zu Entmündigenden, welchem die Sorge für die Person zusteht. Gegen eine Person, die unter elterlicher Gewalt oder unter Vormundschaft steht, kann aber der Antrag von einem Verwandten nicht gestellt werden. Gegen eine Ehefrau kann der Antrag von einem Verwandten nur gestellt werden, wenn auf Aufhebung der ehelichen Gemeinschaft erkannt ist oder wenn der Ehemann die Ehefrau verlassen hat oder wenn der Ehemann zur Stellung des Antrags dauernd außer Stande oder sein Aufenthalt dauernd unbekannt ist.

Zum Antrag auf Entmündigung wegen Geisteskrankheit oder Geistesschwäche ist auch der Staatsanwalt bei dem vorgesetzten Landgerichte befugt.

Andere Behörden als der Staatsanwalt sind hier nicht antragsberechtigt. Haben solche, z. B. Polizei- oder Gemeindebehörden, ein Interesse, die Entmündigung wegen Geisteskrankheit oder Geistesschwäche herbeizuführen, so müssen sie sich der Vermittelung der Staatsanwaltschaft bedienen.

Abweichend ist die Sache geregelt bei Entmündigung wegen Verschwendung oder Trunksucht. Zwar sind auch hier die im § 646 Abs. 1 CPO. aufgeführten Angehörigen antragsberechtigt, aber nicht der Staatsanwalt. Dieser ist hier überhaupt von der Theilnahme am Verfahren ausgeschlossen. Dagegen behält CPO. § 680 diejenigen landesgesetzlichen

Vorschriften vor, nach welchen eine Gemeinde oder ein der Gemeinde gleichstehender Verband oder ein Armenverband berechtigt ist, die Entmündigung wegen Verschwendung oder wegen Trunksucht zu beantragen.

Eine hierauf bezügliche Vorschrift war in Bayern bekanntlich bisher schon enthalten in Art. 36 des Armengesetzes v. 29. April 1869. Es heißt dort:

„Der Armenpflegschaftsrath ist berechtigt, die Bestellung gerichtlicher Curatel über Personen zu beantragen, welche durch Verschwendung die Besorgniß begründen, daß sie der Armenkasse zur Last fallen werden."

Das Antragsrecht des Armenpflegschaftsraths war hienach also beschränkt auf den Fall einer Entmündigung wegen Verschwendung. Im bayr. Ausf.Ges. v. 9. Juni 1899 Art. 160 Nr. VIII wird nun das Recht der Armenpflege zur Antragstellung auf Entmündigung erstreckt sowohl auf den Fall der Verschwendung, wie auch auf den der Trunksucht — aber in beiden Fällen abermals wieder nur unter der ausdrücklichen Voraussetzung, daß Grund zu der Besorgniß besteht, der zu Entmündigende (es kann auch eine Frau sein) werde der Armenkasse zur Last fallen. Fehlt diese Voraussetzung, so kommt das fragliche Antragsrecht in Wegfall, und nur die im § 646 Abs. 1 mit § 688 CPO. bezeichneten Personen können eingreifen. Mit dieser Regelung erscheint übrigens dadurch, daß die bayr. Landesgesetzgebung von dem Vorbehalte des § 680 CPO. nur für den Armenpflegschaftsrath Gebrauch machte, die bisher bis in die neueste Zeit immer wieder aufgetauchte Streitfrage, ob nicht neben dem Armenpflegschaftsrathe auch der Gemeindeausschuß oder Magistrat antragsberechtigt seien, im verneinenden Sinne entschieden. Zu bemerken ist noch, daß, wenn die Entmündigung wegen Trunksucht beantragt ist, das Gericht die Beschlußfassung über die Entmündigung aussetzen kann, sofern Aussicht besteht, daß der zu Entmündigende sich bessern werde. CPO. § 681 n. Nr.

Viertes Kapitel.

Wohnsitz und Aufenthalt.

I. Der Mensch lebt im Raume. Die einfachste Form des räumlichen Daseins ist der Aufenthalt. An sich ist dies ein rein natürliches Verhältniß; aber der Begriff wird auch zum Rechtsbegriff, und zwar

a) vermittelst des Gegensatzes zu dem Rechtsbegriffe des Wohnsitzes, dann dadurch, daß

b) das eine oder andere Gesetz auch schon dem Aufenthalte unter Umständen eine gewisse rechtliche Bedeutung beilegt. Letzteres ist z. B. der Fall nach dem in Geltung bleibenden § 46 des Personenstandsgesetzes vom 6. Febr. 1875 in Bezug auf das Aufgebot vor der Eheschließung, weiter nach BGB. § 1320 in Bezug auf die Zuständigkeit des Standesbeamten zur Eheschließung, nach BGB. § 1691 in Ansehung des Rechts zur Bestimmung des Aufenthalts eines Kindes.

Wichtig ist der Aufenthalt auch in prozessualer Hinsicht für die Begründung eines Gerichtsstandes in gewissen Fällen. (Vgl. CPO. § 20 n. Nr.) Wie vielfache Bedeutung der bloße Aufenthalt auch im Gebiete des öffentlichen Rechtes hat, bedarf keiner näheren Erörterung. Beispielsweise sei nur an die § 37 fg. des rev. bayr. Gesetzes über Heimath und Aufenthalt in der Fassung vom 30. Juli 1899 erinnert.

Eine Schuldefinition des Begriffes Aufenthalt findet sich im BGB. nicht. Der Begriff ergibt sich aber durch den Gegensatz zum Begriffe des Wohnsitzes. Aus den oben angeführten Gesetzesstellen, wie nicht minder aus der Natur der Sache folgt unzweifelhaft, daß als Aufenthalt im gesetzlichen Sinne nicht jedes blos momentane Verweilen eines Menschen an irgend einem Orte, sei es im Sitzen, Gehen oder Fahren betrachtet werden kann. Die Inbetrachtnahme eines Aufenthalts in solcher Veränderlichkeit wäre für die Anknüpfung von Rechtsfolgen bei vielen Verhältnissen geradezu unbrauchbar. Ein gewisses absichtliches Verweilen an einem Orte, ein gewisser „Halt", muß vielmehr immer vorausgesetzt werden. Die Frage: wie lange? kann nur nach den Beziehungen, um die es sich handelt, beurtheilt werden. Die Beantwortung unterliegt daher einem gewissen discretionären Ermessen. Sehr bezeichnend spricht jener § 46 des Personenstandsgesetzes, gleichwie der § 1320 BGB. vom „gewöhnlichen" Aufenthalte, der § 20 CPO. vom Aufenthalte von „längerer" Dauer.*)

Wohnsitz und Aufenthalt sind in begrifflicher Hinsicht die entgegengesetzten Pole. Zwischen ihnen stehen nach dem Sprachgebrauche des BGB. noch zwei andere Begriffe, die der Wohnung, einer häuslichen Stätte zur Unterkunft, und des Wohnortes, d. h. eines Ortes, sei es Stadt oder Land, wo Jemand eine Wohnung hat, und zwar entweder zu bloßem längeren oder kürzeren Aufenthalte, oder auch zu ständigem Wohnsitze.

So spricht z. B. § 570 BGB. in Bezug auf die Miethverhältnisse dienstlich versetzter Beamten, Geistlicher, Lehrer und Militärpersonen von deren Wohnort (Garnisonsort), in dem wichtigen § 1354 BGB., welcher die rechtliche Präponderanz des Mannes im Ehestande behandelt, von dessen Befugniß, den Wohnort und die Wohnung zu bestimmen.

Auf diese Weise entwickelt sich folgende Stufenleiter der Begriffe:

Aufenthalt — Wohnung — Wohnort — Wohnsitz.

Diese Begriffe, welche sich aus dem neuen Reichsrechte

*) An den reichsgesetzlichen Bestimmungen über Freizügigkeit ist (abgesehen vom Art. 37 EG.) durch das BGB. oder im Verfolge desselben nichts geändert; ebenso auch nicht an anderweitigen Gesetzesnormen über Aufenthaltsbeschränkungen.

ergeben, sind grundlegender Natur. Ihnen sind namentlich auch die Bestimmungen der Civilprozeßordnung über den Gerichtsstand, über das Zustellungswesen 2c. 2c. angepaßt. Ihnen wird sich auch die Handhabung der in den öffentlich-rechtlichen Gesetzen vorkommenden Begriffe: Aufenthalt, Wohnsitz 2c. 2c. anzupassen haben, soweit sich nicht aus einem älteren, intakt gebliebenen Gesetze für dessen Gebiet allein eigens etwas Anderes bestimmt ergeben sollte. In der Regel gebrauchen auch die öffentlich-rechtlichen Gesetze die fraglichen Begriffe ohne weitere Definition. Man hat dann bisher schon die Sache so aufgefaßt, daß die Ausdrücke im Sinne des Civilrechts zu nehmen seien. Wenn und wo dies aber der Fall ist, substituiren sich künftighin die neuen Begriffe des BGB. schon kraft jenes Grundsatzes, welcher in dem bekannten Art. 4 des EG. zum BGB. niedergelegt ist.*)

Mit dem Begriffe des Unterstützungswohnsitzes des außerbayrischen Reichsrechts hat das BGB. nichts zu thun. Das ist eine eigenartige Spezialsache für sich. Ebenso ist dem BGB. der Begriff: Heimath im Sinne des bayr. Rechts und Reservatrechts völlig unbekannt. Dieser Begriff darf deshalb auch in die rein civilrechtlichen Fragen nicht einbezogen werden. Allerdings spielt er bei uns in Bayern auch bei der Frage der Eheabschließung und deren Wirkungen noch eine gewisse Rolle. Aber die Eheabschließung ist eben auch nach der bestehenden und bleibenden Rechtslage in Bayern keine rein civilrechtliche Angelegenheit. Vorgekommen ist es freilich bis in die Neuzeit nicht selten, daß auch im Justizgebiete auf die Heimath gleichsam hülfsweise reflectirt wurde, namentlich bei schwierigen Domicilsfragen in Bezug auf Dienstboten behufs Ermessung der gewöhnlich nicht recht beliebten Zuständigkeit

*) So auch Schepp, a. a. O. S. 4. Derselbe nimmt obiges namentlich auch an für den § 1 Abs. 2 des RG. über die Beseitigung der Doppelbesteuerung v. 13. Mai 1870. (BGBl. S. 119.)

zur Pflegschaft für uneheliche Kinder. Es bestehen aber zahlreiche obergerichtliche Entscheidungen, in welchen ein solcher Rückgriff auf die „Heimath" bei negativen Competenzconflikten schon bisher als unzulässig abgelehnt wurde.

Neben den oben erwähnten jetzigen Grundbegriffen steht übrigens auch noch ein weiterer. Dies ist der Begriff der „gewerblichen Niederlassung". Er ist z. B. rechtlich anerkannt und verwendet in den §§ 269, 270 BGB., sowie in dem vom Gerichtsstande handelnden § 21 CPO. n. Nr. Für das verwaltungsrechtliche Gebiet ist er vollends in verschiedener Hinsicht von erheblicher Bedeutung.

II. Was nun den wichtigsten jener Begriffe: den „Wohnsitz" betrifft, so enthält auch für ihn das BGB. keine ausgesprochene Definition. Aber das BGB. fixirt doch verschiedene Momente für Erwerb und Verlust des Wohnsitzes, aus denen sich der Begriff mit Sicherheit von selbst construirt. Im Wesentlichen steht hiebei das BGB. auf dem Boden des alten gemeinen Rechts.

Markante Abweichungen finden sich aber namentlich gegenüber dem französischen Rechte, besonders durch Beseitigung des sog. domicile élu.

In § 7 hebt das BGB. an:

„Wer sich an einem Orte ständig niederläßt, begründet an diesem Orte den Wohnsitz."

Dieser begründete Wohnsitz hat also mehrfache bestimmte Voraussetzungen. Vor allem ist erforderlich:

a) ein bestimmtes innerliches Willensmoment, gekennzeichnet im Gesetze durch die Worte: „Wer . . . sich", und gerichtet auf eine freiwillige absichtliche Bethätigung eines Aufenthalts. In Folge dessen bestimmt auch ganz consequent der § 8, daß, wer geschäftsunfähig oder in der Geschäftsfähigkeit beschränkt ist, ohne den Willen seines gesetzlichen Vertreters einen Wohnsitz weder begründen noch aufheben kann.

b) Erfordert wird weiterhin eine besondere Richtung des Willensmoments auf die Ständigkeit der Aufenthaltsnahme. Zeitweilige Unterbrechungen ändern daran nichts und zwar ebensowenig, als absolute Unabänderlichkeit erfordert wird. Ein Wohnsitz liegt also nicht vor, wenn von Anfang an schon nur auf mehr oder weniger bestimmte Zeit Aufenthalt und Wohnung genommen wird, wie z. B. auf Landsitzen, in Sommeraufenthalten u. s. w.

c) Erfordert wird endlich auch eine thatsächlich greifbare Bethätigung des Willensmoments und zwar durch Niederlassung, d. h. durch Siedelung zum Zwecke ständiger, den individuellen Verhältnissen entsprechender Lebensthätigkeit. In der Regel wird die Annahme einer solchen ständigen Niederlassung durch das Beziehen einer ständigen Wohnung*) bedingt und bethätigt erscheinen. Die Verhältnisse können aber auch so gelagert sein, daß sich unter Umständen auch ein förmlicher Wohnsitz am Platze eines gewerblichen oder Handelsetablissements annehmen läßt, wenn auch dessen Besitzer eine Wohnung anderswo hat. Jedenfalls ist aber gewerbliche Niederlassung und Wohnsitzniederlassung nicht schlechthin gleich und bloßer Immobiliarbesitz für sich allein auch nicht genügend, um einen Wohnsitz annehmen zu lassen. Anerkannt ist im BGB. auch zweierlei:

daß nämlich Jemand

a) einen Wohnsitz auch gleichzeitig an mehreren Orten haben sowie auch

*) Diese braucht nicht gerade eine selbständige, ausschließlich eigene und eigen eingerichtete zu sein. Sie kann auch z. B. in einer möblirt gemietheten Wohnung in Aftermiethe sein. Cosack, Lehrb., 2. Aufl. Bd. 1, S. 90.

b. überhaupt ohne Wohnsitz — Vagabund im juristischen Sinne — sein kann.*)

Wesentlich reducirt sind die Fälle der Wohnsitzlosigkeit durch den sog. abgeleiteten Wohnsitz des BGB. Ein solcher greift vor Allem Platz für die Ehefrau (BGB. § 10). Diese theilt kraft Gesetzes den Wohnsitz des Mannes. Ob die Frau thatsächlich beim Manne oder getrennt von ihm lebt, ist dabei gleichgiltig. Nur ausnahmsweise kommt dieser abgeleitete, gesetzlich fixirte Wohnsitz in Wegfall, nämlich wenn der Mann seinen Wohnsitz im Auslande an einem Orte begründet, wohin ihm die Frau nicht folgt und auch nicht zu folgen verpflichtet ist, d. h. nicht zu folgen braucht, weil sich ein desfallsiges Begehren des Mannes als Mißbrauch seiner eheherrlichen Rechte darstellt. (BGB. § 10 Abs. 1 Satz 2.)

Bei Wittwenschaft, bei Scheidung der Frau oder auch bei der sog. Aufhebung der ehelichen Gemeinschaft hört der abgeleitete Wohnsitz der Frau auf. Die Verhältnisse sind in und nach ihrer Person zu beurtheilen.

Solange der Mann keinen Wohnsitz hat oder die Frau in dem vorerwähnten Falle seinen Wohnsitz im Auslande**) nicht theilt, kann die Frau selbständig einen Wohnsitz haben. (BGB. § 10 Abs. 2.)

Einen abgeleiteten Wohnsitz haben auch die Kinder (BGB. § 11). Ein eheliches Kind theilt den Wohnsitz des Vaters; nicht auch den der Mutter; denn für den Bestand des abgeleiteten Wohnsitzes ist die Rechtsgrundlage nicht etwa in der elterlichen Gewalt begründet. Ein außereheliches Kind theilt den Wohnsitz der Mutter, aber auch nur dieser. Ein Adoptirter theilt den Wohnsitz des Annehmenden, sei letzteres ein Mann oder eine Frau. Ein Legitimirter steht einem ehelichen Kinde gleich. Nur besteht für Adoptirte und Legitimirte die weittragende Ausnahmebestimmung, daß eine erst nach Eintritt

*) Vgl. Planck, Komm. Bd. 1 zu § 7.

**) Vgl. Fischer-Henle. Anm. 3 zu § 10 BGB.

der Volljährigkeit erfolgende Legitimation oder Adoption keinen Einfluß auf den Wohnsitz des Kindes mehr äußert.

Der abgeleitete Wohnsitz dauert — und das ist ein wichtiger Satz für Viele, namentlich für in der Fremde befindlichen Dienstboten, Arbeiter ꝛc. ꝛc. — so lange fort, bis dessen Träger ihn selbst rechtsgültig aufhebt. Dies kann vollkräftig erst mit der Volljährigkeit geschehen; bei Minderjährigen nur durch Willensvermittlung des gesetzlichen Vertreters (Inhabers der elterlichen Gewalt oder Vormunds). Aus dem Bisherigen ergibt sich, wenn man alles zusammenfaßt und namentlich auch die correlaten Bestimmungen der CPO. mit in Betracht zieht, daß in der Regel ein eigentlicher selbständiger Wohnsitz nicht begründet ist, sondern nur ein sogenannter längerer Aufenthalt vorliegt: bei Dienstboten, Handwerksgesellen*) und Fabrikarbeitern, Studirenden, Schülern oder Lehrlingen. In Beziehung auf den Gerichtsstand z. B. hilft bei solchen Personen der concurrirende Gerichtsstand des Aufenthalts aus. Kommt es aber scharf auf den eigentlichen Wohnsitz an, und ist ein eigenerworbener Wohnsitz nicht anzunehmen, so muß eben auf den abgeleiteten Wohnsitz (in privatrechtlicher und prozessualer Hinsicht), also nicht auf die Heimath, zurückgegangen werden.

Eine besondere Rolle spielte bisher das sog. gesetzliche Domicil, d. h. ein selbständiger Wohnsitz, aber festgelegt durch eine gesetzliche Fiktion. Einen gewissen Anklang findet dieser gesetzliche Wohnsitz im BGB. noch durch die Bestimmung des § 9 BGB. Danach hat eine Militärperson**) ihren Wohnsitz am Garnisonsorte. Als Wohnsitz einer Militärperson, deren Truppentheil im Inlande keinen Garnisonsort hat, gilt der letzte inländische Garnisonsort des Truppentheils.

*) Schepp, a. a. O. S. 25.

**) Der Begriff: „Militärperson" entspricht auch hier dem allgemeinen nach Maßgabe der Militärgesetze. S. namentlich das Reichsmilitärgesetz vom 2. Mai 1874 § 38 (R. G. Bl. S. 45).

Das sieht sehr durchgreifend aus, ist es aber gar nicht. Denn es kommt alsbald der die erste Bestimmung nahezu aufhebende Nachsatz: „Diese Vorschriften haben keine Anwendung auf Militärpersonen, die nur zur Erfüllung der Wehrpflicht dienen oder die nicht selbständig einen Wohnsitz begründen können." Es fallen also weg die ganzen im Ersatzgeschäfte ausgehobenen Mannschaften, die Einjährig-Freiwilligen, auch die mit freiwilliger Meldung eintretenden Wehrpflichtigen, endlich die Mannschaften, Offiziere 2c. 2c. der Reserve und Landwehr. Für das domicilium necessarium bleiben also nur die Kapitulanten, die nicht mehr wehrpflichtigen Unteroffiziere, die Berufsoffiziere, aber auch diese nur, soferne sie volljährig sind, weil sie sonst in die ausgenommene Kategorie derer fallen, welche nach BGB. § 8 keinen eigenen Wohnsitz begründen können. Ein minderjähriger, auf Beförderung dienender Fähnrich oder Leutnant*) z. B. behält also vorerst noch den abgeleiteten Wohnsitz seines Vaters.

Als ein gesetzlicher Wohnsitz galt im älteren Rechte auch das sog. domicilium necessarium der Beamten an ihrem Amtssitze. Nach dem BGB. gibt es ein solches nicht mehr.**) Bürgerlicher Wohnsitz und Amtssitz müssen fortan als getrennte Begriffe und Rechtsverhältnisse betrachtet und behandelt werden. Der Amtssitz bemißt sich nach dem öffentlichen Rechte, der bürgerliche Wohnsitz nach dem bürgerlichen Gesetzbuche. Beide können zusammenfallen. Es ist dies aber keine unbedingte rechtliche Nothwendigkeit mehr. Selbst-

*) Stehen diese auch noch in militärdienstpflichtigem Alter, so dienen sie doch nicht „nur zur Erfüllung der Wehrpflicht".

**) Anerkannt auch bei Schepp a. a. O. S. 4. Mit Recht bemerkt derselbe auch, daß der Ausdruck: „Dienstlicher Wohnsitz", wie er sich z. B. findet im § 9 Abs. 2 des Reichsgesetzes über Erwerb und Verlust der Reichs- und Staatsangehörigkeit v. 1. Juni 1870 und in §§ 21, 22 des Reichsbeamtengesetzes v. 31. März 1873, nur den Amtssitz bedeutet. S. auch Cosack, Lehrb., 2. Aufl. Bd. 1 S. 91.

verständlich ist und bleibt es dem Landesrechte und der Dienstesordnung verstattet, dem Beamten vorzuschreiben, daß er am Sitze seiner Amtsthätigkeit auch seinen Wohnsitz, ja vielleicht selbst eine bestimmte Wohnung*) nehmen muß. Wo aber dies nicht der Fall ist, und ein Beamter demgemäß außerhalb seines Amtssitzes thatsächlich seine Privatwohnung nimmt, da trifft ihn keinerlei gesetzliche Fiction, sondern sein Wohnsitz bestimmt sich eben einfach nach den allgemeinen bürgerlich-rechtlichen Kriterien. Dieses Verhältniß wird sich häufig ergeben in den Beziehungen von Großstädten zu ihren selbständigen Vororten z. B. Berlin-Charlottenburg, Berlin-Schöneberg, München-Neupasing rc. rc. Wie überhaupt die Wohnsitzfrage vielfach maßgebend sein kann für Besteuerungsverhältnisse, so ist dies namentlich auch der Fall in Bezug auf die ebenberührten Verhältnisse. Ohnehin selbstverständlich ist es, daß die Immobilienbesteuerung für einen Beamten, z. B. als Haus- und Gartenbesitzer, dem Orte der belegenen steuerpflichtigen Sache folgt. Auch kann und wird es sowohl dem Staate, wie dem Beamten schließlich gleichgültig sein, ob letzterer z. B. beim Stadt- oder Landrentamte München mit Einkommen- und Kapitalrentensteuer veranlagt wird. Nicht gleichgültig ist dies aber z. B. mit den Gemeindeumlagen, welche nach der Gemeindeordnung dem Orte der Veranlagung mit Staatssteuer sich anschließen. Richtet sich nun die Staatssteuer nach dem Wohnsitze oder selbst nur nach dem Wohnorte, so variirt räumlich damit auch die Gemeindeumlage, erwächst dazu auch etwa noch eine eigene Distriktsumlage, Kirchensteuer u. s. w. — Noch ist einiges anzufügen über einige besondere Personenkategorien.

1. Sträflinge, Untersuchungsgefangene, detinirte Inwohner von Arbeitshäusern, Erziehungs- und

*) Z. B. ein Eisenbahnbeamter im Stationsgebäude, ein Kassenbeamter im Amtshause, ein Bezirksamtmann im Amtsgebäude u. s. w.

Besserungsanstalten erlangen im Orte ihres Gewahrsams keinen Wohnsitz.*) Es fehlt hier schon das Moment der Freiwilligkeit. Freilich begegnet man desfalls auch bereits anderer Meinung, z. B. in Ansehung lebenslänglicher Zuchthaussträflinge.**)

2. Geisteskranke, welche sich in einer Heilanstalt befinden, haben dort
   a. jedenfalls dann keinen Wohnsitz, wenn sie sich in der Anstalt nur vorübergehend zu Heilungszwecken befinden.
   b. Bei dauerndem Aufenthalte erklären die Motive zum Entw. des BGB. die Frage, ob dort auch Wohnsitz besteht, als von den Umständen des Einzelfalles abhängig.

3. Daß Ausländer, welche in Deutschland das Recht der Exterritorialität genießen, nun auch in Deutschland keinen Wohnsitz haben, liegt im Begriffe. Was aber den umgekehrten Fall betrifft, daß ein Deutscher im Auslande die Exterritorialität genießt, so hat über den Wohnsitz eines solchen das BGB. keine besondere Bestimmung mehr. Nur in der CPO § 15 n. Nr. findet sich eine solche in Ansehung des Gerichtsstands.

4. Juristische Personen haben keinen Wohnsitz. An dessen Stelle tritt hier schlechthin der Sitz, dessen Bestimmung theilweise sogar gesetzlich geboten ist, z. B. nach BGB. § 24, 80 für Vereine und Stiftungen.

Aufgehoben wird nach BGB. der Wohnsitz erst dann, wenn die Niederlassung mit dem Willen aufgegeben wird, sie aufzuheben. Also auch hier muß das Willensmoment mit der körperlichen Thatsache sich vereinigend zusammentreffen.

---

*) Vgl. Planck, Comm. Bd. 1 zu § 7.

**) Vgl. z. B. Levy in den Bl. f. Rechtsanwendung Bd. 64 S. 134.

Fünftes Kapitel.

Persönlichkeitsrechte, insbesondere Namensrecht.

Mit dem Beginne seiner selbständigen Existenz und damit seiner Rechtsfähigkeit hat innerhalb der gegebenen positiven Rechtsordnung der Mensch sofort, als angeboren, eine Summe von Rechten. Diese liegen theils auf dem Gebiete des Privatrechts, theils sind sie im öffentlichen Rechte begründet. Von denjenigen Rechten, welche allein dem öffentlichen Rechtsgebiete angehören, ist hier nicht abzuhandeln. Aber auch jene Rechte privatrechtlicher Natur sind vielfach so gestaltet, daß sie mittelbar für die öffentlichen Rechtsverhältnisse von Wichtigkeit sind, diese mitbeeinflussen.

Schon in der ersten Stunde seines Lebens macht sich beim Menschen geltend:

I. der Anspruch auf Fürsorge und Unterhalt. Sein Umfang bewegt sich innerhalb gesetzlich eigens festgelegter Grenzen. Zunächst fällt dieser Anspruch in den Bereich des Familienlebens. Leider nur zu oft greift aber derselbe Anspruch, früher oder später, auch in das Gebiet öffentlicher Fürsorge außerhalb des Familienkreises über, erzeugt Pflichten der Gemeinde, der Armenpflege und des Staates. Diesem Punkte werden daher auch an späterer Stelle eigene Betrachtungen gewidmet werden.

II. Eine weitere Gruppe von Rechten jener Art sind diejenigen, welche die neuere Jurisprudenz unter dem Begriffe der Individualrechte zusammenfaßt. Es sind Rechte, welche, ohne direct auf das im Privatrechte vielfach die Hauptrolle spielende Vermögen sich zu richten, doch der Rechtspersönlichkeit kraft ihrer selbst innewohnen und sie in alle Beziehungen privaten oder öffentlichen Charakters begleiten.

Es gehört hierher vor Allem:

1. **Das Recht auf Leib und Leben, Freiheit und Ehre.** Verletzungen dieser Rechte spielen ihre Hauptrolle allerdings auf dem Gebiete des Strafrechts. Aber das BGB. hat solchen auch für das Gebiet des Privatrechts nunmehr eine tiefgreifende Bedeutung beigelegt durch seine hochwichtige grundsätzliche Bestimmung in § 823 — eine Bestimmung, welche, wenn sie auch enger gezogen ist, doch sehr erinnert an den altbekannten Art. 1383 des Code civil, jenes Mädchen für alles, welches der französischen Jurisprudenz für den praktischen Schutz der verschiedenartigsten Rechtsbeziehungen schon hat Dienste leisten müssen.

Jener wichtige § 823 BGB. lautet:

Wer vorsätzlich oder fahrlässig das Leben, den Körper, die Gesundheit, die Freiheit, das Eigenthum oder ein sonstiges Recht eines Anderen widerrechtlich verletzt, ist dem Anderen zum Ersatze des daraus entstehenden Schadens verpflichtet.

Die gleiche Verpflichtung trifft denjenigen, welcher gegen ein den Schutz eines Anderen bezweckendes Gesetz verstößt. Ist nach dem Inhalte des Gesetzes ein Verstoß gegen dieses auch ohne Verschulden möglich, so tritt die Ersatzpflicht nur im Falle des Verschuldens ein.

Abs. 2 steht in besonders wichtiger Beziehung zu §§ 120a und 147 der Gewerbe-Ordnung und den dortselbst begründeten Rechten der Arbeiter gegenüber den Gewerbeunternehmern, nämlich den Ansprüchen auf Schutz von Leben und Gesundheit in Hinsicht auf Arbeitsräume, Betriebsvorrichtungen, Maschinen, Geräthschaften, Licht und Luft, Regelung des Betriebes u. s. w. Durch das BGB. bekommen sie eine neue, kräftige Folie.

Im Anschluß an den allgemeinen Satz des § 823 hat dann das BGB. in den darauf folgenden Paragraphen auch noch Bestimmungen

a. **zum Schutze des Credits, Erwerbs und Fortkommens** gegen wahrheitswidrige schädigende Behauptungen. (§ 824);

b. zum Schutze der Geschlechtsehre einer Frauensperson gegen die Schäden, welche ihr entstehen, wenn sie durch Hinterlist, Drohung oder **unter Mißbrauch eines Abhängigkeitsverhältnisses** (insbesondere z. B. als Dienstbote, Gewerbsgehilfin u. s. w.) zur außerehelichen Beiwohnung bestimmt wird, (§ 825) endlich

c. zum Schutze gegen sog. illoyale Handlungen. In letzterer Hinsicht bringt § 826 den weittragenden Grundsatz zum Ausdruck:

Wer in einer gegen die guten Sitten verstoßenden Weise einem Anderen vorsätzlich Schaden zufügt, ist dem Anderen zum Ersatze des Schadens verpflichtet.

Es bedarf durchaus keiner Erörterung darüber, wie tiefeingreifend diese Bestimmungen des BGB. für das sociale Leben sind. Das BGB. hat damit einen Griff gethan mitten in mannigfache Verhältnisse des modernen Lebens, welche auch für den Verwaltungsbeamten den Gegenstand vielfacher Obsorge bilden können.

2. Eine weitere Gruppe der sog. Individualrechte umfaßt jene geistigen oder auch sog. immateriellen Güter, welche ihren Schutz namentlich in Gestalt der Gesetze über die Autorrechte (auch über Patentwesen, Muster und Marken, Firmenwesen ꝛc. ꝛc.) finden. Das BGB. hat darüber keine Bestimmungen. Es bleiben dafür nach wie vor die einschlägigen besonderen Reichsgesetze maßgebend (Art. 32 EG. z. BGB.).

In den Kreis der sog. Individual-Rechte gehört endlich auch noch das sog.

3. Namensrecht.*) Ueber den ganzen Erdball ist der Brauch verbreitet, dem einzelnen Menschen zur Kenn-

*) Nachstehende Erörterung folgt im Auszuge und mit verschiedenen neuen Darlegungen dem größerem Aufsatze von Staudinger, in Bl. f. RA. Bd. 62 S. 161 fg., soweit eben jene Ausführungen überhaupt hieher in Betracht kommen.

zeichnung und Unterscheidung desselben innerhalb der Lebensgemeinschaft mit anderen Menschen einen Namen beizulegen. Der Name ist dabei gewöhnlich ein gedoppelter. Er besteht aus dem Familiennamen zur Kennzeichnung der Zugehörigkeit zu einer bestimmten Familie und dem Vornamen zur Kennzeichnung des Einzelnen unter den verschiedenen Trägern desselben Familiennamens.

Jener Brauch war ursprünglich lediglich ein thatsächliches Verhältniß. Erst allmählich hat er sich in den Culturstaaten zum Rechte verdichtet. Der Entwicklungsgang hiezu war aber ein sehr langsamer. Das Namensrecht ist lange Zeit hindurch sehr karg gewürdigt und behandelt gewesen. In neuerer Zeit erst hat ihm die Rechtstheorie und Gesetzgebung mehr Aufmerksamkeit zugewendet. Letzteres trifft auch zu für das am 1. Jan. 1900 in Geltung tretende Bürgerliche Gesetzbuch für das deutsche Reich. Behandelt auch dasselbe das Namensrecht nicht vollerschöpfend, so sind doch eine Reihe von Fragen, welche nach den seitherigen Particularrechten mehr oder minder zweifelhaft waren, in Behandlung genommen und der Lösung zugeführt worden. Allerdings nur solche privatrechtlichen Charakters, eben nach Maßgabe der Zweckbestimmung des BGB. Das Namensrecht hat aber seine doppelte Seite, eine privatrechtliche und eine öffentlich-rechtliche. Erstere behandelt vornehmlich das BGB. — letztere bleibt, soweit nicht ein specielles Reichsgesetz eingreift, der Landesgesetzgebung anheimgestellt. Da es sich beim Namensrechte, wie es sich nun in Deutschland gestaltet, um manches Neue handelt, so erscheint eine etwas nähere Betrachtung angezeigt.

A. Die Grundlage des für Deutschland nunmehr reichsrechtlich fixirten Namensrechts bildet sowohl in öffentlich-rechtlicher wie in privatrechtlicher Hinsicht nach wie vor der im neuesten Wandel der Gesetzgebung unberührt gebliebene § 22 des Reichsgesetzes über die Beurkundung des Personenstands vom 6. Febr. 1875 (RGBl. S. 23). Danach muß innerhalb bestimmter Frist für jeden in Deutschland Geborenen, sei er In- oder Ausländer, im Standesregister eingetragen werden der

a) Vornamen des Kindes und der

b) Familiennamen der Eltern.

Hiedurch und in Verbindung mit den nachzuberührenden Bestimmungen des BGB. steht dann Vor- und Familiennamen des Kindes von selbst fest. In ersterer Beziehung wirkt der Eintrag in gewisser Hinsicht constitutiv. Denn es wird der Vornamen dem Kinde erst nach der Geburt beigelegt und diese Beilegung, in welcher allerdings der Schwerpunkt der Namengebung in rechtlicher Hinsicht liegt, durch die Beurkundung*) erst vollwirksam. In Ansehung des Familiennamens aber hat der Eintrag lediglich declarative, beurkundende Bedeutung, indem der Familiennamen dem Kinde sofort mit der Geburt schon von dieser an rechtlich und von selbst zufällt. Ueber den

B. **Familiennamen** bestimmt das BGB. folgendes:

1. Das eheliche Kind erhält den Familiennamen des Vaters (BGB. § 1616).

2. Das uneheliche Kind bekommt den Familiennamen der Mutter (BGB. § 1706 Abs. 1), d. h. denjenigen Namen, welcher dieser Mutter unverheirathet eigen ist oder war (Mädchennamen), und zwar letzteres auch dann, wenn die Mutter schon vor der Geburt des als unehelich zu betrachtenden Kindes durch Verheirathung einen anderen Namen bekommen hatte (§ 1706 Abs. 2). Ebenso erhält

*) Nicht durch die Taufe, sei sie vorausgehend oder nachfolgend.

das uneheliche Kind jenen Mädchennamen in dem Falle, wenn eine verheirathet gewesene Frau als Wittwe oder geschiedene Frau ein uneheliches Kind geboren hat. Die Führung des Namens des unehelichen Vaters ist nicht gestattet, auch nicht mit dessen Zustimmung oder nach Willen der Mutter, damit nicht das Verhältniß unehelicher Abstammung verdunkelt wird. Eine Führung des väterlichen Namens tritt selbst dann nicht ein, wenn der uneheliche Vater seine Vaterschaft anerkannt hat.*) Ob das uneheliche Kind einer adeligen Mutter neben deren angeborenem Familiennamen auch das Adelsprädicat derselben führen darf, ist nach dem einschlägigen öffentlichen Rechte zu beurtheilen. (Darüber nachher noch Weiteres)**).

Den hienach einer Person von Rechtswegen angeborenen Familiennamen zu führen, ist deren Recht, aber auch deren Pflicht, welcher sie sich einseitig ohne Rechtsgrund nicht entziehen können***).

3. An dem ursprünglichen, durch die Gesetzesvorschrift begründeten Familiennamen treten, ebenfalls kraft besonderer Bestimmungen des BGB., späterhin unter Umständen Aenderungen ein. Hinsichtlich solcher

a) privatrechtlicher Namensänderungen

sind folgende Bestimmungen des BGB. hervorzuheben:

*) Hiemit sind die älteren Rechtsunklarheiten, welche particulär bisher manchen Orts bestanden hatten, nunmehr gründlich beseitigt, und zwar folgerichtig nach jenem Grundstandpunkte, welchen das BGB. in § 1705 in Bezug auf die rechtliche Stellung der unehelichen Kinder überhaupt eingenommen hat.

**) Ueber Namengebung für Findelkinder s. Staudinger a. a. O. S. 164.

***) Diese Pflicht muß scharf betont und festgehalten werden. Daraus erwachsen wichtige Consequenzen, namentlich auch in Ansehung der Frage des sog. Pseudonyms (s. später).

α) Durch die Eheschließung erhält die Frau statt ihres bisherigen Namens fortan den Familiennamen des Mannes (BGB. § 1355). Diese Namensänderung tritt kraft Gesetzes mit rechtlicher Nothwendigkeit ein. Sie begründet ebenso das Recht wie die Pflicht zur Führung des Ehenamens. Nicht ausgeschlossen ist für die Frau als ein da oder dort üblicher Brauch die Beifügung ihres Mädchennamens, wenn der Mann selbst dem zustimmt*). Das Rechtsmoment liegt aber nur im Namen des Mannes. Daher kann auch der Mann diese Namensführung rechtlich klagbar erzwingen.

Da der Satz des § 1355 BGB. allgemein lautet, so gilt er bezüglich des Ehenamens der Frau auch in solchen Fällen, welche nach den Rechtsanschauungen früherer Zeiten als „Mißheirathen" oder „Ehen zur linken Hand" bezeichnet wurden. Das BGB. kennt diese Begriffe nicht mehr und leitet daher auch aus den bezüglichen Verhältnissen keine besonderen Rechtsfolgen ab. Nur bezüglich der Landesherrn, der Mitglieder der landesherrlichen Familien 2c., dann des sog. hohen Adels greifen die Vorbehalte der Art. 57 und 58 des EG. z. BGB. ein, und zwar zu Gunsten primärer Geltung der Hausgesetze und des Landesrechts nach Maßgabe der dortigen näheren Bestimmungen und Begrenzungen.

Eine andere Frage ist die, ob in Fällen jener Art die Frau auch die besonderen Standesrechte des Mannes erhält?

*) Folgt aus dem BGB. § 1354. Der Mann kann ja auch Gründe haben, den ursprünglichen Familiennamen der Frau der Vergessenheit zu überliefern. Uebrigens erachten Andere im Rückblick auf Verhandlungen der Reichstagskommission, S. 124, die Combination des Namens auf Seite der Frau allein als ausgeschlossen, da keine Verschiedenheit des Familiennamens von Mann und Frau entstehen dürfe.

Soweit diese, wie gewöhnlich, auf öffentlich-rechtlichem Gebiete liegen, ist dieser Punkt eben auch nach öffentlichem Rechte, also, soweit nicht specielles Reichsrecht einschlägt, nach Landesrecht zu beurtheilen.

Der rechtmäßig erworbene Ehenamen der Frau gilt für diese auch im Wittwenstande. Denselben Namen behält die geschiedene Frau. Darauf hat sie ein Recht, sofern sie nicht als der allein schuldige Theil erklärt ist. Sie kann aber ihren Familiennamen (Mädchennamen) wieder annehmen; ebenso denjenigen des Mannes, mit dem sie etwa schon verheirathet gewesen war vor Eingehung der nun geschiedenen Ehe, es sei denn, daß sie bei dieser Scheidung als der allein schuldige Theil erklärt wurde. Die Wiederannahme des früheren Namens — in dem einen wie in dem anderen Falle — erfolgt durch Erklärung gegenüber*) der zuständigen Behörde. Diese Erklärung ist in öffentlich beglaubigter Form (Vgl. BGB. § 129) abzugeben (BGB. § 1577 Abs. 1 und 2).

Die Fortführung des Familiennamens des Mannes durch die geschiedene Frau kann übrigens dieser durch den Mann untersagt werden, wenn Jene als allein schuldig erklärt ist. Diese Untersagung erfordert ebenfalls eine Erklärung gegenüber der zuständigen Behörde. Die Erklärung ist auch hier in öffentlich beglaubigter Form abzugeben und soll (nicht: muß) der geschiedenen Frau durch die Behörde mitgetheilt werden. Ist eine solche Erklärung erfolgt, so verliert die geschiedene Frau kraft des Gesetzes den Familiennamen des Mannes und erhält von Rechtswegen ihren eigenen Familiennamen (Mädchennamen) wieder (BGB. § 1577 Abs. 3). Sich dazu das Prädicat „Frau" beizulegen, kann der Geschiedenen nicht verwehrt sein. Dieses

*) Nicht: „Vor". Also ist auch schriftliche Erklärung statthaft und wirksam.

Prädicat ist kein Bestandtheil des Namens. Es kann auch von unbestreitbarem Werthe sein, namentlich wenn die Geschiedene ehelich Kinder geboren hat.

Was über die Scheidung bestimmt ist, gilt auch im Falle der „Aufhebung der ehelichen Gemeinschaft“ (BGB. §§ 1575, 1586.) Ueber diese Form der Ehetrennung folgt später Näheres.

β) Hat sich die Mutter eines unehelichen Kindes verheirathet, so kann deren Ehemann diesem Kinde seinen Namen geben. Hiezu ist erforderlich: die Einwilligung des Kindes selbst (im Falle der Minderjährigkeit desselben seines gesetzlichen Vertreters), dann die Einwilligung der Mutter des unehelichen Kindes und endlich eine besondere Erklärung jenes Ehemannes gegenüber der zuständigen Behörde. In diesen drei Richtungen sind aber gemäß BGB. § 1706 die Erklärungen ebenfalls wieder in öffentlich beglaubigter Form abzugeben nach BGB. § 129. Zeitliche Beschränkungen für diese Art der Namensertheilung sind im § 1706 nicht festgesetzt. Letztere kann daher jeder Zeit erfolgen, gleichviel ob das Kind noch minderjährig oder schon volljährig ist. Es besteht auch kein Unterschied zwischen dem Falle, daß das uneheliche Kind schon vor der Verheirathung der Mutter geboren war oder dessen Geburt erst nach dieser Verheirathung erfolgte. Ein anderer Fall ist aber

γ) derjenige der Legitimation durch nachfolgende Ehe bei Verheirathung des Vaters des unehelichen Kindes mit dessen Mutter (BGB. § 1719) oder durch Ehelichkeitserklärung für das Kind (§ 1736). Ist die Legitimation des unehelichen Kindes auf dem einen oder anderen Wege nach Maßgabe der hiefür gesetzlich bestimmten Voraussetzungen erfolgt, so erlangt das uneheliche Kind die Stellung eines ehelichen Kindes, und zwar im Falle der Legitimation durch nachfolgende Ehe mit der Eheschließung der Eltern, bei Ehelichkeitserklärung aber durch die Ertheilung derselben. Danach erhält das Kind von dem gedachten Zeitpunkte an sofort kraft des Gesetzes auch den Namen des Vaters, wie ein eheliches.

δ) Im Falle rechtsförmlicher Annahme an Kindesstatt erhält das angenommene Kind den Familiennamen des Annehmenden, also:

αα) bei Annahme durch einen Mann dessen Familiennamen;

ββ) bei Annahme durch eine Frau allein deren Familiennamen, d. h. den ihr angeborenen Namen, also bei einer Frau, welche durch Verheirathung einen anderen Ehenamen bekommen hat, deren vorehelichen Namen (Mädchennamen), und zwar letzteren auch dann, wenn die Frau in zweiter oder noch weiterer Ehe lebt;

γγ) bei gemeinschaftlicher Annahme durch ein Ehepaar den Familiennamen des Mannes;

δδ) bei Annahme eines Kindes des einen Ehegatten durch den anderen Ehegatten ebenfalls den Familiennamen des Mannes (BGB. § 1757, 1758.)

Nach ausdrücklicher Vorschrift des Gesetzes (BGB. § 1758 Abs. 2) darf das angenommene Kind dem neuen Namen seinen früheren Familiennamen hinzufügen, soferne nicht in dem Annahmevertrag etwas Anderes bestimmt ist, d. h. also, wenn nicht ausdrücklich bedungen ist, daß die Bildung eines solchen Doppelnamens ausgeschlossen sein solle. Der frühere Namen wird dem neuen hinzugefügt. Also kommt der Letztere an erste Stelle. Die Wirkungen der Annahme an Kindesstatt erstrecken sich nach BGB. § 1762 auf die Abkömmlinge des Kindes, jedoch auf einen schon zur Zeit des Vertragsabschlusses vorhandenen Abkömmling und dessen (d. h. des letzteren) Abkömmlinge nur dann, wenn der Vertrag auch mit dem schon vorhandenen Abkömmling geschlossen wird. Dieser Grundsatz äußert seine Rechtswirkung auch in Ansehung des Namens nach Maßgabe der oben dargestellten Modalitäten.

Eigene Bestimmungen hat das BGB. in Ansehung des Familiennamens auch für den Fall getroffen, daß das durch die Annahme an Kindesstatt begründete Rechtsverhältniß wieder aufgehoben wird (BGB. § 1768). In einem solchen Falle verlieren das Kind und diejenigen Abkömmlinge desselben, auf welche sich die Aufhebung erstreckt, für die Zukunft das Recht, den Familiennamen des Annehmenden zu führen (BGB. § 1772). Ihr eigener ursprünglicher Familienname lebt wieder auf, und zwar auch für jene Abkömmlinge. Jedoch mit einer Ausnahme: Liegt einer der Fälle des § 1757 Abs. 2 vor, d. h. hat ein Ehepaar gemeinschaftlich ein Kind oder ein Ehegatte ein Kind des anderen angenommen, so bleibt nach § 1772 Abs. 2 der Adoptivname, soferne in diesen Fällen die Aufhebung der Annahme an Kindesstatt erst nach dem Tode eines der Ehegatten erfolgte.

b) Verschieden von den vorstehend behandelten Fällen und Formen der privatrechtlichen Aenderung des Namens ist jene anderweitige Aenderung des Familiennamens (sei es auch nur die Veränderung der Schreibweise), welche auf Antrag des Namensinhabers oder eines gesetzlichen Vertreters desselben durch einen Act der Staatsgewalt erfolgt. Bei Schaffung des BGB. waltete die Auffassung ob, daß die Namensänderung dieser Art dem öffentlichen Rechte zugehöre. Das BGB. enthält deshalb auch hierüber keinerlei Bestimmung. Ebendarum darf aus dem Schweigen des Gesetzes nicht die Folgerung gezogen werden, als ob eine solche Namensänderung reichsrechtlich ausgeschlossen sei.

Die Frage fällt vielmehr dem Landesrechte, und zwar demjenigen öffentlich-rechtlichen Characters, anheim. In Bayern ist von jeher die Genehmigung zu einer Aenderung des Familiennamens als ein Kronrecht betrachtet und behandelt und deshalb der landesherrlichen Entschließung vorbehalten worden. Für die Zukunft hat die Frage positive gesetzliche Regelung durch das Bayr. Ausf.Ges. gefunden. Durch Art. 3 dieses Gesetzes vom 9. Juni 1899 ist ausgesprochen, daß der Familienname, soweit nicht ein Anderes vorgeschrieben ist, nur mit Bewilligung (also vorherige Erlaubniß) des Königs geändert werden kann. Die näheren Ausführungsvorschriften hiezu werden von den zuständigen Staatsministerien erlassen.

C. Die **Vornamen**, deren Bedeutung schon oben berührt wurde, werden einer Person nicht angeboren, müssen ihr aber nach § 22 des Personenstandsgesetzes v. 6. Febr. 1875 binnen längstens zwei Monaten vom Tage der Geburt an beigelegt und standesamtlich beurkundet werden.

Ueber Vornamen enthält das BGB. eine directe Bestimmung nach keiner Richtung. In Betracht kommen hier aber namentlich drei Fragen:

1. wer ist berufen und berechtigt zur Auswahl und Festsetzung der Vornamen?
2. welche Vornamen dürfen beigelegt werden?
3. ist eine spätere Aenderung der Vornamen zuläßig und, unter welchen Modalitäten?

Zu 1. In Bezug auf die Berufung zur Namengebung enthält das BGB. wenigstens indirect anzuwendende privatrechtliche Normen. Schon die Mot. z. Entw. I Bd. 4 S. 712 hatten bemerkt: „Hinsichtlich des Rechts und der Pflicht, dem Kinde den Vornamen beizulegen, hat der Entwurf die Aufnahme einer besonderen Vorschrift als entbehrlich erachtet, davon ausgehend, daß die Beilegung des Vornamens als Ausfluß der Pflicht und des Rechtes der Sorge für die Person des Kindes erscheint." Dieser Gesichtspunkt ist auch bei der weiteren Entwicklung des BGB. festgehalten worden und in der Theorie als maßgebend anerkannt. Demzufolge kommt die Beilegung des Vornamens zu:

a. dem ehelichen Vater (BGB. § 1627),
b. unter den Voraussetzungen der §§ 1684, 1685 BGB., gemäß § 1686 desselben, auch der ehelichen Mutter, ferner
c. eventuell auch dem Vormund eines ehelichen Kindes nach Maßgabe des § 1773 BGB.;
d. für ein uneheliches Kind tritt in fraglicher Hinsicht ein: nach § 1705 in erster Reihe die uneheliche Mutter, eventuell auch wieder der Vormund.

Zur Beilegung eines Vornamens für das Kind sind die hiezu Berufenen nicht blos berechtigt, sondern unbedingt auch verpflichtet.

Zu 2. Die Wahl der Vornamen ist dem hiezu Berechtigten im Allgemeinen freigegeben und folgt vielfach der Volkssitte. Immerhin bestehen auch einige selbstverständliche rechtliche Grenzen. Nämlich:

a. Die als Vornamen gewählte Bezeichnung muß zur Zweckbestimmung wenigstens im Allgemeinen dienlich sein und den Character eines wirklichen Personennamens, und zwar nach Maßgabe der üblichen Volksanschauung eines Vornamens für das betreffende Geschlecht, an sich tragen. Eine Ortsbezeichnung kann daher gewiß nicht als Vornamen verwendet werden.
b. Der beizulegende Vornamen darf nicht den guten Sitten oder der öffentlichen Ordnung zuwiderlaufen oder überhaupt sonst anstößig sein.

c. Die Auswahl des Vornamens darf keiner gesetzlichen Prohibitivbestimmung (sei sie privat- oder öffentlich rechtlicher Natur) zuwiderlaufen.*)

Zu 3. Die Angelegenheit der Aenderung eines Vornamens haben schon die Motive zum ersten Entwurf des BGB. eigens dem öffentlichen Rechte als dahin gehörig zugewiesen.

Sie sagen eigens: „Die Frage, unter welchen Voraussetzungen eine Aenderung des Vornamens zulässig ist, gehört dem öffentlichen Rechte an." Darum enthält auch das BGB. hierüber nichts. Ebensowenig befindet sich desfalls eine ausdrückliche reichsrechtliche Vorschrift im Personenstandsgesetze vom 6. Februar 1875. Aus dessen § 22 in Verbindung mit den §§ 65 fg. (über Berichtigung der Standesregister) darf aber gewiß zweierlei gefolgert werden, nämlich:

a. daß, ehevor die Eintragung des Vornamens im Geburtsregister erfolgte, der zur Namengebung Berechtigte noch in der freien Lage ist, seine Namensbestimmung zu ändern, sowie

b. daß nach der Eintragung im Standesregister eine freibeliebige nachträgliche Aenderung des Vornamens nicht mehr angängig ist.

Für die Zeit nach Beurkundung im Standesregister kann

*) In diesem Punkte haben im Laufe der letzten Jahrzehnte gewisse alte Vorschriften des in den Rheinlanden noch in Geltung gestandenen französischen Rechts die öffentliche Aufmerksamkeit auf sich gezogen. Nach französischem Gesetz vom 11. germinal XI (1. April 1803) durften (aus damals in den Vordergrund getretenen politischen Erwägungen gegenüber gewissen Erscheinungen aus der vorausgegangenen Revolutionsperiode) nur solche Vornamen in die Geburtsregister eingetragen werden, welche nach den Kalendern üblich oder aus der alten Geschichte bekannt sind. Gewisse Unzuträglichkeiten haben dazu geführt, daß jenes Gesetz neuerdings speciell von Bayern, Elsaß-Lothringen und Preußen außer Wirksamkeit gesetzt wurde.

es sich daher nur noch darum fragen, ob eine Aenderung im beurkundeten Vornamen überhaupt ausgeschlossen oder durch eine amtliche Genehmigung bedingt ist?

In einigen Bundesstaaten hat deshalb die Auffassung Platz gegriffen, es sei sowohl eine Aenderung des richtig beurkundeten Vornamens, wie auch eine Hinzufügung weiterer Vornamen nach dem Personenstandsgesetze überhaupt nicht mehr zulässig.*) Das erscheint nicht zutreffend. Vielmehr muß hinsichtlich der berührten Frage auf das Landesrecht zurückgegangen werden.

In Bayern hat schon lange vor Erlassung des Reichsgesetzes über den Personenstand eine mit Gesetzeskraft selbstverständlich nicht bekleidete Entschließung des StM. des Innern vom 8. März 1866, ausgeschrieben mit Justizministerialentschließung vom 24. März 1866 (JMBl. 1866 S. 61, 62 fg.), erörtert, daß (damals) ein die Aenderung des Vornamens verbietendes Gesetz nicht bestehe, daß auch ein wirkliches Interesse an Aenderung des Vornamens obwalten könne, eine solche Aenderung aber zur Erhaltung geordneter Zustände im Staate aus öffentlich-rechtlichen Gesichtspunkten der Prüfung

*) Auch in einem Bayerischen Ministerialerlasse war das einmal der Fall. In solchem Sinne erging eine Entschl. des StM. des Innern vom 20. Dez. 1877, und den gleichen Standpunkt vertraten auch Erörterungen von Müller in den Bl. für adm. Praxis Bd. 31 S. 268. Gegen die Richtigkeit dessen erhob aber seine Stimme besonders Prof. v. Sicherer in Stengels Wörterbuch des deutschen Verw.Rechts Bd. 2 S. 160, und v. Riedels PStGB. 5. Aufl. S. 94 enthält ebenfalls Gegenbemerkungen. Auch scheint jener Standpunkt bereits wieder verlassen in einer späteren Entschl. des StM. des Innern v. 8. Aug. 1881, indem dieser Erlaß neuerdings von der Zulässigkeit der Aenderung von Vornamen mit erforderlicher Genehmigung spricht und für solche Fälle gewisse formelle Anordnungen trifft. Die Ansicht aber, welche in den Bl. f. adm. Pr. Bd. 32 S. 142 auftauchte, daß sich dieser neuerliche Erlaß nur bezieht auf Vornamen, welche aus der Zeit vor dem 1. Januar 1876 herrühren, widerlegt sich aus dem Inhalte des Erlasses selbst.

durch die staatlichen Organe unterliege, und ihre Rechtsgültigkeit wie staatliche Anerkennung durch die Bewilligung der staatlichen Behörde bedingt sei.

Auch über die Zuständigkeit zur Genehmigung einer Aenderung im Vornamen bestand früher keine gesetzliche Vorschrift. In jener ME. v. 8. März 1866 wird die Zuständigkeit für die Districtspolizeibehörden (und höheren Verwaltungsstellen) in Anspruch genommen unter Anweisung an dieselben „wegen der etwa obwaltenden civilrechtlichen Anstände nur nach vorgängigem Benehmen mit den betreffenden Justizbehörden Beschluß zu fassen."

Der Entw. des Bayr. Ausf. Ges. z. BGB. hatte ursprünglich ebenfalls wieder über die Frage der Aenderung der Vornamen nichts enthalten. Mit vollem Rechte hat man aber im Gesetzgebungsausschusse der II. Kammer auf endliche gesetzliche Regelung der Gesammtfrage gedrungen. Dementsprechend wurde in das Ausf. Ges. als jetziger Art. 3 Abs. 2 die Bestimmung eingeschaltet, daß zu einer Aenderung des Vornamens die Bewilligung (also vorher!) der zuständigen Behörde erforderlich ist. Die Ausführungsbestimmungen (also namentlich auch die Vorschriften über jene Zuständigkeit) werden von den zuständigen Staatsministerien erlassen. AG. Art. 3 Abs. 3. Als zuständige Behörde wird voraussichtlich wieder, dem alten Standpunkte entsprechend, im Instructionswege die Districtspolizeibehörde erklärt werden.

D. Bezüglich der Uebergangszeit, d. h. in Ansehung der Frage, wie es sich verhält bezüglich der vor dem Inkrafttreten des BGB. entstandenen Familien- und Vornamen und der darin maßgebenden Rechtsverhältnisse, ergeben sich etliche Anhaltspunkte aus dem Einf. Ges. z. BGB., und zwar aus dessen

a. Art. 201, 202 in Ansehung der Fälle von Scheidung, Aufhebung der ehelichen Gemeinschaft und der früheren beständigen oder zeitweiligen Trennung von Tisch und Bett, was das Verhältniß der Eheleute zu einander anlangt;

b) Art. 203—206, bezüglich des Rechtsverhältnisses zwischen den Eltern und den schon vor 1. Januar 1900 geborenen Kindern;

c) Art. 207 bezüglich der Kinder aus nichtigen oder ungültigen Ehen;

d) Art. 208 bezüglich unehelicher Kinder.

E. Von ganz besonderer Wichtigkeit ist der dem Namensrechte zuzuwendende Rechtsschutz.

I. Ob überhaupt der Name Gegenstand eines Privatrechts sei, wurde früher lebhaft bestritten. Nach dem BGB. ist nun die Bejahung der Frage unbestreitbar. Indem dieses Gesetzbuch für das von ihm behandelte Gebiet des Privatrechts sowohl ein Recht auf einen bestimmten Namen gibt, als andererseits eine Pflicht zur Führung desselben Namens begründet, hat es zugleich neben der öffentlich rechtlichen Seite der Namensführung auch einen privatrechtlichen Character derselben unabweisbar zur Anerkennung gebracht. Aus diesem privatrechtlichen Character ist von selbst abzuleiten, daß der Namensanspruch auch privatrechtlich verfolgbar ist und sein muß. Dem Namensrechte muß auch der Namensschutz entsprechen.

Wenn man früherhin nicht selten der Behauptung begegnete, Anstände und Irrungen auf dem Gebiete der Namensführung seien lediglich von den Verwaltungsbehörden auszutragen und durch diese zu schlichten, so hing dies in gewisser Hinsicht mit der obgedachten Streitfrage zusammen. Eine Zuständigkeit der Verwaltungsbehörden läßt sich aber jetzt nach der Stellungnahme des BGB. nur mehr insoweit denken und anerkennen, als sich entweder

a) eine zu entscheidende oder regelnde Frage lediglich auf dem Gebiete des öffentlichen Rechts bewegt, oder als es sich

b) um den Namensgebrauch gegenüber einer Behörde handelt.

Sobald aber dem Namensträger als Privatrechtssubject ein anderes Privatrechtssubject widerstreitend gegenübertritt, hat auch der privatrechtliche Rechtsschutz Platz zu greifen und seine Wirksamkeit zu entfalten.

Hier hat nun das BGB. ergänzend eingegriffen durch die neue eigenartige Bestimmung, welche der § 12 enthält. Diese Gesetzesstelle bestimmt wörtlich folgendes:

„Wird das Recht zum Gebrauch eines Namens dem Berechtigten von einem Anderen bestritten oder wird das Interesse des Berechtigten dadurch verletzt, daß ein Anderer unbefugt den gleichen Namen gebraucht, so kann der Berechtigte von dem Anderen Beseitigung der Beeinträchtigung verlangen. Sind weitere Beeinträchtigungen zu besorgen, so kann er auf Unterlassung klagen.

Zur Characteristik des Inhalts und der Tragweite dieser Bestimmung möge folgendes bemerkt sein:

1. Das Recht des Namens reiht sich ein, wie schon erörtert, in den Bereich der sog. Individualrechte. Aber nicht jedes Individualrecht, welches sich auch nur in namensähnlicher Richtung bewegt, fällt in den Bereich des § 12 BGB. Vielmehr scheiden von vorneherein aus alle diejenigen namensähnlichen Bezeichnungen, deren Gebrauch oder Nichtgebrauch in besonderen Reichsgesetzen behandelt und geregelt ist, wie z. B. die Handelsfirma, die Waarenbezeichnungen 2c.

2. In das Gebiet des § 12 BGB. fallen nur Personennamen. Nicht hieher zu rechnen sind alle Namen von bewohnten Orten, sowie solche zur Bezeichnung von sonstigen einzelnen Oertlichkeiten. Es gilt dies auch dann, wenn diese Arten von Namen in den öffentlichen Büchern

(Katastern, Grund- und Hypothekenbüchern) eingetragen sind und mit persönlichen Namensverhältnissen einen gewissen Zusammenhang ehedem hatten oder noch haben, wie es namentlich bei Bauerngütern so häufig vorkommt (z. B. Hinterhuberhof, Bartellehen u. dgl.).

3. Hieher zu beziehen ist ferner jeder Namen der Person, also sowohl der Familiennamen, wie der Vornamen, und zwar gleichviel, ob diese Theile des Gesammtnamens in Verbindung mit einander oder für sich allein in Frage stehen.

4. Die Bestimmung des § 12 ist anwendbar, gleichviel ob es sich um einen bürgerlichen oder adeligen Namen handelt. Die Denkschrift zu dem bei dem Reichstage vorgelegten Entwurf des BGB. S. 5 bemerkt eigens, daß es für die Anwendung der Bestimmung keinen Unterschied begründet, ob das Recht zum Gebrauche eines Namens auf einer Vorschrift des Bürgerlichen Rechts (nicht: Gesetzbuchs) oder auf einem öffentlich rechtlichen Titel beruht. Die Voraussetzung eines Anspruchs auf einen adeligen Namen ist selbstverständlich auch bei einer privatrechtlichen Klage nach § 12 BGB., soweit es sich um das dem Familiennamen beizufügende Adelsprädicat handelt, nach dem öffentlichen Landesrechte zu beurtheilen.

5. Der Rechtsschutz gebührt nur dem Rechte. § 12 BGB. spricht und handelt darum auch wortdeutlich und sinnklar von dem Schutze des Rechts zum Gebrauche eines Namens. Das Rechtsmoment ist demzufolge hier scharf zu betonen und festzuhalten. Eine subjective Berechtigung im Sinne des § 12 BGB. liegt aber nur dann vor, wenn sie begründet ist in einer objectiven Rechtsnorm, also entweder in einem vor oder nach dem 1. Januar 1900 geltenden Gesetze oder wenigstens in einem zweifellosen, den gesetzlichen Voraussetzungen entsprechenden

Gewohnheitsrechte aus der Zeit vor dem 1. Januar 1900, soweit sich ein solches auf die älteren Namensverhältnisse bezieht.

F. Mit diesen grundlegenden Sätzen sind auch schon zwei interessante Fragen getroffen, welche bereits für und wider discutirt wurden. Die eine dieser Fragen berührt lebhaft das sociale Leben, die andere sehr intensiv das bayrische Staatsrecht. In letzterer Hinsicht vor allem folgendes:

Wie schon angedeutet, hat man bei Erlassung des BGB., was aus den Vorverhandlungen der Kommissionen 2c. nachweisbar und auch schon bündigst nachgewiesen ist, die Frage des Adelsrechts und insbesondere die Frage der Berechtigung zur Führung von Adelsbezeichnungen außer dem Kreise der Regelung durch das BGB. belassen, weil man diese Frage als dem öffentlichen Rechte zugehörig betrachtete.

Gleichwohl hat v. Bülow, Sen.-Präsident am Reichsgericht, etwas in gegentheiligem Sinne hervorgesucht und damit eine mächtige Discussion heraufbeschworen. Er knüpft an zwei Stellen des Preuß. LR. (Thl. II Tit. 2 § 681 f.) an, worin zunächst bestimmt ist:

> daß ein angenommenes Kind den Namen des annehmenden Vaters enthält, auch die Rechte seines Standes überkommt 2c. 2c.

Weiter steht daselbst aber auch:

> Ist jedoch der Annehmende von Adel und der Angenommene von bürgerlicher Herkunft, so kann letzterer die Vorrechte und Unterscheidungen des Adels nur mittels landesherrlicher Begnadigung erhalten.

Diese letztere Vorschrift erachtet nun v. Bülow als durch das BGB. beseitigt, weil in den §§ 1355, 1616, 1758 BGB. der Begriff „Familiennamen" im Sinne von „Namen mit Adelszeichnung" verstanden und folgeweise auch der Erwerb der letzteren nur nach den Normen des BGB. beurtheilt werden dürfe. Wäre diese Ansicht richtig, so erlitte dadurch auch das bayrische Adelsedict § 2 wesentliche Modificationen. Bülows Ansicht ist auch in breitgelehrt geschriebenen Abhandlungen von Krückmann und Opet lebhaft vertheidigt worden.*) Ihre entschiedenen Gegner sind Präs. Küntzel,**) Brettner,***) Manthey ****) und ich selbst.†) Auch Sohm ††) steht auf dieser Seite †††). Eine zugestandene Consequenz der Bülow'schen Ansicht wäre zum Beispiel, daß ein von einer adeligen Mutter unehelich geborenes Kind berechtigt sein würde, das Adelsprädikat der Mutter zu führen. Die fragliche Auffassung käme auch in Konflikt mit der Fundamentalvorschrift unseres Adelsedikts über das Erforderniß der Immatriculation. Dem gegenüber ging Krückmann sogar soweit, auszuführen, daß ab 1. Jan. 1900 auch diese Bestimmung kraft des BGB. wegfalle, soweit es sich um den „adeligen Namen und Titulatur" handle. Bayern könne an jene Eintragung nur mehr den Verlust oder das Ruhen öffentlich-rechtlicher Befugnisse knüpfen. Danach könnte es also künftighin in Bayern solche Personen geben, welche trotz Mangels der Immatriculation kraft des BGB. die Adelsbezeichnung führen dürften, obwohl sie wegen jenes Mangels an den Adelsrechten nicht participiren, also eigentlich keine Adeligen sind! Auf solche Wege kann man doch unmöglich folgen.

Die ganze Frage ist übrigens auch im bayr. Gef. Geb. Aussch. der II. Kammer mit Hinweisung auf die Bülow'sche

*) Verh. des 24. Juristentags, Gutachten Bd. 3 S. 117 fg., S. 151 fg., S. 191 fg.

**) Gruchot, Beitr., Jahrg. 41, S. 443.

***) Deutsche Juristenzeitung 1897, S. 242.

****) Deutsche Juristenzeitung 1897, S. 320.

†) Deutsche Juristenzeitung 1898, S. 362.

††) Deutsche Juristenzeitung 1899, S. 8.

†††) S. auch Schepp, das öffentl. Recht im BGB., S. 97.

Theorie schon angeschnitten worden zur Erwägung, ob nicht Aenderungen am bayr. Adelsedikt nöthig wären.

Man kam übrigens sofort davon zurück, nachdem mehrseitig hervorgehoben wurde, daß die ganze Frage bezüglich der Berechtigung zur Führung eines Adelsprädicats allein dem öffentlichen Rechte zugehöre. Insbesondere hat der k. Staatsminister der Justiz entgegen den Erörterungen v. Bülows und seiner Anhänger den Standpunkt der k. bayr. Staatsregierung dahin festgestellt, daß ohne Zweifel die einschlägigen Vorschriften der V. Beil. zur bayr. Verfassungsurkunde (Adelsedikt), insbesondere auch die §§ 1, 2 derselben durch das BGB. nicht berührt worden seien, überhaupt die Bayrische Gesetzgebung und Rechtssprechung stets davon ausgegangen sei, es gehörten die Vorschriften über den Erwerb und Verlust des Adels nicht dem bürgerlichen, sondern dem öffentlichen Rechte an.*)

Die zweite der obenerwähnten in Discussion gekommenen Fragen geht dahin: hat Rechtsschutz und speciell den Rechtsschutz des § 12 des BGB. auch das Pseudonym zu beanspruchen, in Sonderheit jenes Pseudonym, welches häufig Schriftsteller, Künstler und Theaterpersönlichkeiten für bestimmte Beziehungen sich selbst beilegen, also rein willkürlich annehmen? Hier stehen sich zwei Grundanschauungen — von Zwischenmeinungen ganz abgesehen — scharf gegenüber **)

Die Eine — namentlich eine gewisse Berliner Schule unter Führung von Gierke, Kohler, Krückmann, Opet und anderen — leitet aus der Sitte, sich solcher Pseudonyme zu bedienen, sofort auch einen abstrakten Rechtsanspruch auf allerlei Rechtsschutz des Pseudonyms her.

Die andere Stellungnahme spricht diesen Rechtsschutz ab,

*) Vgl. Becher, Materialien zu den bayr. Ausführungsgesetzen, Abthl. IV und V Bd. 2 S. 132.

**) Vgl. darüber und über die Literatur: Manes, das Recht des Pseudonyms (Göttingen, 1899).

weil kein zureichender Rechtssatz dafür vorhanden sei, insoferne es sich nur um Schutz eines gewillkürten Namens als solchen und abgesehen von etwaigem Schutze eines Autorrechts oder vom Schutze gegen unlauteren Wettbewerb handle, für welche letztere Fälle ja andere Gesichtspunkte maßgebend und bekannte Specialgesetze vorhanden seien. Ich selbst habe mich als Anhänger dieser strengeren Richtung bekannt. *) Diese meine Ansicht, mit der ich mich in sehr angesehener Gesellschaft befinde (Planck, Hellmann, Buchka, Cosack ꝛc.), ist erst jüngsthin als „verständnißlos", als exorbitanter Rückschritt bezeichnet und mir vorgeworfen worden, daß ich das Pseudonym ungerechtfertigt in Acht und Bann gethan hätte. **) Allerdings habe ich — und mit Recht — gewisse Formen des Pseudonyms an Beispielen gekennzeichnet als eine sociale Verschleierung, welche dies und jenes vor dem Publikum verdecken soll und darum einen Rechtsschutz vom ethischen Standpunkt aus von vorneherein nicht verdient. Zuzugeben ist ja, daß der bloße Gebrauch eines Pseudonyms an sich nicht schlechthin unerlaubt ist und außerhalb des Rechtsverkehrs geduldet werden kann, nämlich da, aber auch nur da, wo nicht

a. der Gebrauch des wahren Namens eine Rechtspflicht oder
b. die Verwendung eines falschen Namens sogar direct verboten ist.

So bedroht sogar mit Strafe StGB. § 360 Nr. 8 denjenigen, welcher sich eines ihm nicht zukommenden Namens einem zuständigen Beamten gegenüber bedient und das bayr. PStGB. Art. 47 außerdem auch noch denjenigen,

*) Bl. f. Rechtsanwendung Bd. 62 S. 193 fg.

**) Manes, a. a. O. S. 57. Obige Kraftausdrücke dieses jungen Autors lassen mich völlig unberührt, gleichwie seine ganzen „modernen" Deduktionen an meiner Ansicht nichts zu ändern vermögen.

der im Gebiete der Aufzeichnung und Anzeige der Fremden eine falsche Namensangabe macht. Selbstverständlich ist es ja doch auch, daß z. B. der Träger eines Pseudonyms nicht unter diesem standesamtlich getraut und folgeweise auch nicht damit aufgeboten werden kann, daß ein mit einem Pseudonym gezeichnetes holographes Testament, wie es das BGB. § 2231 zuläßt, nichtig ist, nicht minder auch Verträge, welche zu ihrem Rechtsbestande der Schriftform bedürfen, nur unter dem wirklichen rechtsbegründeten Namen gefertigt werden können. Auch gegen die Einbeziehung von Pseudonymen in den Bereich des § 12 BGB. muß entschieden Widerspruch eingelegt werden. Mit dem dortigen Schutze des wahren Namensrechtes haben Pseudonyme nichts zu thun. Willkürlich und eigenmächtig angenommene Namen können nicht darunter fallen. Das ist zu allem Ueberfluß auch in den Protokollen der II. Komm. zur Berathung des BGB. eigens konstatirt worden. *) Aber trotzdem will jene Schule immer noch das Gegentheil geltend machen. **)

Anlangend jenen Art. 12, so ist auch noch fraglich, ob er sich nur auf physische oder auch auf juristische Personen beziehe? Aus dem Umstande, daß die Gesetzesstelle in dem Titel: „Natürliche Personen" eingeschaltet ist, könnte man das Erstere folgern. Indessen sprechen doch überwiegende Gründe dafür, daß der § 12 auch auf die Namen juristischer Personen Anwendung finden kann, wenn nur die sonstigen Erfordernisse vorliegen. Behandelt ja doch das BGB. die juristischen Personen im Princip und, soweit die Verhältnisse eben gleichgelagert erscheinen, überhaupt analog den natürlichen Personen. Eine Namensbezeichnung hat nun auch die juristische Person nöthig. Gewissen juristischen Personen,

*) Prot. I. S. 45.

**) Solcher Sinn sei nicht im Gesetze selbst zum Ausdruck gekommen, sagt man ablenkend! Aber gerade das Gegentheil ist richtig.

nämlich den eingetragenen Vereinen ist sogar die Annahme und Registrirung eines bestimmten Namens durch die §§ 57,64 BGB. zur Rechtspflicht gemacht. Einer solchen Rechtspflicht muß auch der Rechtsschutz entsprechen. In diesem Sinne faßt auch die Literatur überwiegend die Sache auf.

Als Form der Verletzung des Namensrechts kennt und nennt der § 12 BGB. eine doppelte, nämlich:

a. die Bestreitung des Rechts zum Gebrauch eines Namens gegenüber dem Namensführer durch einen Anderen und
b. den unbefugten Gebrauch des gleichen Namens durch einen Anderen.

Ein solcher unberechtigter Namensgebrauch kann in mündlicher und schriftlicher Form, aber selbst auch nur in bildähnlicher Weise vorkommen. Der Unbefugte kann sich selbst mit unberechtigtem Namen nennen, diesen Namen mündlich führen. Er kann ihn aber auch führen bei Abgabe von Unterschriften, bei Anmeldungen zu Einträgen in öffentlichen Büchern (namentlich Standesregistern, Impftabellen, Schullisten, Katastern 2c.) oder bei Verabfassung privater oder öffentlicher Urkunden u. s. w. Hieher zu rechnen sind ferner Namensangaben auf Aushängeschildern, Karten 2c., ja selbst zu Waarenbezeichnungen, soferne nicht das Specialreichsgesetz über den Schutz der Waarenbezeichnungen einschlägt.

Als Kläger ist im obigen Falle b. nur derjenige legitimirt, in dessen Person durch den unbefugten Gebrauch gleichen Namens seitens eines Anderen ein Interesse verletzt ist. Das Interesse braucht aber nicht ein pecuniäres oder überhaupt materielles zu sein, sondern es genügt auch jedes andere Interesse, insbesondere auch ein solches aus höheren idealeren Gesichtspunkten, z. B. daß keine Personenverwechslung stattfinde oder namentlich, daß nicht der unberechtigte Namensträger sich den Anschein der Zugehörigkeit zu einer bestimmten Familie gebe. Allerdings kommen auch Namen vor, welche von einer solchen

Menge von Personen geführt werden, daß der Gleichklang noch nicht eine Anmaßung der Zusammengehörigkeit enthält. Aber selbst der Name Meyer könnte einen Eingriff enthalten, z. B. wenn etwa eine geschiedene Frau widerrechtlich den Namen weiter führen würde, oder wenn Jemand mit der Behauptung, Adoptivsohn zu sein, den Namen führte. Nichts ist sicherer als daß, wenn ein uneheliches Kind oder eine geschiedene Frau sich widerrechtlich des Familiennamens bedient, hiegegen verbietend eingeschritten werden darf.*)

Die privatrechtliche Klage aus § 12 kann endlich auch nur gegen eine privatrechtliche Persönlichkeit gerichtet werden. Beklagte kann daher nicht eine öffentliche Behörde sein. Differenzen mit einer solchen über Namensfragen sind nicht im Wege des Civilprocesses, sondern auf dem sonst dargebotenen Beschwerdewege zum Austrage zu bringen.

Fünftes Kapitel.

Tod und Todeserklärung.

I. Die Rechtsfähigkeit des Menschen dauert bis zu dessen körperlichem Tode.

Der Tod eines Rechtssubjects beendigt aber nicht allein dessen Rechte, soweit sie ausschließlich in der Person des Gestorbenen liegen, sondern begründet auch neue Rechte in der Person Anderer. Ebenso auch neue Pflichten. Dies ergiebt sich sowohl auf dem Gebiete des Privatrechts, wie auf dem des öffentlichen Rechts. Eine der ersten jener Pflichten ist gerichtet auf die Bestattung des Todten. Diese ist vom sittlichen, ästhetischen und hygienischen Standpunkte eine sich von selbst verstehende Nothwendigkeit. Die sich hierauf beziehenden staatlichen Vorschriften gehörten bisher und gehören auch ferner fast durchaus dem

*) Nach Kohler, Arch. f. bürg. Recht, Bd. 5 S. 95.

öffentlichen Rechte an. Dieses bestimmt namentlich, wann und wo der Todte bestattet werden darf oder muß. Das EG. z. BGB. Art. 133 sagt auch eigens: „Unberührt bleiben die landesgesetzlichen Vorschriften über das Recht zur Benützung eines Platzes auf einer öffentlichen Begräbnißstätte." Dies gilt aber sowohl in privat- wie in öffentlich-rechtlicher Hinsicht.

Außerdem enthält das BGB. selbst in den §§ 844, 1615, 1968 noch Bestimmungen über die Beerdigungskosten. Wenn hier stets nur von Beerdigungskosten gesprochen wird, so wird man aus diesen Bestimmungen doch wohl nicht folgern dürfen, es hätte damit die Feuerbestattung überhaupt ausgeschlossen werden wollen. Denn die Frage, ob Feuerbestattung staatlich zugelassen oder ausgeschlossen sei oder künftighin erlaubt oder versagt werden solle, gehört doch gewiß dem öffentlichen Rechte an,*) welchem das BGB. mit jenem Ausdrucke sicher nicht allgemein hat vorgreifen wollen. Man wird daher auch aus dem Gebrauche jener Ausdrücke höchstens soviel folgern dürfen, daß der zur Kostentragung Verpflichtete nicht wird gezwungen werden können, auch die auf eine Feuerbestattung und insbesondere auf die Verbringung der Leiche in ein auswärtiges Crematorium etwa erwachsenden Mehrkosten zu tragen, wenn und solange Beerdigung der vorwaltenden Sitte entspricht, außer es hätte jener Kostenpflichtige besagter Maßregel selbst zugestimmt oder der Verstorbene die Feuerbestattung seines Leichnams seinem kostenpflichtigen Erben letztwillig zur Auflage gemacht.

---

* Aus dem Umstande, daß das Bayerische PStGB. 1 S. — ein öffentlich-rechtliches Gesetz — in Art. 61 nur von Beerdigung und Begräbniß spricht, ist bekanntlich schon abgeleitet worden, daß es in Bayern für die Zulassung der Feuerbestattung eines jener Art. 61 abändernden Gesetzes bedürfte. Ob diese Schlußfolgerung mit Recht gezogen ist oder nicht, mag hier dahingestellt bleiben. Die äußerste Consequenz derselben müßte nach PStGB. Art. 61 Ziff. 1 sogar dahin gehen, selbst eine Verbringung der Leiche in ein außerbayerisches Crematorium hintanzuhalten, was bis jetzt amtlich doch kaum geschehen sein dürfte.

Was nun die Beerdigungskosten anlangt, so enthält § 1968 die grundlegende Bestimmung in Gestalt des Satzes: „Der Erbe trägt die Kosten der standesmäßigen Beerdigung des Erblassers." Dazu kommt § 1615 mit der subsidiären Vorschrift, daß der Unterhaltsverpflichtete im Falle des Todes des Unterhaltsberechtigten die Kosten der Beerdigung zu tragen hat, soweit ihre Bezahlung nicht von den Erben zu erlangen ist. Lediglich eine Specialbestimmung enthält § 844, welche für den Fall der Tödtung eines Menschen dem hiefür Verantwortlichen auch den Ersatz der Beerdigungskosten auferlegt.

Das BGB. spricht im § 1968 von der standesmäßigen Beerdigung, d. h. nach Maßgabe der Standesverhältnisse des Verstorbenen. Der Umfang der bezüglichen Kosten ist zumeist nach der Ortssitte zu bemessen und beurtheilen.*) Die näheren Anordnungen innerhalb der Grenzen seiner Verpflichtung müssen in erster Linie dem kostenpflichtigen Erben zugestanden werden. Immerhin werden auch nahe Familienangehörige ein Wort mitzusprechen haben, namentlich wenn sie die thatsächliche Verfügungsmacht über die Leiche haben.**) Dies ist namentlich dann der Fall, wenn etwa der Erbe noch unbekannt (z. B. wegen Vorliegens eines noch uneröffneten Testaments) oder in der Art ortsabwesend ist, daß eine rechtzeitige Verständigung mit ihm nicht möglich erscheint. Daß auch vom Standpunkte des BGB. aus für Dienstleistungen bei und für Beerdigungen bestimmte (fixe oder abgestufte) Taxen bestehen und maßgebend werden können, ergibt § 612 Abs. 2.

*) Wird die Leiche von Angehörigen wider Willen des Erben an einen anderen als den regelmäßigen Beerdigungsort gebracht, so werden dem Erben die Mehrkosten, welche durch den Transport 2c. entstehen, auch nicht aufgezwungen werden können, soferne jene Maßregel nicht auf letztwilliger Anordnung des Verstorbenen beruht.

**) Vgl. Herzfelder in Staudingers Com. z. BGB. Bd. 5 S. 13. Dortselbst ist auch die Frage besprochen, wem es zustehe, etwa die Photographirung oder nicht-amtliche Secirung einer Leiche zu gestatten.

Hat jemand Anderer als der Erbe Anordnungen über die Funeralien zu treffen gehabt und getroffen, so sind für des Ersteren Verhältniß zum Erben, insbesondere bezüglich des Ersatzes von Auslagen, die Bestimmungen des BGB. § 677 fg. über die „Geschäftsführung ohne Auftrag" einschlägig.

II. Als eine in rechtlicher — privat- und öffentlich-rechtlicher — Hinsicht hochbedeutsame Thatsache muß der Tod eines Menschen seitens dessen, welcher daraus das Erlöschen oder die Neubegründung von Rechten ableitet, bewiesen und daher auch durch die Rechtsordnung beweisbar gemacht werden. Dieser Beweis ist unter den gewöhnlichen Verhältnissen in unseren Culturstaaten meist leicht zu erbringen. Ihm dient ja die Einrichtung von Civilstandsregistern in dieser oder jener Form. Für das deutsche Reich ist an den im Personen-Standes-Ges. v. 6. Febr. 1875 enthaltenen Vorschriften über die Beurkundung von Todesfällen nichts geändert. Insbesondere besteht auch die Vorschrift fort, daß, soweit bekannt, nicht blos der Tod selbst, sondern auch Art, Tag und Stunde des Todes im Standesregister zu beurkunden ist.

Beweis und Beurkundung des Todes, namentlich auch in den eben berührten Einzelpunkten, werden nun ausnahmsweise auch recht schwierig, so bei Verschollenheit im Falle des Umkommens von Menschen bei schweren Unglücksfällen, Schiffsuntergang, Kriegskatastrophen u. dgl.

In gewissen Bahnen des gem. Rechts, wie neuerer Particulargesetzgebungen sich bewegend, hilft hier auch das BGB. der Beweisschwierigkeit in einigen Richtungen nach, und zwar durch

A. eine Rechtsvermuthung für den bisher sog. casus plurium commorientium und

B. durch einen Beweisersatz in Gestalt des Rechtsinstituts der Todeserklärung.

Zu A. Ueber den sog. casus plurium commorientium bestimmt das BGB. im § 20: „Sind mehrere in einer gemeinsamen Gefahr umgekommen, so wird vermuthet, daß sie gleichzeitig gestorben seien."

Die Nothwendigkeit und Zweckmäßigkeit dieser Vorschrift liegt darin, daß in vielen Fällen nicht bloß von Rechtserheblichkeit ist, ob ein Mensch gestorben ist, sondern auch in welchem zeitlichen Verhältnisse sein Tod zu dem Tod eines oder mehrerer anderer Menschen steht. Jene Rechtsvermuthung geht nun selbstverständlich nicht so weit und kann schlechterdings nicht so weit gehen, daß gleichzeitiger Tod Mehrerer überall da präsumtive anzunehmen wäre, wo überhaupt die Todeszeit nicht auf Tag und Stunde festgestellt werden kann. Das Gesetz faßt vielmehr nur den Fall ins Auge, daß Mehrere, d. h. zwei oder Mehrere in einer gemeinsamen Gefahr umgekommen sind. Vor allem muß dabei der Tod selbst feststehen und es sich nur um die Zeit des Todes, die Priorität desselben handeln. Der Tod muß auch in der Katastrophe selbst eingetreten sein. Ausgeschlossen ist also die Anwendbarkeit des § 20 von vorneherein und ganz natürlich dann, wenn z. B. der Tod eines von mehreren gleichzeitig Verunglückten erst später in Folge der bei dem Unfall erlittenen Schäden eingetreten ist, z. B. im Spital nach einem Eisenbahnunglücke. Anwendbar aber ist der § 20 bei Katastrophen aller Art, durch welche Mehrere gleichzeitig zu Wasser oder Land betroffen werden, also z. B. bei Eisenbahn- und Schiffsunglücken, bei Brand, Explosion, Ueberschwemmung, Häusereinsturz, Lawinenbegrabung, Bergabsturz 2c. 2c.

Die Rechtsvermuthung geht dabei, soweit es natürlich rechtlich darauf ankommt (wie z. B. bei Verunglückung zweier Brüder, von Mann und Frau 2c. 2c.), dahin, daß die Betreffenden gleichzeitig gestorben sind. Es liegt indessen nur eine sog. einfache Rechtsvermuthung vor. Sie ist ausgeschlossen, wo schon ein Beweis für die Priorität des Todes vorliegt, und sie kann auch durch Gegenbeweis beseitigt werden zu jeder Zeit, in jeder Form, in jedem Verfahren, in und außerhalb des Prozesses, vor Gericht sowohl wie vor Verwaltungsbehörden.

Nicht aufgenommen wurde in das BGB. z. B. die Vorschrift des gem. Rechts über das Todesverhältniß, wenn Verwandte, namentlich Eltern und Kinder, in gemeinsamer Gefahr umkommen, nämlich dahin gehend, daß angenommen wird, unmündige Kinder seien vor, mündige nach den Eltern gestorben. Das wird künftighin obsolet. Hauptbedeutung hat jene Vermuthung natürlich auf dem Gebiete des Erbrechts. In dieser Beziehung ergibt sich die Hauptconsequenz durch den Satz des § 1923 „Erbe kann nur werden, wer zur Zeit des Erbfalls lebt." Im Falle des § 20 ist also anzunehmen, daß keiner der gleichzeitig Umgekommenen von dem Anderen beerbt wurde. Was daraus an Folgerungen für z. B. die Erbschaftssteuer, Besitzveränderungsgebühr resp. Gebührenäquivalent sich ergibt, ist leicht sich zurecht legen.

Zu B. Die Vorschriften über die Todeserklärung sind im BGB. etwas zertragen. Die Voraussetzungen sind im Allgemeinen Theil behandelt, die Wirkungen theils im Allgemeinen Theile, theils in den verschiedensten Stellen der speciellen Theile, Antragsrecht, Verfahren und Zuständigkeit, theils im § 13 des BGB., theils in der CPO. neuer Fassung.

Das BGB. kennt und regelt zweierlei Grundformen der Todeserklärung, nämlich:

1. die so zu sagen regelmäßige, welche an die Thatsache der Verschollenheit eines Einzelindividuums anknüpft,
2. die außergewöhnliche, welche sich an das Gerathen in gewisse Gefahren anschließt.

Zu 1. Das BGB. stellt im § 13 die Regel auf: „Wer verschollen ist, kann (nach Maßgabe der §§ 14—17) im Wege des Aufgebotsverfahrens für todt erklärt werden." Dieser Satz erleidet aber eine gewisse Restriktion durch Art. 9 EG. z. BGB., dessen Abs. 1 für eine im Inlande nach deutschen Gesetzen zu vollziehende Todeserklärung verlangt, daß der für todt zu Erklärende beim Beginne der Verschollenheit ein Deutscher war — gleichviel ob und wo er im Auslande sich aufgehalten oder niedergelassen hatte. Dies gilt auch dann, wenn es zweifelhaft ist, ob der Verschollene nicht später die Reichsangehörigkeit verloren hatte. Ob auch der Deutsche im Auslande todt erklärt werden kann, richtet sich nach der bezüglichen ausländischen Gesetzgebung. Die Frage aber, ob und wann der Ausländer in Deutschland für todt erklärt werden kann, bemißt sich nach Art. 9 Abs. 2, 3 EG. z. BGB.

Weitere Voraussetzungen für die gewöhnliche Todeserklärung sind folgende:

a. Der thatsächliche Zustand der Verschollenheit: d. h. ein obwaltender Mangel jeglicher Nachricht vom Tode oder Leben des Betreffenden. In Verbindung steht damit meist auch Unbekanntheit des Aufenthaltsortes desselben. Denn wäre dieser bekannt, so könnte doch gewöhnlich recherchirt werden. Ob Verschollenheit vorliegt, ist nur mehr eine nach den Umständen zu beurtheilende Thatfrage. Eine der Todeserklärung vorauszuschickende besondere formelle Verschollenheitserklärung wird nicht mehr erfordert.

b) Ein bestimmtes Lebensalter des Verschollenen. Vor Schluß des Jahres, in welchem der Verschollene das 31. Lebensjahr vollendet hat, darf eine Todeserklärung überhaupt nicht erfolgen.

c. Eine bestimmte Dauer der Verschollenheit. Die Regel geht auf 10 Jahre, seit keine Nachricht von dem Leben des Verschollenen eingegangen ist. Es genügen aber 5 Jahre, wenn der Verschollene schon das 70. Lebensjahr vollendet haben würde. Zu berechnen sind diese Zeiträume vom Schlusse des letzten Jahres an, in welchem der Verschollene den vorhandenen Nachrichten nach noch gelebt hat.

Zu 2. Für verschiedene Fälle der Verschollenheit hat übrigens das BGB. Sonderbestimmungen. Es sind dies die Fälle der Kriegsverschollenheit, der Seeverschollenheit und der Unfallverschollenheit.

Der Begriff der Kriegsverschollenheit (BGB. § 15) erstreckt sich auf die in Kriegsläuften so häufig vorkommenden Fälle, daß Jemand als Angehöriger einer (also nicht blos der deutschen) bewaffneten Macht an einem Kriege Theil genommen hat, während des Krieges vermißt worden und seitdem verschollen ist. Als Angehöriger einer bewaffneten Macht gilt dabei auch derjenige, welcher sich in einem Amts- oder Dienstverhältnisse oder zum Zwecke freiwilliger Hülfeleistung bei der bewaffneten Macht befindet. Für Leute letzterer Kategorie ist doch wohl vorausgesetzt, daß sie in einem gewissen Organisationsverhältnisse zu einem eigentlichen Truppenkörper stehen und nicht etwa blos als sog. Schlachtenbummler hinten nachlaufen.

Seeverschollenheit wird vom BGB. § 16 nur in genau abgegrenzten Fällen angenommen. Von ihr spricht das Gesetz nur dann, wenn Jemand, Mann oder Frau, in irgend welcher Eigenschaft und irgend welchem Alter, sich bei einer See- d. h. Meeresfahrt auf einem während der Fahrt (also z. B. nicht in einem Hafen) untergegangenen Fahrzeuge befunden hat und seit dem Untergange des Fahrzeugs verschollen ist.

Unfallverschollenheit i. S. des BGB. § 17*) liegt vor, wenn Jemand unter anderen als den in den §§ 15, 16 bezeichneten Umständen in eine Lebensgefahr gerathen und seitdem verschollen ist.

Alle diese Fälle haben das Gemeinsame, daß

a. der Verschollene das 31. Lebensjahr noch nicht vollendet zu haben braucht und daß

b. weiter abgekürzte Verschollenheitsfristen (je nachdem 1 Jahr oder 3 Jahre) gelten.

Die Vorschriften über Kriegs- und Seeverschollenheit bieten für Friedenszeiten, beziehungsweise für unser Binnenland weniger Interesse. Desto mehr der Fall der sog. Unfallverschollenheit. Denn dahin ist ein weiter Kreis möglicher und leider nicht selten vorkommender Ereignisse zu beziehen, so z. B. Brand,**) Explosion, Ueberschwemmung, Eisenbahnunglück, Einsturz, Grubenunglück, Bergabsturz, Lawinengefahr und dgl. Das im § 17 des BGB. gebrauchte Wort: „gerathen" deutet übrigens unverkennbar auf eine gewisse Zufälligkeit des Eintritts eines gefährdenden Ereignisses hin. Das Bestehen ständiger Berufs- oder Liebhabereigefahren allein genügt noch nicht, schließt aber auch die Anwendung des § 17 nicht aus, soferne nur ein dieselben in Wirkung setzendes besonderes Ereigniß dazukommt.

Die Wirkungen der Todeserklärung sind für manche Fälle von hohem Belang. Eines ist dabei aber vor allem zu betonen. Wie in den gesetzgeberischen Vorverhandlungen und insbesondere auch in der dem Reichstage vorgelegten Denkschrift S. 5 wiederholt dargelegt wurde, ist im BGB. dem

*) Die Bezeichnung Verschollenheit in Landgefahr ist insoferne nicht zutreffend, als auch Fälle der Verunglückung auf Binnengewässern hieher gehören.

**) Anläßlich des Wiener Ringtheaterbrandes hat man s. Zt. in Oesterreich ein besonderes Gesetz über Todeserklärung erlassen.

Urtheil auf Todeserklärung keine constitutive, sondern nur eine declarative Wirkung beigelegt. Die Todeserklärung soll — vulgär gesprochen — den Verschollenen nicht todt machen, sondern nur für dessen Tod einen Beweis surrogiren. Das Bayr. Gesetz vom 29. Dezbr. 1873 über die Todeserklärung der im Kriege 1870/71 vermißten Personen hat diesen damals schon angenomenen Standpunkt noch deutlicher und charakteristischer gekennzeichnet durch den Satz:

„Das rechtskräftige Todeserklärungsurtheil vertritt die Stelle der Sterbeurkunde."

Aus der declarativen Bedeutung des Urtheils auf Todeserklärung ergeben sich als Consequenzen folgende:

1. Als Todestag gilt nicht der Tag der Erlassung oder der Rechtskraft des Urtheils. Man wollte dies auch um der practischen Erwägung willen nicht, weil dadurch der Privatdisposition ein Einfluß auf die Feststellung des Todestags durch Betrieb oder Nichtbetrieb des Verfahrens eingeräumt würde. Vielmehr gilt als Todestag derjenige Zeitpunkt (§ 18), welcher als solcher im Urtheil festgestellt ist. Für diese Feststellung aber kommen als maßgebend in Betracht:

primär, derjenige Zeitpunkt, welchen die Ermittelungen als muthmaßliche Todeszeit ergeben,

eventuell: jene Zeitpunkte, welche § 18 BGB. für die einzelnen Fälle normirt.

Ist die Todeszeit nur dem Tage nach festgestellt, so gilt das Ende des Tages als Zeitpunkt des Todes.

2. Die Todeserklärung begründet nach § 18 BGB. die Vermuthung, daß der Verstorbene in dem Zeitpunkte, welcher urtheilsmäßig festgesetzt ist, gestorben ist. Es ist dies eine gewöhnliche Rechtsvermuthung, welche darüber, daß der Verschollene überhaupt nicht todt ist oder daß er zu einem anderen Zeitpunkte als dem festgesetzten verstarb, zu jeder Zeit

in jedem Verfahren jede Art des Gegenbeweises zuläßt, und zwar auch ohne Aufhebung des Todeserklärungsurtheils. (Ueber gewisse Ausnahmen s. nachher.)

Aus der Fixirung des Todestags folgt die Vermuthung, daß der Todterklärte bis zu jenem Zeitpunkte gelebt hatte, von selbst. Das BGB. geht aber im § 19 noch weiter. Danach wird, solange nicht die Todeserklärung erfolgt ist, das Fortleben des Verschollenen*) bis zu dem Zeitpunkte vermuthet, der nach BGB. § 18 Abs. 2 in Ermangelung eines anderen Ergebnisses der Ermittelungen als Zeitpunkt des Todes anzunehmen ist.

Die hiemit vom Gesetze geschaffene ausgedehnte Lebensvermuthung hat ebenfalls eine erhebliche Bedeutung. Besonders praktisch kann sie werden z. B. auf dem Gebiete der Lebensversicherungen.

Bezüglich der Wirkungen der Todeserklärung im Allgemeinen ist übrigens noch zu bemerken:

a. Die Todeserklärung wirkt ihrem Zwecke nach für und gegen Jedermann, ist also geeignet, sowohl Rechte als Rechtspflichten zu begründen.
b. Die Wirkung erstreckt sich sowohl auf das personen- und familienrechtliche Gebiet, als auf die vermögensrechtlichen Verhältnisse jeder Art, sowie nicht minder auf das Gebiet des öffentlichen Rechts.

Was das Letztere anlangt, so möge ein Beispiel (nach einem vor Jahren vorgekommenen praktischen Falle) hier Erwähnung finden:

Ein pragmatisch angestellter Staatsbeamter wird vermißt und ist den Umständen nach als verschollen zu betrachten.

---

*) Nur auf Verschollenheitsfälle bezieht sich die Lebensvermuthung des BGB. Eine darüber hinausgehende allgemeine Lebensvermuthung besteht nicht.

Wie der Fall in Ansehung der Amtsverhältnisse und der Stellewiederbesetzung zu behandeln ist, richtet sich selbstverständlich nach den einschlägigen Dienstesnormen. Je nachdem bietet da schon die IX. bayr. Verfassungsbeilage mit ihrem bekannten § 19, beziehungsweise das Richterdisziplinargesetz entsprechende Handhaben. Was aber die Frage der Fortzahlung von Gehalt oder Pension für den Verschollenen oder für Pensionen an seine Angehörigen betrifft, so wird hiebei auf das Civilrecht recurrirt werden müssen. Wird nun künftighin ein Beamter verschollen und ist absolut kein Todesbeweis zu erbringen, so greift bis zur Todeserklärung, d. h. dem im Urtheil bestimmten Tage die Lebensvermuthung Platz. Es wird daher, soferne kein Dienstentlassungsgrund vorliegt, die Fortzahlung des Activitätsgehaltes, beziehungsweise bei etwa eingetretener Versetzung in den Ruhestand Zahlung seiner Pension an den Beamten selbst bis zu jenem Zeitpunkt erfolgen müssen. Von der Todeserklärung an (d. h. dem im Urtheil festgesetzten Zeitpunkte des Todes an) fällt aber diese Gehalts- oder Pensionszahlung, vorbehaltlich natürlich des Sterbe- und Nachmonatsanspruchs, weg und kann nur mehr Zahlung von Wittwen- und Waisenpensionen in Frage kommen.

Neben den allgemeinen Wirkungen der Todeserklärung normirt das BGB., da und dort verstreut, eine Reihe von Einzelwirkungen privatrechtlicher Natur. Sie liegen zumeist auf dem Gebiete des Familien- und Erbrechts. In letzterer Hinsicht ergibt sich eine im Ganzen einfache Rechtslage. Der für todt Erklärte wird beerbt, wie wenn sein Tod in regelrechter Weise nachgewiesen wäre. Ueberlebt er aber in Wirklichkeit den Zeitpunkt des urtheilsmäßig declarirten Todes, so kann er nach BGB. § 2031 die Herausgabe seines Vermögens nach den für den Erbschaftsanspruch geltenden Vorschriften verlangen.

In Folge dieser Eröffnung des Erbgangs treten selbstverständlich auch alle diejenigen Wandlungen ein, welche die öffentlich-rechtlichen Gesetze an einen Erbfall knüpfen, z. B. je nach den Umständen Aenderungen in der Steuerveranlagung, Anfall von Erbschaftssteuer u. s. w.

Etwas weniger einfach gestaltet sich die Rechtslage in Ansehung der das öffentliche Leben am nächsten berührenden Eheverhältnisse. Hinsichtlich des sog. formalen Eherechts sei darüber nur folgendes angedeutet: Die Frage, ob die Ehe des für todt Erklärten mit seinem noch lebenden Gatten noch fortdauert, bleibt vorerst in einem gewissen Schwebezustand. Aber der lebende Gatte darf von der Todeserklärung des Anderen ab sofort eine andere Ehe gültig eingehen. Die vorige Ehe mit dem als todt Erklärten wird dann definitiv aufgelöst, aber nicht schon durch die Todeserklärung selbst, sondern erst durch die Schließung der neuen Ehe. Die Thatsache, daß der Verschollene in Wirklichkeit noch lebt, daß hierüber in irgend welcher Weise Beweis erwächst, insbesondere Jener persönlich wieder erscheint, macht die neue Ehe seines früheren Gatten keineswegs nichtig. Die Auflösung der vorigen Ehe bleibt vielmehr bestehen, und zwar auch dann, wenn die Todeserklärung in Folge einer Anfechtungsklage aufgehoben wird. (BGB. § 1348.)*) Eine Ausnahme hievon besteht nur für den Fall, wenn beide neue Ehegatten bei der neuerlichen Eheschließung wußten, daß der Verschollene die Todeserklärung (nicht die neue Eheschließung) überlebt hat. Ist dies zwar der Fall, ist er aber vor der neuen Eheschließung gestorben, so ist die letztere gültig. Wissen beide neuen Eheleute, daß der Verschollene sowohl die Todeserklärung, als die neue Eheschließung überlebte, so liegt Nichtigkeit und Strafbarkeit wegen Bigamie vor.

*) Ueber das in der Erhebung der Anfechtungsklage liegende Ehehinderniß für eine weitere Ehe vgl. BGB. § 1349.

Versirt nur ein Ehegatte in jenem Wissen, so wird der Gutgläubige geschützt, d. h. die Gültigkeit der neuen Ehe bleibt unberührt. Statthaft ist übrigens binnen gewisser Frist unter Umständen die Anfechtung der neuen Ehe durch jeden der neuen Ehegatten, wenn der für todt erklärte Ehegatte noch lebt — nicht aber durch den Letzteren selbst. Näheres ergibt BGB. § 1350.

Das Verfahren auf Todeserklärung interessirt hieher nur insoferne, als die Antragsberechtigung hiebei in Frage kommt. In dieser Hinsicht bestimmt die Civ.Proz.Ordn. § 962 n. Nr.:

„Antragsberechtigt ist der gesetzliche Vertreter des „Verschollenen, sowie Jeder, der an der Todeserklärung „ein rechtliches Interesse hat."

Demgemäß wird also unter Umständen auch die Gemeinde, die Armenpflege oder auch der Inhaber eines Verwaltungsamts Antrag auf Todeserklärung stellen können, auch unter Umständen der Fiskus, z. B. in einem Falle obenerwähnter Art. Die Uebergangsverhältnisse regeln die § 158 f. des E.G.

Zweiter Abschnitt.

Von den juristischen Personen.

Gleich der bisherigen Theorie und der bisherigen Gesetzgebung stellt auch das BGB. an die Seite der natürlichen Personen die juristische Person.

In der Hauptsache macht dies das BGB. lediglich mit einer Titelüberschrift ab. Definitionen grundsätzlich möglichst aus dem Wege gehend, gibt das BGB. auch keine Begriffsbestimmung der juristischen Person. Das bleibt, wie es so oft heißt, der Wissenschaft und Praxis überlassen. Aber diese Faktoren finden doch auch im BGB. unterschiedliche Anhaltspunkte für die ihnen anheimgegebene Konstruktion. Faßt man diese geistigen Anhaltspunkte ins Auge, so wird man erkennen müssen und sagen dürfen, daß der Begriff „Juristische Person“ im Wesentlichen derselbe bleibt, wie er bisher ausgebildet war. Die Juristischen Personen sind Rechtsgebilde, welche, ohne selbst physische Personen zu sein, doch gleich diesen mit selbständiger Rechtsfähigkeit ausgestattet, also Subjecte von Rechten und Pflichten sind. In dieser Rechtsfähigkeit liegt nach dem Standpunkte des BGB. der Schwerpunkt.*) Die Rechtsfähigkeit steht zwar der physischen Person von selbst zu, nicht aber der juristischen Person. Diese erlangt sie erst durch die Anerkennung der Gesetzgebung.

Nur insoweit, als diese Anerkennung reicht, erstreckt sich daher auch der Begriff der Juristischen Person. Nicht aber ist jedes Gebilde, welches einer physischen Person etwa analog behandelt werden könnte, darum auch schon kraft seiner Entstehung Juristische Person i. S. des BGB., sondern nur insoweit, als es das BGB. statuirt oder wenigstens anerkennt. Das ist entschieden der deutlich gekennzeichnete Standpunkt des BGB.**)

Wie bisher stehen diese vom Gesetze eigens fictiv aufgebauten Rechtsgebilde auch im BGB. auf einem gedoppelten Rechtsboden, nämlich dem einer organisirten Personenvereinigung oder eines sogen. Zweckvermögens. Auf dieser Unterscheidung zunächst sich bewegend, gelangt das BGB. in gewisser Hinsicht constructiv zu

*) Was Art. 86 EG. z. BGB. bestimmt (s. später), gehört dogmatisch betrachtet nicht sowohl zu den Bestimmungen über die subjective Rechtsfähigkeit im Allgemeinen, als zu den objectiven Normen über Beschränkungen des Rechtserwerbs — in gewissem Sinne zum Bereiche der Geschäftsfähigkeit.

**) In dieser Hinsicht ist charakteristisch Art. 84 EG. z. BGB.

einer äußeren Einfachheit. Diese relative Einfachheit gewinnt aber das BGB. eigentlich doch nur durch die Einfügung einer gegenübertretenden viel größeren Schwierigkeit. Jene Einfachheit ist nämlich, wie neuestens ein Schriftsteller richtig ausführt, vom Gesetzgeber „nur mit einem erheblichen Opfer erkauft worden, nämlich dadurch, daß er den Juristischen Personen des Privatrechts diejenigen des öffentlichen Rechts gegenüberstellt, ja noch mehr, daß er — von Einzelpunkten abgesehen — von seinen legislatorischen Normen alle juristischen Personen des öffentlichen Rechts ausschloß, also namentlich alle jene Lieblingskinder der modernen Gesetzgebungskunst, welche ihrem Schooße jahraus, jahrein in stets neuen Erscheinungsformen entspringen und durch welche dem in der Natur und den Einrichtungen der Menschen begründeten Associationstriebe auch auf dem Gebiete des öffentlichen Rechts ergiebig nachgeholfen wird."*) Die Hauptschwierigkeit jener von tiefgreifenden Consequenzen begleiteten Gegenüberstellung liegt in der Grenzbestimmung. Eine ausdrückliche klare Bestimmung darüber, worin die sozusagen Grenzmarken zwischen Juristischen Personen des bürgerlichen Rechts und solchen des öffentlichen Rechts bestehen sollen, gibt das BGB. wiederum nicht, sondern ebenfalls nur einzelne mittelbare Anhaltspunkte. Wenn irgendwo, so ist man hier einer festen Grenzbestimmung so recht absichtlich aus dem Wege gegangen, und zwar in gewisser Hinsicht auch nicht mit Unrecht. Denn, wie aus späterem noch zu erkennen sein wird, spielt für den Begriff: „Juristische Person des öffentlichen Rechts" das Landesrecht die Hauptrolle, dieses aber ist in den einzelnen Bundesstaaten zu vielgestaltig, als daß im BGB. selbst eine feste Grenzlinie sich hätte ziehen lassen. Aber selbst eine durchgreifende wissenschaftliche Grundformel für den Begriff „Juristische Person des öffentlichen Rechts", nach allen Seiten

*) Vergl. Weyl, Vorträge, Bd. I S. 155.

passend, wird sich kaum aufstellen lassen. Solche Versuche scheitern. Charakteristisch sind in dieser Hinsicht die Berichte über die Berathungen des Gesetzgebungsausschusses der bayr. II. Kammer für die Ausführungsgesetze z. BGB., wo man sich ebenfalls um den Begriff: „Juristische Person des öffentlichen Rechts“ vorsichtig, um nicht zu sagen ängstlich, herum bewegt hat. Man wird nach alledem in dieser Frage von einer gewissen empirisch-casuistischen Behandlung kaum abkommen können. Prinzipiell betrachtet, scheint mir übrigens so viel sicher zu sein, daß als Juristische Personen des öffentlichen Rechts nur solche mit Rechtsfähigkeit ausgestattete Gebilde betrachtet werden können, welche den öffentlichen Interessen zu dienen bestimmt sind*) und in Ansehung ihrer Existenzgrundlage, sowie ihrer Stellung im Staatsleben auch in einem gewissen organischen Zusammenhange mit dem Staate und seinen Aufgaben stehen.

Wie schon angedeutet, spielt in diesem Punkte das öffentliche Recht sozusagen die erste Geige. Es läßt sich dies ohngefähr auch in der Art ausdrücken und veranschaulichen, daß man, an die Arithmetik sich anlehnend, sagt: Der Minuend ist der Begriff Juristische Person überhaupt; der Subtrahent ist der Begriff Juristische Person des öffentlichen Rechts; der Rest sind die Juristischen Personen des Privatrechts.**)

So ganz starr darf übrigens das Alles doch nicht aufgefaßt werden. Denn das BGB. läßt erkennen, daß es gewisse Bildungsformen unter allen Umständen als Juristische Personen des Bürgerlichen Rechts, andere als Juristische Personen des öffentlichen Rechts aufgefaßt haben will. In ersterer Richtung sind zu nennen die Vereine i. S. des BGB., in letzterer z. B. der Fiskus.

*) Vgl. betreffs dieses Punktes auch Schepp a. a. O. S. 8.

**) In diesem Sinne auch v. Seydel in der Münchener Allg. Zeitung 1899 Nr. 57.

Zwischen diesen Endstationen der einen und andern Seite liegt nun das schwierigere Gebiet. Es wird demselben später eine eigene Betrachtung gewidmet werden. Vorläufig sei nur zur ersten Orientierung kurz angedeutet, daß im § 89 BGB. unter den Juristischen Personen des öffentlichen Rechts außer dem Fiskus noch genannt sind: die öffentlichen Korporationen, dann die Stiftungen und Anstalten des öffentlichen Rechts. Mit den öffentlichen Korporationen wird man so leidlich durchkommen, aber darüber, was Stiftungen und Anstalten gerade des öffentlichen Rechts sind und was nicht, erheben sich manche Zweifel. Um übrigens in den ebengedachten Richtungen auch nur einigermaßen ins Klare zu kommen, erscheint es unumgänglich, vor Allem den Juristischen Personen des Bürgerlichen Rechts einige nähere Betrachtung zu widmen, und zwar um so mehr, als diese Materie im BGB. mitdurchsetzt ist von Einrichtungen und Normen öffentlich-rechtlichen Charakters.

Erstes Kapitel.

Juristische Personen des Privatrechts.

I. Vereine.

Das Vereinsrecht des BGB. regelt Verhältnisse, welche tief in das Leben der Gegenwart eingreifen, und regelt sie unter Durchführung von Gesichtspunkten, welche vorwiegend mit Rücksicht auf die Bedürfnisse unseres Zeitalters ausgewählt sind.

Es entstand in diesem Punkte reichsrechtlich ein förmlicher Neubau. Landesrechtliche Vorbilder hat er ja allerdings schon gehabt. Zum Verständniß der Neuregelung im BGB. dient es ganz wesentlich, wenn man der Entstehungsgeschichte der bezüglichen Normen einige Beachtung schenkt.*)

*) Obige Darlegungen folgen im Auszuge einerseits und mit Ergänzungen andererseits einem größeren Aufsatze, den ich in den Bl. f. RA. Bd. 62 S. 3054 niedergelegt habe. Er ist auch im Separatdruck erschienen (Erlangen, Palm u. Enke, 1897).

Von Anfang an war eine lebhafte Strömung aus parlamentarischen und anderen nicht regiminellen Kreisen dahin gegangen, daß das zu schaffende BGB. auch die privatrechtliche Stellung der Vereine in den Bereich seiner Regelung ziehen möge. Abgesehen von Bayern und Sachsen lag ja auch in der That gerade diese Materie in deutschen Landen sehr im Argen, sowohl was die Gesetzgebung als die Doctrin und Rechtsprechung anging. Jahrhunderte lang bewegte man sich in den steilen Bahnen und engen Geleisen der römischrechtlichen Theorien mit ihren juristischen Personen, für Personenvereinigungen lediglich geformt als Korporationen und rechtlich begründet nur durch Gesetz oder Koncession der Staatsgewalt (per rescriptum principis). Diese ursprünglich römischrechtliche Form der Rechtspersönlichkeit von Associationen, welcher kehrseits nur die für eine freie Vereinsbewegung nicht brauchbare Form der römischrechtlichen Societas mit ihrer Haftung aller Einzelnen und mit ihrer einem Personenwechsel nicht zugänglichen Art der Verbindung der Gesellschafter gegenüberstand, war nachgerade wenig geeignet, juristisch verwendet zu werden für jene modernen Vereinsbildungen, welche namentlich von Mitte dieses Jahrhunderts an immer mehr und mehr zu Tage traten. Ungefähr um dieselbe Zeit trat daher auch ein gewisser germanistischer Rückschlag ein, und zwar zunächst durch die bekannte sog. Genossenschaftstheorie, namentlich damals vertreten durch Beseler und Bluntschli. Sie construirte auch Rechtssubjecte in Associationsform ohne staatliche Spezialgenehmigung, lediglich auf Grund des in gewisse constitutive äußere Formen gebrachten Associationswillens. In der vollen Tragweite dieser Theorie ist dieselbe freilich dauernd und allgemein nicht durchgedrungen, weder in der wissenschaftlichen Konstruction, noch in der Rechtsübung. Aber für einen Zweig der sogenannten Genossenschaften, nämlich für die jetzt sogenannten Erwerbs- und Wirthschaftsgenossenschaften hat bekanntlich, namentlich unter dem Einflusse und Drucke der Bemühungen von Schulze-Delitzsch und seiner Anhänger, in der zweiten Hälfte der sechziger Jahre die Gesetzgebung plastisch gestaltend eingegriffen. Es entstand vor Allem das ältere norddeutsche Genossenschaftsgesetz, welches dann, wenn auch zunächst nur in einer modificirten Gestaltung, auch in Süddeutschland, speziell in Bayern, landesrechtliche Nachahmung fand. Zwei deutsche Staaten waren es nun, welche um dieselbe Zeit zugleich das Bedürfniß empfanden, der Schwerfälligkeit und Rechtsunsicherheit auf dem Gebiete der privatrechtlichen Stellung von Vereinen, welche nicht zu den Erwerbs- und Wirthschaftsgenossenschaften gehören, legislatorisch bessernd abzuhelfen. Das waren Bayern und Sachsen. Hier ergingen: das Sächsische Gesetz über die Juristischen Personen vom 15. Juni 1868 und das Bayerische Gesetz über die privatrechtliche Stellung der Vereine vom 29. April 1869. Bald nach Erlaß des letzteren Gesetzes entstand der gewaltige Bau des Deutschen Reichs. Und da geschah es, daß schon in einem der ersten Reichstage unter Führung von wiederum Schulze-Delitzsch Anträge dahin auftauchten, es solle auch einmal der Inhalt eines Bayerischen Gesetzes, nämlich eben desjenigen vom 29. April 1869, auf das Reich übertragen werden, um auch den Vereinen außerhalb Bayerns und Sachsens auf dem Privatrechtsgebiete die Vortheile geordneter Rechtszustände und den Gewinn freier rechtlicher Bewegung zukommen zu lassen. Diese freie Bewegung wollte aber namentlich die preußische Regierung aus politischen Gründen nicht, weil man aus einer privatrechtlichen Versteifung der Vereine auch eine Kraftsteigerung mancher von politischen oder auch religiösen Gesichtspunkten aus nicht mit Liebesblicken zu bedenkenden Associationen, vor Allem der wachsenden Sozialdemokratie, befürchtete. Zu dem so vielfach angestrebten Vorgehen der Reichsgesetzgebung im Wege eines Spezialgesetzes kam es also niemals. Nun ging es zum Bürgerlichen Gesetzbuch. Es liegt in den juristischen Verhältnissen, daß hier die Frage angeschnitten werden mußte. Die I. Kommission zur Entwerfung des BGB. that es in ihrem Entw. I nur in sehr unvollkommener Weise, sich ohne principielle Stellungnahme zu den neueren Fragen auch hier fast nur in römischrechtlichen Bahnen bewegend und gerade die wichtigsten, für den Gesammtrechtszustand bestimmenden Punkte einfach der Landesgesetzgebung überweisend. Dieses Vorgehen und Nichtvorgehen des Entw. I befriedigte Niemanden. Die II. Kommission ging deshalb an eine tiefgreifende Umarbeitung des Abschnitts über die Vereine. Die verbündeten Regierungen hätten ihrerseits, wie aus manchem erhellt, das ganze Vereinsrecht am liebsten aus dem BGB. überhaupt draußen gehabt. Der Druck der öffentlichen Meinung im gegentheiligen Sinne war aber zu stark, so daß sich schließlich selbst Preußen zu einem Nachgeben bequemen mußte. Lange schwankte es aber im Ganzen wie im Einzelnen hin und her, und noch im letzten Stadium war das Vereinswesen einer der dünnen, leicht zerreißbaren Fäden, an denen das ganze BGB. hing. Aber die Einigung gelang. Man brachte ein Compromiß zu Stande, von jener Art, wie sie im politischen Leben so oft eine Rolle spielen.

Wie gestaltete sich nun dadurch der materielle Inhalt des BGB.?

Vor Allem ist dabei folgendes scharf zu betonen: Das Vereinsrecht hat eine doppelte Seite, eine privatrechtliche und eine öffentlichrechtliche.

Nach dem ganzen Systeme des BGB. und dem Verlaufe und Inhalte der Vorverhandlungen ist es unzweifelhaft, daß im BGB. nur die privatrechtliche Seite des Vereinsrechts geregelt ist und die Normen des öffentlichen Rechts, auch die landesrechtlichen, im Allgemeinen dadurch unberührt bleiben.

Dies gilt speziell von den öffentlichrechtlichen Normen unseres Bayer. Ges. über die Versammlungen und Vereine v. 26. Febr. 1850 in seiner durch die Novelle v. 15. Juni 1898 hergestellten neuesten Gestaltung.

Eine völlige Scheidung der öffentlichrechtlichen und privatrechtlichen Seite des Vereinswesens waltet übrigens nicht ob. Vielmehr spielen in den privatrechtlichen Aufbau des BGB. auch öffentlichrechtliche Normen und Gesichtspunkte, sowie namentlich auch rein politische Erwägungen herüber, speziell was die Frage der Entstehung und des Aufhörens eines mit Rechtspersönlichkeit ausgestatteten Vereins angeht.

Anlangend nun die privatrechtliche Seite der Materie, so ist zunächst

I. Folgendes zu bemerken. Der Begriff Verein ist im BGB. abermals nicht definirt. Ueberblickt man aber den Gesammtinhalt des Abschnitts, so ergibt sich, daß im allgemeinsten Sinne des BGB. als Vereine sich darstellen Vereinigungen von physischen oder selbst auch juristischen Personen,

a) gerichtet auf einen bestimmten Zweck,

b) berechnet auf unbegrenzte oder doch einige Dauer,

c) in organisirter Gestaltung,

d) mit innerhalb der Satzungsvorschriften unbeschränkter oder doch individuell nicht abgeschlossener Zahl von Mitgliedern.

Der Zweck kann auch in gewissem Sinne von vorneherein zeitlich beschränkt sein. Man denke nur z. B. an Vereine für Förderung einer Wahl oder für eine Denkmalserrichtung oder für eine bestimmte Wohlthätigkeitssammlung oder ähnliche dem vorübergehenden Bedarfe entspringende Veranstaltungen. Auch kommt es vor, daß Vereine (namentlich für Geselligkeit) über eine gewisse Mitgliederzahl nicht hinausgehen. Dann ist wenigstens im Erledigungsfalle für eine individuell noch nicht schlechthin bestimmte Person Platz offen.

In diesen Grundzügen liegt auch der Gegensatz zu der „Gesellschaft" i. S. des BGB.

Zu der überaus wichtigen Frage, wie die Rechtspersönlichkeit eines Vereins entsteht und auch endigt, befand sich der Gesetzgeber nach dem, was in der Neuzeit sich herausgebildet hatte, drei Grundanschauungen, Grundtheorien, Grundsystemen gegenüber gestellt, nämlich dem sogenannten Concessionssysteme, dem Registrirungssysteme und dem Systeme der freien Vereinsbildung.

a) Das Concessionssystem erheischt eine eigene Gewährung der Rechtspersönlichkeit entweder durch eine Gesetzesnorm für bestimmte Kategorien (lex communis) oder durch einen speziellen administrativen Verleihungsakt der Staatsgewalt (lex specialis oder sog. rescriptum principis i. w. S.). Als Haupteinwand wird dagegen geltend gemacht, daß hier einer willkürlichen, rechtsungleichen Behandlung seitens der Verwaltungsstellen Raum gegeben sei, daß die Weitschweifigkeit des Verfahrens belästigend und oft verzögernd wirke, auch das Verwaltungsermessen sich hier leicht in Irrgänge verliere.

b) Das Registrirungssystem ist im Wesentlichen dasjenige, welches schon das Bayr. Gesetz vom 29. April 1869 sich angeeignet hat. Die Rechtspersönlichkeit wird hier begründet durch die Entstehung des Vereins selbst, wenn und sobald diese erfolgt ist:

α) unter Beobachtung gewisser gesetzlich vorgesehener sogenannter Normativbestimmungen und

β) unter richterlicher Prüfung und Feststellung des Vorhandenseins bestimmter Voraussetzungen mit amtlicher Intabulation (Anerkennung, Eintragung).

In Bayern hat dieses System bekanntlich zur Befriedigung gereicht, wenigstens im Allgemeinen.

c) Nach dem System der freien Vereinsbildung soll ganz von selbst jeder Verein die Rechtsfähigkeit besitzen, welcher sich überhaupt in corporativer Gestaltung bewegt. Dagegen kehren sich mit Recht schwere Einwände, insbesondere auch solche politischer Natur. Hauptsächlich wird zutreffend hingewiesen auf den Mangel der Erkenntlichkeit für Dritte, ob die Voraussetzungen freier Rechtspersönlichkeit vorliegen. Auch wird mit Fug betont, daß man damit entschieden zu weit gehe in der Ertheilung der Rechtspersönlichkeit an jeden guten oder schlechten Organismus.

Am meisten genähert hat sich das BGB. dem Registrirungssysteme. Wenn man aber sagt, das BGB. stehe überhaupt auf diesem Systeme, so ist das nicht ganz richtig, und zwar nach zwei Seiten hin. Denn:

1) für gewisse Gruppen von Vereinsbildungen ist auch das Concessionssystem angenommen und
2) auch die freie Vereinsbildung hat gewisse Rechte und Regelungen abbekommen.

Zur Frage nun, wie sich die Systematik des BGB. nach den drei Grundrichtungen vertheilt, tritt vor Allem hervor die Nothwendigkeit einer durchgreifenden Unterscheidung danach, ob der Zweck des Vereins auf einen wirthschaftlichen Geschäftsbetrieb gerichtet ist oder nicht (BGB. §§ 21, 22).

1. Vereine, deren Zweck nicht auf einen wirthschaftlichen Geschäftsbetrieb gerichtet ist, erlangen die Rechtsfähigkeit durch Eintragung in das Vereinsregister des zuständigen Amtsgerichts (BGB. § 21). Es sind dies die Vereine mit sogenannter idealer Tendenz.

2. Vereine, deren Zweck auf einen wirthschaftlichen Geschäftsbetrieb gerichtet ist, gewinnen in Ermangelung beson-

derer reichsrechtlicher Vorschriften die Rechtsfähigkeit durch ausdrückliche*) staatliche Verleihung, und zwar in demjenigen Bundesstaate, in welchem der Verein seinen Sitz hat (BGB. § 22). Das Weitere über die Voraussetzungen, Verfahren und Zuständigkeit richtet sich nach den Landesgesetzen.

3. Auf Vereine, welche weder der einen noch der anderen Kategorie angehören können oder sich anschließen wollen — sogenannte nicht rechtsfähige Vereine**) —, sind im BGB. § 54 die Vorschriften über die Gesellschaft als anwendbar erklärt. Der Vortheil liegt hiebei gegen früher darin,

a) daß nun wenigstens gesetzlich festgestellt ist, unter welchen rechtlichen Gesichtspunkten dergleichen Associationen zu behandeln sind und

b) daß durch etliche später näher ins Auge zu fassende Bestimmungen wenigstens einige Anklänge an eine selbständige Rechtspersönlichkeit geschaffen wurden.

Die Unterscheidung zwischen wirthschaftlichen und nicht wirthschaftlichen Vereinen als Voraussetzung für die Concessionspflicht oder die Registrirungsmöglichkeit ist häufig leicht, in manchen Fällen aber auch sehr subtil.***) Eine ganz ähnliche Unterscheidung brachte übrigens schon der Art. 1 des Bayr. Gesetzes vom 29. April 1869. Er schied von der Zulassung als „anerkannter Verein" unter Anderem diejenigen Vereinigungen aus, welche „auf Erwerb, Gewinn oder eigentlichen Geschäftsbetrieb abzielen". Die Praxis ist bisher damit

---

*) Eine „stillschweigende Anerkennung", von der irriger Weise schon gesprochen wurde, gibt es nach BGB. absolut nicht.

**) Richtiger würde man wohl sagen: „nur beschränkt rechtsfähige Vereine".

***) Schepp a. a. O. S. 11 schreibt: „Unter wirthschaftlichem Geschäftsbetrieb ist die geschäftsmäßige Erzeugung, sowie der geschäftsmäßige Umsatz wirthschaftlicher Güter zu verstehen."

ausgekommen. Sie wird sich auch künftig mit der Fassung des BGB. zurecht finden.

Zu den Vereinigungen für Zwecke des wirthschaftlichen Geschäftsbetriebs gehören an und für sich zweifellos auch die handelsrechtlichen Gesellschaften und die Erwerbs- und Wirthschaftsgenossenschaften, dann die Gesellschaften mit beschränkter Haftung. Aber diese fallen alle von vorneherein nicht unter das BGB. Sie unterliegen vielmehr den einschlägigen Spezialvorschriften der Reichsgesetzgebung.*) Nicht unter das BGB. sollen nach der dem Reichstage vorgelegten „Denkschrift" zum Entw. des BGB. fallen die Versicherungsgesellschaften. Sind diese sogenannten einseitigen Versicherungen gewidmet, so sind sie ohnehin meist Aktiengesellschaften. Aber auch für die, so Letzteres nicht sind, und für die Versicherungsgesellschaften auf Gegenseitigkeit soll spezielle reichsgesetzliche Regelung eintreten.

Außerdem deutet die bekannte „Denkschrift" zur Reichstagsvorlage noch an, daß der Landesgesetzgebung alle diejenigen Vereinigungen überlassen bleiben müssen, welche einem der Landesgesetzgebung überhaupt vorbehaltenen Sonderrechtsgebiete angehören**), wie dem Wasserrecht mit Deich- und Sielrecht, dem Agrarrechte, Forstrechte, Bergrechte, Jagd- und Fischereirecht. Eigens vorbehalten sind nach dem Einf.Ges. z. BGB. Art. 83 und 164 endlich die landesrechtlichen Vorschriften über Waldgenossenschaften, dann über die zur Zeit des Inkrafttretens des BGB. bestehenden Realgemeinden und ähnlichen Verbände, deren Mitglieder als solche zu Nutzungen an land- und forstwirthschaftlichen Grundstücken, an Mühlen,

*) Wie Schepp a. a. O. S. 10 mit Recht bemerkt, bieten die einschlägigen Reichsspezialgesetze so verschiedene praktische Formen dar, daß wohl nicht recht häufig zur Errichtung eines concessionirten Vereins nach dem BGB. gegriffen werden wird.

**) Vgl. Habicht, Uebergangsbestimmungen, S. 82 fg.

Brauhäusern und ähnlichen Anlagen berechtigt sind. Nach den Bemerkungen der „Denkschrift" fallen beispielsweise unsere sogenannten Entwässerungs- und Bewässerungsgenossenschaften ebenfalls außerhalb des hier in Rede stehenden Titels des BGB.

Anlangend das von der „Denkschrift" (S. 6) erwähnte Fischereirecht, so kann sich die bezügliche Bemerkung nur auf die sogenannten Fischereigenossenschaften (freiwillige wie Zwangsgenossenschaften) beziehen, welche in verschiedenen Landesgesetzgebungen (z. B. Baden, Preußen rc.) hauptsächlich zu dem Zwecke vorgesehen sind, um gemeinschaftliche Bewirthschaftungen zu kleiner Berechtigungsobjekte herzustellen. Dagegen fallen die zahlreichen Fischzucht- oder Fischereischutzvereine, welche die Hebung des Fischereiwesens im Allgemeinen und im öffentlichen Interesse bezwecken, gemeinhin unter die Normen des BGB. Das Gleiche gilt auch von den sog. Jagdschutzvereinen.

Als Grundtypen der sogenannten Vereine mit idealen Tendenzen (BGB. § 21) sind bisher angenommen die Vereine zu gemeinnützigen, wohlthätigen, geselligen, wissenschaftlichen, künstlerischen, politischen und religiösen Zwecken. Liegt eine solche Tendenz vor, so ist es nicht einmal ganz ausgeschlossen, daß der Verein auch wirthschaftliche Geschäfte betreibt. Manche sagen, solche Geschäfte dürfen eben nur nicht vorwiegend sein, müssen nur so nebenher gehen. Damit kommt man in der Begriffsbegrenzung nicht viel weiter, da die Beurtheilung jener Voraussetzung wiederum zu eigenartigen Zweifeln und Unsicherheiten Anlaß geben kann. Das richtige und scharfe Kriterium erhellt klar aus dem BGB. selbst. Es kommt einfach auf den Zweck des Vereines an. Zwischen Zweck und Mittel zum Zweck ist aber zu unterscheiden, und darin liegt die Richtschnur für die Beurtheilung des Einzelfalles. In diesem Sinne bewegt sich auch die einschlägige Darstellung in der „Denkschrift“ S. 9. Dort steht geschrieben:

„Den Begriff der Vereine mit idealen Tendenzen bestimmt der „Entwurf . . . durch das negative Merkmal, daß ihr Zweck nicht auf „wirthschaftlichen Geschäftsbetrieb gerichtet ist. Bei Vereinen, die mit „der Verfolgung eines idealen Zwecks einen wirthschaftlichen Geschäfts„betrieb verbinden, hängt die Entscheidung über ihre Eintragsfähigkeit „davon ab, ob der Geschäftsbetrieb zu den Hauptzwecken des Vereins „gehört oder nur dazu dient, die zur Verfolgung des idealen Haupt„zwecks erforderlichen Mittel beschaffen zu behelfen. Hienach sind ins„besondere auch Berufsvereine zur Wahrung der gemeinsamen Inter„essen von Berufsgenossen eintragungsfähig, soferne sie nicht etwa den „Charakter von Produktivgenossenschaften oder Versicherungsgesell„schaften auf Gegenseitigkeit an sich tragen.“

An diese Stelle sei sofort mit einigen Beispielen angeknüpft. In vielen Gegenden spielen eine Rolle die Obstbauvereine. Wenn sie angelegt sind auf das Bestreben nach besserem Betriebe des Obstbaues im Allgemeinen, nach Verbreitung gemeinnütziger Kenntnisse und Ausbildung eines tüchtigen praktischen Verfahrens in weiteren Kreisen, so sind sie zweifellos zu den Vereinen mit sogenannter idealer Tendenz zu rechnen. Dies gilt auch dann, wenn sich die Vereine zu ihrer Zweckverfolgung Baumschulen halten und daraus gegen Entgelt an ihre Mitglieder oder Dritte junge Stämmchen abgeben. Anders bezüglich der Obstbauverwerthungsgesellschaften (wie sie z. B. in Unterfranken bestehen), welche mittels ihrer Organisation eine für die einzelnen Mitglieder Geldgewinn bringende gemeinschaftliche Veräußerung der von den Mitgliedern erzielten Obstprodukte bezwecken. Diese Vereine gehören gewiß zu den wirthschaftlichen Vereinigungen im Sinne des BGB. § 21, wenn sie ihren Verband nicht in die Form einer reichsgesetzlichen „Erwerbsgenossenschaft“ gebracht haben. Aehnlich steht es mit Pferdezuchtvereinen. Dienen diese bestimmungsgemäß dem allgemeinen Interesse der Hebung der Pferdezucht und Besserung der Pferdeschläge, so mögen sie auch Zuchthöfe halten und daraus Beschäler, Fohlen und Remonten gegen Entgelt abgeben. Geschieht dies nur für den Grundzweck und nicht zur Speisung des Privatgeldbeutels (durch Dividenden oder auf ähnliche Weise), so ändert sich dadurch nichts am Begriffe des sogenannten Idealvereins.

In ähnlicher Weise verhält es sich z. B. mit den der Hebung der Fischereipflege im Allgemeinen dienenden Fischereivereinen im Gegensatze zu den Fischpachtconsortien oder mit den Jagdschutz-Vereinen im Gegensatze zu den Jagdausübungsgesellschaften.

Als weitere Beispiele des (trotz concurrirenden Wirthschaftsgebahrens) sich ergebenden Fortbestehens des Begriffs: „Verein mit idealer Tendenz" werden gewöhnlich auch folgende Fälle vorgeführt: wenn ein geselliger Verein eine Wirthschaft hält, um seinen Mitgliedern Speisen und Getränke verabfolgen zu können oder wenn eine Leseverein Bücher und Zeitschriften für seine Mitglieder anschafft und diese nach ihrer Benutzung durch die Mitglieder wieder verkauft oder wenn ein wohlthätiger Verein Waaren zur Unterstützung für Arme anschafft oder Suppenanstalten errichtet. Das trifft alles zu. Dagegen erscheint es gewiß bedenklich, wenn Planck, Komm. Bd. I S. 80, als Beispiel für einen Verein zu wirthschaftlichem Geschäftsbetrieb den Fall construirt, daß ein solcher im Interesse einer Gemeinde (also nicht in seinem eigenen!) ein Krankenhaus errichtet, in dem Jeder gegen Entgelt, Arme aber vielleicht unentgeltlich, Aufnahme finden. Aehnliches thun namentlich die Vereine unter dem rothen Kreuze. Diese gehören aber doch nach ihrer Zweckbestimmung sicher zu den Vereinen mit idealer Tendenz? Man bezeichnet mit Recht als Vereine mit sogenannter idealer Tendenz z. B. auch die Alpenvereine und Kunstvereine, obwohl die einen wie die anderen ihren Mitgliedern auch gewisse Vortheile (Reiseerleichterungen — Verloosungen) bieten — aber eben lediglich Vortheile, welche nur neben dem nichterwerblichen Hauptzwecke einhergehen.

Angesichts solcher praktischer Beispiele wird es sich bei Beurtheilung vieler Fälle empfehlen, für die Annahme eines Vereins mit wirthschaftlicher Tendenz auch das Kriterium im Auge zu behalten, daß die Erwerbstendenz gerichtet ist unmittelbar auf geschäftlichen Vortheil der Vereinigung selbst und (oder auch: „oder") ihrer einzelnen bestimmten Mitglieder — also nicht blos mittelbar durch allgemeine Förderung der einschlägigen Interessen über jenen Kreis hinaus im Bereiche einer unbestimmten und unbegrenzten Menge von Individuen.

Immerhin ist gewiß nicht zu verkennen, daß die Gewinnung der richtigen Grenze Schwierigkeiten für gar manchen Fall darbietet. Aber des Gesetzes Worte: „Zweck", „Geschäftsbetrieb", „wirthschaftlich" und „gerichtet" sind ebensoviele deutlich markirende Wegzeiger.

Wie schon früher angedeutet, wird

a) für Vereinigungen, deren Zweck auf einen wirthschaftlichen Geschäftsbetrieb gerichtet ist, die Rechtspersönlichkeit durch staatliche Verleihung und nur durch diese begründet, soferne und soweit nicht besondere reichsgesetzliche Vorschriften bestehen (BGB. § 22). Diese letzteren kommen also in erster Linie in Frage. Sie bestehen bekanntlich z. B. für Aktien- und Aktienkommanditgesellschaften, für Erwerbs- und Wirthschaftsgenossenschaften, für Gesellschaften mit beschränkter Haftung, für coloniale Erwerbsgesellschaften. Die in der Commentarliteratur mehrfach auch hieher erwähnten Unfallversicherungs-Berufsgenossenschaften, die gewerblichen Innungen, die eingeschriebenen Hülfskassen, die Krankenkassen folgen auch den bezüglichen speziellen Reichsgesetzen. Rein systematisch betrachtet gehören aber jene Associationsformen meines Erachtens überhaupt nicht hieher zu den privatrechtlichen Vereinigungen, sondern sind den „Juristischen Personen des öffentlichen Rechts" beizuzählen, von denen § 89 BGB. handelt.

b) Für die nichtwirthschaftlichen Vereine besteht Eintragungszwang. Sie können nur auf diesem Wege zu selbständiger Rechtspersönlichkeit gelangen. Wollen sie eine solche Eintragung nicht oder können sie eine solche aus irgend welchem thatsächlichen oder rechtlichen Grunde nicht erlangen, so fallen sie eben der dritten Gruppe der sogenannten nicht rechtsfähigen Vereine zu. Ursprünglich war es beabsichtigt gewesen, auch für solche Vereine, welche zu denen mit sogenannter idealer Tendenz gehören, neben der Eintragung alternativ die staatliche Verleihung der Rechtsfähigkeit zuzulassen. Man wollte damit einen Ausweg offen lassen, namentlich für diejenigen Fälle, wo sich mit Rücksicht auf die Voraussetzungen der Eintragsfähigkeit Zweifel ergeben, in Sonderheit hinsichtlich der Frage, ob der Zweck auf einen wirthschaftlichen Geschäftsbetrieb gerichtet ist oder nicht. Nach den Beschlüssen der Reichstagskommission hat aber der Reichstag jene beabsichtigte Konkurrenz einer staatlichen Verleihung endgültig beseitigt.

c) Die weder concessionirten noch eingetragenen Vereinigungen fallen, wie schon angedeutet, gemäß BGB. § 54 unter die Vorschriften des BGB. über die Gesellschaft (§§ 705 bis 740). Der § 54 selbst enthält übrigens auch noch eine besondere Bestimmung über die Haftung aus einem Rechtsgeschäfte, das im Namen eines solchen Vereins einem Dritten gegenüber vorgenommen wird. Dadurch wird namentlich bei Ueberschreitungen der Vertretungsbefugnisse seitens der Vorstände ꝛc. immerhin ein gewisser beschränkter Schutz für die Vereinsmitglieder begründet. Wodurch unterscheidet sich übrigens ein Verein im Sinne des § 54 von einer gewöhnlichen Gesellschaft im Sinne der §§ 705 fg.? Das dem Vereinsbegriff entsprechende Hauptkriterium wird auch hier liegen in der beim Vereine im Principe nicht geschlossenen Mitgliederzahl, in dem möglichen Wechsel des Bestandes derselben.

Eine Folge des Mangels der Rechtsfähigkeit überhaupt ist an und für sich auch der Mangel der Parteifähigkeit im Prozesse. Im § 50 Abs. 2 CPO. n. Nr. findet sich aber die besondere Bestimmung, daß ein nicht rechtsfähiger Verein verklagt (also nur passiv!) werden kann und dann in dem Rechtsstreite die Stellung eines rechtsfähigen Vereins hat. Weiter sagt im Zusammenhange damit noch CPO. § 735 n. Nr.: „Zur Zwangsvollstreckung in das Vermögen eines nicht rechtsfähigen Vereins genügt ein gegen den Verein ergangenes Urtheil."

Für die rechtsfähigen Vereine enthält das BGB. eine ganze Reihe von Einzelbestimmungen. Sie theilen sich in zwei große Gruppen, nämlich:

I. solche Vorschriften, welche für concessionirte wie eingetragene Vereine gemeinsam gelten (BGB. §§ 21—53) und

II. solche, welche nur die eingetragenen Vereine betreffen (BGB. §§ 55—79).

Zu I. Gemeinsame Vorschriften. Solche finden sich im BGB. insbesondere über den Sitz des Vereins, dessen Organisation (oder Verfassung), über die Satzungen, den Vorstand &c. &c.

Bezüglich der Verfassung ist dabei der Art. 82 fg. bemerkenswerth, welcher als unberührt erklärt die Vorschriften der Landesgesetze über die Verfassung solcher Vereine, deren Rechtsfähigkeit auf staatlicher Verleihung beruht.

Hinsichtlich des Inhalts der Satzungen, welche ein jeder rechtsfähige Verein haben muß, ist zu beachten, daß die Vorschriften des BGB. über die rechtsfähigen Vereine theils zwingender (präceptiver), theils nachgiebiger (dispositiver) Natur sind. Als Vorschriften letzterer Art bezeichnet BGB. § 40 ausdrücklich die Vorschriften des § 27 Abs. 1, 3, des § 28 Abs. 1 und der §§ 32, 33, 38, d. h. diejenigen über Form der Bestellung und über Geschäftsführung des Vorstands, über Beschlußfassung eines aus mehreren Mitgliedern bestehenden Vorstands, über Beschlüsse der Mitgliederversammlung, über Aenderung der Satzung, über die Frage der Uebertragbarkeit der Mitgliederrechte. Zwingender Natur sind dagegen z. B. die Bestimmungen über Nothwendigkeit eines Vereinssitzes, einer Vereinsverfassung und einer Vereinssatzung, dann über den Grundsatz der Widerruflichkeit der Vorstandsbestellung.

Im § 33 Abs. 2 BGB. findet sich übrigens auch eine im öffentlichen Interesse gegebene bemerkenswerthe Bestimmung, nämlich dahingehend, daß bei concessionirten Vereinen für jede Satzungsänderung wiederum auch staatliche Genehmigung erforderlich wird.

Außer seiner Satzung muß jeder rechtsfähige Verein auch einen Vorstand haben. Dieser kann aus mehreren Mitgliedern bestehen. (BGB. § 26 Abs. 1).*)

Dem Vorstand verleiht das BGB. die Stellung eines „gesetzlichen Vertreters“. Er vertritt den Verein gerichtlich und außergerichtlich (BGB. § 26 Abs. 2).

Eine eigenartige Bestimmung ist die des BGB. § 29. Danach sind, soweit die erforderlichen Mitglieder des Vorstands fehlen, dieselben in dringenden Fällen für die Zeit bis zur Hebung des Mangels auf Antrag eines Betheiligten von dem Amtsgerichte zu be-

*) Die civilrechtliche Nothwendigkeit von Satzung und Vorstand hat seine Rückwirkung auch auf das Anwendungsgebiet des Art. 12 des bayr. Vereinsgesetzes v. 1850/1898.

stellen, in dessen Bezirke der Verein seinen Sitz hat. Es handelt sich also hier um die vorübergehende Nothergänzung eines Mangels in der Vertretung des Vereins als Rechtspersönlichkeit. Dieser Mangel kann bestehen in dem Fehlen aller Vorstandsmitglieder (z. B. nach Ablauf einer Wahl- und Legislaturperiode bei zufälliger Verzögerung der Neuwahl) oder auch in dem Wegfall (z. B. Tod) eines Vorstandsmitglieds, wenn die sofortige Ergänzung nothwendig ist, z. B. zu einer Beschlußfassung, einem Rechtsgeschäfte u. dgl. Ob ein concreter Anlaß zur Anwendung des § 29 vorliegt, ist nach der Sachlage im einzelnen Falle zu beurtheilen. Dieser Anlaß kann sowohl in den Interessen des Vereins, wie in denen Dritter begründet sein. Er muß aber zur Annahme eines „dringenden Falles" berechtigen. Auch das ist nach den Umständen zu bemessen. Kann der Mangel noch rechtzeitig auf ordentlichem Wege (z. B. durch eine Ergänzungswahl) behoben werden, so kommt selbstverständlich die Anwendbarkeit des § 29 in Wegfall. Sobald der Mangel auf anderem Wege behoben ist, hat auch das nach § 29 bestellte Ergänzungsmitglied, welches selbstverständlich von vorneherein die nach Gesetz oder Satzung erforderlichen Qualitäten besitzen muß, wieder außer Funktion zu treten.

Neben dem Vorstande können für bestimmte Geschäfte auch besondere Vertreter bestellt werden, soferne solches die Satzung bestimmt (BGB. § 30). Gedacht sind vom Gesetzgeber als solche Spezialvertreter insbesondere eigene Verwalter von Vereinsanstalten, Kassiere und sonstige Beamte für bestimmte Funktionen. Ob solche Leute ein Entgelt beziehen oder nicht, begründet keinen Unterschied für ihre rechtliche Stellung. Im Auge muß aber behalten werden, daß es sich dabei nicht um gewöhnliche Bevollmächtigte oder gebrödete Bedienstete (z. B. Schreiber, Einsammler, Vereinsdiener, Hausmeister rc.) handelt, sondern um förmliche Vereinsorgane, welche als „gesetzliche Vertreter" des Vereins selbst wirken und handeln. Jene anderen Hülfskräfte können auch ohne eigene Satzungsvorschrift vom Vorstande in Funktion gesetzt werden. Darüber, wer als ein „besonderer Vertreter" im Sinne des § 30 bestellt werden kann, enthält diese Gesetzesstelle selbst keine Normen, insbesondere auch keine einschränkenden. Mit Rücksicht auf den Zweck der Vorschrift und die mannigfaltige Gestaltung der maßgebenden Verhältnisse muß angenommen werden, daß, soweit die Satzung nicht Anderes bestimmt, nicht blos von vorneherein jedes nicht zum Vorstande gehörige Vereinsmitglied bestellbar ist, sondern auch jedes einzelne Vorstandsmitglied, sowie geeignete dritte außerhalb des Vereins stehende Personen.

Die Vertretungsmacht des besonderen Vertreters richtet sich nach der Satzung und, in Ermangelung näherer Vorschrift darin, nach der durch die Satzung fixirten Zweckbestimmung und den dieser letzteren entsprechenden Ausführungsnormen. Im Zweifel — bestimmt § 30 als gesetzliche Auslegungsregel — erstreckt sich die Vertretungsmacht auf alle Rechtsgeschäfte, die der dem Vertreter zugewiesene Geschäftskreis gewöhnlich mit sich bringt.

Ein an sich sehr wichtiger Punkt sind die Haftungsverhältnisse. Diese bemessen sich, was die Beziehungen der Repräsentanten des Vereins zu diesem selbst oder für denselben zu Dritten anlangt, zunächst nach den einschlägigen allgemeinen Grundsätzen des BGB., wie sich solche namentlich aus den §§ 164, 278, 831 Satz 1 ergeben. Dazu fügt aber das BGB. in § 31 für die nach dem Gesetzbuche zu behandelnden Vereine eine Spezialbestimmung, welche hier besonders deshalb zu betonen ist, weil sie der § 89 BGB. auch auf die juristischen Personen des öffentlichen Rechts für anwendbar erklärt. Es hat damit folgende Bewandtniß. Der § 31 erklärt nämlich den Verein als verantwortlich für den Schaden, den der Vorstand, ein Mitglied des Vorstands oder ein anderer verfassungsmäßig berufener Vertreter durch eine in Ausführung der ihm zustehenden Verrichtungen begangene, zum Schadensersatze verpflichtende Handlung einem Dritten zufügt. Diese Sonderbestimmung bezieht sich aber von vorneherein nur auf die darin eigens benannten Organe des Vereins, welche die Stellung und Aufgabe eigentlicher Vertreter des Vereins als Rechtspersönlichkeit haben (auch die nach § 29 und 30 Berufenen), nicht aber auf sonst Bevollmächtigte oder auf nicht repräsentativ gestellte Beamte oder Bedienstete des Vereins. Bezüglich der letzteren Kategorien verbleibt es bei den gewöhnlichen Rechtsgrundsätzen. Die Haftung des Vereins für die benannten Vertreter nach § 31 erstreckt sich ebenso wie auf schädigende Handlungen, so auch auf schädigende Unterlassungen, wenn die Vermeidung der Letzteren in den Pflichten des Vertreters gelegen gewesen wäre. Für die Haftung stehen nach deutlicher Gesetzesvorschrift nur in Frage solche Handlungen oder Unterlassungen, welche in Ausführung der dem Vereinsvertreter zustehenden Verrichtungen vorkommen, nicht also solche, welche sich ganz außerhalb dieser Verrichtungen oder auch nur bei Gelegenheit derselben ereignen, ohne daß sie in jene Verrichtungen selbst einbezogen werden könnten. In Betracht kommt aber dabei jede Verrichtung in der Eigenschaft als Vertreter, also namentlich nicht blos die Vornahme eines eigentlichen Rechtsgeschäfts, sondern auch jede sonstige, aus der Vertretung des Vereins sich ergebende thatsächliche Verrichtung. Ob dabei eine eigentliche widerrechtliche Handlung ꝛc. oder nicht (vgl. z. B. §§ 229, 231, 904), dann ob in kritischer Hinsicht ein Verschulden auf Seite des Vereins vorliegt, begründet keinen Unterschied. Der § 31 erklärt wortdeutlich als maßgebend jede zum Schadensersatz verpflichtende Handlung.

Darüber, wer Mitglied eines Vereins werden kann, enthält das BGB. selbst keine bindenden Vorschriften. Es richtet sich also dieser Punkt einfach nach der Satzung.

Zum Austritte aus dem Vereine ist jedes Mitglied berechtigt und zwar zu jeder Zeit, soferne nicht die Satzung bestimmt, daß der Austritt nur am Schlusse eines Geschäftsjahrs oder erst nach dem Ablauf einer Kündigungsfrist, welche höchstens zwei Jahre betragen kann, zulässig sein soll. Weitere Beschränkungen des Austrittsrechts sind aber gesetzlich unzulässig (BGB. § 39). Diese Vorschrift ist besonders zu betonen, weil sie Anlaß gibt, an späterer Stelle eine besondere Besprechung verschiedenen solchen Vereinen zu widmen, welche zu Unterstützungs- und Pensionszwecken dem bayrischen Behördenorganismus angefügt wurden und meist eine Zwangsmitgliedschaft in sich schließen.

Aenderungen des Bestehens der Vereine können auf Grund verschiedenartiger Thatsachen und Verhältnisse vorgenommen werden. Hervorzuheben sind insbesondere die Fälle der Auflösung und des Verlustes der Rechtsfähigkeit eines Vereins. Beide Begriffe sind strenge zu unterscheiden.

1) Die Auflösung des Vereins vernichtet dessen Bestand im Ganzen und in jeder Form. Mit der dadurch herbeigeführten Zersetzung des ganzen Substrats endet die Juristische Person überhaupt, erlischt demgemäß die ganze Rechtsfähigkeit und bleibt nicht einmal mehr ein sogenannter nicht rechtsfähiger Verein i. S. des § 54 BGB. bestehen.

Die Auflösung erfolgt:

a) durch Vorausbestimmung der Satzung z. B. nach bestimmter Zeit oder nach völliger Erledigung eines begrenzten Zwecks;

b) durch Beschluß der Mitgliederversammlung nach Maßgabe des BGB. § 41;

c) durch *obrigkeitliche Verfügung* nach Maßgabe des öffentlichen Vereinsrechts, welcher Fall sich dermalen noch nach den Landesgesetzen bemißt.

In diesem letzteren Punkte ist insbesondere zu verweisen auf Art. 19 des bayr. Vereinsgesetzes v. 1850/98, welcher unberührt bleibt.

2) Der *Verlust der Rechtsfähigkeit* allein bringt zwar die Rechtspersönlichkeit mit dem Vollbesitze der Privatrechtsstellung in Wegfall, schließt aber nicht aus, daß die Vereinigung in Form und Wesen eines sogenannten nichtrechtsfähigen Vereins nach BGB. § 54 fortbesteht.

Der *Verlust der Rechtsfähigkeit* tritt ein theils kraft des Gesetzes, theils durch obrigkeitliche Verfügung.

a) *Kraft Gesetzes* tritt der Verlust der Rechtsfähigkeit ein nach BGB. § 42 durch Eröffnung des Konkurses. Dem Vorstand liegt nach jenem § 42 die Rechtspflicht ob, im Falle der Ueberschuldung (nicht gleichbedeutend mit Zahlungsunfähigkeit) die Eröffnung des Konkurses zu beantragen. Bei Verzögerung dieses Antrags sind die Vorstandsmitglieder, denen ein Verschulden zur Last fällt, den Gläubigern für den daraus entstehenden Schaden verantwortlich und haften als Gesammtschuldner.

b) Ein durch *obrigkeitliche Verfügung* erfolgender Verlust der Rechtsfähigkeit ergibt sich in der Gestalt *amtlicher Entziehung der Rechtsfähigkeit*. Eine solche amtliche Entziehung kann eintreten, *entweder im Verwaltungsrechtsverfahren* oder durch *amtsgerichtlichen Beschluß*. Von Ersterem handeln die §§ 43, 44 BGB., von Letzterem der § 73 BGB. Die dort behandelte *richterliche* Entziehung bezieht sich aber *nur auf eingetragene Vereine*. *Die verwaltungsrechtliche* Entziehung der Rechtsfähigkeit nach § 43 fg. erstreckt sich dagegen auf alle Arten rechtsfähiger Vereine, auf concessionirte wie auf eingetragene. Es hat damit folgende Bewandtniß:

Nicht blos nach dem öffentlichen Rechte, sondern auch nach dem BGB. begleitet die Vereine vom Anfange bis zum Ende eine gewisse staatspolizeiliche Sorge. Bezüglich der Entstehung äußert diese ihren Einfluß von selbst im Falle der staatlichen Verleihung der Rechtspersönlichkeit. Concessionirbare Vereine können letztere ohnehin nicht erlangen ohne „hohe obrigkeitliche Bewilligung". Die Ertheilung derselben aber unterliegt freiem administrativen Ermessen. Bei eingetragenen Vereinen dagegen bringt das BGB. eine an späterer Stelle zu besprechende besondere, in dieser Form neue Institution in Gestalt eines administrativen Einspruchs vor der Eintragung zur Geltung.

Dementsprechend macht sich auch hinsichtlich des Fortbestands der Vereine eine auf die Gesetzmäßigkeit des Verhaltens derselben gerichtete administrative Kontrolle geltend. In privatrechtlicher Hinsicht äußert sich diese in Gestalt der Entziehung der Rechtsfähigkeit. Wie nochmals betont sei, hat diese an sich und privatrechtlich noch nicht auch die volle Auflösung des Vereins zur Folge. Ob eine solche aus polizeilichen Gründen eintreten darf, ob die zur Entziehung der privatrechtlichen Rechtsfähigkeit Grund gebenden Verhältnisse auch zu einer staatsrechtlichen Auflösung führen können, das ist eine andere für sich bestehende Frage. Sie liegt außerhalb des BGB. und bemißt sich nach dem öffentlichen Rechte, d. h. soweit nicht reichsrechtliche Normen einschlagen, nach dem Landesrechte.

Die Gründe für eine Entziehung der Rechtsfähigkeit sind im § 43 BGB. bündig verzeichnet.

α) Für Vereine aller Art (concessionirte und eingetragene) greift die Entziehung Platz, wenn der Verein durch einen gesetzwidrigen Beschluß der Mitgliederversammlung oder durch gesetzwidriges Verhalten des Vorstands das Gemeinwohl gefährdet (BGB. § 43 Abs. 1).

β) Einem Vereine, dessen Rechtsfähigkeit auf Verleihung beruht, also nach BGB. § 22 (abgesehen vom Falle des § 23), einem Vereine, dessen Zweck auf wirthschaftlichen Geschäftsbetrieb gerichtet ist, kann die Rechtsfähigkeit entzogen werden, wenn er einen anderen als den in der Satzung bestimmten Zweck verfolgt, weil er in solchem Falle sich auf ein Gebiet begibt, für welches die Verleihung der Rechtspersönlichkeit von vorneherein nicht bemessen war (BGB. § 43 Abs. 4).

γ) Einem Vereine, dessen Zweck nach der Satzung nicht auf einen wirthschaftlichen Geschäftsbetrieb gerichtet ist, also nach § 21 einem eingetragenen Vereine, kann die Rechtsfähigkeit entzogen werden, wenn er den Zweck eines wirthschaftlichen Geschäftsbetriebs verfolgt (BGB. § 43 Abs. 2). Denn in einem solchen Falle könnte er nach BGB. §§ 21 u. 22 die Rechtsfähigkeit durch Eintragung überhaupt gar nicht erwerben.

Jene Gesetzesvorschrift wird übrigens noch erweitert durch § 43 Abs. 3. Zu den Vereinen der nichtwirthschaftlichen Gruppen sind auch Vereine mit politischen, socialpolitischen und religiösen Zwecken zu rechnen. Verfolgt nun ein Verein, der nach seiner Satzung einen solchen politischen, socialpolitischen oder religiösen Zweck nicht hat, doch thatsächlich einen Zweck dieser Art, so kann dem Vereine die Rechtsfähigkeit auch schon deshalb entzogen werden (BGB. § 43 Abs. 3).

Diese Bestimmung steht im Zusammenhange mit einer anderen Vorschrift, welche für die eingetragenen Vereine im § 61 getroffen ist, und hat hauptsächlich die Aufgabe, eine Umgehung der Vorschrift des § 61 hintanzuhalten und gegebenen Falles nachträglich unwirksam zu machen. (S. hierüber später.) Die dargestellten Entziehungsgründe sind abgeschlossener Natur, daher einer Erweiterung in der Anwendung mittels Analogie nicht zugänglich. Andererseits unterliegt bei der in allen Richtungen facultativen Fassung des § 43 vom Standpunkte des BGB. aus die wirkliche Verhängung der Entziehung der Rechtsfähigkeit in den Fällen des § 43 dem freien Ermessen der Behörde.

Für die Zuständigkeit, das Verfahren und die Rechtsmittel bezüglich der hier ins Auge gefaßten nichtrichterlichen Entziehung der Rechtsfähigkeit (§ 43) sind gemäß BGB. § 44 die Vorschriften der Landesgesetze und zwar diejenigen für streitige Verwaltungssachen maßgebend. Solche landesgesetzliche Vorschriften enthält für Bayern das Ausf. Ges. z. BGB. v. 9. Juni 1899 Art. 4, woselbst es heißt:

„Für die Entziehung der Rechtsfähigkeit eines Vereins nach § 43 des Bürgerlichen Gesetzbuchs ist die Distriktspolizeibehörde, in München die Polizeidirektion, zuständig. Gegen den Beschluß auf Entziehung der Rechtsfähigkeit sowie gegen den Einspruch findet binnen einer Frist von zwei Wochen Beschwerde an die Regierung, Kammer des Innern, statt. Gegen die Entscheidung der Regierung ist weitere Beschwerde an den Verwaltungsgerichtshof zulässig. Für die Beschwerde an den Verwaltungsgerichtshof gelten die Vorschriften des Artikel 45 Abs. 2, 3 des Gesetzes vom 8. August 1878, betreffend die Errichtung eines Verwaltungsgerichtshofs und das Verfahren in Verwaltungsrechtssachen."

Verfällt irgend ein Verein entweder der Auflösung oder der behördlichen Entziehung der Rechtsfähigkeit, so muß über das etwa vorhandene Vermögen Verfügung getroffen werden. Die Grundnormen gibt das BGB. in den §§ 45 fg.

Ueber die Frage, wer das Vermögen zu erhalten hat, bestimmt:

a) in erster Reihe die Satzung. Deren eventuelle Verfügung kann sowohl eine unmittelbare als eine mittelbare sein, indem sie entweder den oder die anfallberechtigten Personen (natürliche oder juristische) selbst bestimmt oder diese Bestimmung der Mitgliederversammlung oder einem anderen Vereinsorgane anheimstellt. Auch ohne eine Satzungsvorschrift letzterer Art kann nach § 45 die Mitgliederversammlung das Vermögen einer öffentlichen Stiftung oder Anstalt zuweisen, wenn es sich um einen Verein handelt, dessen Zweck nicht auf einen wirthschaftlichen Geschäftsbetrieb gerichtet ist.

b) Fehlt es an einer maßgebenden unmittelbaren oder mittelbaren Satzungsbestimmung, so fällt nach BGB. § 45 Abs. 3 das Vermögen an die zur Zeit der Auflösung oder der Entziehung der Rechtsfähigkeit vorhandenen Vereinsmitglieder zu gleichen Theilen (also nach Kopftheilen), wenn der Verein nach der Satzung ausschließlich den Interessen seiner Mitglieder diente. Anderenfalls, also wenn der Verein im Ganzen oder wenigstens daneben auch anderen als den persönlichen Interessen der Mitglieder allein gedient hat, fällt das Vermögen an den Fiscus des Bundesstaats, in dessen Gebiet der Verein seinen Sitz hatte. An Stelle des Fiscus kann übrigens nach Art. 85 des EG. z. BGB. durch landesgesetzliche Vorschriften auch eine Körperschaft, Stiftung oder Anstalt des öffentlichen Rechts gesetzt werden. Die bayr. Gesetzgebung hat von dieser

Gebahrungsfreiheit bisher noch keinen Gebrauch gemacht.*)

Bei Hinfall des Vermögens an den Fiscus macht § 46 Satz 2 BGB. den letzteren verbindlich, das Vermögen thunlichst in einer den Zwecken des Vereins entsprechenden Weise zu verwenden. Das „thunlichst" muß recht betont werden, wenn nicht manchmal wunderliche Consequenzen entstehen sollen. Planck, Komm. S. 97, nimmt übrigens an, daß durch jenen Satz dem Fiscus keine privatrechtliche, sondern eine öffentlich-rechtliche Verpflichtung auferlegt wird. Ebenso auch Schepp, a. a. O. S. 13. Man wird aber darüber streiten können, wenn solche Personen vorhanden sind, denen ein individuelles rechtliches Interesse an der Handhabung jener Gesetzesvorschrift zur Seite steht. Zutreffend bemerkt Schepp, a. a. O., in Bezug auf jene Verbindlichkeit: „Die Verwaltungsbehörde wird ihr in der Regel dadurch am sichersten entsprechen, daß sie das Vereinsvermögen einem anderen an demselben Orte zu demselben Zwecke bestehenden oder sich bildenden Vereine überweist."

Zu II. Von besonderer Wichtigkeit, namentlich auch für die Verwaltung, sind die Sonderbestimmungen für eingetragene Vereine. Ihrem Wesen, ihrer Entstehung und ihrer Existenzform nach entsprechen die Vereine dieser Art im Ganzen und Großen den „anerkannten Vereinen" des bayr. Ges. vom 29. April 1869. Die Grundbestimmung für die „eingetragenen Vereine" des BGB. enthält dessen § 21, welcher vor allem als eingetragenen Verein nur einen solchen zuläßt, dessen Zweck nicht auf einen wirthschaftlichen Geschäftsbetrieb gerichtet ist. Die Rechtspersönlichkeit erlangt ein solcher Verein durch Eintragung in das Vereinsregister (BGB. § 21), also erst, aber auch schon mit diesem Akte. Dieser begründet volle Juristische Persönlichkeit.

*) Nach Schepp a. a. O. S. 13 auch Preußen nicht.

Während das Bayr. Gesetz vom 29. April 1869 die Zuständigkeit zur Ertheilung der Anerkennung den Landgerichten als Collegialgerichten (ursprünglich den Bezirksgerichten) zutheilte, sind im BGB. § 21 die Führung des erforderlichen Vereinsregisters, die Eintragungen darin und die mit diesen verknüpften Prüfungen und Beschlußfassungen den Amtsgerichten übertragen.

Beschaffenheit und Inhalt des Vereinsregisters regelt § 64 BGB.*) Für die Eintragung eines Vereins selbst sind vom BGB. eine Reihe formeller und materieller Voraussetzungen aufgestellt. Sie gehören zumeist in das Gebiet der sogenannten Normativbestimmungen, zum Theil aber auch in das Kapitel vom Verfahren. Besonders hervorzuheben ist hier besonders folgendes:

Das Gesuch um Eintragung ist bei dem Amtsgerichte, in dessen Bezirk der Verein seinen Sitz hat, „anzumelden". Diese Anmeldung hat durch den Vorstand des Vereins zu geschehen (BGB. § 59).

Das Eintragungsgesuch unterliegt nun zunächst der Vorprüfung durch das Amtsgericht. Dessen Prüfung hat sich vor allem zu erstrecken auf die Frage, ob der Verein (nach der Satzung oder sonstigen Anhaltspunkten) einen Zweck verfolgt, nach welchem gemäß BGB. § 21 der Verein überhaupt Rechtsfähigkeit durch Eintragung erlangen kann. Von dieser Prüfung steht zwar nichts ausdrücklich im Gesetze, aber dieselbe ist unumgänglich und selbstverständlich. Weiter ist auch vom Amtsgerichte zu prüfen, ob den formellen Voraussetzungen für die Eintragung, insbesondere den Vorschriften der §§ 56 und 59 genügt ist. Ist letzteres nicht der Fall, oder fehlt es an den Voraussetzungen nach § 21 oder an der Zulässigkeit des Vereins, so hat das Amtsgericht sofort die

*) S. hiezu Vollzugsvorschriften nach Beschluß des Bundesraths v. 3. Nov. 1898 (Centralblatt für das deutsche Reich, 1898 S. 438 fg).

Anmeldung unter Angabe der Gründe zurückweisen (BGB. § 60). Gegen einen zurückweisenden Beschluß findet sofortige Beschwerde statt, und zwar nach Maßgabe der Civilprozeßordnung, also nicht nach den Gesetzesvorschriften für die freiwillige Rechtspflege.

Ist beim Amtsgericht alles in Ordnung befunden worden, so beginnt nun erst noch ein administratives Zwischenverfahren, vor dessen Erledigung keine Eintragung geschehen darf. Das BGB. bestimmt nämlich in § 61 wörtlich:

„Wird die Anmeldung zugelassen, so hat das Amtsgericht sie der zuständigen Verwaltungsbehörde mitzutheilen.

Die Verwaltungsbehörde kann gegen die Eintragung Einspruch erheben, wenn der Verein nach dem öffentlichen Vereinsrecht unerlaubt ist oder verboten werden kann, oder wenn er einen politischen, socialpolitischen oder religiösen Zweck verfolgt."

Hiemit hat das BGB. (wenigstens für die Verhältnisse in Bayern) etwas ganz Neues, Eigenartiges geschaffen, welches die Entstehung des eingetragenen Vereins zum Theil der richterlichen Sphäre entrückt und einem gewissen Arbitrium der Verwaltungsbehörde anheimgibt, damit aber deren Gewalten in Bezug auf Vereinsbildungen erhöht. Das ist aber geradezu beabsichtigt, und zwar aus tiefgreifenden politischen Erwägungen. Die verbündeten Regierungen wollten es nicht zugeben, daß jede beliebige Vereinsbildung ohne Einschränkung und ohne jedes Vetorecht der politischen Staatsbehörde zur Rechtsfähigkeit auch in privatrechtlicher Hinsicht führen könne. Zur Ausübung eines solchen Veto construiren daher die §§ 61 fg. BGB. den administrativen Einspruch gegen die Registereintragung.

Zuständig zur Erhebung des Einspruchs kann nur eine Verwaltungsbehörde sein. Welche das ist, bestimmt das Landesrecht. Nach Art. 4 des bayerischen Ausf. Ges. zum BGB. vom 9. Juni 1899 ist zur Erhebung des Einspruchs (nach §§ 61 und 71 BGB.) die Distriktspolizeibehörde, in München die Polizeidirection zuständig.

Der hienach zuständigen Verwaltungsbehörde hat das Amtsgericht die seiner Vorprüfung unterstellt gewesene und zugelassene Anmeldung in allen Fällen von Amtswegen mitzutheilen.

Ob Einspruch erhoben werde wolle, untersteht nach der durchaus facultativen Fassung des § 61 BGB. dem Ermessen der Verwaltungsbehörde.

Das BGB. fixirt aber bestimmte, nicht ausdehnbare Voraussetzungen für die Zulässigkeit eines Einspruchs. Der Einspruch findet nämlich nur in zwei Klassen von Fällen statt, nämlich:

a) wenn der Verein nach dem öffentlichen Vereinsrechte unerlaubt ist oder verboten werden kann,

oder

b) wenn der Verein einen politischen, socialpolitischen oder religiösen Zweck verfolgt.

Letzteres ist analog dem, was schon im § 43 Abs. 3 BGB. bezüglich nachträglicher Entziehung der Rechtsfähigkeit enthalten ist. (S. oben S. 124). Der in beiden Gesetzesstellen vorausgesetzte Zweck muß aber in einer der drei bezeichneten Richtungen **verfolgt** werden. Das erfordert Absicht, Tendenz. Es genügt nicht zufällige Nebenwirkung. Aber es ist andererseits auch nur erforderlich, daß der kritische Zweck thatsächlich vorhanden, nicht auch, daß er in der Satzung eigens als solcher mit einer der drei gesetzlichen Bezeichnungen erklärt ist.

Was nun die einzelnen jener drei Begriffe anlangt, so hat man sich mit dem des „politischen Vereins“ schon bisher zurecht finden müssen. Die öffentlich-rechtliche Gesetzgebung hat ihn längst ein- und durchgeführt. Es ist anzunehmen, daß ihn auch das BGB. in dem, der öffentlich-rechtlichen

Vereinsgesetzgebung entsprechenden Sinne verstanden wissen will. *)

Nicht gar zu schwierig dürfte auch die Fixirung dessen sein, was unter „religiösem Zweck“ zu verstehen ist, obwohl man auch hier auf Zweifel stößt. Vereine zu „religiösem“ Zwecke (das Gesetz sagt nicht „religiöspolitisch“) sind zweifellos alle Vereine, welche den Zweck der Verbreitung und Stärkung bestimmter Religionen, Konfessionen oder auch nur Glaubenslehren verfolgen (z. B. Religionsgesellschaften, welche nicht als Körperschaften des öffentlichen Rechts i. S. des § 89 BGB. aufzufassen sind, Missionsvereine u. dergl.), dann Vereine zu gemeinsamer Religionsübung und Erbauung (z. B. sogenannte Bruderschaften und Aehnliches).**)

Planck (Kom. Bd. 1 S. 109) rechnet zu den Vereinen mit religiösen Zwecken i. S. der §§ 43 und 61 auch alle „geistlichen Orden“. (Mönchs- wie Frauenorden). Sie gehören aber nicht hieher. Wenigstens die eigentlichen Regularen sind Einrichtungen im Organismus der katholischen Kirche als solcher. Ihre Entstehung, Zulassung und Fortdauer ist nach Kirchen- und Kirchenstaatsrecht zu beurtheilen. Sie fallen daher unter die Korporationen des öffentlichen Rechts (BGB. § 89). Die Vereinsnormen des BGB. passen auch wahrlich recht wenig auf die Organisation der geistlichen Orden. Uebrigens ist hieher auch des Art. 84 EG. z. BGB. zu gedenken, inhaltlich dessen „unberührt bleiben die landesgesetzlichen Vorschriften, wonach eine Religionsgesellschaft oder eine geistliche Gesellschaft Rechtsfähigkeit nur im Wege der Gesetzgebung erlangen kann.“

Zu den „religiösen“ gehören übrigens auch solche Vereine, welche den religiösen Grundlagen der staatlichen Ordnung

*) Vergl. Art. 12 des bayr. Vereinsgesetzes v. 1850/98.

**) Vgl. desfalls Schepp a. a. O. S. 16.

entgegenarbeiten, z. B., wie in dem Ber. der Reichstags-comm. S. 12 erwähnt ist: „deren Programm die Verbreitung atheistischer Anschauungen bezielt oder auf die Organisation des Austritts aus der christlichen Kirchengemeinschaft hinwirkt".

Bei anderen Vereinsbildungen, in Ansehung deren das Vorhandensein eines „religiösen Zwecks" in Frage kommen kann, combinirt sich derselbe von vorneherein mit „politischen" Zwecken, so daß für sie eine subtile Darlegung der ersteren Zweckbestimmung gar nicht mehr nöthig ist. So ist es z. B. gewöhnlich bei den jetzt so verbreiteten sogenannten katholischen Männervereinen. Beispiele der Zweifelhaftigkeit geben z. B. die „Vereine christlicher junger Männer". Sie stehen zum Mindesten hart auf der Grenze des Begriffes „Verein zu religiösem Zweck". Aehnlich steht es mit den sog. katholischen Gesellenvereinen oder evangelischen Handwerkervereinen. Diese verfolgen in der Hauptsache einen gemeinnützigen Zweck, allerdings auf der Grundlage der Weckung und Hebung religiösen Glaubens und religiöser Gesinnung im Allgemeinen. Bei der Beurtheilung der Sachlage kann man letzteres Moment allerdings auch in den Vordergrund stellen. Es kommt diesbezüglich auch viel darauf an, wie sich solche Vereine thatsächlich gestalten. Zweifelhaft ist endlich z. B. auch die Klassificirung der vielfach bestehenden „Kirchenbauvereine".

Erheblich greifbarer ist in gewisser Hinsicht der Begriff „religiöser Zweck" geworden durch Vorgänge in der Gesetzesentwicklung. Die correspondirenden §§ 40 u. 58 des Entw. III hatten gelautet:

> „wenn er einen dem Gebiete der Politik oder der Socialpolitik, der Religion, der Erziehung oder des Unterrichts angehörenden Zweck verfolgt."

An Stelle dessen ist im Reichstage die jetzige Fassung gewählt worden. Deren Hauptabweichung liegt im Abstrich der Worte „Erziehung oder Unterricht“. Dieser Abstrich geschah in dem Sinne, daß jene Zwecke dem Bereiche der Bestimmungen in § 43 Abs. 3 u. § 61 nicht zufallen sollen. Sie dürfen daher auch nicht mittels des Begriffes „religiös“ zur Hinterthüre wieder hereingebracht werden. Letzteres gilt auch gegenüber dem Begriffe „sozialpolitisch“.

Was „socialpolitisch“ in den §§ 43 u. 61 heißen soll, ist eigentlich am meisten unklar und unbestimmt. Zweierlei ist aber von vorneherein sicher. Nachdem neben „politisch“ auch noch „socialpolitisch“ steht, muß letzteres noch eine besondere, und zwar erweiternde Bedeutung haben. Und nachdem es heißt: „socialpolitisch“, können auch nicht alle im Allgemeinen auf sociale Verhältnisse sich beziehenden Zwecke, d. h. jede Einwirkung auf das sociale Leben, einbezogen werden. Auf dieser Grundlage haben sich jedenfalls alle Grenzbestimmungsversuche zu bewegen. Deren sind schon eine Reihe zu lesen. So zum Beispiel schreibt Eck, Vorträge über den Entw. des BGB. (Berlin 1896) S. 17:

> „Der zusammengesetzte Ausdruck „socialpolitisch“ deutet darauf hin, daß es sich hier um eine Verbindung von socialen und politischen Bestrebungen handelt, die auf eine Verbesserung der Gesellschafts- und Wirthschaftsordnung, aber auf dem Wege und mit Hülfe einer Aenderung der Staats- und Rechtsordung abzielen. Die Aenderung der letzteren bildet also hier nicht den Zweck selbst, aber doch das Mittel zum Zweck. Eben darum kann ein Verein, welcher ohne jede Aenderung der bestehenden staatlichen Ordnung die wirthschaftliche Lage gewisser Classen zu heben sich bestrebt, nicht als ein socialpolitischer gelten.“

Anschließend hieran bezeichnet sodann Eck als unzweifelhaft socialpolitisch: einen Gewerkverein,*) welcher, um die Lage der Arbeiter zu heben, obrigkeitliche Einrichtungen, Arbeits-

---

*) Ueber die sog. Berufsvereine, besonders wenn sie in wirthschaftliche Kämpfe und Wahlagitationen eintreten, s. auch Schepp. a. a. O. S. 16.

nachweise, Schiedsgerichte, Schutzvorschriften ꝛc. erstrebt — einen Verein, der die Erwerbsfähigkeit der Frauen durch Zulassung derselben zum Universitätsstudium, zu Staatsämtern u. s. w. steigern will — ja selbst einen Verein, der auch nur theoretisch die Erkenntniß der Nothwendigkeit solcher Ziele zu verbreiten sucht. Dagegen betrachtet Eck einen bloßen Arbeiterbildungsverein nur als einen gemeinnützigen, einen Verein für Herstellung billiger Proletarierwohnungen oder für Unterstützung invalider Arbeiter nur als einen wohlthätigen, einen Verein für theoretische Vorträge über Socialwissenschaft nur als einen wissenschaftlichen, sohin alle nicht als socialpolitisch.

Plank (Komm. S. 109) schreibt:

„Auch hier (zum Begriff „sozialpolitisch") wird erfordert, daß daß der Verein auf die öffentlichen Angelegenheiten und zwar speciell auf die socialen Fragen des öffentlichen Lebens einzuwirken bezweckt. Ein Verein, der lediglich sociale Zwecke verfolgt, z. B. für bessere Ernährung und Wohnung der arbeitenden Klassen wirkt, verfolgt keinen socialpolitischen Zweck; ebensowenig ein Verein, der durch die Besprechung socialpolitischer Fragen die Anschauung seiner Mitglieder aufzuklären bezweckt. Auch die Berufsvereine, soweit sie sich lediglich auf die Wahrnehmung der Interessen ihrer Mitglieder beschränken, sei es auch in der Richtung, daß sie bessere Arbeitsbedingungen für ihre Mitglieder zu erlangen streben, verfolgen keinen socialpolitischen Zweck. Dagegen ist z. B. jeder Verein, der auf die sociale Gesetzgebung oder auf die Handhabung der sozialen Gesetze von Seiten der Verwaltungsbehörden einwirken will, ein Verein, der einen socialpolitischen Zweck verfolgt."

Diese Auslassungen bewegen sich in der Grundauffassung auf im Wesentlichen gleichem Boden. Sie geben in der That auch dem Practiker brauchbare Anhaltspunkte. Darauf aber wird man verzichten müssen, eine für alle Fälle brauchbare Begriffsbegrenzung theoretisch auszuklügeln und festzulegen. Die Lebensverhältnisse sind zu mannigfaltig und erfordern daher sorgsame Würdigung im Einzelfalle.*) Letzteres

*) In diesem Sinne äußert sich auch Schepp, a. a. O., S. 16.

um so mehr, wenn es sich um die oft gewaltig einschneidende Maßregel der administrativen Wiederentziehung der Rechtsfähigkeit nach BGB. § 43 handelt. —

Will die Verwaltungsbehörde von ihrer Befugniß des Einspruchs gegen die Eintragung Gebrauch machen, so hat dies nach BGB. § 63 binnen sechs Wochen seit empfangener Mittheilung der Anmeldung zu geschehen. Erfolgt Einspruch, so hindert diese Thatsache allein jedes weitere sachliche Vorgehen des Amtsgerichts. Dieses hat nur nach BGB. § 62 den Einspruch dem Vereinsvorstande mitzutheilen, natürlich in vollem Umfange mit seiner Begründung.

Will sich derjenige, welcher den Verein zur Eintragung angemeldet hat, bei dem erhobenen Einspruche nicht beruhigen, so kann er denselben im verwaltungsrechtlichen Instanzenzug anfechten. BGB. § 62 Abs. 2 gibt ausdrücklich ein solches Anfechtungsrecht „im Wege des Verwaltungsstreitverfahrens". Dementsprechend bestimmt Art. 4 des Bayr. Ausf. Ges. z. BGB. v. 9. Juni 1899 folgendes: Gegen den Einspruch findet binnen einer Frist von zwei Wochen Beschwerde an die Regierung, Kammer des Innern, statt. Gegen die Entscheidung der Letzteren ist weitere Beschwerde an den Verwaltungsgerichtshof zulässig. Für die Beschwerde an den Verwaltungsgerichtshof gelten die Vorschriften des Art. 45 Abs. 2, 3 des Ges. v. 8. Aug. 1878 über die Errichtung des Verwaltungsgerichtshofs.*)

Das Prüfungsrecht der höheren Verwaltungsrechtsinstanz erstreckt sich unter allen Umständen darauf, ob

α) der Einspruch rechtzeitig erfolgte, dann

β) ob der Einspruch aus einem der gesetzlich allein zugelassenen Rechtsgründe erhoben wurde und

*) Vgl. dazu Verh. des Gesetzg. Aussch. der II. bayr. K. (Becher, Materialien, Abth. IV, V Bd. 1. S. 211 fg.

γ) ob dieser Rechtsgrund im vorliegenden Falle in der That zutrifft. Die Begriffe: „politisch" u. s. w. müssen hiebei als Rechtsbegriffe betrachtet werden.

Verschiedene Schriftsteller schließen dagegen aus: „die Anfechtung wegen sachlicher Unangemessenheit des Einspruchs" — die „Nachprüfung der Angemessenheit des Einspruchs" — die Anfechtung der Frage „ob das öffentliche Interesse, obwohl die Voraussetzungen (des Einspruchs an sich) vorliegen, auch wirklich erfordere, die Erlangung der Rechtsfähigkeit zu verhindern". Man stützt diese Beschränkung auf einen ausdrücklichen Beschluß der II. Kommission (Metallogr. Prot. S. 8395). Im Wortlaute des § 62 hat diese Tendenz aber kaum einen erkennbaren Ausdruck gefunden. Man müßte sich höchstens an das Wort: „Streitverfahren" halten. Consequent ist es sicher allein, nachdem einmal das ganze Verfahren nach Landesrecht zu bemessen ist, nach diesem Letzteren auch die Frage zu beurtheilen, wie weit die höhere Instanz auch mit jener Ermessensfrage befaßt werden dürfe. Es ist dies namentlich da von Werth, wo unter einem Verwaltungsgerichtshof als dritter Instanz noch eine zweite Mittelinstanz besteht.

Eine solche Mittelinstanz wird nach obiger Bestimmung des bayr. Ausf. Ges. z. BGB. gerade für die gegenwärtige Frage vorgesehen. In den Mot. zu jenem Art. 4 des Ausf. Gesetzes (Art. 3 des Entw.) ist ebenfalls die Auffassung vertreten, daß sich die Zuständigkeit nach den Landesgesetzen richtet. Dazu ist wörtlich bemerkt:

> Da das Gesetz vom 8. August 1875, betreffend die Errichtung eines Verwaltungsgerichtshofs und das Verfahren in Verwaltungsrechtssachen, zwei Arten des Streitverfahrens kennt, so ist es nothwendig, zu bestimmen, welche Art des Verwaltungsstreitverfahrens zur Anwendung kommen soll. Zugleich müssen die Zuständigkeit und das Verfahren in den unteren Instanzen geregelt werden. Diese Aufgaben löst der Entwurf im Anschluß an das zu dem Reichsgesetze, betreffend die Erwerbs- und Wirthschaftsge-

nossenschaften, vom 1. Mai 1889 erlassene Ausführungsgesetz vom 28. November 1889 und an das zu dem Reichsgesetze, betreffend die Gesellschaften mit beschränkter Haftung, vom 20. April 1892 erlassene Ausführungsgesetz vom 22. Mai 1892.

Demgemäß ist im Art. 4 des Ausf. Ges. auf den Art. 45 Abs. 3 des G. über den Verwaltungsgerichtshof v. 8. Aug. 1878 verwiesen, welcher in Bezug auf die Fälle der Art. 10 und 11 desselben Gesetzes verfügt:

„Die Behandlung dieser Fälle beim Verwaltungsgerichtshof „bemißt sich nach den für das Verfahren des Verwaltungsgerichts„hofs in Verwaltungsrechtssachen geltenden Bestimm„ungen"*).

Der ebenfalls in Bezug genommene Art. 2 des Ges. v. 8. August 1878 behandelt die Rechtsmittelfristen. Zu vergleichen ist dazu, was im G.G.Aussch. d. II. Kammer erörtert wurde.**)

Wie schon wiederholt betont wurde, darf die Eintragung in das Vereinsregister erst dann erfolgen, wenn die Einspruchsfrage zu Gunsten der Anmeldung erledigt ist. Dies ist der Fall (§ 63):

a) wenn die Verwaltungsbehörde erklärt hat, einen Einspruch nicht erheben zu wollen, oder
b) wenn die Einspruchsfrist abgelaufen und Einspruch nicht erhoben ist, oder
c) wenn der Einspruch im verwaltungsstreitrechtlichen Beschwerdewege endgültig aufgehoben ist.

Die erfolgte Eintragung bringt es mit sich, daß der Verein kraft Gesetzes den von ihm zu führenden Zusatz: „eingetragener Verein" erhält.

---

*) Vgl. hiezu Krays, Komm. z. G. über den Verwaltungsgerichtshof, S. 203, 449 fg.

**) Becher, Materialien, Abthl. IV, V, Bd. 1 S. 211.

Für das Vereinsregister besteht insoferne formelle Oeffentlichkeit, als die Einsicht desselben, sowie der vom Verein eingereichten Schriftstücke Jedermann gestattet ist (§ 79). Jeder kann auch eine auf Verlangen zu beglaubigende Abschrift der Eintragungen begehren (§ 79) — natürlich auf seine Kosten. Der Nachweis eines besonderen Interesses an Einsicht ꝛc. ist vom BGB. nicht gefordert.

Eine noch weiter gehende sachliche Publicität des Vereinsregisters im Sinne des Rechtssprichworts: „Wer dem Buch traut, kommt nicht zu Schaden" ist dagegen vom BGB. nicht gesetzt worden. Nicht der formelle Stand der Registereinträge, sondern der wirkliche Stand der Rechtsverhältnisse ist daher entscheidend in den einschlägigen Rechtsbeziehungen, namentlich einerseits in Ansehung der Vertretung des Vereins und ihrer Folgezustände, und andererseits der Rechte und Pflichten Dritter gegenüber dem Verein und des Vereins gegenüber Dritten. Nur in einigen speciellen Richtungen enthält zunächst der § 68 BGB. einige den allgemeinen Standpunkt des Gesetzes etwas modificirende Bestimmungen.

Nach Art. 4 u. 18 des bayr. Ges. vom 29. April 1869 über die anerkannten Vereine mußten sowohl bei Anmeldung des Vereins zur „Anerkennung", wie alljährlich im Monate Januar, vollständige Mitgliederverzeichnisse bei Gericht eingereicht werden. Diese Vorschriften sind, namentlich in letzterer Richtung, vielfach als eine ziemlich zwecklose Belästigung empfunden worden. Das BGB. hat auch eine soweitgehende Bestimmung nicht aufgenommen, sondern sich darauf beschränkt, in § 72 zu bestimmen, daß das Amtsgericht das Recht habe, jeder Zeit vom Vorstande die Vorlage eines Mitgliederverzeichnisses zu verlangen und durch Ordnungsstrafen (BGB. § 78) zu erzwingen. Das Verlangen kann natürlich auch sofort bei Anmeldung des Vereins gestellt werden und in diesem Zeitpunkt oft auch dienlich sein als Grundlage für die Beurtheilung der Einspruchsfrage. Will zu solchem Behufe die Verwaltungsbehörde ein Mitgliederverzeichniß, so hat sie darum das Amtsgericht, welches nach BGB. § 72 zu der Erholung zuständig ist, zu requiriren, soferne nicht das öffentliche Vereinsrecht ein unmittelbares Erholen gestattet.

Noch ist folgendes nachzutragen:

Wie schon früher angedeutet, findet bei eingetragenen Vereinen nach dem BGB. auch eine richterliche Entziehung der Rechtsfähigkeit statt. Es beschränkt sich dieselbe aber nach dem BGB. § 73 auf den einzigen Fall, wenn die Zahl der Vereinsmitglieder unter Drei herabsinkt. In solchem Fall erfolgt die Maßregel durch Beschluß des Amtsgerichts, und zwar entweder

a) auf Antrag des Vereinsvorstandes

oder

b) auch von Amtswegen auf Grund irgendwie erlangter Kenntniß vom Stande der Dinge, in diesem Falle aber nur, wenn der Antrag (lit. a) nicht binnen drei Monaten vom Eintritte der gesetzlichen Voraussetzung an erfolgt ist. Der Vorstand muß in diesem Falle gehört werden.

Von ganz besonderer Bedeutung, namentlich in der Uebergangszeit, ist die Frage, ob, inwieweit, in welcher Gestalt und auf welcher Rechtsgrundlage diejenigen Vereine bestehen bleiben, welche am 1. Januar 1900 bereits bestehen. Von diesem Zeitpunkte an ist selbstverständlich das BGB. nach sämmtlichen Richtungen*) maßgebend für alle Vereine des Bürgerlichen Rechts, welche fortan gegründet werden oder wenn schon vorher, aber ohne eigene Rechtspersönlichkeit bestehend, letztere erst jetzt erwerben wollen.**) In dem Bereiche des neuen Rechts-

*) Unbeschadet des Art. 82 EG. z. BGB.

**) Die bisherigen gemeinrechtlichen und particularrechtlichen Bestimmungen über die privatrechtliche Seite des Vereinswesens treten außer Kraft, soweit nicht besondere Vorbehalte einschlagen. Art 4, 55 EG. z. BGB.

zustands müssen aber auch jene, kurz bezeichnet, älteren Vereine untergebracht werden. Deren Zahl ist ja groß und deren Rechtsverhältnisse sind mannigfach in deutschen Landen. Bald hatten sie Rechtspersönlichkeit, bald nicht. Und ersteren Falles besaßen sie die Rechtsfähigkeit da (z. B. in Preußen) nur auf Grund eines Koncessionssystems, anderswo (z. B. in Bayern, Sachsen) auch auf Grund eines Registrirungssystems.

Was nun vor allem

1. die bisherigen sog. nicht rechtsfähigen Vereine betrifft, so kann es von vorneherein nicht zweifelhaft sein, daß auf solche Vereine vom 1. Jan. 1900 ab die vom BGB., insbesondere dessen § 54 vorgezeichnete rechtliche Auffassung und Behandlung Platz zu greifen hat. Zu allem Ueberflusse ist dies auch im Bayer. Gesetze v. 9. Juni 1899, betr. die Uebergangsbestimmungen, eigens anerkannt durch den Art. 2*), welcher lautet:

„Auf die zur Zeit des Inkrafttretens des Bürgerlichen Gesetzbuchs bestehenden nicht rechtsfähigen Vereine finden von diesem Zeitpunkt an die Vorschriften des Bürgerlichen Gesetzbuchs über die Gesellschaft Anwendung.

Aus einem Rechtsgeschäfte, das nach dem Inkrafttreten des Bürgerlichen Gesetzbuchs im Namen des Vereins einem Dritten gegenüber vorgenommen wird, haftet der Handelnde persönlich; handeln Mehrere, so haften sie als Gesammtschuldner.

Erlangt der Verein die Rechtsfähigkeit, so können von der Verkündung dieses Gesetzes an bis zu dem Zeitpunkt, in welchem das Grundbuch als angelegt anzusehen ist, Grundstücke und Rechte an Grundstücken, die zu dem bisherigen Vereinsvermögen gehören, durch notariell beurkundeten Beschluß der Mitgliederversammlung auf den rechtsfähigen Verein übertragen werden."

2. Hinsichtlich der schon vor dem 1. Januar 1900 entstandenen und mit Rechtspersönlichkeit ausgestatteten Vereine ruht die grundlegende Norm im Art. 163 des EG. z. BGB. Danach finden auf die zur Zeit des In-

*) Vgl. dazu die Motive z. Entw. Art. 2.

krafttretens des Bürgerlichen Gesetzbuchs bestehenden juristischen Personen von dieser Zeit an die Vorschriften der §§ 25—53 (85—89 nicht hierher bezüglich) des BGB. Anwendung, soweit sich nicht aus den Art. 164 bis 166 ein Anderes ergibt.

Es bleibt also die einmal gesetzmäßig erworbene Rechtspersönlichkeit bestehen, gleichviel auf Grund welcher Rechtsnormen die Erwerbung erfolgt ist. Die Gesetzmäßigkeit der Letzteren bemißt sich nach den zur Zeit der Erwerbung bestandenen Gesetzen. Was aber die ferneren Rechtsverhältnisse betrifft, so geht die Vorschrift des Art. 163 davon aus, „daß die Organisation der Juristischen Person, soweit es sich um Normen handelt, welche die Lebensbethätigung der Juristischen Personen, die Art und Weise der Beschlußfassung, die Vertretung, die Haftung für Handlungen der Vertreter regeln, sich nach dem neuen Gesetze richte, dann daß das Erlöschen der Juristischen Person dem Rechte unterstehe, unter dessen Herrschaft sich der aufhebende Thatbestand verwirklicht".*)

Selbstverständlich gelten jene neuen Normen auch für diese älteren Vereine mit demjenigen Character, den sie überhaupt haben, also je nachdem als zwingende oder nachgiebige. Jener Grundbestimmung des Art. 163 EG. stehen übrigens noch mehrere Specialbestimmungen zur Seite:

a) Art. 82 EG. z. BGB. erklärt als unberührt die Vorschriften der Landesgesetze über die Verfassung solcher Vereine, deren Rechtsfähigkeit auf staatlicher Verleihung beruht.**)

b) Vorbehalten sind weiter auch Sonderbestimmungen nach Berg- und Versicherungsrecht (Art. 67, 175), sowie

*) So Fischer-Henle, BGB., Anm. zu Art. 163 EG.

**) Näheres über diese in ihrer Tragweite unklare Bestimmung s. bei Habicht a. a. O. S. 89 fg.

auch über die Knappschafts- und Versicherungsvereine*) In letzterer Hinsicht kommen hieher z. B. Versicherungsgesellschaften auf Gegenseitigkeit in Betracht, nicht aber Aktiengesellschaften, welche Versicherungsgeschäfte betreiben.

c) Art. 165 EG. z. BGB. erhält in Kraft die Vorschriften des Bayr. Gesetzes**) über die privatrechtliche Stellung der Vereine vom 29. April in Ansehung derjenigen Vereine, welche auf Grund dieses Gesetzes zur Zeit des Inkrafttretens des BGB. bereits bestehen.

Diese Bestimmung ist übrigens nicht dahin zu verstehen, als ob die nach Maßgabe des Bayr. Gesetzes vorhandenen sog. anerkannten Vereine unabänderlich fortdauern müßten. Im Gegentheile. Die Vorschrift geht nur dahin, daß dem Bayrischen Gesetze durch Reichsrecht nicht derogirt werde. Der Bayr. Landesgesetzgebung stand aber frei, das Landesgesetz auch aufzuheben und zu ändern. Das hat denn auch die Bayr. Landesgesetzgebung gethan. Sie hat noch vor dem 1. Jan. 1900 im Art. 175 Nr. 23 des Ausf. Ges. z. BGB. v. 9. Juni 1899 das Gesetz v. 29. April 1869, betr. die privatrechtliche Stellung von Vereinen, aufgehoben und in Art. 1 des Uebergangsgesetzes v. 9. Juni 1899 verfügt.

„Die Vereine, welche zur Zeit des Inkrafttretens des Bürgerlichen Gesetzbuchs auf Grund des Gesetzes vom 29. April 1869, die privatrechtliche Stellung von Vereinen betreffend, bestehen, gelten von diesem Zeitpunkt an als eingetragene Vereine. Das Staatsministerium der Justiz kann über die Eintragung in das Vereinsregister Anordnungen treffen."

Die anerkannten Vereine des alten Bayr. Rechts gelten ab 1. Jan. 1900 fortan als eingetragene Vereine nach

*) Vgl. Mot. z. Entw. des Bayr. Ges. v. 9. Juni 1899, betr. die Uebergangsbestimmungen, Art. 2.

**) Des ganzen Gesetzes!

BGB. Diese Convertirung tritt kraft Gesetzes ein. Ueber diese Wirkung, von welcher alle am 1. Jan. 1900 bestehenden anerkannten Vereine ergriffen werden, besagen die Mot. z. Entw. folgendes: „Die anerkannten Vereine erlangen die rechtliche Stellung von eingetragenen Vereinen ohne ihr Zuthun und ohne Eintragung in das Vereinsregister .... Im Interesse der Ordnung muß allerdings die Eintragung der bisherigen anerkannten Vereine in das Vereinsregister erfolgen. Die für die Eintragung nothwendigen Bestimmungen .... werden vom k. Staatsministerium der Justiz zu treffen sein."

Während sich auf diese Weise die Verwandlung der Rechtspersönlichkeit im Grundsatze von selbst vollzieht, wird doch gar manchen bisherigen anerkannten Vereinen aus Anlaß der Umwandlung noch Einiges zu thun übrig bleiben.

Auf die convertirten Vereine finden nunmehr auch die Einzelbestimmungen Anwendung, welche nach BGB. für privatrechtliche Vereine überhaupt und für eingetragene Vereine im Besonderen vorgesehen sind.

Sollten damit, d. h. mit Bestimmungen zwingender Natur einzelne Satzungsbestimmungen eines betroffenen Vereins nicht zusammenstimmen, so müssen diese Satzungen eben mit dem neuen Gesetze in Einklang gebracht werden.

Alle jene Uebergangsbestimmungen beziehen sich übrigens nur auf privatrechtliche Vereine. Eben darum ist häufig erst zu prüfen, ob sich eine ältere Vereinigung nicht etwa als Juristische Person des öffentlichen Rechts i. S. BGB. § 89 darstellt, wie es z. B. bei manchen auf Anregung vorgesetzter Dienstesstellen schon vor dem 1. Januar entstandenen und unter staatlicher Aufsicht stehenden Vereinigungen (z. B. Pensions- und Unterstützungsvereinen von Beamten rc.) der Fall sein kann.

Von dieser Vorfrage hängt die Forterxistenz derartiger Vereine namentlich dann ab, wenn die Vereine mit einer

Zwangsmitgliedschaft ausgestattet sind. Würden solche unter das BGB. fallen, gleichviel ob als registrirte oder koncessionirte Vereine, so könnte von Reichsrechtswegen weder zum Beitritt, noch zum Verbleiben im Vereine ein Zwang statuirt werden. Kann der Verein als Institution des öffentlichen Rechts betrachtet werden, so ist allen Schwierigkeiten die Spitze abgebrochen und es bedarf insbesondere auch keiner spinösen Untersuchung der Frage mehr, wie weit der schon besprochene dunkle Vorbehalt in Art. 82 EG. z. BGB. reicht und abhilft. In dieser Hinsicht ist beachtenswerth, daß in den Mot. zum Entw. der Bayr. Ges. über die Uebergangsbestimmungen eigens folgendes bemerkt ist: „Zu den juristischen Personen des öffentlichen Rechtes gehören auch der Allgemeine Unterstützungsverein für die Hinterlassenen der K. Bayerischen Staatsdiener und die mit ihm verbundene Töchterkasse, der Unterstützungsverein und der Verein der Töchterkasse für das K. Bayerische Forstpersonal, der Unterstützungsverein für die Hinterbliebenen von Offizieren, Sanitätsoffizieren und oberen Beamten des K. Bayerischen Heeres sowie ähnliche Vereine mit gleichartiger Verfassung; sie sind nach ihrem Zwecke und ihrer Stellung im Staate in die öffentlichen Einrichtungen eingegliederte Wittwen- und Waisenkassen und als solche Anstalten des öffentlichen Rechtes."

Auch die nach Maßgabe der bayr. Wassergesetzgebung bestehenden Bewässerungs- und Entwässerungsgenossenschaften gehören z. B. zu den Vereinigungen des öffentlichen Rechts.

Ueber internationale Verhältnisse (ausländische Vereine) vgl. Art. 10 EG. z. BGB. (S. dazu Wagner in Staudinger, Comm. z. BGB. Bd. 6 S. 22 fg.)

II. Stiftungen.

Den Bestimmungen über die Vereine des Privatrechts reiht das BGB. unmittelbar an die Vorschriften über: Stiftungen.

I. Eine Begriffserklärung von „Stiftung" hat das BGB. abermals nicht aufgestellt. Der Begriff „Stiftung" ist daher wissenschaftlich zu construiren, wofür sich einige Anhaltspunkte allerdings aus dem BGB. selbst entnehmen lassen.

Das Wort: „Stiften" wird vulgär häufig in gar weitem Sinne gebraucht. Man spricht z. B. davon, es sei eine Fahne, ein Pokal, ein Meßgewand, eine Altardecke gestiftet worden. Derartige Widmungen unrentirlicher Sachen begründen aber keine Stiftung im Rechtssinn, sondern fallen einfach unter den Rechtsbegriff der Schenkung. Ganz besonders ist dies der Fall, wenn Gegenstände gewidmet werden, welche zum Verbrauche bestimmt sind, wie z. B. zehn oder zwanzig Pfund Kirchen-Wachskerzen, ein Fäßchen Communionwein u. dgl.

Als Stiftung im Rechtssinne können von vorneherein nur solche Widmungen angesehen werden, welche auf eine gewisse Dauer berechnet und durch Gewährung einer Geldrente oder anderer Früchte und Nutzungen einem gewissen allgemein vortheilhaften Zwecke zu dienen bestimmt und geeignet sind. Weiter ist aber, wenn der Begriff „Stiftung" in dem der Stellungnahme des BGB. allein entsprechenden Sinne zutreffen soll, unbedingt vorauszusetzen, daß ein auf dem Stiftungswege sich bildender Organismus auch denjenigen selbständigen Charakter hat, welcher für die Funktion als juristische Person, d. h. als eigenes Rechtssubjekt, unbedingt erfordert werden muß. Diese Selbständigkeit fehlt, wenn die Widmung lediglich dahin geht, ein Attribut für ein anderes Rechtssubjekt, namentlich für eine Corporation des öffentlichen Rechts, zu schaffen. Wer z. B. der Stadt München 20000 Mk. vermacht mit der Bestimmung für die Armenkasse oder zu beliebigen wohlthätigen Zwecken oder selbst für bestimmte wohlthätige Zwecke oder für bessere Ausstattung städtischer Einrichtungen u. dgl., der hat hiemit allein noch keinen selbständigen Vermögensorganismus, kein selbständiges Zweckvermögen, also auch keine Stiftung geschaffen, sondern lediglich ein Vermächtniß oder eine Schenkung von Todeswegen oder unter Lebenden mit einer bestimmten Auflage gewährt. Derartige Fälle sind also von vorneherein aus dem Anwendungsgebiet der Vorschriften des BGB. über Stiftungen auszuscheiden. Bei solcher Ausscheidung ist natürlich im gegebenen Falle immer zu prüfen, ob thatsächlich der Wille des Disponenten auf Errichtung eines selbstständigen Stiftungsorganismus oder nur auf eine Widmung zur Verfügung eines Dritten gerichtet war. Jener Wille ist schließlich entscheidend.

II. Bei den eigentlichen Stiftungen unterscheidet das BGB. — ganz analog wie bei den Körperschaften — zwischen solchen des bürgerlichen und des öffentlichen Rechts.

Die §§ 80—88 fg. des BGB., welche die Rechtsverhältnisse von Stiftungen regeln, beziehen sich nur auf Stiftungen des bürgerlichen Rechts. Ueber Stiftungen des öffentlichen Rechts enthält lediglich der § 89 einige singuläre Bestimmungen. Soviel steht aber nach dem ganzen Aufbau des BGB. fest, daß von demselben sowohl die Stiftungen des bürgerlichen, wie auch die des öffentlichen Rechts als Juristische Personen i. S. des BGB. betrachtet und behandelt werden. Demgemäß haben beide Arten von Stiftungen Rechtsfähigkeit, wie jedes andere rechtsfähige Subjekt, insbesondere wie jede andere Juristische Person überhaupt. Minder feststehend, ja manchmal recht zweifelhaft erscheint die Antwort auf die Fragen, welche Stiftungen als solche des bürgerlichen Rechts und welche als solche des öffentlichen Rechts zu betrachten seien. Die Grenzlinie ist unsicher und wird es bleiben, solange nicht der Begriff: „Stiftung" des öffentlichen Rechts landesrechtlich scharf abgegrenzt wird. Denn daß dieser Begriff sich nach dem öffentlichen Rechte der einzelnen Bundesstaaten bemißt, ist sicher und nicht minder das, daß nur dasjenige als privatrechtliche Stiftung gelten kann, was eben nicht öffentlich-rechtlich ist. Ich komme in dieser Hinsicht auf meine schon früher (S. 101) gebrauchte Formel vom Minuenden, Subtrahenten und Rest zurück.

Näheres sei für das nächste Kapitel vorbehalten. Nur folgendes möge jetzt schon bemerkt sein. Wenn z. B. Planck (Comm. zu BGB. Bd. I S. 162) bei Abgrenzung der Begriffe Privatstiftung und öffentlich-rechtliche Stiftung in erster Reihe daran anknüpft, ob die Stiftung durch ein Privatrechtsgeschäft oder durch einen Staatsakt entstanden ist, so kann dies gewiß nicht für alle Fälle zutreffend sein. Denn durch ein Privatrechtsgeschäft können zweifellos auch Stiftungen des öffentlichen Rechts begründet werden.

Eine Begriffsabgrenzung lediglich nach dem Zwecke der Stiftung allein bietet auch nichts Durchgreifendes. Bei einer und derselben Art von Zweckbeschaffenheit kann es sich bald um eine Stiftung des Privatrechts, bald um eine solche des öffentlichen Rechts handeln. An sich mit einem gewissen Rechte wird betont, daß die Prototype für eine Stiftung des bürgerlichen Rechts im Allgemeinen dieselben sind, wie diejenigen für die eingetragenen sog. Vereine zu idealen Zwecken. Von diesen Prototypen werden allerdings einzelne, wie z. B. Pflege der Geselligkeit sicher nur zu Stiftungen des Privat-Rechts hinleiten können. Aber andere Zwecke können beiden Gruppen gemeinsam sein, z. B. gemeinnützige und wohlthätige Zwecke. Ein wohlthätiger Zweck kann vorliegen sowohl bei einer rein familiären Stipendien- oder Präbendenstiftung, wie nicht minder z. B. bei Errichtung einer öffentlichen Waisenhausstiftung. Ein gemeinnütziger Zweck wohnt sowohl einer rein privatrechtlichen Stiftung zur Arbeiterversorgung inne, welche ein reicher Fabrikant für die Bediensteten seiner Fabrik in Jubiläumsstimmung — gewiß rein privatrechtlich — errichtet, als auch z. B. der in Bayern bestehenden öffentlichen Maximiliansstiftung.

Kein allein maßgebendes Grenzkriterium kann auch vom Standpunkte des BGB. aus darin gefunden werden, ob die Stiftung von einer öffentlichen Behörde verwaltet wird oder nicht. Dies ergibt sich klar aus § 80 BGB., woselbst Bestimmungen für solche Fälle getroffen sind, in denen eine Stiftung des bürgerlichen Rechts von einer öffentlichen Behörde verwaltet wird. Hienach wird man wohl auch in Ansehung der Stiftungen auf diejenigen Kriterien zurückgehen müssen, welche hinsichtlich der Juristischen Personen der einen oder anderen Art überhaupt schon oben S. 101 erwähnt sind. Soviel einstweilen an dieser Stelle.

III. Zur Entstehung einer rechtsfähigen Stiftung des Bürgerlichen Rechts (Privatrechts) erklärt das BGB. zweierlei als erforderlich, nämlich

1. das sog. Stiftungsgeschäft und
2. die staatliche Genehmigung.

Unter dem Stiftungsgeschäft versteht das BGB. nach §§ 80 fg. eine auf Begründung und Vermögensausstattung einer Stiftung gerichtete Willenserklärung! Diese Willenserklärung enthält ein sog. einseitiges Rechtsgeschäft. Sie braucht nicht einmal an eine bestimmte Person als Acceptanten gerichtet zu sein, ist also auch kein im neuen Rechte sogenanntes empfangsbedürftiges Rechtsgeschäft.

Das Stiftungsgeschäft vollzieht sich entweder durch Verfügung unter Lebenden oder durch eine solche von Todeswegen. Im letzteren Falle greifen in Hinsicht der Form von selbst die Bestimmungen des BGB. über Verfügungen von Todeswegen, insbesondere über Vermächtnisse, Platz. Ein Stiftungsgeschäft unter Lebenden bedarf der Schriftform, aber auch nur der einfachen Schriftform. Oeffentliche Beurkundung ist nicht nothwendig. Die in einer solchen liegende erhöhte Garantie wurde nicht für nothwendig erachtet, und zwar deshalb, weil eine gewisse öffentlich-urkundliche Feststellung sich schon durch das Erforderniß der staatlichen Genehmigung ergebe.

Aus der Auffassung des Stiftungsgeschäfts als eines einseitigen, nicht empfangsbedürftigen Rechtsgeschäfts zieht das BGB. die Rechtsfolge, daß das Stiftungsgeschäft vom Stifter auch widerrufen werden kann, aber nur bis zu einem gewissen Zeitpunkte. Dieser Zeitpunkt ist derjenige der Ertheilung der staatlichen Genehmigung. Ist die Genehmigung bei der zuständigen Behörde schon nachgesucht, so kann der Widerruf nur letzterer gegenüber (BGB. § 130) erklärt werden. Der Erbe des Stifters ist zum Widerruf nicht berechtigt, wenn der Stifter das Gesuch bei der zuständigen Behörde eingereicht oder im Falle der gerichtlichen oder notariellen Beurkundung des Stiftungsgeschäfts das Gericht oder den Notar bei oder nach der Beurkundung mit der Einreichung betraut hat.

Die staatliche Genehmigung wurde als erforderlich erachtet, weil man ebenso wie nicht jeden Verein, so auch nicht jede Stiftung ohne jede staatliche Prüfung zur selbständigen Rechtsfähigkeit gelangen lassen wollte.

Ueber die Zuständigkeit bestimmt zunächst § 80 BGB.: „Erforderlich ist die Genehmigung desjenigen Bundesstaats, in dessen Gebiet die Stiftung ihren Sitz haben soll. Soll die Stiftung ihren Sitz nicht in einem Bundesstaat haben, so ist die Genehmigung des Bundesraths erforderlich. Als Sitz der Stiftung gilt, wenn nicht ein Anderes bestimmt ist, der Ort, an welchem die Verwaltung geführt wird." Das Nähere richtet sich nach dem Landesrechte.

Vom Verfahren behufs Erlangung der Genehmigung sagt das BGB. nichts. Dieses Verfahren ist daher ebenfalls durch das Landesrecht zu regeln, sei es auch nur im Instructionswege.

Die Entscheidung darüber, ob die Genehmigung zu ertheilen sei oder nicht, unterliegt dem freien Ermessen der hiefür innerhalb der Grenzen nach § 80 landesrechtlich zuständigen Stelle.

Die Antragstellung auf Genehmigung steht zu:

a) bei einem Stiftungsgeschäft unter Lebenden dem Stifter selbst oder einer anderen von ihm beauftragten Person, bei gerichtlicher oder notarieller Beurkundung auch dem Gerichte oder Notare, wenn das eine oder der andere vom Stifter bei oder nach Beurkundung mit der Einreichung um Genehmigung betraut worden ist;

b) bei einem Stiftungsgeschäft durch Verfügung von Todeswegen den Erben oder dem Testamentsvollstrecker. Subsidiär hat das Nachlaßgericht die Genehmigung einzuholen.

Die Wirkung der Genehmigung besteht darin, daß

a) das Stiftungsgeschäft unwiderruflich wird,

b) daß es vollzogen werden muß,

c) daß mit der Genehmigung eine rechtsfähige Juristische Person entstanden ist.

Was den Vollzug betrifft, so bestimmt § 82 folgendes:

„Wird die Stiftung genehmigt, so ist der Stifter verpflichtet, das in dem Stiftungsgeschäfte zugesicherte Vermögen auf die Stiftung zu übertragen. Rechte, zu deren Uebertragung der Abtretungsvertrag genügt, gehen mit der Genehmigung auf die Stiftung über, soferne nicht aus dem Stiftungsgeschäft sich ein anderer Wille des Stifters ergibt."

In Bezug auf andere Rechte sind dagegen diejenigen Formerfordernisse zu wahren, welche das Gesetz für Rechtsakte einschlägiger Art erheischt, also z. B. Auflassung von Grundstücken, Tradition beweglicher Vermögensbestandtheile, — alles eben so, daß das Vermögen, dessen Widmung nach der allein richtigen Auffassung stets einen integrirenden Bestandtheil des Stiftungsgeschäfts zu bilden hat, vom Stifter her in das Vermögen der neugeborenen Rechtspersönlichkeit übergeht. Zur Herbeiführung dessen sind natürlich auch die Erben des Stifters ebenso berechtigt wie verpflichtet. Eine sehr bedeutsame Vorschrift ist die des § 84 BGB. Die Stelle sagt: „Wird die Stiftung erst nach dem Tode des Stifters genehmigt, so gilt sie für die Zuwendungen des Stifters als schon vor dessen Tode entstanden."

Diese Bestimmung steht im Zusammenhange mit dem obersten Satze des Erbrechts (§ 1923): „Erbe kann nur werden, wer zur Zeit des Erbfalls lebt" und bildet eine gewisse Analogie des zweiten Satzes: „Wer zur Zeit des Erbfalls noch nicht lebte, aber bereits erzeugt war, gilt als vor dem Erbfalle geboren." Auch hier handelt es sich um Zeugung durch das Stiftungsgeschäft und um die Geburt durch die Staatsgenehmigung. Damit erledigt das BGB. im bejahenden Sinne die bekannte alte Streitfrage, ob durch eine letztwillige Verfügung eine Stiftung in der Art erst geschaffen werden kann, daß sie sofort auch zum Erben eingesetzt wird. Diese Möglichkeit eröffnet § 84 für die Stiftungen des bürgerlichen Rechts. Auf die Stiftungen des öffentlichen Rechts ist solche im BGB. n i c h t übertragen. Das Gegentheil würde auch auf diesem Gebiete alle Zweifel beseitigt haben. Eine bezügliche Vorschrift für die Stiftungen des öffentlichen Rechts im Wege der Landesgesetzgebung zu erlassen, dazu wäre im bayr. Ausf.Ges. z. BGB. eine passende Gelegenheit gegeben gewesen. Es ist aber nicht geschehen. Vielleicht hat man Zweifel über die Zulässigkeit vom reichsrechtlichen Standpunkte aus gehabt oder man ließ die Frage bei Seite, weil sich bis jetzt die neue Ausf.-Gesetzgebung mit der Frage der Art der Entstehung einer juristischen Person des öffentlichen Rechts und speciell einer solchen Stiftung überhaupt nicht befassen wollte. Möglicher Weise empfindet man später das Bedürfniß einer Nachholung. Denn daß, wie schon früher bemerkt, in Folge letztwilliger Verfügungen unter Umständen auch Stiftungen des öffentlichen Rechts zur Entstehung gebracht werden können, ist doch kaum zu bestreiten. Man denke nur beispielsweise an die stiftungsmäßige Dotirung einer Pfarrpfründe an einem neugebauten Gotteshause durch einen frommen Privatmann.

IV. Eine anscheinend recht harmlose, aber doch eine tiefere Perspektive eröffnende und deshalb sehr zu beachtende Bestimmung ist die des § 85, wonach die Verfassung einer Stiftung, soweit sie nicht auf Reichs- oder Landesrecht beruht, durch das Stiftungsgeschäft bestimmt wird. Das Stiftungsgeschäft ist also zunächst maßgebender Faktor, aber nur innerhalb der Schranken und Normen des bezüglichen Reichs- und Landesrechts. Als solche Normen des Reichsrechts treten insbesondere die des § 86 des BGB. selbst in den Vordergrund. Als eingreifende landesrechtliche Normen gelten auch solche, welche in öffentlich-rechtlichen Landesgesetzen enthalten sind, soweit sie sich auch auf privatrechtliche Stiftungen erstrecken.*)

Der eben erwähnte § 86 überträgt von Reichsrechtswegen einige Normen des BGB. über Vereine auch auf Stiftungen. So namentlich diejenigen über die Nothwendigkeit und die Ausgestaltung einer Vorstandschaft. Dabei macht aber das BGB. selbst Unterschiede, je nachdem die Verwaltung der Stiftung von einer öffentlichen Behörde geführt wird.

---

*) Vgl. Motive z. Art. 26 im Entwurf B des Ausf.-Ges. z. BGB.: „Für die Verfassung der Stiftungen des öffentlichen Rechts sind, abgesehen von der Vorschrift des § 89 Abs. 2 BGB., nur die Landesgesetze maßgebend." Mot. a. a. O.

Also auch bei Stiftungen des bürgerlichen Rechts kann Letzteres vorkommen! Uebertragen sind auf Letztere vom Vereinsrecht auch die Vorschriften der §§ 31 und 42 über die Haftung von Vorstandsorganen und über die Konkursmäßigkeit, also dieselben Bestimmungen, welche nach § 89 BGB. auch für die Stiftungen des öffentlichen Rechtes gelten.

An dieser Stelle sei noch eine besondere Betrachtung angefügt. Es kommt thatsächlich vor, daß sich auch als solche bezeichnete Stiftungen mit Vereinsbildungen verbinden. Wie steht es in dieser Hinsicht mit der rechtlichen Konstruktion? Desfalls ist auf eine schon früher angedeutete m. E. rechtlich nothwendige Unterscheidung zurückzukommen.

Die erste Frage ist nämlich die: liegt wirklich eine selbständige Stiftung mit eigener Rechtsfähigkeit vor oder nur ein Attribut des Vereins, nur ein Bestandtheil des Vereinsvermögens, wenn auch mit einer fixirten Zweckbestimmung. In solchem Falle handelt es sich um nichts Anderes als eine satzungsgemäße Verwaltung von Vereinsvermögen nach den bezüglichen Normen des Vereinsrechts. Solche Fälle liegen vor. Es kann aber andererseits auch vorkommen, daß sich um eine in selbständiger Rechtspersönlichkeit bestehende Stiftung erst ein Verein gruppirt zu ebenmäßiger Wahrnehmung und Förderung der Stiftungszwecke, wie es bei religiösen Vereinen da und dort vorkommen soll, oder daß ein Verein mit seinen Mitteln eine selbständige Stiftung errichtet, sich aber im Stiftungsgeschäfte die Verwaltung des Stiftungsvermögens vorbehält. Im einen und anderen der letzeren Fälle wird anzunehmen sein, daß vor Allem die selbständige Stiftung eben nach Stiftungsrecht zu behandeln ist, das Vereinsgebilde aber, welches daneben steht, nach Vereinsrecht.

Ein Erlöschen einer Stiftung des bürgerlichen Rechts oder die Umwandlung derselben in eine andere kann eintreten nach § 87 BGB. durch behördliche

1) Aufhebung der Stiftung,

2) Vorsetzung einer anderen Zweckbestimmung.

Sachliche Voraussetzung der einen wie der anderen Maßregel ist, daß entweder

a) die Stiftung das Gemeinwohl gefährdet oder

b) die Erfüllung des Stiftungszwecks unmöglich geworden ist.

Die Zuständigkeit der Behörde bemißt sich nach Landesrecht, gegenwärtigem oder zukünftigem.

Beim Vollzuge der Konvertirung greifen Abs. 2 und 3 des § 87 ein. Dort heißt es:

„Bei der Umwandlung des Zweckes ist die Absicht des Stifters thunlichst zu berücksichtigen, insbesondere dafür Sorge zu tragen, daß die Erträgnisse des Stiftungsvermögens dem Personenkreise, dem sie zu Statten kommen sollten, im Sinne des Stifters thunlichst erhalten bleiben. Die Behörde kann die Verfassung der Stiftung ändern, soweit die Umwandlung des Zweckes es erfordert.

Vor der Umwandlung des Zweckes und der Verfassung soll der Vorstand der Stiftung gehört werden.“

Ueber den Anfall des Vermögens erloschener Stiftungen des bürgerlichen Rechts trifft § 88 Bestimmung. Danach ist zunächst berechtigt derjenige, welchem das Vermögen durch die Stiftungsverfassung eventuell schon direkt zugewiesen ist oder nach Maßgabe der Verfassung beschlußmäßig zugewiesen werden kann und wird (BGB. §§ 46—53). Ergänzend hat dazu Art. 5 des Bayr. Ausf.Ges. z. BGB. v. 9. Juni 1899 bestimmt:*)

„Erlischt eine Stiftung des bürgerlichen Rechts, so fällt das Stiftungsvermögen in Ermangelung eines anderen Anfallsberechtigten an den Fiskus. Die Vorschrift des Tit. IV § 9 Abs. 4 der Verfassungsurkunde bleibt unberührt.“ **)

---

*) Vgl. dazu Mot. zum Entw. A Art. 4.

**) Die Verfassungsstelle lautet: „Allen Religionstheilen, ohne Ausnahme, ist das Eigenthum der Stiftungen und der Genuß ihrer

Auch hier trifft den Fiskus jene Verpflichtung, welche § 88 Abs. 2 BGB. durch Verweisung auf den § 46 Satz 2 dem Fiskus für den Fall, daß er der Anfallsberichtigte ist, hinsichtlich der Verwendung des Vermögens ausdrücklich auferlegt.*)

Uebergangsvorschriften enthält das EG. z. BGB. in Art. 163. Danach richtet sich für die mit Juristischer Persönlichkeit ausgestatteten Stiftungen die Beurtheilung der Erfordernisse der Entstehung nach dem älteren Rechte, dagegen die Organisation und Lebensbethätigung das Rechtssubjekts, dann die Frage des Erlöschens nach dem neueren Rechte, soweit dessen Normen zwingender Natur sind. (Vgl. oben S. 141.)

Zweites Kapitel.

Juristische Personen des öffentlichen Rechts.

Das Bürgerliche Gesetzbuch stellt in seinem dogmatischen Aufbau die Juristischen Personen des öffentlichen Rechts in Gegensatz zu denen des Bürgerlichen Rechts. In Bezug auf Erstere enthält aber das Gesetzbuch nur wenige besondere Bestimmungen (§ 89), alles Uebrige dem öffentlichen Rechte, in Sonderheit dem Landesrechte überlassend.**)

Vor Allem gebraucht das BGB.:

I. zwar den Begriff: „Juristische Person des öffentlichen Rechts" als etwas positiv Gegebenes, aber ohne ihn zu erläutern. Das BGB. begnügt sich einfach mit der Bezeichnung von drei Grundtypen der Juristischen Personen des öffentlichen Rechts, nämlich:

Renten nach den ursprünglichen Stiftungsurkunden und dem rechtmäßigen Besitze, sie seien für den Kultus, den Unterricht oder die Wohlthätigkeit bestimmt, vollständig gesichert."

*) Vgl. Mot. z. Entw. a. a. O.

**) Sobald übrigens Juristische Personen des öffentlichen Rechts in privatrechtlichen Verkehr treten, sind selbstverständlich auch sie den Vorschriften des Bürgerlichen Rechts (Reichs- oder Landesrecht) unterworfen.

1. dem Fiskus,
2. den Körperschaften des öffentlichen Rechts,
3. den Stiftungen und Anstalten des öffentlichen Rechts.

Im Uebrigen sei wegen des Begriffs auf die einleitenden Erörterungen zu diesem Abschnitte (S. 98 fg.) verwiesen.

II. Das rechtliche Vorhandensein, der Rechtsbestand einer Juristischen Person des öffentlichen Rechts kann seine Grundlage haben sowohl im Reichsrechte wie im Landesrechte. Für die weitaus meisten Fälle ist letzteres maßgebend. Als einschlägige reichsrechtliche Vorschrift stellt sich besonders der § 89 BGB. selbst dar, insofern er den Fiskus als eine Juristische Person des öffentlichen Rechtes erklärt. Auch andere solche rechtsfähigen Bildungen wurzeln im Reichsrechte, z. B. die gewerblichen Innungen, die Krankenkassen, die Berufsgenossenschaften, die Alters- und Invaliditätsversicherungsanstalten ꝛc. ꝛc. Auf dem Gebiete des Landesrechts dagegen liegen z. B. die Waldgenossenschaften, die Wassergenossenschaften, Deich- und Sielverbände, Bewässerungs- und Entwässerungsgenossenschaften, Fischereigenossenschaften,*) bergrechtlichen Verbände u. s. w. (vgl. Art. 65 fg. EG., sowie auch nachher unter Nr. IV, 2). An dieser Stelle möge speciell auch noch Bezug genommen sein auf die Rechtsverhältnisse bezüglich der sog. Realgemeinden. In dieser Hinsicht ist zunächst maßgebend der Art. 164 des EG. z. BGB., lautend:

„In Kraft bleiben die landesgesetzlichen Vorschriften über die zur Zeit des Inkrafttretens des Bürgerlichen Gesetzbuchs bestehenden Realgemeinden und ähnlichen Verbände, deren Mitglieder als solche zu Nutzungen an land- und forstwirthschaftlichen Grundstücken, an Mühlen, Bräuhäusern**) und ähnlichen Anlagen berechtigt sind.

*) Verschieden von den Fischereivereinen zu idealem Zwecke. Vgl. oben S. 111.

**) Bezüglich der Mühlen u. sog. Kommunebrauereien vgl. Fischer-Henle, Bem. z. EG. Art. 164.

Es macht keinen Unterschied, ob die Realgemeinden oder sonstigen Verbände Juristische Personen sind oder nicht und ob die Berechtigung der Mitglieder an Grundbesitz geknüpft ist oder nicht."

Die Frage, ob Verbänden fraglicher Art eine Juristische Persönlichkeit überhaupt zukommt, ist sonach hier offen gelassen. Die Antwort bemißt sich nach Landesrecht.

Im Bayerischen Rechte unterscheidet man bezüglich der Gemeindenutzungsrechte bekanntlich, je nachdem dieselben im Gemeindeverbande wurzeln oder privatrechtlicher Natur sind. Daran ändert sich durch das BGB. garnichts. Derartige Nutzungsrechte, welche im politischen Gemeindeverbande begründet sind, stellen sich einfach als Attribute der Gemeindezugehörigkeit dar. In Bezug aber auf die Gesammtheit der Träger von Gemeindenutzungsrechten, welche auf privatrechtlicher Grundlage beruhen, ist bisher gewöhnlich überhaupt nicht eine eigentliche Juristische Person, d. h. weder eine solche des öffentlichen noch des bürgerlichen Rechts, angenommen worden. Vor Gericht wenigstens sind jene privatrechtlich Nutzungsberechtigten regelmäßig als Streitgenossen gestanden.

III. Für Juristische Personen des öffentlichen Rechts trifft § 89 BGB. selbst eine doppelte Bestimmung:

1. Abs. 1 § 89 BGB. setzt fest, daß der an sich auf die Vereinsverhältnisse bezügliche § 31 BGB. auch auf die Juristischen Personen des öffentlichen Rechts (oder genauer gesagt auf die dort eigens bezeichneten Kategorien: Fiskus, Korporationen, Stiftungen und Anstalten des öffentlichen Rechts) entsprechende Anwendung findet. Danach ist die Juristische Person des öffentlichen Rechts ebenfalls für den Schaden verantwortlich, den ihr Vorstand, ein Mitglied ihres Vorstands (d. h. hier der Vorsteherschaft, Verwaltung 2c.) oder ein anderer verfassungsmäßig berufener Vertreter durch eine in Ausführung der ihm zustehenden Verrichtungen (d. h. im Bereiche der privatrechtlichen Vertretungsmacht),

begangene, zum Schadensersatz verpflichtende Handlung einem Dritten zufügt. (Vgl. oben S. 119).

Art. 77 EG. z. BGB. bestimmt dann noch weiter, daß unberührt bleiben die landesgesetzlichen Vorschriften über die Haftung des Staates, der Gemeinden und anderer Kommunalverbände (Provinzial-, Kreis-, Amtsverbände) für den von ihren Beamten in Ausübung der diesen anvertrauten öffentlichen Gewalt zugefügten Schaden, sowie die landesgesetzlichen Vorschriften, welche das Recht des Beschädigten, von dem Beamten den Ersatz eines solchen Schadens zu verlangen, insoweit ausschließen, als der Staat oder der Kommunalverband haftet. Vgl. dazu auch noch BGB. § 839; dann Bayr. Ausf.Ges. z. BGB. v. 9. Juni 1899 §§ 60, 61. Nähere Erörterungen hierüber folgen an späterer Stelle.

2. Abs. 2 § 89 BGB. erklärt ebenfalls als entsprechend anwendbar die Vorschrift des § 42 Abs. 2, soweit bei Körperschaften, Stiftungen und Anstalten des öffentlichen Rechts der Konkurs zulässig ist.*) Jener § 42 Abs. 2 begründet für die Vorsteherschaft eine Pflicht, im Falle Ueberschuldung der Juristischen Person die Eröffnung des Konkurses zu beantragen und regelt für den Fall der Verzögerung dieses Antrags die Haftbarkeitsverhältnisse.

IV. Im Einzelnen ist bezüglich der fraglichen Kategorien noch folgendes zu bemerken:

A. Daß der Fiskus als Juristische Person überhaupt gilt, entspricht allen Rechten, daß derselbe als eine solche des öffentlichen Rechts erklärt wird, entspricht den rechtlichen Verhältnissen. Hier im Reichsgesetze ist unter dem Fiskus schlechthin, sowohl der Reichsfiskus, wie jeder deutsche Landesfiskus mit inbegriffen. Das BGB. kennt aber da

*) Steht im Zusammenhange mit KO. §§ 193, 194 und EG. zur CPO. § 15 Ziff. 3.

und dort als Juristische Person nur einen Fiskus. Unterscheidungen z. B. eines Eisenbahn-, Militärfiskus ꝛc. sind dem BGB. fremd. Das sind auch in der That nur Verwaltungsabtheilungen, nicht aber eigene Juristische Personen. Die Sache liegt ungefähr so, wie schon im gem. Rechte von stationes fisci gesprochen wurde. Daher kann es auch im Verhältnisse jener fiskalischen Einzelfunktionen zu einander kein rechtlich gesondertes Eigenthum, kein eigentliches Rechtsgeschäft, keine Führung eines Civilprozesses geben. Das sind alles nur Verwaltungsangelegenheiten im Bereiche der Rechtssphäre eines einzigen und untheilbaren Rechtssubjekts: des Aerars. Das ist übrigens nichts Neues.

Besondere privatrechtliche Privilegien des Fiskus, wie sie nach gem. Rechte (auch nach Preuß. LR.) in verschiedenen Richtungen, z. B. in Bezug auf den Genuß der jura minorum oder der Verjährungsverhältnisse u. s. w. bestanden hatten, kennt das BGB. nicht mehr. Weyl*) betrachtet als fiskalische Privilegien zwar noch die Bestimmungen des § 197 BGB. (abgekürzte Verjährungszeit für Verjährung von an den Fiskus zu machenden Ansprüchen auf Rückstände von Besoldungen, Wartegeldern, Ruhegehalten, Unterhaltsbeiträgen), dann die Bestimmungen des § 411 BGB. (Abtretung von Gehaltsansprüchen). Das sind aber keine eigentlichen Privilegien des Fiskus, welche einem besonderen favor pro fisco entsprungen wären, sondern eben einfache, aus sachlichen Erwägungen aufgenommene Sonderbestimmungen, wie sie in anderen Richtungen im BGB. auch zu finden sind. Zumal § 197 ist ja auch in Ansehung anderer Personen einschlägig.

Von anderen besonderen Bestimmungen für den Fiskus sind hervorzuheben:

*) Vorträge, Bd. I S. 178.

a) das vom BGB. aufgestellte, in letzter Reihe stehende gesetzliche Intestaterbrecht*) des Fiskus mit der ganz wesentlichen Bestimmung, daß der Fiskus die ihm auf diesem Wege angefallene Erbschaft nicht ausschlagen darf;

b) das Anrecht des Fiskus auf vacantes Vermögen eines aufgelösten Vereins (BGB. §§ 45, 46; s. oben S. 126), unter Umständen auch einer erloschenen Stiftung (vgl. oben S. 154);

c) das fiskalische Recht der Aneignung derelinquirter Grundstücke nach BGB. § 928 mit Art 129, 190 EG.;

d) der fiskalische Anspruch auf den nicht reklamirten Versteigerungserlös gewisser Funde nach BGB. § 981.

B. Körperschaften des öffentlichen Rechts können entstehen und bestehen sowohl auf Grund Reichs- wie Landesrechts. In ersterer Hinsicht sind Beispiele schon oben S. 156 namhaft gemacht. Die wichtigsten Fälle aber gehören dem Landesrechte an. Der Charakter als Körperschaften des öffentlichen Rechts kann dabei sowohl auf Gesetz (vgl. z. B. Art. 1 der rechtsrheinischen und pfälzischen Gemeindeordnung v. 29. April 1869), wie auf Verleihung durch einen Staatsakt beruhen.

Für Bayern haben die Stellung öffentlicher Corporationen unsere sog. politischen Gemeinden, unter Umständen auch die sog. Ortsgemeinden, die Distriktsgemeinden (Art. 1 des Distriktsrathsgesetzes v. 28. Mai 1852), die Kreisgemeinden (Art. 1 des Landrathsgesetzes v. 28. Mai 1852), die Pfarr- und Schulgemeinden, wenn und wo solche in eigenem Um-

*) Dieses ist in der Konstruktion verschieden von dem gemeinrechtlichen Anrechte auf eine hereditas vacans.

**) Die Darstellung der Einzelheiten gehört ins Erbrecht.

sange bestehen. Auch die Universitäten gehören nach altem Rechte hieher. Ebenso können gewisse Vereine, welche mit dem Behördenorganismus zusammenhängen, als Körperschaften des öffentlichen Rechts aufzufassen sein, wie z. B. der Unterstützungsverein für die Relikten bayrischer Staatsdiener. Darüber war schon früher (S. 143 fg.) die Rede. Es handelt sich dabei um Personen-Vereinigungen, denen Korporationsrechte eigens verliehen wurden, die sich also nicht als anerkannte Vereine im Sinne des bayr. Ges. v. 29. April 1869 konstituirten und daher auch nicht aus diesem Gesichtspunkte unter Art. 1 des bayr. Uebergangsgesetzes v. 9. Juni 1899 fallen. Da diese Vereine meist mit einer Zwangsmitgliedschaft ausgestattet sind, so ist fürs Künftige aus den von mir schon früher angedeuteten Gründen mit einer Unterstellung Jener unter die Vereine nach Maßgabe des BGB. nicht gut zu operiren. Für die bereits bestehenden Vereine glaubt man zwar helfen zu können mit dem Art. 82 EG., welcher als unberührt bezeichnet die Vorschriften der Landesgesetze über die Verfassung solcher Vereine, deren Rechtsfähigkeit auf staatlicher Verleihung beruht. Es kommt aber eben darauf an, wie weit man den Ausdruck: „Verfassung" ausdehnt, welcher in dieser etwas unklaren und darum schon (namentlich auch in ihrem Verhältnisse zu Art. 163 EG.) umstrittenen Gesetzesstelle gebraucht ist. Es würde dieselbe überhaupt doch wohl nur mehr für schon bestehende, nicht aber für neu zu begründende solche Vereine einen Behelf bieten. Denn nach dem BGB. giebt es künftighin eine staatliche Verleihung der Rechtsfähigkeit an Vereine des Privatrechts nur mehr bei Vereinen mit wirthschaftlichem Geschäftsbetrieb, nicht aber mehr bei solchen mit sog. Idealzwecken. Nimmt man aber an, die Vereine von jener Art gehören zu den Körperschaften des öffentlichen Rechts, so ist die Thüre für jetzt und später offen zu ihrer Unterbringung in erwünschter Situation.

Von noch anderen Körperschaften des öffentlichen Rechts, wie z. B. den bayerischen Bewässerungs- und Entwässerungsgenossenschaften war schon an früherer Stelle die Rede. (Vgl. S. 111.)

Nach dem Landesrechte (Kirchen-Staatsrechte) bemißt sich auch die Frage, wie weit „Religionsgesellschaften" als Juristische Personen des öffentlichen Rechts sich darstellen. Ueber jeden Zweifel erhaben ist dies nach §§ 24, 28 des bayr. Religionsedikts (II. Verf.-Beil.) in Ansehung der „aufgenommenen öffentlichen Kirchengesellschaften", also der katholischen Kirche, der protestantischen Landeskirche, der reformirten und griechischen Kirche. Bezüglich der nicht aufgenommenen Religionsgesellschaften ist und bleibt § 32 des Religionsedikts maßgebend.

Als selbständige Rechtspersönlichkeiten werden übrigens auch gewisse kirchliche Attribute betrachtet, wie z. B. die Domkapitel, die Klöster in der katholischen Kirche. Deren Erwähnung führt von selbst noch zu einer kurzen Erörterung über die sog. Amortisationsgesetze in ihrer neuesten Gestaltung für Bayern. Auf dieselben ist schon früher S. 26 hingewiesen worden. Es handelt sich hier um die Beschränkungen des Erwerbs zur sog. todten Hand. Die Grundlage des neuen Rechts in dieser Hinsicht bildet der Art. 86 des EG. z. BGB. Danach bleiben unberührt die landesgesetzlichen Vorschriften, welche den Erwerb von Rechten (unter Lebenden oder von Todeswegen) durch Juristische Personen beschränken oder von staatlicher Genehmigung abhängig machen, soweit diese Vorschriften Gegenstände im Werth von mehr als 5000 Mark betreffen. Namentlich diese letztere Abgrenzung mußte den Gedanken an eine Revision der bisher in Bayern geltenden*) sog. Amortisationsgesetze nahe legen.

*) Aber nicht überall und auch inhaltlich für einzelne Landestheile verschieden. Vgl. Meurer, in den Bl. f. adm. Praxis, Jahrg. 1899.

Die formulirte Anregung hiezu erfolgte im Ges.Geb.Aussch. d. II. K.*) Von da ausgehend entwickelten sich heftige, zum Theil durch die Partei-Politik durchfurchte parlamentarische Kämpfe. Die ausgedehnten gedruckten Verhandlungen hierüber sind zwar recht interessant und belehrend. Nachdem aber der mächtige Streit schließlich durch ein Kompromiß beigelegt wurde, haben die bezüglichen Drucksachen ein aktuelles Interesse doch nur mehr insoweit, als sie Anhaltspunkte zur richtigen Auslegung der zum Gesetze gewordenen Bestimmungen enthalten. Diese letzteren sind niedergelegt in den Art. 7—10 des bayr. Ausf.-Ges. z. BGB. v. 9. Juni 1899. Der Inhalt des dadurch neugeschaffenen Rechtes ist, kurz zusammengefaßt, folgender:

a) Bis zu einem Werthe von 5000 Mark ist jede Beschränkung des Erwerbs durch Juristische Personen i. S. des Art. 86 EG. schon reichsrechtlich ausgeschlossen.

b) Landesrechtliche Beschränkungen in Gestalt des Erfordernisses der landesherrlichen Genehmigung bestehen nur mehr in Ansehung der „geistlichen Gesellschaften", also insbesondere der religiösen Orden und ihrer Klöster sowie der ordensähnlichen Kongregationen. Eigens ausgenommen sind durch Art. 9 AG. die Englischen Fräulein in Bayern. Vergl. aber nachher unter d.

c) Das Erforderniß landesherrlicher Genehmigung gilt nach Art. 7 allgemein für Schenkungen oder für Zuwendungen von Todeswegen an geistliche Gesellschaften, wenn sie Gegenstände im Werthe von mehr als zehntausend Mark betreffen. Die sog. pragmatische Summe ist also im Vergleiche mit Art. 86 EG. z. BGB. landesrechtlich

*) Becher, Materialien, Abthl. IV, V Bd. 1 S. 158 fg.

erhöht. Handelt es sich bei gleicher Werthsumme um den Erwerb von Gegenständen des unbeweglichen Vermögens, so bedürfen geistliche Gesellschaften der landesherrlichen Genehmigung „auch außer dem Falle des Art. 7", also auch bei anderen Rechtsgeschäften als Schenkungen und Zuwendungen von Todeswegen (Art. 8). Zum unbeweglichen Vermögen i. S. der Vorschrift des Art. 8 Abs. 1 gehören auch Rechte an einem Grundstücke. Nicht dazu werden aber gerechnet: Hypotheken, Grundschulden und Rentenschulden (Art. 8 Abs. 2). Diese fallen also unter Art. 7. Der Berechnung des Werthes wiederkehrender Leistungen wird ein Zinsfuß von vier vom Hundert zu Grund gelegt.

d) Die Vorschriften der vorerwähnten Art. 7, 8 finden auf ausländische Juristische Personen (also hier nicht blos geistliche Gesellschaften) dann Anwendung, wenn sie religiöse oder wohlthätige Zwecke oder Zwecke des Unterrichts oder der Erziehung verfolgen. In diesem Bereiche ist die landesherrliche Genehmigung schon bei einer pragmatischen Werthssumme von mehr als 5000 Mark, bei Erwerb des Eigenthums an einem Grundstücke aber ohne Rücksicht auf den Werth erforderlich.

e) Diese neuen landesrechtlichen Vorschriften gelten ab 1. Januar 1900 gleichmäßig für ganz Bayern, ohne Rücksicht darauf, ob und mit welchem Inhalte in den einzelnen Landestheilen vorher gesetzliche Bestimmungen fraglicher Art gegolten haben.

C) Stiftungen und Anstalten des öffentlichen Rechts. Die Frage, was hierunter zu verstehen, insbesondere was als eine Stiftung solcher Art zu betrachten sei, gehört zu den dunkleren und schwierigeren Punkten. Die schon oben S. 146 fg. besprochene Abgrenzung führt zu manchen

Zweifeln. Im Allgemeinen wird es richtig sein, wenn man namentlich den Unterschied zwischen Stiftungen des öffentlichen Rechts und denen des bürgerlichen Rechts bemißt nach jenen Merkmalen, welche oben S. 155 fg. für die „Juristischen Personen" des öffentlichen Rechts überhaupt aufgestellt wurden. Dazu gehört, kurz wiederholt, einerseits ein bestimmter, auf die öffentlichen Interessen gerichteter Zweck und andererseits ein gewisser organischer Zusammenhang mit den staatlichen Einrichtungen. Von Interesse und Bedeutung ist in dieser Hinsicht eine Erörterung, welche sich in den Mot. zu Art. 26 des Entw. B des Ausf.-Ges. findet und wörtlich lautet:

Die Unterscheidung, welche das Bürgerliche Gesetzbuch zwischen den Stiftungen des bürgerlichen und den Stiftungen des öffentlichen Rechtes macht, deckt sich nicht völlig mit der für das bayerische Recht in Geltung gekommenen Unterscheidung zwischen öffentlichen Stiftungen und reinen Privatstiftungen. Nach der herrschenden Anschauung wird als öffentliche Stiftung im Sinne des bayerischen Rechtes jede Stiftung angesehen, mit deren Zwecke sich ein öffentliches Interesse verknüpft (vergl. v. Seydel, Bayer. Staatsrecht, 2. Auflage, II § 284 zu den Noten 19, 20, v. Kahr, Gemeindeordnung I S. 678, 679). Das Bürgerliche Gesetzbuch dagegen betrachtet eine Stiftung nicht schon deswegen als Stiftung des öffentlichen Rechtes, weil sich mit ihrem Zwecke ein öffentliches Interesse verknüpft, sondern verlangt einen organischen Zusammenhang der Stiftung mit dem Staate, einer Gemeinde oder einem sonstigen Verband oder einer Anstalt des öffentlichen Rechtes, der die Stiftung selbst zu einer öffentlichen Einrichtung macht. In der Bestimmung darüber, was erforderlich ist, um eine Stiftung in die öffentlichen Einrichtungen einzugliedern, hat die Landesgesetzgebung freie Hand. Es genügt aber nicht, daß die Verwaltung der Stiftung mit Rücksicht auf den Zweck der Stiftung einer öffentlichen Behörde übertragen ist (vergl. § 86 des BGB., Art. 91 des Einf.-Ges. zum BGB.).

Man kann dem sehr wohl zustimmen! Aber Prof. v. Seydel hat in dem schon einmal angezogenen Aufsatze in

Nr. 57, 1899 der „Münchener Allgemeinen Zeitung" daran auszusetzen gehabt und der Besorgniß Ausdruck gegeben, es möchten durch allzu civilistische Auffassungen hier die Grenzen von Justiz und Verwaltung zu Ungunsten der Letzteren verschoben werden. Es gewinnt den Anschein, als ob neben Anderem auch dieser für die Integrität der staatsrechtlichen Domäne so besorgten Auslassung der jetzige Art. 6 des Ausf.-Ges. vom 9. Juni 1899 zu verdanken wäre. Denn es ist vor Allem zu betonen, daß dieser Art. 6 wenigstens in seinen praktischen Konsequenzen die Kluft der Meinungen, insbesondere darüber, ob und in wie weit das Vorhandensein eines auf das öffentliche Interesse gerichteten Zwecks allein schon die Qualität einer Stiftung des öffentlichen Rechtes begründet, überbrückt, und zwar dadurch, daß der Art. 6 für die weitaus meisten Fälle und Gestaltungen von Stiftungen, die von mir wie von Anderen, und so auch von jener Stelle der Mot. z. AG., geforderte organische Verbindung mit öffentlichen Einrichtungen des Staats, der Gemeinde 2c. nun hergestellt hat.

In jenem Art. 6 ist ausgesprochen:

„Für den Vollzug von Stiftungsbestimmungen und für die Aufsicht über die Stiftungen sind, unbeschadet der Zuständigkeit des Verwaltungsgerichtshofs, die Verwaltungsbehörden zuständig, soferne nicht die Stiftung ausschließlich privaten Zwecken dient."

Die Verhandlungen der Gesetzgebungsausschüsse hierüber*) sind so interessant, daß es verlohnt, einiges daraus mitzutheilen, wenn auch volle Klarheit über die rechtlichen Verhältnisse dort ebenfalls nicht geschaffen wurde.

Der Entwurf des Ausf.-Ges. hatte über Begriff und Rechtsverhältnisse der Stiftungen des öffentlichen Rechts überhaupt nichts enthalten. Erst im Verlaufe der parlamentarischen Verhandlungen sind Bedenken darüber aufgetaucht,

*) Becher, Materialien Abthl. IV, V, Bd. 1 S. 891.

ob es nicht nothwendig sein möchte, denn doch Einiges darüber gesetzlich zu fixiren. Die Sache wurde daher im Ges.Geb. Ausschusse der I. Kammer in verdienstlicher Weise aufgegriffen mittelst eines von Herrn Reichsrath v. Auer gestellten Antrags auf Einstellung folgender Bestimmung:

„Als Stiftungen des öffentlichen Rechtes haben diejenigen Stiftungen zu gelten, welche einem öffentlichen Zweck gewidmet sind.

Die Bestimmungen des § 80 Satz 1 und 3, sowie die §§ 81 bis 85 des Bürgerlichen Gesetzbuchs sind auf Stiftungen des öffentlichen Rechtes entsprechend anzuwenden."

Hiegegen wurde das doppelte Bedenken erhoben, ob es überhaupt opportun und ausreichend sei, die in Abs. 1 vorgeschlagene Begriffsbestimmung aufzustellen, dann ob nicht damit etwas geschehe, was eine authentische Interpretation der §§ 80—85 BGB. enthalte. Die k. Staatsregierung hat namentlich letzteres Moment betont*) und ist deshalb sofort mit einem eigenen Vorschlage hervorgetreten, welcher dem jetzigen Art. 6 des Ausf.-Ges. entspricht. Sehr bemerkenswerth sind die Ausführungen des k. Ministerialkommissärs Dr. v. Jakubezky. Sie können aber bei ihrem Umfange hier nur angedeutet werden. Im Allgemeinen entsprechen sie dem Inhalte der oben S. 165 abgedruckten Stelle aus den Mot. z. Entw. des Gesetzes. Betont wurde dabei vor Allem, daß eine bestehende Staatsaufsicht für sich allein (wie sie z. B. auch gegenüber politischen Vereinen besteht) die Körperschaften und Stiftungen noch nicht zu solchen des öffentlichen Rechts machen könne. Das Entscheidende sei, daß eine öffentliche Einrichtung vorliege. Vorschriften über Entstehung, Ver-

*) Dieses Bedenken halte ich nicht für begründet. Bei einer gründlichen Neuregelung der Rechtsverhältnisse der öffentlich-rechtlichen Stiftungen in Bayern müßte doch auch mit ähnlichen Vorschriften vorgegangen werden.

fassung und Erlöschen der Juristischen Personen und also auch der Stiftungen des öffentlichen Rechts zu treffen, läge außerhalb des Bereiches des Bürgerlichen Rechts und sohin auch der gegenwärtigen Aufgabe. Die gegenwärtigen öffentlichen Einrichtungen in Bayern über das Stiftungswesen sollten überhaupt unberührt bleiben. Stiftungen des öffentlichen Rechts könnten übrigens nicht blos „vom Staate“, „durch Staatsakt“, sondern auch von einer Gemeinde errichtet werden. Dies geschehe nicht selten aus Anlaß einer letztwilligen Verfügung, durch die der Gemeinde Vermögen mit der Auflage zugewendet wird, mit diesem Vermögen erst eine Stiftung zu errichten.*) Es sei auch möglich, daß Jemand ein Stiftungsgeschäft, sei es unter Lebenden oder von Todeswegen, zu dem Zwecke vornimmt, daß eine Stiftung des öffentlichen Rechts zur Entstehung kommt. Zur Entstehung der Stiftung selbst genüge es hier nicht, daß sie durch staatliche Genehmigung Rechtsfähigkeit erlangt, sondern es müsse noch etwas Weiteres dazu kommen, die Verwirklichung des Zweckes. Diese könne nur durch eine staatliche Verfügung geschehen, die freilich auch mit der die Rechtsfähigkeit verleihenden Genehmigung verbunden oder mit dieser stillschweigend getroffen werden könne. Das Stiftungsgeschäft sei auch in diesem Falle ein Rechtsgeschäft des Bürgerlichen Rechts. Der Einzelne handle, indem er über sein Vermögen verfügt und es dem Stiftungszwecke widmet, nicht auf dem Gebiete des öffentlichen Rechts, sondern auf dem des Bürgerlichen Rechts.**)

Es wurde im Ausschusse der I. Kammer übrigens auch

---

*) Deshalb sollte auch z. B. der Inhalt des § 81 BGB. auf Stiftungen des öffentlichen Rechts ebenfalls übertragen sein. Nach dem v. Auer'schen Vorschlage würde dies der Fall geworden sein.

**) So erörtert angesichts des v. Auer'schen Vorschlags, namentlich dessen zweiten Absatzes.

hervorgehoben, daß der neue Artikel eigentlich nur als eine Art Abschlagszahlung zu betrachten sei, da das ganze Verhältniß der öffentlichen Stiftungen doch einer gesonderten Regelung durch Landes-Gesetz bedürfe, nachdem durch den jetzigen Art. 6, der formell nur eine Zuständigkeitsregelung sei, durchaus nicht Alles ins Klare gesetzt werde. Dies ist vollrichtig. Aber der Art. 6 hat doch auch seine materielle Bedeutung, insoferne er gewisse Stiftungen, nämlich solche, welche „ausschließlich privaten Zwecken dienen", aus dem Bereiche der administrativen Thätigkeit ausnimmt und damit im Gebiete der Stiftungen des bürgerlichen Rechts beläßt. Das Wort „ausschließlich" ist zu betonen. Denn es gibt auch Stiftungen gemischter Art, z. B. Stiftungen zu Familienstipendien, wenn durch das Stiftungsgeschäft in zweiter Reihe auch außerhalb der Familie stehende Empfänger im öffentlichen Interesse zugelassen sind.*)

Der Ges.Geb.Aussch. der I. Kammer stimmte dem Antrage der k. Staatsregierung zu und im Ges.Geb.Aussch. der II. Kammer wurde derselbe Vorschlag ebenfalls angenommen. Bei den Verhandlungen dortselbst**) wurde namentlich betont, daß nur beabsichtigt sei, in den darin bezeichneten Richtungen das bisherige Recht oder, richtiger gesagt, die bisher geübte Praxis, zu erhalten, daß aber weder die Verwaltungszuständigkeit ausgedehnt, noch die gerichtliche Zuständigkeit eingeengt werden sollte. Herr v. Jakubezky erörterte als Ministerialkommissär namentlich folgendes: „Der Artikel solle lediglich klar stellen, daß die Vorschriften des BGB., welche von einer anderen als der in Bayern bisher üblichen Unterscheidung der Arten der Stiftung ausgehen, auf die Zuständigkeit keinen Einfluß ausüben. Auch bezüglich der Zuständigkeit für Streitigkeiten über den

*) Vgl. v. Kahr, Komm. z. Gem.-Ordn. Bd. 1 S. 679.

**) Becher, Materialien, Abth. IV, V Bd. 1 S. 930.

privatrechtlichen Akt des Stiftungsgeschäfts und dessen Auslegung werde nichts geändert. Diese Streitigkeiten gehören auch in Zukunft vor die Gerichte. Streitigkeiten dieser Art liegen aber nur vor, wenn ein Anspruch gegen den aus dem Stiftungsgeschäfte Verpflichteten erhoben wird . . . Nicht jeder Streit über die zu einem anderen Zwecke erforderliche Auslegung des Stiftungsgeschäfts bilde aber den Gegenstand einer bürgerlichen Rechtsstreitigkeit. Die Auslegung des Stiftungsgeschäfts könne auch nothwendig werden als Grundlage für die Entscheidung einer Streitigkeit des öffentlichen Rechts. Dann obliege sie der für diese Streitigkeit zuständigen Behörde rc."

Bei allen diesen Auslassungen muß man sich selbstverständlich hinzudenken die im jetzigen Art. 6 enthaltene einschränkende Klausel: „soferne nicht die Stiftung ausschließlich privaten Zwecken dient." Dieser Vorbehalt bildet wiederum die Verbindung mit dem Standpunkte des BGB. An den Bestimmungen des Tit. IV § 10 der bayr. Verfassungsurkunde ist natürlich auch nichts geändert. Als Haupttypen von Stiftungen des öffentlichen Rechtes, welche „unter den besonderen Schutz des Staates gestellt sind", werden dort genannt diejenigen für die Zwecke des Kultus, des Unterrichts und der Wohlthätigkeit. Vom Standpunkte der Berücksichtigung der Zweckbestimmung aus kann man dies nach wie vor gelten lassen, namentlich wenn man den Begriff „Wohlthätigkeit" soweit nimmt, daß darunter auch manche neuere Erscheinungen geborgen werden können. Auch hier hat aber ebenfalls die vorhin besprochene Klausel des Art. 6 AG. ihre Bedeutung. Speziell auf dem Gebiete des Unterrichts und der Wohlthätigkeit kommen ja auch rein privatrechtliche Stiftungen nicht gar zu selten vor (z. B. reine Familienstipendienstiftungen, Präbendenstiftungen für die Angehörigen bestimmter Familien rc.). Durch die Subintelligirung jener einschränkenden Klausel vollzieht sich auch keine Modifikation jener Verfassungsbestimmung. Denn es ist anzunehmen, daß letztere von jeher nur Stiftungen des öffentlichen Rechts im Auge gehabt hat. In Tit. IV § 10 Verf.-Urk.*) ist auch die Rede von Nichteinziehung des Stiftungsvermögens und Erhaltung desselben für seine Zwecke. In diesem Punkte enthalten auch die Art. 158 u. 159 des bayr. Ausf.-Ges. z. BGB. eine zwischen den Verhältnissen der bürgerlich-rechtlichen und öffentlich-rechtlichen Stiftungen ausgleichende Bestimmung. Dortselbst ist nämlich unter Ziff. IV Art. 158 für die rechtsrheinischen Landestheile und unter Ziff. IV Art. 159 für die Pfalz den bisher in den Artikeln 67, beziehungsweise Art. 51 der beiderseitigen Gemeindeordnungen enthalten gewesenen Bestimmungen über die Convertirung des Stiftungszwecks die andere Vorschrift substituirt worden:

„Ist die Erfüllung des Stiftungszwecks unmöglich geworden „oder gefährdet sie das Gemeinwohl, so finden auch bei Stiftungen „des öffentlichen Rechts die Vorschriften des Art. 87 des Bürgerlichen Gesetzbuchs Anwendung.“

Hieran schließen sich in einem neuen zweiten Absatze auch noch Bestimmungen über Zuständigkeit und Verfahren.

Alles dies gilt aber nach den Gemeindeordnungen nur für das sog. örtliche Stiftungsvermögen, welches von den Gemeinden verwaltet wird.

Die Motive zu Art. 26 des Entw. B bemerken in dieser Hinsicht folgendes:

Gründe der Zweckmäßigkeit sprechen aber dafür, den § 87 BGB. auf die unter der Verwaltung einer Gemeinde stehenden Stiftungen des öffentlichen Rechtes zu erstrecken und insoweit durch Schaffung gleichen Rechtes für alle von den Gemeindebehörden zu verwaltenden Stiftungen die nicht immer zweifelsfreie Entscheidung

*) Neben dieser Stelle sind auch fortbestehend: Tit. IV, § 16 Abs. 4 Verf.-Urk., dann § 47 der II. Verf.-Beil. nebst § 12 des Edikts über die Verhältnisse der protest. Kirche.

darüber, ob eine Stiftung des bürgerlichen oder eine Stiftung des öffentlichen Rechtes vorliegt, entbehrlich zu machen. Eine wesentliche Abweichung vom geltenden bayerischen Rechte ist in der vorgeschlagenen Aenderung nicht enthalten. Es wird von der Zustimmung der Betheiligten abgesehen, die in der Regel durch die rein formale Zustimmung eines von der Verwaltungsbehörde aufgestellten Vertreters der Stiftungsinteressen ersetzt wird, und neben der Aenderung des Zweckes für den Fall, daß sie nicht thunlich sein sollte, auch die Aufhebung der Stiftung zugelassen. Gefährdet der Stiftungszweck das Gemeinwohl, so wird er im Sinne der Gemeindeordnungen als unausführbar anzusehen sein. An den Vorschriften des Titel IV § 9 Abs. 4, § 10 der Verfassungsurkunde und des § 47 der II. Beilage zu der Verfassungsurkunde wird durch die neue Fassung des Artikel 67 der rechtsrheinischen und des Artikel 51 der pfälzischen Gemeindeordnung nichts geändert, sie bleiben sowohl bei einer Aenderung der Zweckbestimmung als auch der Aufhebung einer Stiftung unberührt.

Auf solchem Wege wird für viele Fälle erreicht, daß eine Abgrenzung der beiden Gebiete der bürgerlich- und öffentlich-rechtlichen Gebiete sich als entbehrlich darstellt. In ähnlicher Weise hätte man doch wohl auch in anderen und wichtigeren Punkten vorgehen können.

Im § 89 BGB. sind neben den Körperschaften und Stiftungen auch die „Anstalten des öffentlichen Rechts“ genannt. Nach den Vorverhandlungen hiezu sind Grund und Zweck dessen klargestellt. Man hat erwogen, daß es bezüglich mancher mit juristischer Persönlichkeit ausgestatteter Vermögensorganismen, welche als „Anstalten“ bezeichnet zu werden pflegen, zweifelhaft sein würde, ob sie zu den Körperschaften oder Stiftungen gerechnet werden könnten.*) Um solche Organismen unter Umständen nicht ins Leere fallen zu lassen, erwähnt das BGB. auch die „Anstalten des öffentlichen Rechts“. Unter diesem Schutzdach können m. E. nöthigen-

*) Nicht selten sind z. B. reine Stiftungsorganismen (z. B. Waisenhausstiftungen) nicht als Stiftungen, sondern anderswie bezeichnet. Auch können Stiftungen mit sog. „Anstalten“ verbunden sein.

falls auch die Klöster und geistlichen Stifter untergebracht werden.

Aus dem Umstande, daß § 80 BGB. unter den Juristischen Personen des öffentlichen Rechts auch die Anstalten des öffentlichen Rechtes nennt, darf übrigens keine Folgerung dahin gezogen werden, als seien damit schon reichsrechtlich alle Anstalten, welche den öffentlichen Interessen dienen, auch gleich zu Juristischen Personen des öffentlichen Rechts gemacht. Solche „Anstalten" fallen nur dann unter den § 80, wenn sie eben durch das Gegebensein aller Erfordernisse an sich eine selbständige Rechtspersönlichkeit haben können und wirklich haben. Dies ist aber bei solchen Anstalten sehr häufig nicht der Fall, nachdem, man darf sagen, die meisten (z. B. Orts- und Distriktskrankenanstalten) im privatrechtlichen Eigenthum natürlicher und anderer juristischer Personen, namentlich des Staats und der Gemeinden, gelegentlich auch von Vereinen stehen, was die Annahme einer selbstständigen Rechtspersönlichkeit neben dem Staate, der Gemeinde 2c. ausschließt.

V. Der Vollständigkeit wegen sei schließlich noch hingewiesen auf Art. 89 des bayr. Ausf.-Ges. z. BGB. vom 9. Juni 1899, wonach den Gemeinden und anderen Kommunalverbänden, dann den Stiftungen des öffentlichen und den unter der Verwaltung einer öffentlichen Behörde stehenden Stiftungen das Recht gewährt ist, für gewisse Ansprüche gegenüber ihren Verwaltern eine Sicherungshypothek zu verlangen nach Maßgabe der näheren Bestimmungen in jenem Art. 89.

Dritte Abtheilung.

Von der Familie.

Erster Abschnitt.
Eherechtliche Verhältnisse.

Erstes Kapitel.
Verlöbniß und Eheschließung.

Eine der wichtigsten Grundlagen des Staatsorganismus im Ganzen, vieler einzelner Staatseinrichtungen und des Staatswohls ist die Ehe. Ihre Erhaltung als Rechtsinstitut sowohl wie als sittlich-religiöse Einrichtung, die stete Befestigung des Ehebandes, die Reinhaltung des ehelichen Lebens ist daher auch eine der bedeutungsvollsten Aufgaben staatlicher Bedachtnahme in der Gesetzgebung und Staatspraxis.

I. Der Weiland churbayerische Kanzler Wiguleus Frhr. v. Kreittmayr hat schon in seinen vielbekannten Anmerkungen zum bayr. Landrecht von 1754 Thl. I cap. 6 § 11 wörtlich folgenden Kernspruch niedergelegt:

> „Obwohl es nicht de effentia matrimonii ist, daß man sich vor der Trauung förmlich gegen einander verspreche, so bringt es doch der gemeine Weltbrauch sammt dem Wohlstande und der Wichtigkeit des Geschäfts mit sich, denn es siehet gar zu viehisch und unvernünftig aus, wenn man ohne vorläufige Abrede so willerdings wie ein toller Hengst in den Ehestand rennet."

Aus dieser etwas drastisch vorgetragenen, aber doch eines tiefen, sittlichen Hintergrunds nicht entbehrenden Weltanschauung hat man in jenen Zeiten, da solches geschrieben wurde, und noch lange nachher vielfach die Nothwendigkeit abgeleitet, auch schon das Verlöbniß mit einer Reihe von

Formvorschriften und anderen Klauseln, zum Theil civilrechtlicher, zum Theil aber auch staatsrechtlicher Natur zu umgeben. Daraus erwuchsen die bekannten sog. Sponsalienmandate, die verschiedenen gegen sog. Winkelverlöbnisse donnernden alten Verordnungen, die Specialrescripte gegen Verlöbnisse der Studenten u. s. w.

Auch das BGB. kennt den Rechtsbegriff und das Rechtsinstitut des Verlöbnisses als solchen. Das Gesetzbuch steht auf dem Standpunkte, daß es das Verlöbniß als einen Vertrag betrachtet, und zwar als einen reinen Konsensualkontrakt. Das BGB. erfordert dabei

1. für das Verlöbniß keine besonderen Formen oder Voraussetzungen, und verbindet damit
2. auch nur sehr beschränkte Rechtswirkungen.

Wer und von wann an Jemand mit einer Rechtswirkung sich verloben könne, darüber ist in den § 1297 fg. nichts gesagt. Man wird kein höheres Alter dazu erfordern können, als für die Eingehung der Ehe selbst, also wie schon früher erörtert, für einen Mann die Volljährigkeit, für ein Mädchen 16 Jahre. Aber wo beschränkte Geschäftsfähigkeit vorliegt, wird zur Hervorbringung von Rechtswirkungen eben auch die Zustimmung des gesetzlichen Vertreters, sei es des Inhabers der elterlichen Gewalt oder des Vormunds, erfordert werden müssen.

Daß eine Solennitätsform nicht erfordert wird, ist bemerkenswerth für die Anwendung derjenigen anderen gesetzlichen Vorschriften, welche da und dort von Verlobten handeln, z. B. in Ansehung der Zeugschaftspflicht, dann der bekannten Bestimmung des § 52 des StGB. über den Begriff: „Angehörige" u. s. w.

Dafür, daß trotz mangelnder Form das Verlöbniß nicht augenblicklich zur Eheschließung führt, ist heutzutage anderweitig gesorgt, namentlich durch die Formen für die

Eheschließung selbst. Der Weg zum Standesamt geht durch viele Thüren, und auch die Geld- und Nahrungsfrage, die vorherige Ordnung von Familienverhältnissen, die Gründung und Einrichtung von Erwerbsgeschäften bieten oft des Zwischenaufenthalts so viel, daß heutzutage selbst Frhr. v. Kreittmayr sich dabei beruhigen könnte.

Anlangend die Wirkungen des Verlöbnisses, so folgt aus der Natur eines darin enthaltenen Vertragsverhältnisses von selbst, daß es für beide Theile die Verpflichtung begründet, die gegenseitig versprochene Ehe auch wirklich einzugehen. Die Nichterfüllung dieser Verpflichtung in Gestalt eines ungerechtfertigten einseitigen Rücktritts vom Verlöbnisse zieht auch gewisse Vermögensfolgen, wenn auch in recht beschränktem Umfange, nach sich. Aber — und das ist der fundamentale, dem sittlichen Charakter des Instituts der Ehe angepaßte Grundsatz — ein direkter Zwang zum Eheabschluß findet nicht statt. Im § 1297 BGB. ist ausdrücklich eine Klage aus dem Verlöbnisse auf Eingehung der Ehe ausgeschlossen und ebenso auch das Versprechen einer Konventionalstrafe für den Fall der Nichteingehung der Ehe als nichtig erklärt.

Die Vermögenswirkungen bei ungerechtfertigtem einseitigen Rücktritt bewegen sich, wie schon angedeutet, nur auf engem Gebiete. Urtheile, wie solche in Fällen fraglicher Art in England so häufig sind, werden wir also kaum erleben.

So wenig wie eine Klage auf Vollzug der Ehe, gibt es auch eine solche auf Leistung des Erfüllungsinteresse oder auf Gewährung einer Abfindung. Damit sind vielleicht einzelne moralisch berechtigte Ansprüche unterbunden, aber auch manche vexatorische Forderungen abgeschnitten, wie solche nicht selten zum Skandal erhoben werden und gelegentlich selbst in das Gebiet der Erpressung hineinreichen.

Was allein gewährt wird, ist Ersatz von positivem Schaden, und zwar auch nur solcher Ersatz

a) für Aufwendungen oder Verbindlichkeiten, welche in Erwartung der Ehe gemacht oder eingegangen worden sind, dann

b) für sonstige das Vermögen oder die Erwerbsstellung berührende Maßnahmen, welche der andere Verlobte in Erwartung der Ehe getroffen hat, z. B. Aufgeben oder Nichtannehmen einer Dienstesstellung.

Dieser letztere Anspruch (b) steht nur dem betreffenden Verlobten selbst zu. In jenem anderen Falle (a) aber sind außer dem Verlobten selbst zum Schadensersatzanspruch berechtigt dessen Eltern, sowie selbst Dritte, welche an Stelle der Eltern gehandelt, d. h. die kritischen Aufwendungen gemacht haben. Als solche Aufwendungen stellen sich z. B. Aussteueranschaffungen, selbst bloße Aussteuerbestellungen dar, nicht minder aber auch z. B. Vorschüsse an den Bräutigam, Bestreitung von Studien- oder Etablirungskosten für denselben u. s. w.

Immer sind die sämmtlichen Ersatzansprüche dadurch bedingt, daß

1) die zu ersetzenden Leistungen den Umständen nach angemessen waren und

2) nicht ein wichtiger Grund für den Rücktritt vorliegt.

Darin hat also das richterliche Ermessen einen weiten Spielraum.

Umgekehrt kann aber nicht allein der Ersatzanspruch hinfällig, sondern selbst der nicht zurückgetretene Verlobte schadensersatzpflichtig werden, wenn dieser nämlich den Rücktritt des anderen durch ein Verschulden, das einen wichtigen Grund für den Rücktritt bildet, veranlaßt hat.

Eine größere Ausdehnung gewinnt die Ersatzpflicht im Falle des § 1300 BGB. Dort heißt es im Abs. 1:

„Hat eine unbescholtene Verlobte ihrem Verlobten die Beiwohnung gestattet, so kann sie, wenn die Voraussetzungen des § 1298 oder des § 1299 vorliegen, auch wegen des Schadens, der nicht Vermögensschaden ist, eine billige Entschädigung in Geld verlangen."

In eine dogmatische Zergliederung dieser mit etlichen Feinheiten ausgestatteten Bestimmung kann hier nicht eingetreten werden. Nur folgende Punkte seien kurz festgestellt:

1) Es muß bereits ein wirkliches, wenn auch formloses Verlöbniß vorliegen. Bloße Versprechungen sind damit nicht identisch. Doch können solche unter Umständen unter § 847 Abs. 2 fallen, welcher besagt, daß ein Ersatz wegen des Schadens, der nicht Vermögensschaden ist, durch billige Entschädigung in Geld auch von einer Frauensperson verlangt werden kann, gegen welche ein Verbrechen oder Vergehen wider die Sittlichkeit begangen oder die durch Hinterlist, durch Drohung oder unter Mißbrauch eines Abhängigkeitsverhältnisses zur Gestattung der außerehelichen Beiwohnung bestimmt wird.
2) Daß Schwängerung eingetreten ist, wird nach § 1300 nicht erfordert.
3) Der hier ins Auge gefaßte Schaden ist der sog. dommage moral, wie den Begriff die französische Jurisprudenz ausgebildet und auch schon das Reichsgericht, sowie unser Oberstes Landesgericht als ersatzverpflichtend behandelt hat. Es ist namentlich der Schaden am guten Rufe, die Erschwerung anderweitiger Verheirathung u. s. w.

Neben der Schadensersatzpflicht greift auch noch eine Herausgabepflicht nach § 1301 Platz. Der bezügliche Anspruch steht, wenn die Eheschließung unterbleibt, gleichviel aus welchem Grunde, jedem Verlobten gegen den anderen zu und ist gerichtet auf die Rückgabe dessen, was geschenkt oder zum Zeichen des Verlöbnisses gegeben worden ist, also namentlich Ringe, Schmucksachen, gestickte Cigarrenetuis u. s. w. Die Rückerstattungspflicht greift aber nur soweit Platz, als auf Seite des Rückgabeverpflichteten noch eine Bereicherung vorliegt. Es besteht daher z. B. kein Anspruch auf Ersatz des Werthes verwelkter Blumen, genossener Süßigkeiten oder vergossenen Sekts. Von den Briefen sagt das BGB. nichts.

Ist das Verlöbniß durch den Tod eines der Verlobten gelöst worden, so ist nach Gesetzesvorschrift (§ 1301) im Zweifel anzunehmen, daß die Rückforderung ausgeschlossen sein soll.

Für künftige sog. religiös-gemischte Ehen tritt besonders im Stadium des Verlöbnisses die Frage nach der religiösen Erziehung der Kinder hervor. Wie steht es nun hiemit gegenüber dem BGB.? Bei eingehender Prüfung der Frage darf man wohl für Bayern antworten: gerade so wie bisher in jüngster Zeit. Die Rechtslage bleibt im Ergebnisse unverändert.

Das BGB. selbst hat über die Frage der religiösen Kindererziehung, insbesondere bei gemischten Ehen, keine Bestimmung. Art. 134 E.G. behält die ganze Frage dem Landesrechte vor. Danach bleibt es vor Allem bei der Bestimmung des § 14 der bayr. II. Verf.-Beil. darüber, wie es zu halten ist, wenn keine rechtsgültigen Vereinbarungen darüber vorliegen. Es bleibt weiter aber auch bei der Bestimmung des § 12, daß Verträge darüber zulässig sind. Es fragt sich also nur noch, wie müssen auch künftig solche Verträge beschaffen sein, um als rechtsgültig i. S. des § 13 der II. Verf.-Beil. gelten zu können? Vorausgeschickt sei in dieser Hinsicht, daß man unter Ehepakten i. w. S. solche Verträge versteht, welche überhaupt auf eheliche Verhältnisse sich erstrecken, während Eheverträge i. e. S. solche sind, welche die güterrechtlichen Verhältnisse unter den Ehegatten regeln. Das BGB. spricht von den Eheverträgen nach dem § 1432 fg. im letzteren engeren Sinne. Es ist aber nach dem BGB. durchaus nicht ausgeschlossen, daß mit einem Ehevertrage i. e. S. auch Vereinbarungen über andere eheliche Verhältnisse und so auch über religiöse Kindererziehung verbunden werden. Thatsächlich und rechtlich gibt es bei uns solche Verträge in doppelter Gestalt, d. h. entweder als selbständige Verträge, oder in Verbindung mit Eheverträgen i. e. S. Jene §§ 13 und 14 behandeln auch zweifellos Vereinbarungen über religiöse Kindererziehung bei gemischten Ehen in der ebenerwähnten Doppelgestalt, nämlich sowohl in gültigen Eheverträgen oder Ehepakten i. e. S., wie auch in sonstigen Verträgen, d. h. in Eheverträgen i. w. S., mögen sie auch nichts Weiteres behandeln. Für alle diese „Eheverträge" im einen wie anderen Sinne verordnet § 13, daß deren Gültigkeit sowohl in Rücksicht ihrer Form, als der Zeit der Errichtung lediglich nach den bürgerlichen Gesetzen zu beurtheilen ist. Diese Verweisung auf das partikuläre bürgerliche Recht ist fernerhin auf das BGB. zu beziehen, nach Art. 4 des E.G. Danach aber bestehen vor Allem keine zeitlichen Beschränkungen für die Errichtung eines Vertrags über die Angelegenheit, und zwar weder nach allgemeinen Grundsätzen, noch nach den Bestimmungen über Eheverträge im Besonderen. Wird ferner unter der Herrschaft des BGB. eine Vereinbarung über religiöse Kindererziehung als Nebenbestandtheil eines Ehevertrags i. S. des § 1432 fg. abgeschlossen, so deckt die für letzteren nach § 1434 vorgeschriebene Form — nämlich gerichtliche oder notarielle Beurkundung, je nach den landesrechtlichen Zuständigkeitsnormen — unbedingt auch dasjenige, was vom Standpunkte der II. Verf.-Beil. aus verlangt werden kann. Strengere Anforderungen als die Erfüllung der Formen für Eheverträge i. e. S. (zuletzt nach Art. 1 des

Bayr. Ges. v. 5. Mai 1870, über die Formen einiger Rechtsgeschäfte) sind bisher schon auch für Verträge über religiöse Kindererziehung nicht gestellt worden. Wird dagegen ein Vertrag dieser Art selbständig — ohne jede Verbindung — abgeschlossen, so entsteht die Frage, ob nun die nach dem BGB. für Eheverträge i. e. S. erforderlichen Formen auch hiefür einschlagen. Diese Frage liegt aber fortan auch nicht anders wie schon gegenüber dem Bayr. Ges. v. 5. Mai 1890, welches für Eheverträge ebenfalls notarielle Beurkundung erforderte. Dabei versteht, was zu beachten ist, das Bayr. Ges. gerade so wie das BGB. unter Eheverträgen i. S. des Art. 1 nur Eheverträge i. e. S. Daher ist die Verweisung des § 13 II. Verf.-Beil., wie letzthin auf den Art. 1 des Bayr. Ges., so künftighin auf den § 1432 fg. des BGB. und die Formvorschrift des § 1414 zu beziehen. In dieser Auffassung befindet man sich auch zugleich in vollstem Einklang mit der bisherigen Rechtsprechung des Bayr. Verwaltungsgerichtshofs, und zwar speziell mit dessen Urtheilen v. 15. Juli 1891 und 30. Juli 1892.*)

II. Was nun die Ehe selbst anlangt, so ruhen die bezüglichen Vorschriften in grundsätzlich ganz gleicher Weise wie schon nach dem Personenstandsgesetze v. 6. Februar 1875 auf dem bekannten Prinzipe der obligatorischen Civilehe. Dieselbe ist beibehalten im gleichen Sinne und in der gleichen Tendenz, wie sie bisher schon bestanden hatte, also nicht in Gestalt eines Kampfmittels gegen die Kirche, sondern zum versöhnenden Ausgleiche der Interessen vom staatlichen Standpunkte aus einerseits und vom kirchlichen aus andererseits. Dies hat eine sichtbare Anerkennung gefunden vor Allem durch den § 1588 des BGB., welcher lautet:

*) Vgl. Schmidt, kirchenrechtliche Entscheidungen, Bd. 1 S. 171 fg., 213 fg.

„Die kirchlichen Verpflichtungen in Ansehung der Ehe werden durch die Vorschriften dieses Abschnittes nicht berührt."

Im Grunde genommen ist dies nur eine noch etwas allgemeiner lautende Erneuerung des § 82 des Personenstandsgesetzes v. 6. Febr. 1875, lautend:

„Die kirchlichen Verpflichtungen in Beziehung auf Taufe und Trauung werden durch dieses Gesetz nicht berührt."

Es ist dies der sog. Kaiserparagraph, weil dereinst Kaiser Wilhelm I. von seiner Aufnahme seine Zustimmung zur obligatorischen Civilehe abhängig gemacht hatte.

Was nun jene „kirchlichen Verpflichtungen" anlangt, so bleibt vom BGB. insbesondere auch die Frage unberührt, ob und inwieweit die Kirche auf dem Ehegebiete einen kirchlichen Zwang zur Einhaltung der Kirchengebote, speziell in Ansehung der kirchlichen Eheeinsegnung geltend machen dürfe. Das bemißt sich nach dem Kirchenstaatsrechte der einzelnen Bundesstaaten. Für Bayern verbleibt es also in dieser Hinsicht bei den die kirchlichen Interessen genügend wahrenden bekannten Vorschriften der §§ 41, 42, 71 der II. Verfassungs-Beilage.

Außerdem fällt außer das Gebiet des BGB. auch die andere Frage, ob und inwieweit der Staat gegenüber seinen Beamten und Offizieren im Wege von Disziplinarvorschriften einen Zwang zur Erholung einer kirchlichen Eheeinsegnung geltend zu machen berechtigt ist. Auch diese Frage ist und bleibt öffentlich-rechtlicher Natur.

Eine Gruppe noch anderer Vorschriften des BGB., mit welchen speziell auf dem Gebiete des Ehescheidungsrechts dem Standpunkte namentlich der katholischen Kirche Rechnung getragen wurde, ist an späterer Stelle zu besprechen.

Die Vorschriften des BGB. beginnen unter dem Titel: „Eingehung der Ehe" zunächst mit einer Neuregelung der sog. „Ehehindernisse". Mit Rücksicht darauf kommen die bisher dem gleichen Zwecke dienenden §§ 28—40 des Personenstandsgesetzes völlig in Wegfall.*) (E.G. z. BGB. Art. 46).

Legt man die bisher üblich gewesene Terminologie zu Grund, so ergibt sich, daß auch das BGB. unterscheidet zwischen trennenden und nur aufschiebenden Ehehindernissen und daß es die trennenden Ehehindernisse wiederum abtheilt in sog. impedimenta publica und impedimenta privata. Erstere haben absolute Nichtigkeit der Ehe zur Folge, letztere begründen eine Anfechtbarkeit der Ehe. Dringt die Anfechtung durch, so ergibt sich aber auch die Folge, daß die Ehe ebenfalls als von Anfang an nichtig anzusehen ist.

Hienächst eine kurze Uebersicht der Ehehindernisse im Allgemeinen.

Erfordert wird vor Allem:

1. Ehemündigkeit. Diese tritt, wie schon früher bemerkt, ein beim Manne mit der (natürlichen oder verliehenen) Volljährigkeit, bei der Frau mit vollendetem 16. Lebensjahre.**) Für Mädchen ist die Dispensation zulässig, nicht aber für den Mann. Derselbe kann nur durch Volljährigkeitserklärung unter 21 Jahren zur Eheschließung kommen.

   An sich liegt hier nur ein aufschiebendes Ehehinderniß vor. Es kann aber zu einem trennenden werden in Folge des Zutritts eines weiteren Punktes.

2. Ein Geschäfsunfähiger kann von vorneherein überhaupt keine Ehe schließen. Ein in der Ge-

*) Eine instruirende Vergleichung der Vorschriften über Ehehindernisse nach bisherigem und neuen Rechte enthält eine Entschl. des k. St.M. des Innern vom 3. Aug. 1899 (Amtsblatt des St.M. des Innern, 1899, S. 423).

**) Vgl. ME. v. 3. Aug. 1899 (Amtsblatt des St.M. des Innern, S. 424, 425).

schäftsfähigkeit Beschränkter, sei er voll- oder minderjährig (bei Frauen), bedarf der Einwilligung seines gesetzlichen Vertreters, sei es des Inhabers der elterlichen Gewalt, sei es eines Vormunds. Gegenüber dem Letzteren, nicht aber gegenüber dem Ersteren kann die verweigerte Einwilligung auf Antrag des Mündels durch das Vormundschaftsgericht ersetzt werden. Die Ersatzeinwilligung muß ertheilt werden, wenn die Ehe im Interesse des Mündels liegt.

Dieses Ehehinderniß ist trennend. Denn Mangels der Einwilligung ist die Ehe anfechtbar.*)

3. Bis zum vollendeten 21. Lebensjahr ist bei ehelichen Kindern die Einwilligung des Vaters, bei unehelichen die der Mutter nothwendig. Ist der Vater eines ehelichen Kindes todt oder war die Ehe nichtig, dies auch dem Vater bekannt, so tritt die Mutter an seine Stelle. Dem Tode des Vaters oder der Mutter steht es gleich, wenn sie zur Abgabe einer Erklärung dauernd außer Stand sind oder wenn ihr Aufenthalt dauernd unbekannt ist (BGB. § 1305). Die elterliche Einwilligung kann nicht durch einen Vertreter ertheilt werden. Ist Vater oder Mutter in der Geschäftsfähigkeit beschränkt, so ist die Zustimmung des gesetzlichen Vertreters nicht erforderlich. Wird die elterliche Einwilligung einem volljährigen Kinde (d. h. einem für volljährig erklärten unter 21 Jahren) verweigert, so kann sie auf dessen Antrag durch das Vormundschaftsgericht ersetzt werden. Letzteres hat einzutreten, wenn die Einwilligung ohne wichtigen Grund verweigert wird.**) (BGB. § 1308).

*) ME. v. 3. Aug. 1899 a. a. O. S. 425.

**) Vgl. hiezu ME. v. 3. Aug. 1899 a. a. O. S. 425 fg.

Ueber die Einwilligung gegenüber einem an Kindesstatt Angenommenen trifft Bestimmungen BGB. § 1306.

Das Ehehinderniß ist aufschiebender Natur.

4. Doppelehe. Niemand darf eine Ehe eingehen, bevor seine frühere Ehe aufgelöst oder für nichtig erklärt ist. Sonst ist die neue Ehe nichtig. Daher besteht hier ein trennendes Ehehinderniß. Keine wirkliche Ausnahme bildet der Fall, daß der zurückgebliebene Ehegatte eines rechtskräftig für todt Erklärten wieder heirathet. Denn nach dem Systeme des BGB. löst sich mit der Eingehung der andern Ehe hier die ältere definitiv auf.

5. Verwandtschaft bildet ein Ehehinderniß nur in gerader auf- und absteigender Linie, sowie zwischen voll- und halbbürtigen Geschwistern. Im Sinne dieser Vorschrift besteht Verwandtschaft auch zwischen einem unehelichen Kinde und dessen Abkömmlingen einerseits und dem Vater und dessen Verwandten andererseits. Hierin liegt eine höchst singuläre Ausnahme von dem Generalsatze des BGB., daß ein uneheliches Kind zwar mit der Mutter und ihrer Familie, nicht aber mit dem Vater und dessen Verwandten als verwandt gilt. Das BGB. berücksichtigt eben hier die natürlichen Verhältnisse, frei von rechtlichen Fiktionen (BGB. § 1310).

Schwägerschaft bildet ein Ehehinderniß nur in gerader Linie, also zwischen Stiefeltern 2c. und Stiefabkömmlingen (BGB. § 1310).

Diese Ehehindernisse sind trennend.

Ueber das aufschiebende Ehehinderniß der Adoptivverwandtschaft enthält Bestimmungen BGB. §§ 1311, 1771.

6. Nicht trennender Natur ist ein vom BGB. neu geschaffenes, charakteristisches Ehehinderniß. § 1310 sagt nämlich im Abs. 2: „Eine Ehe darf nicht geschlossen

werden zwischen Personen, von denen die eine mit Eltern, Voreltern oder Abkömmlingen der anderen Geschlechtsgemeinschaft gepflogen hat."*)

Indem hier die sog. außereheliche Schwägerschaft als ein Ehehinderniß erklärt wird, verwirklicht das BGB. ein aus dem Sittlichkeitsgefühl abgeleitetes Postulat, welches schon Suarez s. Zt. für das Preuß. LR. aufgestellt hatte. In der Reichstagskommission und im Reichstage gestellte Anträge auf Streichung dieser Bestimmung wurden abgelehnt. Nach dem BGB. kann also ein Mann z. B. die von einem Dritten erzeugte Tochter seiner eigenen Konkubine oder die Konkubine seines Vaters nicht heirathen, auch nicht eine Wittwe den Geschlechtszuhälter ihrer Tochter.

Die Beurtheilung der Frage, ob thatsächlich Geschlechtsgemeinschaft gepflogen wurde, ist natürlich, zumal Schwängerung nicht erfordert wird, recht subtiler Natur. Um so mehr tritt die Frage hervor, wie sich der Standesbeamte solchen Verhältnissen gegenüber zu stellen hat und verhalten soll? Anerkannt ist, daß es dem Standesbeamten nicht zugemuthet werden kann, von Amtswegen nach dieser oder jener Art zu recherchiren. Das ist nicht seine Sache und könnte auch zu recht üblen Konsequenzen führen. Die Amtsaufmerksamkeit des Standesbeamten tritt vielmehr nach Komm.-Verh. erst dann, aber auch immer dann ein, wenn ein Verhältniß jener Art notorisch oder von einem Dritten behauptet ist.**)

7. Sehr kategorisch gestaltet sich künftig das Ehehinderniß begangenen Ehebruchs. Nach § 1312 darf eine Ehe

*) ME. v. 3. Aug. 1899 a. a. O. S. 426.

**) So auch ME. v. 3. Aug. 1899 a. a. O. S. 427.

nicht geschlossen werden zwischen einem wegen Ehebruchs geschiedenen Ehegatten und demjenigen, mit welchem der geschiedene Ehegatte den Ehebruch begangen hat, wenn dieser Ehebruch in dem Scheidungsurtheil als Grund der Scheidung festgestellt ist (BGB. § 1312). Nach CPO. § 624 n. Nr. muß aber der schuldige Genosse des Ehebruchs im Scheidungsurtheile festgestellt werden, wenn sich solches aus den Verhandlungen ergibt.

Was diese Feststellung betrifft, so braucht sie nicht gerade im Urtheilstenor zu stehen. Es genügt auch Feststellung in den Entscheidungsgründen. Der Standesbeamte darf sich daher auch nicht damit begnügen, wenn ihm nur der ausgefertigte Urtheilstenor vorgelegt wird. Er muß sich auch die Entscheidungsgründe vorlegen lassen und diese prüfen. Findet er darin das Ehehinderniß, so muß er die Eheschließung ablehnen. Andererseits ist der Standesbeamte nicht verpflichtet, ja nicht einmal berechtigt, Erkundigungen einzuziehen nach dem Vorhandensein etwaiger Ehebruchsverhältnisse. Er darf dieserhalb seine Thätigkeit selbst dann nicht ablehnen, wenn ihm sonst Kunde von dem Vorliegen eines Ehebruchs geworden sein sollte. Denn entscheidend ist allein die Feststellung im Scheidungsurtheil. Im Scheidungsurtheil! Denn das Ehehinderniß gilt nur für den wegen Ehebruchs Geschiedenen. Stirbt z. B. eine Ehefrau, so besteht kein Hinderniß, daß der Wittwer nachgerade seine in Ehebruch gehaltene Konkubine heirathet.*)

Soweit dieses leider nur zu praktische Ehehinderniß reicht, bewirkt dessen Nichtberücksichtigung Nichtigkeit der Ehe. Es liegt also ein trennendes Ehehinder-

*) Vgl. auch ME. v. 3. Aug. 1899 a. a. O. S. 426.

niß sogar öffentlichen Charakters vor (BGB. § 1328). Darin ruht eine Verschärfung einschneidender Art. Uebrigens ist Dispensation zulässig, selbst nachträgliche mit der Wirkung der Convalescenz der Ehe. (BGB. §§ 1312, 1328). Wünschenswerth wäre es, daß mit solchen Dispensationen recht sparsam vorgegangen werde. Denn die nicht seltenen Fälle der Ehescheidung mit nachfolgender Ehe mit einer Konkubine oder, vornehmer gesagt, Freundin bilden häßliche Flecke auf der Gewandung unserer Tage. Allerdings liegt das Uebel nicht allein in dem Dispense. Es lag bisher auch schon im Ehescheidungsrechte. Auch darin kann Wandel eintreten, vorausgesetzt daß die Gerichte in mehr als einer Richtung eine zeitgemäße Strenge entwickeln.

8. Lediglich aufschiebender Natur ist das im Interesse der Hintanhaltung einer Verdunkelung des Personenstands aufgestellte Ehehinderniß der Wartezeit, zu Folge dessen eine Frau erst zehn Monate nach der Auflösung (Tod, Scheidung) oder Nichtigkeitserklärung ihrer früheren Ehe eine neue Ehe eingehen darf, es sei denn, daß sie inzwischen — d. h. während der Wartezeit — geboren hat und damit etwaige Nachkommenschaftsverhältnisse klar gestellt sind.

Dispens ist zulässig, nach der Zweckbestimmung der Vorschrift aber thatsächlich nur dann angängig, wenn jeder Verdacht allenfallsiger Schwangerschaft ausgeschlossen ist.

9. Ein Ehehinderniß rein aufschiebenden Charakters erwächst aus der Vorschrift, daß, wer ein eheliches Kind hat, das minderjährig ist oder (z. B. bei beschränkter Geschäftsfähigkeit in Folge Entmündigung) unter seiner Vormundschaft steht, eine Ehe erst eingehen darf, nachdem ihm das Vormundschaftsgericht ein Zeugniß

darüber ausgestellt hat, daß der Gewalthaber gewisse vermögensrechtliche Verpflichtungen erfüllt hat (BGB. § 1314). Diese sind vorgezeichnet im § 1669.

Aehnliches gilt auf Grund des § 1493 Abs. 2 für den Fall bisher entstandener fortgesetzter Gütergemeinschaft, wenn der darin stehende überlebende Ehegatte eine neue Ehe eingehen will.

Aus dieser Vorschrift erwachsen auch für den Standesbeamten besondere Pflichten. Er hat zu prüfen, ob z. B. ein als Heirathskandidat auftretender Wittwer oder geschiedener Mann ein minderjähriges oder von ihm bevormundetes Kind hat. Ist solches der Fall, so muß der Standesbeamte auf vorgängiger Beibringung des vormundschaftsgerichtlichen Zeugnisses bestehen. Zu einer Prüfung oder Erörterung dessen, ob das Zeugniß mit Recht ausgestellt wurde, ob dessen Inhalt richtig ist, erscheint der Standesbeamte nicht befugt.

10. § 1315 Abs. 1 BGB. enthält weiter die Vorschrift, daß Militärpersonen und solche Landesbeamte, für die nach den Landesgesetzen zur Eingehung einer Ehe eine besondere Erlaubniß erforderlich ist, nicht ohne die vorgeschriebene Erlaubniß eine Ehe eingehen dürfen.

Die Bedeutung der Aufnahme dieser Bestimmung in das BGB. liegt hauptsächlich darin, daß der Mangel der erforderlichen civil- oder militärdienstlichen Verehelichungsbewilligung zu einem förmlichen reichsrechtlichen aufschiebenden Ehehindernisse erhoben wird, wenn auch die Anforderung jener Erlaubniß spezialgesetzlich oder landesrechtlich nur den Charakter einer Disziplinarvorschrift haben sollte. Das bezügliche Erforderniß ist daher vom Standesbeamten kraft allgemeiner Amtspflicht zu beachten. Für Militärpersonen kommen nach wie vor desfalls die Vorschriften des Reichsmilitärgesetzes v. 2. Mai 1874 in Betracht, dessen § 40 für Militärpersonen des Friedensstandes dienstliche Verehelichungsbewilligung erfordert, dessen § 60 das gleiche auch für die vorläufig in die Heimath beurlaubten Rekruten und Freiwilligen verlangt und dessen § 61 endlich im Uebrigen die Personen des Beurlaubtenstandes von Beschränkungen hinsichtlich der Verehelichung frei läßt.

Für Reichsbeamte gelten die bezüglichen Spezialgesetze, insbesondere das Reichsbeamtengesetz vom 21. März 1873, für Landesbeamte die sachlichen Normen des Landesrechts.

Indem das BGB. das Erforderniß der dienstlichen Verehelichungsbewilligung anerkennt, gibt es natürlich den betreffenden Dienstesstellen das Recht, diese Bewilligung zu versagen. Aus diesem Versagungsrecht entspringt von selbst auch das Recht, die Ertheilung der Bewilligung an Bedingungen zu knüpfen: z. B. hinsichtlich der sittlichen und Bildungsqualitäten der Frau oder hinsichtlich des Vermögensstandes, wie der sog. Heirathskautionen der Subalternoffiziere, oder des Erfordernisses einer bestimmten Dienstzeit oder einer bestimmten Zahl von Heirathsstellen, wie bei Unteroffizieren, Gendarmen rc. rc. Alles dieses bleibt durch das BGB. unberührt.

Unberührt bleibt natürlich auch die Strafbestimmung des § 150 Abs. 1 des RMilit.Ges.

Unberührt bleibt ferner auch die etwaige Zulässigkeit einer Disziplinareinschreitung nach Maßgabe des Landesrechts.

Unberührt bleibt endlich auch die Vorschrift des Art. XXIV § 23 der bayr. Dienstpragmatik v. 1805, wonach Pensionsansprüche der Wittwen und Kinder solcher Beamter wegfallen, welche ohne die vorgeschriebene Heirathsanzeige und Bewilligung sich verehelicht haben.

11. Zum Schluße ist auch noch zu gedenken der Vorschrift des BGB. § 1315 Abs. 2, woselbst vorgeschrieben ist, daß Ausländer, für die nach den Landesgesetzen eine Erlaubniß oder ein Zeugniß erforderlich ist, ohne diese Erlaubniß oder ohne dieses Zeugniß eine Ehe nicht eingehen dürfen. Auch hier liegt wieder nur ein aufschiebendes Ehehinderniß vor.

12. Hier erscheint es nun auch am Platze, der bekannten Spezialität des rechtsrheinischen Bayerns, des distrikts-polizeilichen Verehelichungszeugnisses mit einigen Worten zu gedenken.

An und für sich bleibt diese Institution zu Folge des bekannten bayr. Reservatrechts auch gegenüber dem BGB. unberührt. Ihre Bedeutung hat aber schon durch die Novelle zum Heimathgesetze v. 17. März 1892 wesentlich abgenommen. Der ursprüngliche Art. 33 des Heimathsgesetzes v. 16. April 1868 hatte im Abs. 2 die Bestimmung gehabt, daß eine im Widerspruche mit der Gesetzesvorschrift über das Erforderniß des distriktspolizeilichen Verehelichungszeugnisses eingegangene Ehe so lange bürgerlich ungültig ist, als die Ausstellung jenes Zeugnisses nicht nachträglich erwirkt wurde. Verschiedene Unzuträglichkeiten haben aber zu der durch die Novelle v. 17. März 1892 hergestellten neuen Fassung des Art. 33 Abs. 2 geführt, wonach der Mangel jenes Zeugnisses auf die Rechtsgültigkeit der Ehe an sich ohne Einfluß ist und nur mehr in Ansehung der heimathrechtlichen Verhältnisse gewisse hemmende Wirkungen nach sich zieht. Trotz der dadurch bedingten wesentlichen Verminderung der Bedeutung des fraglichen Zeugnisses ist es übrigens in Bezug auf den Inhalt desselben, die

Vorbedingungen für dessen Ausstellung und die Zuständigkeitsverhältnisse, namentlich auch für das Aufgebot, vorerst bei den älteren Gesetzesnormen von 1868 verblieben. Es lag aber nahe, daß sich anschließend an die Veränderung des Standpunkts nachgerade doch die weitere Frage aufdrängte, ob sich denn nun auch noch weiterhin die Distriktspolizeibehörde mit einer causae cognitio hinsichtlich der rein civilrechtlichen Erfordernisse fernerhin zu befassen haben oder nicht die desfallsige Prüfung, wie anderwärts auch, dem Standesbeamten überwiesen werden solle. Die Antwort auf diese Frage hat das Bayr. Ausf.-Ges. v. 9. Juni 1899 Art. 154 gegeben, und zwar in der Art, daß in der That jene civilrechtlichen Verhältnisse vom Vorverfahren bei der Distriktspolizeibehörde ausgeschieden wurden und dieses Verfahren sich nur auf die Verhältnisse nach Art. 36 (jetzt Art. 32) des Heimathsgesetzes zu erstrecken hat. Sonach hat sich jetzt auch das distriktspolizeiliche Zeugniß auf die Feststellung zu beschränken, daß ein im alten Art. 36 des Heimathsgesetzes, jetzt Art. 32 neuer Fassung, begründetes Einspruchsrecht nicht besteht, bezw. ein Einspruch von Seite der Gemeinde nicht erhoben wurde. Vgl. nun den neuen Art. 31 des Heimathsgesetzes in der Fassung nach Bek. v. 30. Juli 1899 (G. u. VBl. S. 480).*)

Damit sind die Verhältnisse nach Bayer. Rechte dem im übrigen Deutschland geltenden Rechtszustande in Bezug auf die Eheschließung um einen großen Schritt näher gerückt und vereinfacht. Allerdings ist damit auch kehrseits die Aufgabe der Standesbeamten erheblich erweitert und ihre Verantwortlichkeit erheblich verschärft. Denn mit jener prinzipiellen

*) Im Abs. 5 des Art. 31 ist jetzt auch noch angefügt: „Das Zeugniß verliert seine Kraft, wenn die Ehe nicht binnen sechs Monaten nach der Ausstellung des Zeugnisses geschlossen wird.“

Aenderung bezüglich des distriktspolizeilichen Zeugnisses stehen auch wesentliche Aenderungen der bisherigen Gesetzesnormen über das Aufgebot und über die Prüfung bezüglich des Vorhandenseins etwaiger Ehehindernisse in Zusammenhang.

Nach wie vor soll der Eheschließung ein Aufgebot vorausgehen. „Soll" d. h. es ist eine Ordnungsvorschrift. Außerachtlassung begründet weder Nichtigkeit noch Anfechtbarkeit der Ehe.

Das Aufgebot darf unterbleiben, wenn die lebensgefährliche Erkrankung eines der Verlobten den Aufschub nicht gestattet. So BGB. § 1316. Nach EG. zum BGB. Art. 46 ist durch eine Aenderung des Personenstands-Gesetzes vorgesehen, daß über jenen Zustand eine ärztliche Bescheinigung erbracht wird. Vom Aufgebot kann Befreiung bewilligt werden.

Die Modalitäten des Aufgebots richten sich nach dem Personenstandsgesetze. Zuständig dazu ist jeder Standesbeamte, vor dem die Ehe geschlossen werden kann. Die Aufgebotsfrist, d. h. die Dauer des öffentlichen Aushangs beträgt zwei Wochen. Kommen Ehehindernisse zur Kenntniß des Standesbeamten, so hat er die Eheschließung abzulehnen.

Die nächste Frage wäre nun die, wie verhalten sich künftig diese reichsrechtlichen Vorschriften über das Aufgebot zu denen des früheren Art. 35 des bayr. Heimathsgesetzes? Danach hatte bekanntlich nicht, wie nach Reichsrecht, der Standesbeamte, sondern die Gemeindebehörde das Aufgebot zu veröffentlichen. Der Aushang betrug nur zehn Tage. Einsprüche waren bei der Gemeindeverwaltung oder der zur Ausstellung des Verehelichungszeugnisses zuständigen Distriktspolizeibehörde geltend zu machen. Jene Frage löst sich nun sehr einfach. Nach dem Art. 154 EG. zum BGB. ist der ganze vom polizeilichen Aufgebot handelnde alte Art. 35 des Heimaths-Gesetzes einfach aufgehoben worden. Ebenso der ganze Art. 34, welcher von den beizubringenden Nachweisen und Erhebungen über das Nichtbestehen civilrechtlicher Ehehindernisse, sowie über die civil- oder militärdienstliche Verehelichungsbewilligung handelt.

Die Mot. zu Art. 21 des Entw. 13 des bayr. Ausf.-Ges. zum BGB. enthalten hieher bezüglich folgende interessante Ausführung:

„Das distriktspolizeiliche Verehelichungszeugniß soll nach dem geltenden Rechte auch feststellen, daß ein Ehehinderniß des bürgerlichen Rechtes nicht besteht. Diese Feststellung kann aber keine endgültige sein, das Verehelichungszeugniß kann den Standesbeamten, wenn sich Zweifel über die Zulässigkeit der Eheschließung ergeben, nicht der Pflicht eigener Prüfung überheben. Nach § 48 des Personenstandsgesetzes hat der Standesbeamte die Eheschließung abzulehnen, wenn, gleichgültig zu welcher Zeit, Ehehindernisse zu seiner Kenntniß gelangen. Er macht sich strafbar, wenn er dieser Vorschrift zuwiderhandelt. Lehnt der Standesbeamte ab, so kann nach § 11 Abs. 2 des Personenstandsgesetzes und § 69 des Gesetzes über die Angelegenheiten der freiwilligen Gerichtsbarkeit die Entscheidung des Amtsgerichts angerufen werden, in dessen Bezirk der Standesbeamte seinen Sitz hat. Bei der Eheschließung von nichtbayerischen Deutschen fällt die Mitwirkung der Distriktspolizeibehörde weg und das Gleiche gilt in der Pfalz auch bei der Eheschließung von Pfälzern. In diesen Fällen hat der bayerische Standesbeamte die Zulässigkeit der Eheschließung, vorbehaltlich der gerichtlichen Entscheidung, ebenso allein zu prüfen wie der Standesbeamte eines der übrigen deutschen Bundesstaaten. Die Aufgabe ist aber bei der Eheschließung von Angehörigen der Landestheile rechts des Rheins und bei der Eheschließung eines Pfälzers in den Landestheilen rechts des Rheins ganz dieselbe, das Sonderrecht der rechtsrheinischen Landestheile erfordert eine doppelte Prüfung bei einer solchen Eheschließung ebensowenig wie bei der Eheschließung eines Deutschen, der einem andern Bundesstaat angehört. Die Einfachheit der gesetzlichen Vorschriften über die Ehehindernisse und die Zusammenfassung dieser Vorschriften in den §§ 1303 bis 1315 des Bürgerlichen Gesetzbuchs machen es unbedenklich, auf die Mitwirkung der Distriktspolizeibehörde zu verzichten.

Das Aufgebot wird nach dem geltenden Rechte für die Angehörigen der Landestheile rechts des Rheins von der Gemeindeverwaltung, im Uebrigen von dem Standesbeamten angeordnet und vollzogen. Bei dem gemeindlichen Aufgebote beträgt die Frist zehn, bei dem standesamtlichen beträgt sie vierzehn Tage. Von dem standesamtlichen, nicht aber von dem gemeindlichen Aufgebot ist Befreiung zulässig. Wird eine lebensgefährliche Krankheit, welche einen Aufschub der Eheschließung nicht gestattet, ärztlich bescheinigt, so kann das gemeindliche Aufgebot nur von der Distriktsverwaltungsbehörde, das standesamtliche vom Standesbeamten nachgelassen werden. Diese Verschiedenheiten haben keine innere Berechtigung und sind für das Sonderrecht der Landestheile rechts des Rheins ohne Bedeutung. Wird die Prüfung der Zulässigkeit der Eheschließung dem Standesbeamten überlassen, so muß auch die Anordnung und der Vollzug des Aufgebots ihm zustehen.

Es ist deshalb das Zweckmäßigste, die reichsgesetzlichen Vorschriften über das Aufgebot unverändert in Geltung treten zu lassen und das distriktspolizeiliche Verehelichungszeugniß auf die Feststellung zu beschränken, daß ein im Artikel 36 des Heimathgesetzes begründetes Einspruchsrecht nicht besteht. Diese Rechtsgestaltung läßt das Wesen des Sonderrechts der Landestheile rechts des Rheins, das Einspruchsrecht der Gemeinde, nach Form und Inhalt unberührt und befreit sowohl die Distriktsverwaltungsbehörden als die Gemeindeverwaltungen von Aufgaben, die ihrem eigentlichen Wirkungskreise fremd sind.

Aus alledem entwickeln sich kurzgefaßt folgende Sätze für den neuen Rechtszustand:

a) Das distriktspolizeiliche Verehelichungszeugniß bleibt an sich bestehen.

b) Voraussetzung seiner Ertheilung ist aber nur mehr, daß ein Einspruch nach Art. 32 des Heimaths-Gesetzes n. F. nicht besteht.

c) Die Thätigkeit der Distriktspolizeibehörde hat sich also nur auf die Liquidstellung jener Frage zu beschränken, ebenso der Inhalt des Zeugnisses selbst.

d) Die Würdigung der Frage, ob andere, civilrechtliche und dienstliche Ehehindernisse bestehen, geht, wie im übrigen

Deutschland, nur mehr den Standesbeamten an. Sie ist **seine** Amtspflicht.

e) Das Aufgebot erläßt daher auch der Standesbeamte und zwar mit der **reichsrechtlichen** Aushangfrist.

III. Was die mehrfach zulässigen **Dispensationen** betrifft, so enthält über die Zuständigkeit dazu das BGB. in § 1322 Bestimmungen nach zwei Richtungen, nämlich

a. im Verhältnisse der Bundesstaaten unter sich,

b. innerhalb des einzelnen Bundesstaats.

Zu a. Die Bewilligung einer nach den §§ 1303, 1313 BGB. (Dispens eines Mädchens in Bezug auf Ehemündigkeit, Befreiung einer Frau von der Wartezeit) zulässigen Befreiung steht dem Bundesstaate zu, dem die Frau, die Bewilligung einer nach § 1312 (Ehehinderniß des Ehebruchs) zulässigen Befreiung steht dem Bundesstaate zu, dem der geschiedene Ehegatte angehört. Für Deutsche, die keinem Bundesstaat angehören, steht die Bewilligung dem Reichskanzler zu (BGB. § 1322 Abs. 1). Die Bewilligung einer nach § 1316 (Befreiung vom Aufgebot) zulässigen Befreiung steht dem Bundesstaate zu, in dessen Gebiete die Ehe geschlossen werden soll (BGB. § 1322 Abs. 2).

Zu b. Ueber die Ertheilung der **einem Bundesstaate** zustehenden Bewilligung bestimmt die **Landesregierung**. Ein förmliches Gesetz im engeren Sinne ist also desfalls nicht nothwendig.

IV. Ueber die **Form der Eheschließung** ist folgendes zu bemerken:

Wie bisher erfolgt die **Eheschließung in bürgerlicher Gestalt standesamtlich.***) Aber doch besteht ein gewisser innerer Unterschied.

---

*) Vgl. dazu auch BGB. § 1319, worin das BGB. bestimmt, daß als Standesbeamter des § 1317 auch derjenige **gilt**, welcher **ohne Standesbeamter zu sein**, das Amt eines Standesbeamten öffent-

Nach dem alten § 52 des Personenstandsgesetzes vom 6. Februar 1875 erfolgte die Eheschließung in Gegenwart von zwei Zeugen durch die an die Verlobten einzeln und nach einander gerichtete Frage des Standesbeamten:

> ob sie erklären, daß sie die Ehe mit einander eingehen wollen,

durch die bejahende Antwort der Verlobten und durch den hierauf erfolgenden Ausspruch des Standesbeamten, daß er sie nunmehr kraft des Gesetzes für rechtmäßig verbundene Eheleute erkläre. In diesem Punkte ergibt sich künftig ein prinzipieller Unterschied. Die Eheschließung erfolgt nicht mehr durch den Standesbeamten, sondern vor demselben. Dies kommt klar zum Ausdrucke durch BGB. § 1317. Allerdings schreibt § 1318 auch künftig noch vor die Zuziehung von zwei Zeugen, die Fragestellung des Standesbeamten und einen Ausspruch desselben. Aber alles dieses sind nur mehr Ordnungsvorschriften. Von ihrer Beobachtung hängt der Bestand der Ehe nicht mehr ab. Was insbesondere den Ausspruch des Standesbeamten betrifft, so geht er nicht mehr dahin, daß er die Verlobten als Eheleute erkläre, sondern daß sie nunmehr rechtmäßig verbundene Eheleute seien, d. h. durch ihre eben abgegebene Erklärung schon geworden seien. Der Ausspruch des Standesbeamten hat also nicht mehr konstitutive, sondern nur mehr deklarative Bedeutung. Der Standesbeamte erklärt auch nicht mehr, daß die Verlobten „kraft Gesetzes",

---

lich ausübt, es sei denn, daß die Verlobten den Mangel der amtlichen Befugniß bei der Eheschließung kannten. Diese eigenartige Bestimmung hat namentlich den nicht seltenen Fall im Auge, daß Standesbeamten aus Versehen funktioniren, z. B. sich durch ein anderes Gemeindeamt als legitimirt erachten, schon in Funktion treten, ehe sie rechtsförmlich ernannt sind, nach Aufhören ihrer Diensteseigenschaft noch fortamtiren. Vgl. Engelmann in Staudinger's Komm. z. BGB. Bd. 4 S. 37; Schepp a. a. O. S. 89.

d. h. von Rechtswegen im Allgemeinen Eheleute seien, sondern es ist eigens und ganz absichtlich vorgeschrieben, daß der Standesbeamte sich auszudrücken habe: „kraft dieses Gesetzes", d. h. natürlich „kraft des Bürgerlichen Gesetzbuchs".*) Damit soll unzweifelhaft der Gegensatz zwischen einer rein bürgerlichen Ehe und der kirchlichen Ehe schärfer markirt werden. Nicht zu verkennen ist, daß durch diese Auffassung und Ordnung der Dinge die Eheschließungsform wesentlich näher an jene andere Form heranrückt, welche unter dem Namen der tridentinischen Form bekannt ist und welche die katholische Kirche auf Grund ihres Dogma vom Sakrament der Ehe herausgebildet hat. Auch dort steht der parochus proprius als Vertreter der Kirche in einer assistentia passiva, wie hier der Standesbeamte als Vertreter des Staats. Doch ist dessen Stellung immerhin noch insoferne ein klein bischen anders, als das BGB. in § 1317 ausdrücklich vorschreibt:

„Der Standesbeamte muß zur Entgegennahme der Erklärungen bereit sein."

Nur unter diesen Voraussetzungen haben die Erklärungen der Verlobten Rechtswirksamkeit. Eine Ueberrumpelung mit Zeugen 2c. ist dadurch ausgeschlossen. Ein gewisser vorbereiteter solenner Akt ist vorgesehen.

Erforderniß ist übrigens weiter noch, daß der Standesbeamte zuständig ist.

Hierüber bestimmen die §§ 1320 und 1321 BGB. und zwar:

§ 1320 Abs. 2—4:

Zuständig ist der Standesbeamte, in dessen Bezirk einer der Verlobten seinen Wohnsitz oder seinen gewöhnlichen Aufenthalt hat.

Hat keiner der Verlobten seinen Wohnsitz oder seinen gewöhnlichen Aufenthalt im Inland und ist auch nur einer von ihnen ein

*) Vgl. Vollzugsvorschriften zum Personenstands-Gesetze vom 25. März 1899, RGBl. S. 225 und 241.

Deutscher, so wird der zuständige Standesbeamte von der obersten Aufsichtsbehörde des Bundesstaats, dem der Deutsche angehört, und, wenn dieser keinem Bundesstaat angehört, von dem Reichskanzler bestimmt.

§ 1321:

Auf Grund einer schriftlichen Ermächtigung des zuständigen Standesbeamten darf die Ehe auch vor dem Standesbeamten eines anderen Bezirks geschlossen werden.

Für landesfürstliche Häuser verbleibt es in Ansehung der Eheerfordernisse, des Aufgebots und der Ernennung des Standesbeamten bei dem § 72 des Personenstandsgesetzes.

Wegen der Zeugenqualität verbleibt es ebenfalls im Wesentlichen beim Alten. Der § 1318 Abs. 2 des BGB. enthält darüber die Ordnungsvorschrift, daß Personen, die der bürgerlichen Ehrenrechte für verlustig erklärt sind, während der Zeit, für welche die Aberkennung der Ehrenrechte erfolgt ist, sowie Minderjährige nicht zugezogen werden sollen. Personen, die mit einem der Verlobten, mit dem Standesbeamten oder mit einander verwandt oder verschwägert sind, dürfen als Zeugen zugezogen werden.

Die geschehene Eheschließung soll in das Heirathsregister eingetragen werden (§ 1318 Abs. 3). Auch das ist an sich nur eine Ordnungsvorschrift. Immerhin hat dieser Punkt aber eine Bedeutung in Ansehung der Richtigkeitsfrage.

Aufrecht bleibt die Vorschrift des Personenstandsgesetzes, daß eine kirchliche Einsegnung nicht stattfinden darf, ehevor die Ehe standesamtlich geschlossen ist, und daß zuwiderhandelnde Geistliche und andere Religions-Diener straffällig werden. Indessen hat hier Art. 46 EG. z. BGB. zur Beruhigung religiös-ängstlicher Gemüther als Abs. 2 zu § 67 des Personenstandsgesetzes folgende neue Bestimmung angefügt:

„Eine strafbare Handlung ist nicht vorhanden, wenn der Geistliche oder der Religionsdiener im Falle einer lebensgefährlichen, einen Aufschub nicht gestattenden Erkrankung eines der Verlobten zu den religiösen Feierlichkeiten der Eheschließung schreitet."

Rechtsgültig wird übrigens selbstverständlich in solchem Falle die Ehe durch die geistliche Trauung allein auch nicht. Immerhin steht jene Bestimmung doch in einer gewissen Parallele zu den Befugnissen des Standesbeamten, unter gleichen Voraussetzungen ohne Aufgebot die Eheschließung entgegenzunehmen.

Auch hier sei nochmals ausdrücklich hingewiesen auf den § 1588 BGB., wodurch die kirchlichen Vorschriften in Ansehung der Ehe durch die Bestimmungen des BGB. über die Bürgerliche Ehe unberührt bleiben, d. h. eben als kirchliche Vorschriften, nicht aber als staatliche.

V. Wiederholt ist schon von Nichtigkeit oder Anfechtbarkeit der Ehe gesprochen worden. Beide Begriffe sind wohl zu unterscheiden. Das BGB. hat darüber eingehende Bestimmungen. Tiefer hier einzudringen, erscheint nicht angezeigt. Denn die Vorschriften sind wesentlich justizieller Natur. Nur zur Orientirung sei folgendes bemerkt:

1) Nichtigkeit bewirkt Hinfälligkeit der Ehe, kommt aber erst zur Geltung, wenn mit Erfolg Nichtigkeitsklage eingelegt ist. Ausgenommen davon ist z. B. der Fall, wenn die Ehe bereits aufgelöst ist. Hier kann die Nichtigkeit jeder Zeit und in jeder Form, auch incideater, geltend gemacht werden. Die Kinder aus nichtiger Ehe gelten als ehelich, wenn nicht beide Eltern die Nichtigkeit der Ehe bei der Eheschließung gekannt haben. Dies gilt aber für die Kinder nicht, wenn die Nichtigkeit der Ehe auf einem Formmangel beruht und die Ehe nicht in das Heirathsregister eingetragen worden ist*) (BGB. § 1699).

Gründe der Nichtigkeit sind:

a. Verletzung einer wesentlichen Form nach den näheren Bestimmungen des § 1324 BGB.;

*) Dies alles kann namentlich in Heimathsfragen von Belang werden.

b. Willensmängel dadurch, daß einer der Ehegatten zur Zeit der Eheschließung geschäftsunfähig war oder sich im Zustande der Bewußtlosigkeit oder vorübergehender Störung der Geistesthätigkeit befand (näheres im BGB. § 1325);
c. Doppelehe nach BGB. § 1326;
d. nahe Verwandtschaft oder Schwägerschaft nach BGB. § 1327;
e. Ehehinderniß des vorausgegangenen Ehebruchs nach den näheren Bestimmungen des § 1328.

Geltend gemacht kann die Nichtigkeit mit Klage werden nach Civ.Proz.Ordn. § 632 von:
a. jedem Ehegatten;
b. dem Staatsanwalt;
c. bei Doppelehe auch von dem früheren Gatten;
d. von einem sonstigen Dritten nur dann, wenn für ihn von der Nichtigkeit der Ehe ein Recht oder von der Gültigkeit der Ehe eine Verpflichtung abhängt.

2. Verschieden von der Nichtigkeit ist im Begriffe die Anfechtbarkeit der Ehe. Eine anfechtbare Ehe besteht an sich. Hat aber eine geschehene Anfechtung Erfolg, so ist die Ehe als von Anfang an nichtig anzusehen.

Anfechtungsgründe sind:
a. Vorhandene Beschränktheit in der Geschäftsfähigkeit bei Eingehung der Ehe, wenn die Einwilligung des gesetzlichen Vertreters fehlte. Anfechtungsberechtigt ist der betreffende Ehegatte, wenn er unbeschränkt geschäftsfähig geworden ist; bis dahin dessen gesetzlicher Vertreter (BGB. § 1331).
b. Irrthum, arglistige Täuschung, Drohung. Anfechtungsberechtigt ist der betreffende Ehegatte.

Irrthum kommt nach doppelter Richtung in Betracht, nämlich dergestalt:

α. wenn ein Ehegatte bei der Eheschließung nicht gewußt hat, daß es sich um eine Eheschließung handle, oder wenn er dies zwar gewußt hat, aber eine Erklärung, die Ehe eingehen zu wollen, nicht hat abgeben wollen (BGB. § 1332);

β. wenn sich ein Ehegatte in der Person des anderen Ehegatten oder über solche persönliche Eigenschaften des anderen Ehegatten geirrt hat, die ihn bei Kenntniß der Sachlage und bei verständiger Würdigung des Wesens der Ehe von der Eingehung der Ehe abgehalten haben würden (BGB. § 1333). Nur Irrthum über Person (Identität) und Eigenschaften des anderen Ehegatten selbst, nicht auch seiner Angehörigen, kann berücksichtigt werden. Hieher kann in Betracht kommen namentlich Beiwohnungsunfähigkeit (verschieden von bloßer Unfruchtbarkeit), Mangel der Jungfrauschaft oder vollends gar Schwangerschaft der Frau, ansteckende oder eckelerregende Krankheiten. Nicht aber fallen die persönlichen Eigenschaften des anderen Ehetheils schlechthin ins Gewicht, insbesondere auch nicht dessen Vermögensverhältnisse.

Arglistige Täuschung kommt als Anfechtungsgrund dann in Betracht, wenn gerade durch sie der andere Theil zur Eingehung der Ehe bestimmt worden ist und jene sich auf solche Umstände bezieht, die ihn bei Kenntniß der Sachlage und bei verständiger Würdigung des Wesens der Ehe von deren Eingehung abgehalten haben würden. Täuschung über Vermögensverhältnisse begründet nach ausdrücklicher Gesetzesvorschrift keine Anfechtbarkeit. Ist die Täuschung nicht von dem anderen Ehegatten, sondern von einem Dritten verübt worden, so ist die Ehe nur dann anfechtbar, wenn der Erstere die Täuschung bei der Eheschließung gekannt hat.

Wie die geübte widerrechtliche Drohung beschaffen gewesen sein muß, ist im BGB. nicht näher bestimmt. Jedenfalls kann Drohung nur dann von Belang sein, wenn sie ihrer Art nach geeignet war, den Willen maßgebend zu beeinflussen, und wenn sie im gegebenen Falle auch wirklich zum Bestimmungsgrund geworden war.

Die Anfechtungsfrist beträgt sechs Monate in verschiedenartiger Berechnung nach Maßgabe des § 1339. Was die Anfechtungsform anlangt, so ist

a. bei bestehender Ehe Anfechtungsklage erforderlich (§ 1341).

b. Nach dem Tode des zur Anfechtung nicht berechtigten Ehegatten erfolgt die Anfechtung der Ehe durch eine in öffentlich beglaubigter Form abzugebende Erklärung vor dem Nachlaßgerichte. Näheres s. § 1342.

Abgesehen von dem letzterwähnten Falle ist die Anfechtung der Ehe nach ihrer Auflösung ausgeschlossen. (BGB. § 1338).

Ueber andere Ausschließungsgründe vgl. BGB. § 1337.

Zweites Kapitel.

Allgemeine rechtliche Wirkungen der Ehe.

Von den Ehewirkungen werden besonders folgende von allgemeinerem Interesse sein:

1. Gegenseitige Verpflichtung zur ehelichen Lebensgemeinschaft. Darunter gehört insbesondere auch die Leistung der sog. ehelichen Pflicht, sowie die Verpflichtung zu ungetrenntem, sich gegenseitig beistehendem Leben. Willkürliche einseitige Trennung in diesem Leben ist ausgeschlossen. Die rechtliche Durchführung dieser Pflichten nennt das BGB.: „Verlangen der Herstellung der Gemeinschaft oder Herstellung

des ehelichen Lebens." Sie erzeugt eine darauf gerichtete Klage. In dem bezüglichen § 1353 findet sich aber folgender bemerkenswerther Abs. 2:

„Stellt sich das Verlangen eines Ehegatten nach Herstellung der Gemeinschaft als Mißbrauch seines Rechtes dar, so ist der andere Ehegatte nicht verpflichtet, dem Verlangen Folge zu leisten. Das Gleiche gilt, wenn der andere Ehegatte berechtigt ist, auf Scheidung zu klagen."

Hieraus erwächst gegenüber der sog. Klage auf Herstellung des ehelichen Lebens dem beklagten Ehetheile eine Einrede. Ob ein Mißbrauch des Rechtes vorliegt, entscheidet das richterliche Ermessen.

2. Häusliche Gewalt des Ehemanns. Desfalls verfügt § 1354:

„Dem Mann steht die Entscheidung in allen das gemeinschaftliche eheliche Leben betreffenden Angelegenheiten zu; er bestimmt insbesondere Wohnort und Wohnung.

Die Frau ist nicht verpflichtet, der Entscheidung des Mannes Folge zu leisten, wenn sich die Entscheidung als Mißbrauch seines Rechtes darstellt."

Wohl zu beachten ist, daß hiemit nicht eine förmliche Vogtbarkeit des Ehemannes oder vollends gar eine Geschlechtsvormundschaft construirt ist. Es handelt sich nur um die Ordnung des Haushalts durch Festsetzung, welches Ehetheils Willen von Rechtswegen in gemeinsamen ehelichen Angelegenheiten vorgeht. Ich betone: von Rechtswegen, denn thatsächlich ist es bekanntlich nicht ausgeschlossen, daß der Ehemann ab und zu in zweiter Linie steht. Aus dem § 1354 wird namentlich eine in sozialer Hinsicht überaus wichtige Rechtsfolgerung gezogen in Bezug auf selbständige Erwerbsthätigkeit und insbesondere Erwerbsgeschäfte der Ehefrau. Der Ehemann kann solche durch seinen Widerspruch rechtlich verhindern. Das betrifft aber hier nach § 1354 nur die rein persönliche Seite. Wie weit vom vermögensrechtlichen Standpunkte aus die Ehefrau befugt ist, in selbständige Erwerbsgeschäfte einzutreten, bemißt sich nach dem ehelichen Güterrechte in seinen verschiedenen Formen.

3. Vom Namen der Frau (§ 1355 BGB.) war schon früher S. 66 fg. die Rede.

4. Die Frau ist nach § 1356 Abs. 1 BGB. ebenso berechtigt, wie verpflichtet, das gemeinschaftliche Hauswesen zu leiten. Dies gilt unter allen Verhältnissen bei allen Ehen, aber nur unbeschadet des Entscheidungsrechtes des Mannes nach § 1354.

Zu eigenen Arbeiten im Hauswesen und Geschäfte des Mannes ist die Frau soweit, aber auch nur soweit verpflichtet, als eine solche Thätigkeit nach den Verhältnissen, in denen die Ehegatten leben, üblich ist. Also z. B. eine Bauernfrau muß die Kühe melken, nicht gerade aber die Gattin eines sog. Rittergutsbesitzers.

Die Kehrseite solcher wirthschaftlicher Verpflichtungen der Frau offenbart sich in einem eigenen vom BGB. durchgebildeten Rechtsinstitute, der sog. ehefräulichen Schlüsselgewalt. Das, um was es sich hiebei handelt, ist eine besondere rechtliche Stellung der Frau im wirthschaftlichen Verkehre mit Dritten. Die sog. Schlüsselgewalt ist im Grunde genommen nichts Neues. Der Rechtsgedanke findet sich auch schon in älteren Rechten, aber eben auch nur partikularrechtlich und meist im Zusammenhange mit dem ehelichen Güterrechte. Hier aber im BGB. erhebt sich die Sache zu allgemein für alle Ehen verbindlichen Rechtsnormen, ganz unabhängig vom ehelichen Güterrechte, sohin auch, was betont werden muß, für alle Güterstände gültig. Dieses Recht der Schlüsselgewalt besteht darin, daß die Frau kraft Gesetzes berechtigt ist, innerhalb der Grenzen ihres häuslichen, also nicht gewerblichen, Wirkungskreises, wozu auch die Erziehung der Kinder ꝛc. gehört, die Geschäfte des Mannes für ihn zu besorgen, ihn zu vertreten und ihn dadurch zu verpflichten.

Der Mann kann aber dieses Recht ausschließen und beschränken. Stellt sich dies als Mißbrauch des ehemännlichen Rechtes dar, so kann die Beschränkung oder Ausschließung auf Antrag der Frau wieder aufgehoben werden, und zwar — durch das Vormundschaftsgericht, welches im Interesse der Abschneidung unerquicklicher Prozesse und schneller Bereinigung ehelicher Differenzen künftighin ganz eigenartige neue Zuständigkeiten in ehelichen Angelegenheiten erhält. Solche greifen z. B. auch nach § 1358 Platz.

Diese Gesetzesstelle gibt

5. dem Manne als Ausfluß seiner eheherrlichen Stellung wieder ein eigenartiges Recht. Hat sich nämlich die Frau ohne Zustimmung des Mannes Dritten gegenüber zu einer von ihr in Person zu bewirkenden Leistung, also z. B. durch Verdingung als Dienstbote oder Arbeiterin, oder durch Engagement als Sängerin, Schauspielerin, Balleteuse &c. verpflichtet, so kann der Mann dieses Verhältniß ohne Kündigungsfrist kündigen, wenn er hiezu auf seinen Antrag vom Vormundschaftsgericht ermächtigt wurde. Diese Ermächtigung muß ertheilt werden, wenn sich ergibt, daß die Thätigkeit der Frau die ehelichen Interessen beeinträchtigt, also z. B. die Führung des Haushalts stört, die Kindererziehung beeinträchtigt, den ehelichen Frieden untergräbt u. dgl. Andererseits kann aber auch unter gewissen gesetzlich normirten Voraussetzungen die Zustimmung des Mannes auf Antrag der Frau durch das Vormundschaftsgericht ersetzt werden, namentlich wenn sich die Verweigerung der Zustimmung des Mannes wiederum als Mißbrauch seines Rechtes darstellt. In diesen und ähnlichen Fällen funktionirt das Vormundschaftsgericht nicht als Prozeßinstanz, sondern im Verfahren der freiwilligen Rechtspflege als eine Art von Schiedsstelle.

Ein weiterer Punkt, welcher namentlich für die Armenpflege, speziell in Ansehung etwaiger Ersatzansprüche für gewährte Unterstützungen, von Interesse werden kann, ist

6. die Unterhaltspflicht während der Ehe. Sie obliegt im Grundsatze sowohl dem Manne gegenüber der Frau, wie umgekehrt der Frau gegenüber dem Manne. Der Umfang dieser Unterhaltspflicht ist aber im einen und anderen Falle verschieden (§ 1360).

Diejenige des Mannes entspringt seiner allgemeinen Stellung als Haupt der Familie. Es ist keine Nothalimentation, daher auch nicht abhängig davon, ob auf Seite der Frau Vermögen vorhanden ist oder nicht. Der Mann muß der Frau unter allen Umständen aus dem Seinigen, d. h. aus seinem Vermögen und seinen Einkünften, in gewissen Güterständen auch aus dem von ihm verwalteten Gesammtgute dasjenige gewähren, was seiner Lebensstellung, seinem Vermögen, seiner Erwerbsfähigkeit entspricht. Diese Momente stehen kumulativ in Verbindung mit einander. Bedingt daher z. B. mangelnde Erwerbsfähigkeit des Mannes eine Reduction der Lebensführung, so muß sich dies die Frau unbedingt gefallen lassen.

Während sonach die Unterhaltspflicht des Mannes primären Charakter hat, ist die Unterhaltspflicht der Frau gegenüber dem Manne nur secundärer Natur. Sie tritt nur ein, wenn und soweit der Mann außer Stand ist, sich selbst zu unterhalten. Außer Stand — also nicht, wenn der Mann an sich im Stande wäre, aber aus lüderlicher Lebensführung von seiner Erwerbsfähigkeit keinen Gebrauch macht. Zu leisten hat die Frau auch nur nach Maßgabe ihres Vermögens und ihrer Erwerbsfähigkeit. Sie ist also frei von Pflicht, wenn ihr weder das Eine noch das Andere zur Seite steht. Aber sie ist, wenn sie Vermögen hat, selbst verpflichtet, nöthigenfalls dessen Substanz anzugreifen. Der Umfang dieser

Last bemißt sich nach dem, was der Lebensstellung des zu alimentirenden Mannes entspricht.

Zu gewähren ist beiderseits der Unterhalt in der Art und Weise, wie es durch die eheliche Lebensgemeinschaft geboten ist, also bei gemeinsamem Haushalt in der Regel nicht in Geld, sondern in Natura. Im Falle einer Ersatzleistung an einen Dritten, z. B. an die Armenkasse, kann natürlich auch in Geld prästirt werden müssen. Unterhalt durch Gewährung einer Geldrente kommt außerdem in Anwendung, wenn die Ehegatten thatsächlich getrennt leben, aber nur so lange, als einer von ihnen die Herstellung des ehelichen Lebens nach den schon berührten allgemeinen Grundsätzen verweigern darf, und von diesem Weigerungsrechte Gebrauch macht. Weiteres dazu bestimmt § 1301 Abs. 1 Satz 2. In solchem Falle hat der Mann der Frau auch die zur Führung eines abgesonderten Haushalts erforderlichen Sachen aus dem gemeinschaftlichen Haushalte zum Gebrauche herauszugeben, soferne nicht die Sachen für ihn unentbehrlich sind oder solche Sachen sich schon in dem der Verfügung der Frau unterliegenden Vermögen befinden. Ueber Modifikationen der Unterhaltspflicht des Mannes im Falle Getrenntlebens der Ehegatten s. auch § 1361.

Etwas verwickelter gestaltet sich die Rechtslage in Ehescheidungsfällen. Davon im nächsten Kapitel.

Drites Kapitel.

Ehescheidung und Aufhebung der ehelichen Gemeinschaft.

Zu den reformbedürftigsten Theilen des bisherigen Rechts in deutschen Landen hat seit lange das Ehescheidungsrecht gehört.

Das Personenstandsgesetz v. 6. Febr. 1875 hat das Ehescheidungsrecht in vielem unberührt gelassen, namentlich soweit es auf gewisse einzelne Ehescheidungsgründe ankam.

Das preuß. LR. hat bekanntlich an die Spitze seines Eherechts die Hauptsätze gestellt:

„Hauptzweck der Ehe ist die Erzeugung und Erziehung der Kinder."

„Auch zur wechselseitigen Unterstützung allein kann eine gültige Ehe geschlossen werden."

Diese vom ethischen Standpunkte aus stark triviale Auffassung des in seinem Geltungsgebiete so weit sich erstreckenden preuß. LR. hat auch auf das Ehescheidungsrecht dunkle Schatten geworfen. Namentlich die Ehescheidung wegen sog. gegenseitiger unüberwindlicher Abneigung hat zu vielen Beanstandungen Anlaß gegeben. Haben sich darunter ja doch — es sei zugegeben unter der Beihülfe einer nachgiebigen Rechtsprechung — gar viele sog. Konventionalscheidungen verborgen. Desgleichen darf aber nicht vorkommen.

Der Begriff „Ehescheidung" ist im BGB. im Wesentlichen derselbe, wie bisher. Es ist die völlige Auflösung der Ehe dem Bande nach: separatio quoad vinculum. Sie kann nur aus bestimmten, gesetzlich begrenzten Gründen und nur durch civilrichterliches Urtheil erfolgen. Mit dessen Rechtskraft tritt die Auflösung der Ehe ein. Diese Auflösung ist im Standesregister am Rande des Eheschließungseintrags zu vermerken.

Neben der Ehescheidung stand bisher noch die bloße Trennung von Tisch und Bett auf bestimmte Zeit. Die separatio quoad thorum et mensam perpetua ist bereits durch das Personenstandsgesetz v. 6. Febr. 1875 beseitigt, d. h. in eine Scheidung dem Bande nach umgewandelt worden. Das BGB. hat aber auch die zeitliche bloße Trennung von Tisch und Bett bei Seite geschafft. Dagegen hat es, erst im späteren Entwicklungsstadium, eine andere Institution aufgenommen: die bloße Aufhebung der ehelichen Gemeinschaft, welche zwar der alten Trennung von Tisch und Bett ähnlich sieht, aber doch etwas anderes ist, namentlich in der Grundauffassung. Die „Aufhebung der ehelichen Gemeinschaft" soll einem Ehegatten die Möglichkeit gewähren, die völlige Auflösung des Ehebandes hintanzuhalten, wenn er aus religiösen oder auch anderen Gründen Bedenken trägt, auf Scheidung dem Bande nach zu klagen. Eine solche beschränkte Klage wird Niemandem, vor allem dem Kläger nicht, aufgedrungen. Die bloße Aufhebung der ehelichen Gemeinschaft wird aber auch dem Beklagten nicht aufgenöthigt. Will er Scheidung, so muß auf seinen Antrag, falls die Klage begründet ist, sofort auf Scheidung erkannt werden. Ist auf Aufhebung der ehelichen Gemeinschaft bereits erkannt, so kann auch nachträglich noch von jedem Ehegatten beantragt werden, daß auf Grund des ersten Urtheils durch neues Urtheil nun auf volle Scheidung erkannt werde, soferne nicht inzwischen thatsächlich eine Wiederherstellung der Gemeinschaft stattgefunden hat. Die Klaggründe sind bei der Aufhebung der ehelichen Gemeinschaft dieselben wie bei der Scheidung; ebenso die Wirkungen mit der einen Ausnahme, daß eben das Eheband für beide Theile bestehen bleibt, folglich kein Theil wieder heirathen kann, ehe nicht förmliche Scheidung erfolgt ist.

Die Ehescheidungsgründe sind wesentlich reduzirt und auf eine neue prinzipielle Grundlage gestellt. Der durchgreifende Grundsatz ist der, daß eine Zerrüttung der ehelichen Verhältnisse vorliegen muß, mit Rücksicht auf welche man es — es sei betont: aus objektiven Gründen, nicht blos in Stattgebung subjektiver Empfindungen — dem einen Ehegatten nicht zumuthen kann, die Ehe mit dem andern fortzusetzen. Hierauf baut das Gesetz den Unterschied auf zwischen absoluten und relativen Scheidungsgründen. Bei den absoluten Scheidungsgründen muß die Ehe geschieden werden, sobald die bezügliche gesetzlich erforderte Thatsache feststeht. Bei den relativen Scheidungsgründen greift dagegen immer ein gewisses richterliches Ermessen — in der einen oder anderen Richtung — statt.

Absolute Scheidungsgründe sind:

1. Ehebruch. (BGB. § 1565). Ihm stehen gleich
2. bestimmte, auf dem Sittlichkeitsgebiete liegende strafbare Handlungen. Solche sind aber nur Doppelehe und widernatürliche Unzucht (§ 1565);
3. wenn ein Ehegatte dem andern nach dem Leben trachtet (§ 1566).

Eine Klage auf Scheidung ist aber in den Fällen 1 und 2 ausgeschlossen, wenn der klagende Theil dem Ehebruche oder der strafbaren Handlung zugestimmt oder sich der Theilnahme daran schuldig gemacht hat, z. B. wenn der Ehemann die Prostitution seines Weibes zustimmend geduldet oder vollends letzteres verkuppelt hat;

4. Als altbekannter absoluter Scheidungsgrund kommt dazu die bösliche Verlassung. Das BGB. kennt diese in doppelter Gestalt: als Desertion und Quasidesertion (§ 1567).

Erstere liegt vor, wenn ein Ehegatte die eheliche Gemeinschaft thatsächlich gelöst hat, zur Wiederherstellung derselben rechtskräftig verurtheilt ist und ein Jahr lang gegen den Willen des anderen Ehegatten in böslicher Absicht dem Urtheile nicht Folge geleistet hat. (§ 1567 Ziff. 1). Es liegen in diesen Erfordernissen wesentliche Einschränkungen.

Der zweite Fall ist behandelt im § 1567 Ziff. 2. Nach dieser Stelle liegt bösliche Verlassung vor, wenn ein Ehegatte sich ein Jahr lang gegen den Willen des anderen Ehegatten in böslicher Absicht von der häuslichen Gemeinschaft fern gehalten hat und die Voraussetzungen für die öffentliche Zustellung nach CPO. § 203 n. Nr. seit Jahresfrist gegen ihn bestanden haben.

Von den relativen Scheidungsgründen ist vor Allem zu erwähnen:

a. der Fall unheilbarer Geisteskrankheit. Ob darin ein Scheidungsgrund gefunden werden solle, war bis ans Ende der Vorstadien des Gesetzes lebhaft umstritten. Eine tiefe ethische Auffassung kämpfte hier — meines Erachtens mit Recht — gegen praktische Erwägungen, namentlich im Interesse des Erwerbslebens. Letztere siegten. Der Scheidungsgrund wurde aber doch sehr verklausulirt. Vor allem muß durch gerichtliche Vernehmung von einem oder mehreren Sachverständigen festgestellt sein, daß die Geisteskrankheit besteht; die Krankheit muß während der Ehe mindestens drei Jahre gedauert haben; sie muß einen solchen Grad erreicht haben, daß die geistige Gemeinschaft zwischen den Ehegatten aufgehoben und jede Aussicht auf Wiederherstellung dieser Gemeinschaft ausgeschlossen ist.

b. Ein weiteres Anwendungsgebiet relativer Scheidungsgründe eröffnet § 1568. Derselbe lautet:

„Ein Ehegatte kann auf Scheidung klagen, wenn der andere Ehegatte durch schwere Verletzung der durch die Ehe begründeten Pflichten oder durch ehrloses oder unsittliches Verhalten eine so tiefe Zerrüttung des ehelichen Verhältnisses verschuldet hat, daß dem Ehegatten die Fortsetzung der Ehe nicht zugemuthet werden kann. Als schwere Verletzung der ehelichen Pflichten gilt auch grobe Mißhandlung."

Unter der Decke dieses § können nun allerdings verschiedenartige Fälle untergebracht werden.

Immerhin stehen aber doch im Gesetzestexte einige scharf begrenzende Richtpunkte.

Die gegenseitige oder vollends einseitige unüberwindliche Abneigung, sei sie verschuldet oder nicht verschuldet vom beklagten Ehetheile, hat als selbständiger Scheidungsgrund gerechtfertigtermaßen keinen Platz mehr gefunden. Inwieweit sie vielleicht da oder dort einmal unter die Gesichtspunkte des § 1568 gebracht werden kann, hängt von den Umständen des Falles und — das ist die Hauptsache — von der richterlichen Würdigung ab.

Die bisher oft stattgehabte Ausschließung der Scheidung durch Kompensation der Verfehlungen findet nicht mehr statt. Ausschließungsgrund ist dagegen nach wie vor die Verzeihung. Ist eine solche in Worten oder Werken bethätigt worden, so ist eben anzunehmen, daß die eingetreten gewesene Zerrüttung des Ehelebens sich behoben hat.

Zu bemerken ist noch, daß nach CPO. § 621 n. Nr. der Richter in gewissen Fällen eine Aussetzung des Scheidungsverfahrens bis zu zwei Jahren selbst von Amtswegen anordnen kann, wenn eine Aussöhnung der Parteien nicht unwahrscheinlich ist.

Sehr wichtig sind die neuen Vorschriften über den Schuldausspruch. Ein solcher muß künftig in jedem Scheidungsurtheile erfolgen, selbst wenn er von keiner Partei beantragt ist. Ausgenommen ist nur der Fall der Scheidung wegen unheilbarer Geisteskrankheit. Hier findet ein Schuldausspruch nicht statt.

Wird der Beklagte verurtheilt, so ist dieser für schuldig zu erklären, aber auch der andere Theil, der klagende, wenn Widerklage erhoben und diese für begründet erklärt ist, in gewissen Fällen selbst ohne Widerklage.

Von diesem Schuldausspruche hängt hinsichtlich der Wirkungen der Ehescheidung sehr viel ab. Von minder wichtigen Punkten sei nur betont der Rückschlag auf

1. das Recht zur Namensführung der geschiedenen Frau;
2. die Frage, wem die Kinder zur Erziehung zuzusprechen sind;
3. die Unterhaltsfrage in den Beziehungen der Eheleute unter sich, im Verhältnisse zu Kindern, sowie dritten Alimentationsberechtigten.

Was sich an Wirkungen, z. B. hinsichlich des Heimathsrechts, des Anspruchs auf Pension seitens einer geschiedenen Beamten- oder Offiziersfrau u. dgl. anknüpft, bemißt sich nach den bezüglichen landesrechtlichen Normen des öffentlichen Rechts.

Die Frage der Namensführung durch die Frau ist bereits früher erörtert. (Vgl. S. 67).

Die Fürsorge für die Kinder anlangend, so ist vor Allem der Fall einer Scheidung wegen Geisteskrankheit vorweg zu nehmen. Hier greifen, wenn es sich um den Vater handelt, eben die allgemeinen Normen (§ 1676) über das Ruhen der elterlichen Gewalt u. s. w. ein.

In allen anderen Scheidungsfällen kommt es darauf an, wer für den schuldigen Theil erklärt ist. Die Fürsorge für die Kinder steht, so lange die geschiedenen Ehegatten leben, dem unschuldigen Theile zu.

Sind beide Gatten für schuldig erklärt, so steht die Sorge für einen Sohn unter sechs Jahren der Mutter, über sechs Jahren dem Vater, für eine Tochter ohne Unterschied des Alters stets der Mutter zu. Alles aber nur vorbehaltlich des Rechtes des Vormundschaftsgerichts, eine abweichende Anordnung zu treffen, wenn eine solche aus besonderen Gründen im Interesse des Kindes geboten ist (BGB. § 1635).

Etwas verwickelt gestalten sich die Normen über die Unterhaltspflicht (BGB. § 1578 fg.). Es muß hier Verschiedenes unterschieden werden.

Zunächst das Verhältniß der Ehegatten unter sich. Oberster Grundsatz ist, daß der als schuldig erklärte Ehegatte gegen den anderen Ehegatten einen Unterhaltsanspruch nach § 1578 nicht erheben kann. Dies gilt auch, wenn Beide für schuldig erklärt sind. Hier muß eben dann nöthigenfalls die Gemeinde resp. Armenpflege für den schuldigen Theil sorgen.

Der allein für schuldig erklärte Mann hat seiner geschiedenen Frau standesmäßigen Unterhalt zu gewähren, aber nur insoweit, als die Frau diesen Unterhalt nicht bestreiten kann aus den Einkünften — nicht dem Stamme — ihres Vermögens und aus dem Erwerb durch Arbeit, wenn nach den Verhältnissen, in denen die Ehegatten gelebt haben, Erwerb durch Arbeit der Frau üblich ist. Hieher ist von Belang, daß im Scheidungsfalle auch eine Abschichtung des Sondervermögens der Ehegatten, beziehungsweise eine Auseinandersetzung der etwaigen Gütergemeinschaft eintritt.

Die allein für schuldig erklärte Frau hat dem geschiedenen Manne den standesmäßigen Unterhalt insoweit zu gewähren, als er außer Stand ist, sich selbst zu unterhalten. (BGB. § 1578).

Ueber Begrenzungen der Unterhaltspflicht vgl. BGB. § 1579.

Bei Scheidung wegen Geisteskrankheit, wo ja ein Schuldausspruch nicht erfolgt, hat der gesunde Ehegatte den Unterhalt in dieser Weise zu gewähren, wie ein allein für schuldig erklärter Ehegatte. Er muß eben die Konsequenzen seiner Scheidungsklage tragen.

Ueber die Alimentation eines gemeinschaftlichen Kindes der geschiedenen Ehegatten bestimmt § 1585 folgendes:

„Hat der Mann einem gemeinschaftlichen Kinde Unterhalt zu gewähren, so ist die Frau verpflichtet, ihm aus den Einkünften ihres Vermögens und dem Ertrage ihrer Arbeit oder eines von ihr selbständig betriebenen Erwerbsgeschäfts einen angemessenen Beitrag zu den Kosten des Unterhalts zu leisten, soweit nicht diese durch die dem Manne an dem Vermögen des Kindes zustehende Nutznießung gedeckt werden. Der Anspruch des Mannes ist nicht übertragbar.

Steht der Frau die Sorge für die Person des Kindes zu und ist eine erhebliche Gefährdung des Unterhalts des Kindes zu besorgen, so kann die Frau den Beitrag zur eigenen Verwendung für den Unterhalt des Kindes zurückbehalten.

Ueber die sich ergebenden Modifikationen durch konkurrirende Verpflichtungen gegen Dritte, insbesondere durch den Unterhalt von Kindern, wenn auch nicht gemeinschaftlichen, oder im Wiederverheirathungsfalle auch gegenüber dem neuen Ehegatten enthält § 1579 nähere Vorschriften, auf welche hiemit verwiesen sein möge.

In Scheidungsfällen ist der Unterhalt immer durch Entrichtung einer Geldrente zu gewähren. Aus wichtigen Gründen kann der Berechtigte auch eine Abfindung in Kapital verlangen. (BGB. § 1580).

Die Unterhaltspflicht in Scheidungsfällen erlischt nicht mit dem Tode des Verpflichteten. Sie geht im Prinzip auf dessen Erben über, aber nur mit Beschränkungen, vor Allem in der Art, daß der Erbe nur aus dem Nachlaßvermögen zu prästiren braucht und unter Umständen eine Reduktion bethätigen kann nach § 1582.

Viertes Kapitel.

Eheverträge und eheliches Güterrecht.*)

Es ist eine alltägliche Erscheinung, daß Hunderte von Ehen, namentlich außerhalb der genauer rechnenden sog. Erwerbsstände, geschlossen werden, ohne daß die angehenden Eheleute sich darüber Rechenschaft geben, wie sich denn künftig in verschiedenen Lebenslagen und Lebensbeziehungen ihre vermögensrechtlichen Verhältnisse unter sich, wie in Beziehung zu Dritten, und insbesondere zu ihren Abkömmlingen während der Ehe und seiner Zeit bei Auflösung der Ehe — sei es durch Tod

*) Wenn auch das eheliche Güterrecht weitaus überwiegend sich auf rein privatrechtlichem Boden bewegt, so hat es doch verschiedene Berührungspunkte mit dem öffentlichen Rechte. Die Gestaltung dieses sog. materiellen Eherechts hat jedenfalls auch hohe soziale Bedeutung. Es empfiehlt sich daher, hier wenigstens einen kurzen, allgemein informatorischen Abriß einzuschalten.

oder Scheidung — gestalten möchten. Diese Frage kommt meist erst zum Bewußtsein, wenn ein Ehegatte stirbt oder wenn aus irgend einem Grunde, namentlich beim Eintritt finanzieller Schwierigkeiten, die Sache anfängt, etwas kritisch zu werden. Dann giebt es häufig unangenehme Ueberraschungen.

Das Verhältniß mildert sich allerdings einigermaßen, wenn der heillose Wirrwarr mit seinen hunderten von Kollisionsfällen sich lichtet, welcher bisher durch die Unzahl der gerade auf diesem Gebiete noch immer bestandenen partikularrechtlichen Normen bedingt war. Diesen Zuständen durch möglichst einheitliche Gesetzesvorschriften abzuhelfen, war eine hauptsächliche, aber auch überaus schwierige Aufgabe des BGB., zumal es darauf ankam, mit möglichster Schonung erworbener Rechte vorzugehen und auch den da und dort in deutschen Landen herrschenden verschiedenen Volksanschauungen und Volksgepflogenheiten einen gewissen, wohlbemessenen Spielraum zu lassen. Dies soll erreicht werden:

1. durch den Art. 200 des EG., welcher den Grundsatz aufstellt, daß für die vor dem 1. Januar 1900 geschlossenen Ehen der bisherige Güterstand fortwirkt, soferne nicht die Ehegatten selbst durch einen späteren Ehevertrag sich in die neue Ordnung der Dinge einfügen. Eine solche Einfügung gesetzlich bis zu einem gewissen Grade zu erzwingen, ist übrigens nach Art. 218 der Landesgesetzgebung dadurch anheimgegeben, daß ihr vorbehalten ist, im Wege von Uebergangsbestimmungen die Fortdauer der bisherigen güterrechtlichen Landesgesetze zu modifiziren.*)

Jene legislative Aufgabe des BGB. selbst, auf die

*) In diese sehr schwierige Aufgabe eintretend hat die Bayr. Landesgesetzgebung eingehende Uebergangsbestimmungen dieser Art erlassen mit Gesetz v. 9. Juni 1899.

Volksanschauungen und die verschieden gestalteten Lebensverhältnisse Rücksicht zu nehmen und nicht — wie man sagt — mit Feuer und Schwert dreinzufahren, wird auch zu erreichen gesucht durch die neue Ausgestaltung des Verhältnisses des vertragsmäßigen zum gesetzlichen Güterrechte. Das gesetzliche Güterrecht wurde einheitlich für das ganze deutsche Reich gestaltet, dem vertragsmäßigen Güterrechte aber eine möglichst freie Bewegung eingeräumt, und zwar zum Theil gerade deshalb, um auf diesem Wege den Rückgriff der Betheiligten auf gewöhnte Rechtsanschauungen und den örtlichen und persönlichen Verhältnissen sich vielleicht besser anschmiegende Rechtsformen zu erleichtern.

So stehen sich jetzt gegenüber das gesetzliche Güterrecht mit einem ordentlichen und einem außerordentlichen Güterstande und das vertragsmäßige Güterrecht, für welches die verschiedensten Formen dargeboten sind. Soweit Vertragsrecht eingreift und eingreifen kann, tritt das gesetzliche Güterrecht in den Hintergrund.

Behandelt ist das eheliche Güterrecht im VI. Titel des IV. Buches des BGB. Dazu sind aber noch in anderen Theilen des Gesetzbuchs befindliche Ergänzungen zu beachten, so:

a. die schon oben näher behandelten, das Vermögensrecht berührenden Bestimmungen des von den allgemeinen Wirkungen der Ehe handelnden 5. Titels, deren systematische Stellung in diesem Titel andeutet, daß sie nicht Eigenthümlichkeiten eines bestimmten Güterstandes sind, sondern jedem Güterstande an die Seite treten, und zwar auch einem vor dem 1. Januar 1900 begründeten älteren Güterstande, wenn dieser im Uebrigen gemäß Artikel 200 des Einführungsgesetzes zum BGB. in Geltung bleibt;

b. ein im Vergleiche zum älteren Recht, namentlich zum alten gemeinen Recht, erweitertes gesetzliches Erbfolgerecht der Ehegatten unter sich (§ 1931 BGB.), das sich nach § 2303 sogar zu einem Pflichttheilsanspruch steigert;

c. die Vorschriften des Konkursrechtes darüber, ob und wie im Konkurse des einen Ehegatten die güterrechtlichen Ansprüche des Andern zur Wahrung kommen.

Räumliche Geltung hat das eheliche Güterrecht des BGB. für das ganze Reich. Dadurch wird die alte Kontroverse, welches Güterrecht beim Wechsel des Wohnsitzes der Ehegatten gelten solle, fast gegenstandslos. Die Frage behält nur noch eine Bedeutung für das Uebergangsstadium und für die Beziehungen zum nichtdeutschen Ausland und zu Ausländern.

Beseitigt werden eine Reihe verschiedener wichtiger älterer Rechtssätze. Davon sei kurz folgendes erwähnt:

a. Nach älteren Rechten tritt durch die Verehelichung auch die Volljährigkeit ein, theils nur für die Frau, theils für beide Geschlechter.

Nach dem BGB. bewirkt Verehelichung nicht auch Eintritt der Volljährigkeit.

Im Zusammenhang damit ist auf § 1303 BGB. zu verweisen, gemäß welchem ein Mann nicht vor dem Eintritt der Volljährigkeit (21. Lebensjahr) oder bei Volljährigkeitserklärung (ab 18. Lebensjahr) eine Frau nicht vor der Vollendung des sechszehnten Lebensjahres eine Ehe eingehen darf. Für die Frau besteht also die Altersvormundschaft auch in der Ehe fort.

b. Eine eigentliche Vormundschaft des Mannes (mundium maritale) besteht nicht. Des Mannes Prärogative fallen unter andere Gesichtspunkte: Familienoberhaupt; Verwaltungs-, Vertretungs- und Verfügungsmacht.

c. Die Verbote und Beschränkungen durch Formalvorschriften ꝛc. für Schenkungen unter Ehegatten sind beseitigt.

Manche Punkte des ehelichen Güterrechtes lösen sich sogar nur unter Annahme der Zulässigkeit solcher Schenkungen. Vorbehalten bleiben aber natürlich die aus den Anfechtungsgesetzen sich ergebenden Angriffe gegen die Wirkungen von Schenkungen unter Ehegatten.

d. Die — ohnehin schon fast überall aufgehobenen — landesgesetzlichen Beschränkungen von Intercessionen sind beseitigt. Inwieweit Beschränkungen dieser Art aus dem Güterrechte sich ergeben, ist eine davon verschiedene Frage.

e. Die Einkindschaft als Rechtsinstitut kommt in Wegfall. Ein ihr ähnlicher Erfolg kann aber theilweise auf dem Wege des Erbvertrages auch in Zukunft erreicht werden.

Wie schon erwähnt, stellt das BGB. das gesetzliche und vertragsmäßige Güterrecht in Gegensatz. Das Gesetz folgt damit dem bisherigen prinzipiellen Standpunkt im deutschen Rechte. Ganz richtig! Denn die römischrechtliche Einengung in die Fesseln eines gesetzlich vorgezeichneten Güterstandes allein paßt nicht in deutsche Rechtsanschauungen und am allerwenigsten in unsere Zeit mit ihrem hohen Bedarfe an wirthschaftlicher Bewegungsfreiheit. Damit ist nicht zu vereinbaren die fast gänzliche Vernachlässigung des Ehevertrags im Römischen Recht, dessen ohnehin sehr eingeschränkte pacta dotalia an sich keine güterrechtlichen Eheverträge im Sinne des Deutschen Rechtes sind, sondern nur Einzelmodifikationen in einem gesetzlich gebundenen Rahmen.

In erster Linie war natürlich dem Gesetzgeber die Aufgabe erwachsen, festzustellen, was als gesetzliches Güterrecht, d. h. als solches zu gelten habe, wenn ein vertragsmäßig erwählter und geregelter Güterstand nicht vorliegt. Für diese Aufgabe lag in Gestalt der seither in Deutschland vorfindlichen Güterrechtsformen eine reiche Musterkarte zur Auswahl vor. Aber Wahl macht Qual. Darum erwuchsen auch zu jener Frage die ausgedehntesten Erwägungen und Verhandlungen. Deren Ergebniß war, daß man schließlich ein Güterrechtssystem als dasjenige des ordentlichen gesetzlichen Güterstands erkor, welches in ähnlicher Gestalt schon bisher nach Preuß. LR. und nach Sächs. GB. bestanden hatte. Es ist dies die früher sog. Verwaltungsgemeinschaft, jetzt genannt: „ehemännliche Verwaltung und Nutznießung". Der Ausdruck: Verwaltungsgemeinschaft wurde im Reichstage eigens perhorreszirt. Mit Recht, denn das fragliche System gehört nicht (die bekannten Protestfrauen haben dies übersehen oder ignorirt) in die Gruppe der Gütergemeinschaften, sondern ist eine modifizirte Gütertrennung. Daneben steht noch als außerordentlicher Güterstand die volle Gütertrennung. Sie greift aber nur in bestimmten Einzelfällen ausnahmsweise Platz.

Das BGB. gewährt grundsätzlich den Ehegatten hinsichtlich der vertragsmäßigen Regelung ihrer ehelichen Güterrechtsverhältnisse freie Bewegung. Gerade aber, um einerseits diese freie Bewegung zu unterstützen und andererseits eine systemlose Verirrung derselben in ungemessene Verschiedenheiten hintanzuhalten, hat das BGB. verschiedene Vertragstypen aufgestellt. Nach keiner Richtung besteht aber gesetzlicher Zwang, sich dieser Vertragstypen in der einen oder der anderen Form zu bedienen. Diese Vertragstypen schließen sich in ihrer allgemeinen Gestaltung jenen verschiedenartigen Grundformen des ehelichen Güterrechts an, welche sich in Deutschland nach vaterländischer Rechtsanschauung herausgebildet hatten. Das römische Dotalrecht ist hier wie überhaupt mit vollem Rechte ganz bei Seite gelassen. Dagegen ordnet das BGB. für das Gebiet des vertragsmäßigen Güterrechts eingehend die

a. allgemeine Gütergemeinschaft,
b. Errungenschaftsgemeinschaft,
c. sog. Fahrnißgemeinschaft.

Wenn auch nicht an gleicher Stelle im BGB. mit eingereiht kommt dazu abermals noch:

d. die volle Gütertrennung, soferne sie vertragsmäßig festgesetzt wird.

Der Grundsatz voller Vertragsfreiheit äußert sich zunächst in Ansehung der Frage, ob die Betheiligten überhaupt einen Ehevertrag abschließen wollen. Das BGB. folgt darin dem Standpunkte, auf welchem bisher schon das gem. Recht und fast alle Partikularrechte standen. Ein gesetzlicher Zwang hierin, wie er bisher in einzelnen Statutenrechten, theils allgemein, theils wenigstens für den Fall der Wiederverehelichung vorgesehen war, findet nicht mehr statt. Auch in Bezug auf das Wann? und Wie? gilt jener Grundsatz.

Zunächst in zeitlicher Hinsicht gestaltet das BGB. den Grundsatz der Vertragsfreiheit dahin, daß Eheverträge sowohl zwischen Verlobten als zwischen Ehegatten m. a. W. vor wie nach Eingehung der Ehe geschlossen werden können. Das BGB. folgt hierin dem gem. Rechte, wie auch der Mehrzahl der Landesgesetze: Bayr. LR., Preuß. LR. (von Sonderbestimmungen über die Gütergemeinschaft abgesehen), Würtemberger LR., Sächsisches BGB. Der entgegengesetzte Standpunkt des französischen Rechts und Badischen LR. wurde wohl erwogen abgelehnt. Beseitigt sind damit auch jene in einzelnen Statutarrechten gezogen gewesenen Schranken, dahin gehend, daß Eheverträge überhaupt oder wenigstens in gewissen Richtungen nach Eingehung der Ehe nur noch innerhalb eines bestimmten Zeitraums geschlossen werden können. Ebenso kennt das BGB. für die Zulässigkeit von Eheverträgen nach Eingehung der Ehe keinen Unterschied danach, ob die Ehe schon bekindert ist oder nicht.

In sachlicher Beziehung ist ebenfalls der Vertragsfreiheit breitester Boden gelassen für das Gebiet des ehelichen Güterrechts.

Die Regelung kann sich erstrecken auf:

1. eine nähere Bestimmung und Durchführung des gesetzlichen Güterstands in Bezug auf die concrete Vermögens- und Familienlage;
2. eine Aenderung des gesetzlichen Güterstands in Einzelverhältnissen;
3. eine gänzliche Ausschließung des gesetzlichen Güterstandes;
4. eine Aenderung des durch früheren Vertrag geschaffenen vertragsmäßigen Güterstands im Ganzen oder in Einzelbeziehungen;
5. eine Wiederherstellung des vorher ausgeschlossenen gesetzlichen Güterstands.

Die Ausschließung des ordentlichen gesetzlichen Güterstands kann wiederum in mehrfacher Gestalt vorkommen. Vor allem so, daß sie einfach vertragsmäßig ausgesprochen wird ohne gleichzeitige Regelung der Frage, was in der Rechtslage an die Stelle des ordentlichen gesetzlichen Güterstandes treten soll. Für diesen Fall greift nach § 1436 volle Gütertrennung als subsidiäres Vertragsrecht Platz. Gleiches vollzieht sich, wenn die vertragsmäßig begründete allgemeine Gütergemeinschaft oder die Errungenschaftsgemeinschaft oder die sog. Fahrnißgemeinschaft ohne vertragsmäßige Bestimmung eines Ersatzes wieder beseitigt wird (§ 1436). Viel häufiger gestalten sich aber die Eheverträge dahin, daß bei Ausschließung des ordentlichen gesetzlichen Güterstands oder bei späterer Aenderung eines früher vereinbarten sofort im Vertrage selbst bestimmt wird, was nun Rechtens werden solle. Dies kann geschehen in der Art, daß entweder die Ehetheile sich ihren vertragsmäßigen Güterstand in seiner Grundlage, wie in seinen Einzelheiten selbst aufbauen und regeln (sog. spezieller Ehevertrag), oder auch, daß sie kurzweg auf eines der gesetzlich vorgesehenen Vertragssysteme als das von ihnen gewollte, blos verweisen. Aus dieser Verschiedenartigkeit entwickeln sich besondere Konsequenzen.

Soweit nach dem Bisherigen eine Aenderung des gesetzlichen oder vertragsmäßigen Güterstands auch nach Eingehung der Ehe statthaft ist, kann dieselbe auch eintreten bei Ehen, welche schon vor dem 1. Januar 1900 abgeschlossen wurden, und zwar auch dann, wenn nach den bisherigen Gesetzen ein Ehevertrag in währender Ehe nicht oder nicht mehr zulässig sein würde (Art. 200 EG. z. BGB.).

Von einem späteren Erlöschen der Wirksamkeit eines Ehevertrags (im Ganzen oder in einzelnen Theilen) durch Kinderzeugung (per agnationem sui heredis aut supervenientiam liberorum), wie solches nach dem Satze: „Kinderzeugung bricht Ehestiftung" im älteren deutschen Rechte vielfach angenommen wurde, kann nach dem BGB. keine Rede sein, es müßte denn dergleichen sich aus dem Ehevertrage selbst ergeben.

So allgemein und weittragend nun auch hier der Grundsatz der Vertragsfreiheit ist, so erleidet er doch wieder einige ausnahmliche Beschränkungen.

In erster Linie tritt die Frage auf, ob solche Beschränkungen sich geltend machen können aus dem Gesichtspunkte bestehender Pflichttheilsrechte? Dies ist im Grundsatze zu verneinen, und zwar mit Rücksicht einerseits auf die unbeschränkte Fassung des § 1432, andererseits auf die ganze Konstruktion des Pflichttheilsanspruchs nach dem BGB. In letzterer Hinsicht kommen namentlich die §§ 2317 Abs. 1 und

2311 Abs. 1 in Betracht, wonach der Pflichttheilsanspruch erst mit dem Erbfalle entsteht und auch erst nach dieser Zeit quantitativ sich feststellt.

Eine positive wirkliche Beschränkung der Vertragsfreiheit enthält die Spezialbestimmung der §§ 1508 und 1518 BGB. Danach kann durch Ehevertrag der Ehegatten die Fortsetzung der vertragsmäßig bestimmten allgemeinen Gütergemeinschaft nach dem Tode des einen Ehegatten zwischen dem überlebenden Ehegatten und den gemeinschaftlichen Abkömmlingen zwar von vorneherein im Ganzen ausgeschlossen, nicht aber im Widerspruche mit dem Gesetze in Einzelnheiten abgeändert werden.

Weitere positive Beschränkungen setzt § 1433 fest. Dieser Paragraph betrifft den Unterschied zwischen vertragsmäßiger bloßer Verweisung auf ein im Allgemeinen gewähltes besonderes Güterrechtssystem oder Einzeltheile eines solchen und der eigenen Ausgestaltung und Vereinbarung spezieller Rechtsnormen. Verweisungen jener Art schließt § 1433 aus, soferne sie auf ein nicht mehr geltendes oder auf ein ausländisches Gesetz gerichtet sind. Beide Alternativen stehen in Korrelation, ergänzen sich, damit z. B. nicht gesagt werden kann, die Verweisung müsse zulässig sein, weil das im Inlande aufgehobene Recht nebenan im Auslande noch gilt, somit noch lebendes Recht ist. Der Hauptfall ist in dieser Hinsicht nach beiden Richtungen die Verweisung auf den Code civil. Bezweckt ist damit zweifellos, auch das vertragsmäßige Güterrecht bei aller ihm vergönnten Freiheit der Bewegung allmählich in bestimmte, gesetzlich vorgezeichnete Bahnen zu leiten, um auf diesem Gebiete gute Wege zu weisen.

Es hieße den Zustand der Zerrissenheit, welcher bisher auf dem Gebiete des ehelichen Güterrechts bestanden hatte und ohnehin nicht auf einmal abgethan werden kann, geradezu ins Unabsehbare verlängern, wenn es den Vertragschließenden verstattet wäre, namentlich die alten Partikularrechte auf dem bequemen Wege einer einfachen, vertragsmäßigen Verweisung am Leben zu erhalten.

Was die Form der Eheverträge betrifft, so schreibt § 1434 vor, daß diese bei gleichzeitiger Anwesenheit beider Theile vor Gericht oder einem Notar geschlossen und also auch dort beurkundet werden müssen.

Wo nun kein Ehevertrag vorliegt — und das kann doch als Regel gelten, tritt der ordentliche gesetzliche Güterstand, d. h. der der eheherrlichen Verwaltung und Nutznießung in Geltung. Wie schon angedeutet, gehört er den Systemen der Gütertrennung zu.

Es stehen sich drei Vermögensmassen gegenüber:

Sondergut des Mannes;
Eingebrachtes Gut der Frau;
Vorbehaltsgut der Frau.

Hiebei liegt nun das Charakteristische darin, daß im Prinzipe dem Manne vor Allem die Verwaltung des eingebrachten Guts der Frau zusteht und dann, daß er auch die Nutznießung dieses Gutes hat. Vorbehaltsgut der Frau ist völlig frei von Verwaltung und Nutznießung des Mannes. Die Frau hat darüber alleinige vollfreie Disposition. Nur ist sie gehalten, aus den Einkünften ihres Vorbehaltsguts dem Manne zur Bestreitung des ehelichen Aufwands, welcher in diesem Güterstande immer ihm obliegt, einen angemessenen Beitrag zu leisten. Natural- und Civilfrüchte des eingebrachten Gutes dagegen gehören immer dem Manne, welcher dafür auch die Gewinnungskosten, sowie die auf dem eingebrachten Gute ruhenden Lasten zu tragen hat, z. B. die Steuern, Umlagen, Bodenzinse, Hypothekenzinsen, Grundrenten ꝛc. Diese civilrechtliche Belastung des Mannes trifft ihn zunächst gegenüber der Frau. Er haftet in diesem Punkte civilrechtlich aber auch gegen Dritte, und zwar sogar solidarisch. Daran, wie sich namentlich die Haftbarkeit für Steuern, Umlagen u. dgl. kraft öffentlichen Rechtes gestaltet, wird natürlich nichts geändert. Es scheint aber auch die Sache mit unserer Steuer- und Umlagengesetzgebung ganz zusammen zu gehen.

Die eben dargelegten Verwaltungs- und Nutzungsrechte des Mannes haben bekanntlich noch bis kurz vor Publikation des BGB. zu einer lebhaften Gegen-Agitation Anlaß gegeben, namentlich von einer Anzahl zungengewandter Frauen, welche in ihrem Eifer förmlich Gespenster erscheinen ließen. So schlimm aber, wie geschildert wurde, ist die Sache übrigens weitaus nicht und namentlich von einer unwürdigen Stellung der Frau kann wahrlich keine Rede sein. Eingeengt ist diese Stellung allerdings vor Allem durch das weittragende Verwaltungs- und Nutzungsrecht des Mannes. Der Gesetzgeber war aber in der That bemüht, hier auch gewisse Cautelen zu schaffen. So z. B.:

a. durch Einschränkung des Verwaltungsrechts des Mannes mittelst des Erfordernisses der Zustimmung der Frau in bestimmten Fällen;
b. durch das Prinzip der Surrogation für das Frauengut unter gewissen Voraussetzungen;
c. durch Entgegenstellung bestimmter Rechtspflichten und Ersatzverbindlichkeiten des Mannes;
d. durch Ansprüche der Frau auf Sicherheitsleistungen;
e. durch die Möglichkeit, in bestimmten Fällen das Verwaltungs- und Nutznießungsrecht des Mannes schon während der Ehe urtheilsmäßig auszuschließen, endlich
f. durch eine ziemlich weite Ausdehnung des Begriffes und der Entstehung von Vorbehaltsgut.

Am meisten Gewicht lege ich dem Vorwurfe bei, daß in diesem Güterstande nach dem Rechtssprichworte: „Frauengut soll nicht wachsen, noch schwinden,“ der Frau keinerlei

Antheil an der Errungenschaft zusteht, mag sie sich ihr Leben durch noch so treu und redlich geplagt, noch so sparsam und tüchtig gewirthschaftet haben. Allerdings engt sich auch dieser Zustand wenigstens einigermaßen dadurch ein, daß nach § 1367 der Erwerb der Frau durch Arbeit oder den selbständigen Betrieb eines Erwerbsgeschäfts Vorbehaltsgut wird. Außerdem haben Motive und Denkschrift z. BGB. namentlich darauf hingewiesen, daß das Gesetzbuch der Frau einen gewissen Ersatz für einen Errungenschaftsantheil gewähre in Gestalt des neuen Erbrechts am Vermögen des Gatten nach § 1931 fg. Allein für manche Fälle ist dies doch ein unzulänglicher Ersatz — abgesehen davon, daß von einem Ersatze überhaupt insoferne nicht gesprochen werden kann, als das gleiche Recht correspondirend auch dem Manne zusteht.

Für denjenigen, welcher wie Verfasser die Früchte des deutschen Rechtsbodens denen des römischen vorzieht, ist es übrigens zu Gunsten des erwählten gesetzlichen Gütersystems anmuthend, daß dasselbe mit seinen Wurzeln weit in das deutsche Mittelalter zurückreicht, weit zurück in das altsächsische Recht, in das sog. Mundialsystem, in die Gewere zu rechter Vormundschaft. Von einem mundium maritale, einer Vormundschaft und Vogtbarkeit, ist freilich heute keine Rede mehr.

Sozialpolitisch nimmt hohes Interesse in Anspruch die Ausgestaltung und insbesondere die erhebliche Ausdehnung des Vorbehaltsguts der Frau. Während es z. B. nach Bayr. LR. bisher das sog. Receptizgut nur da gibt, wo und soweit es durch Vertrag bedungen wurde, läßt das BGB. Vorbehaltsgut nicht allein durch Vertrag entstehen, sondern auch in anderen Fällen, und zwar theils kraft des Gesetzes, theils in Folge von einer Verfügung Dritter.

In letzterer Hinsicht besagt z. B. § 1369.

„Vorbehaltsgut ist, was die Frau durch Erbfolge, durch Vermächtniß oder als Pflichttheil erwirbt (Erwerb von Todeswegen) oder was ihr unter Lebenden von einem Dritten zugewendet wird, wenn der Erblasser durch letztwillige Verfügung, der Dritte bei der Zuwendung bestimmt hat, daß der Erwerb Vorbehaltsgut sein soll."

Das ist z. B. für einen besorgten Vater eine Handhabe, um einem minderbewährten Schwiegersohn das künftige Vermögen der Frau wenigstens von Rechtswegen aus den Händen zu räumen.

Da ist weiter der § 1366 BGB.:

„Vorbehaltsgut sind die ausschließlich zum persönlichen Gebrauche der Frau bestimmten Sachen, insbesondere Kleider, Schmucksachen und Arbeitsgeräthe."

Zu betonen ist: die zum Gebrauche der Frau bestimmten Arbeitsgeräthe, z. B. gewerbliche Nähmaschinen u. dgl.

Hohe Bedeutung hat endlich § 1367 BGB.:

„Vorbehaltsgut ist, was die Frau durch ihre Arbeit oder durch den selbständigen Betrieb eines Erwerbsgeschäfts erwirbt."

Hierin liegt ein ganzes Stück Sozialpolitik. Die gewöhnliche Arbeiterin sowohl wie z. B. eine Gewerbs- oder Handelsfrau soll den durch eigene Thätigkeit außerhalb des Bereichs des Haushalts für sich gewonnenen Erwerb auch zu ihrer eigenen freien Disposition haben und nicht gezwungen sein, ihn dem möglicher Weise unordentlichen Manne abzuliefern.

Dem ordentlichen gesetzlichen Güterstande steht nach dem BGB. noch ein außerordentlicher gesetzlicher Güterstand zur Seite. Es ist, wie erwähnt, derjenige mit voller Gütertrennung unter Ausschluß der eheherrlichen Verwaltung und Nutznießung. Abgesehen von dem Falle, daß die Eheleute im Wege Ehevertrags diesen Güterstand eigens erwählen, tritt er auch ein (§ 1436), wenn die Eheleute vertragsmäßig den ordentlichen gesetzlichen Güterstand ausschließen, ohne eigens zu vereinbaren, was dann an dessen Stelle treten solle.

Weiter tritt der außerordentliche Güterstand kraft Gesetzes ein:

a. nach § 1364 und 1426, wenn der Mann die Ehe mit einer in der Geschäftsfähigkeit beschränkten Frau ohne Einwilligung ihres gesetzlichen Vertreters eingeht. Damit soll gewissen Vermögensspekulationen ein Riegel vorgeschoben werden.

b. Volle Gütertrennung tritt weiter nach § 1418 fg. und 1426 ein, wenn aus einem gesetzlichen Grunde (Aufhebung der Verwaltung durch Urtheil auf Klage der Frau — Konkurs über das Vermögen des Mannes — Todeserklärung des Mannes) die Verwaltungs- und Nutznießungsrechte des Mannes aufhören.

Von den im BGB. für Fälle vertragsmäßiger Regelung des Güterstandes zur Wahl gestellten typischen Vorbildern behandelt das BGB. mit besonderer räumlicher Breite, aber auch sachlicher Vertiefung die allgemeine Gütergemeinschaft. Es muthet einem geradezu an, als ob der Gesetzgeber gegenüber der Realistik des ordentlichen und vollends des außerordentlichen gesetzlichen Güterstands mit Absicht doch auch noch wenigstens der Möglichkeit eines gewissen Idealismus hätte Raum geben, der ehelichen Secession auf wirthschaftlichem Gebiete doch auch die wirthschaftliche Ehegenossenschaft hätte gegenüber stellen wollen. Dieser Zug der Gesetzgebung offenbart sich auch in verschiedenen materiellen Grundsätzen des fraglichen Güterstands. So namentlich in dem beherrschenden Prinzipe der „gesammten Hand", zufolge dessen — von Ausnahmen abgesehen — das beiderseitige Vermögen der Ehegatten, soweit nicht ausnahmsweise Vorbehaltsgut des Mannes oder der Frau begründet ist, Gesammtgut wird und bleibt, aber nicht mehr in dem Sinne einer römischrechtlichen communio pro indiviso, auch nicht entgegengesetzt im Sinne der bekannten verschrobenen aber doch in gewisse Rechte (z. B. Eichstädt—Windsheim) übergegangenen Konstruktion eines condominium in solidum, sondern in der Art, daß der Schwerpunkt der Auffassung nicht mehr auf der objektiven, sondern auf der subjektiven Seite zu suchen ist, daß Mann und Frau in verschiedener Hinsicht als eine Einheit in rechtlicher Hinsicht behandelt werden.

In Bezug auf die hier sich bemerklich machende tiefere Auffassung des Gesetzgebers ist auch hervorzuheben die legislatorische Thatsache, daß in Bezug auf die Frage der Behandlung der Gütergemeinschaft beim Tode eines Ehegatten gegenüber den gemeinschaftlichen Abkömmlingen der natürlichen Innigkeit des Verhältnisses auch rechtlich Rechnung getragen wurde durch Annahme des Rechtsinstituts der Fortsetzung der Gütergemeinschaft, und zwar in Form der eigentlichen Prorogation im Gegensatze zu der bloßen Kontinuation oder dem Beisitzrechte.

Der Typus der Errungenschaftsgemeinschaft ist ziemlich angepaßt demjenigen, was bisher schon nach älteren Rechten unter gleicher Bezeichnung gegolten hatte. Er verbindet eine partikuläre Gütergemeinschaft mit getrennten Vermögensbestandtheilen. Das macht die Sache allerdings etwas verwickelt, denn es stehen sich dadurch vier Vermögensmassen gegenüber:

a. Eingebrachtes Gut des Mannes;
b. Eingebrachtes Gut der Frau;
c. Vorbehaltsgut der Frau und
d. Errungenschaftliches Gut der Ehegatten.

Letzteres wird im Ganzen und Großen nach Analogie der allgemeinen Gütergemeinschaft behandelt.

Die anderen Vermögensmassen aber folgen ohngefähr der Analogie des gesetzlichen Güterstandes. Nur ist der Umfang des Vorbehaltsguts mehr eingeschränkt. Insbesondere wird eigener Erwerb der Frau durch Arbeit nie Vorbehaltsgut, sondern fällt in die gemeingütliche Errungenschaftsmasse, an der hier natürlich — abweichend vom ordentlichen gesetzlichen Güterstande — die Frau Theil hat.

Was endlich die sog. Fahrnißgemeinschaft betrifft, so folgt die bezügliche Konstruktion des BGB. dem Vorbilde des französischen Rechts, wie es bisher in der Pfalz, Elsaß-Lothringen, Rheinhessen, Rheinpreußen und Baden noch gegolten hat.

Zweiter Abschnitt.

Verwandtschaftliche Rechtsverhältnisse.

Erstes Kapitel.

Verwandtschaft und Schwägerschaft im Allgemeinen.

Die Ehe ist sozusagen die erste Stufe in jenem aufsteigenden Organismus, welcher in seinem äußersten Umfange zum Begriffe des Staats im modernen Sinne führt. Aus der Ehe entwickelt sich der Begriff der Familie im engeren und weiteren Sinne. Dem engeren Sinne paßt sich der Rechtsbegriff der Verwandtschaft an; im weiteren Sinne gehört auch der Rechtsbegriff der Schwägerschaft dazu.

Diese beiden Begriffe finden sich selbstverständlich auch im BGB., und zwar im Wesentlichen in derselben Gestalt und Auffassung wie nach den bisherigen Rechten. Das Grundkriterium für den Begriff der Verwandtschaft ist auch nach dem BGB. die Abstammung, dasjenige für die Schwägerschaft die durch die Ehe vermittelte Beziehung eines Ehegatten zu den Verwandten des Anderen.

Personen, deren Eine von der Anderen abstammt, bezeichnet das BGB., § 1589, als in gerader Linie verwandt, während Personen, die nicht in der geraden Linie verwandt sind, aber von einer und derselben dritten Person abstammen, Seitenverwandte heißen.

Eine Hauptbedeutung hat die Verwandtschaft auf dem Gebiete des Erbrechts. Sie ist aber auch nach vielen anderen Beziehungen von Bedeutung, so z. B. mit Rücksicht auf die Vorschriften über Ehehindernisse, und namentlich über die Unterhaltsverpflichtungen, in Ansehung der Armenverhältnisse, heimathrechtlicher Fragen u. s. w. Die Bestimmungen über Verwandtschaft und so auch über Schwägerschaft sind daher von weittragender Bedeutung.

Im Art. 33 des EG. z. BGB. ist darum auch eigens bestimmt, daß die Vorschriften des BGB. über Verwandtschaft oder Schwägerschaft, soweit daran rechtliche Folgen geknüpft sind, auch Anwendung zu finden haben auf das Gerichtsverfassungsgesetz, die Civilprozeßordnung, die Strafprozeßordnung, die Konkursordnung, das sog. Anfechtungsgesetz. Man denke in dieser Hinsicht z. B. nur an die prozessuale Zeugschaftspflicht oder an die Ausübung des Richteramts gegenüber Verwandten.

Nicht erwähnt ist in diesem Art. 33 das StGB. In Ansehung dessen und anderer Reichsgesetze sind die bezüglichen Begriffe auch fernerhin so zu bestimmen, wie es nach dem betreffenden Reichsgesetze an sich gedacht ist. Dies gilt auch für die Landesgesetze, insbesondere solche öffentlich-rechtlichen Charakters, soweit nicht Art. 4 des EG. z. BGB. einschlägt. Dies wäre der Fall, wenn in einem älteren Landesgesetze fragliche Begriffe ganz im allgemeinen Sinne des bürgerlichen Rechts gebraucht sind. Hier substituirt sich von selbst das neue Recht nach jenem Art. 4 EG.

In künftigen Gesetzen sind selbstverständlich die Begriffe des BGB. zu Grund zu legen.

Für die Auslegung von Rechtsgeschäften, z. B. von Verträgen, Stiftungen u. s. w., in denen von Verwandten u. dgl.

die Rede ist, hat selbstverständlich der hier damit verbundene Sinn Maß zu geben.

Die vielfach in Betracht kommenden Grade der Verwandtschaft sind im BGB. ebenso wie im alten gem. Rechte (nicht aber nach der sog. kanonischen Komputation) bemessen. Nur bezeichnet das BGB. als hiefür maßgebend nicht die Zahl der zur Herstellung des Verhältnisses nöthig gewesenen Zeugungen, wie man nach gem. Rechte zu sagen pflegte, sondern spricht etwas diskreter von der Zahl der Geburten.

Dieser Gradesberechnung bei der Verwandtschaft geht analog auch dieselbe bei der Schwägerschaft. Grundsatz ist für letztere, daß sie auch dann noch fortdauert, wenn die Ehe, durch welche sie begründet wird, aufgelöst ist (§ 1590). So z. B. in Bezug auf Ehehindernisse.

Von dem Grundsatze, daß Abstammung Verwandtschaft begründet, bringt nun § 1589 BGB. eine hochbemerkenswerthe, theoretisch und praktisch weittragende Ausnahme im Abs. 2 mit dem Satze:

> „Ein uneheliches Kind und dessen Vater gelten als nicht verwandt."

Ein uneheliches Kind ist darum (was für Unterhaltsfragen wichtig ist) auch nicht verwandt mit den Verwandten seines Vaters. Es ist nur verwandt mit seiner Mutter und deren Verwandten.

Damit soll und kann natürlich nicht gesagt sein, daß das natürliche Abstammungsverhältniß zwischen einem unehelichen Kinde und seinem Vater überhaupt keine rechtliche Bedeutung habe. Im Gegentheile! Jenes Verhältniß begründet z. B.:

a) in dem durch BGB. § 1310 festgesetzten Umfange ein Ehehinderniß zwischen einem unehelichen Kinde und dessen Abkömmlingen einerseits und dem Vater und dessen Verwandten andererseits, begründet weiter

b) für den unehelichen Vater eine besondere Unterhaltspflicht und ist auch

c) von Bedeutung wegen der Möglichkeit einer Legitimation.

Näheres über die Verhältnisse der unehelichen Kinder s. später. Vorerst Einiges über eheliche Kinder und ihre Rechtsverhältnisse.

Zweites Kapitel.

Rechtsverhältnisse der ehelichen Kinder.

Wer ist ein eheliches Kind? Der Laie könnte versucht sein, über diese Frage zu lächeln. Und doch ist ihre Beantwortung unter Umständen auch einmal eine recht schwierige Sache, und zwar in thatsächlicher, wie in rechtlicher Hinsicht, zumal gewisse Sachverhaltsuntersuchungen hier gewöhnlich nicht angängig sind und selbst in Streitfällen schon aus ethischen Gründen möglichst vermieden werden müssen.

Nach BGB. § 1591 ist ein Kind ein eheliches Kind, wenn es vor Allem

1. nach der Eingehung der Ehe seiner Eltern von der Ehefrau, sei sie noch verheirathet oder nicht mehr (also geschieden oder verwittwet) geboren wurde, vorausgesetzt,

2. daß es von der Frau schon vor oder während ihrer Ehe empfangen wurde und

3. daß der Mann innerhalb der Empfängnißzeit, d. h. für die Regel (§ 1592 Abs. 2) in dem Zeitraum von dem 181sten bis 302ten Tage (das ist nach dem neuesten Stande der Physiologie bemessen) vor dem Tage der Geburt des Kindes der Frau beigewohnt hat.

Daß letzteres der Fall gewesen sei, wird nach ausdrücklicher Vorschrift des § 1591 BGB. vermuthet, jedoch soweit die Empfängnißzeit in die Zeit vor die Ehe fällt, nur dann, wenn der Mann gestorben ist, ohne die Ehelichkeit des

Kindes angefochten zu haben. Dieser an eine Altersgrenze nicht gebundenen Vermuthung des stattfindenden Geschlechtsverkehrs zwischen den Ehegatten treten, wie sich aus dem sachlichen Inhalt des BGB. unzweifelhaft ergibt, noch zwei andere Vermuthungen ergänzend zur Seite, nämlich:

a) die der Bewahrung ehelicher Treue seitens der Frau und

b) die der Kausalität zwischen der Beiwohnung gerade des Ehemannes und der Empfängniß der Frau.

Diese letztere Präsumtion ist aber im § 1591 Abs. 1 verclausulirt insoferne, als es dort heißt, das Kind sei nicht ehelich, wenn es den Umständen nach offenbar unmöglich ist, daß die Frau das Kind von dem Manne empfangen habe.

Das müßte aber natürlich immer erst bewiesen werden. Für die Regel bleibt es außer Betracht und kann nicht etwa erst der Beweis des Gegentheils gefordert werden.

Aus allen diesen Kombinationen ergibt sich ein Verhältniß, wie es schon das römische Recht durch das Axiom gekennzeichnet hat: pater est, quem nuptiae demonstrant. Gelegentlich kann aber dem Ehemann dieses Axiom doch zu ungemüthlich werden, wenn er weiß oder annehmen muß, daß ein Ehebruch seitens der Frau sich ereignet habe.

Mit Rücksicht hierauf läßt daher das BGB. auch eine Anfechtung der Ehelichkeit eines Kindes zu, aber allerdings nur in sachlich und zeitlich sehr eingeschränkter Weise. Vor Allem ist es nach dem BGB. Grundsatz, daß die Anfechtung nur dem als ehelicher Vater geltenden Manne zusteht. Eine Erweiterung des Kreises der Anfechtungsberechtigten ist bei den Vorberathungen des Gesetzes eigens abgelehnt worden. Nur eine anders formulirte Anerkennung dieses Grundsatzes, übrigens mit einer gewissen Einschränkung, enthält der Satz des § 1593:

„Die Unehelichkeit eines Kindes, das während der Ehe oder innerhalb 302 Tagen nach Auflösung der Ehe (durch Tod oder Scheidung) geboren ist, kann nur geltend gemacht werden, wenn der Mann die Ehelichkeit angefochten hat oder, ohne das Anfechtungsrecht verloren zu haben, gestorben ist.“

In letzterem Falle, aber auch nur in diesem Falle, verallgemeinert sich das Anfechtungsrecht, und erwächst auch dritten Personen (und zwar nicht etwa blos den Erben des Mannes), vorausgesetzt daß jene Dritten ein rechtliches Interesse geltend machen können. Besagter Ausnahmefall hat übrigens sehr enggezogene Grenzen, insoferne jede Anfechtung ausgeschlossen ist:

a) wenn der Mann das Kind nach dessen Geburt als das Seinige anerkannt hat (§ 1598) und

b) wenn seit dem Zeitpunkte, an welchem der Mann die Geburt des Kindes erfahren hat, Jahresfrist verstrichen ist (§ 1594).

Was dabei ersteren Punkt betrifft, so kann das Anerkenntniß des Kindes sowohl ausdrücklich als stillschweigend, durch konkludente Handlungen, erfolgen. Eine solche Anerkennung kann z. B. auch schon in der durch den Vater selbst erfolgten Anmeldung der Geburt seines Kindes beim Standesamt liegen. Es ist dies eben Frage des Einzelfalles.

Die Anfechtung selbst kann bei Lebzeiten des Kindes nur durch Erhebung rechtsförmlicher Anfechtungsklage bei Gericht erfolgen und richtet sich gegen die Person des Kindes. Nach dessen Tod erfolgt die Anfechtung der Ehelichkeit, soweit sie überhaupt noch zulässig, durch eine in öffentlich-beglaubigter Form abzugebende Erklärung gegenüber dem Nachlaßgerichte.

Man ersieht hieraus, daß vom Gesetze dem Manne in Ansehung der Statusfrage für ein von seiner Frau geborenes

Kind ein weitgehendes Dispositionsrecht eingeräumt ist. Ohne seinen Willen soll die Frage nicht aufgerollt werden. Wichtig ist übrigens alles dieses nicht blos für den Bereich des Privatrechts, sondern auch für den des öffentlichen Rechts, z. B. auf dem Gebiete des Heimathsrechts, dann in Ansehung von Adelsfragen, Lehens- und Fideikommißverhältnissen.

Große praktische Schwierigkeiten bietet bei Anfechtungen der Ehelichkeit eines Kindes die Frage, unter welchen Voraussetzungen und mit welchen Beweismitteln der Gegenbeweis wider die obgedachten Rechtsvermuthungen geliefert werden kann, in Sonderheit, was als „Unmöglichkeit" des Empfängnisses der Frau vom Ehemann im Sinne des § 1591 zu erachten sei. Die bisherige Gerichtspraxis war in diesem Punkte, wenigstens in Bayern und namentlich auf der Grundlage des alten Bayr. Landrechts, geradezu ängstlich streng. Zuzugeben ist allerdings, daß bei Statusfragen Vorsicht sehr am Platze ist, daß die festgefügte gesetzliche Ordnung der Verhältnisse nicht leichthin ins Schwanken gebracht werden darf und daß es namentlich auch manche bedenkliche Seiten hat, wenn die intimsten ehelichen Verhältnisse, namentlich solche sexueller Natur, einer gerichtlichen Untersuchung unterstellt werden müssen. Auf der anderen Seite hat aber eben doch jene Strenge gelegentlich ablehnende Urtheile zu Tag gebracht, von denen man sagen konnte und mußte, daß sie über das Ziel hinausschossen und namentlich seitens derer nicht verstanden wurden, welche eben nicht zur ewigen Anbetung der Kreittmayr'schen Anmerkungen eingedrillt waren. Hoffentlich wird künftighin die Rechtssprechung über Anfechtungsklagen fraglicher Art das an sich berechtigte konservative Prinzip nicht wieder im Widerspruche mit maßgebenden Verhältnissen und Erfahrungen des täglichen Lebens ungesund auf die Spitze treiben.

Ueber die rechtliche Stellung der ehelichen Kinder enthält das BGB. eingehende Bestimmungen in nicht weniger als 82 Paragraphen (§§ 1616—1698). Es liegt nicht in der hier gestellten Aufgabe, diese vielen und zum Theil auch verwickelten Rechtsvorschriften im Einzelnen durchzugehen. Gar viele berühren ja auch die öffentlichen und öffentlich-rechtlichen Verhältnisse wenig oder gar nicht, sind vielmehr von lediglich privatrechtlicher Tragweite. Immerhin ist dasjenige kurz hervorzuheben, was zur besonderen Charakteristik der hier vom BGB. getroffenen Vorschriften und insbesondere zur Klarstellung der rechtlichen Vertretungsverhältnisse für eheliche Kinder dient. Gerade diese Verhältnisse spielen ja auch vielfach in das öffentliche Recht herein.

An die Spitze seiner Vorschriften stellt das BGB. den Satz, daß das eheliche Kind den Familiennamen seines Vaters erhält (§ 1616). Davon war schon früher die Rede. Unmittelbar daran schließt in § 1617 das BGB. folgende interessante Bestimmungen:

> „Das Kind ist, solange es dem elterlichen Hausstande angehört und von den Eltern erzogen oder unterhalten wird, verpflichtet, in einer seinen Kräften und seiner Lebensstellung entsprechenden Weise den Eltern in ihrem Hauswesen und Geschäfte Dienste zu leisten.“ *)

Dieses Gebot, welches von dem Bestande der gleich nachher zu besprechenden elterlichen Gewalt unabhängig ist und deshalb auch gleichmäßig für voll- und minderjährige Kinder gilt, hat seine Bedeutung hauptsächlich für solche Familien, in denen die Führung des Haushalts, der Wirthschaft oder eines gewerblichen Geschäfts von dem Zusammenwirken der verschiedenen Familienglieder und Familienkräfte bedingt ist. In dieser Hinsicht giebt das BGB. dem Prinzip der Solidarität der Familie einen Ausdruck, welcher in unserer das Familienleben leider so vielfach verflachenden und die

*) Vgl. dazu auch die Zusatzbestimmungen im BGB. §§ 1618, 1619.

Familienbande lockernden Zeit jedenfalls von sittlichem Werthe ist. Immerhin gibt der § 1617, wenn auch seine Bedeutung für die sog. soziale Frage nicht zu unterschätzen ist, doch zu der kritischen Bemerkung Anlaß, daß er eine Verpflichtung aufstellt, welche für das Familienoberhaupt auf dem Rechtswege nicht leicht erzwingbar ist.

Ein Hauptpunkt ist bei dem § 1617 übrigens der, daß die von der besagten Pflicht betroffenen Personen für ihre Dienstleistungen keine Bezahlung vom Familienoberhaupte verlangen können. Das aber ist oft von Belang bei Vermögensauseinandersetzungen in Todesfällen. Eine noch andere praktische Konsequenz wird bei der Behandlung der Unterhaltspflicht zu erwähnen sein.

Eine besondere, manchmal für Freier recht werthvolle Verpflichtung des Vaters gegenüber seinen Töchtern — aber auch nur diesen — statuirt der § 1620 in Bezug auf Aussteuerverhältnisse. Hier muß vorausgeschickt werden, daß das BGB. zwei Begriffe bestimmt unterscheidet: Aussteuer und Ausstattung.

Letzteres ist der allgemeinere, weitere, — Ersteres der engere, spezielle Begriff. Unter Ausstattung fällt, wie sich aus § 1624 klar ergibt, alles dasjenige, was einem Kinde mit Rücksicht auf seine Verheirathung oder auf die Erlangung einer selbständigen Lebensstellung zur Begründung oder Erhaltung der Wirthschaft oder der Lebensstellung von dem Vater oder der Mutter zugewendet wird.

Aussteuer aber i. S. des § 1620 ist lediglich dasjenige, was in einem Verheirathungsfalle zur Einrichtung des Haushalts dient. Eine angemessene solche Aussteuer muß jeder Tochter gewährt werden, aber nur insoweit, als

a) der Pflichtige bei Berücksichtigung seiner sonstigen Verpflichtungen (insbesondere auch gegenüber etwaigen anderen Töchtern) ohne Gefährdung seines standesmäßigen Unterhalts dazu im Stande ist und als

b) die Tochter nicht selbst ein zur Beschaffung der Aussteuer ausreichendes Vermögen hat.

Ist eine Aussteuer für eine Ehe schon einmal gewährt, so wird eine nochmalige nicht geschuldet (§ 1622).

Aussteuerpflichtig ist in erster Linie der Vater, in zweiter Linie auch die Mutter, wenn der Vater schon gestorben oder zur Gewährung der Aussteuer außer Stand ist. Andere Verwandte, in Sonderheit Großeltern, trifft keine rechtliche Aussteuerpflicht.

Auch der Anspruch gegenüber Vater oder Mutter, welcher nicht übertragbar und kurz verjährbar ist, fällt übrigens weg, wenn die Tochter

a) sich entweder ohne die elterliche Einwilligung, soweit sie rechtserforderlich ist, verheirathet oder

b) sich einer Verfehlung schuldig gemacht hat, welche den Verpflichteten zur Entziehung des Pflichttheils berechtigt.

Eine Rechtspflicht zur Gewährung einer Ausstattung in jenem allgemeineren Sinne ist vom BGB. nicht direkt ausgesprochen. Unser Gesetzbuch beschränkt sich im § 1624 auf die Bestimmung, daß dasjenige, was einem Kinde als eine derartige Ausstattung wirklich zugewendet wird, auch dann, wenn eine Verpflichtung dazu nicht besteht, nur insoweit als eine Schenkung gilt, als die Ausstattung das den Umständen, insbesondere den Vermögensverhältnissen des Vaters oder der Mutter, entsprechende Maß übersteigt. Dieser Grundsatz hat dann aber seine Konsequenzen nach anderen Richtungen.

Einen breiten Raum nehmen im BGB. jene Vorschriften ein, welche von der „elterlichen Gewalt" handeln. Dieser Begriff erinnert unwillkürlich an die patria potestas, an die väterliche Gewalt des Römischen Rechts, ist aber in der Konstruktion des BGB. doch etwas wesentlich Anderes. Die elterliche Gewalt des BGB. ist den modernen Lebensverhältnissen und Lebensanschauungen angepaßt. Sie steigert einerseits die Fürsorge für das Kind, andererseits aber auch die freie rechtliche Beweglichkeit des letzteren auch schon in jüngeren Jahren und ordnet dessen Vermögensverhältnisse in einer Auffassung, welche der heutigen Zeit weit mehr entspricht als die römisch-rechtliche mit ihrer jetzt ganz veralteten Peculientheorie. Das BGB. erblickt in der elterlichen Gewalt nicht mehr jenes starre Herrschaftsrecht des Vaters, dem das Kind fast nach Sclavenart unterworfen war. Es nähert das Gewaltverhältniß in seiner Konstruktion mehr einer Vormundschaft, welche dem Inhaber zwar gewisse Rechte verleiht, aber auch weittragende Pflichten auferlegt. Diese Analogie mit der Vormundschaft offenbart sich sofort in dem obersten Satze, daß die elterliche Gewalt nur so lange besteht, als das Kind minderjährig, also noch nicht 21 Jahre alt und auch nicht für volljährig erklärt ist. Besteht aber noch Minderjährigkeit, dann greift die elterliche Gewalt noch Platz, selbst wenn das Kind, d. h. eine Tochter, schon verheirathet ist oder das Kind ein eigenes Geschäft hat. Mit der Minderjährigkeit hört andererseits auch die elterliche Gewalt kraft Gesetzes auf, und zwar selbst dann, wenn das Kind noch im elterlichen Hause ist. Gerade darin, daß der Bestand des Gewaltverhältnisses von dem Eintritte einer separata oeconomia des Kindes weder in positiver noch in negativer Richtung beeinflußt ist, liegt ein wesentlicher Unterschied von dem bisherigen gemeinrechtlichen Rechtsstande.

In erster Reihe steht die elterliche Gewalt allerdings dem ehelichen Vater zu. Damit konkurriren aber auch Gewaltrechte der Mutter, und zwar in beschränkterer Weise neben dem Vater, in umfassenderer Weise an Stelle des Vaters. Letzteres tritt nach § 1684 fg. ein, wenn der Vater gestorben oder für todt erklärt ist, oder weiter, wenn der Vater die elterliche Gewalt verwirkt hat und die Ehe aufgelöst ist. Besteht die Ehe in einem solchen Verwirkungsfalle noch fort, so wird dem Kinde ein Vormund bestellt. Ist während des Bestehens der Ehe der Vater nur thatsächlich an der Ausübung der elterlichen Gewalt verhindert oder „ruht" dieselbe, so wird sie ebenfalls durch die Mutter kraft Gesetzes ausgeübt. Ist die Ehe bereits aufgelöst, so kann die Mutter beim Vormundschaftsgerichte beantragen, daß ihr die Ausübung der elterlichen Gewalt förmlich übertragen werde, wenn die elterliche Gewalt des Vaters „ruht" und keine Aussicht besteht, daß der Grund des Ruhens wegfallen werde.

Diese Grundbestimmungen über die Theilnahme der Mutter an der elterlichen Gewalt verleihen der Mutter eine wesentlich bessere und den natürlichen Verhältnissen mehr entsprechende Rechtsstellung, als es bisher, wenigstens in den gemeinrechtlichen Gebieten, der Fall war. Sie haben auch eine sehr weittragende Konsequenz insoferne, als beim Tode des Vaters durch den Eintritt der Mutter in die Ausübung der elterlichen Gewalt, die Nothwendigkeit und die Zahl von Vormundschaften erheblich verringert wird.

Ihrem Inhalte nach umfaßt die elterliche Gewalt das Recht wie die Pflicht der Fürsorge sowohl für die Person des Kindes, als auch für dessen Vermögen (§ 1627). Der Regel nach sind beide Funktionen verbunden. Ausnahmsweise kann aber auch eine Beschränkung auf nur eine derselben vorliegen. Liegt das Vollverhältniß vor, so hat der Gewalthaber die rechtliche Stellung eines gesetzlichen Vertreters für das Kind, nach Analogie eines Vormunds, mit allen dem Verhältnisse entsprechenden Befugnissen, und zwar sowohl in persönlichen Angelegenheiten des Kindes, wie in dessen Vermögensangelegenheiten. Die Vertretung steht dem Gewalthaber aber insoweit nicht zu, als davon auch ein Vormund ausgeschlossen wäre, z. B. bei Rechtskollisionen.

Ausnahmsweise kann dem Gewalthaber die Vertretungsmacht auch vom Vormundschaftsgerichte entzogen werden.

Für den hier in Betracht kommenden Standpunkt tritt mehr die Fürsorge für die Person des Kindes in den Vordergrund. Die bezüglichen Vorschriften des BGB. enthalten manches Interessante auf dem Gebiete des sozialen Lebens, während die Fürsorge für das Vermögen des Kindes fast nur von Normen rein privatrechtlicher Natur beherrscht wird.

Die Sorge für die Person des Kindes umfaßt nach BGB. §§ 1631, 1632 gegenüber dem Kinde sowohl Recht als Pflicht:

a) der Erziehung,
b) der Beaufsichtigung,
c) der Aufenthaltsbestimmung, dann das Recht
d) zum Verlangen der Herausgabe des Kindes, wenn Jemand dasselbe dem Inhaber der elterlichen Gewalt widerrechtlich vorenthält.

Das dem Vater (beziehungsweise der Mutter) zustehende Erziehungsrecht, kraft dessen jener für die ganze leibliche und geistige Ausbildung des Kindes in der den Verhältnissen der Familie und der Individualität des Kindes entsprechenden Weise zu sorgen, insbesondere dasselbe zum Allermindesten zu dem vorgeschriebenen Schulbesuche anzuhalten hat, schließt auch das Recht in sich, den künftigen Beruf des Kindes zu bestimmen, z. B. zu entscheiden, ob und wo ein Knabe in eine gewerbliche Lehre gegeben, in einer Lehranstalt untergebracht werden soll. Damit hängt auch für viele Fälle das Recht der Bestimmung des Aufenthalts zusammen. Letzteres hat aber auch noch weitere Bedeutung, z. B. wenn es sich darum handelt, einen Thunichtgut nach Amerika zu schaffen. Kraft seines Erziehungsrechts kann der Gewalthaber auch angemessene Zuchtmittel gegen das Kind anwenden und auf seinen Antrag hat ihn darin auch das Vormundschaftsgericht zu unterstützen. So sagt § 1631 ausdrücklich. Dies gilt z. B. in Bezug auf Verbringungen in eine Erziehungsanstalt u. dgl. Wie das zu machen ist, kann gelegentlich eine schwierige Frage werden.

Einschaltungsweise sei darauf hingewiesen, daß durch das BGB. jetzt dem Vormundschafsgerichte auch für Fälle, in denen keine eigentliche Vormundschaft besteht, doch eine Reihe wichtiger, zum Theil sogar einen gewissen polizeilichen Charakter tragender Funktionen eingeräumt sind, an welche sich unsere Rechtsübung, zu Folge deren man in solchen Fällen häufig eben zur Polizei gelaufen ist, erst wird gewöhnen müssen. So z. B. bei ehelichen Differenzen, und so auch hinsichtlich von Dissidien zwischen Eltern und Kindern. In diesem Punkte enthält § 1666 Abs. 1 eine überaus wichtige Bestimmung. Sie lautet:

„Wird das leibliche oder geistige Wohl des Kindes dadurch gefährdet, daß der Vater — beziehungsweise auch eine die elterliche Gewalt ausübende Mutter — das Recht der Sorge für die Person des Kindes mißbraucht, das Kind vernachlässigt oder sich eines ehrlosen oder unsittlichen Verhaltens schuldig macht, so hat das Vormundschaftsgericht die zur Abwendung der Gefahr erforderlichen Maßregeln zu treffen."

Weiter heißt es a. a. O. dann auch noch:

„Das Vormundschaftsgericht kann insbesondere anordnen, daß das Kind zum Zwecke der Erziehung in einer geeigneten Familie oder in einer Erziehungsanstalt oder einer Besserungsanstalt untergebracht wird."

Aehnlich auch im § 1838 BGB. An den §§ 55 und 56 StGB. ist an und für sich dadurch nichts geändert. Der § 56 hat nur durch EG. z. BGB. Art. 34 Nr. II eine kleine Veränderung nach Form und Inhalt erhalten.

Wesentlich ist dabei, daß ganz dem Standpunkte des BGB. entsprechend, auch hier die Zulässigkeitserklärung des Vormundschaftsgerichts erforderlich und daß eine solche Maßregel auf Grund des § 55 StGB. nur gegen Kinder unter

12 Jahren zulässig ist. Ueber dieses Alter (und natürlich auch darunter) ist Art. 135 des EG. z. BGB. einschlägig:

Dieser Letztere lautet:

„Unberührt bleiben die landesgesetzlichen Vorschriften über die Zwangserziehung Minderjähriger. Die Zwangserziehung ist jedoch, unbeschadet der Vorschriften der §§ 55, 56 des Strafgesetzbuchs, nur zulässig, wenn sie von dem Vormundschaftsgericht angeordnet wird. Die Anordnung kann außer den Fällen der §§ 1666, 1838 des Bürgerlichen Gesetzbuchs nur erfolgen, wenn die Zwangserziehung zur Verhütung des völligen sittlichen Verderbens nothwendig ist.

Die Landesgesetze können die Entscheidung darüber, ob der Minderjährige, dessen Zwangserziehung angeordnet ist, in einer Familie oder in einer Zwangs- oder Besserungsanstalt unterzubringen sei, einer Verwaltungsbehörde übertragen, wenn die Unterbringung auf öffentliche Kosten zu erfolgen hat.

Von den hierin in Bezug genommenen Paragraphen des BGB. ist § 1666 schon oben mitgetheilt. Der § 1838 aber behandelt die Maßregel in Vormundschaftsfällen.

Die nöthigen Ergänzungen dieser reichsrechtlichen Vorschriften über die Zwangserziehung durch Landesgesetz, insbesondere auch hinsichtlich der Stellung der Verwaltungsbehörden zur ganzen Frage, einschlüssig der Mitwirkung zum Vollzuge, stehen für Bayern bekanntlich in naher Aussicht. —

Nicht selten ist es, daß eine noch in elterlicher Gewalt stehende minderjährige Tochter heirathet. Das Gewaltverhältniß hört dadurch an und für sich nicht auf. Wohl aber bestimmt § 1633 für diesen Fall, daß sich hier die Sorge des Gewalthabers für die Person der Tochter auf deren Vertretung in ihren persönlichen Angelegenheiten beschränkt.

Differenzen in persönlichen Angelegenheiten eines Kindes sind nicht selten in jenen Fällen, in welchen eine Ehescheidung der Eltern stattgehabt hat.

Für letzteren Fall enthalten die §§ 1635, 1636 folgende praktisch-wichtige Bestimmungen:

§ 1635. Ist die Ehe aus einem der in den §§ 1565 bis 1568 bestimmten Gründen geschieden, so steht, so lange die geschiedenen Ehegatten leben, die Sorge für die Person der Kindes, wenn ein Ehegatte allein für schuldig erklärt ist, dem anderen Ehegatten zu; sind beide Ehegatten für schuldig erklärt, so steht die Sorge für einen Sohn unter sechs Jahren oder für eine Tochter der Mutter, für einen Sohn, der über sechs Jahre alt ist, dem Vater zu. Das Vormundschaftsgericht kann eine abweichende Anordnung treffen, wenn eine solche aus besonderen Gründen im Interesse des Kindes geboten ist; es kann die Anordnung aufheben, wenn sie nicht mehr erforderlich ist.

Das Recht des Vaters zur Vertretung des Kindes bleibt unberührt.

§ 1636. Der Ehegatte, dem nach § 1635 die Sorge für die Person des Kindes nicht zusteht, behält die Befugniß, mit dem Kinde persönlich zu verkehren. Das Vormundschaftsgericht kann den Verkehr näher regeln.

Was die Vermögensverhältnisse zwischen dem Kinde und dem Gewalthaber betrifft, so sei hier nur folgendes hervorgehoben:

Zwei große Gesichtspunkte und Grundnormen sind es, welche hier das Ganze maßgebend beherrschen:

1. Wesentlich abweichend von der gemeinrechtlichen Peculientheorie, welche auf der Anschauung einer Vermögenseinheit zwischen dem dort sog. Hausvater und dem Hauskinde*) beruht, ist das in elterlicher Gewalt befindliche Kind auch in vermögensrechtlicher Hinsicht ein eigenes Rechtssubjekt. Es kann daher gesondertes Vermögen haben und auch in rechtsgeschäftlicher Beziehung zum Gewalthaber selbst stehen, dessen Schuldner oder Gläubiger sein, Schenkungen von ihm bekommen u. s. w.

2. Das Sondervermögen des Kindes steht in der Regel unter der Verwaltung und Nutznießung des Gewalthabers bis zur Beendigung des Gewaltverhältnisses.

---

*) Diesen Begriffen begegnet man im BGB. nicht wieder.

Für die Verwaltung giebt das Gesetz eine ganze Reihe von Vorschriften. Sie findet ausnahmsweise nicht statt, wenn das Kind Vermögen von Todeswegen erwirbt oder unter Lebenden von einem Dritten zugewendet erhält, soferne der Erblasser durch letztwillige Verfügung, der Dritte bei der Zuwendung bestimmt hat, daß der Erwerb der Verwaltung des Vaters entzogen sein soll. Damit ist gegen schlechte Wirthschafter eine unter Umständen recht nützliche Handhabe gegeben.

Wenn übrigens auf solche Weise die Verwaltung des Gewalthabers ausgeschlossen wird, so ist damit noch nicht gesagt und gesetzt, daß nun das Kind selbst die Verwaltung führen dürfe. Dieses ist ja noch minderjährig und damit in der Geschäftsfähigkeit beschränkt. Es muß eben für jene Verwaltung ein Pfleger bestellt werden.

Dem in der Nutznießung des Gewalthabers befindlichen Vermögen des Kindes steht das „freie Vermögen" desselben gegenüber. Dasselbe begründet eine ähnliche Rechtslage, wie sie beim Vorbehaltsgut einer Ehefrau ist.

Freies Vermögen des Kindes ist:

a) was es an ausschließlich zu seinem persönlichen Gebrauch befindlichen Sachen hat, insbesondere an Kleidern, Schmucksachen und Arbeitsgeräthen;
b) was das Kind durch seine Arbeit oder durch den ihm nach § 112 gestatteten selbständigen Betrieb eines Erwerbsgeschäftes erwirbt;
c) was das Kind von Todeswegen erwirbt oder was ihm unter Lebenden von einem Dritten unentgeltlich zugewendet wird, wenn der Erblasser durch letztwillige Verfügung, der Dritte bei der Zuwendung bestimmt hat, daß das Vermögen der Nutznießung des Gewalthabers entzogen sein soll.

Das Nutznießungsrecht des Gewalthabers ist nicht übertragbar, daher auch als solches nicht pfändbar.

Die Nutznießung des Vaters endigt, wenn sich das Kind (d. h. die Tochter) verheirathet. Sie verbleibt aber dem Vater, wenn die Ehe ohne die erforderliche elterliche Einwilligung geschlossen wird.

Wird das Vermögen des Kindes dadurch gefährdet, daß der Vater die mit der Vermögensverwaltung oder die mit der Nutznießung verbundenen Pflichten verletzt oder daß er in Vermögensverfall geräth, so hat das Vormundschaftsgericht mit den erforderlichen Maßregeln einzugreifen.

Gleiches gilt, wenn der Vater verhindert ist, die elterliche Gewalt auszuüben, soferne nicht die letztere von der Mutter ausgeübt wird.

Bemerkenswerth ist, daß auch hier der noch eigens zu besprechende Gemeindewaisenrath die Pflicht hat, dem Vormundschaftsgerichte Anzeige zu machen, wenn ein Fall zu seiner Kenntniß gelangt, in welchem in Sachen der elterlichen Gewalt das Vormundschaftsgericht zum Einschreiten berufen ist.

Für die in zweiter Linie stehende Ausübung der elterlichen Gewalt durch die Mutter gelten im Allgemeinen dieselben Normen wie für den Vater.

Eine Besonderheit in Ansehung der Mutter als Trägerin der elterlichen Gewalt liegt darin, daß ihr für die Ausübung dieses Rechts und der damit verbundenen Pflichten durch das Vormundschaftsgericht ein Beistand mit bestimmten Befugnissen bestellt werden muß, und zwar entweder auf Anordnung des Vaters oder auf Antrag der Mutter selbst oder, wenn es das Vormundschaftsgericht in bestimmten Fällen als im Interesse des Kindes gelegen erachtet.

Eine weitere specielle Vorschrift für die Mutter ist namentlich die, daß dieselbe die elterliche Gewalt verliert, wenn sie (verwittwet oder geschieden) eine neue Ehe eingeht. Damit verliert sie auch die Nutznießung am Vermögen des Kindes. Für dieses wird nun ein Vormund bestellt. Die Mutter behält jedoch unter gewissen Beschränkungen wenigstens das Recht und die Pflicht, für die Person des Kindes zu sorgen.

Schlechthin beendigt wird die elterliche Gewalt durch den Eintritt der Volljährigkeit des Kindes.

In der Person des betreffenden Gewalthabers wird sie beendigt:

a) durch dessen Tod oder Todeserklärung;

b) durch Verwirkung des Gewaltrechts.

Diese tritt ein, wenn der Gewalthaber wegen eines an dem Kinde verübten Verbrechens oder vorsätzlich verübten Vergehens zu Zuchthausstrafe oder einer Gefängnißstrafe von mindestens sechs Monaten verurtheilt wird. Zu denken ist hier besonders an Körperverletzungen, Sittlichkeitsdelikte, Unterschlagungen und Aehnliches.*)

Vorgesehen ist im BGB. für bestimmte Fälle ein Ruhen der elterlichen Gewalt, so wenn der Gewalthaber geschäftsunfähig oder auch nur in der Geschäftsfähigkeit beschränkt ist oder selbst einen Pfleger für seine Person und sein Vermögen erhalten hat u. s. w.

Während des Ruhens der elterlichen Gewalt ist der bezügliche Gewalthaber nicht berechtigt, sie auszuüben, behält jedoch für die Regel die Nutznießung am Vermögen des Kindes.

Drites Kapitel.

Annahme an Kindesstatt.

Nicht sehr häufig vorkommend, aber im BGB. eingehend

*) Einen anderen Fall enthält BGB. § 1771.

geregelt ist die dort sogenannte „Annahme an Kindesstatt.“ Es ist dies ein einheitlicher Begriff und technischer Ausdruck. Die römisch-rechtlichen Unterscheidungen zwischen Arrogation und Adoption i. e. S., dann zwischen adoptio plena und minus plena sind im BGB. fallen gelassen. Es gibt nach BGB. nur eine Annahme an Kindesstatt — nicht aber eine Annahme an Enkelsstatt.

Die Annahme an Kindesstatt ist ein gesetzliches Mittel zur Begründung eines zwar nur fiktiven, aber doch rechtlich vollkräftigen Eltern- und Kindesverhältnisses.

Zur Annahme an Kindesstatt können sowohl ehelich wie unehelich geborene Kinder gelangen. Jene kann geschehen durch einen Mann oder eine Frau, durch verheirathete oder unverheirathete Personen. Ehegatten können auch einen Dritten als ihr gemeinschaftliches Kind annehmen.

Gesetzliche Voraussetzungen für eine Annahme an Kindesstatt sind:

1. Der Annehmende darf keine ehelichen Abkömmlinge haben. Daß schon ein früher angenommenes Kind da ist, hindert weitere Annahmen nicht.
2. Der Annehmende muß das 50. Lebensjahr vollendet haben und mindestens 18 Jahre älter sein, als das anzunehmende Kind. In diesen Punkten ist Dispensation zulässig.
3. Ist der Annehmende oder der Anzunehmende verheirathet, so bedarf es Einwilligung seines Ehegatten.
4. Ist das Adoptivkind noch nicht 21 Jahre alt (das Gesetz, § 1747 spricht nicht von Volljährigkeit; vgl. oben S. 37 fg.), so bedarf es Einwilligung seiner Eltern, beziehungsweise seiner unehelichen Mutter.

Das BGB. behandelt die Annahme an Kindesstatt als ein Rechtsgeschäft. Sie geschieht durch einen Vertrag zwischen den Betheiligten. Dieser Vertrag kann auch durch den gesetzlichen Vertreter eines Kindes geschlossen werden, wenn dieses noch nicht 14 Jahre alt und Genehmigung des Vormundschaftsgerichts gegeben ist (BGB. § 1750). Außerdem ist Vertretung beim Abschlusse des Annahmevertrags unzulässig (§ 1750).

Ist aber der Annehmende oder Anzunehmende in der Geschäftsfähigkeit beschränkt, so bedarf es der Zustimmung des gesetzlichen Vertreters und Genehmigung des Vormundschaftsgerichts (§ 1751).

Der Annahmevertrag ist gerichtlich oder notariell — je nach Landesrecht — zu beurkunden. Er bedarf außerdem der Bestätigung durch das zuständige Gericht. Diese Bestätigung hat nur im Sinne einer causae cognitio darüber zu erfolgen, daß die gesetzlichen Voraussetzungen einer Annahme an Kindesstatt vorliegen und die gesetzlichen Formen beobachtet sind. Eine gerichtliche Prüfung der Opportunität findet nicht statt. Zuständig sind die Amtsgerichte (RG. über die freiw. Gerichtsbarkeit § 65 fg.*)

Eine geschehene Annahme kann auch durch Vertrag wieder aufgehoben werden (BGB. § 1763 fg.).

Die Wirkungen einer Annahme an Kindesstatt lassen sich im Allgemeinen in den Satz zusammenfassen, daß der Angenommene gegenüber dem Annehmenden die Stellung eines ehelichen Kindes bekommt, soweit die Gesetze nicht eigens Ausnahmen machen.

Nicht begründet wird z. B. nach § 2 Abs. 2 des Reichsgesetzes über Erwerb und Verlust der Bundes- und Staatsangehörigkeit v. 1. Juni 1870 die Staatsangehörigkeit des Adoptivvaters für das Adoptivkind. Dagegen werden nach dem bayr. Gesetze über Heimath und Aufenthalt von 1868/99 Art. 1 Abs. 3 den ehelichen Kindern auch diejenigen

---

*) Dortselbst s. auch weiteres über das Verfahren.

Kinder gleichgeachtet, welche nach dem bürgerlichen Rechte die Stellung von ehelichen Kindern haben.

Eine in früheren Landesgesetzen sich findende sog. Pflegekindschaft hat im BGB. als Rechtsinstitut keine Stätte gefunden. Ein solches Verhältniß, wenn und wo es thatsächlich besteht, äußert nur mehr in einzelnen besonderen Richtungen bestimmte rechtliche Wirkungen, z. B. im Bereiche der §§ 52, 174 des Strafgesetzbuchs.

Viertes Kapitel.

Unterhaltspflicht.

Zu denjenigen Bestimmungen des BGB., welche, obwohl sie an sich privatrechtlicher Natur sind, wenigstens in sehr nahe Beziehung zum öffentlichen Rechte treten, gehören die Normen über die Unterhaltspflicht, d. h. die Verpflichtung einer Person zur Gewährung des Unterhalts an eine andere. In dieser Hinsicht können aktiv wie passiv in Frage kommen Ehegatten, Verwandte und uneheliche Kinder im Verhältnisse zum unehelichen Vater. Im Verhältnisse zur Mutter und deren Verwandten zählen sie nach dem Prinzip des BGB. § 1589 zu den Verwandten, was namentlich in Ansehung der Unterhaltspflicht stets im Auge zu behalten ist.

Ueber die Unterhaltspflicht zwischen Ehegatten und zwar solchen, welche noch in der Ehe leben, wie auch Geschiedenen (BGB. § 1360, 1361) war schon früher die Rede. Auf die bezüglichen Verhältnisse in Ansehung unehelicher Kinder ist im nächsten Kapitel zurückzukommen. Als Gegenstand der Betrachtung bleibt daher hier zunächst die Unterhaltspflicht der Verwandten. Bei der bezüglichen Darstellung der Normen des neuen bürgerlichen Rechts mögen auch die nöthigen Seitenblicke auf das Bayr. Ges. über die Armen- und Krankenpflege v. 29. April 1869 erfolgen. Mit Rücksicht auf die dazu schon früher ergangenen Novellen und namentlich jene

Aenderungen, welche es durch Art. 160 des bayr. Ausf.-Ges. z. BGB. v. 9. Juni 1899 erfahren hat, ist im G. u. VBl. 1899 Nr. 40 unterm 31. Juli 1899 auf Grund gesetzlicher Ermächtigung bekanntlich eine neue, dem BGB. und jenem Ausf.-Ges. sich anschließende Textirung und Bezifferung veröffentlicht worden.

Als Berührungspunkte zwischen dem privat- und dem öffentlich-rechtlichen Gebiete können hier besonders zwei hervorgehoben werden.

a) Vor Allem bildet das Bestehen einer privatrechtlichen Unterhaltspflicht, der Umfang derselben und ihre Realisirbarkeit eine Vorfrage dafür, ob es der öffentlichen Armenpflege zusteht und obliegt, in Leistungen an Jemanden einzutreten. Denn die öffentliche Armenunterstützung ist gegenüber der privatrechtlichen Unterhaltspflicht nur subsidiärer Natur. Im jetzigen Art. 4 sagt das bayr. Armengesetz ausdrücklich:

„Die öffentliche Armenpflege gewährt nur bei erwiesener Hilfsbedürftigkeit und nur dann Unterstützung, wenn der Hilfsbedürftige weder von den zu seiner Alimentation oder Unterstützung rechtlich Verpflichteten noch durch die freiwillige Armenpflege die nöthige Hülfe erlangen kann."

b Unter bestimmten Umständen hat die öffentliche Armenkasse einen Rückersatzanspruch für das Geleistete und zwar bald gegen den Empfänger selbst, bald auch gegen die ihm gegenüber privatrechtlich Unterhaltspflichtigen (Art. 5 des Armengesetzes). Für diesen Ersatzanspruch sind in Art. 103 des EG. z. BGB. die einschlägigen landesgesetzlichen Vorschriften eigens vorbehalten.

Obige beide Gesichtspunkte geben Anlaß, die privatrechtliche Unterhaltspflicht etwas eingehender in Würdigung zu ziehen.

1. Unterhaltsverpflichtete. Nach dem BGB. § 1601 sind — abgesehen von den Ehegatten — gegen-

seitig unterhaltspflichtig nur Verwandte und zwar auch nur solche in auf- und absteigender gerader Linie — nicht aber Seitenverwandte, also insbesondere nicht Geschwister, nicht Onkel, Tante, Neffe, Nichte u. s. w. In gerader Linie ist das Bestehen einer Unterhaltspflicht überhaupt an eine bestimmte Gradesnähe nicht gebunden, wohl aber besteht gesetzlich eine bestimmte Reihenfolgeordnung, nach welcher die abstrakt begründete gesetzliche Unterhaltsverpflichtung im gegebenen Einzelfalle eintritt.

Gemäß jener Reihenfolge sind Abkömmlinge vor den Ascendenten unterhaltspflichtig. Bei den Abkömmlingen unter sich richtet sich die Unterhaltspflicht nach der gesetzlichen Erbfolgeordnung und dem Verhältnisse der Erbtheile, d. h. also danach, wie und inwieweit die Verpflichteten beim Eintritt einer Erbfolge zum Zuge kommen würden. „Nach der gesetzlichen Erbfolgeordnung" heißt es im § 1606, also nicht nach Gradesnähe. Beide Begriffe sind verschieden im BGB. Denn der Erbfolgeordnung des BGB. liegt nicht das römische Gradualsystem, sondern das deutschrechtliche Parentelsystem, die Sippenordnung, zu Grunde.

Was die Ascendenten betrifft, so haftet in erster Linie der eheliche Vater und zwar schon vor der Mutter. Nur wenn die Mutter die Nutznießung am Vermögen des Kindes hat, ist sie auch vor dem Vater für Letzteres unterhaltspflichtig (§ 1606).

Der Ehegatte des Bedürftigen haftet im Gebiete der Unterhaltspflicht vor den Verwandten. So bestimmt § 1608 und so entspricht es auch dem Eheverhältnisse, in welchem ohnehin der Mann der Frau das Entsprechende zu gewähren hat, auch wenn Letztere nicht eigentlich bedürftig ist und in welchem auch die Frau vorneweg Beisteuer zu den Ehelasten in dieser oder jener Rechtsform zu leisten hat.

Darum gilt auch vorbesagtes Prioritätsverhältniß sowohl

für den Ehemann wie für die Ehefrau. Ist jedoch der Ehegatte bei Berücksichtigung seiner sonstigen Verpflichtungen außer Stand, ohne Gefährdung seines — nicht bloß nothdürftigen, sondern standesmäßigen — Unterhalts den Unterhalt zu gewähren, so haften die Verwandten vor dem Ehegatten. Dieses Prinzip ist auch für einige Spezialfälle gesetzlich festgestellt, so z. B. für Scheidungsfälle (BGB. § 1608).

2. Nicht zur Unterhaltsgewährung verpflichtet ist derjenige, welcher nach seinen Vermögens- und Erwerbsverhältnissen bei Berücksichtigung seiner sonstigen Verpflichtungen ohne Gefährdung seines eigenen standesmäßigen Unterhalts nicht in der Lage ist, den von ihm in Anspruch genommenen Unterhalt zu gewähren (§ 1603). Das Gesetz spricht dabei nur von „Gefährdung". Zur Entlastung bedarf es daher nicht einer bereits eingetretenen Deterioration. Das Gesetz gewährt auch das Freibleiben von standesmäßigem Uuterhalt, d. i. nach der Legaldefinition des § 1610 das „Maß des Unterhalts nach der Lebensstellung des Bedürftigen". Das steht in vollem Gegensatze zu dem Begriffe des nothdürftigen Unterhalts.

Diese enge Umgrenzung der Unterhaltspflicht kommt aber in Wegfall unter gewissen Umständen im Verhältnisse der Eltern als Verpflichteten zu Kindern als Berechtigten. Hier erweitert sich die elterliche Unterhaltspflicht ohne Rücksicht auf deren standesgemäßen Unterhalt (Abs. 1), soweit es sich um Kinder handelt, welche

a) noch minderjährig und
b) noch unverheirathet sind.

Solchen Kindern gegenüber erklärt § 1603 BGB. die Eltern als verpflichtet, überhaupt allen verfügbaren Mittel zu ihrem und der Kinder Unterhalt gleichmäßig zu verwenden. Sie dürfen also und das ist der springende Punkt — sich dem Unterhaltsanspruche von Kindern jener Art nicht auf den Einwand, daß sie dies oder jenes zu ihrem standesmäßigen Unterhalte selbst bedürfen, zurückziehen. Ausnahmen davon, welche es bei einer Kompetenz bis zum Freibleiben des standesmäßigen Unterhalts belassen, gibt es nur zweierlei, nämlich nach § 1603 Abs. 2:

a) wenn ein anderer unterhaltspflichtiger Verwandter vorhanden ist,

b) wenn der Unterhalt des Kindes wenigstens aus dem Stamme seines eigenen Vermögens bestritten werden kann.

Beruft sich der Verpflichtete auf seine Leistungsunfähigkeit, so muß er dieselbe beweisen. Denjenigen, welcher Unterhalt in Anspruch nimmt, trifft nur der Beweis seiner Dürftigkeit sowie des Bestehens solcher persönlicher Beziehungen, welche eine Unterhaltspflicht gesetzlich begründen.

Eine eigenartige Frage ergibt sich in Ansehung von Ehefrauen, soferne sich eine solche einem Unterhaltsanspruche ihrer Verwandten gegenüber darauf beruft, daß sie denselben zu gewähren selbst nicht im Stande sei. Inwieweit kommen hier die eheherrlichen Rechte an vorhandenem Vermögen oder Einkommen der Frau in Betracht? Die Antwort richtet sich nach dem Güterstande. Im ordentlichen gesetzlichen Güterstande d. i. dem der ehemännlichen Verwaltung und Nutznießung wird gemäß § 1604 Abs. 1 das Verwaltungs- und Nutznießungsrecht des Mannes am eingebrachten Gute der Frau (an deren Vorbehaltsgut hat der Mann, abgesehen von einem gewissen Beisteueranspruch, ohnehin kein Recht) nicht in Betracht gezogen m. a. W.: die Unterhaltsberechtigten können mit ihren Ansprüchen, soweit sie an sich berechtigt sind, gegenüber dem Vermögen ꝛc. der Frau soweit vorgehen, wie (namentlich nach § 1411) andere Gläubiger eben auch.

Bei den mit allgemeiner oder partikulärer Gütergemeinschaft ausgestatteten Güterstandsformen bestimmt sich die Unterhaltspflicht des Mannes wie der Frau ihren Verwandten gegenüber so, wie wenn das die Grundlage des Güterstands bildende Gesammtgut im Alleineigenthume des unterhaltspflichtigen Ehegatten stände. Das Gesammtgut haftet also ebenso, wie rechtlich und thatsächlich ein vorhandenes Vorbehaltsgut des Unterhaltspflichtigen. Sind bedürftige Verwandte beider Ehegatten vorhanden, so ist der Unterhalt aus dem Gesammtgute so zu gewähren, wie wenn die Bedürftigen zu beiden Ehegatten in dem Verwandtschaftsverhältnisse ständen, auf dem die Unterhaltspflicht des verpflichteten Ehegatten beruht. (BGB. § 1604).

Ein analoger Grundsatz, wie der des § 1604 gilt auch hinsichtlich des Verhältnisses eines minderjährigen Kindes, dessen Vermögen elterlicher Nutznießung unterliegt, gegenüber seinen unterhaltsberechtigten Verwandten. Vergl. BGB. § 1605.

3. Die Konkurrenz mehrerer Bedürftiger gegenüber einem Unterhaltspflichtigen, welcher nicht Allen Unterhalt zu gewähren im Stande ist, regelt BGB. § 1609, und zwar dahin, daß unter den Konkurrenten:

a) die Abkömmlinge der Ascendenten,
b) bei den Abkömmlingen unter sich diejenigen, welche zur gesetzlichen Erbfolge als Erben berufen sein würden,
c) bei Ascendenten unter sich — ohne Unterscheidung zwischen väterlichem oder mütterlichem Stamme — die näheren den entfernteren vorgehen.

Der Ehegatte steht den minderjährigen unverheiratheten Kindern gleich. Anderen Kindern und sonstigen Verwandten geht er vor. Ueber Scheidungsverhältnisse bestimmt hieher § 1609 Abs. 2.

Selbstverständlich kann selbst innerhalb der abstrakten Grenzen der Unterhaltspflicht nicht jeder Unterhaltsberechtigte immer auch wirklich eine Unterhaltsleistung rechtlich verlangen. Die Erhebung eines solchen Anspruchs setzt voraus, daß der Betreffende auch außer Stand ist, sich selbst zu unterhalten, sei es durch eigenes Vermögen oder eigenen Erwerb oder sonstige Einkünfte, wie z. B. Leibrenten, Pensionen &c. Was den Vermögensbesitz anlangt, so ist auch der Unterhaltsanspruch nicht schon dann begründet, wenn dem Prätendenten blos die Zinsen oder sonstigen Einkünfte aus Vermögensgegenständen nicht langen. Als vermögenslos kann in fraglicher Richtung nur derjenige gelten, welcher auch die Substanz des Vermögens aufgezehrt hat, vorausgesetzt, daß es sich nicht um unrentirliche Dinge handelt, welche der Unterhaltspflichtige an sich schon zu seiner Lebenshaltung nöthig hat, wie z. B. die erforderlichen Kleider, Möbel u. dgl. Im Punkte der Erwerbsfähigkeit kann auch schon eine Erwerbsbeschränktheit relativ in Betracht kommen. Ebenso ist es denkbar, daß selbst beim Bestehen von körperlicher oder geistiger Erwerbsfähigkeit schon der absolute Mangel einer für den Betreffenden nach seinen persönlichen Verhältnissen benützbaren Erwerbsgelegenheit den Unterhaltsanspruch begründen kann. Dieser letztere muß aber bei einer Person entfallen, die einfach nichts erwerben will.

Ob eine schlimme Vermögenslage, eine Erwerbsschwierigkeit von dem Bedürftigen selbst verschuldet ist oder nicht, darauf kommt für den Unterhaltsanspruch an sich nichts an. Es kann selbst vorkommen, daß an einen Untersuchungs- und Strafgefangenen Unterhaltsleistungen zu machen sind.

Die Unterhaltsreichung ist selbstverständlich keine ungemessene. Die Grenzen zieht § 1610 BGB. Der Regel nach geht gemäß dieses § 1610 der Unterhaltsanspruch weiter als auf den bloßen Nothbedarf. Der Unterhaltsanspruch nach BGB. umfaßt den „gesammten Lebensbedarf", bei einer der Erziehung bedürftigen Person auch die Kosten der Erziehung und der Vorbildung zu einem Berufe. Jener Lebensbedarf und diese Kosten können natürlich auch nach Art und Umfang sehr verschieden sein. Das BGB. normirt daher auch einen Maßstab und bezeichnet als solchen die „Lebensstellung des Bedürftigen“. Es verlangt und gewährt „standesmäßigen Unterhalt“. Man darf aber dabei nicht daran denken, als ob in den Bereich dieses Begriffs auch Ansprüche auf Befriedigung von Lebensbedürfnissen gezogen werden könnten, welche sich als irreguläre persönliche Excesse oder als mißbräuchliche Standesprätensionen darstellen. Daß zum Unterhalte i. S. des BGB. auch Krankheitskosten gehören können, ist ebenso sicher, als daß der blos Alimentationspflichtige als solcher nicht gehalten sein kann, Gläubiger des Anderen zu befriedigen, soweit nicht deren Forderungen in Leistungen ihren Rechtsgrund haben, welche eigentlich auch schon primär den Unterhaltspflichtigen getroffen hätten. Auf diesem Gebiete hat jedenfalls das richterliche Ermessen einen weiten Spielraum je nach den thatsächlichen Verhältnissen. Ganz besonders gilt dies für einen Erziehungsaufwand. Sicher kann namentlich auf diesem Gebiete der Unterhaltsberechtigte nicht Leistungen verlangen, welche der sozialen Stellung seiner Person und Familie, seinen Fähigkeiten u. s. w. nicht angemessen sind. Zum mindestens aber muß ihm unter allen Verhältnissen so viel gewährt werden, als in den Staatsvorschriften über Schulbesuch u. dgl. begründet ist. In diesem Punkte ist nun nochmals zurückzugreifen auf den schon früher besprochenen § 1617, welcher ein Kind verpflichtet, im elterlichen Hauswesen und Geschäfte Dienste zu leisten. Weigert sich dessen z. B. ein Junge und verlangt Geldmittel, um gegen den väterlichen Willen irgendwo anders sich aufhalten, arbeiten oder in Lehre gehen zu können, so kann der Vater nicht gehalten sein, zu solchem seinem eigenen Willen widersprechenden Verlangen auf seine Unterhaltspflicht hin die Mittel zu gewähren, es müßte denn sein Widerspruch vom Vormundschaftsgericht als Mißbrauch seiner elterlichen Gewalt befunden werden.

Ausnahmsweise kann sich übrigens der im § 1610 BGB. begründete Anspruch auf standesmäßigen Unterhalt auch auf den bloßen nothdürftigen Unterhalt einschränken. Dies ist nach BGB. der Fall:

a. wenn der Unterhaltsberechtigte durch sein sittliches Verhalten (namentlich Spiel, Trunk, unsittlichen Wandel, Arbeitsscheu 2c.) bedürftig geworden ist;
b. wenn Abkömmlinge, Eltern, Ehegatten sich einer Verfehlung schuldig machen, welche den Unterhaltspflichtigen berechtigt, ihnen den Pflichttheil zu entziehen;
c. wenn Großeltern und weiteren Voreltern gegenüber die Voraussetzungen vorliegen, unter denen Kinder berechtigt sind, ihren Eltern den Pflichttheil zu entziehen.

Damit aber in solchen Fällen nicht eine Abwälzung der Last auf andere Schultern versucht werden kann, schreibt § 1611 Abs. 2 eigens vor, daß der Bedürftige wegen einer solchen Beschränkung seines Anspruchs nicht andere Unterhaltspflichtige in Anspruch nehmen kann.

Der Unterhalt ist durch Entrichtung einer Geldrente zu gewähren. Das ist die Rechtsregel des § 1612. Der Bedürftige kann das ihm Zukommende in Geld verlangen und muß es in Geld annehmen. Damit ist natürlich nicht ausgeschlossen, daß beide Theile freiwillig etwas anderes vereinbaren.

Ja der § 1612 gibt dem Unterhaltspflichtigen sogar das Recht, zu verlangen, daß ihm die Gewährung des Unterhalts in anderer Art (z. B. in Gestalt von Naturalreichnissen, Kapitalshinterlegung u. s. w.) gestattet wird, wenn besondere Gründe es rechtfertigen. Nach den Mot. IV, 703 dachte man bei Erwähnung dieser besonderen Gründe hauptsächlich an den Fall, daß der Bedürftige ein dem Trunke, dem Müßiggange oder überhaupt der Lüderlichkeit ergebener Mensch ist, so daß sich die mit der Nationalverpflegung von selbst verbundene gewisse Freiheitsbeschränkung als unerläßlich darstellt. Zu entscheiden hat darüber nöthigenfalls der Richter, und zwar hier der Streitrichter. Eine gewisse noch weiter gehende Dispositionsfreiheit in diesem Punkte haben übrigens Eltern einem unverheiratheten (voll- oder minderjährigen) Kinde gegenüber. Die Eltern können selbst bestimmen, in welcher Art und für welche Zeit im Voraus der Unterhalt gewährt werden soll. Diese eigene Bestimmung steht übrigens doch unter einem Korrectiv insoferne, als das Vormundschaftsgericht auf Antrag des Kindes jene Bestimmung der Eltern aus besonderen Gründen ändern kann (§ 1612).

Eine zu gewährende Geldrente ist ein Vierteljahr im Voraus zu entrichten. Erlebt der Bedürftige den Beginn eines Zeitabschnitts, so gebührt ihm der volle auf den Zeitabschnitt entfallende Betrag (§§ 1612, 760). Leistet der Unterhaltspflichtige auf längere Zeit im Voraus, so wird er dadurch nur für jenen Zeitraum leistungsfrei, läuft also Gefahr, bei weiterer oder neuerlicher Dürftigkeit des Berechtigten (und zwar trotz etwa entgegengestellter Vereinbarung) nochmals zahlen zu müssen.

Gewähren Eltern oder Voreltern ihren Abkömmlingen oder umgekehrt Unterhalt, so ist im Zweifel anzunehmen, daß die Absicht fehlt, vom Empfänger Ersatz zu verlangen.

Tod des Verpflichteten oder Berechtigten endigt das Unterhaltsverhältniß. Recht und Pflicht gehen nicht auf die Erben über. Ist aber ein Erbe des Verpflichteten in eigener Person pflichtig oder ein Erbe des Berechtigten in eigener Person unterhaltsberechtigt, so begründet sich eben ein neues selbständiges Unterhaltsverhältniß. Rückstände für die Vergangenheit können in den durch Art. 1613, 1615 bestimmten Fällen nachgefordert werden. Sie verjähren aber schon in vier Jahren (BGB. § 197).

Stirbt ein Unterhaltspflichtiger und es ist zur Zeit dieses Erbfalls die Geburt eines Erben zu erwarten, so kann die Mutter, falls sie außer Stand ist, sich selbst zu unterhalten, bis zur Entbindung standesmäßigen Unterhalt aus dem Nachlaß oder, wenn noch andere Personen als Erben berufen sind, aus dem Erbtheile des Kindes verlangen. Bei Bemessung des Erbtheils ist anzunehmen, daß nur ein Kind geboren wird (BGB. § 1963). Diese Vorschrift findet auch Anwendung auf den Fall der zu erwartenden Geburt eines Nacherben (§ 2141).

Stirbt der Unterhaltsberechtigte, so hat der Verpflichtete auch die Kosten des Begräbnisses zu tragen, soweit ihre Bezahlung nicht von den in erster Linie haftenden Erben zu erlangen ist.

Verzichtet auf den Unterhaltsanspruch kann für die Zukunft nicht werden — ein Satz des § 1614, welcher namentlich für die öffentliche Armenpflege von Wichtigkeit ist, weil dadurch verhütet wird, daß die Unterstützungslast von primär haftbaren Personen auf die Armenpflege abgewälzt werden könnte.

Vergleicht man den Inhalt unseres bayr. Armengesetzes v. 29. April 1869 in seiner neuesten Fassung mit den vorgetragenen Bestimmungen des BGB., so ergibt sich, daß das Reichs- und das Landesgesetz im Ganzen und Großen zusammenstimmen, auch in Einzelnheiten analog gehen und jedenfalls nach dem, was durch Art. 160 des Bayr. AG. z. BGB. am Armengesetz noch geändert wurde, keine Disharmonie mehr besteht. Eine Grundverschiedenheit liegt nur insoferne vor, als das BGB., von den oben dargestellten enger begrenzenden Ausnahmefällen abgesehen, den standesmäßigen Unterhalt zuspricht, das bayr. Armengesetz aber nur das zur Erhaltung des Lebens oder der Gesundheit Unentbehrliche (Armengesetz Art. 3, 7, 11 n. F.). Was dagegen die einzelnen Bedarfsrichtungen (Nahrung, Kleidung, Wohnung 2c., Krankheitspflege, Erziehung und Unterricht, Beerdigung) anlangt, so stehen darin die reichsrechtlichen

Normen über die privatrechtliche Unterhaltspflicht und die landesrechtlichen Einrichtungen in Bezug auf die öffentliche Armenpflege im Wesentlichen auf gleichem Standpunkte. Wenn nun, wie gezeigt, im Maße der Leistung die privatrechtliche Verpflichtung erheblich weiter geht als die öffentlichrechtliche, so hat dies jedenfalls die günstige Wirkung für die öffentliche Armenpflege, daß der Umfang ihrer allenfallsigen Ersatzansprüche gegen die Privatalimentationspflichtigen vollauf gedeckt wird durch den weiteren Umfang der Privatpflichten.

Was nun diese Ersatzansprüche selbst betrifft, so bildet deren reichsrechtliche Grundlage jetzt der Art. 103 des EG. z. BGB., wonach unberührt bleiben die landesgesetzlichen Vorschriften, nach welchen der Staat, sowie Verbände und Anstalten, die auf Grund des öffentlichen Rechts zur Gewährung von Unterhalt verpflichtet sind, Ersatz der für den Unterhalt gemachten Aufwendungen von der Person, welcher sie den Unterhalt gewährt haben, sowie von denjenigen verlangen können, welche nach den Vorschriften des Bürgerlichen Gesetzbuchs unterhaltspflichtig waren. Nach diesen beiden Richtungen enthält Art. 5 des bayr. Armengesetzes n. F. die entsprechenden Bestimmungen. Hiebei ist Abs. 2 im Vergleiche zu Art. 1 der Nov. z. Armengesetze v. 3. Febr. 1888 verändert. Nach der neuen Fassung gilt der ältere Artikel insoweit nicht mehr, „als er einen Unterhaltspflichtigen den aus einem anderen Grunde zur Unterstützung eines hilfsbedürftigen Verpflichteten gleichstellt. Der Ersatzanspruch der Armenpflege gegen solche Verpflichtete, insbesondere gegen denjenigen, gegen welchen dem Hilfsbedürftigen wegen einer Verletzung des Körpers oder wegen Tödtung des Unterhaltspflichtigen (§§ 823, 843, 844 Abs. 2 BGB.) ein Anspruch auf Entrichtung einer Geldrente zusteht, gehört dem Gebiete des bürgerlichen Rechtes an und bestimmt sich in Ermangelung eines Vorbehalts für landesgesetzliche Vorschriften künftig nach den allgemeinen Grundsätzen des Bürgerlichen Gesetzbuchs." *)

Was weiter die Ersatzansprüche gegen den Nachlaß Unterstützter anlangt, so können nach dem jetzigen Art. 8 des Armengesetzes die öffentlichen Armenpflegen, sowie die zur Armenunterstützung verpflichteten öffentlichen Kassen aus dem Nachlasse der von ihnen im Laufe der letzten zehn Jahre vor eingetretenem Tode unterstützten Personen vollen Ersatz für die gewährte Unterstützung verlangen, wenn nicht arme Pflichttheilsberechtigte vorhanden sind.

Dieser Vorschrift ist neuestens in Art. 8 Abs. 2 folgender Zusatz angefügt worden:

„Der Ersatzanspruch kann nicht zum Nachtheile der Nachlaßgläubiger geltend gemacht werden; Verbindlichkeiten aus Pflichttheilsrechten, Vermächtnissen und Auflagen bleiben außer Betracht. Trifft er mit dem Ersatzanspruch einer öffentlichen Wohlthätigkeitsanstalt zusammen, von der der Verstorbene innerhalb der letzten zehn Jahre vor dem Tode oder unentgeltlich verpflegt worden ist, so kann er auch nicht zum Nachtheile dieses Anspruchs geltend gemacht werden."

Zu diesem letzteren neuen Satze ist zunächst auf die dem jetzigen Art. 8 des Armengesetzes analoge Bestimmung des Art. 101 des bayr. Ausf.-Ges. z. BGB. zu verweisen. Die Mot. zu Art. 27 des Entw. des letzteren Gesetzes machen dazu noch darauf aufmerksam, „daß nach jenem Art. 101 des Ausf.-Ges. zum BGB. den öffentlichen Wohlthätigkeitsanstalten in Ansehung des Nachlasses der von ihnen unterstützten oder unentgeltlich verpflegten Personen nicht ein Erbrecht, sondern ein Ersatzanspruch zusteht. Diesem muß im Verhältnisse zu dem Ersatzanspruche der Armenpflege derselbe Vorrang zugestanden werden, den nach dem bisherigen Rechte das Erbrecht der Wohlthätigkeitsanstalten gegenüber dem Ersatzanspruche der Armenpflegen hat. Bezüglich des im Art. 102

*) Mot. zu Art. 27 des Entw. B des Ausf.-Ges. zum BGB.

des Ausführungsgesetzes z. BGB. den Wohlthätigkeitsanstalten gewährten Rechtes auf die von der verpflegten Person eingebrachten Sachen ist hier eine Bestimmung nicht erforderlich, weil diese Sachen nicht zum Nachlasse gehören, sondern mit dem Eintritte des Erbfalls in das Eigenthum der Anstalt übergehen."

Bezüglich der Geltendmachung des Ersatzanspruchs der Armenpflege gegenüber bestimmten Personen hat auch die neueste Textirung des Armengesetzes Art. 6 aus der älteren Novelle v. 3. Febr. 1888 das dort statuirte administrative Zwangsverfahren übernommen. Die ältere Gesetzesstelle hat aber durch Art. 160 des Ausf.-Ges. z. BGB. einige Aenderungen erfahren, über welche die Mot. zum Entw. an entsprechender Stelle folgendes bemerken:

„Art. 2 des Gesetzes vom 3. Februar 1888 ermächtigt die Distriktsverwaltungsbehörde, auf Antrag der Armenpflege den Ehemann, die Ehefrau, die Eltern und Großeltern, die Kinder und Enkel sowie die uneheliche Mutter eines Hilfsbedürftigen und die unehelichen Kinder in Ansehung der hilfsbedürftigen Mutter durch vorläufig vollstreckbare Entscheidung anzuhalten, dem Hilfsbedürftigen nach Maßgabe ihrer gesetzlichen Verpflichtung Unterstützung zu gewähren und für die in Folge der Nichterfüllung ihrer Verbindlichkeit nothwendig gewordene Armenunterstützung Ersatz zu leisten. Der Entwurf (Ziff. II) erstreckt die Vorschrift mit Rücksicht darauf, daß nach den §§ 1589, 1705 BGB. die unehelichen Kinder zu der Mutter und den mütterlichen Großeltern in demselben Verwandtschaftsverhältnisse stehen wie die ehelichen, auf das Verhältniß zwischen einem unehelichen Kinde und den mütterlichen Großeltern, wodurch sich zugleich eine Vereinfachung der Fassung ergibt, und läßt das Zwangsverfahren auch gegenüber dem unterhaltspflichtigen früheren Ehegatten (§§ 1345, 1346, 1351, 1578, 1583, 1586 des BGB.) und gegenüber dem Vater eines unehelichen Kindes zu. Gegenüber diesem ist jedoch mit Rücksicht auf die nach § 1717 BGB. statthafte Berufung auf die Beiwohnung eines Anderen die Einschränkung erforderlich, daß die Vaterschaft nach § 1718 des Bürgerlichen Gesetzbuchs anerkannt oder die Unterhaltspflicht in einem vollstreckbaren Titel festgestellt sein muß. Als vollstreckbarer Titel kommt insbesondere die von dem Amtsgerichte beurkundete Anerkennung der Unterhaltspflicht (vergl. Art. 15 Abs. 2 des Ausf.-Ges. zum GVG. in der Fassung des Art. 34 Ziff. I des Entw.) in Betracht, sofern der Vater sich in der Urkunde der sofortigen Zwangsvollstreckung unterworfen hat."

Fünftes Kapitel.

Rechtsverhältnisse in Bezug auf uneheliche Kinder.

In wenig Parthien des bürgerlichen Rechts haben die grundlegenden rechtlichen Anschauungen im Lauf der Jahrhunderte so sehr gewechselt wie in Ansehung der rechtlichen Stellung der unehelichen Kinder. Die rechtsgeschichtliche Entwickelung dieser Verhältnisse stellt zugleich ein lehrreiches Stück von Kulturgeschichte dar. Die wechselnden Anschauungen darüber, wie uneheliche Kinder zu betrachten und rechtlich zu behandeln seien, entsprechen in der Regel dem Charakter der Zeit, den jeweiligen sozialen Anschauungen, dem mehr oder minder großen Einflusse humaner Tendenzen. Von jenen älteren Zeiten deutschen Rechts, in denen das uneheliche Kind als selbst makelbehaftet und nahezu geächtet galt, in denen das uneheliche Kind von den damals wichtigsten Rechten, wie z. B. der Zunftfähigkeit, ausgeschlossen war — von jenen Zeiten an bis zum jetzigen Bürgerlichen Gesetzbuche, welches auf die Besserung der Lage der unehelichen Kinder stark hervortretenden Bedacht nimmt, offenbart sich eine mannigfache Reihe verschieden gearteter Rechtsanschauungen. Die eben berührte eigenartige, wohlwollende sozialpolitische Färbung des

BGB. gegenüber unehelichen Kindern beruht nicht etwa auf einer geringeren Meinung von dem Unwünschenswerthen des öfteren Vorkommens unehelicher Geburten. Man beklagt deren Häufigkeit aus sittlichen und legislaturpolitischen Gesichtspunkten in allen Kulturstaaten heutzutage nicht minder, ja umgekehrt sogar noch mehr, als in jenen längst vergangenen Zeiten, in denen man ebenso mit strengen Kirchenbußen wie mit weltlichen sog. Fornikationsstrafen oder mit entehrenden Gebräuchen gegen die unehelichen Mütter vorging.

Geholfen haben aber diese längst einer besseren Einsicht gewichenen Dinge bekanntlich im Ganzen genommen nichts.

Das gleiche kann man m. E. auch behaupten von der französisch-rechtlichen Untersagung der Vaterschaftsrecherche, welche wenigstens zum Theil darauf berechnet war, die unverehelichten Frauen durch Versagung von Alimentationsansprüchen für etwa sich ergebende uneheliche Kinder zu größerer geschlechtlicher Zurückhaltung zu bringen. Daß sich dadurch in Wirklichkeit die Sittlichkeitszustände im Herrschaftsgebiete jenes Gesetzgebungssystems wesentlich gebessert hätten, wird man wohl kaum behaupten können. Sie haben höchstens etwas veränderte Formen angenommen.

Eine entschiedene größere Berechtigung hatten die Versuche, der Ueberzahl unehelicher Geburten zu steuern durch Beförderung und Erleichterung der Eheschließungen. Charakteristisch ist es, daß gerade auf dem Boden jener französischen Gesetzgebung sich unter geistlicher Führung ganz große Gesellschaften bildeten zur Beförderung der Eheschließung, namentlich unter der in zahllosen Konkubinatsverhältnissen lebenden Arbeiterbevölkerung, z. B. im Elsaß. Entschieden zu billigen war es gewiß, wenn man bei uns Ende der sechziger Jahre mit jenem ehefeindlichen bäuerischen Terrorismus aufräumte, welcher in Gestalt des berüchtigt gewordenen sog. absoluten

Veto der Gemeinden gegen nicht privilegirte Eheschließungen so manches Paar, dessen Verhältniß nicht selten sittlich besser fundirt war als manche Protzenheirath, an den Rand der Verzweiflung, in Konflikt mit den Behörden und schließlich zur Deterioration brachte.

Die Beförderung der Eheschließung hat daher gewiß etwas Berechtigtes. Ob man aber damit nicht vielleicht in neuester Zeit etwas gar zu weit ging und auch leichtsinnige Heirathen beförderte, möge hier ununtersucht bleiben. Für mich ist es zweifellos, daß ein großer Theil der Aufgabe, uneheliche Zeugungen möglichst hintanzuhalten, auf dem Gebiete der Erziehung und Seelsorge liegt. Ein anderer Punkt ist aber auch der, die unehelichen Kinder selbst in eine social erträgliche Lage zu bringen, sie der so häufigen körperlichen und geistigen und insbesondere sittlichen Verwahrlosung zu entreißen, auf daß nicht gerade sie wieder beitragen zur Ausbreitung jener Zustände, in deren Dunstkreis die Mehrzahl unehelicher Kinder geboren werden. Mit Betonung dieses Punktes kommen wir von selbst hinüber zum Standpunkte des BGB., dessen Bestimmungen in gegenständiger Richtung entschieden von Tendenzen fraglicher Art beeinflußt sind.

Oberster Grundsatz des neuen deutschen Rechts auf fraglichem Gebiete ist, daß auch jedes uneheliche Kind in privatrechtlicher Hinsicht vollkommen rechtsfähig ist, wie andere Menschen eben auch. Im Ganzen und Großen gilt dies ja auch auf dem Gebiete des öffentlichen Rechts. Doch bestehen hier noch einzelne Ausnahmen, wie z. B. insoferne, als nach bayer. Adelsedikt uneheliche Kinder an Adelsrechten des Vaters oder der Mutter nicht Theil nehmen.

Grundsatz ist weiter, daß die Bestimmungen des BGB. über uneheliche Kinder auf solche Kinder jeder Art sich erstrecken. Besonderheiten für Konkubinenkinder i. S. des römischen Rechts, für Brautkinder oder solche, welche ex damnato coitu, also z. B. aus Ehebruch oder Blutschande, stammen, hat das BGB. in keiner Weise aufgenommen. Auch jene Besonderheiten, welche das französische Recht für sog. väterlich anerkannte uneheliche Kinder herausgebildet hat, sind in das BGB. nicht übergegangen. Schon an dieser Stelle sei auch bemerkt, daß nach Art. 208 EG. z. BGB. von seiner Einführung an dessen Vorschriften über uneheliche Kinder sich auch auf die vor dem 1. Januar 1900 geborenen unehelichen Kinder erstrecken. Ausnahmen hievon bestehen für solche ältere Kinder nur nach drei Einzelrichtungen, nämlich hinsichtlich

a) der Vorschriften über die Erforschung der Vaterschaft, insbesondere des Verbots einer solchen nach französischem Rechte;
b) des Rechtes zur Führung des Familiennamens des Vaters, wenn und wo eben ein solches Recht bisher bestand;
c) der Unterhaltspflicht des Vaters gegenüber dem unehelichen Kinde, nicht aber umgekehrt.

Nach diesen Richtungen bleiben vorübergehend noch die bisherigen Gesetze maßgebend (Abs. 1). Letzteres gilt auch in Ansehung der Frage, ob und inwieweit etwa einem vor 1. Januar 1900 erzeugten Kinde aus einem besonderen Grunde, insbesondere wegen Erzeugung im Brautstande, die rechtliche Stellung eines ehelichen Kindes zukommt und inwieweit Vater und Mutter eines solchen Kindes die Rechte und Pflichten ehelicher Eltern haben (Abs. 2). Die Vorschriften des Abs. 1 Art. 208 gelten aber auch für ein nach den französischen und badischen Gesetzen anerkanntes Kind. Die bezügliche seiner Zeit erfolgte, rechtsförmliche Anerkennung hat also nur mehr Wirkung nach den vorbezeichneten drei speziellen Richtungen. In allem Uebrigen wird sie ab 1. Jan. 1900 bedeutungslos, mag auch das uneheliche

Kind bereits noch so alt sein. Das ist auch nach der Kritik, welche die Mot. z. I Entw. des BGB. (Bd. IV S. 852) an dem französisch-rechtlichen Institute der Anerkennung geübt haben, ganz begreiflich.

„Bei der Regelung des Rechtsverhältnisses der unehelichen Kinder ist das Gesetz davon ausgegangen, daß regelmäßig nur die durch eheliche Abstammung vermittelte Verbindung diejenige sittliche Grundlage gewährt, welche die Voraussetzung familienrechtlicher Pflichten und Rechte bildet, daß insbesondere nur das feste Band der Ehe und das dadurch begründete Familienleben eine ausreichende Garantie für die Erfüllung jener Pflichten und die zweckentsprechende Ausübung jener Rechte bietet." So schreiben wörtlich die Mot. z. I Entw. (Bd. 4 S. 851). Der eben erwähnte Standpunkt hat dazu geführt, daß das BGB. schon im § 1589 den hinsichtlich der Folgesätze bedeutungsvollen Grundsatz aufgestellt hat:

„Ein uneheliches Kind und dessen Vater gelten als nicht verwandt."

Andererseits ist aber im § 1705 auch die weitere prinzipielle Satzung enthalten, daß ein uneheliches Kind im Verhältnisse zu der Mutter und zu den Verwandten der Mutter die rechtliche Stellung eines ehelichen Kindes hat. Die mehrbezeichneten Mot. Bd. 4 S. 854 rechtfertigen dies eingehend. Mit Recht wurde betont, daß das uneheliche Kind der Mutter viel näher stehe, als dem Vater, daß es der Ersteren schon von Natur aus zur Pflege und Erziehung anvertraut sei, und daß namentlich die faktischen und sittlichen Voraussetzungen für familienrechtliche Beziehungen zwischen dem unehelichen Kinde und dessen Abkömmlingen einerseits und der Mutter und deren Verwandten andererseits, wenn auch nicht in demselben Maße, wie bei ehelicher Abstammung, so doch regelmäßig in einem solchen Grade vorhanden sind, daß unter Vorbehalt geeigneter

Modifikationen dem unehelichen Kinde im Verhältnisse zur Mutter und zur mütterlichen Familie grundsätzlich die Stellung ehelicher Kinder eingeräumt werden kann. Mit der Gewährung dieser Stellung ist das rechtliche Verhältniß nach der mütterlichen Seite im Ganzen schon voll gekennzeichnet. Einzelfolgen sind namentlich

a) das Recht des Kindes auf den Familiennamen der Mutter (§ 1706); (davon war schon früher die Rede; vgl. S. 64);

b) der Anspruch auf Unterhalt zwischen der Mutter und ihren Verwandten und dem unehelichen Kinde, nach denselben Grundsätzen, wie bei ehelichen Kindern;

c) das gegenseitige Erbrecht zwischen den vorbezeichneten Personen.

Eine Modifikation des Rechtsverhältnisses im Vergleiche mit dem bei ehelichen Kindern liegt aber darin, daß der Mutter nicht die elterliche Gewalt über das uneheliche Kind zusteht. Sie hat aber das Recht und die Pflicht, für die Person des Kindes zu sorgen, und in Gemäßheit dessen namentlich das Erziehungsrecht. Sie ist zur Vertretung des Kindes nicht berechtigt und hat auch keine Vermögensverwaltung für dasselbe.

Für das uneheliche Kind wird ein Vormund bestellt. Insoweit es sich um die der Mutter zustehende Sorge für die Person des Kindes handelt, hat der Vormund die Stellung eines Beistandes der Mutter.

Im Bereiche des hier besprochenen Titels des BGB. sind das wichtigste die Verpflichtungen des unehelichen Vaters. Diese bewegen sich in zwei wohl zu unterscheidenden Richtungen, nämlich gegenüber dem Kinde und gegenüber der Mutter des Letzteren.

I. Stellung des Vaters gegenüber dem unehelichen Kinde. Nachdem der uneheliche Vater als nicht verwandt mit dem Kinde gilt, fallen, gegenüber dem unehelichen Kinde vor Allem jene väterlichen *Rechte* weg, welche mit dem Rechtsverhältnisse zwischen einem ehelichen Kinde und seinem Vater principiell verbunden sind. Der uneheliche Vater hat keine elterliche Gewalt gegenüber dem unehelichen Kinde, insbesondere kein Erziehungsrecht, auch keine Aussteuerpflicht (wenn es eine Tochter ist), kein Erbrecht und keinen Unterhaltsanspruch für sich gegenüber dem Kinde.

Seine gesetzliche *Pflicht* ist es aber, dem unehelichen Kinde *innerhalb bestimmter Grenzen einen Unterhalt* zu gewähren. Gegenüber dem vorhin erwähnten Grundsatze der Nichtverwandtschaft des Vaters zum unehelichen Kinde ist das eine Ausnahmevorschrift. Darum ist sie nicht ausdehnbar über die gesetzlich gezogenen Schranken. In der Anlage im Allgemeinen ist *diese* Unterhaltspflicht ähnlich construirt wie die Unterhaltspflicht zwischen Verwandten. In Einzelnheiten weichen aber die Verpflichtungen des unehelichen Vaters nicht unwesentlich ab. Selbstverständlich ist diese seine Unterhaltspflicht unter gesetzlichen Zwang gestellt. Der Vormund des Kindes *muß* sie nöthigen Falles im Rechtswege erstreiten. Der vom unehelichen Vater zu reichende Unterhalt ist auch durchaus nicht bedingt durch einen bestimmten Grad von Bedürftigkeit des Kindes und nicht von einem bestimmten Maße von Leistungsfähigkeit des Vaters. Dieser muß *unter allen Umständen* Unterhaltsreichnisse für das uneheliche Kind gewähren. Es fragt sich nur, in welchem Umfange? In diesem Punkte hat nun das BGB. abweichend von manchen älteren Rechten die charakteristische Bestimmung, daß das Maß des Unterhalts des Kindes sich nicht bestimmt nach der eigenen Lebensstellung des nnehelichen Vaters (nach dessen Stand, Erwerb, Vermögen), sondern der *Lebensstellung der Mutter* zu entsprechen hat. Dies hängt zusammen mit der Erwägung, daß ja das uneheliche Kind in die Familie und Lebenslage der Mutter eintritt, diese letztere also eine für sie entsprechende Alimentenbeihilfe zu beziehen haben muß. Dies kann bald mehr, bald weniger ergeben, als vielleicht der Lebenslage und den materiellen Kräften des Vaters entsprechen würde. In dem so begrenzten Unterhaltsanspruche sind übrigens nach positiver Gesetzesvorschrift auch die Kosten der Erziehung und der Vorbildung zu einem Berufe mitinbegriffen, beides natürlich auch nach Maßgabe der Lebenslage der unehelichen Mutter. Nach dieser Stellungnahme des BGB. kann natürlich der uneheliche Vater nicht den Einwand erheben, daß er nur den Nothbedarf des Kindes zu gewähren habe. Begreiflich ist, daß auf der eben gekennzeichneten Grundlage das richterliche Ermessen nicht selten einen erheblichen Spielraum hat.

Die Zeitgrenze, bis zu welcher der uneheliche Vater unterhaltspflichtig ist, hat das BGB. höher gesteckt, als es bisher nach den meisten älteren Rechten der Fall war. Nicht schon das zwölfte, auch nicht das vierzehnte Lebensjahr begründet den Schluß. Nach neuem Rechte dauert des unehelichen Vaters Alimentationspflicht bis zur Vollendung des 16. Lebensjahres des Kindes. Unter bestimmten Ausnahmeverhältnissen kann sich diese Unterhaltspflicht sogar noch weiter, unter Umständen selbst auf Lebensdauer des unehelichen Kindes erstrecken, nämlich dann, aber auch nur dann, wenn das Kind zur Zeit der Vollendung des 16. Lebensjahres in Folge körperlicher oder geistiger Gebrechen bereits außer Stand ist, sich selbst zu unterhalten (§ 1708). Dieser Fall erstreckt sich aber nicht auf Voraussetzungen und Verhältnisse anderer Art, auch nicht auf eine erst später eintretende Gebrechlichkeit. Zum Erlöschen kommt dabei diese Unterhaltspflicht, so bald jener Grund weggefallen ist. Auch fällt diese Unterhaltspflicht weg nach § 1603 Abs. 1 des BGB., d. h. wenn der Vater selbst außer Stand ist, ohne Gefährdung seines eigenen standesmäßigen Unterhalts einen Unterhalt zu gewähren.

Großeltern oder weitere Voreltern auf väterlicher Seite sind für das Kind weder neben dessen Vater, noch subsidiär für den Vater, noch an Stelle desselben bei seinem etwaigen Ableben für das Kind unterhaltspflichtig, es müßte denn sein, daß sie als Erben des unterhaltspflichtigen Vaters in Betracht kommen. Denn nach BGB. § 1712 erlischt der Unterhaltsanspruch des unehelichen Vaters nicht mit dessen Tod. Er geht auf seine Erben über und zwar auch, wenn der Vater schon vor der Geburt des Kindes gestorben ist. Nur hat der Erbe die Berechtigung, das Kind mit einem Geldbetrag abzufinden, welcher dem entspricht, der dem Kinde als Pflichttheil gehören würde, wenn es ehelich wäre. Bei mehreren unehelichen Kindern wird Jedes also angesehen. (BGB. § 1712).

Die Unterhaltspflicht des unehelichen Vaters geht laut Vorschrift des § 1709 derjenigen der Mutter und der mütterlichen Verwandten vor.

Auch hier ist der Unterhalt in Gestalt einer Geldrente drei Monate vorauszahlbar und zwar an den Vormund zu leisten. Der Anspruch auf diese ganze Zeit ist erworben, sobald das Kind den Beginn des Vierteljahres erlebt hat. Keinen Anspruch hat der uneheliche Vater darauf, dem Kinde den Unterhalt in anderer Gestalt, etwa in Naturalreichnissen oder durch Selbstverpflegung bei sich zu verabfolgen (§ 1710). Wird übrigens zwischen dem Vater und Kinde, d. h. des letzteren gesetzlichem Vertreter, eine anderweitige Uebereinkunft über die Unterhaltsreichung für die Zukunft oder über eine an Stelle derselben zu gewährende Abfindung getroffen, so bedarf sie der Genehmigung des Vormundschaftsgerichts. Ein unentgeltlicher Verzicht auf den Unterhaltsanspruch für die Zukunft ist nichtig (BGB. § 1714). Für die Vergangenheit kann hier der Unterhalt nachgefordert werden und zwar auch ohne Verzug des Pflichtigen und auch über die Zeit der

Rechtshängigkeit zurück.*) Bezüglich etwaiger Beerdigungskosten für das Kind hat der uneheliche Vater dieselbe subsidiäre Haftung, wie nach § 1615 ein Unterhaltspflichtiger überhaupt, hinter den Erben (§ 1713). Es dürfte übrigens hier doch wohl anzunehmen sein, daß es sich für den unehelichen Vater nur um einen Todesfall während seiner regelmäßigen oder erweiterten Alimentationsperiode handelt. Ueber die in manchen älteren Rechten vorfindliche Verbindlichkeit des unehelichen Vaters, für das Kind auch die Taufkosten zu bezahlen, ist im BGB. keine ausdrückliche Bestimmung enthalten. Als Lebensbedarf des Kindes i. S. des § 1708 sind Kosten jener Art doch nicht wohl zu betrachten, zumal nach dem, was im § 1716 über die Gewährung einer Geldrente verordnet ist. Es könnte sich höchstens also darum fragen, ob jene Kosten nicht etwa als Reichnisse an die Mutter unter § 1715 fallen möchten. Aber auch dieses wird kaum angenommen werden können. Doch wäre einer bezüglichen Kostenlast durch das BGB. sicherlich dann nicht präjudizirt, wenn eine Verpflichtung im partikulären öffentlichen Rechte begründet sein sollte. Nicht aufgenommen hat auch ganz prinziprichtig das BGB. die Anerkennung eines Anspruchs des Kindes gegen den Vater auf ein Erbrecht, sei es auch nur eines subsidiären oder sog. gesetzlich beschränkten Erbrechts, wie es z. B. das Preuß. LR. statuirte. Ueberhaupt fehlen weitergehende Ansprüche des Kindes gegen den Vater, als sie oben dargelegt sind. Darin begründet es insbesondere keinen Unterschied, ob das Kind vom Vater förmlich anerkannt ist oder nicht.

II. Was nun die Verpflichtungen des Vaters eines unehelichen Kindes gegen dessen Mutter selbst betrifft, so muß vor Allem im Auge behalten werden, daß

1. vom BGB. im Abschnitte über die unehelichen Kinder

*) Weicht ab von der gewöhnlichen Regel des § 1614. Ueber Verjährung s. § 197.

nur solche Ansprüche der Mutter behandelt werden, welche eben aus der Geburt des Kindes entspringen.

Nicht hieher gehören anderweitige Ansprüche einer Frauensperson, welche schon aus der Thatsache einer unehelichen Beiwohnung allein hervorgehen, gleichviel ob dieselbe eine Schwängerung und Geburt zur Folge gehabt hat oder nicht.

In jener Beziehung legt nun vor Allem der § 1715 BGB. dem Vater*) des geborenen unehelichen Kindes die Verpflichtung auf, der Mutter die Kosten der Entbindung zu ersetzen, d. h. den nothwendigen Aufwand für Hebamme, Arzt, Heilmittel u. dgl. Nach älteren Rechten hieß es bisher „die Kindbettkosten". Dies ist an sich mehr als blos die „Entbindungskosten". Das BGB. geht aber sogar noch weiter. Es überbürdet dem Vater sogar den entsprechenden Geldersatz für die Kosten des gesammten Unterhalts der Mutter für die ersten sechs Wochen nach der Entbindung. Ja der uneheliche Vater hat sogar Kostenersatz zu leisten, wenn in Folge der Schwangerschaft oder der geschehenen Entbindung noch weitere Aufwendungen nothwendig werden.

Den bei solchen Vorkommnissen gewöhnlich entstehenden Kostenbetrag kann die Mutter als Mindestleistung stets ersetzt verlangen, ohne erst Beweis liefern zu müssen, daß sie wirklich so viel verbraucht hat und dieser Verbrauch auch nöthig oder angemessen war. Was aber beim Ersatzanspruch den gewöhnlichen Kostenbetrag überschreitet, muß die Ersatz begehrende Mutter im Widerspruchsfalle eben mit Beweis vertreten und zwar sowohl hinsichtlich des Betrags wie der „Nothwendigkeit" des Aufwands.

Diese Ansprüche stehen der Mutter auch dann zu, wenn

*) Auch hier nur diesem allein.

der Vater schon vor der Geburt des Kindes gestorben oder wenn das Kind todt geboren ist.

Es gilt für diese Ansprüche aber nur die kurze Verjährungszeit von vier Jahren, vom Ablaufe jener sechs Wochen nach der Geburt des Kindes an berechnet.

Eine namentlich vom sozialpolitischen Standpunkte aus sehr bemerkenswerthe, für viele bisherige Rechtsgebiete neue Vorschrift ist die des § 1716. Die Erfahrung zeigt, daß leider nur zu oft uneheliche Mütter namentlich zur Zeit der Niederkunft in Folge von Geld- und Verdienstmangel in sehr bedrängte Lagen kommen. Die Verzweiflung hierüber hat dabei gar nicht so selten in hochbetrüblicher Weise sogar kausalen Antheil an strafbaren Angriffen der Mütter auf das keimende oder neuentstandene Leben. Um solchen bedränglichen Lagen, so gut es eben geht, einigermaßen vorzubeugen, gibt BGB. § 1716 der Mutter ein besonderes Schutzmittel. Auf ihren Antrag kann schon vor der Geburt des Kindes durch einstweilige richterliche Verfügung angeordnet werden, daß der Vater

a) den erforderlichen Betrag des für die ersten drei Monate dem Kinde zu gewährenden Unterhalts alsbald nach der Geburt an die Mutter oder (nach richterlicher Wahl) an des Kindes Vormund zu zahlen und zu dem Zweck schon angemessene Zeit vor der Geburt zu hinterlegen habe;

b) auch den gewöhnlichen Betrag der nach § 1715 Abs. 1 an die Mutter zu ersetzenden Kosten in gleicher Weise zahlen und hinterlegen müsse.

Die Erlassung einer solchen einstweiligen Verfügung ist natürlich bedingt durch Glaubhaftmachung der Vaterschaft des in Anspruch Genommenen, nach ausdrücklicher Gesetzesvorschrift aber nicht auch durch Glaubhaftmachung einer Gefährdung des Anspruchs.

Möge diese Vorschrift ihren Zweck und ihre Wirkung nicht verfehlen. Sie kann manche uneheliche Mutter einer bedenklichen Lage entreißen, vorausgesetzt natürlich, daß vom Vater überhaupt etwas zu holen ist. Die Väter mögen aber nur kennen lernen, wie lebenswahr der Busch'sche Spruch ist: „Vater werden ist nicht schwer, Vater sein, gar manchmal sehr!"

Was nach Vorstehendem an Ersatzansprüchen dieser Art der Mutter gewährt wird, steht ihr zu ohne Rücksicht darauf, unter welchen Umständen sie geschwängert worden ist, insbesondere auch, ob sie unbescholtenen oder bescholtenen Rufes*), ob sie noch jungfräulichen Standes gewesen war oder nicht. Speziell auch die sog. exceptio numeratae pecuniae hat hier keine Bedeutung. Ganz anderen Charakter haben

2. jene anderen Vorschriften, welche, aber nur unter ganz bestimmten Voraussetzungen, den Frauenspersonen schon wegen eines Beischlafs, ganz abgesehen davon, ob eine Schwängerung eintrat oder nicht, einen besonderen Ersatzanspruch gewähren. So unter den Voraussetzungen des § 847 (bei Verbrechen oder Vergehen wider die Sittlichkeit, bei einer Beiwohnung auf Grund von Hinterlist, Drohung oder Mißbrauch eines Abhängigkeitsverhältnisses), dann im Falle des § 1300, d. h. einer Beiwohnung mit einer unbescholtenen Verlobten bei nachheriger ungerechtfertigter Auflösung des Verlöbnisses.

Ein allgemeiner Deflorationsanspruch aber ist dem BGB. nicht bekannt.

Wer ist nun unehelicher Vater? wer gilt als solcher? Als Antwort hierauf sagt BGB. § 1717 für die Regel: wer der Mutter innerhalb der Empfängnißzeit, d. h. in der Zeit von dem 181. bis 312. Tage vor dem Tage der Geburt des Kindes (mit Einschluß jenes Anfangs- und Endtages) bei-

*) Wenn nur § 1717 nicht einschlägig wird!

gewohnt hat. Wer dies gethan, gilt als Vater in dem Sinne, daß er unterhalts- und ersatzpflichtig ist.

Es beruht dies auf einer Rechtsvermuthung, ähnlich derjenigen, welche nach früher Erörtertem auch für die eheliche Vaterschaft gilt. Das Gesetz schreibt auch hier vor, daß eine Beiwohnung außer Betracht bleibt, wenn es den Umständen nach offenbar unmöglich ist, daß die Mutter das Kind aus dieser Beiwohnung empfangen habe.

Das BGB. setzt übrigens jener für die uneheliche Vaterschaft geltenden Rechtsvermuthung auch eine höchst wichtige und häufig zur Anwendung kommende Ausnahme an die Seite. Es ist dies die altumstrittene Einrede der mehreren Zuhälter, exceptio plurium concumbentium. Die bisherigen Gesetzgebungen sind in diesem Punkte bekanntlich sehr verschiedenartige Wege gegangen. Nach dem einen Prinzip ging man davon aus, daß von mehreren Männern, welche innerhalb der Empfängnißzeit mit einer Frauensperson geschlechtlich verkehrt hatten, Jeder Vater des unehelich geborenen Kindes sein könnte. Deshalb müßte man es zulassen, daß auch Jeder dafür in Anspruch genommen werde, und zwar nach freier Auswahl.

Die entgegenstehende Ansicht faßt ins Auge, daß die gesetzliche Vermuthung, auf der die Annahme der Vaterschaft beruhe, durch den Nachweis mehrfacher Zuhälterschaft erschüttert sei und wegen bloßer Möglichkeit seiner persönlichen Vaterschaft eben keinem Betheiligten die Lasten zu Gunsten des Kindes und der Mutter aufgebürdet werden könnten. Auf diesen letzteren Standpunkt hat sich auch das BGB. gestellt und sonach der exceptio plurium concumbentium zerstörliche Wirkungen beigelegt, worüber sich auch der Unsittlichkeit und vollends der Prostitution ergebene Weiber gar nicht beklagen können. Damit verschwindet von selbst die vom ersterwähnten Standpunkte aus, z. B. besonders im Gebiete des Bayr. LR. bisher viel besprochene Streitfrage, ob der von mehreren Zuhältern mit solidarischer Haftbarkeit in Anspruch Genommene nicht seinen Regreß mit Theilersatzanspruch an die anderen Genossen nehmen könne.

Man hat diese recht penible Frage häufig bejaht mit Hülfe der Theorie, daß hier eine Konkurrenz mehrerer Delinquenten vorliege, ohne in Würdigung zu ziehen, daß hier von einem concursus plurium delinquentium in uno actu schon aus physischen Gründen absolut nicht die Rede sein kann, vielmehr doch nur ein concursus plurium delictorum angenommen werden könnte. Diese ganze Deliktstheorie ist übrigens veraltet und vom BGB. von vorneherein nicht adoptirt. Nur einen Fall kennt das BGB. nach § 1718, in welchem die exceptio plurium versagt. Auf dieselbe kann sich derjenige nicht mehr berufen, welcher nach der Geburt des Kindes seine Vaterschaft in einer öffentlichen Urkunde anerkannt hat. Volenti non fit injuria! Nicht daran zu zweifeln ist übrigens, daß ein solches Anerkenntniß wie jede andere Willenserklärung nach Maßgabe der allgemeinen Rechtsgrundsätze, namentlich wegen Irrthums, unter Umständen wieder angefochten werden kann.

Schließlich sei noch erwähnt, daß das BGB. einem unehelichen Kinde eine mehrfältige Gelegenheit eröffnet, auch die Rechte eines ehelichen Kindes zu bekommen. Vor Allem kann dies eintreten:

1. im Wege einer Annahme an Kindesstatt, soferne die hiezu nöthigen Voraussetzungen im Allgemeinen gegeben sind, außerdem auch
2. mittelst Legitimation. Eine solche erfolgt entweder:
   a. durch nachfolgende Ehe oder
   b. durch Ehelichkeitserklärung.

Zu a. Heirathet der uneheliche Vater eines Kindes dessen Mutter, so erlangt dieses Kind, wenn es bei der Eheschließung noch lebt, mit jener Eheschließung kraft des Gesetzes die rechtliche Stellung eines ehelichen Kindes. Auch hier wird es naturgemäß fraglich, unter welchen Umständen anzunehmen ist, daß der sich Verheirathende auch der Vater desjenigen Kindes ist, um dessen Legitimation es sich handelt.

Die Antwort gibt § 1720 auch wieder dahin: Der Mann gilt als Vater, wenn er der Mutter (und jetzigen Ehefrau) innerhalb der Empfängnißzeit für das Kind beigewohnt hatte, es sei denn, daß es den Umständen nach offenbar unmöglich st, daß die Mutter das Kind aus dieser Beiwohnung empfangen hat. Hat der Ehemann seine Vaterschaft nach der Geburt des Kindes in einer öffentlichen Urkunde anerkannt, so wird vermuthet, daß der Mann der Mutter innerhalb der Empfängnißzeit beigewohnt habe.

Andernfalls wäre diese Thatsache als Grundvoraussetzung der Legitimation durch nachfolgende Ehe eben zu beweisen. Die Wirkungen einer solchen erstrecken sich auch auf die Abkömmlinge des unehelichen Kindes, selbst wenn dieses schon vor der Eheschließung gestorben ist (BGB. § 1722).*)

Zu b. Die Ehelichkeitserklärung eines unehelichen Kindes, welche nur bei dessen Lebzeiten geschehen kann, erfolgt durch eine Verfügung der Staatsgewalt. Im Verhältnisse der Bundesstaaten zu einander steht sie demjenigen Bundesstaate zu, welchem der Vater angehört. Ist der Vater ein Deutscher, welcher keinem Bundesstaate angehört, so steht sie dem Reichskanzler zu. Innerhalb eines Bundesstaats bestimmt über die Zuständigkeit u. s. w. (soweit nicht die eingehenden Bestimmungen der §§ 1723 fg. ein-

---

*) Uebergangsverhältnisse: vgl. Art. 105 des Bayr. Uebergangsgesetzes v. 9. Juni 1899.

schlägig sind) die Landesregierung. Förmliches Landesgesetz ist also nicht nöthig.

Bedingt ist die Ehelichkeitserklärung durch einen Antrag des Vaters, welcher zugleich eine Anerkennungserklärung für das Kind seitens des Vaters enthalten (§§ 1723, 1725 fg., 1730) und gerichtlich oder notariell beurkundet sein muß.

Nach dem Tode des Vaters kann Ehelichkeitserklärung in der Regel nicht mehr erfolgen (§ 1733 Abs. 1). Eine Ausnahme bezeichnet § 1733 Abs. 2.

Zum Antrag auf Ehelichkeitserklärung bedarf es

a. der Einwilligung des Kindes,
b. der Einwilligung der Mutter, wenn das Kind noch nicht das 21. Lebensjahr vollendet hat (also nicht von Volljährigkeit die Rede),
c. der Einwilligung seiner Frau, wenn der Vater verheirathet ist.

Von den verschiedenen anderen Bestimmungen über diesen Punkt sei nur noch kurz hervorgehoben, daß die Einwilligungserklärung gegenüber dem Vater oder gegenüber der Behörde, bei welcher der Antrag einzureichen ist, zu erfolgen hat und der gerichtlichen oder notariellen Beurkundung bedarf (§§ 1726, 1730). Die Einwilligung der Mutter kann übrigens im Verweigerungsfalle unter Umständen durch das Vormundschaftsgericht ersetzt werden (BGB. §§ 1727, 1729).

Die Ertheilung der Ehelichkeitserklärung ist rein fakultativ (§ 1724). Ihre Grundwirkung ist die, daß das Kind die rechtliche Stellung eines ehelichen Kindes bekommt, auch für seine Abkömmlinge, nicht aber gegenüber den Verwandten des Vaters. Des Letzteren Frau wird nicht mit dem Kinde, der Ehegatte des Kindes wird nicht mit dem Vater verschwägert.

Bezüglich aller weiteren Einzelnheiten sei auf die §§ 1723 bis 1740 BGB. verwiesen.

Dritter Abschnitt.

Vormundschaftswesen.

Erstes Kapitel.

Einleitendes.

Die Rechtseinrichtung, daß für bestimmte Personen in Gestalt von Vormündern oder sonstwie ähnlich Genannten Fürsorge und hülfsweise Vertretung bestellt wird, ist seit alten Zeiten nahezu überall zu treffen. Das Mundium des altdeutschen Rechts, wie die Tutel und Kuratel des römischen Rechts sind dafür Belege. Auch das BGB. hat sich natürlich mit dieser Materie eingehend beschäftigt. Volle 149 §§ hat es für ihre Regelung verwendet! Es ist unmöglich, hier dieses ganze Gebiet eingehend zu durchforschen. Immerhin sollen von demselben wenigstens einige Bilder abgenommen werden. Denn die Gestaltung des Vormundschaftswesens greift nach verschiedenen Seiten weit über das Privatleben hinaus und ist auch vom Standpunkte der öffentlichen Interessen aus von hoher Bedeutung. Das BGB. hat dazu auch — namentlich für einzelne der deutschen Bundesstaaten — gar manches Neue gebracht. —

Wer an diese Materie herantritt, hat sich vor Allem einer bestimmten, gesetzlich festgelegten Ausdrucksweise zu befleißigen. Eine solche hat es zwar auch schon im älteren römischen Rechte mit seiner tutela und cura gegeben. Diese Begriffe haben sich aber bekanntlich später verwischt und pflegte man bisher vielfach die Ausdrücke „Vormundschaft“ und „Pflegschaft“ geradezu durcheinander zu werfen. Das geht künftig nicht mehr an. Jene Ausdrücke bezeichnen bestimmte Begriffe. „Vormundschaft" (§ 1773 fg.) bezeichnet eine rechtliche Vertretung im Totalbereiche der Interessen, Rechte und Pflichten einer Person. „Pflegschaft" (§ 1909 fg.) bezeichnet die Fürsorge für einzelne Angelegenheiten oder für die Interessenpflege in spezieller Richtung oder aus besonderen Anlässen. Die Pflegschaft ist daher nicht immer gerade nothwendig, wo sie auch angezeigt sein könnte, die Vormundschaft ist unter den entsprechenden Voraussetzungen in der Regel direkt geboten.

In Bezug auf Vormundschaft unterscheidet das BGB. zwei Grundfälle:

1. die Vormundschaft über Minderjährige,
2. die Vormundschaft über Volljährige (Entmündigte).

Unter letzterer steht noch als begleitende Einrichtung die sog. vorläufige Vormundschaft (BGB. § 114 fg.).

Zweites Kapitel.

Vormundschaft über Minderjährige.

Auf diesem Gebiete hat das BGB. vor Allem jene alte römisch-rechtliche Dreitheilung der Gründe für die persönliche Berufung zur Vormundschaft, welche die Letztere entweder als tutela testamentaria oder als legitima oder eventuell als dativa hervortreten ließ, beseitigt und zwar zu großer Vereinfachung der Verhältnisse.

Es gibt fernerhin nur mehr gerichtlich bestellte Vormünder. Allerdings bestehen auch für die Zukunft Gründe, welche diese und jene Personen als in bevorzugtem Grade zu einer Vormundschaft berufen erscheinen lassen. Der Charakter einer bestellten Vormundschaft wird dadurch aber nicht geändert. Das Vormundschaftsgericht, welches die Vormundschaft von Amtswegen anzuordnen hat (§ 1774), wird nur vom Gesetze an die Beachtung gewisser Verhältnisse gebunden. Werden diese übersehen oder nicht gewürdigt, so ist darum die geschehene Vormundschaftsbestellung keineswegs nichtig, sondern nur einem Beschwerderecht des Uebergangenen ausgesetzt.

So entwickelt sich eine gewisse Rangordnung für die Berufung zur Vormundschaft, über welche § 1776 folgendes verfügt:

„Als Vormünder sind in nachstehender Reihenfolge berufen:

1. wer von dem Vater (d. h. ehelichen Vater) des Mündels als Vormund benannt ist;
2. wer von der ehelichen Mutter (nicht der unehelichen!) als Vormund benannt ist;
3. der Großvater des Mündels von väterlicher Seite;
4. der Großvater des Mündels von mütterlicher Seite.*)

Die hier erwähnte „Benennung“, welche den Großvätern übrigens nicht zusteht, erfolgt durch letztwillige Verfügung (§ 1777). Der Vater kann dabei einen Vormund nur benennen, wenn ihm zur Zeit seines eigenen Todes die elterliche Gewalt über das Kind zusteht. Das Benennungsrecht steht ihm aber nicht zu, wenn er in den die Person oder das Vermögen betreffenden Angelegenheiten ausnahmsweise nicht zur Vertretung des Kindes berechtigt sein sollte.**) Das Gleiche gilt in Ansehung der Mutter.

Wer auf diese Weise nach § 1776 berufen ist, darf ohne seine Zustimmung nur dann übergangen werden, wenn:

a) bestimmte gesetzliche Hinderungsgründe für eine Vormundschaftsbestellung (nach §§ 1780—1784) vorliegen,
b) der Berufene verhindert ist oder die Uebernahme der Vormundschaft verzögert oder — und das ist das wichtigste —

---

*) Ueber Spezialfälle bei stattgehabten Adoptionen vgl. § 1776.
**) Wegen eines posthumus s. § 1777 Abs. 2.

c) seine Bestellung das Interesse des Mündels gefährden würde (§ 1778).

Ist für eine (minderjährige oder entmündigte) Ehefrau eine Vormundschaft zu bestellen, so darf deren Mann den nach § 1776 Berufenen vorgezogen werden. Für ein uneheliches Kind darf dessen Mutter vor dem Großvater zum Vormund bestellt werden. Solches muß aber nicht der Fall sein und das ist wohl auch gut so, denn in vielen, vielen Fällen werden uneheliche Mütter als Vormünderinnen ihrer Kinder wohl recht wenig tauglich sein.

Hat die Uebertragung nicht an einen nach § 1776 Berufenen zu erfolgen, so hat das Vormundschaftsgericht in der Auswahl des Vormunds freie Hand. Nur muß es vorher den Gemeindewaisenrath anhören (§ 1779).

Für eine solche Auswahl gibt BGB. § 1779 Abs. 1 übrigens verschiedene Direktiven, aber nur als Ordnungsvorschriften.

Es sollen:

a) die persönlichen Verhältnisse, die Vermögenslage und die sonst obwaltenden Umstände bezüglich des zu Berufenden darauf hin ins Auge gefaßt werden, ob Letzterer zur Führung einer Vormundschaft im Allgemeinen und der in Frage stehenden im Besonderen auch geeigenschaftet sein möchte. Es ist weiter:
b) bei dieser Auswahl auch auf das religiöse Bekenntniß des Mündels Rücksicht zu nehmen. Es sind endlich
c) Verwandte und Verschwägerte des Mündels zunächst zu berücksichtigen.

Regel ist nach § 1775, daß für einen Mündel nur ein Vormund und für mehrere Geschwister auch nur ein Vormund bestellt wird. Nur beim Vorliegen besonderer Gründe mögen Mitvormünder (etwas anderes ist der Gegenvormund) bestellt werden. Doch darf dies neben einem nach § 1776 Berufenen nur mit dessen Zustimmung geschehen.

Eine tiefe soziale und rechtliche Bedeutung hat es, daß auch eine Frau (verheirathete oder unverheirathete) (siehe übrigens auch § 1783) als Vormünderin bestellt werden kann. Es hängt dies damit zusammen, daß nach dem Rechtssystem des BGB. auch die Frau, was nicht oft genug betont werden kann, ebenso die Rechtsfähigkeit im Allgemeinen besitzt, wie der Mann. Wer aber — sei es Mann oder Frau — selbst nicht geschäftsfähig oder wegen Geistesschwäche, Verschwendung oder Trunksucht entmündigt ist, ist auch unfähig, zum Vormund bestellt zu werden (§ 1780). In diesen Fällen wäre eine Bestellung nichtig. Verschieden von der absoluten Unfähigkeit ist die bloße Untauglichkeit. Besteht letztere, so soll der Betreffende nicht zum Vormund bestellt werden. Das ist Ordnungsvorschrift. Nichtigkeit der Bestellung liegt aber nicht vor. Eine solche Untauglichkeit besteht gemäß § 1781 für Minderjährige oder für solche, die nach § 1906 unter vorläufige Vormundschaft gestellt sind, weiter für Denjenigen der nach § 1910 zur Besorgung seiner Vermögensangelegenheiten einen Pfleger erhalten hat, ferner für einen Kridar während der Dauer des Konkurses, endlich für den, welcher der bürgerlichen Ehrenrechte verlustig ist, soweit sich nicht aus den Bestimmungen des Strafgesetzbuchs etwas Anderes ergibt.

Durch Verfügung des ehelichen Vaters oder der ehelichen Mutter des Mündels, aber auch nur durch diese Personen kann eine andere Person, nicht aber eine ganze Personenklasse von der Vormundschaft ausgeschlossen werden, und zwar ohne Angabe von Gründen. Ein auf diese Weise rechtsbeständig Ausgeschlossener soll als untauglich behandelt und deshalb nicht bestellt werden. Nur kann die Mutter den vom Vater Benannten ihrerseits nicht ausschließen (§ 1782).

Eine Frau, welche Ehefrau eines anderen Mannes als des Vaters des Mündels ist, soll nur mit Zustimmung (d. h. vorheriger Einwilligung oder nachheriger Genehmigung) ihres Ehemanns zur Vormünderin bestellt werden (§ 1783).

Aufgenommen ist auch in das BGB. § 1784 das Erforderniß der dienstlichen Erlaubniß für die Uebertragung einer Vormundschaft an Landesbeamte oder Religionsdiener, wenn und soweit eine solche Erlaubniß nach den Landesgesetzen erforderlich ist. Desfalls ist daher auf letztere zurückzugehen. Wegen der Reichsbeamten vgl. das RG. v. 31. März 1873, wegen der Militärbeamten und Militärpersonen s. RG. v. 2. Mai 1874 § 41. Bis zu einem selbsteigenen Ablehnungsrecht des Beamten steigert sich das nach § 1784 in Frage stehende Erforderniß aber nicht. Anders für Militärs nach jenem § 41 des RG. v. 2. Mai 1874. Ist ein Beamter oder Religionsdiener ohne jene Erlaubniß bereits zum Vormund bestellt, so muß er vom Vormundschaftsgericht wieder entlassen werden, wenn er die landesgesetzlich erforderliche Erlaubniß zur Uebernahme oder Fortführung der Vormundschaft nicht mehr bekommt oder wenn dieselbe zurückgenommen wird (BGB. § 1888).

Das BGB. bezeichnet es im § 1785 dem Grundsatze nach als eine Pflicht für jeden Deutschen, der vom Vormundschaftsgericht ausgewählt wird, dieses Amt auch zu übernehmen.

Immerhin statuirt das BGB. doch auch eine Anzahl sog. Ablehnungsgründe, welche manche Ausnahmen von jenem Prinzipe begründen. Der § 1786 zählt davon acht Gruppen. Die wichtigsten sind: Weibliches Geschlecht, Vollendung des 60. Lebensjahres, größere Zahl (mehr als vier) eigener Kinder, Krankheit, Gebrechlichkeit, mehrfache Zahl von Vormundschaften oder Pflegschaften ꝛc. Wohl zu beachten ist dabei die etwas versteckte (§ 1786) Bestimmung, daß das Ablehnungsrecht erlischt, wenn es nicht vor der wirklichen Bestellung bei dem Vormundschaftsgerichte geltend gemacht wird. Wer als Vormund aufgestellt ist und ohne gesetzlichen Grund das Amt nicht aufnimmt, kann dazu vom Vormundschaftsgericht sogar mit nicht umwandelbaren Geldstrafen angehalten werden. Mit bestimmten Zwischenräumen sind sogar drei sich folgende Strafen mit je bis zu 300 Mk. zulässig (BGB. § 1788).

Neben dem Vormund kann, muß aber nicht, ein Gegenvormund bestellt werden. Es soll dies geschehen, wenn sich eine Vermögensverwaltung ergibt, soferne diese nicht unerheblich oder soferne nicht die Vermögensverwaltung von mehreren Mitvormündern (anderer Begriff) gemeinsam zu führen ist. Was für Berufung und Bestellung eines Vormunds bestimmt ist, gilt auch für einen Gegenvormund. Dessen Funktionen sind wesentlich kontrolirender Natur. Er hat insbesondere darauf zu achten, daß der Vormund die Vormundschaft pflichtmäßig führt. Er hat dem Vormundschaftsgericht die nöthigen Anzeigen zu machen über etwaige Ungehörigkeiten, Anstände oder sonstige Vorkommnisse, welche das Vormundschaftsgericht zum Einschreiten berufen erscheinen lassen. Er kann vom Vormunde Auskünfte und Einsicht in die vormundschaftlichen Papiere verlangen. Zu gewissen Rechtshandlungen des Vormunds endlich ist auch die Zustimmung des Gegenvormunds nothwendig (§ 1799).

Mitvormünder dagegen führen die Vormundschaft gemeinschaftlich. Bei Meinungsverschiedenheiten zwischen ihnen entscheidet das Vormundschaftsgericht, soferne nicht schon bei der Bestellung der Vormünder etwas Anderes bestimmt wird. Durch das Vormundschaftsgericht können auch die vormundschaftlichen Geschäfte und Aufgaben unter Mitvormünder nach bestimmten Wirkungskreisen getheilt werden (§ 1797) und dann kann auch ein Mitvormund zum Gegenvormund des Anderen bestellt werden (§ 1792 Abs. 3).

Eine eigenartige Einrichtung ist der sog. „Anstaltsvormund.“ Durch Art. 136 des EG. zum BGB. ist nämlich vorbehalten, daß durch die Landesgesetzgebung unter bestimmten Modalitäten dem Vorstande einer unter staatlicher Verwaltung oder Aufsicht stehenden Erziehungs- oder Verpflegungsanstalt oder einem Beamten alle oder einzelne Rechte und Pflichten eines Vormunds für diejenigen Minderjährigen übertragen werden können, welche in der Anstalt oder unter der Aufsicht des Vorstandes oder des Beamten in einer von ihm ausgewählten Familie oder Anstalt erzogen oder verpflegt werden. Letzteres gilt auch für uneheliche Minderjährige, wenn sie unter Aufsicht des Vorstands oder des Beamten in der mütterlichen Familie erzogen oder verpflegt werden. Es soll auch der Anstaltsvorstand oder der Beamte noch nach der Beendigung der Erziehung oder der Verpflegung bis zur Volljährigkeit des Mündels diese Rechte und Pflichten behalten können, unbeschadet der unentziehbaren Befugniß des Vormundschaftsgerichts, einen anderen Vormund zu bestellen. So z. B. wenn ein Erziehungsanstaltszögling nach Erledigung seiner öffentlich-rechtlichen Schulpflicht aus dem Anstaltskonvikt austritt und in Lehre oder Dienst kommt. Hier kann die fernere Wahrung eines gewissen weiteren Zusammenhangs mit der Stätte seiner ersten Erziehung, mit den Pflegern und Berathern in seinem Kindesalter oft noch von hohem moralischen Werthe sein. Darum ist es auch zu begrüßen, daß das Bayr. Ausf.-Ges. z. BGB. v. 9. Juni 1899 Art. 100 von jener reichsrechtlichen Fakultät Gebrauch gemacht und ganz in obigem Sinne Bestimmungen getroffen hat.

Was das Nähere dabei anlangt, so ist zu bemerken, daß in diesem Art. 100 die Einrichtung der Anstaltsvormundschaft als fakultativ behandelt ist, sich nur auf den Anstalts**vorstand** erstreckt und nur eintritt, wenn und wo es durch Anordnung der zuständigen Staatsministerien bestimmt worden ist. Dagegen ist ein für allemal festgesetzt, daß der Vorstand die Rechte und Pflichten des Vormundes bis zur Volljährigkeit des Mündels behält.

Wann tritt nun die jetzt zunächst zu besprechende Vormundschaft über Minderjährige ein? Nach § 1773 BGB. in den Fällen:

a. wenn der Minderjährige nicht mehr unter elterlicher Gewalt steht, oder

b. wenn die Eltern weder in den die Person, noch in den das Vermögen betreffenden Angelegenheiten zur Vertretung des Minderjährigen berechtigt sind, also wenn die elterliche Gewalt in der Person beider Eltern ruht, dann

c. wenn der Familienstand des Minderjährigen überhaupt nicht zu ermitteln ist.

Der praktisch wichtigste und weitaus häufigste dieser Fälle ist der erste. Immerhin ist hier der Kreis der Vormundschaften über Minderjährige erheblich enger gezogen, als es bisher vielfach der Fall war. Man gedenke nur dessen, daß z. B. beim Tode des ehelichen Vaters die Ausübung der elterlichen Gewalt bis zu ihrer etwaigen Wiederverheirathung der Mutter verbleibt (§ 1697). Ebendarum entfällt in einem solchen Falle wenigstens für die Regel die Altersvormundschaft. Dieselbe tritt vielmehr, von Ausnahmefällen (wie z. B. nach § 1697 bei Wiederverehelichung der verwittweten Mutter) abgesehen, gewöhnlich nur bei Doppelwaisen ein. Wo aber hienach keine Vormundschaft stattfindet, vielmehr die Mutter an deren Stelle steht, da kommt folgerichtig auch kein Mündelvermögen mehr zu amtlicher Hinterlegung, und wo aus gleichem Grunde bisherige Vormundschaften am 1. Januar 1900 aufhören, beendet sich auch das seitherige Depositalverhältniß. Es bleibt abzuwarten, wie sich dies im Punkte der Sicherheit bewähren wird. Zuzugeben ist ja, daß bisher in manchen Fällen des Ablebens z. B. eines Geschäftsmannes die Herausnahme von Vermögensbestandtheilen behufs pupillarischer Hinterlegung für die das Geschäft fortführende Wittwe Schwierigkeiten gemacht hat. Und was jenen Sicherheitspunkt anlangt, so mag das Institut des Beistandes für die Mutter einige Beruhigung gewähren, wenn davon — namentlich für die Uebergangszeit — ergiebig Gebrauch gemacht wird.

Ueber die Führung der Vormundschaften enthält natürlich das BGB. eingehende Vorschriften (§ 1793 fg.), deren nähere Besprechung hier nicht zur Aufgabe gestellt sein kann. Es mögen nur folgende besonders bemerkenswerthe Punkte berührt sein:

Der Vormund ist gesetzlicher Vertreter des Mündels mit allen Rechten und Pflichten eines solchen. Diese Rechte und Pflichten liegen in einer Parallele zu denen der Inhaber der elterlichen Gewalt. Wie dort theilt sich das Gesammtofficium in die Fürsorge für die Person und für das Vermögen des Mündels.

Zur Fürsorge für die Person des Mündels gehört auch die Fürsorge für dessen religiöse Erziehung (§ 1801). Diese kann dem Vormunde vom Vormundschaftsgericht abgenommen werden, wenn und weil Ersterer nicht gleicher Konfession mit dem Mündel ist. Nothwendig ist dies aber nicht. Gerade die persönliche Fürsorge ist im bisherigen Vormundschaftswesen nicht selten sehr vernachlässigt worden. Um ein paar Mark ist hin- und hergeschrieben und verhandelt worden. Sittliche Verwahrlosung des Mündels blieb nicht selten unbeachtet. In solchen Punkten wäre wirklich Besserung der Verhältnisse wünschenswerth.

Anlangend die Verwaltung des Mündelvermögens, so ist es eine der obersten Regeln für den Vormund, daß er das dazu gehörige Geld verzinslich anzulegen hat, soweit es nicht zur Bestreitung von Ausgaben -- nach seinem pflichtmäßigen Ermessen und den Grundsätzen einer geregelten Verwaltung bereit zu halten ist. Dazu ist er verpflichtet bei Vermeidung eigener Haftung für den durch eine Unterlassung dem Mündel etwa zugehenden Schaden. Hieran muß sich natürlich die Frage knüpfen, in welcher Art eine solche Anlage geschehen könne und solle? Die Antwort kann man mit einem in letzterer Zeit viel gehörten einzigen Worte geben: „Mündelsicher“. Als mündelsichere Anlegungsformen bezeichnet aber zunächst § 1807 fünf Kategorien von Geldanlagen. In einer derselben (oder auch in mehreren, je nach Umständen) sollen die Mündelgelder untergebracht werden. Da gerade diese Vorschriften tief ins soziale Leben eingreifen, so müssen jene fünf Kategorien hier auch aufgeführt werden. § 1807 nennt nämlich:

a. Forderungen, für die eine sichere Hypothek an einem inländischen (deutschen) Grundstücke besteht, oder sichere Grundschulden oder Rentenschulden an inländischen Grundstücken. Die Grundsätze, nach denen die Sicherheit hiebei zu beurtheilen ist, können die Landesgesetze für die innerhalb ihres Bereichs gelegenen Grundstücke bestimmen. Das Bayr. Ausf.Ges. z. BGB. v. 9. Juni 1899 Art. 92 stellt, dem entsprechend, was bisher im Lande üblich gewesen war, den einfachen und glatten Satz auf:

> „Für die Anlegung von Mündelgeld ist eine Hypothek, eine Grundschuld oder eine Rentenschuld als sicher nur zu erachten, wenn sie innerhalb der ersten Hälfte des Werthes der Grundstücke zu stehen kommt.“

b. Verbriefte Forderungen gegen das Reich oder einen Bundesstaat, sowie Forderungen, die in das Reichsschuldbuch oder in das Staatsschuldbuch eines Bundesstaates eingetragen sind.

c. Verbriefte Forderungen, deren Verzinsung von dem Reich oder einem Bundesstaate gewährleistet ist.

d. Werthpapiere, insbesondere Pfandbriefe — dann verbriefte Forderungen jeder Art gegen eine kommunale Körperschaft oder gegen die Kreditanstalt einer solchen Körperschaft, soferne die Werthpapiere oder die Forderungen von dem Bundesrathe zur Anlegung von Mündelgeld für geeignet erklärt sind. Dazu kommt aber auch Art. 212 des EG. z. BGB., wonach die Annahme von Mündelsicherheit für diejenigen Werthpapiere in Kraft bleibt, welchen jene Qualität bis zur Einführung des BGB. von den zuständigen Landesbehörden zugestanden ist. Dies gilt aber nur für den betreffenden Bundesstaat. In diesem Sinne bewegt sich auch der hieher einschlägige Art. 32 des bayr. Uebergangsgesetzes v. 9. Juni 1899.

e. Einlagen bei einer inländischen öffentlichen Sparkasse, wenn sie von der zuständigen Behörde des Bundesstaats, in welcher die Sparkasse ihren Sitz hat, zur Anlegung von Mündelgeld für geeignet erklärt ist. Kann auf eine derartige Weise nach den Umständen eine Anlage nicht erfolgen, so ist das Geld bei der Reichsbank oder bei einer Staatsbank oder bei anderen durch Landesgesetz (welches eine direkte Bestimmung enthält oder wenigstens diese der Landesregierung überträgt) für geeignet erklärten inländischen Bank oder bei einer Hinterlegungsstelle anzulegen, wie es eben im Reglement des betreffenden Kreditinstituts gelegen ist. (§ 1808).

Nur ausnahmsweise aus besonderen Gründen

kann das Vormundschaftsgericht dem Vormund eine andere als die ebengeschilderte Anlegung gestatten.*)

Diese Grundsätze über Anlage von Mündelgeldern und über Mündelsicherheit sind um so bemerkenswerther, als sie auch über das Gebiet des Vormundschaftswesens hinaus in anderen Angelegenheiten von Wichtigkeit werden können, z. B. bei Sicherheitsleistungen nach §§ 234, 238 BGB., dann im Gebiete der Reichsgesetze über Kranken-, Unfall-, Alters- und Invaliditätsversicherung.**)

Anlagen mit Mündelgeld nach § 1807 Nr. 5 (bei Sparkassen!) oder nach § 1808 sollen nur mit der Bestimmung erfolgen, daß zur Erhebung des Geldes die Genehmigung des Gegenvormunds oder des Vormundschaftsgerichts erforderlich ist. (§ 1809).

Die Anlegung nach Maßgabe der §§ 1806—1808 soll auch nur mit Genehmigung des Gegenvormunds geschehen. Letztere wird durch die Genehmigung des Vormundschaftsgerichts ersetzt. (§ 1810).

Eine weitere Frage geht dahin, wie es mit dem sog. Pupillardepositenwesen künftighin sich gestalten wird? Im bisherigen bayr. Rechte***) ging bekanntlich die Pflicht zu einer Hinterlegung von Bestandtheilen des beweglichen Mündelvermögens (sei es in Gerichtsdepositorien oder bei der k. Bank) sehr weit. Im BGB. ist die Hinterlegungspflicht des Vormunds erheblich mehr eingeschränkt (§§ 1814—1820). Derselbe ist nur verpflichtet, bei einer Hinterlegungsstelle oder bei der Reichsbank aus dem Mündelvermögen zu hinterlegen (§ 1814):

*) Ueber die Anlage von Mündelgeldern nach Maßgabe rechtsgültiger Anordnungen Dritter s. § 1803.

**) Vgl. Engelmann in Staudingers Komm. z. BGB. Bd. 4 S. 612.

***) § 20 des bayr. Hyp.-Ges. v. 1. Juni 1822; Art. 76 des bayr. Ausf.-Ges. z. GBG. v. 23. Febr. 1879.

a) Inhaberpapiere nebst den dazu gehörigen Talons;
b) Ordrepapiere, welche mit Blankoindossaments versehen sind.

Die Hinterlegung hat zu geschehen mit der Bestimmung, daß die Hinausgabe der Papiere nur mit Genehmigung des Vormundschaftsgerichts erfolgen kann.

Nicht erforderlich, aber auch nicht ausgeschlossen ist die Hinterlegung von

a) Inhaberpapieren, deren bestimmungsgemäßer Gebrauch in Verbrauch oder Veräußerung besteht (z. B. Banknoten, in blanco girirte Wechsel, Inhaberpapiere aus dem Betriebsfond eines zum Mündelvermögen gehörigen Erwerbsgeschäfts);
b) Zins-, Renten- und Gewinnantheilscheine.

Ob der Vormund der Depositalstelle auch die auf die deponirten Werthpapiere bezüglichen Verwaltungsgeschäfte übertragen will (Kontrole der Verloosungen, Surrogirungen, Ausübung von Bezugsrechten u. dgl.), unterliegt seinem Ermessen. Die Hinterlegungs- und eventuell auch Verwaltungskosten belasten das Mündelvermögen.

Statt der Hinterlegung kann auch Vinkulirung der Inhaberpapiere oder deren Umwandlung in Reichs- oder Staatsschuldbuchforderungen erfolgen. (§ 1815).

Aus besonderen Gründen kann auch das Vormundschaftsgericht den Vormund von der Hinterlegungspflicht ganz oder theilweise entheben.

Umgekehrt kann auch das Vormundschaftsgericht eine an sich nicht gebotene Hinterlegung anordnen und zwar:

a) aus besonderen Gründen: in Ansehung von sonst nicht hinterlegungspflichtigen Werthpapieren und Kostbarkeiten,
b) auch ohne besondere Gründe: in Ansehung von Zins-, Renten- und Gewinnantheilscheinen.

Im Allgemeinen ist es einer der Grundzüge des neuen Vormundschaftsrechts, daß der Vormund freier und selbständiger gestellt ist, als es bisher bei uns der Fall war. Ihm liegt in erster Reihe die Thätigkeit behufs Verwaltung des Mündelvermögens ob. Er hat Recht und Pflicht der Initiative, er vertritt den Mündel im Willen, er hat aber auch zunächst für dessen Interessen zu sorgen.

Die Entwicklung oder, richtiger gesagt, die Beibehaltung von Zuständen der Art, daß eigentlich der Amtsrichter die vormundschaftliche Verwaltung führt, der Vormund dabei in Unthätigkeit oder Gleichgültigkeit gegen die sich abspielenden Dinge verharrt und nur zum protokollarischen Jasagen citirt wird! — dergleichen liegt nicht im Geiste des neuen Rechts. Andererseits ist aber auch für entsprechende Kontrole des Vormunds gesorgt. Schon die §§ 1821, 1822 enthalten eine lange Liste von Fällen und Rechtsvorgängen, bei denen der Vormund (abgesehen ganz vom Gegenvormunde!) die Genehmigung des Vormundschaftsgerichts bedarf. Ueberhaupt hat „das Vormundschaftsgericht über die gesammte Thätigkeit des Vormundes und Gegenvormunds die Aufsicht zu führen und gegen Pflichtwidrigkeiten durch geeignete Gebote und Verbote einzuschreiten". Das Vormundschaftsgericht darf auch den Vormund und Gegenvormund zur Befolgung der Anordnungen mit Strafen anhalten, deren eine bis zu 300 Mark gehen kann. (§ 1837). Das Vormundschaftsgericht kann weiter aus besonderen Gründen vom Vormund Sicherheitsleistung verlangen nach den näheren Bestimmungen des § 1844. Wer solche Sicherheit leisten soll, aber nicht will oder kann, mag vom § 1786 Abs. 1 Nr. 6 Gebrauch machen, wonach dieser Fall einen der Gründe zur Ablehnung der Vormundschaft überhaupt bildet.

Dem Vormundschaftsgerichte haben Vormund wie Gegenvormund jeder Zeit auf Begehren Auskunft über die Führung der Vormundschaft und über die persönlichen Verhältnisse des

Mündels zu ertheilen. Das Vormundschaftsgericht kann sogar anordnen (d. h. selbst gegen den Willen des Vormunds, aber unbeschadet seines Beschwerderechts), daß der Mündel zum Zwecke der Erziehung in einer geeigneten Familie oder in einer Erziehungsanstalt oder in einer Besserungsanstalt untergebracht werde.

Daß dem Vormundschaftsgerichte vom Vormund periodisch Rechnung zu legen ist, ist ohnehin selbstverständlich. Künftighin hat dies aber in der Regel jährlich zu geschehen. Näheres in § 1840 fg.*)

Zur Unterstützung des Vormundschaftsgerichtes in der Ausübung seiner Pflichten dient der Gemeindewaisenrath**) — eine für uns in Bayern neue Rechtseinrichtung.

Der Gemeindewaisenrath steht nicht in einem privatrechtlichen, sondern in einem öffentlich-rechtlichen Verhältnisse. Er stellt ein Amt dar. Seine Bestimmung ist nicht, für die Mündel eine gesetzliche Vertretung auszuüben oder sonstwie ihre Angelegenheiten selbst zu verwalten. Seine Aufgabe ist vielmehr, im öffentlichen Interesse wie im Einzelinteresse der Mündel die vormundschaftlichen Verhältnisse im bezüglichen Bezirke zu überwachen und auf Abstellung von Mißständen hinzuwirken. In dieser Thätigkeit tritt er aber nicht direkt in Beziehung zu den Mündeln selbst oder ihren Vormündern, sondern steht dem Vormundschaftsgerichte als dessen Hilfsorgan zur Seite. Seine sachliche Stellung ist im BGB. § 1849 fg. vorgezeichnet, seine Organisation im

*) Von verschiedenen Verpflichtungen und Kautelen kann auch der Vormund enthoben werden durch Anordnung des Vaters (oder zutreffenden Falles auch der Mutter), wenn dieser (diese) einen Vormund für das Kind benennt. Dies führt zum Begriffe der „befreiten Vormundschaft" nach § 1852 fg.

**) „Gemeindewaisenrath" bezeichnet die Behörde — „Waisenrath" deren Mitglied. Becher, Mat. IV/V Bd. 1 S. 509.

Sinne des Gesetzbuchs aber wird landesgesetzlich geregelt und zwar in Bayern durch die Art. 93—99 des Ausf.-Ges. z. BGB. v. 9. Juni 1899.*) Als Funktionen weist ihm das BGB. zu:

a) dem Vormundschaftsgericht diejenigen Personen vorzuschlagen, welche sich im einzelnen Falle zum Vormund, Gegenvormund oder Mitglied eines Familienraths eignen;

b) in Unterstützung, also nicht an Stelle des Vormundschaftsgerichtes darüber zu wachen, daß die Vormünder der im Bezirke sich aufhaltenden Mündel (gleichviel zu welchem Vormundschaftsgerichte deren Vormundschaftssache ressortirt) vor Allem für die Person der Mündel, insbesondere für die Erziehung und ihre körperliche Pflege pflichtmäßig Sorge tragen;

c) die in den eben berührten Punkten etwa wahrgenommenen Mängel dem betreffenden Vormundschaftsgerichte anzuzeigen;

d) auf Erfordern über das persönliche Ergehen und das Verhalten eines Mündels Auskunft zu ertheilen;

e) über etwaige Gefährdungen des Vermögens eines Mündels, von denen er Kenntniß bekommen, dem Vormundschaftsgerichte (von Amtswegen) Anzeige zu erstatten.**) §§ 1849, 1850.

Zur Ermöglichung dessen sind dem Gemeindewaisenrathe durch das bezügliche Vormundschaftsgericht Mittheilungen über den Anfall von Vormundschaften, über die Ernennung und den Wechsel von Vormündern und Gegenvormündern, über Aufenthaltsveränderungen der Mündel 2c. zu machen.

*) Was hierin enthalten ist, bildet mehr die Grundzüge der Organisation. Weiteres kann durch Ministerialinstruktionen oder durch Autonomie der Gemeinden geregelt werden. Becher, Mater. IV/V Bd. 1 S. 508.

**) Ueber eine weitere Function gegenüber einem Inhaber der elterlichen Gewalt vgl. BGB. § 1675.

Im Bayr. Ausf.-Ges. Art. 97 ist das Amt des Gemeindewaisenraths als ein unentgeltliches Gemeindeamt bezeichnet. Nach Art. 93 wird für jede Gemeinde ein Gemeindewaisenrath bestellt. In Städten mit mehr als 100000 Einwohnern können mehrere Gemeindewaisenräthe für abgegrenzte Stadtbezirke gebildet werden. In Gemeinden mit städtischer Verfassung oder mit mehr als 5000 Einwohnern besteht der Gemeindewaisenrath aus dem Bürgermeister (beziehungsweise dem ersten) und einer Anzahl gewählter Waisenräthe. Der Bürgermeister kann sich durch ein Mitglied des Magistrats oder der Gemeindeverwaltung vertreten lassen. In kleineren Gemeinden werden ein oder mehrere einzelne Waisenräthe aufgestellt, deren Jeder einen örtlich abgegrenzten Bezirk erhält. (Art. 94). Die Zahl der zu wählenden Gemeinderathsmitglieder bestimmt der Magistrat unter Zustimmung der Gemeindebevollmächtigten, beziehungsweise die Gemeindeverwaltung. Die gleichen Faktoren bestimmen auch über die etwaige Bildung mehrerer Gemeinderäthe in einer Gemeinde. Ueber Bezirksbildungen in kleineren Gemeinden nach Art. 94 Abs. 2 beschließt die Gemeindeverwaltung. (Art. 95).

Gewählt wird in Gemeinden mit städtischer Verfassung in dem hiezu zusammengezogenen Magistrat und Gemeindekollegium, in den übrigen Gemeinden von der Gemeindeverwaltung nach relativer Stimmenmehrheit.

Wählbar ist, wer zum Mitgliede des Armenpflegschaftsraths gewählt werden kann (Art. 96).

Abgesehen vom Bürgermeister giebt es keine Gemeinderathsmitglieder, welche solches nothwendig sein müßten. Insbesondere hat auch der Pfarrer keinen Offizialsitz im Gemeindewaisenrath, kann aber unter den allgemeinen Voraussetzungen dazu gewählt werden.*)

*) Vgl. Becher, Materialien IV/V Bd. 1 S. 509 fg.

Ein Nebeninstitut ist das der Waisenpflegerinnen. Als solche kann der Gemeindewaisenrath in widerruflicher Weise Frauen ernennen, welche dazu bereit sind (?!) In den kleineren Gemeinden (mit nicht mehr als 5000 Einwohnern) erfolgt eine solche Aufstellung auf Vorschlag des Gemeindewaisenraths durch den Bürgermeister. Diese Waisenpflegerinnen haben die Bestimmung, unter Leitung des Gemeindewaisenraths bei der Beaufsichtigung der im Kindesalter stehenden Mündel und bei der Ueberwachung weiblicher Mündel mitzuwirken (Art. 98).

Die nöthigen Geschäftsinstruktionen erlassen die k. Staatsministerien der Justiz und des Innern.

Vorgesehen ist insbesondere auch, daß die Waisenräthe eines Bezirks zeitweise unter Leitung des Vormundschaftsrichters zusammentreten zu Berathungen über die Zustände hinsichtlich Erziehung und Körperpflege der Mündel im Bezirke, zu Besprechungen allgemeiner Fragen und Abstellung von Mängeln.

Faßt man diese Einrichtung in ihrer Gesammtheit ins Auge, so wird Niemand zu verkennen vermögen, daß ihr ein ganz gesunder Gedanke innewohnt und damit wohl auch etwas Ersprießliches gewonnen werden kann, namentlich auch insofern, als damit zur Ausgestaltung des Vormundschaftswesens auch Luft- und Lichtzufuhr aus der freien bürgerlichen Atmosphäre in den Bereich der engen Amtsstuben hergestellt werden kann. Wie sich aber die Sache praktisch auswächst, bleibt abzuwarten. Es wird hier viel auf die Personenfragen ankommen. Jedenfalls dürfte die Gefahr einer Unthätigkeit der Gemeindewaisenräthe, namentlich auf dem Lande größer sein als die einer Uebergeschäftigkeit.

Eine weitere in das Gebiet vormundschaftlicher Fürsorge gehörige Einrichtung ist die des Familienraths.

Im französischen Rechte ist sie bekanntlich sehr durchgebildet und die eigentliche Grundlage des dortigen Vormundschaftswesens. Im BGB. ist dem Familienrathe zwar auch eine Stätte bereitet, aber in weit kümmerlicherer Weise wie dorten. Nach dem BGB. (§ 1858 fg.) wird der Familienrath im Bedarfsfalle vom Vormundschaftsgerichte „eingesetzt“.

Solches kann aber nie von Amtswegen geschehen, sondern soll nur stattfinden, wenn entweder

a) eine hierauf gerichtete letztwillige Anordnung des ehelichen Vaters oder der ehelichen Mutter vorliegt oder

b) ein Antrag darauf von einem (beliebigen) Verwandten oder Verschwägerten, dem Vormund oder Gegenvormund beim Vormundschaftsgericht gestellt wird und dieses die Einsetzung eines Familienraths im Interesse des Mündels für angemessen erachtet. Haben aber Vater oder eheliche Mutter diese Einsetzung untersagt, so hat sie zu unterbleiben.

Der Familienrath besteht aus dem Vormundschaftsrichter als Vorsitzenden und zwei bis sechs Mitgliedern (§ 1860). Fehlt die erforderliche Zahl geeigneter Personen, so unterbleibt die Einsetzung. Ueber Berufung, Auswahl, Stellvertretung, Unfähigkeit, Untauglichkeit, Inpflichtnahme, Beschlußfassung ꝛc. ꝛc. der Mitglieder trifft BGB. in §§ 1861 bis 1872, 1873 nähere Bestimmungen.

Verpflichtet ist Niemand, das Amt eines Familienrathsmitglieds zu übernehmen. Immerhin können ein Mitglied doch auch Ordnungsstrafen treffen (§ 1875).

Der Familienrath hat, wenn und wo er besteht, die Rechte und Pflichten des Vormundschaftsgerichts. Er ist nicht dessen Organ neben demselben, sondern steht an dessen Stelle, sobald und solange er eingesetzt ist. Er führt jetzt die Obervormundschaft. Der Amtsrichter ist ja nunmehr auch dabei, sogar an leitender Stelle, aber ist eben bei den nöthigen Anordnungen, Genehmigungen rc. an die Beschlußfassung des Familienraths gebunden.

Diesen Vorschriften über eine organisirte Mitwirkung der Familie steht auch noch eine Einzelvorschrift des BGB. in § 1847 zur Seite, welche eine Heranziehung der Familienangehörigen bei Entscheidungen des Vormundschaftsgerichts vorsieht. Diese Heranziehung von Verwandten oder Verschwägerten des Mündels zur Anhörung soll seitens des Vormundschaftsgerichts geschehen:

a) auf Antrag des Vormunds oder Gegenvormunds, wenn es ohne erhebliche Verzögerung und ohne unverhältnißmäßige Kosten geschehen kann oder auch

b) von Amtswegen in wichtigen Angelegenheiten. Als solche sollen insbesondere gelten Volljährigkeitserklärung, Ersetzung des Ehekonsenses, Entlassung aus dem Staatsverbande und Todeserklärung.

Auf eine derartige Einvernahme von Familienangehörigen ist ein großer prinzipieller Werth zu legen. Denn die Erhaltung und Festigung der Familienbande und des Familiengefühls gehört zu den hervorragenden Aufgaben der inneren Staatspolitik.

Drittes Kapitel.

Vormundschaft über Volljährige.

Ueber volljährige Personen kann eine Vormundschaft nur dann Platz greifen, wenn sie entmündigt sind. Das Vorliegen eines rechtskräftigen Entmündigungsbeschlusses ist unbedingte Voraussetzung für die eigentliche Vormundschaft. Diese ist aber auch nothwendige Folge der rechtskräftigen Entmündigung. Wird letztere wieder aufgehoben, so fällt auch die Vormundschaft nothwendig wieder weg. Aus welchem Grunde die Entmündigung erfolgt, begründet für den Eintritt der Vormundschaft keinen Unterschied. Es kann aber einen solchen bedingen für Art und Umfang der Thätigkeit des Vormunds. Wer wegen Geisteskrankheit entmündigt ist, lebt ja im Zustande der Geschäftsunfähigkeit; der Vormund muß für ihn sorgen und handeln. Der entmündigte Geistesschwache, Verschwender oder Trunksüchtige ist nur geschäftsbeschränkt; er bedarf vielfach nur der Zustimmung des Vormunds.

Liegen die Voraussetzungen zur Entmündigung vor, so ergibt sich häufig das Bedürfniß, sofort für eine Interessenvertretung des zu Entmündigenden zu sorgen, auch ehevor noch der rechtskräftige Entmündigungsbeschluß vorliegt. Darum bestimmt das BGB. § 1906, daß, sobald auch nur ein Antrag auf Entmündigung vorliegt, die betreffende Person bereits unter vorläufige Vormundschaft gestellt werden kann, wenn das Vormundschaftsgericht solches als erforderlich erachtet, um eine erhebliche Gefährdung der Person (z. B. bei einem Geisteskranken oder Trunksüchtigen) oder des Vermögens (z. B. bei einem Verschwender) des Volljährigen abzuwenden. In der Wahl des vorläufigen Vormunds hat das Vormundschaftsgericht freie Hand (§ 1907).

Erfolgt Rücknahme oder rechtskräftige Abweisung jenes Antrags, so endigt auch die vorläufige Vormundschaft. Ist rechtskräftig entmündigt, so endet ebenfalls die letztere, sobald ein definitiver Vormund bestellt ist. Auch hat das Vormundschaftsgericht die vorläufige Vormundschaft aufzuheben, sobald der Mündel des vorläufigen Schutzes nicht mehr bedarf.

Für die eigentliche Vormundschaft über einen Volljährigen gelten dieselben Rechtsnormen wie für die Vormundschaft über einen Minderjährigen, soweit nicht das BGB. in den §§ 1898—1908 abweichende Bestimmungen getroffen hat (§ 1897).

In letzterer Hinsicht sei nur kurz folgendes angedeutet:

1. In Wegfall kommt das Recht von Vater und Mutter

zur Benennung oder Ausschließung eines Vormunds (§ 1898).

2. Vor den Großvätern (§ 1776) ist der Vater und nach ihm die (eheliche) Mutter zur Vormundschaft berufen*) (§ 1899 Abs. 1).

3. Die Ehefrau des Entmündigten, welche an sich als Vormünderin ihres Mannes nicht gesetzlich „berufen“ ist, kann immerhin dazu bestellt werden und zwar natürlich auch ohne des Mannes Zustimmung (§ 1900 Abs. 1). Auch darf

4. der Ehegatte des Mündels (sei es dessen Mann oder Frau) vor dessen Eltern oder Großvätern als Vormund bestellt werden, ja selbst die uneheliche Mutter vor dem Großvater (§ 1900 Abs. 2, 3).**)

5. Die Sorge für die Person des Mündels seitens des Vormunds erstreckt sich nur soweit, als der Zweck der Vormundschaft es erfordert (§ 1901 Abs. 1). Ein Erziehungs- und Zuchtrecht fällt von selbst weg. Immerhin sind Zwangsmittel nicht ausgeschlossen und natürlich alle diejenigen Maßregeln des Vormunds gerechtfertigt, welche durch den Grund der Entmündigung bedingt sind, z. B. Unterbringung in einer Versorgungsanstalt, in einer Heilanstalt, in einem Trinkerasyle u. s. w. Ist die Bevormundete Ehefrau, so steht die Sorge für ihre Person nicht etwa blos dem Ehemanne, sondern auch dem Vormunde zu. Die Einschränkungen des § 1633 kommen in Wegfall.

6. Die Fälle des Erfordernisses einer Zustimmung des Vor-

*) Sonderbestimmungen für Adoptionsfälle und bei Abstammung aus einer nichtigen Ehe s. i. § 1899 Abs. 2.

**) Bei Abkömmlingen aus einer nichtigen Ehe; s. §§ 1702, 1900 Abs. 2.

mundschaftsgerichts in Vermögensangelegenheiten sind vermehrt (§ 1902).

7. Der Vater des Mündels als Vormund bekommt keinen Gegenvormund und genießt auch sonst bestimmte Befreiungen — alles nach Maßgabe des § 1903. Dies gilt auch für die eheliche Mutter als Vormünderin. Nur die Bestellung eines Gegenvormunds (mit etlichen Konsequenzen) findet statt, wenn die Mutter es selbst beantragt, oder wenn die Voraussetzungen einer Beistandschaft vorliegen würden (§ 1904).
8. Die Voraussetzungen für die Einsetzung eines Familienraths sind noch mehr beschränkt als bei der Vormundschaft über Minderjährige. Vater und Mutter sind nicht berechtigt, Anordnungen über die Einsetzung und Aufhebung eines Familienraths oder über die Mitgliedschaft zu treffen (§ 1905).

Viertes Kapitel.

Pflegschaft.

Wie schon S. 285 angedeutet, steht der Begriff der Pflegschaft in einem gewissen Gegensatze zu dem der Vormundschaft. Jener Begriff erinnert an den im bisherigen Rechte sich vielfach vorfindenden Ausdruck „Spezialkuratel", deckt sich damit aber doch nicht vollständig.

Die §§ 1909—1914 führen verschiedene Kategorien von Fällen auf, in denen Pflegschaften eintreten. Ein Pfleger kann nämlich vorkommen:

1. Für eine Person, welche unter elterlicher Gewalt oder Vormundschaft steht, in Bezug auf Angelegenheiten, an deren Besorgung der elterliche Gewalthaber oder Vormund thatsächlich oder rechtlich verhindert ist, z. B. durch

erhebliche nicht unheilbare Krankheit, vorübergehende Abwesenheit oder Interessenkollision;

2. zur Verwaltung von Vermögen, das eine Person der unter Nr. 1 erwähnten Kategorie von Todeswegen erwirbt oder das ihr unter Lebenden von einem Dritten zugewendet wird, wenn der Erblasser durch letztwillige Verfügung, der Dritte bei der Zuwendung bestimmt hat, daß dem Gewalthaber oder Vormund die Verwaltung nicht zustehen solle;

3. beim Vorhandensein der Voraussetzungen für die Anordnung einer Vormundschaft, wenn ein Vormund noch nicht bestellt ist, also unter Umständen statt der S. 305 besprochenen vorläufigen Vormundschaft, namentlich wenn deren Voraussetzungen nicht vorliegen;

4. für einen nicht bevormundeten Volljährigen, welcher in Folge körperlicher Gebrechen, insbesondere wegen Taubheit, Blindheit, Stummheit überhaupt seine Angelegenheiten nicht besorgen kann, mit dessen Zustimmung (vgl. § 1910 Abs. 3) und zwar hier für Person und Vermögen;

5. für einen nicht bevormundeten Volljährigen, welcher in Folge geistiger oder körperlicher Gebrechen einzelne seiner Angelegenheiten oder einen bestimmten Kreis derselben, insbesondere seine Vermögensangelegenheiten, nicht zu besorgen vermag, mit seiner Zustimmung (§ 1910 Abs. 3) für diese Angelegenheiten;

6. für einen abwesenden Volljährigen unbekannten Aufenthalts oder bei bekanntem Aufenthalt im Falle der Verhinderung an der Rückkehr zur Besorgung seiner Vermögensangelegenheiten für letztere, soweit sie der Fürsorge bedürfen;*)

*) Auch diese Pflegschaft hat trotz der Beschränkung auf Vermögensangelegenheiten den Charakter einer Personalkuratel, nicht wie die

7. für eine Leibesfrucht zur Wahrung ihrer Rechte, soweit sie einer Fürsorge bedürfen, unter den Voraussetzungen des § 1912.
8. für unbekannte oder ungewisse Betheiligte an einer Angelegenheit für diese, soweit sie eine Fürsorge erfordert, insbesondere auch unter gewissen Voraussetzungen für Nacherben.

Ein ganz moderner, durch praktische Vorkommnisse nahegelegter Pflegschaftsfall ist auch

9. der, wenn durch eine öffentliche Sammlung für einen vorübergehenden Zweck, z. B. für ein Fest, eine Ausstellung, für eine Ehrung größeren Stils ein Vermögen zusammengebracht worden ist und die zu dessen Verwaltung und Verwendung berufenen Personen weggefallen sind. Hier kann zum Zwecke der Verwaltung und Verwendung des Vermögens ein Pfleger bestellt werden. Als weggefallen ist jene Person z. B. zu erachten in Folge Todes, Geschäftsunfähigkeit, hinderlicher Wohnsitzveränderung, nicht aber bei bloßer Unthätigkeit, Ungeschicklichkeit oder geminderter Vertrauenswürdigkeit. Darüber, auf wessen Anregung diese bloße Realkuratel zu bestellen ist, enthält das Gesetz keine ausdrückliche Bestimmung. Es ist deshalb auch hier auf den § 1774 zurückzugehen, welcher von Bestellung von Amtswegen spricht.

Denn der § 1915 erklärt allgemein, daß die für die Vormundschaft geltenden Vorschriften auch auf die Pflegschaft Anwendung zu finden haben, soweit sich nicht aus dem Gesetz ein Anderes ergibt. Spezielle Bestimmungen für die Pflegschaft enthalten die § 1915 fg. nur über das Richterforder-

---

römisch-rechtliche cura absentis den einer bloßen Realkuratel. Weyl, Vortr. S. 322.

niß des Gegenvormunds, über die Berufung als Pfleger und über die Beendigung der Pflegschaft.

Hervorzuheben ist, daß die Bestellung eines Pflegers für den Betreffenden an seiner eigenen Geschäftsfähigkeit, wie sie an sich besteht, nichts ändert. Es liegt eine fürsorgliche Maßregel zu seinen Gunsten vor. Eine capitis deminutio tritt aber nicht ein.

Vierte Abtheilung.

Von Sachen und Sachenrechten.

Vorbemerkungen.

Der Inhalt des sog. Sachenrechts bezieht sich, wenn auch nicht ausschließlich, so doch weitaus vorwiegend auf vermögensrechtliche Verhältnisse. Zweifellos spielen diese in das Gebiet des öffentlichen Rechts weniger herein als die personenrechtlichen Beziehungen. Immerhin enthält doch das Gebiet des Sachenrechts gar verschiedene Parthien, von denen auch der Verwaltungsbeamte eine wenigstens summarische Kenntniß unbedingt haben muß. Ganz besonders gilt dies von jenen Rechtsnormen, von welchen z. B. die Verwaltung von Staats-, Gemeinde- und Stiftungsvermögen beeinflußt wird, oder deren Regelung für die öffentliche Ordnung von Bedeutung ist, wie z. B. manche Dienstbarkeitsverhältnisse, Bauangelegenheiten oder Vorschriften zur Abhaltung und Regelung von Kollisionen zwischen verschiedenen oder selbst verschiedenartigen Rechten. Daß in dem engen Rahmen dieser Vorträge nur Einzelparthien und auch diese nur in leichten Umrissen erörtert werden können, bedarf keiner näheren Auseinandersetzung.

Erster Abschnitt.
Sachen und Sachenrechte im Allgemeinen.

Erstes Kapitel.
Einleitendes.

Eine der verhältnißmäßig seltenen Definitionen, welche das BGB. aufstellt, enthält dessen § 90. Er sagt: „Sachen im Sinne des Gesetzes sind nur körperliche Gegenstände." Selbstverständlich nur solche außer dem Menschen. Den Gegensatz bilden die unkörperlichen Gegenstände (Rechte i. e. S.). Aus der ideellen Verbindung von körperlichen und unkörperlichen Rechtsgegenständen erwächst der Kollektivbegriff: Vermögen. Im gegebenen Einzelfalle mag derselbe auch auf blos körperliche oder blos unkörperliche Rechtsgegenstände beschränkt sein.

Einen überaus tiefgreifenden Unterschied zwischen den Sachen begründet das BGB. durch wesentliche Auseinanderhaltung der Rechtsverhältnisse, je nachdem sie sich auf bewegliche oder unbewegliche Sachen beziehen. Andere Unterscheidungen behandeln die § 91 fg. BGB. So sind dort namentlich festgelegt die Begriffe: vertretbare und nicht vertretbare, verbrauchbare und nicht verbrauchbare Sachen, Bestandtheile und Zubehör einer Sache.

Die wichtigste vertretbare (d. h. im Verkehre nur nach Zahl, Maß oder Gewicht bestimmte) und zugleich verbrauchbare (d. h. an sich schon zu Verbrauch oder Veräußerung bestimmte) bewegliche Sache ist — das Geld.

Die Begriffe: Bestandtheile (wesentliche) und Zubehör sind ähnlich denen von Accession und Pertinenz im älteren Rechte. „Bestandtheile" giebt es in beweglicher wie in unbeweglicher Gestalt. Wichtig ist der Satz des § 96: „Rechte, die mit dem Eigenthum an einem Grundstück verbunden sind, gelten als Bestandtheile des Grundstücks", also z. B. Dienstbarkeitsrechte, Wirthschaftsgerechtigkeiten, Patronatsrechte u. dgl.

Als Zubehör können nur bewegliche Sachen vorkommen, aber sowohl bei beweglichen wie unbeweglichen Sachen. Nach ausdrücklicher Bezeichnung des § 98 sind, insofern sie dem wirthschaftlichen Zwecke in der Hauptsache zu dienen bestimmt erscheinen, als Zubehör für gewöhnlich zu betrachten:

1. bei einem Gebäude, das für einen gewerblichen Betrieb dauernd eingerichtet ist, insbesondere bei einer Mühle, einer Schmiede, einem Brauhaus, einer Fabrik, die zum Betriebe bestimmten Maschinen und sonstigen Geräthschaften;

2. bei einem Landgute, das zum Wirthschaftsbetriebe bestimmte Geräthe und Vieh, die landwirthschaftlichen Erzeugnisse, soweit sie zur Fortführung der Wirthschaft bis zu der Zeit erforderlich sind, zu welcher gleiche oder ähnliche Erzeugnisse voraussichtlich gewonnen werden, sowie der vorhandene auf dem Gute gewonnene Dünger.

Diese Einzelnormen sind für viele Fälle sehr wichtig. Das gleiche gilt von den Bestimmungen der § 99 fg. über Früchte und Nutzungen. Das BGB. betrachtet:

a. als Früchte einer Sache: die Erzeugnisse der Sache (z. B. Bodenerzeugnisse, Thierjunge rc.) und die sonstige Ausbeute, welche aus der Sache ihrer Bestimmung gemäß gewonnen wird (z. B. Milchnutzung, Düngeranfall rc.);

b. als Früchte eines Rechtes (z. B. eines Nießbrauchsrechts): die Erträge, welche das Recht seiner Bestimmung gemäß gewährt, insbesondere bei einem Rechte auf Gewinnung von Bodenbestandtheilen die gewonnenen Bestandtheile;

c. als sog. Civilfrüchte: die Erträge, welche eine Sache

oder ein Recht in Folge eines anderen Rechtsverhältnisses gewährt, z. B. die Miethzinse aus einem Hause.

Unter den allgemeinen Begriff: „Nutzungen" fallen sowohl die Früchte einer Sache oder eines Rechtes, als auch die Vortheile, welche der Gebrauch der Sache oder des Rechtes gewährt (§ 100).

Ueber die zeitliche Vertheilung des Bezugs von Früchten zwischen verschiedenen Personen trifft § 101 folgende Bestimmungen, ebenso aber auch § 103 über die Lastenvertheilung. Diese letztere Vorschrift, welche namentlich für fortlaufende öffentliche Abgaben, Passivzinsen u. dgl., aber auch für außerordentlichen Lastenaufwand, z. B. Baufallswendungen, von Wichtigkeit ist, lautet wörtlich:

„Wer verpflichtet ist, die Lasten einer Sache oder eines Rechtes bis zu einer bestimmten Zeit oder von einer bestimmten Zeit an zu tragen, hat, sofern nicht ein anderes bestimmt ist, die regelmäßig wiederkehrenden Lasten nach dem Verhältniß und der Dauer seiner Verpflichtung, andere Lasten insoweit zu tragen, als sie während der Dauer seiner Verpflichtung zu erleichtern sind."

Ein gewisser Rechtsbegriff, mit dem sich die Systematik früher viel beschäftigt hat, ist vom BGB. mit Recht bei Seite gelassen worden. Es ist derjenige der sog. res extra commercium. Und doch hat die Theorie sich schon wieder mit der Frage beschäftigt, ob es nicht doch noch res extra commercium gäbe. Ich halte diese Frage für eine rein akademische und praktisch recht müßige. M. E. könnte man jenen Begriff höchstens noch auf die im Raume schwebende Luft anwenden, wenn man diese überhaupt als Sache ansehen will. Selbst die fließende Wasserwelle gilt heutzutage als Trägerin von Vermögenswerthen, welche im Rechtsverkehre stehen, auch zu Gegenständen von Privatrechten werden. Die sog. res sacrae und sanctae vollends stehen jetzt regelmäßig in privatrechtlichem Eigenthum, insbesondere auch von Kirchenstiftungen, Kirchenfabriken 2c., gelten auch im Prinzip als veräußerlich, werden sogar nicht selten in der Thal veräußert. Daß rechtliche Verfügungen darüber durch einschränkende Normen erschwert, mit besonderen Kautelen umgeben sind, giebt den Sachen selbst keine besonderen Eigenschaften. In ähnlicher Weise werden auch die dem öffentlichen Gemeingebrauche gewidmeten Sachen (z. B. die Land- und Wasserstraßen) heutzutage regelmäßig als Eigenthumsgegenstände des Staats, der Gemeinden und anderer Korporationen behandelt. Darum gründet auch gerade darauf, daß jener Gemeingebrauch stattfindet, das BGB. keine besonderen Unterscheidungen privatrechtlicher Natur. Die Widmung für den Gemeingebrauch selbst und dessen Regelung aber muß ohnehin als dem öffentlichen Rechte zugehörig betrachtet werden. Dies gilt insbesondere auch von den öffentlichen Flüssen, welche schon Art. 1 unseres aufrecht erhalten gebliebenen bayr. Wasserbenützungsgesetzes v. 28. Mai 1852 als Staatseigenthum erklärt hat. Der Fundamentalsatz aber, daß Privateigenthum wie für öffentliche Zwecke überhaupt, so auch für den Gemeingebrauch nicht schlechthin, nicht schrankenlos und nicht ohne Entschädigung weggenommen oder im Verwaltungswege überwiesen werden kann, hat seine Kraft nach wie vor. Das ergibt sich schon aus den Art. 52, 109 des EG. z. BGB. mit ihren Vorbehalten der Zwangsenteignungsgesetze.

Als Sachenrechte construirt das BGB.:

I. Recht an eigener Sache: das Eigenthum als der Vollbegriff der Sachenherrschaft;

II. Rechte an fremder Sache: begrenzte Rechte, und zwar:
   1. Erbbaurecht (superficies),
   2. Dienstbarkeiten:
      a) Grunddienstbarkeiten,
      b) Nießbrauch,
      c) beschränkte persönliche Dienstbarkeiten;

3. Dingliches Vorkaufsrecht,
4. Reallasten,
5. Pfand- und pfandähnliche Rechte:
   a) an Grundstücken: Hypothek, Grundschuld, Rentenschuld,
   b) Pfandrecht an beweglichen Sachen.

Zweites Kapitel.
Besitz und Eigenthum im Allgemeinen.

Auch nach dem Systeme des BGB. sind Besitz und Eigenthum die Grundpfeiler der Sachenrechtsverhältnisse.

I. Besitz.

Besitz ist das thatsächliche Herrschaftsverhältniß über eine Sache. Die Konstruktion der Besitztheorien war von langer Zeit her eine Lieblingsstreitfrage der gelehrten Herren. Das BGB. ist in dieser Lehre seine eigenen Wege gegangen, hat keines der bisherigen Theoreme sich angeeignet, insbesondere auch nicht das altbekannte Savigny'sche System. Es hat seine Normen vielmehr der Auffassung des täglichen Lebens und des Verkehrs angepaßt und den Schwerpunkt in dem Besitzesschutze gesucht und gefunden, in den Rechtsbehelfen, welche das Gesetz dem Besitzer zu gewähren hat.

Sehr zutreffend schreibt Kober nach Dernburg*): „Der Grund für den Besitzschutz wird aus der Idee des allgemeinen Rechtsfriedens hergeleitet. Dieser verlangt im Interesse eines geordneten Zusammenlebens der Menschen eine strikte Aufrechterhaltung der jeweils bestehenden äußeren thatsächlichen Ordnung der Verhältnisse der Personen zu den Sachen, der thatsächlichen Gesellschaftsordnung."

Von diesem einheitlichen Gesichtspunkte ausgehend kennt auch das BGB. nur eine Art des Besitzes. Die im gem.

*) In Staudingers Kommentar zum BGB. Bd. 3 S. 5.

Rechte durchgebildete Unterscheidung zwischen juristischem Besitze und bloßer Innehabung, Detention, ist dem BGB. fremd. Man kann nach letzterem auch Besitz haben, ohne die Sache als sich selbst gehörend zu besitzen, z. B. als Miether, Pächter, Nießbraucher, Pfandgläubiger, Verwahrer 2c. Wer aber die Sache als ihm gehörend besitzt, heißt Eigenbesitzer (§ 872). Steht nun Jemand in Bezug auf eine Sache in einem besonderen Rechtsverhältnisse der ebenerwähnten Art (als Miether, Pächter, Depositar u. s. w.), zufolge deren er einem Anderen gegenüber auf Zeit zum Besitze berechtigt ist, so sind beide Besitzer. Der Miether, Pächter 2c. ist unmittelbarer Besitzer. Der Andere behält durch die Vermittlung des Letzteren ebenfalls den Besitz, heißt aber mittelbarer Besitzer. Wieder ein anderer Begriff ist der des Besitzdieners. Uebt nämlich Jemand die thatsächliche Gewalt über eine Sache nur aus für einen Anderen in dessen Haushalt oder Erwerbsgeschäft oder in einem ähnlichen Verhältnisse, zu Folge dessen er den Weisungen des Anderen in Bezug auf die Sache Folge zu leisten hat, z. B. als Dienstbote, Gewerbsgehilfe, beorderter Packträger 2c., so wird er selbst nicht Besitzer, sondern der Andere ist und bleibt es. Jener ist blos und heißt Besitzdiener (§ 855). Wieder andere Nebenbegriffe sind Theilbesitz, Mitbesitz, fehlerhafter Besitz (d. h. der durch verbotene Eigenmacht erlangte Besitz). Von Bedeutung wird auch in verschiedenen Richtungen der Unterschied zwischen redlichem und unredlichem (gut- und bösgläubigem) Besitze. Dagegen fallen die römischrechtlichen Begriffe von Usucapionsbesitz und fingirtem Besitze hinweg. In eine eingehende Untersuchung jener Begriffe, welche die Theorie nicht gerade zum Vortheile größerer Klärung bereits durch Zwischenbegriffe vermehrt hat, hier einzutreten, liegt nicht im Zwecke dieser Vorträge. Wohl aber entspricht es demselben, noch einige Worte der Frage des Besitzschutzes zu widmen. Mag es ja ab und zu besonders dem Polizeibeamten frommen, darin sich zurecht zu finden.

Der direkte Besitzschutz, (verschieden vom indirekten durch andere Rechtsinstitutionen*), kann sich nach dem Aufbau des BGB. in doppelter Richtung äußern, nämlich:

1. als erlaubte Selbsthülfe und
2. als dargebotene Rechtshülfe.

Zu 1. Ein erlaubtes Selbsthülferecht gewährt das BGB. dem Besitzer in viel größerem Umfange, als es nach gar manchen Gesetzgebungen bisher der Fall war. Die diesbezüglichen Normen des Besitzrechts stehen im Zusammenhange mit dem sechsten Abschnitt des Allgemeinen Theils (I. Buchs), welcher von der Selbstvertheidigung und Selbsthülfe handelt. Nach dem Dortigen wird die civilrechtliche Widerrechtlichkeit einer Handlung ausgeschlossen sowohl durch Nothwehr als durch Nothstand im bürgerlich-rechtlichen Sinne (§§ 227, 228). Außerdem ist in § 229 gesagt, daß nicht widerrechtlich handelt, wer zum Zwecke der Selbsthülfe eine Sache wegnimmt, zerstört oder beschädigt oder wer zum Zwecke der Selbsthülfe einen der Flucht verdächtigen Verpflichteten festnimmt oder den Widerstand des Verpflichteten gegen eine Handlung, die dieser zu dulden gehalten ist, beseitigt, soferne obrigkeitliche Hülfe nicht rechtzeitig zu erlangen ist und ohne sofortiges Eingreifen die Gefahr besteht, daß die Verwirklichung des Anspruchs vereitelt oder wesentlich erschwert wird**).

Konsequenzen und Analogien dieses Standpunkts offenbaren sich nun auch in den Bestimmungen des BGB. über den Besitzschutz durch Selbsthülfe. Der § 858 stellt vor Allem den Satz an die Spitze, daß es widerrechtlich (verbotene Eigenmacht) ist, wenn Jemand dem Besitzer (sei es unmittelbarem

*) Vgl. Kober a. a. O. S. 5.

**) In Einzelheiten wird darauf im Kapitel von den unerlaubten Handlungen zurückzukommen sein.

oder mittelbarem) ohne dessen Willen den Besitz entzieht oder ihn im Besitze stört, soferne nicht das Gesetz die Entziehung oder die Störung gestattet. Solche specifische Ausnahmsfälle sind nun namentlich die durch die erwähnten § 227 fg. vorgesehenen der erlaubten Nothwehr, des Nothstandes und der gestatteten Selbsthülfe. Liegt kein solcher Ausnahmsfall vor, sondern eine Besitzentziehung oder eine Besitzstörung, welche nach dem Grundsatz des § 858 als verbotene Eigenmacht zu betrachten ist, so darf sich der Besitzer derselben mit Gewalt erwehren. Insbesondere darf er

a. eine ihm mittelst verbotener Eigenmacht weggenommene bewegliche Sache dem auf frischer That betroffenen oder verfolgten Thäter mit Gewalt wieder abnehmen (§ 859 Abs. 2), sowie
b. wenn ihm der Besitz eines Grundstücks durch verbotene Eigenmacht entzogen wird, sofort nach der Entziehung (aber nicht mehr später) sich des Besitzes durch Entsetzung des Thäters wieder bemächtigen (§ 859 Abs. 2).

Die Ausübung solcher Selbsthülferechte steht auch den vorhin erwähnten Besitzdienern zu.

Wie man hieraus ersieht, erstreckt sich das dem Besitzer als solchem gegebene Selbsthülferecht sowohl auf Besitzentsetzungen, wie auf bloße Besitzstörungen und enthält ein Recht sowohl auf Abwehr wie auf Wiederherstellung. In diesen Richtungen bewegt sich auch:

Zu 2. Der Anspruch auf Gerichtshülfe. Darüber sei nur Folgendes kurz angedeutet. Im Allgemeinen sind die hier gewährten Rechtsbehelfe ähnlich denen der gemeinrechtlichen passessorischen Interdikte. Aber ein eigenes interdictum adipiscendae possessionis hat das BGB. nicht construirt. Ansprüche auf Besitzübertragung sind eben mit den gewöhnlichen Rechtsbehelfen zu verfolgen. Was das BGB. gewährt, sind zunächst Klagemittel zur Wiedererlangung des durch verbotene Eigenmacht entzogenen Besitzes (recuperatio possessionis) oder Beseitigung einer im Wege verbotener Eigenmacht geschehenen Besitzstörung (retentio possessionis). War freilich der Besitz des Klägers selbst dem neuerlichen Besitzer oder Besitzstörer oder deren Rechtsnachfolgern gegenüber fehlerhaft gewesen, so ist der Besitzanspruch des Ersteren ausgeschlossen, wenn sein selbst fehlerhafter Besitz erst in dem letzten Jahre vor der Entsetzung oder Störung erlangt worden ist. Einen weiteren praktisch nicht unwichtigen Rechtsbehelf normirt § 867 noch für den Fall, daß eine Sache aus der Gewalt des Besitzers auf ein im Besitze eines Anderen befindliches Grundstück eines Anderen gelangt ist. In solchem Falle hat ihm der Besitzer des Grundstücks die Aufsuchung und Wegschaffung (sei es auch nur einer verlaufenen Hauskatze) zu gestatten, soferne nicht die Sache inzwischen von ihm oder einem Dritten in Besitz genommen worden ist. In letzterem Falle müßte auf die passessorischen oder petitorischen Rechtsbehelfe rückgegriffen werden. Etwaiger durch die Aufsuchung oder Wegschaffung für den Besitzer des Grundstücks entstehender Schaden ist dem Besitzer des Grundstücks zu ersetzen. Dafür kann auch Sicherheitsleistung verlangt werden, wenn nicht mit dem Aufschub Gefahr verbunden ist.

Einigermaßen gehört zum Besitzschutze auch das sog. Privatpfändungsrecht. Bestimmungen hierüber sind durch Art. 89 E.G. z. BGB. der Landesgesetzgebung vorbehalten. Dem Bayr. Landtag soll hierüber ein Gesetzentwurf zugehen.

II. Eigenthum (Inhalt und Beschränkung).

Während der Begriff des Besitzes sich auf die thatsächliche Herrschaft über eine Sache bezieht, stellt der Begriff des Eigenthums die rechtliche Vollherrschaft über die Sache dar. Hierin folgt auch das BGB. im Prinzipe den bisherigen Rechtsauffassungen. Das römische Recht hat bekanntlich die Konstruktion dieser Vollherrschaft mit einer großen egoistischen Starrheit durchgeführt und namentlich die gemeinrechtliche Praxis hat dieses Verhältniß vielfach noch erheblich versteift, andererseits aber auch gleichsam zur Kompensation das Privateigenthum gelegentlich den sog. öffentlichen Interessen mehr als gebührlich untergeordnet. Das BGB. gewährt dem Privateigenthum den gebührenden Schutz, hat aber auch vielfach die Schroffheit des Eigenthumsbegriffes gemildert und in verschiedenen Fragen, welche auch in den Beziehungen der innern Staatsverwaltung, z. B. in Verkehrsangelegenheiten, Bauverhältnissen u. dgl. von Bedeutung sind, einen abmäßigenden vermittelnden Standpunkt eingenommen. So gewährt es schon in dem grundlegenden § 903 dem Eigenthümer zwar das Recht, mit der Sache nach Belieben zu verfahren (positive Richtung) und Andere von jeder Einwirkung auszuschließen (negative Richtung), aber nur mit einem doppelten Vorbehalte, nämlich dem Vorbehalte

a. der Rechte Dritter und
b. der eigens durch Gesetz gezogenen Beschränkungen.

In ersterer Hinsicht sei nur an die Dienstbarkeiten und andere besondere Rechte an fremder Sache erinnert. Diese Rechte gehen dem Eigenthume vor, was als ein festes Axiom im Auge behalten werden muß. Beschränkungen durch Gesetz können sowohl in Reichs- wie in noch gültigen Landesgesetzen, sowohl in privat- wie in öffentlich-rechtlichen Gesetzen vorkommen. Das BGB. selbst enthält deren eine ganze Anzahl. Ebenso finden sie sich in anderen Reichsgesetzen, z. B. im Festungsrayongesetz v. 21. Dez. 1871. Auch die Landesgesetzgebung enthält zulässige Eigenthumsbeschränkungen mannigfacher Art. Privatrechtlicher Natur sind z. B. die Normen des sog. Nachbarrechts, welche theils das BGB. selbst aufgestellt, theils das EG. Art. 124 der Landesgesetzgebung anheimgestellt hat. Oeffentlich-rechtlicher Natur sind namentlich diejenigen landesrechtlichen Eigenthumsbeschränkungen, welche durch die Expropriationsgesetze bedingt sind. Hier kann ich mir nicht versagen, einschaltungsweise zu betonen, wie revisionsbedürftig unsere heimische Expropriationsgesetzgebung ist und zwar nicht allein hinsichtlich der Exproprirungs**berechtigung**, sondern auch hinsichtlich der Zwangsenteignungs**verpflichtungen** d. h. der Regelung der Entschädigungspflichten. Denn daß man z. B. durch Versagung von an sich zulässigen Baupolizeibewilligungen die unentgeltliche Abtretung von Grundstücken behufs Errichtung oder Besserung gemeindlicher Straßenzüge mehr oder weniger erzwingt oder erzwingen kann, will mir als einem Bekenner der Rechtsstaatsidee schwer in den Sinn. Dies nur nebenbei. Außerdem sind als landesrechtliche Beschränkungen des Privateigenthums im öffenlichen Interesse auch noch anzudeuten diejenigen, welche Art. 111 des EG. z. BGB. vorbehält. Es sind dies solche, welche thatsächliche Verfügungen über Eigenthum betreffen. Gemeint sind hauptsächlich Beschränkungen in Ansehung von **Bauten** und der **Waldkultur**.*)

Gesetzlich ausgeschlossen ist selbstverständlich auch jede Disposition des Eigenthümers, welche den Thatbestand einer unerlaubten Handlung in sich schließt. Insoferne kommt hieher namentlich auch das Polizeistrafrecht in Betracht. Eine weittragende Beschränkung des Eigenthümerrechts, eine fremde Einwirkung auf sein Eigenthum zu verbieten, stellt

1. der § 904 BGB. auf. Er lautet:

„Der Eigenthümer einer Sache ist nicht berechtigt, die Einwirkung eines Anderen auf die Sache zu verbieten, wenn die Einwirkung zur Abwendung einer gegenwärtigen Gefahr nothwendig und der drohende Schaden gegenüber dem aus der Einwirkung dem Eigenthümer entstehenden Schaden unverhältnißmäßig groß ist. Der Eigenthümer kann Ersatz des ihm entstehenden Schadens verlangen.

*) Vgl. Wagner in Staudingers Komm. z. BGB. Bd. 6 S. 149.

Dieser sog. Nothhülfeparagraph steht im Zusammenhang mit den schon einmal erwähnten allgemeinen Vorschriften über civilrechtlichen Nothstand und civilrechtliche Selbsthülfe, welche in den §§ 228, 229 enthalten sind. Während aber namentlich § 228 nur die abwehrende Nothstandshandlung zum Gegenstand hat, bezieht sich § 904, beschränkt auf Sachen, auf die angreifende Nothstandshandlung. Im § 228 wird vorausgesetzt, daß die Gefahr durch die bezügliche Sache selbst droht. Nach § 228 ist der Fall ins Auge gefaßt, wenn die Gefahr von anderer Seite kommt und zu deren Abwehr eine fremde Sache verwerthet wird. Letzteres kann bestehen sowohl in einer Beschädigung oder Zerstörung der Sache, wie auch in einem bloßen Gebrauche derselben.*)

Dieses Nothhülferecht kann auch zum Besten eines Anderen geübt werden. Ebendarum kann es auch im öffentlichen Interesse, namentlich bei Katastrophen, wie Wassers- und Feuersnoth, zur Anwendung kommen. In dieser Hinsicht greift übrigens auch der Vorbehalt in Art. 109 EG. in Bezug auf landesrechtliche Vorschriften ein. Dieser aber führt bei uns wiederum zurück auf das Expropriationsgesetz v. 17. Nov. 1837, speciell dessen Art. I B über die Fälle öffentlichen Nothstands. Dort ist ähnliches verordnet wie im BGB. § 904, aber nur in Bezug auf unbewegliches Eigenthum, während § 904 in objektiver Hinsicht viel weiter geht.

2. Von einer für manche moderne Verhältnisse nicht unwichtigen Tragweite sind auch die Bestimmungen des § 905 BGB. über die Ausdehnung der Eigenthumsbefugnisse an einem Grundstücke im Raume nach oben über der Oberfläche und nach unten in dem Erdkörper. Im Grundsatze anerkennt das BGB. mit dem bisherigen Rechte das Eigenthümerrecht in Ansehung der Selbstverfügung

*) Näheres erörtert Kober in Staudingers Komm. z. BGB. Bd. 3 S. 59.

und Verbietung gegenüber Anderen auch in Ansehung des Raumes nach oben und unten. Das BGB. fügt aber diesem Grundsatze eine bedeutsame Ausnahme bei, indem es in § 905 Satz 2 bestimmt, daß der Eigenthümer Einwirkungen nicht verbieten könne, welche in solcher Höhe oder Tiefe vorgenommen werden, daß er an der Ausschließung jener Einwirkung kein Interesse hat. Das ist z. B. wichtig für Tunnelbauten, electrische Leitungen, unterirdische Kanäle, Wasserleitungen u. dgl. Mit Recht erörtert Kober*), daß jenes Interesse nicht gerade ein vermögensrechtliches zu sein brauche, sondern unter Umständen auch ein ästhetisches**) zum Verbote genügen könne. Immerhin — sagt dieser Schriftsteller — wird ein wirklich begründetes, erhebliches Interesse nicht allzu singulärer oder persönlicher Natur verlangt werden müssen, da ja eine gewisse allgemeine Duldungspflicht auferlegt werden will.

Wie jede Ausnahmebestimmung darf auch die des § 905 nicht ausdehnend ausgelegt werden. Aus dieser Gesetzesstelle kann also unmöglich gefolgert werden, daß ein Hauseigenthümer sich wider seinen Willen auch einen Telephongalgen auf sein Dach setzen lassen oder für eine electrische Bahn eine Leitungsrosette an seinem Hause oder einen Mast auf seinem Grund und Boden anbringen lassen müßte. Dafür könnten Pflichten nur aus bezüglichen Spezialgesetzen hergeleitet werden.

3. In Bezug auf Quellennutzungen und damit Zusammenhängendes verbleibt es bei den Spezialvorschriften unserer Wassergesetzgebung gemäß Art. 65 des EG. z. BGB.

4. Ueber bergrechtliche Einschränkungen entscheidet die Berggesetzgebung nach Art. 67 EG.

---

*) Staudingers Komm. z. BGB. Bd. 3 S. 60.

**) Oder auch wissenschaftliches, z. B. Erhaltung der Brauchbarkeit eines astronomischen Observatoriums.

Sehr bemerkenswerth sind verschiedene bau- und nachbarrechtliche Fragen, welche mit der im BGB. vollzogenen Ausgestaltung des Eigenthumsinhalts im Zusammenhange stehen.*) Auf tiefgründige Theorien und Principien führen diese Fragen zwar weniger zurück. Aber sie sind von hohem praktischem Interesse, insbesondere in baurechtlicher Hinsicht. In dieser Richtung sei sofort betont, daß es sich hier selbstverständlich nur um einschlägige Rechtsnormen privatrechtlichen Inhalts handeln kann. Die baupolizeilichen Vorschriften, wie sich solche insbesondere im Straf- und Polizeistrafgesetzbuche und in den darauf gegründeten Bauordnungen vorfinden, gehören dem öffentlichen Rechte an und bleiben eben deswegen an sich unberührt. Es wird sich nur fragen, ob nicht vielleicht einzelne einer künftigen Modification bedürfen, wenn und soweit die privatrechtliche Grundlage sich verändert hat.

Im BGB. selbst finden sich eigentlich nur wenige bau- und nachbarrechtliche Bestimmungen vor. Art. 124 EG. enthält aber dazu die Bestimmung, daß diejenigen landesgesetzlichen Vorschriften unberührt bleiben, welche das Eigenthum an Grundstücken (d. h. sowohl überbauten als nicht überbauten) zu Gunsten der Nachbarn noch anderen als den im Bürgerlichen Gesetzbuche bestimmten Beschränkungen unterwerfen. Wohl bemerkt: es heißt hier „andere Beschränkungen". Gemeint sind solche in Bezug auf Punkte, welche im BGB. überhaupt nicht geregelt sind. Nicht aber können in den im BGB. selbst behandelten Fragen die dortigen reichsrechtlichen Beschränkungen landesrechtlich verschärft werden. Von dem ebenerwähnten Vorbehalte hat die Bayrische Ausführungsgesetzgebung in der That Gebrauch gemacht. Im Ausf.-Ges. v. 9. Juni 1899 finden sich in 19 Artikeln mit den Nr. 62

*) Nicht erschöpfend und auch nicht durchaus klar sind die einschlägigen Erörterungen bei Schepp S. 68 fg.

bis 80 eingehende und wichtige neue Vorschriften, welche die älteren landesrechtlichen Normen ersetzen. Insbesondere werden die alten particularrechtlichen Vorschriften privatrechtlicher Natur aus der Zeit vor 1818, speciell auch die für München wichtig gewesenen Baurechtsvorschriften der alten Münchener Stadtrechte sammt dem Gesetze v. 22. Februar 1855 durch Art. 55 EG. z. BGB. in Verbindung mit Art. 1 und 175 Nr. 12 des bayr. Ausf.Ges. v. 9. Juni 1899 aufgehoben.

Im Einzelnen sei folgendes bemerkt:

1. Für die Rechtsverhältnisse an Grundstücken ist von vorneherein Eines von wesentlicher Bedeutung, nämlich die Feststellung und Kennzeichnung der Grenzen. Das BGB. behandelt diese Angelegenheit in ihren Grundlagen als eine privatrechtliche. Soweit dies der Fall ist, gehören daher auch Streitigkeiten darüber vor die Gerichte. Dabei sind begrifflich zwei Vorgänge zu unterscheiden, nämlich

a) die Ermittelung und Vermarkung der Grundstücksgrenzen und
b) die Grenzbestimmung bei nicht mehr ermittelbarer Grenze (Grenzscheidung).

In ersterer Hinsicht (Punkt a) legt BGB. § 919 jedem Eigenthümer eines Grundstücks einen unverjährbaren (§ 924) civilrechtlichen und civilprozessual klagbaren*) Anspruch bei. Jener kann von dem Eigenthümer eines Nachbargrundstücks verlangen, daß dieser mitwirke

a) zur Errichtung fester Grenzzeichen und ebenso
b) zur Wiederherstellung eines solchen, wenn das bisherige „verrückt**) oder unkenntlich geworden" ist.

So weit die reichsrechtlich festgestellte privatrechtliche Abmarkungspflicht. Die Kosten ihrer Erfüllung

*) Also in diesem Punkte nicht mehr Verwaltungszuständigkeit.
**) Berühmte Stelle: vom „verrückt gewordenen Grenzzeichen"!

sind von den Betheiligten zu gleichen Theilen zu tragen, soferne nicht besondere zwischen den Betheiligten bestehende Rechtsverhältnisse eine Abweichung hievon bedingen (§ 919 Absatz 3).

Nach Landesrecht dagegen — sei es privat- oder öffentlich-rechtlicher Natur — bemißt sich die Art der Abmarkung und das Abmarkungsverfahren. Mangels landesgesetzlicher Vorschriften entscheidet die Ortsüblichkeit. In letzteren Richtungen bleiben daher die einschlägigen Bestimmungen unseres bayr. Vermarkungsgesetzes v. 16. Mai 1868 in Kraft mit denjenigen Abänderungen, welche durch Art. 156 des bayr. Ausf. Ges. v. 9. Juni 1899 mit Rücksicht auf das BGB. geschaffen wurden. Im Hinblick auf Letzteres sind auch die Art. 1, 3, 4, jenes Gesetzes v. 16. Mai 1868 ganz aufgehoben*.)

Die Grenzscheidungsklage (Punkt b) soll als Ersatz dienen, wenn die Eigenthumsklage zur Lösung eines Grenzstreits nicht ausreicht,**) insbesondere wenn eine wirkliche Grenzverwirrung vorliegt. In solchem Falle bestimmt oder „zieht" der Richter auf unverjährbare civilrechtliche Klage Eines der Eigenthümer der Nachbargrundstücke oder eines sonstigen Realbetheiligten die Grenze in erster Linie nach Maßgabe des Besitzstands. Kann dieser nicht festgestellt werden, so ist jedem der betheiligten Grundstücke ein gleich großes Stück der streitigen Fläche zuzutheilen. Subeventuell ist bei gewissen Verhältnissen nach Grundsätzen der Billigkeit zu entscheiden. Liegt ein solcher rechtskräftiger Grenzscheidungsausspruch vor, so tritt erst noch die Abmarkung nach § 919 in den Vordergrund.

In Bezug auf Grenzverhältnisse begründet übrigens § 921 eine nicht unwichtige gesetzliche Vermuthung. Dieser § 921 sagt nämlich:

---

*) Ein neues Vermarkungsgesetz ist in Vorbereitung.

**) Kober, a. a. E. Bd. 2 S. 70.

„Werden zwei Grundstücke durch einen Zwischenraum, Rain, Winkel, einen Graben, eine Mauer, Hecke, Planke oder eine andere Einrichtung, die zum Vortheile beider Grundstücke dient, von einander geschieden, so wird vermuthet, daß die Eigenthümer der Grundstücke zur Benutzung der Einrichtung gemeinschaftlich berechtigt seien, soferne nicht äußere Merkmale darauf hinweisen, daß die Einrichtung einem der Nachbarn allein gehört."

Wie sich schon aus den übrigens nur beispielsweise gebrauchten Einzelbezeichnungen, insbesondere auch aus dem Ausdrucke „Zwischenraum" ergibt, wird durchaus nicht erfordert, daß gerade eine bauliche Einrichtung vorliegt. Insbesondere können daher auch die unter dem Namen „Reihen" bekannten engen Zwischenräume zwischen Nachbarhäusern ebenfalls unter den § 921 bezogen werden. Dieser § enthält aber eben doch nur eine gesetzliche Vermuthung für die Beschaffenheit des obwaltenden dinglichen Rechtsverhältnisses. Dagegen bleibt m. E. dadurch die ganz andere Frage unberührt, ob, inwieweit und unter welchen baupolizeilichen Voraussetzungen eine sog. enge Reihe entstehen oder fortbestehen dürfe.*) Jene Rechtsvermuthung geht auch nicht dahin, daß die Nachbarn Miteigenthümer des Zwischenraumes oder der Zwischeneinrichtung sind, vielmehr nur darauf, daß die Eigenthümer der Grundstücke zur gemeinschaftlichen Benützung berechtigt sind. Die Grenze selbst und das Eigenthum hüben und drüben oder auch am Ganzen ist auf gewöhnlichem Wege festzustellen. Gegen die auf solche Weise nach Richtung und Umfang beschränkte Vermuthung ist auch Gegenbeweis zulässig. Sie fällt sogar ganz weg, wenn die fragliche Einrichtung einem der Nachbarn allein gehört, d. h. wenn dies entweder in gewöhnlicher Art bewiesen wird oder auch schon dann, wenn äußere Merkmale, z. B. die Stellung von Pfosten oder die Art

---

*) Englert, Bauordnung für die bayr. Landestheile rechts des Rheins v. 1890. S. 71 fg.

des Anschlags von Planken auch nur darauf hinweisen, daß die Einrichtung einem der Nachbarn allein gehört

Die Art der Benützung und die Tragung der Unterhaltungskosten wird durch § 922 BGB. geregelt. Dies ist aber nur eine Bestimmung, welche das privatrechtliche Verhältniß der Eigenthümer unter sich betrifft und behandelt. Sie kann sich aber wiederum nicht beziehen auf Benützungsnormen und insbesondere Benützungsbeschränkungen, welche im öffentlichen Rechte, insbesondere in legalen Bestimmungen der Bau-, Feuer-, Gesundheits-, Reinlichkeits- und selbst Sittenpolizei begründet sein mögen. Beispielsweise sei hier auf § 59 der bayr. allg. Bauordnung v. 31. Juli 1890 verwiesen. Für das Bestreben namentlich der Baupolizei, solche bedenkliche Zwischenräume, wie die sog. engen Reihen, namentlich in Städten, sind, möglichst wegzubringen und lieber eine geschlossene Baureihe herzustellen, lautet übrigens wenig tröstlich. Der weitere Satz des § 922, daß, solange einer der Nachbarn an dem Fortbestande der Einrichtung ein Interesse hat, nichts ohne seine Zustimmung beseitigt oder geändert werden darf, d. h. vom anderen Mitbetheiligten. Eine andere Rechtslage wäre es, wenn die Beseitigung oder Aenderung schlechthin oder bei bestimmten Fällen oder Voraussetzungen durch eine öffentlich-rechtliche gültige Rechtsnorm geboten sein sollte. Im Uebrigen verweist der § 922 bezüglich des Verhältnisses der Nachbarn zu einander auf die civilrechtlichen Vorschriften über die Gemeinschaft.

Nur angedeutet sei, daß das BGB. im § 923 auch Normen aufstellt über das Rechtsverhältniß bezüglich auf der Grenze stehender Bäume und Sträucher, sei es, daß sie als Grenzzeichen dienen oder nicht.

2. Ein im Gebiete des Bauwesens, namentlich in Städten praktisch sehr wichtiges Rechtsverhältniß, welches namentlich in München auf der Grundlage des Stadtrechtsbuchs von 1334 Art. 349, 350, 351, 352 und der Bauordnung von 1489 Art.

3—6 große Verbreitung und Bedeutung für die Stadttheile mit sog. geschlossenem Bausystem erlangt hat, ist die Einrichtung der sog. Kommunmauern. Der thatsächliche Kernpunkt liegt hier in dem Vorgange, daß auf der Grenze eines Grundstücks zum Zwecke des Baues oder der Erhöhung eines Hauses eine Mauer errichtet oder eine schon bestehende erhöht wird. Für solche Fälle bestand gemäß des alten, übrigens durch Gewohnheitsrecht modifizirten Münchener Stadtrechts*) für den Eigenthümer eines noch unüberbauten Grundstücks gegenüber dem bauenden Nachbar die sein eigenes Eigenthumsrecht beschränkende Verpflichtung, „halbe (ursprünglich: „ganze") Mauerstatt" zu geben, d. h. zu gestatten, daß die Umfassungsmauer des an die Grenze kommenden Nachbarhauses zur Hälfte auf sein Grundstück gesetzt werde. Dadurch erlangt der Mauerstattgebende an der entstehenden Mauer kraft des Gesetzes Miteigenthum und zwar nach der durchgedrungenen Doctrin ein condominium pro diviso in vertikaler Richtung der idealen Grenzlinie.

Zufolge dessen kann der Nachbar**) die Mauer mitbenützen, hat aber, sobald er bei eigener Bauführung zur Mitbenützung schreitet, dem andern Nachbar die sog. Ablösung, d. h. den Werthsersatz der halben Mauer, zu bezahlen. Dies ist im Allgemeinen wenigstens das Münchener Rechtsverhältniß. Daran vollzieht sich nun ab 1. Januar 1900 eine wesentliche Veränderung. Unberührt bleiben ja natürlich die bisher schon bestandenen rechtlichen Verhältnisse, aber die Neubegründung bekommt eine veränderte Rechtsgrundlage. Das alte Münchener Stadtrecht, geschriebenes wie ungeschriebenes, verfällt der Aufhebung (vergl. E.G. Art. 55, auch Art. 1 des bayr. Ausf.Ges.). Die darin begründet gewesene Verplich-

*) Tinsch, Münchener Stadtrecht. S. 21 ff.

**) Aktives und passives Sachlegitimationsverhältniß nicht unbestritten.

tung, Mauerstatt zu geben, kommt daher in Wegfall. Im BGB. aber findet sich keine analoge Verpflichtung.*) Es besteht keine gesetzliche Verbindlichkeit des einen oder anderen Nachbars, zur Herstellung einer Kommunmauer Grund herzugeben oder eine Mauer an der Grenze als Kommunmauer zu bauen oder ähnliches bei einer Mauererhöhung zu beobachten.**) Ein Bauherr ist vielmehr in fraglicher Hinsicht künftighin lediglich auf vertragsmäßige Abmachungen mit dem Nachbarn verwiesen, was wohl gemeinhin dazu führen wird, daß Einer der Beiden dem Andern eine Entschädigung sofort wird bezahlen müssen. Dies ist vielleicht momentan lästig, beseitigt andererseits aber doch auch etliche Streitpunkte.***)

Eine mit dem Kommunmauerwesen etwas verwandte andere Bestimmung ist übrigens im BGB. doch enthalten in Gestalt von dessen § 912. Dieser Paragraph faßt den Fall ins Auge, wenn Jemand unberechtigt bei der Errichtung eines Gebäudes (aber auch nur eines solchen) die Grenze des Nachbargrundstücks überschreitet, einen sogen. Ueberbau herstellt. Geschieht dies mit Bewußtsein oder aus grober Fahrlässigkeit, oder hat der Eigenthümer der Ueberbaufläche vor oder sofort nach der Ueberbauung Widerspruch erhoben, so stehen dem Letzteren alle Gerechtsame und Schutzmittel des Eigenthümers dagegen zu. Er kann insbesondere auch Beseitigung des Ueberbaues (Demolition) begehren. Liegt aber keines dieser thatsächlichen Verhältnisse vor, also weder Vorsatz noch grobe Fahrlässigkeit auf Seite des Ueberbauenden, wohl aber Versäumung des gesetzlich erforderten Widerspruchs auf Seite des Eigenthümers der überbauten Fläche, so muß dieser den Ueberbau dulden. Eigenthümer der Fläche bleibt er,

*) Auch in den landesrechtlichen Zusätzen nicht.

**) Kober in Staudingers Komm. z. BGB. Bd. 3 S. 71.

***) Für die Uebergangszeit begründet einige Abweichung Art. 70 des bayr. Ausf.Ges. Ueber diesen und die Art. 68, 69 siehe die späteren Bemerkungen.

wird aber, da hier eine Ausnahme von den Grundsätzen der §§ 93, 94 BGB. vorliegt, nicht auch Eigenthümer des Ueberbaues. Solcher bleibt vielmehr am ganzen Gebäude der Baueigenthümer. Der Eigenthümer der überbauten Fläche hat übrigens Anspruch auf eine Entschädigung. Diese ist für die Regel zu leisten in Gestalt einer Geldrente, welche dem jeweiligen Eigenthümer des überbauten Nachbargrundstücks von dem jeweiligen Eigenthümer des anderen Grundstücks jährlich im Voraus zu entrichten ist. Die Rente inhärirt also aktiv und passiv den Grundstücken. Das Recht auf die Rente geht allen anderen, auch älteren Rechten, vor und erlischt mit Beseitigung des Ueberbaus. Der blos obligatorische schon im Gesetze begründete Anspruch auf eine Rente bedarf an sich keiner Eintragung ins Grundbuch. Wohl aber ist letztere nöthig zur dinglichen Wirkung eines Verzichts auf das Recht selbst oder einer vertragsmäßigen Festsetzung der Höhe der Rente. Für diese Höhe ist die Zeit der Grenzüberschreitung maßgebend.

Der Rentenberechtigte (nicht aber der Rentenverpflichtete) kann Ablösung der Rente begehren, d. h. er kann verlangen, daß ihm der Rentenpflichtige die überbaute Fläche um den Werth, den diese zur Zeit der Grenzüberschreitung gehabt hat, abkaufe.

Verschieden von dem Begriffe: „Ueberbau" sind die Begriffe „Einbau" und „Verbau". Beim Verbau verwendet der Bauende fremde Materialien in sein Gebäude, beim „Einbau" käme das ganze Gebäude auf fremden Grund zu stehen. Specialbestimmungen für diese Fälle liegen nicht vor. Sie folgen den allgemeinen einschlägigen Rechtsgrundsätzen, insbesondere denen über die bisher sogen. Inaedifikation.

3. Den Bestimmungen des BGB. § 905 über das Recht des Eigenthümers nach oben und unten einigermaßen verwandt ist die Bestimmung des BGB. § 909, wonach ein Grundstück nicht in der Weise vertieft werden darf, daß der

Boden des Nachbargrundstücks die erforderliche Stütze verliert, es sei denn, daß für eine genügende anderweitige Befestigung gesorgt ist. Zweck der Vorschrift ist Schutz des einen Grundstücks gegen Abrutschungen u. dergl. in Folge von Abgrabungen auf dem anderen.

Wird auf dem ersteren, fremden Grundstücke der Boden desselben selbst unberechtigt angegriffen, so schlägt auch § 1004 ein, welcher gegen den Störer eine weitere Klage auf Beseitigung der Beeinträchtigung beziehungsweise Unterlassung gewährt. Der Anspruch aus § 909 ist unverjährbar. Ein bestimmter Abstand der Vertiefungen von der Grenze ist im BGB. civilrechtlich nicht vorgeschrieben, könnte aber allerdings durch die Landesgesetzgebung nach Art. 124 EG. z. BGB. erfordert werden.

4. Eine Vorkehrung zur Abwendung von Gefahr für ein Grundstück durch drohenden Einsturz eines mit einem Nachbargrundstück verbundenen Gebäudes oder Werkes trifft § 908 BGB. Der Eigenthümer des bedrohten Grundstücks kann verlangen, daß die zur Abwendung der Gefahr erforderliche Vorkehrung getroffen werde. Er kann dieses Verlangen aber nur demjenigen gegenüber zur Geltung bringen, welcher nach den in den §§ 836 Abs. 1, 837, 838 niedergelegten Grundsätzen im Falle eines wirklichen Einsturzes schadensersatzpflichtig sein würde. Die gleiche Norm gilt auch für den Fall, wenn blos die Ablösung von Theilen des Gebäudes oder Werkes droht.

Dieser nicht verjährbare Anspruch ist civilrechtlicher Natur. An den etwa zulässigen und veranlaßten Polizeimaßregeln ist dadurch nichts benommen. Ja diese können sogar allein möglich sein, wenn kein Haftpflichtiger belangbar ist. Ein Haftpflichtiger aber muß für Abwendung der Gefahr Vorkehrung treffen. Die bloße Leistung einer Kaution für etwa entstehenden Schaden, nach Art der cautio damni infecti des gem. Rechts, genügt dem § 908 des BGB. keineswegs.

5. Rein civilrechtlicher Natur, aber doch der Vollständigkeit wegen hier zu erwähnen, sind die Vorschriften der §§ 917, 918 über die Verpflichtung zur Gewährung eines Nothwegs. Darunter versteht das Gesetz nicht etwa blos einen Weg bei einem besonderen Nothfall, sondern die Gewährung eines ständigen Wegs von einem Grundstück über ein anderes, weil für Ersteres eine zu dessen ordnungsmäßiger Benützung nothwendige Verbindung mit einem öffentlichen Wege (auch nicht vermöge einer Dienstbarkeit) nicht vorhanden ist. Die Duldung eines Nothwegs ist aber nur auf solange vorgeschrieben, als der Mangel nicht behoben ist. Die Richtung des Nothwegs und der Umfang des Benützungsrechts sind erforderlichen Falles durch civilrichterliches Urtheil zu bestimmen. Für die Einräumung eines Nothwegs, welche vom Gesetzgeber als gesetzliche Eigenthumsbeschränkung und nicht etwa als Expropriation oder wirkliche Dienstbarkeitsbestellung gedacht ist, findet Entschädigung durch eine Geldrente statt, nach Analogie jener Normen, welche beim Ueberbau Platz greifen. (Vergl. oben S. 331.) Eine Erweiterung können diese reichsrechtlichen Bestimmungen nach Art. 123 EG. insoferne erlangen, als danach durch Landesgesetz das Recht des Nothwegs auch zum Zwecke der Verbindung mit einer Wasserstraße oder mit einer Eisenbahn gewährt werden kann. Durch das bayr. Ausf.Ges. ist von diesem Vorbehalte kein Gebrauch gemacht worden.

Andere sogenannte Nothservituten sieht das Bürgerliche Gesetzbuch — abgesehen von dem oben S. 2 besprochenen Inhalt seines § 904 — nicht mehr vor.

Nicht unter den Gesichtspunkt eines Nothwegs, sondern als selbständige Berechtigungen, sind z. B. zu betrachten und zu behandeln:

a) der sog. Leinpfad für den Schiffer nach Wasserrecht;

b) das Recht des Jägers, den Jagdbezirk zu begehen, nach Jagdrecht;

c) das Uferbetretungsrecht des Fischereiberechtigten nach Fischereirecht.*)

6. Einen in der Verwaltungs- und Gerichtspraxis häufig vorkommenden, nicht selten zu tiefgehenden Zerwürfnissen führenden Streitpunkt bildet die Frage, inwieweit der Eigenthümer eines Grundstücks sich die von einem anderen Grundstück ausgehenden sog. Immissionen gefallen zu lassen hat. Mit dieser allgemeinen Begriffsbezeichnung belegt man bekanntlich Einwirkungen, welche sich in Gestalt von „Gasen, Dämpfen, Gerüchen, Rauch, Ruß, Wärme, Geräusch, Erschütterungen" von einem Grundstück auf ein anderes bemerkbar fortpflanzen. Diese Vorkommnisse sind so in § 906 BGB.**) erwähnt, aber nicht in abschließender, sondern nur in beispielgebender Weise. Denn der Beisatz „und ähnliche Einwirkungen" ermöglicht auch die Einbeziehung von noch anderen Vorkommnissen, wie z. B. das häufige Ueberfließen von Abfall- und Schmutzwassern. Die Frage, wie weit dergleichen geduldet werden muß, behandelt jener § 906. Er gibt zwar etwas mehr greifbare Rechtsnormen, als diejenigen waren, welchen die bisherige, gelegentlich etwas schwankende Praxis gegenüberstand. Allein der § 906 spricht — was zu begreifen und wegen der verschiedenartigen sich in jenen Beziehungen oft kreuzenden Interessen auch zu billigen ist — weder ein absolutes Ja, noch ein absolutes Nein aus. Das BGB. trifft vielmehr eine relative gesetzliche Entscheidung, indem es das Eine oder Andere von bestimmten Verhältnissen abhängig macht, nach Maßgabe welcher dem richterlichen Ermessen für den Einzelfall ein gewisser Spielraum gewährt wird. Als civilrechtlich schlechthin unzulässig erklärt BGB. § 906 von

---

*) Vgl. EG. Art. 65, 69.

**) Vgl. hiezu die praktischen Bemerkungen von Kober in Staudingers Kom. z. BGB. Bd. 3 S. 60 fg.

vorneherein Zuführungen*) von einem Grundstück auf das andere mittelst einer dazu bestimmten „besonderen Leitung", also z. B. eines Rauch- oder Dampfrohres, einer Schmutzwasserrinne und dgl. Im Uebrigen kommt es zunächst darauf an, ob das von der Einwirkung betroffene Grundstück durch dieselbe in seiner Benützung wesentlich beeinträchtigt wird oder gar nicht oder doch nur unwesentlich. Nur in ersterem Falle steht dem Eigenthümer ein Verbietungsrecht zu, andernfalls aber nicht. Jede Beeinträchtigung muß auch objektiver Natur sein. Das Grundstück muß der Beeinträchtigung unterliegen, allerdings nach Maßgabe seiner besonderen sachlichen Zweckbestimmung, aber doch nicht lediglich nach Maßgabe rein-subjektiver Empfindungen. Aus letzterem Grunde kann auch z. B. der Klavierteufel mit Hülfe des § 906 nicht wohl ausgetrieben werden. Darin werden wohl nach wie vor noch Polizei und Strafrichter (StGB. § 360 Ziff. 11; bayr. Pol.StGB. Art. 34) zur Abwehr herhalten müssen. Wenn aber z. B. neben einem Krankenhause eine Fäkalienextraktfabrik zu stehen käme, wäre auch die Civilklage nach § 906 sicher am Platze.**)

Weiter soll nach dem BGB. ein Verbietungsrecht auch dann ausgeschlossen sein, wenn die beanstandete Benützung eines Grundstücks nach den örtlichen Verhältnissen bei Grundstücken dieser Lage gewöhnlich ist. So wird man z. B. an der Seite der Krupp'schen Werke in Essen viel mehr ertragen müssen, als in den Badeorten Wiesbaden oder Baden-Baden, in einem ausgesprochenen Fabrikorte mehr als in Pensionopolis, in dem Fabrikviertel einer Stadt mehr als im Villenviertel. In einem Dorfe muß man auch Düngerhaufen dulden, deren Qualitäten in der Stadt „das gewöhnliche Maß des Erträglichen" überschreiten würden.

*) Selbstverständlich unbefugte, also z. B. wenn weder eine Dienstbarkeit, noch eine persönliche Vereinbarung vorliegt.

**) Vgl. übrigens schon § 27 der Gew.Ordn.

Der civilrechtliche Schutz auf Grund des § 906 besteht (abgesehen von etwaiger erlaubter abwehrender Selbsthilfe) in dem Anspruch aus § 1004 auf „Beseitigung der Beeinträchtigung". Diese kann unter Umständen schon durch Verbesserungsmaßnahmen bewirkt werden, unter anderen Verhältnissen aber auch zur Einstellung eines Betriebs in seiner Totalität oder auch nur in einzelnen Theilen (z. B. bezüglich der Benützung gewisser Maschinen) führen.

Hinsichtlich solcher richterlicher Entscheidungen auf Betriebseinstellungen dieser oder jener Art kommt aber der die Rechtslage wesentlich modificirende, durch BGB. unberührt gebliebene § 26 der Gewerbeordnung*) in Betracht, welcher wörtlich vorschreibt:

„Soweit die bestehenden Rechte zur Abwehr benachtheiligender Einwirkungen, welche von einem Guundstück aus auf ein benachbartes Grundstück geübt werden, dem Eigenthümer oder Besitzer des letzteren eine Privatklage gewähren, kann diese Klage einer mit obrigkeitlicher Genehmigung errichteten gewerblichen Anlage gegenüber niemals auf Einstellung des Gewerbebetriebs, sondern nur auf Herstellung von Einrichtungen, welche die benachtheiligende Einwirkung ausschließen, oder, wo solche Einrichtungen unthunlich oder mit einem gehörigen Betriebe des Gewerbes unvereinbar sind, auf Schadloshaltung gerichtet werden."

Daß der Eingang dieser Reichsgesetzesstelle vollständig auf § 906 BGB. paßt, ist offensichtlich. Offensichtlich ist aber auch, daß jener § 26 nur von Einwirkungen aus gewerblichen Anlagen handelt, somit also erheblich enger ist, als der § 906 BGB.**) Daraus folgt zugleich, daß als obrigkeitliche Genehmigung i. S. des § 26 nur eine gewerbepolizei-

*) Eingehende Erläuterungen dazu gibt v. Landmanns Komm. z. Gew.-Ordn. 3 Aufl. Bd. 1 S. 213 ff.

**) S. v. Landmann. a. a. O. S. 215. Ebendaselbst S. 216 werden auch Dampfkesselanlagen hiefür gerechnet, ebenso Stauanlagen für Wassertriebwerke. Dagegen wird der § 26 nicht angewendet werden auf Wasserablauf und Verunreinigungen aus gewerblichen Anlagen, soweit die Zulässigkeit nach dem für das Landesrecht vorbehaltenen Wasserrechte zu beurtheilen ist (EG. Art. 65).

liche Genehmigung nach Maßgabe der §§ 16, 24 Gew.-Ordn. gemeint sein kann, nicht aber schon eine bloße baupolizeiliche Plan- und Baugenehmigung. Daher sind letztere Gesetzesstellen mit ihren zahlreichen Ergänzungen hinsichtlich der Einzelfälle auch hieher zu vergleichen. Klage auf Schadensersatz auf Grund des § 906 ist nicht ausgeschlossen, soferne und soweit eben die Voraussetzungen für eine Schadensersatzklage überhaupt vorliegen.

Zu bemerken ist weiter, daß nach Art. 125 EG. die landesgesetzlichen Vorschriften unberührt bleiben, welche die Vorschrift des § 26 der Gew.-Ordn. auf Eisenbahn-, Dampfschiffahrts- und ähnliche Verkehrsunternehmungen erstrecken. In Bayern bestand bisher eine ausdrückliche derartige Vorschrift nicht. Durch Art. 80 des Ausf.Ges. zum BGB. ist sie nunmehr geschaffen worden. Keiner näheren Erörterung bedarf es, daß auch im Bereiche des § 906 neben der Civilklage alle im öffentlichen Rechte begründeten einschlägigen (formellen und materiellen) Zuständigkeiten der Verwaltung, speziell der Polizeibehörden, unberührt bleiben.

7. Inhaltlich nahe verwandt ist dem § 906 BGB. der nächstfolgende § 907. Seine praktische Tragweite in der Gewährung negatorischen Eigenthumsschutzes geht sogar noch weiter als diejenige des § 906. Als Grundsatz stellt § 907 auf, der Eigenthümer eines Grundstücks könne verlangen, daß auf den Nachbargrundstücken nicht Anlagen hergestellt oder gehalten werden, von denen mit Sicherheit vorauszusehen ist, daß ihr Bestand oder ihre Benützung eine unzulässige Einwirkung auf sein Grundstück zur Folge hat.

Die Hauptbedeutung dieses principiellen Satzes liegt darin, daß der Eigenthümer mit seiner negatorischen Abwehr ihm nachtheiliger Dinge nicht erst zu warten braucht, bis ihm bereits ein Nachtheil zugegangen ist. Er kann sich auch einer im Voraus abwehrenden Civilklage bedienen. Der bezügliche Anspruch ist unverjährbar (BGB. § 924). Der § 907 begrüudet auch

Einwendungen, welche m. E. jetzt, nachdem die Beschränkungen durch das BGB. begründet sind, zu den privatrechtlichen Titeln im Sinne der Gew.-Ordn. gerechnet werden müssen.*)

Wie aus den neben einandergestellten Begriffen: „Benützung" und „Bestand" hervorgeht, handelt es sich hier nicht blos um Anlagen, welche ihre beeinträchtigende Eigenschaft erst durch menschliche Thätigkeit bekommen, sondern auch um solche, welche ohne die letztere ihre Wirkungen ausüben. Nicht zu den Anlagen i. S. des § 907 sind zu rechnen nach Abs. 2 § 907 Bäume und Sträucher. Schutz wird auch nur gewährt gegen eine unzulässige Einwirkung. Was „unzulässig" ist, wird nach den anderweitigen Vorschriften der Gesetze und zwar, wie eben einschlägig, sowohl nach denen in Reichsgesetzen, wie in Landesgesetzen bemessen. Danach würde z. B. eine Beanstandung der Anbringung von Fenstern, Thüren und überhaupt der Licht- und Abstandsverhältnisse nach dem BGB. nicht angängig sein, weil dieses einschlägige Beschränkungen nicht festsetzt. Wohl aber können solche nach Art. 124 E.G. durch die Landesgesetzgebung gesetzt sein, in welcher Hinsicht für Bayern auf die Art. 62 des Ausf.-Ges. v. 9. Juni 1899 verwiesen sein möge. In Gemäßheit dieses Standpunktes ist im § 907 Abs. 1 Satz 2 eine sehr bedeutsame Ausnahmebestimmung eingestellt, welche besagt, daß bei einer Anlage, welche den landesgesetzlichen Vorschriften genügt, die einen bestimmten Abstand von der Grenze oder sonstige Schutzmaßregeln vorschreiben, die Beseitigung der Anlage erst dann verlangt werden kann, wenn die unzulässige Einwirkung thatsächlich hervortritt. Der präventive Schutz ist also hier eingeschränkt. Für Bayern ist übrigens in dieser Hinsicht auf das zu verweisen, was später über die sog. „Abstandsverhältnisse" gesagt werden wird (Vgl. S. 342). Auch im Bereiche des § 907

*) Für das bisherige Recht etwas abweichend v. Landmann, Komm. z. Gew.-Ord. 3. Aufl. S. 164.

bleiben selbstverständlich alle formellen und materiellen im öffentlichen Rechte begründeten Zuständigkeiten der Verwaltungsbehörden unberührt.

Wenn ich nun zu allem bisherigen noch hinzufüge, daß die §§ 910, 911 BGB. auch noch Bestimmungen über den Uebertritt der Wurzeln und Zweige von Gewächsen auf ein Nachbargrundstück, sowie über Fruchtüberfall enthalten und, wenn ich außerdem auch hieher nochmals auf den schon besprochenen allgemeinen sog. Chikaneparagraph 226 BGB., insbesondere bezüglich des sog. Neidbaues verweise, so ist damit dasjenige erschöpft, was das BGB. selbst an nachbarrechtlichen Eigenthumsbeschränkungen besonderer Art enthält. Es fragt sich nur noch weiter, welche andere derartige Beschränkungen im Landesrechte enthalten sind. Für Bayern geben die Antwort auf diese Frage die § 62 fg. des Ausf.Ges. v. 9. Juni 1899 nebst den Erläuterungen in den Mot. zum Entwurf A. Letztere enthalten vor Allem nachfolgende allgemeine Bemerkungen:

Das in Bayern geltende Nachbarrecht leibet insbesondere auf dem Gebiete des Baurechts an einer weitgehenden Zersplitterung. Mehr als ein Dutzend Baurechte sind noch in Geltung, alle in Einzelheiten von einander verschieden. Der Verschiedenheit der Vorschriften entspricht nicht auch eine Verschiedenheit der heutigen Verhältnisse. Von den Baurechten ist das jüngste vor mehr als hundert Jahren, die älteren sind vor mehreren Jahrhunderten entstanden. Ihre Verschiedenheiten mögen damals den örtlichen Verschiedenheiten angepaßt gewesen sein. Inzwischen haben der Wegfall der inneren Schranken und der Aufschwung des Verkehrs einerseits, die Fortschritte der Technik und die Anforderungen der Gesundheitspflege andererseits eine ausgleichende Wirkung geübt. Manche von den aus alter Zeit stammenden Beschränkungen sind entbehrlich, manche, die zur Zeit ihrer Entstehung als eine wenig beschwerende Rücksichtnahme auf den Nachbar erschienen, sind bei dem steigenden Werthe des Baugrundes drückend und volkswirthschaftlich schädlich geworden. Die Verhältnisse haben sich geändert, die Gesetze und Statuten sind die gleichen geblieben. Die Ersetzung dieser Vorschriften durch neues einheitliches Recht ist deshalb ein dringendes Bedürfniß.

Für die Neugestaltung verengert sich die Aufgabe, insbesondere auf dem Gebiete des Baurechts, durch die polizeilichen Vorschriften; soweit den Bedürfnissen des nachbarlichen Zusammenlebens auf diesem Wege Genüge geleistet wird, bedarf es privatrechtlicher Eigenthumsbeschränkungen nicht. In dem diesen vorbehaltenen Bereiche wird von dem Grundsatz auszugehen sein, daß nur weit verbreiteten Bedürfnissen abgeholfen werden soll, deren Befriedigung von der Vereinbarung der Betheiligten nicht erwartet werden kann. Für die mit bestehenden Anlagen verknüpften Interessen wird, soweit der ihnen durch das bisherige Recht gewährte Schutz wegfällt, durch Uebergangsvorschriften die erforderliche Vorkehrung gegen Beeinträchtigung zu treffen sein.

Hieraus ergibt sich vor Allem Dreierlei:

a) daß Dasjenige, was in das Ausf.Ges. aufgenommen wurde, unter Ersetzung der älteren Rechte als gesammtes neues Landesrecht den Inbegriff alles dessen darstellen soll, was künftighin für Bayern als Privatrechtsnorm für fragliche Verhältnisse zu gelten hat;

b) daß hiebei manches Schwergewicht nach wie vor in die polizeirechtlichen Normen verlegt wurde;

c) daß nur wenige neue Normen privatrechtlicher Natur aufgestellt sind und manches Andere einfach aufgehoben werden wollte.

An letzteres anknüpfend, sei vor Allem eine kurze Darstellung solcher Punkte vorausgeschickt, hinsichtlich welcher bei der durch das bayr. Ausf.Ges. z. BGB. bewirkten Neuregelung einfach eine Beseitigung älterer Rechtsnormen ohne Ersatz dafür eintritt. Folgen wir darin den Motiven zu jenem Ausf.Ges., deren Erörterungen mit geringer Diskussion auch die Billigung der Gesetzgebungsausschüsse des Landtags gefunden haben.*)

*) Becher, Materialien, Abthl. IV, Bd. 1 S. 18 fg., 81 fg., 425 fg.

Vor Allem bezeichnen jene Motive als der Beseitigung verfallend:

1. die gemeinrechtlichen Vorschriften über Mauerausbauchung. „Stört die Ausbauchung den Nachbar oder bedroht sie ihn gar, so ist der Zwang zur Duldung nicht zu rechtfertigen. Ist sie weder bedrohlich, noch störend, so wird die Entfernung nach § 226 BGB. (Chikaneparagraph) nicht verlangt werden können." *) Im Hinblick auf denselben Paragraphen entfallen:

2. die bisherigen besonderen Statutarrechtsbestimmungen über den sogen. Reidbau.

3. Hammerschlags- und Leiterrechte kommen, wo sie bestanden,**) ab 1. Januar 1900 und zwar ohne Uebergangsvorschriften in Wegfall. Ebenso die Bestimmung des in Franken geltenden Br.LR über die Benützung des Nachbargrundes zur Ausbesserung von Planken.

4. Ebenfalls ohne Uebergangsvorschrift kommen ab 1. Jan. 1900 glatt in Wegfall die älteren Gesetzesnormen über das sogen. Traufrecht. Sie wurden bei den Gesetzgebungsvorarbeiten nach den jetzt veränderten Bauverhältnissen und Angesichts des Inhalts der Baupolizeivorschriften in den neueren Bauordnungen als nicht mehr angemessen und als entbehrlich betrachtet. „Nöthig, aber auch ausreichend sei die Vorschrift, Jeder habe bei der Einrichtung seines Daches dafür zu sorgen, daß die Traufe nicht den Nachbargrund trifft. Dieser Satz sei für ganz Bayern aus Art. 34 des Wasserbenutzungsgesetzes vom 28. Mai 1852 abgeleitet worden, das neben dem BGB. bestehen bleibt. Der Anlage eines rinnenlosen Daches in nächster Nähe der Grenze könne aber auch auf Grund des § 907 BGB. entgegen getreten werden." So die Mot. zum

*) Vergl. auch Becher, Motive a. a. O. S. 425.
**) Amberg, Regensburg, Mot. a. a. O. S. 84.

Entw.*) Bemerkenswerth sind auch folgende an derselben Stelle eingeflochtenen Worte: „Für den Fortbestand der der Traufe und dem Ablaufe des Regenwassers dienenden gemeinschaftlichen Reihen ist durch § 922 BGB. gesorgt." Es bestätigt dies die oben S. 328 gemachte Andeutung!

5. Sehr wichtig war die Frage, ob und inwieweit Vorschriften über den sogen. Bauabstand bestehen bleiben sollen? Die Motive zum Entw.**) bemerkten darüber folgendes:

„Bedenklich erscheint eine allgemeine Vorschrift, die für Bauten nach dem Muster des Preußischen Landrechts Thl. I Tit. 8 § 139 einen gewissen Abstand von der Grenze gebietet. Denn ein weiter Abstand würde die Baufreiheit zu sehr beengen und durch Verminderung der Bebaubarkeit auf den Werth der Grundstücke ungünstig einwirken, ein enger Abstand würde, ohne wesentliche Vortheile zu bieten, zur Bildung schädlicher Winkel führen. Auch ist im Innern der Städte zumeist die geschlossene Bauart nothwendig. Den anderen in Bayern geltenden Rechten ist eine solche Vorschrift fremd. Die Bauordnung für München vom 29. Juli 1895 schützt im § 71 die nachbarlichen Interessen durch besondere polizeiliche Vorschriften. Die Entstehung von Winkeln oder Reihen muß nicht nur in München sondern auch nach § 49 der allgemeinen Bauordnung vom 31. Juli 1890 „wo nur immer möglich" vermieden werden. Uebergangsvorschriften sind bei der Abschaffung nicht angezeigt. Man könnte zwar daran denken, den Gebäuden, die in der vorschriftsmäßigen Entfernung von der Grenze errichtet sind, das Recht auf Einhaltung des Abstandes durch den Nachbar zu wahren. Allein man käme an eine Kette ohne Ende."

Aus derartigen Erwägungen kamen dann auch besondere Bestimmungen über einen privatrechtlichen Bauabstandszwang nicht in das Landesgesetz. Selbst zum Schutze gegen Verdunkelung bestehender Fenster wurden sie nach den Motiven abgelehnt.***) Nur bei den eigens noch zu besprechenden anderen Bestimmungen über das Fensterrecht spielt die Frage noch einigermaßen herein.

*) Becher a. a. O. S 84.

**) Becher, a. a. O. S. 83.

***) Becher, a. a. O. S. 87.

Indem nun das bayr. Ausf.Ges. in den vorgedachten Richtungen bisherige Gesetzesvorschriften zur Aufhebung bringt, geschieht dadurch dem Fortbestehen förmlicher Servitutrechte natürlich kein Abbruch. Soweit aber solche nicht vorliegen, bleiben die aus den aufgehobenen objektiven Gesetzesvorschriften abgeleiteten und auf Grund dieser allgemeinen Vorschriften thatsächlich ausgeübten Rechte auch nicht in der Gestalt oder der Auffassung als subjectiver Einzelberechtigungen in Kraft.*)

Von denjenigen, dem Gebiete des Nachbarrechts zugehörigen Eigenthumsbeschränkungen, welche das bayr. Ausf.Ges. landesrechtlich beibehalten hat, steht im Art. 62 an der Spitze:

1. das sogen. Fensterrecht. Der Art. 62 lautet:

Sind Fenster weniger als 0,60 m von der Grenze eines Nachbargrundstücks entfernt, das mit Gebäuden versehen ist oder als Hofraum oder Hausgarten dient, so müssen sie auf Verlangen des Eigenthümers dieses Grundstücks so eingerichtet werden, daß bis zur Höhe von 1,80 m über dem hinter ihnen befindlichen Boden weder das Oeffnen noch das Durchblicken möglich ist. Die Entfernung wird von dem Fuße der Wand, in der sich das Fenster befindet, unterhalb der zunächst an der Grenze befindlichen Außenkante der Fensteröffnung ab gemessen.

Den Fenstern stehen Lichtöffnungen**) jeder Art gleich.

Nach den Erörterungen in den Mot. zu Art. 54 des Entw. wird mit dieser Stelle doppeltes bezweckt, nämlich:

a) Schutz gegen unfugliches Ausschütten und Auswerfen auf ein Nachbargrundstück, und
b) Schutz gegen belästigendes Hinaussehen. Das Gesetz gibt aber diesen Schutz vor Allem nur dann, wenn das zu schützende Nachbargrundstück mit einem Gebäude versehen ist

*) Vergl. Becher, a. a. O. S. 425.

**) Vergl. Verh. des IGAusſch. d. I K., Becher, Materialien IV/V Bd. 1 S. 827 fg.

oder als Hofraum oder Hausgarten dient, nicht also z. B. dann, wenn das bezügliche Grundstück lediglich als Acker oder Wiese benützt wird.*) Weiter greift der Schutz nur auf Verlangen des Eigenthümers des Nachbargrundstücks Platz und endlich auch nur dann, wenn ein Fenster weniger als 0,60 m von der Grenze des schutzbegehrenden Nachbargrundstücks entfernt ist.

Anlangend die Art des zu gewährenden Schutzes, so besteht dieser darin, daß die Fenster oder sonstigen Lichtöffnungen in einer Weise angebracht und gestaltet sein müssen, welche bis zu der gesetzlich fixirten Höhe weder das Oeffnen noch das Durchblicken gestattet. Dies kann so geschehen, daß das Fenster ꝛc. überhaupt schon mit seiner Unterkante über jene Höhe hinauf verlegt wird. Nach den Vorverhandlungen genügt es aber auch, wenn der untere Theil des Fensters bis zu jener Höhe hinauf nicht öffenbar gemacht und mit Mattglas u. dgl. versehen wird.**)

Zu betonen ist, daß nach den Vorverhandlungen***) die Zwangsvorschriften des Art. 62 auch dann eingreifen, wenn ein vorerst nicht mit Gebäuden versehenes und deshalb volle Fensterfreiheit für das Nachbarhaus gewährendes Grundstück erst später nach der Fensteranlage auf jenem anderen Grundstücke selbst mit einem Gebäude versehen wird. Der k. Ministerialkommissär hat im GG.Aussch. d. II. K.†) eigens ausgeführt, daß der Eigenthümer der Fenster in jenem Falle seine Fenster, soweit nöthig, zumauern lassen müsse, da er kein Recht darauf habe, daß der auf dem bisherigen Nichtbauen des Nachbars beruhende günstige Zustand unverändert fortdauere.

*) Becher, a. a. O. S. 432.

**) Mot. zu Art. 54 Entw.

***) Becher, a. a. O. S. 433.

†) Becher, a. a. O. S. 433. Vergl. auch Mot. zu Art. 58 Entw. (letzter Absatz).

Der von den Fenstern und Lichtöffnungen handelnden Vorschrift des Art. 62 steht zur Seite eine gleichgeartete des Art. 63, welche die Grundnormen der ersteren Gesetzesstelle analog überträgt auch auf Balkone, Erker, Gallerien und ähnliche Anlagen, welche weniger als 0,60 Meter von der Grenze eines Nachbargrundstücks abstehen.

Fenster, andere Lichtöffnungen und Anlagen der im Art. 63 bezeichneten Art, die sich an der Baulinie befinden, unterliegen den Vorschriften der Art. 62 bis 64 nicht. So bestimmt Art. 65. Was dabei den letzterwähnten Art. 64 betrifft, so verfügt derselbe, daß die Vorschriften der Art. 62, 63 auch gegenüber einem Grundstücke, welches einer öffentlichen Eisenbahnanlage dient, zur Anwendung kommen, daß aber hier die Fenster und anderen Lichtöffnungen, sowie der Abschluß der in Art. 63 bezeichneten Anlagen in einer Weise eingerichtet werden dürfen, welche das Durchblicken gestatten. Bei der Bestimmung des Art. 64 geht also Zweck und Richtung nur dahin, dem Ausgießen und Auswerfen, sowie einer Feuersgegefahr bei etwa offenstehenden Fenstern vorzubeugen.*) Sehr wichtig sind in den vorstehend behandelten Punkten die Uebergangsvorschriften. Sie sind enthalten in den Art. 66, 67 und theils allgemeiner theils partikulärer Natur. Hinsichtlich der letzteren möge lediglich auf den das Preußische Landrecht und das pfälzische Recht behandelnden Art 67 verwiesen sein. Die allgemeinen Uebergangsvorschriften gibt Art 66 mit dem Satze:

„Für die zur Zeit des Inkrafttretens des Bürgerlichen Gesetzbuches bestehenden Lichtöffnungen, Fenster, Balkone, Erker und ähnlichen Anlagen bleiben die bisherigen Vorschriften in Geltung, soweit sie eine geringere Beschränkung bestimmen als die Artikel 62 bis 65."

Zerlegt man diese Bestimmung in ihre Elemente, so ergibt sich folgendes:

*) Mot. zu Art. 54 Entw.

a) Wie in den Mot. z. Entw. sowie in den Vorverhandlungen mehrfach betont wurde, handelt es sich bei den Vorschriften der Art. 62—65 nicht um Beschränkungen subjektiv individueller Berechtigungen, sondern um objektive allgemeine Normen über die Ausdehnung des Eigenthumsinhalts. Daraus folgt, daß die Vorschriften der Art. 62 fg. vom 1. Januar 1900 im Grundsatze nicht blos auf neu sich entwickelnde, sondern auch auf schon bestehende Zustände und Anlagen anwendbar sind.*)

b) Soweit bisherige Gesetzesvorschriften größere Beschränkungen auferlegten als die neuen Art. 62 fg., treten sie ab 1. Januar 1900 außer Kraft.

c) Soweit aber die bisherigen Rechtsnormen nur geringere Einschränkungen vorschreiben, bleiben sie für bereits bestehende Anlagen in Kraft.

Mehrfach gestreift wurde bei den Vorverhandlungen die Frage, wie es sich künftighin in Hinsicht auf bisher vorgeschriebene Vergitterungen von Fenstern u. s. w. gestalten werde? Solche neuerdings vorzuschreiben oder desfalls da oder dort bisher bestandene Vorschriften conservirend vorzubehalten, ist abgelehnt worden. Daraus ergibt sich von selbst, daß künftighin solche Vergitterungen weggenommen werden dürfen. Es kann dies aber nicht geschehen, ohne daß dafür dann auf Verlangen des anderen Theils fortan den neuen Vorschriften der Art. 62 fg. des Ausf.Ges. Genüge geleistet wird.***)

Eingefügt seien an dieser Stelle noch folgende Bemerkungen der Mot.†) zum Entwurfe.

---

*) Becher, a. a. O. S. 84 fg.

**) Für die baupolizeiliche Tendenz, die sog. engen „Reihen" thunlichst zu beseitigen, bietet dies, wenigstens für manche Fälle, einige Handhabe. Will z. B. Jemand eine bestehende solche „Reihe" dadurch beseitigen oder wenigstens beschränken, daß er seinerseits bis an seine Grenze baut, und macht ihm darin sein Nachbar durch einen Einspruch nach § 922 BGB. (vgl. Mot. vor Art. 54 Entw. am Schlusse) Schwierigkeiten, so kann Ersterer unter Umständen einen gewissen Druck ausüben durch ein Gegenbegehren nach Art. 62, 63 des Ausf.Ges.

***) Becher a. a. S. 426 fg.

†) Becher, a. o. S. 88.

Von besonderen Vorschriften über den Abstand von Dung- und Versenkgruben, Aborten, Rinnen, Brunnen, Wassergräben, Oefen, Kaminen, Feuerungen und ähnlichen Anlagen kann abgesehen werden. Hier ist wegen der Feuersicherheit oder der Gesundheitspflege das öffentliche Interesse betheiligt. Die polizeilichen Anordnungen genügen in der Regel auch zum Schutze des Interesses des Nachbars und können sich den besonderen Verhältnissen besser anpassen als Vorschriften des bürgerlichen Rechtes.

Hieran schließen sich dann Verweisungen auf die einschlägigen Vorschriften der neueren Bauordnung über die vorbezeichneten Anlagen. Endlich wird a. a. O. noch bemerkt:

„Besondere landesrechtliche Bestimmungen über den Abstand von Vertiefungen und Erhöhungen des Bodens bestanden bisher nur perticulär. Es bewendet bei den großen Unterschieden in der Festigkeit des Letzteren am Besten bei den Vorschriften der §§ 908, 909 BGB".

2. Eine zweite Gruppe von Eigenthumsverhältnissen nachbarrechtlicher Art behandeln die Art. 68, 69, 70 des bayer. Ausf.Ges. v. 9. Juni 1899. Sie beziehen sich auf die Erhöhung und Verstärkung von Grenzmauern und gemeinschaftlichen Mauern. Die Motive zum Entw. dieses Gesetzes (Art. 60—62) enthalten hierüber eingehende Erörterungen. Daraus mögen zur Charakterisirung des Standpunkts des Gesetzgebers (bei der praktischen Wichtigkeit für die Bauverhältnisse) folgende Stellen eingefügt sein. Es heißt unter anderem:*)

Die Regel, daß man an der unmittelbar an der Grenze stehenden Mauer des Nachbars nicht ohne eigene Wand anbauen, auf sie nicht Balken und dergl. auflegen, in sie nicht einzapfen darf, ergibt sich aus § 903 des Bürgerlichen Gesetzbuches. Besondere Vorschriften, welche die Benützung der eigenen Grenzmauer zu Gunsten des Nachbar beschränken, finden sich nur in einigen älteren Statutarrechten und sind entbehrlich. Es handelt sich um die Anbringung von Vertiefungen in der Mauer, die die Gefahr eines Bruches der Mauer oder des Hinübergreifens eines in dem Hause ausbrechenden Brandes mit sich bringen. Droht die Gefahr des Einsturzes, so kann sich der Nachbar durch Geltendmachung des im § 908 BGB. bestimmten Anspruchs oder durch Anrufen des polizeilichen Ein-

*) Vgl. Becher, Materialien IV/V Bd. 1 S. 89

greifens helfen. Ist die Mauer im Sinne der baupolizeilichen Vorschriften (§ 40 der rechtsrheinischen Bauordnung vom 31. Juli 1890, § 2 der Bauvorschriften für die Pfalz vom 30. August 1890 und § 47 der Münchener Bauordnung vom 29. Juli 1895) eine Brandmauer, so ist sie gegen Einbrüche, die ihren Zweck gefährden, durch diese Vorschriften (§ 16, § 1, § 21) geschützt. Für die Benutzung und Unterhaltung der gemeinschaftlichen Grenzanlagen sind die Vorschriften der §§ 922, 1008 bis 1011 und der §§ 741 bis 758 BGB. maßgebend.

Der Code civil und mehrere Statutarrechte (München, Amberg, Ulm, Memmingen, Mainz, Nürnberg) enthalten besondere Bestimmungen über die Befugniß eines Nachbars, eine gemeinschaftliche Mauer zu seinen Zwecken zu erhöhen, und verpflichten den anderen Theil, wenn er die Erhöhung für sich benutzt, die Hälfte der Kosten zu ersetzen. Unter der Herrschaft des BGB. wird die gemeinschaftliche Mauer als durch die Grenzlinie getrennt im Sondereigenthum der Nachbarn stehend zu denken sein.*) Ihre Erhöhung ist daher nur bis zur Hälfte der Dicke zulässig und selbst dies dann nicht, wenn sie nicht ohne Schaden der Mauer geschehen kann. Ist eine Verstärkung der Mauer nöthig, so hat sie der bauende Nachbar auf seiner Seite vorzunehmen. An dem nur auf dieser Seite erhöhten Theile der Mauer steht dem anderen Nachbar kein Recht zu. Soll das Verhältniß anders geordnet werden, so ist Einigung der Nachbarn erforderlich.

Bei dieser Rechtslage wird der Nachbar, welcher die Erhöhung der Mauer auf seiner Seite gestatten soll, sich die Vortheile, welche die Erhöhung ihm bei künftiger Bauführung bietet, in der Regel unentgeltlich verschaffen können. Der bauende Nachbar ist nicht in der Lage, sich für den Fall, daß der andere Nachbar die erhöhte Mauer zu einem Anbaue benutzt, den Ersatz eines Theiles der Baukosten auszubedingen, weil er ohne Benutzung des dem Nachbar gehörenden Theiles der Mauer noch höhere Aufwendungen machen müßte. Die Billigkeit spricht aber dafür, wenn der andere Nachbar sich die Vortheile der Erhöhung aneignet, ihn auch zu den Kosten heranzuziehen.

Einen Zwang zur Betheiligung bei der Errichtung einer Grenzmauer zu gemeinschaftlicher Benützung oder Umwandlung einer an der Grenze stehenden Mauer, die dem einen Nachbar

---

* Der Gesetzgeber geht also auch hier von der dogmatischen Auffassung als communio pro diviso aus!

allein gehört, in eine der gemeinschaftlichen Benutzung unterliegende Grenzmauer (Kommunmauer) kennen in Bayern bisher nur das pfälzische Recht und die Statutarrechte von München und Nürnberg. Das bayr. Ausf.-Ges. hat Bedenken getragen, den Kommunmauerzwang wieder ganz und zwar für das ganze Königreich aufzunehmen. Ein Bedürfniß hiezu, den Bauenden durch einen solchen Eingriff in das Recht des Nachbars zu begünstigen, . . . besteht unter den heutigen Verhältnissen auch für größere, in rascher Entwicklung begriffene Städte nicht.

An den in diesen Ausführungen dargelegten Grundlagen ist bei den Landtagsverhandlungen nicht wesentlich geändert worden*.) Demgemäß gelangte man zu folgenden Gesetz gewordenen Sätzen in Art. 68.

Werden zwei Grundstücke durch eine Mauer geschieden, zu deren Benützung die Eigenthümer der Grundstücke gemeinschaftlich berechtigt sind, so kann der Eigenthümer des einen Grundstücks dem Eigenthümer des anderen Grundstücks nicht verbieten, die Mauer ihrer ganzen Dicke nach zu erhöhen, wenn ihm nachgewiesen wird, daß durch die Erhöhung die Mauer nicht gefährdet wird (Abs. 1).

Der Eigenthümer des Grundstücks, von dem aus die Erhöhung erfolgt ist, kann dem Eigenthümer des anderen Grundstücks die Benützung des Aufbaues verbieten, bis ihm für die Hälfte oder, wenn nur ein Theil des Aufbaues benutzt werden soll, für den entsprechenden Theil der Baukosten Ersatz geleistet wird. (Abs. 2).

Diese Sätze gelten selbstverständlich für Mauern bezeichneter Art, mögen sie vor dem 1. Januar 1900 oder später errichtet sein. Sie gelten sowohl für Mauern, welche eigentliche Kommunmauern zwischen zwei zusammengebauten Häusern sind, als auch für selbständige Grenzmauern. Bezüglich der Worte: „wenn ihm nachgewiesen wird" ist zu bemerken, daß danach der Beweis der Nichtgefährdung von dem Bauenden zu liefern ist.**)

Im Anschluß an jene Hauptsätze folgen nähere Vorschriften

*) Becher, a. a. O. S. 443 fg.

**) Vgl. hierüber und über Art, Zeit und Kosten des Beweises die Vorverhandlungen nach Becher a. a. O. S. 443 fg.

über die Ersatzleistung, auf deren Analysirung wegen Raummangels zu verzichten ist. Im Abs. 3 handelt aber der Art. 68 schließlich auch noch von Verstärkungen einer Mauer fraglicher Art zum Zwecke der Erhöhung, über die Modalitäten derselben, Ersatzleistung und den Kostenpunkt. Wichtig sind dabei folgende Sätze des Artikels:

„Wird die Mauer zum Zwecke der Erhöhung verstärkt, so ist die Verstärkung auf dem Grundstück anzubringen, dessen Eigenthümer die Erhöhung unternimmt" .... „Verlangt der Eigenthümer des Grundstücks, auf dem eine Verstärkung angebracht worden ist, die Ersatzleistung, so ist er (d. h. der Bauende) verpflichtet, dem Eigenthümer des anderen Grundstücks das Eigenthum an der zu der Mauer verwendeten Grundfläche seines Grundstücks soweit zu übertragen, daß die neue Grenzlinie durch die Mitte der verstärkten Mauer geht. Die Vorschriften über den Kauf finden Anwendung.

Außerdem finden sich in den Art. 69, 70 noch Uebergangsbestimmungen, welche sich namentlich auf die bisher schon bestehenden, oder am 1. Januar 1900 (dem Tage des Inkrafttretens der neuen Vorschriften des Art. 68) schon im Bau begriffenen Kommunmauern beziehen.*)

3. Die dritte Gruppe nachbarrechtlicher Bestimmungen des Landesrechtes ist enthalten in den Art. 71 bis 75 und behandelt die Grenzabstandsverhältnisse von Gewächsen (Bäume, Sträucher, Hecken, Weinstöcke, Hopfenstöcke 2c.). Speciell sind auch Rechtsnormen solcher Art in Bezug auf Waldungen aufgestellt und Ausnahmen vorgesehen für Bäume, die längs einer öffentlichen Straße oder auf einem öffentlichen Platze gehalten werden, sowie für Pflanzungen, die zum Uferschutze, zum Schutze von Abhängen oder Böschungen oder zum Schutze einer Eisenbahn dienen.

Uebergangsbestimmungen enthält Art. 75.

---

*) Der im Art. 70 enthaltene Ausdruck: „Zwangsrecht" bezieht sich namentlich auf das „Mauerstattgeben" nach Münchener Stadtrecht.

4. Das sog. Anwenderecht bei der Bestellung landwirthschaftlicher Grundstücke bleibt nach Art. 78 für die Landestheile rechts des Rheins mit dem bisherigen Inhalte bestehen, soweit es nach örtlichem Herkommen begründet ist. Es soll aber durch zehnjährigen Nichtgebrauch erlöschen nach den näheren Bestimmungen des Art. 79.

5. Ueber das Erlöschen nachbarrechtlicher Befugnisse durch Verzicht oder Verjährung enthalten Vorschriften die Art. 77 bis 79.

Keiner näheren Erörterung wird es bedürfen, daß von allen diesen Bestimmungen über die gesetzlichen Beschränkungen des Eigenthumsinhalts unabhängig ist das Fortbestehen oder die Neubegründung besonderer Dienstbarkeiten. Darauf ist an späterer Stelle zurückzukommen.

Zweiter Abschnitt.

Einiges vom Eigenthume an beweglichen Sachen.

Im III. Buch, 3. Abschnitt, 3. Titel behandelt das BGB. unter der Ueberschrift: „Erwerb und Verlust des Eigenthums an beweglichen Sachen" eine Reihe von Fällen des Eigenthumswechsels oder der Eigenthumsbegründung an beweglichen Sachen. Die daselbst erwähnten Fälle sind übrigens nicht die einzigen; anderwärts im Gesetzbuche finden sich auch noch andere: z. B. im Erbrechte, im ehelichen Güterrechte u. s. w.

Was in jenem Titel geregelt wird, ist der Eigenthumserwerb durch:

1. Uebertragung (§§ 929—936); 2. Ersitzung (§§ 937 bis 945); 3. Verbindung, Vermischung, Verarbeitung (§§ 946—952); 4. Erwerb von Erzeugnissen und sonstigen Bestandtheilen einer Sache (§§ 953—957); 5. Aneignung (§§ 958—964); 6. Fund (§§ 965—984). Es ist für den hier verfolgten Zweck weder nöthig noch thunlich, alle diese verzweigten Bestimmungen in

ihren gesammten Einzelheiten darzustellen. Immerhin ist aber Einzelnes doch hervorzuheben.

I. Uebertragung. Das BGB. macht hier einen durchgreifenden Unterschied, je nachdem der wirkliche Eigenthümer seine bewegliche Sache oder ein Nichteigenthümer eine fremde Sache in gutem oder bösem Glauben einem Anderen zu Eigenthum überträgt.

1. Zu einem Uebertragungsakte des Eigenthümers ist erforderlich:

a) der sog. dingliche Vertrag d. h. die Einigung des bisherigen Eigenthümers und des Erwerbers darüber, daß das Eigenthum an der Sache übergehen soll, sowie

b) die thatsächliche Uebergabe der Sache.

In letzterer Hinsicht greifen aber zwei schon im gem. Rechte bekannte Modifikationen Platz:

Ist der Erwerber schon im Besitze der Sache, (z. B. als Entleiher) so genügt schon die bloße Einigung über den Uebergang des Eigenthums (sog. brevi manu traditio) § 929 BGB.

Ist der Veräußerer im Besitze der Sache, so kann die Uebergabe dadurch ersetzt werden, daß zwischen ihm und dem Erwerber vereinbart wird, daß der Erstere den unmittelbaren Besitz zwar noch behält, der Erwerber aber (z. B. in Folge eines eintretenden Miethverhältnisses) den mittelbaren Besitz bekommt (sog. constitutum possessorium) § 930 BGB.

Ist ein Dritter im Besitze der Sache, so kann die Uebergabe der Letzteren auch durch Abtretung des Anspruchs auf Herausgabe der Sache ersetzt werden. Diese Verhältnisse sind ja einfacher Natur. Die Rechtslage wird aber weniger einfach im obigen zweiten Falle, wenn

2. ein Nichteigenthümer eine fremde Sache zu Eigenthum veräußert (und tradirt) hat.

In diesem Punkte standen sich von lange her zwei verschiedene Rechtsauffassungen gegenüber, die römisch-rechtliche, ausgedrückt in dem Satze: nemo plus juris transferre potest, quam ipse habet, und die deutsch-rechtliche nach dem Rechtssprüchworte: „Hand muß Hand wahren",*) welches in seiner späteren dogmatischen Gestaltung zu einer Schutzeinrede des gutgläubigen Besitzers gegen einen Vindicationsanspruch des bisherigen wirklichen Eigenthümers geführt hat.

Dieser deutsch-rechtliche Standpunkt ist bisher schon im älteren deutschen Handelsgesetzbuch für dessen Sachbereich zur Geltung gekommen gewesen. Das BGB. hat ihn verallgemeinert und zwar in der Art, daß es in § 932 auch dem Erwerber einer vom Nichteigenthümer ihm veräußerten beweglichen Sache einen wirklichen Eigenthumserwerb verleiht. Jener § 932 sagt wörtlich:

„Durch eine nach § 929 erfolgte Veräußerung wird der Erwerber auch dann Eigenthümer, wenn die Sache nicht dem Veräußerer gehört, es sei denn, daß er (d. h. der Erwerber) zu der Zeit, zu der er nach diesen Vorschriften das Eigenthum erwerben würde, nicht in gutem Glauben ist. . . . .

Der Erwerber ist nicht in gutem Glauben, wenn ihm bekannt oder in Folge grober Fahrlässigkeit unbekannt ist, daß die Sache nicht dem Veräußerer gehört."

Das hier angenommene Prinzip liegt im Interesse der Verkehrssicherheit. Es gilt aber nicht ausnahmslos. Denn es kommt auch darauf an, auf welche Weise die von dritter Seite veräußerte Sache aus dem Besitze des wirklichen Eigenthümers gekommen ist. Ist die Sache dem Eigenthümer gestohlen worden, verloren gegangen oder sonst abhanden gekommen, so tritt ein Eigenthumserwerb jener Art nicht ein. Das Gleiche gilt, falls der Eigenthümer nur mittelbarer Besitzer war (z. B. Verleiher), wenn die Sache dem unmittelbaren Besitzer abhanden gekommen war. (§ 935). Hat der Eigenthümer aber die Sache selbst weggegeben, insbesondere

*) Vergl. Gengler, D. Pr. R. 3. Aufl. S. 206 fg.

anderen nachherigen Veräußeren, so greift wiederum ein rechtssprüchwörtlicher Gedanke ein: „Wo Jemand seinen Glauben gelassen hat, da mag er ihn suchen".*)

Von jener Ausnahme des § 935 Abs. 1 macht übrigens der zweite Absatz des § 935 wieder eine Ausnahme in Bezug auf Geld, auf Inhaberpapiere,**) sowie auf Sachen, die im Wege öffentlicher Versteigerung veräußert werden. Hier bleibt es also bei der Regel des § 932.

II. Ersitzung. Der Erwerb von Sachen durch Ersitzung ist im BGB. überhaupt sehr knapp weggekommen. In Bezug auf Rechte an Immobilien findet sie, hauptsächlich in Konsequenz des Grundbuchsystems, überhaupt nicht statt, abgesehen von der später zu berührenden praktisch weniger bedeutsamen sog. Tabularersitzung. In Bezug auf bewegliche Sachen gibt es zwar noch einen Erwerb durch Ersitzung. Die bezüglichen Rechtsnormen sind aber sehr vereinfacht. Es gibt nur eine Art der Ersitzung. Weggefallen ist sowohl die gemeinrechtliche Unterscheidung zwischen ordentlicher und außerordentlicher Ersitzung, wie auch eine ausnahmsweise abgekürzte Ersitzung (z. B. in Gestalt der deutsch-rechtlichen sog. praescriptio annalis). Weggefallen ist aber auch das Erforderniß eines besonderen justus titulus. § 937 Abs. 1 sagt ganz einfach: „Wer eine bewegliche Sache zehn Jahre im Eigenthumsbesitze hat, erwirbt das Eigenthum". Ausgeschlossen ist aber nach § 937 Abs. 2 diese Ersitzung, wenn der Erwerber bei dem Erwerbe des Eigenbesitzes nicht in gutem Glauben ist oder wenn er später erfährt, daß ihm das Eigenthum nicht zusteht.

Vorkommen kann nach §§ 939 fg.

*) Weyl, Vorträge, Bd. 2 S. 44.

**) Die daraus sich ergebenden rechtlichen Verhältnisse, insbesondere in Bezug auf den Erwerb gestohlener Inhaberpapier erörtert Bonschab in den Bl. f. RA. Bd. 63 S. 25 fg.

a) eine Hemmung der Ersitzung unter den Voraussetzungen der §§ 202 fg.;
b) eine Nichtvollendung nach Maßgabe der §§ 206, 207;
c) eine Unterbrechung gemäß § 940 fg.

Die hervorgehobenen Worte sind wohl zu beachtende technische Begriffe und Bezeichnungen. Zu Gunsten der Ersitzung gereichen die Vorschriften der §§ 943, 944 über die Anrechnung der Besitzzeit eines Anderen, speciell des Rechtsvorgängers.

III. Die Vorschriften des BGB. über Verbindung, Vermischung, Verarbeitung (§§ 946—952,) und ebenso

IV. Diejenigen über Erwerb von Erzeugnissen und sonstigen Bestandtheilen einer Sache (§§ 953—957) bieten hier keine Veranlassung zu näheren Erörterungen. Wohl aber ist dies der Fall bezüglich der Rechtsnormen über

V. den Eigenthumserwerb durch das einseitige Rechtsgeschäft der Aneignung. In diesem Punkte steht das BGB. im Principe ganz auf dem Standpunkte des gem. Rechts. Denn § 958 Abs. 1 sagt: „Wer eine herrenlose bewegliche Sache in Eigenbesitz nimmt, erwirbt das Eigenthum an der Sache."

Herrenlos kann eine Sache schon von Natur aus sein oder durch Dereliction seitens des Eigenthümers erst werden (§§ 959, 960). Zu den herrenlosen Sachen ersterer Art rechnet das BGB. namentlich die wilden Thiere. Der Ausdruck ist harmlos gemeint. Er bezeichnet alle diejenigen Thiere, welche und solange sie sich in ihrer natürlichen Freiheit befinden (§ 960). Den Gegensatz bilden dazu die zahmen Thiere, speciell die sogen. Hausthiere, die gezähmten Thiere und die gefangenen Thiere, also Thiere, welche sich in menschlicher Pflege und Obhut befinden. An diesen besteht Eigenthum, an einem gezähmten Thiere aber nur so lange, als es nicht die

Gewohnheit ablegt, an den ihm bestimmten Ort zurückzukehren (§ 960 Abs. 3).

Wilde Thiere in Thiergärten und Fische in Teichen oder anderen geschlossenen Privatgewässern sind nicht herrenlos (§ 960 Abs. 1). Erlangt ein gefangenes wildes Thier die Freiheit wieder, so wird es herrenlos, wenn nicht der Eigenthümer das Thier unverzüglich verfolgt oder wenn er die Verfolgung aufgibt (§ 960 Abs. 2).*)

Es ist von vorneherein klar, daß die Vorschriften des BGB. §§ 958, 960 vornehmlich einschlagen in das Gebiet der Jagd, der Fischerei und des Vogelfangs. Ganz besonders gilt dies auch von dem zweiten Absatze des § 958 BGB., woselbst bestimmt ist, daß das Eigenthum durch Aneignung einer herrenlosen Sache nicht erworben werde, wenn die Aneignung gesetzlich verboten ist oder wenn durch die Besitzergreifung das Aneignungsrecht eines Anderen verletzt wird. Dieser Abs. 2 ist so recht eigentlich geradezu gemünzt auf jene im wirthschaftlichen und sozialen Leben eine gewisse Rolle spielenden Okkupationsformen.

Die Gestaltung der Rechtsverhältnisse für Jagd und Fischerei bleibt im Allgemeinen der Landesgesetzgebung überlassen. EG. z. BGB. Art. 69. Diese letztere ist aber schon nach dem grundsätzlichen Verhältnisse von Reichs- und Landesrecht unabänderbar überragt von dem, was das BGB. in den §§ 958 und 960 bestimmt. In Sonderheit bezüglich des § 958 Abs. 2 und seiner Bestimmungen über Nichterwerb von Eigenthum an Thieren ist die Unabänderlichkeit im Wege der Landesgesetzgebung durch Art. 69 des EG. z. BGB. auch noch eigens ausgesprochen. Eine Spezialbestimmung anderer Art findet sich im Art. 130 des EG. z. BGB. Durch diesen

*) Nähere Erörterungen von Staudinger in den Bl. f. RA., Bd. 63 S. 285.

werden umgekehrt die landesrechtlichen Vorschriften über das Recht zur Aneignung der einem Anderen gehörenden im Freien betroffenen Tauben eigens vorbehalten. Wo landesrechtliche Vorschriften über diesen Punkt nicht bestehen, wie in Bayern, bleibt es natürlich bei den einschlägigen Normen des BGB.

Von großer praktischer Wichtigkeit ist aus dem § 958 Abs. 2 die zweite Alternative: Verletzung des Aneignungsrechts eines Anderen. Auf diesem Gebiete tritt uns vor allem:

a) das Jagdrecht entgegen. Im vollen Gegensatz zur Freijagd des alten deutschen wie des römischen Rechts besteht heutzutage wohl nirgends mehr in deutschen Landen eine Freigabe der jagdlichen Okkupationsbefugnisse an Jedermann. Die Jagd ist längst Gegenstand einer eigenen exklusiven Berechtigung geworden. Die rechtliche Konstruktion der Letzteren ist allerdings da und dort ziemlich verschiedenartig. Das ist aber hieher, für die Anwendung des § 958 Abs. 2 BGB., ganz gleichgültig. Auf die Art des Rechtstitels des Jagdberechtigten kommt hier gar nichts an. Wenn nur überhaupt eine die freie Okkupation ausschließende besondere Jagdberechtigung besteht.*) Eine solche Berechtigung beschränkt sich übrigens stets auf die sogen. jagdbaren Thiere, d. h. auf diejenigen, welche nach Gesetz (in Sonderheit Landesgesetz) oder nach Rechtsübung als zur (hohen oder niederen) Jagd gehörig betrachtet werden. In dieser Hinsicht hat der neue Artikel 1a zum bayr. Jagdgesetz von 1850 jetzt ein festes Prinzip aufgestellt. Er unterwirft der Jagdberechtigung „die wilden Säugethiere und Vögel, deren Fleisch, Pelzwerk oder Gefieder verwerthet zu

*) Vergl. bayr. Jagdgesetz vom 30. März 1850 mit Art. 143 des bayr. Ausf.Ges. vom 9. Juni 1899.

werden pflegt, oder die als Raubthiere diesem Wilde nachstellen. Die Thiergattungen, welche zu dem jagdbaren Wilde gehören, können durch k. Verordnung bestimmt werden. Das ausschließliche Recht des Jagdberechtigten erstreckt sich auf die verendeten Thiere sowie auf die Eier des Federwildes."

b) Eine weitere ausschließende Aneignungsberechtigung enthält das Fischereirecht. Die Frage, was in dessen Bereich fällt, richtet sich ebenfalls nach Landesrecht oder Rechtsgewohnheit. Bayern hat aber — als beinahe der einzige deutsche Bundesstaat — leider bis jetzt noch kein eigenes größeres Fischereigesetz, sondern nur eine Anzahl gesetzlicher Einzelnormen. Allerdings heißt es, es stehe ein solches Gesetz bevor? Außer den Fischen sind herkömmlich des Fischereirechts Gegenstand namentlich auch Krebse und Muschelthiere. In Ansehung der Perlmuscheln, wie solche in Gewässern Bayerns, Badens und Sachsens noch vorkommen, besteht jedoch in der Regel eine Sonderberechtigung. In Bayern galt von Alters her und gilt zum Theil auch jetzt noch die Perlfischerei als Regal. Wir sagen absichtlich „zum Theil". Denn der Fiskus hat bereits eine Anzahl von sogen. Perlbächen mit der ihnen anhängenden Berechtigung in Privathände verkauft. Dadurch aber hat die Berechtigung ihre Regalitätseigenschaft begrifflich verloren und völlig den Charakter eines reinen Privatrechts angenommen.

Das Fischereirecht kommt vor in eigenem wie in fremdem Gewässer. Letzterenfalls sind die Rechtstitel auch wieder von ganz verschiedener Art. Hieher ist dies auch ganz gleichgültig. Uebrigens gibt es in Deutschland auch noch vereinzelt eine freie Fischereiberechtigung. Nach dem Fischereigesetze für Elsaß-Lothringen ist, abgeleitet noch aus französischen Gesetzen, das Fischen mit der sogen.

schwimmenden Handangel auf den Strömen und schiffbaren Flüssen heute noch civilrechtlich für Jedermann freigegeben und nur polizeirechtlich ziemlich eingeengt. In der bayerischen Pfalz bestanden jene französischen Gesetzesbestimmungen ebenfalls bis jetzt noch. Es gibt übrigens auch Fischereiberechtigungen, welche sich auf die Aneignung bestimmter einzelner Fischarten (z. B. auf den Aalfang) oder auf die Anwendung bestimmter Geräthe beschränken.

Was weiterhin

c) den Vogelfang (Erlegung mit Schußwaffen inbegriffen) anlangt, so fällt die Aneignung solcher Vögel, welche zur Klasse der jagdbaren Thiere gehören, von vorneherein unter die Ausübung der Jagd. Im Uebrigen wird es wohl schwerlich noch eigene Berechtigungen zur Aneignung von Vögeln mit exklusivem privatrechtlichem Charakter geben. Die besonderen früheren „Vogelherde" möchten wohl, mindestens als Stätten besonderer Berechtigungen, zumeist verschwunden sein.

3. Die erste Alternative des § 958 Abs. 2 schließt den Eigenthumserwerb an herrenlosen Thieren ferner aus, „wenn die Aneignung gesetzlich verboten ist." Auf den ersten Blick sehen diese Worte ganz glatt her. Sie sind es aber keineswegs. Vollständig außer Zweifel steht zwar Eines, nämlich, daß unter den gesetzlichen Verboten nicht blos solche zu verstehen sind, welche sich in einem eigentlichen Reichs- oder Landesgesetze im formell strengen Sinne vorfinden, sondern auch solche, welche erlassen werden in einer mit gesetzlicher Ermächtigung ergangenen Verordnung, insbesondere in sogen. Ausführungsvorschriften. Schon in der II. Kommission erhoben sich aber Zweifel bezüglich der Frage, ob und inwieweit in jenen Gesetzesausdruck auch die sogen. Schonvorschriften für die Thierwelt einzubeziehen seien.

Bei den Berathungen dieser Kommission bestand nach ihren Protokollen in diesem Punkte eine ganz auffällige Unklarheit. Ich habe die Frage genau untersucht und Erörterungen darüber veröffentlicht.*) M.E. muß man bezüglich der Schonvorschriften unterscheiden zwischen solchen, welche ein absolutes dauerndes Aneignungsverbot enthalten (z. B. bezüglich der Rehgaisen, Auer- und Birkhennen, weiblichen Krebse, der Singvögel, dann der Jugendstadien von Fischen ꝛc.) und solchen, welche nur zeitliche Occupationsbeschränkungen oder auch örtliche Beschränkungen, oder Verbote bestimmter Erlegungsarten, Fangarten und Fanggeräthe aufstellen. Bei der ersteren Gruppe ist zweifellos BGB. § 958 Abs. 2 anwendbar, bei der zweiten dagegen nicht.

In Bezug auf das Jagdrecht ist eine praktisch wichtige Frage noch die des Wildschadensersatzes. Sie ist durch das BGB. etwas verwickelt geworden. Nähere Erörterung folgt an anderer Stelle.

Im Anschlusse an die eben besprochenen Bestimmungen bringt das BGB. in den nächstfolgenden Paragraphen auch noch den Ansatz zu einem Bienenrecht, wie es die Imker schon lange gewünscht hatten. Ganz befriedigt sollen dieselben aber noch nicht sein. Das BGB. behandelt auch nur die Rechtsverhältnisse in Bezug auf ausfliegende Bienenschwärme, deren nacheilende Occupation durch den Eigenthümer des Stocks und das Recht dieses Eigenthümers, bei der Verfolgung fremde Grundstücke zu betreten. (BGB. §§ 961—964.)

VI. Fund. Ein hervorragender Rechtslehrer hat vor einiger Zeit einmal in einem Vortrage die Anwesenden dringlich gewarnt, unter dem BGB. künftighin je etwas zu finden. Wer etwas findet, solle es immer liegen lassen oder, wenn er die Sache schon aufhob, schleunigst wieder hinlegen, bei Leibe aber

*) Staudinger, a. a. O. S. 291 fg.

nicht an sich nehmen, ansonsten nur Scherereien sein Theil wären. Richtig ist ja, daß hinter dem Stuhle jedes Finders immer der Geist des § 246 StGB. steht. Das war aber bisher auch so. Richtig ist weiter, daß die Ansichnahme einer gefundenen fremden Sache dem Finder nach dem BGB. auch bestimmte Pflichten auferlegt, welche unbequem werden können. Aber so schlimm, wie es schon dargestellt wurde, liegt die Sache keineswegs. Das Gesetz gewährt ja auch abgekürzte Wege, um sich der fraglichen Pflichten zu entledigen.

Das neue Fundrecht ist für den Bereich dieser Vorträge besonders deshalb interessant, weil es die privatrechtlich relevanten Thatsachen — mitten im Civilrecht — ausdrücklich in Verbindung bringt mit Funktionen, welchen den Polizei- und bestimmten anderen Verwaltungsbehörden im BGB. selbst zugestanden wie auferlegt sind.

Der Begriff „Fund" entwickelt sich von selbst auf dem Boden des anderen Begriffs: „verlorene Sache" (BGB. § 965). Nur eine solche kann man „finden". Als verloren kann aber eine Sache nur dann gelten, wenn sie Jemandem durch Zufall (also ohne seinen Willen, aber auch ohne die darauf gerichtete Thätigkeit eines Dritten z. B. eines Diebs) aus dem Besitze, sei es auch z. B. nur in der Person eines Besitzdieners, gekommen ist. Das „Verlieren" ist auch nicht zu verwechseln mit dem bloßen „Verlegen", als einer blos vorübergehenden meist durch Irrthum oder Vergeßlichkeit hervorgerufenen Aufhebung der thatsächlichen Verfügungsgewalt.

Das BGB. behandelt die Rechtsnormen über den Fund nach drei Richtungen, nämlich in Bezug auf:

1. den gewöhnlichen Fund (§§ 965—977),
2. den Kleinfund (§ 965 Abs. 2, 973, 974),
3. den Fund in Geschäftsräumen oder Beförderungsmitteln einer öffentlichen Behörde oder einer dem öffentlichen Verkehre dienenden Verkehrsanstalt.

Es empfiehlt sich, zunächst den erstbezeichneten Fall ins Auge zu fassen, da in Rücksicht auf denselben die Grundnormen für das sich entwickelnde Rechtsverhältniß im BGB. aufgestellt sind.

Zu 1. Oberster Grundsatz ist: wer eine verlorene Sache findet, erwirbt durch die Ansichnahme derselben an sich durchaus noch kein Eigenthum, er kann dasselbe aber unter Umständen später gewinnen. Ebenso kann eine dritte Rechtspersönlichkeit Eigenthum daran oder daraus bekommen. Deshalb behandelt auch das BGB. die Fundnormen unter den Eigenthumserwerbsarten.

Aus der erlaubten Ansichnahme einer verlorenen Sache erwachsen dem Finder vor Allem verschiedene Pflichten:

a) Erste Obliegenheit des Finders ist dessen Anzeigepflicht. Die Anzeige von dem Funde*) muß unverzüglich geschehen und zwar

α) in erster Linie an den Verlierer oder den Eigenthümer der Sache oder auch an einen sonstigen Empfangsberechtigten,

β) eventuell d. h. wenn dem Finder die Empfangsberechtigten oder deren Aufenthalte nicht bekannt sind, an die Polizeibehörde. In diesem Falle hat der Finder nicht blos den Fund selbst, sondern auch die Umstände, welche für die Ermittelung der Empfangsberechtigten erheblich sein können, anzugeben.**) Welcher Polizeibehörde? ist hier nicht gesagt. In Bayern sind die Ortspolizeibehörden (in München die Polizeidirektion) als zuständig erklärt***). Anerkannt ist auch, daß nicht gerade die Polizeibehörde des Fundortes

---

*) Gleichviel ob er zufällig geschah oder auf Suchen.

**) Näheres für Bayern in den Vollz.-Vorschr. v. 14. Dez. 1899 (J. M. Bl. S. 587). § 1,

***) M.E. v. 14. Dez. 1899, § Abs. 1. Vgl. aber auch § 12.

angegangen werden muß. Findet z. B. ein Tourist auf freier Landstraße einen Werthsgegenstand, so muß er nicht gerade zurück gehen zur Polizeibehörde des Fundorts, sondern kann die Anzeige auch anbringen bei der Polizeibehörde des nächsten vor ihm gelegenen Ortes, den er passirt.*)

In welcher Form die Anzeige geschehen muß, ist nicht vorgeschrieben. Sie kann sowohl schriftlich als mündlich geschehen. Sie muß aber unbedingt an den, welchen das Gesetz benennt, erfolgen und kann beispielsweise nicht ersetzt werden durch eine Ausschreibung in einer Zeitung. Was die Polizeibehörde nach Empfang einer Anzeige aus deren Anlaß weiter zu thun hat, richtet sich, soweit nicht im BGB. selbst darüber bestimmt ist, nach Landesrecht im weiteren Sinne, also auch nach bezüglichen Dienstesinstruktionen.**)

b) Eine weitere Pflicht des Finders liegt in der Verwahrung der Sache (§ 966). Diese Verpflichtung dauert fort, sobald einmal der Finder die Sache an sich genommen hat. Er kann sich jener Verpflichtung nicht mehr entziehen durch willkürliche Wiederentäußerung der Sache oder durch deren Uebergabe an einen Dritten.***)

Bedarf die Sache besonderer Maßnahmen zu ihrer Erhaltung (z. B. in Gestalt der Fütterung zugelaufener Thiere), so ist der Finder auch zur Vorkehrung dieser Maßregeln kraft seiner Verwahrungspflicht verbunden. Ist der Verderb der Sache zu besorgen oder ist die Aufbewahrung mit unverhältnißmäßigen Kosten verbunden, so hat der Finder die Sache:

---

*) M.E. v. 14. Dez. 1899 § 1 Abs. 1.

**) Für Bayern M.E. v. 14. Dez. 1899 (J.M. Bl. S. 587).

***) Kober in Staudingers Komm. z. BGB., Bd. II S. 112 fg.

c) öffentlich versteigern zu lassen. Letzteres ist also nicht blos ein Recht, sondern auch eine Pflicht. Dabei ist er weiter noch verpflichtet, vor der Versteigerung der Polizeibehörde (welcher? gilt das schon oben S. 362 Bemerkte) Anzeige zu machen. Die Anzeige allein schon erschöpft übrigens die Verpflichtung. Einer polizeilichen Zustimmung zu der Versteigerung (Genehmigung) bedarf es nicht. Rechtsfolge der Versteigerung ist, daß der in redlichem Glauben befindliche Ansteigerer Eigenthümer der Sache wird (§§ 932, 935) und der Erlös hinsichtlich der weiter sich entwickelnden Rechtsverhältnisse an die Stelle der Sache tritt.

d) Nach BGB. § 967 ist der Finder endlich noch verpflichtet, die gefundene Sache oder den Versteigerungserlös an die Polizeibehörde*) auf deren Anordnung abzuliefern. Eine solche polizeiliche Anordnung kann sowohl eigens im Einzelfalle getroffen werden, als in Gestalt einer allgemeinen Polizeiverfügung vorliegen. Ohne polizeiliche Anordnung besteht keine Verpflichtung zur Hinterlegung des Erlöses.**)

Eine solche Ablieferung der gefundenen Sache oder des Versteigerungserlöses an die Polizeibehörde gehört übrigens auch zu den Rechten des Finders. § 967 bestimmt dies ausdrücklich, allgemein und ohne Vorbehalt, also auch ohne Unterscheidung je nach Art und Beschaffenheit der abzuliefernden Sache. Diese oder den Versteigerungserlös muß die Polizeibehörde annehmen, mag es ihr auch unangenehm sein.***) Hat Ablieferung an die Polizeibehörde stattgefunden, so ist der glückliche

*) Nach § 3 ME. v. 14. Dez. 1899 Ortspolizeibehörde des Fund- oder Anzeigeorts.

**) Kober, a. a. O. S. 113.

***) Vgl. M.E. v. 14. Dez. 1899 § 2.

oder unglückliche Finder — wie man sagt — fein heraus, d. h. so geht alles weitere die Polizei an. Diese hat vorschriftsgemäß weiter zu verfahren. Den Finder trifft keine Verantwortung, also auch kein etwaiger Ersatzanspruch mehr. Dies wird bald begriffen werden, zumal durch die Ablieferung der Sache oder des Versteigerungserlöses, daraus den anderweitigen Rechten des Finders aus dem Funde in nichts präjudizirt ist (§ 975).

Als weitere Rechte stehen dem Finder zu:

a) dessen Anspruch auf Ersatz der von ihm zum Zwecke der Verwahrung und Erhaltung der Sache oder zum Zwecke der Ermittelung eines Empfangsberechtigten gemachten Aufwendungen, die er den Umständen nach für erforderlich halten durfte (§ 970), und daneben noch
b) der Anspruch auf einen Finderlohn (§ 971).

Diese beiden Ansprüche gehen gegen den Empfangsberechtigten.

Daß die Angelegenheit mit dem Finderlohn endlich einmal fest geregelt ist, erscheint günstig. Die Höhe dieser Prämie für Ehrlichkeit und Mühewaltung bemißt sich procentual nach dem Werthe der Sache, und zwar ist der Betrag für gewöhnlich 5 % bis zum Werth von 300 Mark, vom Mehrwerth je 1 %. Beim Funde von Thieren beträgt der Finderlohn stets nur 1 %. Hat die Sache nur für den Empfangsberechtigten einen Werth, so ist der Finderlohn nach billigem Ermessen zu bestimmen. Ausgeschlossen ist der Anspruch auf Finderlohn, wenn der Finder die Anzeigepflicht (im ganzen Umfange des § 965) verletzt oder den Fund auf Nachfrage verheimlicht hat. (§ 971 Abs. 2.)

Hat der Finder wegen Unbekanntheit der Person oder des Aufenthaltsorts des Empfangsberechtigten den Fund bei der Polizeibehörde angezeigt, so wird Jener mit Ablauf eines Jahres nach dieser Anzeige Eigenthümer der Sache, soferne nicht vorher ein Empfangsberechtigter dem Finder bekannt geworden ist oder sein Recht bei der Polizeibehörde angemeldet hat. Zu den Empfangsberechtigten gehört auch der Verlierer, auch wenn er nicht selbst Eigenthümer ist, z. B. nur ein Besitzdiener des Letzteren. Hat der Finder die Sache auch nur an den Verlierer zurückgegeben, so wird er dadurch auch gegenüber sonstigen Empfangsberechtigten befreit (§ 969).

Daß zu einem eventuellen Eigenthumserwerb etwa die Bestimmungen über Ersitzung beweglicher Sachen anzuwenden wären, ist durchaus nicht der Fall. Es liegt hier eine eigen gestaltete Erwerbsart vor.

Sind vor Ablauf der einjährigen Erwerbsfrist dem Finder Empfangsberechtigte bekannt geworden oder haben solche bei einer Sache, die mehr als drei Mark werth ist, ihre Rechte rechtzeitig bei der Polizei angemeldet,*) so kann (muß aber nicht) der Finder jene Empfangsberechtigten zur Erklärung über die ihm zustehenden Ansprüche auf Verwendungsersatz und Finderlohn auffordern und zwar unter Vorsetzung einer von dem Auffordernden selbst bestimmten angemessenen Frist. Werden innerhalb dieser Frist jene Ansprüche anerkannt, und die Bereitwilligkeit zur Befriedigung derselben erklärt, so ist die Sache für den Finder glatt erledigt. Beanstanden die Empfangsberechtigten nur die Höhe der Ansprüche, so ist darüber nöthigenfalls eben im Rechtswege zu entscheiden. Geben die Empfangsberechtigten gar keine oder nur eine jene Ansprüche schlechthin ablehnende Erklärung ab, so wird der Finder mit dem Ablaufe der von ihm vorgesetzten Frist Eigenthümer der Fundsache unter Erlöschen aller anderen Rechte daran (§ 974).

Hat der Finder freiwillig oder im amtlichen Auftrag die Sache an die Polizei abgeliefert (§ 967) und diese den Fundgegenstand (z. B. nach § 966 an Stelle des Finders oder nach Maßgabe landesrechtlicher Dienstesvorschriften**) versteigert, so

*) Vgl. hiezu ME. v. 14. Dez. 1899 § 9.
**) ME. v. 14. Dez. 1899 § 9 Abs. 3.

tritt — namentlich gegenüber den Ansprüchen des Finders — der Erlös an die Stelle der Sache (§ 975). Mit Rücksicht auf diese Ansprüche darf auch die Polizeibehörde die Sache selbst oder den Erlös daraus nur mit Zustimmung des Finders einem Empfangsberechtigten herausgeben. Dadurch complicirt sich das polizeiliche Verfahren einigermaßen.

Es wird nicht selten vorkommen, daß der Finder der Polizeibehörde gegenüber auf das Recht zum Erwerbe der Sache verzichtet. In einem solchen Falle geht dieses sein Recht auf die Gemeinde des Fundorts über. Deren Sache ist es dann, die Verwendung der Sache, sei es nach freiem Ermessen oder gemäß einer Bestimmung in den landesrechtlichen Normen, eintreten zu lassen (§ 976). Hat der Finder nach der Ablieferung der Sache oder des Erlöses an die Polizeibehörde gemäß §§ 973, 974 das Eigenthum am Einen oder Anderen erworben, so geht dieses Eigenthum auch wieder auf die Gemeinde des Fundorts über, wenn nicht der Finder vor Ablauf einer ihm von der Polizeibehörde bestimmten Frist bei dieser die Herausgabe begehrt hat.

Zu 2. Von einem Klein- oder Bagatellfund ist zu sprechen, wenn der Werth der gefundenen Sachen nicht mehr als drei Mark ist. Für diese Fälle gelten im Allgemeinen die bisher dargestellten Vorschriften ebenfalls. Doch treten einige Abmäßigungen ein:

a) Es bedarf der im § 965 vorgeschriebenen Anzeige von dem Funde nicht.
b) Die öffentliche Versteigerung nach § 966 wird sich hier wegen des Kostenpunkts gewöhnlich von selbst verbieten.
c) Die gesetzliche einjährige Frist zum Erwerbe des Eigenthums beginnt beim Kleinfunde schon mit dem Funde (§ 973).

*) Vergl. auch noch BGB. §§ 968, 977.

d) Die ursprüngliche Kenntniß oder das spätere Erfahren von einem fremden Rechte an der Sache bilden hier nur dann einen Hinderungsgrund für den Eigenthumserwerb, wenn der Finder zugleich die Sache auf Nachfrage verheimlicht (§ 973).

e) Um von der Polizeibehörde solche Bagatellfundangelegenheiten ferne zu halten, ist auch noch in § 973 Abs. 2 bestimmt, daß hier, bei solchem Kleinfunde der Eigenthumserwerb durch den Finder wegen Anbringung eines Anspruchs auf die Sache bei der Polizei nicht behindert wird.

f) Die im § 974 vorgesehene Aufforderung seitens des Finders zur Erklärung über seine Ansprüche kommt in Wegfall.

Zu 3. Besondere Rechtsnormen gelten für die Funde, welche:

a) in den Geschäftsräumen einer öffentlichen Behörde (Sitzungssälen, Gängen rc.) oder

b) in den Beförderungsmitteln einer öffentlichen Behörde, wenn erstere auch nicht dem allgemeinen Verkehr dienen (also z. B. Gefängnißwagen, Aktentransportwagen u. dgl.),

c) in den Räumlichkeiten oder Beförderungsmitteln einer dem öffentlichen Verkehre gewidmeten Verkehrsanstalt (z. B. in Eisenbahn-, Post- oder Trambahnwagen, in Wartesälen, auf Bahnsteigen und Kassen, in Bureaus rc.).

Wenn auch an solchen Orten Gegenstände „verloren" werden können (namentlich durch Vergeßlichkeit), so wird doch ein derartiges Auffinden nicht als eigentlicher Fund im Sinne des oben Vorgetragenen behandelt. Dafür gibt das BGB. in den §§ 978—982 eigene Vorschriften privatrechtlichen Charakters. Diese allgemeinen reichsrechtlichen Normen müssen selbstverständlich auch den speciellen Verkehrs- oder Betriebsordnungen, Diensteinstruktionen ꝛc. zur Grundlage dienen.

a) § 978 bestimmt glattweg, daß, wer eine Sache an den oben aufgeführten Orten findet und an sich nimmt, die Sache unverzüglich an die Behörde oder die Verkehrsanstalt oder an einen ihrer Angestellten abzuliefern hat. Dies gilt für Jedermann, sei er Bediensteter der Behörde oder Verkehrsanstalt oder nicht. Wieweit ein Bediensteter die Sache in Obhut nehmen muß, bestimmt sich natürlich nach den Dienstesvorschriften. Eine bloße Anzeige über den Fund und die Ansichnahme ersetzt die Ablieferung nicht.

b) Die Bestimmungen des BGB. §§ 965—977 gelten für solche Funde nicht (§ 978).

Es tritt also namentlich nicht ein:

α) ein Ersatz für Aufwendungen,

β) die Bezahlung eines Finderlohns,

γ) der Erwerb von Eigenthum seitens des Finders.

c) Die Verkehrsanstalt oder Behörde kann die Sache öffentlich versteigern lassen. Die öffentlichen Behörden und die Verkehrsanstalten des Reichs, der Bundesstaaten und der Gemeinden können die Versteigerung durch einen ihrer Beamten vornehmen lassen. Der Erlös tritt an die Stelle der Sache. Ansprüche auf letztere gehen daher auf den Erlös über. Daß eine Versteigerung gerade stattfinden müsse, ist im BGB. nicht bestimmt (§ 979).

Voraussetzung der Versteigerung ist selbstverständlich, daß noch keine Reklamation des Eigenthümers oder Besitzers in Ansehung der Sache vorliegt (§ 980). Andere materielle Voraussetzungen bestehen nicht. Wohl aber setzt § 980 als allgemeine formelle Vorbedingung fest, daß der Versteigerung eine öffentliche Bekanntmachung vorausgehen muß, in welcher die Empfangsberechtigten zur Anmeldung ihrer Rechte unter Vorsetzung einer bestimmten Frist aufgefordert wurden, und daß die Frist verstrichen ist. Das Weitere, insbesondere die Art der Bekanntmachung, ist durch die Dienstesvorschriften zu bestimmen.*) Diese Vorschriften über die Bekanntmachung erfolgen bei Reichsbehörden und Reichsanstalten durch den Bundesrath, in allen übrigen Fällen durch die Centralbehörde des betreffenden Bundesstaats.

d) Die schließliche Entscheidung über die Eigenthumsfrage in Ansehung des Versteigerungserlöses fällt erst nach einer weiteren Präklusivfrist von drei Jahren. Diese Frist läuft, wenn die öffentliche Bekanntmachung vorausging, vom Ablaufe der darin vorgesetzten Frist an. Ist die Versteigerung ohne die öffentliche Bekanntmachung erfolgt, so beginnt die dreijährige Frist erst, nachdem die Empfangsberechtigten in einer nachgeholten öffentlichen Bekanntmachung zur Anmeldung ihrer Rechte aufgefordert worden sind. Das gleiche gilt, wenn gefundenes Geld abgeliefert worden ist (§ 981).

Ist die dreijährige Frist ohne Anmeldung eines Rechtsanspruchs verstrichen, so fällt der Versteigerungserlös

α) bei Reichsbehörden und Reichsanstalten an den Reichsfiskus,

β) bei Landesbehörden und Landesanstalten an den Landesfiskus,

γ) bei Gemeindebehörden und Gemeindeanstalten an die Gemeinde,

δ) bei Verkehrsanstalten, die von einer Privatperson (physischer oder juristischer) betrieben werden, an diese Person (§ 981).

*) Vgl. bayr. ME. v. 2. Dez. 1899; J.M.Bl. S. 585.

In Verbindung mit allen diesen Fundvorschriften trifft das BGB. noch zwei Spezialbestimmungen:

a) Es kommt nicht selten vor, daß öffentliche Behörden im Besitze fremder Sachen stehen, zu deren Herausgabe sie verpflichtet sind, ohne daß die Verpflichtung auf Vertrag beruht. Dies ist z. B. der Fall mit sogen. Ueberführungsgegenständen, welche in amtlichen Asservatorien lagern. Ist in Bezug auf eine solche Sache der Behörde der Empfangsberechtigte oder dessen Aufenthalt unbekannt, so sind gemäß BGB. § 983 solche Sachen nach den Vorschriften der §§ 979—982 d. h. in Bezug auf Versteigerung und Versteigerungserlös wie die Fundgegenstände bei Behörden und Verkehrsanstalten zu behandeln.

b) Eine Vorschrift in § 984 betrifft die Behandlung eines Schatzes. Dieser Begriff ist hier definirt. Als „Schatz" gilt eine (selbstverständlich bewegliche) Sache, welche solange verborgen gelegen hat, daß der Eigenthümer nicht mehr zu ermitteln ist. Eine fixe Dauer der Verborgenheit ist also nicht festgesetzt, nicht einmal eine anscheinend besonders lange Dauer erfordert. Ebensowenig braucht die Sache gerade in einem Grundstück gesteckt zu haben. Sie kann auch in einer anderen beweglichen Sache, z. B. in einem geheimen Tresor, verborgen gewesen sein.

Wird nun eine solche Sache entdeckt und in Folge dieser Entdeckung in Besitz genommen, so wird das Eigenthum daran zur Hälfte vom Entdecker, zur anderen Hälfte von dem Eigenthümer derjenigen (beweglichen oder unbeweglichen) Sache erworben, in welcher der Schatz verborgen war.

Ein besonderer Antheil des Fiskus als solchen ist vom BGB. nicht mehr vorgesehen. Ebenso fehlt im BGB. eine Sonderbestimmung für den Fall des Fundes eines Schatzes von speziellem wissenschaftlichen oder antiquarischen Werthe. Doch läßt Art. 109 EG. z. BGB. landesrechtliche Vorschriften über einen Zwangserwerb solcher Sachen gegen Werthersatz vorbehalten erscheinen.

Dritter Abschnitt.

Von Rechten an Grundstücken im Allgemeinen.

Erstes Kapitel.

Einleitendes.

Zu den nach vielen Richtungen wichtigsten Parthien des BGB. gehören dessen Vorschriften über die Rechte an Grundstücken im Besonderen. Wir haben sie theilweise schon besprochen, in Gestalt der gesetzlichen Beschränkungen des Inhaltes des Immobiliareigenthumsrechts insbesondere aus nachbarrechtlichen, aber auch sonstigen Gesichtspunkten. Noch viel mehr eingehend sind die Vorschriften des BGB. namentlich über Erwerb, Veränderung und Verlust des Grundstückseigenthums sowie dessen Belastung auf rechtsgeschäftlicher Grundlage. Die bezüglichen Vorschriften sind zwar spezifisch privatrechtlicher Natur. Es wäre aber sehr irrig, zu meinen, daß sie eben deshalb für den Verwaltungsbeamten kein Interesse böten. Im Gegentheil! Ein gewisser Grad von Kenntnissen auf diesem Gebiete ist auch für Verwaltungsämter ganz unerläßlich. Welche Rolle spielen z. B. die immobiliarrechtlichen Verhältnisse im Finanzwesen, speziell im rentamtlichen Dienste wegen des Katasterwesens, der Staatsgüterverhältnisse und anderer Dinge.*) Wie oft muß der Verwaltungsbeamte an den bezüglichen Rechtsnormen des BGB. hohes Interesse nehmen im Gebiete der Verwaltung des Gemeinde- und

*) Vgl. den Aufsatz vom Rentamtmann Stelzer: „Das BGB. in der Rentamtsverwaltung" in den Bl. f. d. bayr. Finanzwesen Bd. 7 S. 194.

Stiftungsvermögens. Wie gerne erholt sich namentlich die ländliche Bevölkerung, bei welcher der Hof und das Feld den Angelpunkt ihrer wirthschaftlichen Verhältnisse bilden, beim Bezirksamtmann diesen und jenen Rath, zumal wenn derselbe — was ja immer überaus wünschenswerth ist — das volle Vertrauen der Bevölkerung genießt. Man könnte deshalb versucht sein, hier dieses ganze Rechtsgebiet eingehend zu schildern. Einem solchen Verfahren sind aber schon räumlich unüberschreitbare Grenzen gesteckt. Auf diesem weiten großen Gebiete kann es sich hier vielmehr nur darum handeln, in allgemeiner Uebersicht die großen leitenden Gesichtspunkte darzustellen, eine Anzahl neuer Begriffe zu erläutern und die Grundzüge der neuen Einrichtungen vorzuführen. Zu betonen ist das Wort „neuen". Denn gerade im Liegenschaftsrechte bringt das BGB. wenigstens für uns in Bayern die tiefgreifendsten Neuerungen.

Während im Gebiete des Mobiliarrechts auch nach dem BGB. der Rechtsverkehr thunlichst formlos gestaltet wird, ist im Immobiliarrechte eine tiefgreifende Formalisirung der Rechtsgeschäfte und Rechtseinrichtungen ein hervorleuchtender Grundzug. Diese Formalisirung erheischt verschiedene Beurkundungen und gipfelt im Grundbuchsinstitute. Dieses ist deutschrechtlicher Herkunft und schon nach Landesgesetz v. 5. Mai 1872 in Preußen durchgeführt worden. Von den bisherigen dortigen partikulären Einrichtungen weichen aber die neuen reichsrechtlichen namentlich insoferne ab, als sie sich nicht blos auf das Eigenthum, sondern auf alle dinglichen Rechte, also insbesondere auch auf Erbbaurecht (ähnlich der römisch-rechtlichen Superficies), Dienstbarkeiten, Reallasten, dingliches Vorkaufsrecht mit Vollwirkung erstrecken. In dieser Weise ausgestaltet, dient das Grundbuch — wie vorerst nur ganz allgemein angedeutet sei — nicht blos zur Sicherung des Eigenthums, sondern auch zum Ausweise nahezu*) aller Grundstücke im Grundbuchbezirke und aller Belastungen dieser Grundstücke.**)

Daß hiedurch die Rechtssicherheit im Gebiete des Immobiliarrechts wesentlich erhöht und manchen Rechtsirrungen und namentlich auch Prozessen vorgebeugt wird, liegt auf der Hand. Die Formlosigkeit des Röm. Rechts war ja schon längst als in der neueren Zeit im Immobiliarverkehr nicht mehr brauchbar erkannt worden. Aber auch die bloßen Pfandbuchssysteme, wie sie z. B. bisher in Bayern und Württemberg bestanden, müssen vor dem voll durchgeführten Grundbuchssystem in den Schatten treten, so verdienstlich auch ganz besonders unser in seiner Art treffliches bayrisches Hypothekenrecht für seine Zeit gewesen ist. Daß vollends mit dem eigenartigen rheinischen Hypothekenrechte gründlich aufgeräumt wird, kann nur begrüßt werden.

Das hienach auf der Grundbuchseinrichtung aufgebaute Immobiliarsachenrecht des BGB. ist im Ganzen und Großen beherrscht von drei bedeutsamen Prinzipien, dem Publizitäts-, Eintragungs- und Konsensprinzip.***)

Nach dem Publizitätsprinzip genießt das Grundbuch „öffentlichen Glauben". Die Einträge darin gelten als richtig.

Zu Folge des Eintragungsprinzips sind Erwerb, Veränderung und Aufhebung der Rechte an Grundstücken bedingt durch erfolgte Einschreibung im Grundbuch.

Das Konsensprinzip aber führt zu der rechtlichen Nothwendigkeit, daß jeder auf Rechtsgeschäft beruhenden Eintragung im Grundbuche eine auf diesen Vorgang gerichtete Willenseinigung und Bindung der Betheiligten, der jetzt sog.

*) Ausnahmen bestehen in Gestalt bestimmter Befreiungen vom Buchungszwange. Darüber später.

**) Kober a. a. S. 28.

***) Weyl, Vorträge, Bd. 2 S. 16 flg.

dingliche Vertrag, vorausgeht. Dies nur einstweilen. Des Näheren wird noch darüber abzuhandeln sein.

Niedergelegt sind die Rechtsnormen über das Grundbuchinstitut theils

a) im Bürgerlichen Gesetzbuche selbst, theils
b) in der Reichs-Grundbuchordnung v. 24. März 1897.

Das BGB. enthält die materiellrechtlichen, die Grundbuchordnung die formellen Vorschriften. Eine Reihe von Einzelpunkten, z. B. über Einrichtung der Grundbuchämter, der Grundbücher selbst u. dgl. sind der Landesgesetzgebung überlassen. In Bayern erging in dieser Hinsicht das besondere Ausführungsgesetz zur Grundbuchordnung, datirt vom 9. Juni 1899. Ein sehr nahe verwandtes Reichsgesetz ist dasjenige über Zwangsversteigerung und Zwangsverwaltung v. 24. Mai 1897 nebst dem Bayr. Ausführungs-Gesetz dazu vom 9. Juni 1899. Beide sind bestimmt, unsere bayerische Subhastationsordnung zu ersetzen. Wenn wir nun über Grundbuch und das damit Zusammenhängende abhandeln, so spielen wir vorerst etwas Zukunftsmusik, denn das Uebergangsstadium wird hier ein etwas langes werden. Die allerdings schon am 1. Jan. 1899 Gesetzeskraft erlangenden materiellen Rechtssätze über das Grundbuchwesen können erst in Wirksamkeit treten, wenn (das ist gesetzlicher Ausdruck) „das Grundbuch als angelegt anzusehen ist.“ In Preußen, auf dessen schon bestehenden Einrichtungen in fraglicher Hinsicht auch das BGB. aufgebaut ist, wird dies ja bald der Fall sein. Anders in vielen anderen Bundesstaaten, welche bisher nur Pfandbücher hatten oder gar noch französisch-rechtliche Einrichtungen. Hier sind gewaltige Arbeiten nöthig, bis jenes Ziel erreicht ist. So auch in Bayern. Desfalls schlägt Art. 186 EG. z. BGB. ein, woselbst in Abs. 1 bestimmt ist:

„Das Verfahren, in welchem die Anlegung erfolgt, sowie der Zeitpunkt, in welchem das Grundbuch als angelegt anzusehen ist, werden für jeden Bundesstaat durch landesherrliche Verordnung bestimmt."

Wie wir hier lesen, wird also bezirksweise (nach beliebig größeren oder kleineren Bezirken) vorgegangen. Erst mit jenem Zeitpunkte kommen dann alle die neuen Rechtsnormen aktuell zur Anwendung. Für die Zwischenzeit regelt sich der Rechtszustand nach Art. 189 EG. z. BGB., dessen erster Absatz sagt im ersten und zweiten Satze:

„Der Erwerb und Verlust des Eigenthums, sowie die Begründung, Uebertragung, Belastung und Aufhebung eines anderen Rechtes an einem Grundstücke oder eines Rechtes an einem solchen Rechte erfolgen auch nach dem Inkrafttreten des Bürgerlichen Gesetzbuchs nach den bisherigen Gesetzen, bis das Grundbuch als angelegt anzusehen ist. Das Gleiche gilt von der Aenderung des Inhalts und des Ranges der Rechte.*)

Im dritten Satze ist dann noch beigefügt:

Ein nach den Vorschriften des Bürgerlichen Gesetzbuchs unzulässiges Recht kann nach dem Inkrafttreten des Bürgerlichen Gesetzbuchs nicht mehr begründet werden.

So z. B. eine Emphyteuse!

Solange und wo das Grundbuch noch nicht als angelegt anzusehen ist, bleibt in Bayern auch die bisherige bayr. Subhastationsordnung noch anwendbar. Wie das Alles zusammenklappen wird, bleibt abzuwarten.

Zweites Kapitel.

Die Grundbucheinrichtung.

Wie bereits angedeutet, bewegt sich das ganze Grundstücksrecht des Bürgerl. Gesetzbuchs um die Grundbuchseinrichtung. Sie ist der Kern- und Angelpunkt. Sehr gut schreibt Männer:**) „Da die dinglichen Rechte regelmäßig

---

*) In dieser Hinsicht vgl. BGB. § 877.

**) Männer, das Recht der Grundstücke nach dem BGB., München, J. Schweitzer Verlag, 1899 S. 29.

gegen Alle wirken, erscheint es nothwendig, sie auch für Alle erkennbar zu machen. Bei den beweglichen Sachen dient zur Kenntlichmachung der Besitz, bei den unbeweglichen werden die Rechtsverhältnisse erkennbar gemacht durch die Eintragung in ein öffentliches Buch, das Grundbuch."

Ein Grundzug der bezüglichen Einrichtung ist daher auch ihre universelle Tendenz. Während unsere bisherigen bloßen Hypothekenbücher, namentlich auch die in Bayern, lediglich um der Hypotheken wegen und überhaupt um alles dessen willen vorhanden und eingerichtet waren, was mit dem Hypothekenwesen zusammenhängt, stellt das Grundbuch des BGB. die Verbücherungsgrundlage des ganzen Immobiliarsachenrechts dar, bekommt seine Einträge und Ausweise aus dem ganzen Gebiete der hierher einschlägigen Rechtsverhältnisse um ihrer selbst willen und umfaßt daher sowohl das Grundstückseigenthum, wie auch andere Rechte an unbeweglichen Sachen, insbesondere auch Dienstbarkeiten sowie sonstige verschiedenartige Belastungsverhältnisse.

Geführt werden die Grundbücher bei den eigens gesetzlich so benannten Grundbuchämtern. Für die Verrichtungen der Grundbuchämter sind durch das bayer. Ausf.Ges. nach der Regel die Amtsgerichte als zuständig bezeichnet.

Angelegt und geführt werden die Grundbücher in der Regel nach Bezirken. Von solchen Bezirken können mehrere zu einem Grundbuchamtsbezirk gehören.

Gemeinhin erhält jedes Grundstück ein sog. Grundbuchsblatt (§ 3 Grundbuchordnung = G.B.O.). Die Grundlage hiefür bieten bei uns in Bayern die bisher schon durchgeführt gewesenen Katastrirungen.*) Von jenem Satze bestehen aber auch Ausnahmen nach mehrfachen Richtungen:

*) Nebenbei bemerkt, gewährt Art. 134 bayr. A.G. z. BGB. Jedem die Einsicht des Grundsteuerkatasters.

a. Nach § 4 Gr.B.O. kann über mehrere Grundstücke desselben Eigenthümers, welche im Bezirke desselben Grundbuchamtes liegen, ein gemeinschaftliches Grundbuchblatt geführt werden, so lange hievon keine Verwirrung zu besorgen ist. An der räumlichen Selbständigkeit der Grundstücke ändert dies aber nichts. Landesrechtlich kann eine derartige bücherliche Vereinigung auch noch in weiterem Umfange zugelassen werden (§ 86 Gr.B.O.).

b. Diese blos formelle Vereinigung in der Buchung ist zu unterscheiden von einer sachlichen Vereinigung durch letztere. Diese aber hat auch wieder die Doppelform:

   α) der gänzlichen Vereinigung der Grundstücke selbst und

   β) der Zuschreibung des einen Grundstücks als Bestandtheil eines anderen.

   Beides soll nach § 5 Gr.B.O. nur geschehen, wenn davon keine Verwirrung zu besorgen ist. Ueber Zuständigkeitsverhältnisse in solchen Fällen vgl. Art. 5, 6 des bayr. Ausf.-Ges. z. Gr.B.O.

c. Nach § 90 Gr.B.O. kann durch landesherrliche Verordnung bestimmt werden, daß die Grundstücke des Fiskus (Reichs- oder Landesfiskus) oder gewisser juristischer Personen, die öffentlichen Wege und Gewässer, sowie solche Grundstücke, welche einem dem öffentlichen Verkehre dienenden Bahnunternehmen gewidmet sind, nur auf Antrag ein Grundbuchblatt erhalten.

Das Gleiche gilt von den Grundstücken eines Landesherrn und denjenigen Grundstücken, welche zum Hausgute oder Familiengute einer landesherrlichen Familie oder der Häuser Hohenzollern, Hannover, Kurhessen, Nassau gehören.

Diese Befreiung bezieht sich übrigens nur auf die Eintragung von Amtswegen. Sie tritt ferner nicht ein, wenn das Grundstück mit Hypotheken oder anderen Rechten belastet ist, für welche nach BGB. § 873 die Eintragung im Grundbuche erforderlich ist. Der ganze Grund jener Bestimmung des § 90 Gr.B.O. liegt ja überhaupt nur darin, nicht eingehende Arbeiten da zu schaffen, wo nach der Rechtsstellung von Grundstücken und ihren Eigenthümern die Buchung eine Bedeutung für den Rechtsverkehr nicht haben würde.

Die Verordnung, auf welche § 90 Gr.B.O. verweist, ist für Bayern ergangen am 1. Juli 1898 (G. u. V.Bl. S. 377).*) Sie bezeichnet als juristische Personen i. S. des § 90 Gr.B.O.: die Kreis- und Distriktsgemeinden, die politischen und Kirchengemeinden, die Ortschaften, die öffentlichen Stiftungen, die Klöster und die Versicherungsanstalten für Invaliditäts- und Altersversicherung.

Von der hierin gewährten Möglichkeit, die Anlegung eines Grundbuchblattes zu beantragen, wird übrigens, wie zu hören ist, von fiskalischer wie gemeindlicher Seite vielfach Gebrauch gemacht.

Eigene Grundbuchblätter erhalten auch dingliche Rechte, welche in dieser Hinsicht den Grundstücken gleichgestellt sind, wie z. B. Bergwerksrechte, unbewegliche Kuxe u. dgl. (A.G. z. Gr.B.O. Art. 17). Fischereirechte, Realgewerbeberechtigungen, sowie Nutzungsrechte, für die nach Landesgesetz die sich auf Grundstücke beziehenden Vorschriften gelten, erhalten ein Grundbuchblatt nur auf Antrag oder, wenn das Recht veräußert oder belastet werden soll (Art. 17 AG. z. Gr.B.O.). Auf Antrag ist ein besonderes Grundbuchblatt für das Erbbaurecht anzulegen (§ 7 Gr.B.O.). Die Anlegung solcher besonderer Grundbuchblätter für Rechte wird dabei auf dem Blatte für das belastete Grundstück vorgemerkt.

*) Abgedruckt u. erläutert bei Henle, Anlegung des Grundbuchs in Bayern r. d. Rh. S. 150 f.

Wie bisher schon für das bayer. Hypothekenbuch gilt auch für das Grundbuch (§ 13 Gr.B.O.) im Allgemeinen das Prinzip, daß Eintragungen im Grundbuche nur auf Antrag erfolgen, soweit nicht das Gesetz etwas Anderes vorschreibt. Antragsberechtigt ist Jeder, dessen Recht von der Eintragung betroffen wird oder zu dessen Gunsten die Eintragung erfolgen soll.

Ist nach gesetzlicher Vorschrift eine Behörde befugt, das Grundbuchamt um eine Eintragung zu ersuchen, so erfolgt Eintragung auch auf Grund solchen Ersuchens, welches sowohl jenen Antrag, wie die sofort zu besprechende Eintragungsbewilligung, auch eine etwa selbst erforderliche Erklärung, ersetzt. Darüber, ob die Behörde zu dem Ersuchen befugt ist, steht dem Grundbuchamt Prüfung und Entscheidung zu, natürlich vorbehaltlich des gesetzlich geregelten Beschwerdewegs.

Eine wesentliche Vereinfachung ermöglicht § 15 Gr.B.O., wonach ein Notar als ermächtigt gilt, im Namen eines Antragsberechtigten die Eintragung zu beantragen, wenn die zu derselben erforderliche Erklärung von dem Notar beurkundet oder beglaubigt ist. In anderen Fällen müßte ein Beauftragter mit Vollmacht versehen sein.

Außer dem Antrage setzt eine Eintragung gemäß § 19 fg. Gr.B.O. in der Regel auch voraus eine Eintragungsbewilligung seitens desjenigen, dessen Recht von ihr betroffen wird. Werden Mehrere betroffen, so müssen eben diese Mehreren einwilligen. Erfolgt aber die Einwilligung, so genügt sie auch, d. h. es kann die Eintragung rechtsbefugt geschehen auch ohne besondere Feststellungen über die Einigung der Betheiligten. Indessen darf nach § 20 Gr.B.O. im Falle der Auflassung eines Grundstücks, sowie im Falle der Bestellung oder Uebertragung eines Erbbaurechts die Eintragung nur erfolgen, wenn die erforderliche Einigung der Berechtigten und des anderen Theiles erklärt ist. Daß hieher dann auch noch recht heilsame Formvorschriften einschlagen, werden wir später kennen lernen.

Außer dem Begriffe: „Eintragung" im engeren materiellen Sinne begegnen wir im neuen Grundbuche übrigens auch noch den materiellen Begriffen: „Vormerkung" und „Widerspruch", welche sehr lebhaft an die „Vormerkungen" und „Protestationen" des bayr. Hypothekenrechts erinnern, aber doch damit nicht voll identisch sind.

Beide Rechtsbehelfe dienen hauptsächlich zu Sicherungszwecken, (insbesondere z. B. zur Wahrung der Vorrangverhältnisse), beide aber auch zur Wahrung von Rechten gegenüber dem Prinzipe des öffentlichen Glaubens des Grundbuchs. Dieses Prinzip ist weittragender Natur. Die beherrschende Grundstelle des Gesetzes hiefür ist § 892 BGB.

Die Lehre von den Voraussetzungen, dem Umfang, der Ausgestaltung, den Wirkungen u. s. w. dieses sog. Publicitätsprinzips, welches uns, aber in sachlich viel beschränkterer Weise, schon vom bayr. Hypothekenrechte bekannt ist, erscheint nichts weniger als einfach. Wir müssen daher hier auf ein näheres Eingehen verzichten. Eine klare, instruktive Darstellung gibt Kober in meinem Komm. z. BGB. Bd. 2 S. 48 fg., nach welcher einige Hauptsätze hervorgehoben sein mögen.

§ 892 BGB. hebt an: Zu Gunsten desjenigen, welcher ein Recht an einem Grundstücke oder ein Recht an einem solchen Rechte durch Rechtsgeschäft erwirbt, gilt der Inhalt des Grundbuchs als richtig, es sei denn, daß ein Widerspruch gegen die Richtigkeit eingetragen oder die Unrichtigkeit dem Erwerber bekannt ist. Dies ist die Grundlage für die ganze Rechtsinstitution, vorbehaltlich mannigfacher Ausgestaltung im Einzelnen. Sie schafft Recht dahin, daß zu Gunsten, nicht zu Lasten des in der Gesetzesstelle Benannten die Eintragungen im Grundbuche die Bedeutung und Wirkung formeller Wahrheit erhalten sollen, selbst wenn sie materiell unrichtig sein sollten.

Geschützt wird dabei aber nach klarem Wortlaute der Gesetzesstelle nur der auf Rechtsgeschäft beruhende Erwerb eines Rechtes an einem Grundstücke (sei es z. B. Eigenthum oder Dienstbarkeit oder Hypothek u. s. w.) oder eines Rechtes an einem solchen Rechte. Gleich steht dem rechtsgeschäftlichen aber auch ein Erwerb durch Verurtheilung dazu nach CPO. § 894 n. F.

Dagegen bewegt sich die „Oeffentlichkeit des Grundbuchs" z. B. nicht im Bereiche von Erwerb durch Zwangsvollstreckung (abgesehen von Zwangsversteigerung) z. B. Ueberweisung einer Hypothek, durch Zwangsenteignung, Accession oder beim Erwerb durch Gesetz, z. B. im Gebiete des ehelichen Güterrechts, wenn etwa Nutznießungsrechte oder gütergemeinschaftliche Verhältnisse in Frage stehen.

Wie Kober a. a. O. richtig hervorhebt, kann sich der öffentliche Glaube des Grundbuchs auch nicht erstrecken auf lediglich berichtende thatsächliche Angaben, wie z. B. Flächenmaße eines Grundstücks.

Speziell bezeichnet § 892 BGB. auch als Voraussetzungen des Schutzes durch den öffentlichen Glauben das Nichtvorhandensein

a. eines entgegenstehenden eingetragenen Widerspruchs oder eines
b. bösen Glaubens in der Person dessen, der sich auf das Oeffentlichkeitsprinzip beruft. Dieser böse Glaube liegt aber hier nur dann vor, wenn eine positive Kenntniß der Unrichtigkeit des Grundbuchs besteht, nicht aber schon dann, wenn die Nichtkenntniß durch einen Mangel an Aufmerksamkeit verschuldet wäre.

Uebrigens ist selbstverständlich im gegebenen Falle auch zu erfordern, daß der betreffende Interessent „dem öffentlichen Glauben des Grundbuchs gefolgt sein, d. h. die Täuschung in der Beschaffenheit des Grundbuchs einen rechtfertigenden Grund gehabt haben muß." *)

Uebrigens schlägt auch hieher noch ein anderer Gesichtspunkt ein. Die Thatsache, daß eine Eintragung im Grundbuche in positiver oder negativer Richtung besteht, begründet oder tilgt für sich allein noch nicht immer auch das bezügliche Recht selbst. Dazu müssen auch die etwaigen sonst noch im Gesetze wurzelnden Erfordernisse vorhanden sein. Nach ausdrücklicher Gesetzesvorschrift im BGB. § 891 begründet die Thatsache, daß für Jemand im Grundbuche ein Recht eingetragen oder gelöscht ist, nur die Vermuthung, daß ihm das Recht zustehe, beziehungsweise, daß das Recht nicht bestehe. Das Prinzip einer formalen Rechtskraft oder konstitutiven Wirkung der Grundbuchseinträge ist also im BGB. nicht angenommen, vielmehr dadurch, daß nur die erwähnte, durch Gegenbeweis zerstörliche Rechtsvermuthung aufgestellt wurde, den Einträgen auch nur eine allerdings bis zum Prinzip des öffentlichen Glaubens erhobene deklarative Wirkung beigelegt. Es ist daher auch nicht ausgeschlossen, daß Unrichtigkeiten des Grundbuchs behauptet und bewiesen werden. Das Gesetz kennt und regelt daher auch ein eigenes Verfahren auf Berichtigung des Grundbuchs.

In nahem Zusammenhange mit dem besprochenen Prinzip innerer sachlicher Publicität steht auch das Prinzip äußerer Oeffentlichkeit des Grundbuchs. Letzteres offenbart sich in den Gesetzesvorschriften über Einsichtnahme vom Grundbuche. Desfalls bestimmt zunächst § 11 Gr.B.O.:

„Die Einsicht des Grundbuchs ist Jedem gestattet, der ein berechtigtes Interesse darlegt. Das Gleiche gilt von Urkunden, auf die im Grundbuche zur Ergänzung einer Eintragung Bezug ge-

*) Kober, a. a. O. S. 48.

nommen worden ist, sowie von den noch nicht erledigten Eintragungsanträgen.

Soweit die Einsicht des Grundbuchs, der im Abs. 1 bezeichneten Urkunden und der noch nicht erledigten Eintragungsanträge gestattet ist, kann eine Abschrift gefordert werden; die Abschrift ist auf Verlangen zu beglaubigen."

Anschließend an diese Gesetzesvorschriften gibt dann auch noch § 93 Gr.B.O. der Landesjustizverwaltung die Befugniß, jene Einsicht in erweitertem Umfange zu gestatten, wie es in einigen Bundesstaaten schon bisher der Fall gewesen war. Nach der Hauptbestimmung in § 11 Gr.B.O. steht die Einsichtnahme nicht vorbehaltlos Jedermann zu. Das Reichsgesetz verlangt ein berechtigtes Interesse. Das ist nicht identisch mit „rechtlichem Interesse", sondern enger begrenzend, insoferne es dem Grundbuchamte das Recht gibt, wie die Pflicht auferlegt, zu prüfen, ob das behauptete rechtliche Interesse auch ein gerechtfertigtes ist, welches zur Einsichtnahme begründeten Anlaß gibt. Zu bemerken ist auch, daß sich das Einsichtsrecht, wie es im § 11 Gr.B.O. behandelt und geregelt ist, nicht auf die Frage der Einsichtnahme von Grundbuch ꝛc. durch Behörden bezieht.

Diese Frage bemißt sich nach Landesrecht. Die bayer. Ausf.Ges. enthalten desfalls zwei Bestimmungen:

a. Im Art. 30 des neuen bayr. Notariatsgesetzes vom 9. Juni 1899 ist den bayer. Notaren für ihre Beurkundungen sogar eine Pflicht zur Einsichtnahme vom Grundbuche, folglich auch das bezügliche Recht beigelegt.

b. Nach Art. 11 des bayer. Ausf.Ges. zur Gr.B.O. wird durch Ministerialvorschrift bestimmt, inwieweit öffentlichen Behörden auf Ansuchen die Einsicht vom Grundbuche und den vorerwähnten Schriftstücken zu gestatten ist und Abschriften zu ertheilen sind.

Drittes Kapitel.

Erwerb ꝛc. von Eigenthum und anderen Rechten an Grundstücken.

I. Seine Hauptbedeutung bekommt das Grundbuchssystem für Erwerb, Verlust, Belastung des Eigenthums an Grundstücken.

Der Erwerb des Immobiliareigenthums kann sich auf mehrfache Art vollziehen. Der gewöhnlichste Fall ist der Erwerb durch Uebertragung. Von ihm handelt besonders der Titel § 925 fg. Daneben bestehen aber z. B. auch noch andere Erwerbsgründe, welche in anderen Theilen des BGB. behandelt sind. So z. B. ein Erwerb von Grundstückseigenthum nach Gesetz, also etwa ein Erwerb im Erbgange oder im Gebiete des ehelichen Güterrechts. In letzterer Hinsicht sei nur erinnert an den Erwerb von Miteigenthum seitens eines Ehegatten in Folge Eintritts in eine eheliche Gütergemeinschaft. Ein derartiger Uebergang von Grundeigenthum vollzieht sich von selbst kraft Gesetzes, ohne daß für diese Eigenthumsgestaltung vorherige Eintragung ins Grundbuch nöthig wäre. Von erheblicher Bedeutung für die Klarstellung der Rechtsverhältnisse ist aber immerhin die nachherige Richtigstellung des Grundbuchs. Aus diesem Grunde gibt auch BGB. § 1438 dem einen Ehegatten einen Rechtsanspruch gegen den anderen auf Mitwirkung zur Berichtigung des Grundbuchs.

Eine Ersitzung von Immobiliareigenthum im bisherigen Rechsstyle gibt es nach BGB. nicht mehr. Unter dessen Herrschaft kann eine solche Ersitzung weder begonnen noch vollendet werden.

Etwas eigenes für sich ist die sog. Tabularersitzung. Nach § 900 BGB. erwirbt nämlich Derjenige das Eigenthum an einem Grundstücke, welcher als Eigenthümer desselben im Grundbuch eingetragen ist, ohne das Eigenthum wirklich erlangt gehabt zu haben, soferne die Eintragung — ohne Widerspruchseintragung — 30 Jahre lang bestanden und Jener während dieser Zeit das Grundstück im Eigenbesitze gehabt hat. Verwandte Fälle ähnlicher Art behandelt § 927 BGB. Darüber sei nur Folgendes gekürzt bemerkt. Der wirkliche Eigenthümer eines Grundstückes, welcher nicht eingetragen ist, kann im Wege des Aufgebotsverfahrens mit seinem Rechte ausgeschlossen werden, wenn das Grundstück seit 30 Jahren im Eigenbesitze eines anderen Nichteingetragenen ist. Wer das Ausschlußurtheil erwirkt hat, erlangt das Eigenthum dadurch, daß er sich als Eigenthümer eintragen läßt. Ist aber der Eigenthümer eingetragen, so ist ein Aufgebotsverfahren nur zulässig, wenn derselbe gestorben oder verschollen ist und wenn eine Eintragung ins Grundbuch, welche der Zustimmung des Eigenthümers bedürfte, seit 30 Jahren nicht erfolgt ist.

Das Eigenthum an einem Grundstücke kann auch durch Dereliktion aufgegeben werden. Diese wird aber nach § 928 rechtswirksam nur dadurch, daß der Eigenthümer den Verzicht dem Grundbuchamte gegenüber erklärt und daß der Verzicht ins Grundbuch eingetragen wird. Dadurch wird das Grundstück zunächst herrenlos. Das Occupationsrecht steht aber hier ausdrücklich dem Fiskus*) desjenigen Bundesstaates zu, in dessen Gebiet das Grundstück liegt. Der wirkliche Eigenthumserwerb durch den Fiskus setzt aber wiederum voraus, daß sich der Fiskus erst als Eigenthümer ins Grundbuch eintragen läßt (BGB. § 928).

Wenden wir uns nun zu einiger, möglichst knapp zu haltender Betrachtung des wichtigen Falles der rechtsgeschäftlichen Uebertragung des Eigenthums an einem Grundstücke. Hier vollziehen sich verschiedene Rechts-

*) Vgl. aber auch Art. 129, 130 Einf.Ges. z. BGB.

vorgänge, welche im Begriffe wohl zu unterscheiden sind, wenn sie auch zeitlich und örtlich zusammenfallen können. Zunächst ist:

1) § 313 BGB. ins Auge zu fassen. Er lautet:

„Ein Vertrag, durch den sich ein Theil verpflichtet, das Eigenthum an einem Grundstücke zu übertragen, bedarf der gerichtlichen oder notariellen Beurkundung. Ein ohne Beobachtung dieser Form geschlossener Vertrag wird seinem ganzen Inhalte nach gültig, wenn die Auflassung und die Eintragung in das Grundbuch erfolgen."

Wir haben es hier mit dem sog. obligatorischen Immobiliarvertrag*) zu thun, welcher, mehr oder minder deutlich ausgesprochen, in der Regel die tiefste Grundlage von rechtsgeschäftlichen Eigenthumsübertragungen bildet. Welchem einzelnen Rechtsgrunde dieser obligatorische Immobiliarvertrag entspringt, ob z. B. einem Kaufe oder Tausche oder einer Schenkung, ist für die Formvorschrift des § 313 ohne Belang.

Wie der Wortlaut deutlich zum Ausdruck bringt, bezieht sich diese Gesetzesstelle über den obligatorischen Vertrag (im Gegensatz zu der über den dinglichen Vertrag), nur auf den Fall der Uebertragung von Eigenthum, nicht auch auf die Begründung anderer Rechte an Grundstücken — abgesehen nach § 1017 vom Erbbaurechte.

Die Gründe, welche den Gesetzgeber bestimmt haben, schon den obligatorischen Vertrag über Eigenthumsbegründung so streng zu formalisiren, liegen nahe und offen. Das Grundeigenthum spielt im Staatsorganismus und Staatsleben eine besonders wichtige Rolle. Die wirthschaftliche Erhaltung von Grundeigenthum in den Händen solider Besitzer, die Bewahrung desselben für ganze Familien, namentlich

*) S. Näheres von Mayring, in Staudingers Komm. z. BGB. Bd. II S. 65 fg.

für solche von bäuerlicher Art, sind bedeutungsvolle Probleme der inneren Staatspolitik. Der Gesetzgeber nahm darum auch Bedacht auf einen gewissen ethischen Schutz von Grundeigenthümern, auf einen Schutz gegen sich selbst und gegen Andere vor übereilten Verträgen und vor ungenügender, oberflächlicher oder zweideutiger Fixirung des Vertragswillens. Das Gesetz verlangt daher mit zwingender Kraft gerichtliche oder notarielle Beurkundung. Mit diesem „oder" hat es folgende Bewandtniß:

Die Landesgesetzgebung erhielt damit die Möglichkeit, für ihren Bereich, für die im Gebiete des Bundesstaats belegenen Grundstücke, zu bestimmen, ob die Beurkundung bei Gericht oder bei einem Notar zu geschehen habe (E.G. z. BGB. Art. 141).*) Die Bayerische Landesgesetzgebung hat sich durch Art. 167 Nr. I des AG. z. BGB. und durch Art. 1 des Not.Ges. v. 9. Juni 1899 erfreulicher Weise für die ausschließliche Zuständigkeit der Notare in allen Fällen jener Klausel: „gerichtlich oder notariell" entschieden.

Außerachtlassung besagter Formvorschrift begründet Nichtigkeit, volle Nichtigkeit schon des obligatorischen Immobiliarvertrags. Diese Nichtigkeit ist heilbar, jedoch nur insoferne, als eben lediglich der Mangel der Form in Frage steht, nicht aber in Ansehung etwaiger anderer zur Nichtigkeit führender Mängel. Die Heilung vollzieht sich im Umfange des ganzen Vertragsinhalts, wenn und sobald auch ohne solchen obligatorischen Vertrag gleichwohl die Auflassung und die Eintragung im Grundbuch erfolgt ist. Eine solche Heilung wird sich bei uns allerdings nicht so ganz leicht ergeben können, nachdem der § 89 Gr.B.O. die Landesgesetzgebung ermächtigt hat, zu bestimmen, daß das Grundbuchamt die Erklärung der

*) Wegen landesrechtlicher Zuständigkeit anderer Behörden oder Beamten vgl. auch Art. 142 EG.

Auflassung nur entgegennehmen soll, wenn die nach § 313 BGB. erforderliche Urkunde über den obligatorischen Vertrag vorgelegt wird. Eine solche Vorschrift, welche nach dem Worte „soll" nur instructionellen Charakter hat, wurde dann auch durch die bayerische Landesgesetzgebung in Art. 12 des Ausf.-Ges. z. Gr.B.O. niedergelegt und zwar mit dem Beisatze: „Dasselbe gilt für die Notare." Der Vorlegung der Urkunde steht die Aufnahme durch den Notar gleich.

Was nun weiterhin die schon mehrerwähnte „Auflassung" betrifft, so bezeichnet mit diesem Begriffe die neue Gesetzessprache „die von dem Kausalgeschäfte (z. B. Kauf) losgelöste, also abstrakt gedachte Einigung der Betheiligten im Sinne des § 873 BGB. über die dingliche Rechtsfolge".*) Dieser § 873 enthält folgende wichtige, weil grundlegende Bestimmung:

„Zur Uebertragung des Eigenthums an einem Grundstücke, zur Belastung eines Grundstücks mit einem Rechte sowie zur Uebertragung oder Belastung eines solchen Rechts ist die Einigung des Berechtigten und des anderen Theils über den Eintritt der Rechtsänderung und die Eintragung in das Grundbuch erforderlich, soweit nicht das Gesetz ein Anderes vorschreibt.

Vor der Eintragung sind die Betheiligten an die Einigung nur gebunden, wenn die Erklärungen gerichtlich oder notariell beurkundet oder vor dem Grundbuchamt abgegeben oder bei diesem eingereicht sind oder wenn der Berechtigte dem anderen Theile eine den Vorschriften der Grundbuchordnung entsprechende Eintragungsbewilligung ausgehändigt hat."

Es ist deutlich gesagt: Diese Bestimmung über den dinglichen Vertrag gilt sowohl für die Uebertragung des Eigenthums, wie für andere rechtsgeschäftliche Uebertragungen von Rechten an Grundstücken und Belastungen solcher. An sie schließt sich weiterhin der § 925 BGB., welcher vorschreibt, daß die zur Uebertragung des Eigenthums an einem Grund-

*) Kober in Staudingers Komm. Bd. 3 S. 74.

stücke nach § 873 erforderliche Einigung des Veräußerers und Erwerbers (Auflassung) bei gleichzeitiger Anwesenheit beider Theile erklärt werden muß. Nur eine solche Anwesenheit beider Theile, nicht beider Personen ist verlangt. Stellvertretung ist daher zulässig. Die Bestimmung über Abgabe der Erklärung vor dem Grundbuchamte fixirt den principiellen Standpunkt des BGB. selbst. Dazu kommt aber wiederum ein Vorbehalt im EG. z. BGB. Dessen Art. 143 sagt:

„Unberührt bleiben die landesgesetzlichen Vorschriften, welche in Ansehung der im Gebiete des Bundesstaats liegenden Grundstücke bestimmen, daß die Einigung der Parteien in den Fällen der §§ 925, 1015 des Bürgerlichen Gesetzbuchs außer vor dem Grundbuchamt auch vor Gericht, vor einem Notar, oder einer anderen Behörde oder einem anderen Beamten erklärt werden kann.

Unberührt bleiben die landesgesetzlichen Vorschriften, nach welchen es bei der Auflassung eines Grundstücks der gleichzeitigen Anwesenheit beider Theile nicht bedarf, wenn das Grundstück durch ein Gericht oder einen Notar versteigert worden ist und die Auflassung noch in dem Versteigerungstermin stattfindet."

Auch davon hat die Bayr. Landesgesetzgebung Gebrauch gemacht und zwar in Art. 81, 82 des AG. z. BGB., der wörtlich bestimmt:

Art. 81. In Ansehung der in Bayern liegenden Grundstücke kann die Einigung der Parteien bei der Uebertragung des Eigenthums und der Bestellung des Erbbaurechtes außer vor dem Grundbuchamt auch vor einem bayerischen Notar erklärt werden.

Art. 82. Werden Grundstücke durch einen Notar versteigert, so bedarf es bei der Auflassung, soferne sie noch in dem Versteigerungstermine stattfindet, nicht der gleichzeitigen Anwesenheit beider Theile

Damit sind wir auf einem Umwege auch hier wieder bei der Zuständigkeit der bayerischen Notare angekommen und zwar hinsichtlich der Auflassung wenigstens electiv mit dem Grundbuchamte.*) Zieht man dies in Betracht, so wird man

*) Ueber die Uebertragung des Eigenthums an einem buchungsfreien

finden, daß die sich bildende neue Rechtslage nicht allzu weit vom Prinzip unseres alten und interimistisch bis zur vollzogenen Anlegung des Grundbuchs auch noch fortgeltenden Art. 14 des Not.Ges. v. 10. Nov. 1861 entfernt ist. Allerdings gehört nach dem neuen Rechte zur wirklichen Rechtsbegründung auch noch der Vollzug der erforderlichen Eintragung im Grundbuche. Erst damit geht Eigenthum an Grundstücken über. Insoferne ist die Eintragung ein absolutes, wesentliches Erforderniß. Aber es sei nochmals betont, daß sie gleichwohl nicht etwaige sonstige Hindernisse des Rechtsübergangs constitutiv behebt.

II. Nach § 1017 BGB. gelten die sich auf Grundstücke beziehenden Vorschriften, dann die Vorschriften über Erwerb des Eigenthums und über Ansprüche aus dem Eigenthume auch für das Erbbaurecht. Das BGB. selbst, § 1012, bezeichnet das Erbbaurecht als das veräußerliche und vererbliche Recht, auf oder unter der Oberfläche eines fremden Grundstücks ein Bauwerk zu haben. Dieses Erbbaurecht bildet eine Belastung des Grundstücks.

Man sieht schon hieraus, daß es ohngefähr das Nämliche ist, wie die römisch-rechtliche Superficies. Bei uns sind derartige Rechtsverhältnisse nicht häufig, aber sie kommen doch vor.

Eigens bestimmt ist in § 1014 BGB., daß die Beschränkung des Erbbaurechts auf einen Theil eines Gebäudes, insondere ein Stockwerk, unzulässig ist. Diese Bestimmung gibt Anlaß, an dieser Stelle eines verwandten Rechtsverhältnisses zu gedenken, welches namentlich in München unter dem Namen Herbergsrecht bekannt ist, im BGB. aber als Stockwerkseigenthum bezeichnet wird.

Der rechtliche Gehalt dieses Verhältnisses ruht darin,

(und auch thatsächlich nicht eingetragenen) Grundstücke vgl. Art. 83 Abs. 3 BGB.

daß einzelne Theile eines und desselben häuslichen Anwesens in selbständigem Sondereigenthume stehen und zwar meistens in einer nach der Quere (nach Stockwerken) verlaufenden Abtheilung. Andere Theile des Gesammtanwesens, wie z. B. Grundfläche oder Dach u. s. w. stehen in ungetheiltem Miteigenthume der Parthien. Auch außerhalb Münchens kommen diese Rechtsverhältnisse anderwärts vielfach vor.

In der Beurtheilung der rechtlichen und wirthschaftlichen Zweckmäßigkeit offenbarten sich bisher verschiedene Strömungen.

Die Einen stellten die volkswirthschaftliche Bedeutung in den Vordergrund und legten dem Stockwerkseigenthum einen eigenartigen Werth insoferne bei, als dasselbe weniger bemittelten Leuten die Möglichkeit böte, sich auch um geringeres Geld eine eigene häusliche Niederlassung zu schaffen. Dagegen wurde, mehr von der juristischen Seite her, eingewendet, daß das auf diese Weise sich bildende Rechtsverhältniß nicht allein rechtstheoretisch schwer construirbar sei, sondern namentlich auch in nur zu praktischer Weise zu einer Quelle von Mißhelligkeiten und Rechtsirrungen würde. Femina militans! Bei Schaffung des BGB. hat die letztere Richtung die Oberhand gewonnen. Das BGB. kennt das Stockwerkseigenthum in jener Gestalt nicht mehr. Seit 1. Jan. 1900 können daher auch sog. Herbergen rechtlich nicht mehr errichtet werden. Nach Art. 182 EG. z. BGB. bleibt aber das bisher bestehende Stockwerkseigenthum auch ferner noch bestehen. Nach der gleichen Gesetzesstelle bestimmt sich dabei das Rechtsverhältniß der Betheiligten unter einander nach den bisherigen Landesgesetzen. Diese konnten nach Art. 218 EG. z. BGB. auch noch geändert werden und davon hat auch die bayer. Ausf.-Gesetzgebung in der hier fraglichen Richtung Gebrauch gemacht.

In dem sog. Uebergangsgesetze v. 9. Juni 1899 Art. 42

wurde dem Rechtsverhältnisse der sog. Herbergen eine veränderte rechtliche Konstruktion gegeben und zwar in Anpassung an die systematische Stellungnahme des BGB. Danach gilt das bei Inkrafttreten des BGB. bestandene Stockwerkseigenthum (Herbergsrecht) von diesem Zeitpunkt an als Miteigenthum an dem Grundstücke mit der Maßgabe, daß jedem Miteigenthümer die ausschließliche Benützung derjenigen Theile des Gebäudes zusteht, welche ihm am 1. Jan. 1900 gehörten und daß der Aufwand für die Unterhaltung ihm zur Last fällt. Der Anspruch auf Aufhebung der Gemeinschaft ist hiebei ausgeschlossen. Diese veränderte rechtliche Konstruktion kann, zur Gesetzessatzung geworden, auch im Einzelnen manche Konsequenzen nach sich ziehen.

III. Eine besondere Klasse von dinglichen Rechten und zwar von solchen an einer fremden Sache bilden wie nach römischen Rechte, so auch nach BGB. die Dienstbarkeiten. Der Begriff ist ohngefähr der nämliche, wie nach bisherigen Rechten. Unterschieden werden:

1. die rein dinglichen Dienstbarkeiten = Grunddienstbarkeiten,
2. die persönliche Dienstbarkeit des Nießbrauchs,
3. die sog. beschränkten persönlichen Dienstbarkeiten.

Zu 1. Die Grunddienstbarkeiten charakterisirt der § 1018 BGB. wie folgt:

„Ein Grundstück kann zu Gunsten des jeweiligen Eigenthümers eines anderen Grundstücks in der Weise belastet werden, daß dieser das Grundstück in einzelnen Beziehungen benützen darf oder daß auf dem Grundstücke gewisse Handlungen nicht vorgenommen werden dürfen oder daß die Ausübung eines Rechts ausgeschlossen ist, das sich aus dem Eigenthum an dem belasteten Grundstücke dem anderen Grundstück gegenüber ergibt (Grunddienstbarkeit)."

Die Rechtsverhältnisse im Einzelnen sind zumeist specifisch privatrechtlicher Natur. Aber doch wohnt den bezüglichen Normen des BGB. auch ein gewisses publicistisches Moment inne. Grunddienstbarkeiten kommen ja auch im heutigen Rechtsleben, bedingt durch die Coexistenz verschieden interessirter Rechtssubjecte, noch überaus häufig vor. In städtischen wie ländlichen Verhältnissen spielen sie, wenn auch in verschiedenen Formen, eine oft bedeutsame Rolle. Aber diese Rolle ist nichts weniger als eine friedsame.

Servitutenverhältnisse sind der Ausgangspunkt häufiger Reibereien und Rechtsirrungen und jeder Richter, jeder Anwalt, jeder Verwaltungsbeamte, welcher den socialen Verhältnissen sein Augenmerk zuwendet, weiß gar wohl, wie einrissig und verbissen zumeist gerade Servitutprozesse geführt werden. Ganze kleinere Gemeinden kamen dadurch schon in Unfrieden. Es ist deßhalb ebenso anerkennens- als begrüßenswerth, daß das BGB. auf eine gewisse Einschränkung der Grunddienstbarkeitsverhältnisse Bedacht genommen hat. Diese Bedachtnahme offenbart sich besonders durch die Ausschließung eines Erwerbs von Grunddienstbarkeiten mittelst Ersitzung. Eine solche ist mit 1. Jan. 1900 weggefallen; selbstverständlich auch ein Erwerb auf Grund sog. unvordenklicher Zeit, was früher eine große Rolle gespielt hat. Eine Ersitzung von Grunddienstbarkeiten kann unter dem BGB. weder beginnen, noch auch, wenn schon früher begonnen, vollendet werden. Ein Erwerb von Grunddienstbarkeiten ist nach neuem Rechte, (d. h. sobald das Grundbuch als angelegt zu betrachten ist), nur mehr möglich durch Eintragung im Grundbuche. Für diese ist aber die gewöhnliche Voraussetzung eine Uebertragung im Wege des dinglichen Vertrags nach der schon (S. 389) bekannt gegebenen Generalvorschrift des § 873. Für eine Eintragung bildet Ersitzung nicht einmal einen Rechtstitel.*) Das ist gut so. Möglich ist dagegen unter gewissen Umständen nach § 1028 der Untergang einer Grunddienstbarkeit durch erlöschende Verjährung, selbst wenn die Dienstbarkeit eingetragen ist.

Wie verhält es sich nun mit denjenigen Grunddienstbarkeiten, welche in dem Zeitpunkte, wo (je nach dem Stande der Grundbuchsanlage) das neue Recht auf solche Anwendung findet, bereits und noch rechtlich begründet sind? Auf diese Frage gibt bündige Antwort der Art. 187 EG. z. BGB. Er lautet:

„Eine Grunddienstbarkeit, die zu der Zeit besteht, zu welcher das Grundbuch als angelegt anzusehen ist, bedarf zur Erhaltung der Wirksamkeit gegenüber dem öffentlichen Glauben des Grundbuchs nicht der Eintragung. Die Eintragung hat jedoch zu erfolgen, wenn sie von dem Berechtigten oder dem Eigenthümer des belasteten Grundstücks verlangt wird; die Kosten sind von demjenigen zu tragen und vorzuschießen, welcher die Eintragung verlangt.

Durch Landesgesetz kann bestimmt werden, daß die bestehenden Grunddienstbarkeiten oder einzelne Arten zur Erhaltung der Wirksamkeit gegenüber dem öffentlichen Glauben des Grundbuchs bei der Anlegung des Grundbuchs oder später in das Grundbuch eingetragen werden müssen. Die Bestimmung kann auf einzelne Grundbuchbezirke beschränkt werden."

Von der hier der Landesgesetzgebung gelassenen Facultät hat die Bayer. Ausf.-Gesetzgebung Gebrauch gemacht. Art. 10 des bayr. Uebergangsgesetzes vom 9. Juni 1899 enthält folgende Vorschrift:

„Grunddienstbarkeiten, die zu der Zeit bestehen, zu welcher das Grundbuch als angelegt anzusehen ist, müssen zur Erhaltung der Wirksamkeit gegenüber dem öffentlichen Glauben des Grundbuchs in das Grundbuch eingetragen werden. Der Eintragung sind Grunddienstbarkeiten, mit denen das Halten einer dauernden An-

*) Nur die sog. Tabularersitzung nach § 900 BGB. ist möglich.

lage verbunden ist, solange nicht unterworfen, als die Anlage besteht.

Der Beginn und die Dauer der Frist für die Anmeldung der einzutragenden Grunddienstbarkeiten werden durch Königliche Verordnung bestimmt; die Frist muß jedoch mindestens sechs Monate betragen.

Die Bestimmung der Frist kann für einzelne Grundbuchbezirke und für einzelne Arten von Grunddienstbarkeiten gesondert erfolgen.

Die Eintragung und die Entgegennahme der Erklärungen, die zum Zwecke der Eintragung vor dem Grundbuchamt abgegeben werden, sind gebührenfrei."

Daran reiht dann dasselbe Gesetz in den Art. 11—17 noch eingehende Vorschriften über das Erlöschen nicht eingetragener Grunddienstbarkeiten für die Zeit nach Eröffnung des Grundbuchs und im Art. 18 für die Zwischenzeit bis dahin. Auch hier tritt die Tendenz zu Tage, im Wege einer Art von Liquidation mit den Servitutverhältnissen thunlichst aufzuräumen.*)

Von praktischer Wichtigkeit ist in dieser und anderer Richtung die Bestimmung des Art. 115 des EG. z. BGB., welche die Geltung solcher Landesgesetze wahrt, die entweder:

a. die Belastung eines Grundstücks mit gewissen Grunddienstbarkeiten, oder beschränkten persönlichen Dienstbarkeiten oder mit Reallasten **untersagen** oder **beschränken** oder

b. welche den Inhalt oder das Maß solcher Rechte näher bestimmen.

Dieser Gesetzesvorbehalt verfolgt volkswirthschaftliche Ziele. Dies wird sofort klar, wenn man in Betracht zieht, daß der Vorbehalt hauptsächlich agrarrechtliche und forstwirth-

---

*) Wegen der im alten Münchener Grundbuche eingetragenen Grunddienstbarkeiten vgl. Art. 4 des bayr. Ges. v. 18. Juni 1898 über Anlegung des Grundbuchs.

schaftliche Verhältnisse im Auge hat. Weiderechte, Waldservituten u. dgl. sollen davon betroffen werden. Einer weisen Forstwirthschaft wird dies zur Genugthuung gereichen.*)

Zu 2. Auf die rechtlichen Verhältnisse des im BGB. weitläufig geregelten Nießbrauchs hier näher einzugehen, besteht kein Anlaß, welcher die Rücksichten auf Raumschonung überragen könnte. Ebenso

Zu 3. nur einige wenige Worte über die sog. beschränkten persönlichen Dienstbarkeiten.

Eine solche Dienstbarkeit nimmt das BGB. nach § 1090 an, wenn ein Grundstück in der Art belastet wird, daß diejenige Person (nicht Sache), zu deren Gunsten die Belastung erfolgt, berechtigt ist, das Grundstück in einzelnen Beziehungen zu benützen, oder daß ihr — in Person — eine sonstige Befugniß zusteht, die den Inhalt einer Grunddienstbarkeit bilden kann. Eine solche beschränkte persönliche Dienstbarkeit ist nicht übertragbar. Ihr Umfang bestimmt sich im Zweifel nach dem persönlichen Bedürfnisse des Berechtigten. Im Uebrigen sind eine Reihe von Vorschriften für Grunddienstbarkeiten auch hier verwendbar (BGB. § 1090 fg.).

Einen praktisch besonders bemerkenswerthen Fall hebt § 1093 BGB. hervor. Er lautet im Wesentlichen:

„Als beschränkte persönliche Dienstbarkeit kann auch das Recht bestellt werden, ein Gebäude oder einen Theil eines Gebäudes unter Ausschluß des Eigenthümers als Wohnung zu benutzen. — — —

Der Berechtigte ist befugt, seine Familie, sowie die zur standesmäßigen Bedienung und zur Pflege erforderlichen Personen in der Wohnung aufzunehmen.

Ist das Recht auf einen Theil des Gebäudes beschränkt, so kann der Berechtigte die zum gemeinschaftlichen Gebrauche der Bewohner bestimmten Anlagen und Einrichtungen mitbenützen."

*) Vgl. Bayr. rechtsrh. Forstgesetz v. 1850/96 Art. 23 fg., insbesondere Art. 33, dann für die Pfalz Art. 86 AG. z. BGB. vom 9. Juni 1899.

Derartige Rechtsverhältnisse werden nicht selten bei Veräußerungen von Anwesen begründet.

Sie dürfen aber wegen ihres dinglichen Charakters nicht verwechselt werden mit bloßen unkündbaren Miethen; ebenso auch nicht mit echten Leibzuchtverhältnissen.

IV. Ueber das dingliche Vorkaufsrecht schreite ich abermals hinweg und widme nur noch einige Worte den

V. Reallasten. Als eine solche betrachtet und bezeichnet das BGB. die Belastung eines Grundstücks in der Weise, daß an denjenigen, zu dessen Gunsten die Belastung erfolgt, wiederkehrende Leistungen zu entrichten sind. Eine solche Reallast kann auch zu Gunsten des jeweiligen Eigenthümers eines anderen Grundstücks bestellt werden. Nur zwei Hauptrechtssätze sind es, welche in Ansehung dieser Reallasten hervorzuheben sind, nämlich:

a. Auf die einzelnen Leistungen finden die für die Zinsen einer Hypothekenforderung geltenden Vorschriften Anwendung (§ 1107).

b. Der Eigenthümer des Grundstücks haftet für die während der Dauer seines Eigenthums fällig werdenden Leistungen auch persönlich, soweit nicht ein anderes bestimmt ist (§ 1108).

Ueber die der Landesgesetzgebung durch Art. 115 EG. z. BGB. eröffnete Möglichkeit, gewisse Beschränkungen in dem Stande der Reallasten eintreten zu lassen, wurde schon vorhin (S. 396) das Nöthige bemerkt. Für Bayern enthält in Ansehung von Reallasten beschränkende Vorschriften Art. 85 des bayr. Ausf.Ges. z. BGB. v. 9. Juni 1899. Ueber die Uebergangsverhältnisse verfügt Art. 184 EG. z. BGB.

VI. Anhangweise sei noch hingewiesen auf Art. 133 EG. z. BGB., wonach unberührt bleiben die landesgesetzlichen Vorschriften über das Recht zur Benützung eines Platzes in einem dem öffentlichen Gottesdienst gewidmetem Gebäude oder auf einem öffentlichen Begräbnißplatze.

Viertes Kapitel.

Hypothek; Grundschuld; Rentenschuld.

So nothwendig es auf der einen Seite auch für den Verwaltungsbeamten ist, in das Hypotheken- und Grundschuldwesen des BGB. wenigstens in dessen Grundzügen eingeführt zu sein, so wenig ist es andererseits möglich, in unseren Vorträgen mehr als eben auch nur jene Grundzüge darzustellen. Von vorneherein ist dabei zur Erleichterung der Zurechtfindung in dem ausgedehnten und innerlich nicht immer leicht gangbaren Gebiete Folgendes zu bemerken.

Ein an die Begriffe und Rechtsnormen unseres bisherigen Hypothekenrechts gewöhnter Jurist muß sich, wenn er an das Hypotheken- und Grundschuldrecht des BGB. herantritt, zweier ihm bisher geläufig gewesener Grundanschauungen entschlagen. Das sind die zwei Sätze des alten Rechts, daß

a) die Hypothek nur ein pfandrechtliches Accessorium einer Forderung zu deren Bedeckung sei und daß
b) Jemand eine Hypothek nur an einem fremden Grundstücke erwerben und haben könne.

In solcher Allgemeinheit und Schärfe gelten diese Rechtssätze nach dem BGB. nicht mehr. Um zu erkennen, wie weit diese grundsätzlichen Abweichungen, welche sowohl in Bezug auf die Hypothek- als auch die Grundschuld sich geltend machen, gehen und in welchen Fällen sie vorkommen, ist nöthig, den Hauptcharakter der hier einschlägigen verschiedenen Belastungsformen zu erwägen. Verschiedene Belastungsformen sind es ja, welche jetzt im BGB. nebeneinander gestellt sind. Diese innere Verschiedengestaltung hat ihren Grund zum Theil darin, daß beim BGB. für das ganze deutsche Reich der Gesetzgeber bestrebt war, zum Anschlusse an die verschiedenen älteren Gesetzestypen auch unterschiedliche neue Gesetzestypen aufzustellen und darzubieten, wobei freilich gerade wieder die neuere preußische Gesetzgebung die besonders bevorzugte war. Zum anderen Theil wurde mit jener Verschiedenartigkeit der Belastungsformen auch bezweckt, eine plastische Gestaltung für gewisse Reformideen zu schaffen, welche besonders in den vorigen siebziger Jahren, auch wieder bei der Umbildung des preußischen Hypothekenrechts, hervorgetreten waren. Dazu gehört z. B. die bekannte Tendenz der sog. Mobilisirung des Hypothekarkredits. Es hätte keinen Zweck, jetzt noch in kritische Betrachtungen darüber einzutreten, ob jene gesetzgeberische Tendenz eigentlich eine recht heilsame war. Viele vorurtheilsfrei erwägende Leute haben ihre gerechten Zweifel daran und speziell in Bayern wäre Manchem heute noch unser altes, gutes, einfaches Gönner'sches Hypothekenrecht das Liebere. Ganz wie bisher hätte es aber doch nicht bleiben können, zumal bei Durchführung des vollen Grundbuchsystems.

Gegenüber stehen sich nunmehr zwei Grundbegriffe:

Hypothek und Grundschuld.

Die Rentenschuld ist nur eine Nebenform der Grundschuld.

Der Grundzug der Hypothek im Allgemeinen besteht darin, daß bei ihr kraft dinglicher Belastung eines Grundstücks an denjenigen, zu dessen Gunsten die Belastung erfolgt, eine bestimmte Geldsumme zur Befriedigung wegen einer ihm zustehenden Forderung aus dem Grundstücke zu zahlen ist (Wortlaut des § 1113 BGB.).

Im Gegensatze hiezu legt das BGB. im § 1191 das begriffliche Wesen der Grundschuld in den Umstand, daß hier an Denjenigen, zu dessen Gunsten die Belastung erfolgt, eine bestimmte Summe aus dem Grundstücke zu zahlen ist, also ohne jede Beziehung zu einer bestimmten unterliegenden Forderung.

Die Hypothek in jenem nachher noch näher zu kennzeichnenden Sinne scheidet sich wiederum in folgende Theilformen, nämlich in die

I		II
Verkehrs-Hypothek		Sicherungs-Hypothek
|	und zwar	|
1) Briefhypothek,		1) gewöhnliche Sicherungshypothek,
2) Buchhypothek.		2) Maximalhypothek,
		3) Inhaberpapierhypothek.

Ein ganz specifisches Nebeninstitut der Hypothek wie der Grundschuld ist

die Eigenthümerhypothek und Eigenthümergrundschuld.

I. Die Hypothek und zwar

A. die Verkehrshypothek.

Wenn auch bei der Verkehrshypothek das Moment des Bestehens einer Forderung, mit welcher die dingliche Belastung im Zusammenhange steht, gegeben ist, so tritt doch die accessorische Natur der Hypothek im Sinne des bisherigen Hypothekenrechts jetzt lange nicht mehr so bestimmt und maßgebend hervor. Bei Entstehung der Verkehrshypothek neuen Stils verbindet sich dieselbe allerdings auch hier als ein Accessorium mit einer Forderung. Aber im Fortbestande löst sich die Hypothek von der Forderung leicht ab, insbesondere dann, wenn sie sich unter den gesetzlichen Voraussetzungen in eine Eigenthümerhypothek umgestaltet. Davon nachher. Darum muß auch nunmehr zwischen dem dinglichen Anspruch gegenüber dem Grundstücke (dem eigentlichen hypothekarischen Anspruche) und der persönlichen Forderung an den Schuldner strenge unterschieden werden. Der hypothekarische

Anspruch gegenüber dem Grundstücke geht nach dem Inhalte des § 1113 BGB. nur dahin, daß der Eigenthümer des Grundstücks, der aus mehrfachem Rechtsgrunde ein ganz Anderer sein kann als der persönliche Schuldner, wegen der Hypothekſumme die Zwangsvollstreckung in das belastete Grundstück dulden muß. Eine weitergehende Haftung entspringt aus der Hypothek an sich nicht. Aus der persönlichen Schuld kann sich der Anspruch gegenüber dem Schuldner auch noch weiter bis zur Gesammtheit des schuldnerischen Vermögens erstrecken. „Der Wegfall der Forderung hebt dabei die Hypothek selbst regelmäßig nicht auf, sondern nur das Recht des bisherigen Gläubigers der Forderung, wegen dieser seinerseits die Befriedigung aus dem Grundstücke zu verlangen."*) Dieser Standpunkt führt zum Institute der Eigenthümerhypothek. Hier kommt der Hypothekanspruch in die Hand des Eigenthümers des belasteten Grundstücks als fortbestehender dinglicher Anspruch, so daß dann gleichsam ein Stück des dinglichen Werths des Grundstücks aus dessen Gesammtwerth zu Gunsten und zur Disposition des Eigenthümers losgeschält erscheint. Diese Rechtsfolge tritt ein, wenn z. B. eine Hypothek für eine Forderung eingetragen ist, die Forderung aber in Wirklichkeit nicht zur Existenz kommt oder wenn die existent gewordene Forderung aus irgend einem Rechtsgrunde wieder erloschen ist. Für den Eigenthümer des Grundstücks als nunmehrigen Träger der Eigenthümerhypothek hat deren Entstehung die wichtige Rechtswirkung, daß er die Hypothek mit ihrem alten Range (und das ist der Hauptpunkt) stets weiter begeben kann. Denn die in Fällen jener Art schon kraft des Gesetzes sich vollziehende Entstehung der Eigenthümerhypothek behindert, wenn ein vorgehender Hypothekposten frei wird d. h. sich zur Eigenthümerhypothek um-

*) Kober in Staudingers Komm. Bd. 2 S. 208.

wandelt, das Nachrücken der dahinterstehenden anderen Hypothekgläubiger. Gerade dieses Recht des Nachrückens war ein bedeutsames Attribut des bisherigen bayerisch-rechtsrheinischen Hypothekenrechts gewesen. Jenes Entstehen der Eigenthümerhypothek ersetzt auch vielfach die Nothwendigkeit und die Bedeutung einer durch besonderes Rechtsgeschäft sich vollziehenden Rangoffenlassung.

Auf die Entstehung einer Eigenthümerhypothek kann übrigens nach § 1179 auch verzichtet werden. Es kann dies geschehen dadurch, daß der Eigenthümer des Grundstücks einem Anderen, z. B. einem späteren Hypothekgläubiger, gegenüber sich verpflichtet, die Hypothek löschen zu lassen, wenn sie sich mit dem Eigenthum in seiner Person vereinigt.

Die Realisirung dieser Verpflichtung liegt im eventuellen Vollzuge der Löschung und bewirkt dann natürlich, daß die an späterer Stelle stehenden Gläubiger in die durch die Löschung frei werdende Stelle einrücken. Zur Sicherung des Anspruchs auf Löschung kann eine Vormerkung in das Grundbuch eingetragen werden.

Durch den Eintrag in das Grundbuch ist überhaupt jede Hypothek bedingt. Dies ist schon vorgesehen durch die Generalbestimmung in § 873. Was dabei die Rangordnung der eingetragenen Belastungen betrifft, so finden sich die Bestimmungen darüber schon in den §§ 879, 880, welche im Allgemeinen von dem Rangverhältnisse mehrerer Rechte handeln, mit denen ein Grundstück belastet ist. Danach ist zu unterscheiden, ob die Rechte in denselben Grundbuchsabtheilungen oder in verschiedenen Abtheilungen eingetragen sind. Ersteren Falles ist maßgebend die Reihenfolge der Eintragungen, anderen Falles hat das unter Angabe eines früheren Tages eingetragene Recht den Vorrang. Rechte, die unter Angabe desselben Tages eingetragen sind, haben gleichen Rang. Eine abweichende Bestimmung des Rangverhältnisses bedarf der Eintragung in das Grundbuch (§ 879). Das Rangverhältniß kann übrigens auch noch nachträglich geändert werden, aber nur auf Grund einer Einigung des zurück- und des vortretenden Berechtigten und mit Eintragung der Rangänderung ins Grundbuch.

Handelt es sich dabei um eine Hypothek-, Grund- oder Rentenschuld, so ist auch die Zustimmung des Eigenthümers des belasteten Grundstücks erforderlich. Durch die Rangänderung werden übrigens nur die vor- und rücktretenden Rechte betroffen, nicht aber die dazwischen liegenden anderen (§ 880).

Zulässig ist übrigens auch, daß sich der Eigenthümer bei Belastung seines Grundstücks mit einem Rechte vorbehält und den Vorbehalt im Grundbuch eintragen läßt, für ein anderes Recht den Vorrang eintragen zu lassen. Solches gilt aber nur dann, wenn das letztere Recht dem Umfange nach bestimmt ist. Aus allen diesen Verhältnissen und Bestimmungen können sich natürlich auch noch unterschiedliche Komplikationen ergeben, deren Durchforschung nicht in dem hier verfolgten Zwecke liegt. Sehr wichtig für diesen ist aber die schon vorhin angedeutete Unterscheidung zwischen Briefhypothek und Buchhypothek.

Diese Unterscheidung knüpft daran an, ob bei Eintragung einer Hypothek ein Hypothekenbrief ausgestellt wird (was das Gesetz als die Regel behandelt) oder ob diese Ausstellung ausgeschlossen wird. Im ersteren Falle spricht man von Briefhypothek, im letzteren von Buchhypothek. Die Betheiligten haben darin die Wahl. Jede dieser Belastungsformen hat ja auch ihre Eigenart. Bei Würdigung dieser Eigenart ist von vorneherein im Auge zu behalten, daß die Ausstellung oder Nichtausstellung eines Hypothekenbriefs durchaus keine bloße Formsache, sondern mit wesentlichen materiell-rechtlichen Konsequenzen verbunden ist.

Bei der Verkehrshypothek und ihrer Ausgestaltung als Briefhypothek ist der Hypothekenbrief keineswegs bloßes Beweismittel, sondern der Träger der aus der hypothekarischen Belastung entspringenden ganzen Berechtigung. Nach § 1117 erwirbt deßhalb auch der Gläubiger die sog. Briefhypothek erst dann, wenn ihm vom Eigenthümer des belasteten Grundstücks der Brief übergeben wird. Bis dahin steht die Hypothek dem Eigenthümer zu (§ 1163). Diese Uebergabe kann übrigens auch durch die Vereinbarung ersetzt werden, daß der Gläubiger sich den Brief sofort vom Grundbuchamte soll aushändigen lassen können (§ 1117).*) Auch kann der Geltendmachung der Briefhypothek widersprochen werden, wenn der Gläubiger nicht den Brief vorlegt. Der Schwerpunkt des eigenartigen Rechtsverhältnisses bei der Briefhypothek liegt übrigens in der leichten Begebbarkeit derselben im Wege der Uebertragung. Auch hieher gelten zwar wie für jede Verkehrshypothek die allgemeinen Sätze des § 1153 BGB.:**)

„Mit der Uebertragung der Forderung geht die Hypothek auf den neuen Gläubiger über.

Die Forderung kann nicht ohne die Hypothek, die Hypothek kann nicht ohne die Forderung übertragen werden."

Aber bei der Briefhypothek besteht die Besonderheit, daß die Uebertragung auch schon im Wege der Abtretung des Hypothekenbriefs bewerkstelligt werden kann. Zur Abtretung der Forderung***) ist nach § 1154 Ertheilung der Abtretungs-

*) Ueber Theilhypothekenbriefe bei Theilung einer Forderung vgl. § 1152.

**) Daß und inwieferne diese Sätze nicht ausnahmslos sind, ist dargelegt von Kober a. a. O. S. 246.

***) Wenn auch das Gesetz hier nur von „Forderung" spricht, so bezieht sich die Vorschrift doch eigentlich auf das Hypothekrecht im Ganzen.

erklärung in schriftlicher Form und Uebergabe des Hypothekenbriefs erforderlich, aber auch genügend.

Die schriftliche Niederlegung jener Abtretungserklärung kann sowohl auf dem Hypothekenbriefe, als auch auf einem besonderen Blatt geschehen. Auf Verlangen des neuen Gläubigers hat aber der abtretende bisherige Gläubiger die Abtretungserklärung auf seine Kosten öffentlich beglaubigen zu lassen. Die Schriftform kann auch ersetzt werden dadurch, daß die Abtretung in das Grundbuch eingetragen wird. In allen Fällen ist aber zur Begründung des Uebergangs durch Rechtsgeschäft*) die Uebergabe des Hypothekenbriefs unerläßlich. Auf diese Weise entstehen drei Formen des rechtsgeschäftlichen Uebergangs der Briefhypothek durch Abtretung**), nämlich

a. durch einfache schriftliche Abtretungserklärung mit Uebergabe des Briefs;
b. durch öffentlich beglaubigte Abtretungserklärung mit Uebergabe des Briefs;
c. durch Eintragung der Abtretung im Grundbuche mit Uebertragung des Briefs.

Eine derartige Abtretung gibt dem Erwerber in der einen oder anderen Form die Rechte eines Hypothekgläubigers. Haben successive mehrere Abtretungen stattgefunden, ohne daß Eintragung ins Grundbuch stattgefunden hätte, so bestehen wieder besondere Wirkungen, wenn sämmtliche Abtretungserklärungen öffentlich beglaubigt sind und zusammenhängend auf einen eingetragenen Gläubiger zurückführen. In solchem Falle sollen nämlich die Abtretungserklärungen ebenso den inneren Schutz des Publicitätsprinzips genießen, wie wenn der Besitzer des Briefs im Grundbuche eingetragen

---

*) Es gibt außerdem auch noch Uebergang durch Gesetz und durch richterliche Anordnung.

**) Kober a. a. O. S. 247.

wäre. Dabei sind durch besondere Gesetzesvorschrift einer öffentlich-beglaubigten Abtretungserklärung auch ein gerichtlicher Ueberweisungsbeschluß und das öffentlich-beglaubigte Anerkenntniß einer kraft Gesetzes erfolgten Uebertragung der Forderung gleichgestellt (§ 1155).

Dieses hiemit kurz scizzirte System für die Briefhypothek ist natürlich im BGB. noch durch eine ganze Reihe anderer Bestimmungen ausgebildet. Näher hier darauf einzugehen, ist ausgeschlossen, läge auch nicht im Interesse der Herstellung möglichster Klarheit in den Grundzügen.

Einen ziemlich entschiedenen Gegensatz zur Briefhypothek bildet

2) die Buchhypothek. Sie entsteht dadurch, daß durch Privatdisposition d. h. durch Einigung zwischen dem Eigenthümer des zu belastenden Grundstücks und dem Gläubiger (nach den Vorschriften der §§ 873 Abs, 2, 876, 878) nebst Eintragung im Grundbuche die Ertheilung eines Hypothekenbriefs eigens ausgeschlossen wird. Eine solche Ausschließung kann auch nachträglich erfolgen.

Der Gläubiger muß sich dann mit bloßen Beweisurkunden, z. B. einem Grundbuchsauszug oder einer amtlichen Bescheinigung (nach Art unserer alten hypothekenamtlichen Recognitionsscheine) begnügen. Da aber ein rechtsförmlicher Hypothekenbrief fehlt, so sind damit auch alle jene Uebertragungsformen ausgeschlossen, welche sich bei der Briefhypothek an den Hypothekenbrief anschließen. Und was mit der Buchhypothek weiter vorgehen soll, kann sich nur nach Maßgabe der Grundnormen in den §§ 873, 878, also mit Eintragung im Grundbuche vollziehen (§ 1154).

Beide Formen: die Briefhypothek und die Buchhypothek haben ihre Vortheile und Nachtheile. Es springt in die Augen, daß die Briefhypothek durch die Beweglichkeit der Uebertragungsformen und den dadurch erleichterten Rechtsverkehr für manche Wirthschaftsverhältnisse einen entschiedenen Vortheil bieten kann. Dieser Vortheil kann aber auch zu einem Nachtheil umschlagen in Fällen, in welchen eine solche leichte Begebbarkeit nicht im rechtlichen oder wirthschaftlichen Interesse des Hypothekbriefbesitzers liegt. Auch erheischt selbstverständlich die Briefhypothek eine sorgfältige Bewahrung des Hypothekbriefs und aller Annexurkunden, ansonsten erst ein nicht gerade angenehmes Aufgebotsverfahren eingreifen müßte. Auch erschwert die Briefhypothek unter Umständen dem Schuldner die Uebersicht darüber, wer gerade sein Gläubiger ist, was für Zahlungen und Kündigungen von Belang sein wird. Die Buchhypothek offenbart dergleichen durch den Eintrag im Grundbuch und sichert namentlich auch dem Gläubiger die Benachrichtigung von der allenfallsigen Einleitung einer Zwangsversteigerung.

Ich möchte daher meinen, daß sich namentlich für die Verwaltungen öffentlichen Vermögens (wie Gemeinde- und Stiftungsvermögen), wenn es sich überhaupt um die Erwerbung einer Hypothek handeln sollte, in erster Linie die Form der Buchhypothek empfehlen müßte. Dabei kommt ja auch in Betracht, daß Umwandelungen von Brief- in Buchhypotheken vollzogen werden können, wie auch umgekehrt (§ 1116). An dieser Stelle sei auch bemerkt und betont, daß nach Art. 192 EG. z. BGB. diejenigen nach bisherigem bayerischen Rechte begründeten Hypotheken, welche zur Zeit, wo das Grundbuch als angelegt zu betrachten ist, bestehen, von da an kraft des Gesetzes als Buchhypotheken im Sinne des BGB. gelten.

Hypotheken können auch vorkommen in Gestalt der sog. Gesammthypothek. Diese ist etwas ähnliches, wie die sog. Verbandhypothek des alten bayr. Hypothekengesetzes, ist aber viel genauer durchgebildet. Bei der Gesammthypothek sind mehrere Grundstücke belastet und zwar in der Art, daß jedes Grundstück für die gesammte Forderung haftet. Der Gläubiger kann dabei nach seinem Belieben aus jedem mitbelasteten Grundstücke ganz oder zum Theil Befriedigung suchen. Er ist aber auch berechtigt, den Betrag der Forderung auf die einzelnen Grundstücke zu vertheilen in der Weise, daß jedes Grundstück nur für den zugetheilten Betrag haftet. Dadurch verwandelt sich die Gesammthypothek in Einzelhypotheken (§ 1132). Etwas complicirt können die Rechtsverhältnisse der Gesammthypothek dann werden, wenn Hypotheken, welche auf betreffenden Grundstücken lasten, sich zu Eigenthümerhypotheken gestalten (§ 1172).

B. Sicherungshypothek.

Die Sicherungshypothek des BGB. steht im Grunde genommen der bisherigen Hypothek des rechtsrheinisch-bayerischen Rechts am nächsten und zwar namentlich deßhalb, weil sie gleich dieser streng accessorischer Natur ist. Das Recht des Hypothekgläubigers bemißt sich nur nach der Forderung, d. h. nach deren jeweiligem Bestand und Umfang. Eben deßhalb kann man sich auch, wie es der Konsequenz entspricht, überdies aber auch im Gesetze ausdrücklich bestimmt ist, hier zum Beweise der Forderung nicht auf den Eintrag im Grundbuch berufen (§ 1184).

Ein Eintrag im Grundbuche ist natürlich auch hier immer nöthig. Er muß sogar immer die ausdrückliche Bezeichnung als Sicherungshypothek enthalten (§ 1184 Abs. 2). Sonst würde die Hypothek die Eigenschaft einer Verkehrshypothek haben. Im Allgemeinen gelten auch für die Bestellung, Uebertragung rc. der Sicherungshypothek die Vorschriften über die Buchhypothek.

Die Eigenthümerhypothek greift gegebenen Falles auch hier Platz. Dagegen findet bei der Sicherungshypothek die Ausstellung eines Hypothekenbriefs nicht statt. Die Sicherungshypothek ist ja für den Verkehr mit Hypothekwerthen nicht bestimmt, sondern hauptsächlich nur zugeschnitten als Deckung eines zwischen bestimmten Personen gewährten persönlichen Kredits. Kober (a. a. O. S. 274) schreibt darum mit Recht:

„Sie eignet sich demnach besonders bei Forderungen von nicht langer Dauer. Sie ist aber auch allgemein bei Forderungen von längerer Dauer für jene Kreise der Bevölkerung zu empfehlen, denen eine gewisse Stabilität in dem Hypothekbesitze angenehm ist, besonders auf dem platten Lande. Für solche geschäftsunkundige Kreise ist die Verkehrshypothek des BGB. ohnedies mit zu vielen Gefahren und Schwierigkeiten verbunden, insbesondere im Hinblick auf ihre leichte Verkäuflichkeit."

An diese gewiß zutreffende Betrachtung knüpft derselbe Schriftsteller auch noch folgende beherzigenswerthe Mahnung:

„Es ist Gewissenssache der maßgebenden Behörden und Personen, die Betheiligten entsprechend aufzuklären, welche Form der Hypothek für sie am geeignetsten erscheint, damit diese nicht nachträglich unvorhergesehenen Schaden leiden!"

Das ist der gleiche Standpunkt, wie derjenige, von welchem aus es hier überhaupt unternommen wurde, einige Erläuterungen über das Hypothekenwesen neuen Stils einzuflechten.

Bemerkenswerth ist weiterhin, daß durch ausdrückliche Gesetzesvorschrift für eine Anzahl von Fällen die Sicherungshypothek überhaupt als ausschließliche Hypothekform zugelassen ist. So namentlich:

a. für einige Sonderfälle von Sicherungshypotheken, nämlich die sog. Maximalhypothek und die hypothekarische Bedeckung von Ordre- und Inhaberpapieren;

b. für die Sicherungshypothek zu Gunsten von Bauunternehmern nach BGB. § 648;
c. für Zwangs- und Arresthypotheken, sowie andere Fälle im Gebiete der Zwangsvollstreckung;
d. für Hypothekberechtigungen im Bereiche des Art. 91 des EG. z. BGB.

In diesem Art. 91 EG. sind als unberührt erklärt:

„Die landesgesetzlichen Vorschriften, nach welchen der Fiskus, eine Körperschaft, Stiftung oder Anstalt des öffentlichen Rechts oder eine unter der Verwaltung einer Behörde stehende Stiftung berechtigt ist, zur Sicherung gewisser Forderungen die Eintragung einer Hypothek an Grundstücken des Schuldners zu verlangen und, nach welcher die Eintragung der Hypothek nur auf Ersuchen einer bestimmten Behörde zu erfolgen hat."

Dieser Vorbehalt hängt damit zusammen, daß da und dort im älteren Rechte, auch in der Bayr. Gesetzgebung, nach Richtungen fraglicher Art bestimmte gesetzliche Hypothektitel bestanden hatten, während das Recht des BGB. überhaupt gesetzliche Hypothektitel nicht mehr kennt. Für Bayern sind, unter Aufhebung einschlägiger Normen des älteren Rechts, die bezüglichen ergänzenden landesrechtlichen Vorschriften nunmehr eingestellt in die Art. 89, 123, 128 des AG. z. BGB. vom 9. Juni 1899.

Diese bemerkenswerthen Artikel lauten wörtlich:

Art. 89. Die Gemeinden und die anderen Kommunalverbände, die Stiftungen des öffentlichen Rechtes und die unter der Verwaltung einer öffentlichen Behörde stehenden Stiftungen sind berechtigt, zu verlangen, daß für die Forderungen, die aus der Verwaltung ihres Vermögens gegen den Verwalter entstehen, eine Sicherungshypothek an Grundstücken des Verwalters in das Grundbuch eingetragen wird. Die Eintragung der Hypothek ist für den Betrag zu erwirken, für welchen der Verwalter Sicherheit zu leisten hat, soweit nicht die Sicherheit anderweit geleistet wird.

Die Eintragung der Hypothek erfolgt auf Ersuchen der Behörde, welcher die Ausführung der über die Sicherheitsleistung getroffenen Bestimmung obliegt. Ergibt sich eine Haftung des Verwalters, so kann das Ersuchen auch von der für die Feststellung der Haftung zuständigen Behörde gestellt werden.

Die Eintragung der Hypothek an mehreren Grundstücken darf nur soweit verlangt werden, daß der Werth der Grundstücke das Doppelte des zu sichernden Betrags erreicht; der Werth wird unter Abzug der Belastungen berechnet, welche der Hypothek im Range vorgehen.

Art. 123. Die Staatskasse ist berechtigt, für ihre Ansprüche wegen fälliger öffentlicher Abgaben und Kosten eines Verfahrens die Eintragung einer Sicherungshypothek an den Grundstücken des Schuldners zu verlangen. Die Eintragung der Sicherungshypothek an mehreren Grundstücken darf nur soweit verlangt werden, daß der Werth der Grundstücke den zweifachen Betrag des zu sichernden Anspruchs erreicht; der Werth wird unter Abzug der Belastungen berechnet, welche der Sicherungshypothek im Range vorgehen.

Die Eintragung der Sicherungshypothek erfolgt auf das Ersuchen der Behörde, welcher die Beitreibung der Leistung obliegt.

Art. 128. Die Grundgefälle des Staates und der Ablösungskasse sowie die an deren Stelle getretenen Lasten bedürfen zur Erhaltung der Wirksamkeit gegenüber dem öffentlichen Glauben des Grundbuchs nicht der Eintragung in das Grundbuch.

Die Vorschriften der Art. 123, 124, 127 gelten auch für die wiederkehrenden Leistungen aus den im Abs. 1 bezeichneten Lasten.

Unter der schon erwähnten Maximal- oder Ultimathypothek versteht das BGB. die Bestellung einer Hypothek in der Art, daß nur der Höchstbetrag, bis zu welchem das Grundstück haften soll, bestimmt und eingetragen, im Uebrigen die Feststellung der Forderung vorbehalten wird. Ist die Forderung verzinslich, so werden die Zinsen in die Forderung eingerechnet. Die Forderung selbst kann nach den für die Uebertragung von Forderungen geltenden allgemeinen Vorschriften übertragen werden. Geschieht dies, so ist aber der Uebergang der Hypothek (§ 1190) ausgeschlossen. Diese Art von Sicherungshypothek braucht ausnahmsweise im Grundbuche nicht eigens als Sicherungshypothek eingetragen zu werden (§ 1190 Abs. 3).

Im Allgemeinen gelten für sie die gleichen Normen wie für eine gewöhnliche Sicherungshypothek, soweit nicht in den vorhin erwähnten Vorschriften des § 1190 eine Besonderheit liegt. Es besteht hier so ziemlich das nämliche rechtliche Grundverhältniß, wie es in der sog. Kautionshypothek des bayerischen Hypothekenrechts gegeben war.

Noch behandeln auch die §§ 1187—1189 die Inhaberpapierhypothek, d. h. diejenige für Forderungen aus einer Schuldverschreibung auf den Inhaber, aus einem Wechsel und anderen durch Indossament übertragbaren Papieren.

Hiefür ist nur die Form der Sicherungshypothek freigelassen, und zwar gilt auch hier als solche die bestellte Hypothek, gleichviel ob sie im Grundbuche als Sicherungshypothek eigens bezeichnet ist oder nicht.

Was hier im BGB. verordnet wird, ist analog demjenigen, was schon in dem bayr. Gesetze über die Inhaberpapiere vom 18. März 1896 (schon in Erwartung des kommenden BGB.) bestimmt war. Von diesem treten namentlich die Art. 18 fg. wieder außer Kraft. Vgl. auch Art. 175 Nr. 35 des Ausf.Ges. vom 9. Juni 1899.

Da die Normen des BGB. aber im Wesentlichen die gleichen sind, so tritt eine materielle Aenderung des Rechtszustands im Ganzen nicht ein. Die Form der Bestellung ist auch hier dieselbe wie für die Buchhypothek. Eintragung ist wie immer erforderlich. Eine solche „soll" nach § 44 Abs. 1 GrBO. aber nur erfolgen, wenn die Urkunde vorgelegt wird.

Auf dieser ist dann die Eintragung zu vermerken. Die Vorschrift jenes Art. 44 Abs. 1 findet aber nach Abs. 2 nicht Anwendung, wenn die Eintragung bewirkt werden soll auf Grund der Bewilligung eines nach § 1189 BGB. bestellten sog. Treuhänders oder auch auf Grund einer gegen denselben erlassenen gerichtlichen Entscheidung. Unter einem solchen sog. Treuhänder versteht man gemäß § 1189 BGB. einen für den jeweiligen Gläubiger bestellten Vertreter mit der Befugniß, mit Wirkung für und gegen jeden späteren Gläubiger bestimmte Verfügungen über die Hypothek zu treffen und den Gläubiger in der Geltendmachung der Hypothek zu vertreten. Zur Bestellung eines solchen Vertreters ist Eintragung im Grundbuch erforderlich (§ 1189).

Die Uebertragung der Forderung mit der damit verbundenen Sicherungshypothek erfolgt hier (in Analogie mit der Briefhypothek) ohne die Nothwendigkeit einer Eintragung im Grundbuch durch Uebergabe der Inhaberurkunde mit Indossament.

In einem auffälligen, mehrseitigen Gegensatze zur Sicherungshypothek mit ihrem engen Anschlusse an eine Forderung und ihrer geringen commerciellen Beweglichkeit steht die

II. Grundschuld.

Sie beruht zwar auf einer der Hypothek ganz analogen dinglich rechtlichen Grundlage. Aber sie ist völlig losgelöst von jeder Beziehung zu einer Forderung. Sie ist die ganz abstrakte Form für eine rein dingliche Belastung, für die Ausnützung des reinen, mit keinerlei persönlicher Haftung verbundenen Realkredits. Es kann zwar daneben auch noch ein persönliches Schuldverhältniß bestehen. Das ist aber ganz accidenteller Natur und hat für Bestand und Wirkung der Grundschuld keine rechtliche Bedeutung. So ist es zu verstehen, wenn § 1191 sagt: „Ein Grundstück kann in der Weise belastet werden, daß an denjenigen, zu dessen Gunsten die Belastung erfolgt, eine bestimmte Geldsumme aus dem Grundstücke zu bezahlen ist (Grundschuld)." Die Belastung kann auch erfolgen in der Weise, daß Zinsen oder andere Nebenleistungen aus dem Grundstück zu entrichten sind (§ 1191 Abs. 2). Diese Zinsen werden wie Hypothekzinsen behandelt (§ 1192 Abs. 2).

Ueberhaupt kommen auf die Grundschuld die für Hypotheken, d. h. für die Briefhypothek, geltenden Vorschriften zur Anwendung, soweit sich nicht ein Anderes daraus ergibt, daß begrifflich die Grundschuld nicht eine Forderung voraussetzt (§ 1191). Hienach entsteht auch die Grundschuld durch den dinglichen Vertrag mit Eintragung im Grundbuch. Auf Grund dessen wird auch ein Grundschuldbrief ertheilt, welcher in gleicher Weise übertragbar ist, wie ein Hypothekenbrief. Diese Uebertragung überträgt ebenfalls das Grundschuldrecht selbst.

Eine Grundschuld kann sogar als Inhabergrundschuld bestellt werden (§ 1195). Die Bestellung einer solchen kann auf gleiche Weise erfolgen, wie eine Briefhypothek, aber auch schon dadurch, daß der Eigenthümer einseitig die Bestellung vor dem Grundbuchamte erklärt und daraufhin die Eintragung erfolgt. Der Grundschuldbrief muß immer ertheilt werden. Wird, was zulässig ist, eine Grundschuld in Theile zerlegt, so muß für jeden Theil ein Theilschuldbrief ausgefertigt werden (§ 70 GrBO.).

Wird schon hiedurch eine gewisse Hochspannung in Bezug auf die sog. Mobilisirung des Realkredits erzeugt, so steigert sich doch dieselbe noch mehr dadurch, daß die Grundschuld nach Maßgabe des § 1196 BGB. auch als Eigenthümergrundschuld bestellt werden kann. Also auch schon von Anfang an. Auf diese Weise kann ein Grundeigenthümer seinen Grundbesitz in Gestalt von eingetragenen Grundschulden als

Eigenthümergrundschulden in so und so viele Werththeile zerlegen und diese bei der leichten Begebbarkeit des Grundbuchbriefs schön langsam oder auch hübsch schnell an den Mann bringen. Das ist die Potenz der Mobilisirung. Sie hat natürlich auch ihre Gefahren, welche ich gar nicht gering anschlage.

Bemerkt sei übrigens noch, daß das Kapital der Grundschuld, soferne nicht abweichende Vereinbarungen getroffen sind, auf eine sechsmonatliche, beiden Theilen freigelassene Kündigung steht (§ 1193).

Nur eine Nebenform der Grundschuld ist die Rentenschuld. Ihr Wesen besteht darin, daß hier an die Stelle des Grundschuldkapitals eine seitens des Gläubigers schlechthin unkündbare Rente tritt. Man erwartet sich davon mancherseits eine weitere Verbreitung, insbesondere im Interesse der Landwirthschaft.

Erhofft wird, „daß sich in Bälde auch größere Institute, öffentliche oder private (z. B. Darlehenkassenvereine) bilden oder sich herbeilassen werden, die Beleihung der Grundstücke in dieser Form zu vermitteln oder selbst zu bewirken und insbesondere auch durch Ausgabe von Rentenbriefen die Rentenschuld für den größeren Verkehr brauchbar zu machen, da in diesem Falle der Berechtigte durch den Verkauf der Briefe sein Kapital jeder Zeit zurückerlangen kann."*) Ja wenn die Rentenbriefe so viel Kredit genießen, daß sie dem Besitzer Jemand abkauft! Es steht überhaupt dahin, ob jene Erwartungen sich irgendwo und speciell für Bayern verwirklichen werden? Es gibt jetzt schon Leute, welche der Ansicht sind, daß die ganze Grund- und Rentenschuldeinrichtung für Süddeutschland und speciell wieder für Bayern nicht allein fremd, sondern auch wirthschaftlich nicht passend ist.

*) Kober, a. a. O. S. 287.

Eine gewisse Bedeutung gewinnt übrigens die Rentenschuld für München unter allen Umständen dadurch, daß sich die Münchener Ewiggelder, welche zur Zeit der Eröffnung des Grundbuchs bestehen, von da ab kraft des Gesetzes (Art. 47 bayr. Ueberg.Ges. v. 9. Juni 1899) in eine Rentenschuld verwandeln.

Fünftes Kapitel.

Pfandrecht an beweglichen Sachen und Rechten.

Hierüber hat das BGB. ebenfalls eingehende Vorschriften. Für unsere Betrachtung sind sie minder wichtig. Es seien darum auch nur einige Bemerkungen darüber noch angefügt.

Das BGB. kennt das Pfandrecht an beweglichen Sachen, wie auch schon unser bisheriges Bayr. Recht, ebenfalls nur in Gestalt des Faustpfands. Als solches kommt es hauptsächlich vor im Rechtsverkehr mit öffentlichen oder privaten Pfandleihanstalten oder anderen gewerblichen Pfandleihern. Diese sind natürlich Alle fortan ebenfalls den einschlägigen Bestimmungen des BGB. unterworfen. In dieser Hinsicht besteht aber ein Vorbehalt im Art. 94 des EG. z. BGB., nach dessen Abs. 1 unberührt bleiben die landesgesetzlichen Vorschriften, welche den Geschäftsbetrieb der gewerblichen Pfandleiher und der Pfandleihanstalten (aller!) betreffen. Ins Auge gefaßt sind damit namentlich etwaige Reglements über Zinsen, ihre Berechnung und Erhebung, über Fälligkeit oder Prolongation von Darlehen, über die Rechte an und aus dem Pfandschein, über Pfandverkauf.

Weiter hat hier noch Abs. 2 die landesgesetzlichen Vorschriften vorbehalten, nach welchen öffentlichen (hier nur öffentlichen!) Pfandleihanstalten das Recht zusteht, die ihnen verpfändeten Sachen dem Berechtigten nur gegen Bezahlung des auf die Sache gewährten Darlehens herauszugeben. (Sog. Lösungsanspruch). Diese Gesetzesstelle*) bezieht sich insbesondere auf solche Fälle, in denen der Verpfänder nicht auch Eigenthümer der Sache oder letztere mit dem Rechte eines Dritten belastet ist. In Ansehung solcher Sachen ist dabei insbesondere auch in Betracht gezogen worden die aus § 935 sich ergebende Nichtanwendbarkeit des Grundsatzes „Hand muß Hand wahren" in Bezug auf gestohlene, verlorene oder sonst abhanden gekommene Sachen (abgesehen von Abs. 2 § 935 BGB.), woraus sich an sich ergibt, daß die öffentliche Pfandleihanstalt unter Umständen den Ansprüchen eines Dritten weichen müßte. Hier greift nun das Gesetz zu Gunsten der öffentlichen Anstalt mit dem sog. Lösungsanspruche ein. Die hiezu gehörige ergänzende landesrechtliche Gesetzesvorschrift für Bayern findet sich im Art. 91 des AusfGes. v. 9. Juni 1899. Eine Erstreckung der Vorschrift auf Privatpfandleiher oder Privatleihanstalten hat aus wohlerwogenen Gründen absichtlich nicht stattgefunden.

*) Näher erörtert von Wagner in Staudingers Komm. z. BGB. Bd. 6 S. 132.

Fünfte Abtheilung.

Verschiedenes aus dem Rechte der Schuldverhältnisse.

Erster Abschnitt.

Rechtsnormen allgemeiner Art.

An und für sich wäre es wiederum ein weites Gebiet, welches hier zu durchwandern und zu durchforschen wäre, wenn man all das Viele, was hier ebenfalls für den Verwaltungsdienst von Interesse wäre, herausfinden und zur Darstellung bringen wollte. Es muß sich hier eben mit dem Nächstliegenden begnügt werden. In Frage kommt dabei übrigens weniger die Schilderung großer Grundsätze, als wenigstens in einzelnen Richtungen eine gewisse Kleinmalerei, d. h. die Erörterung verschiedenartiger Sonderpunkte. —

Im Rechte der Schuldverhältnisse handelt es sich, wenn auch nicht durchgängig, so doch vorherrschend, um die Eingehung, den Inhalt und die Wirkungen von Rechtsgeschäften. Diese aber bauen sich wiederum auf im Anschlusse an Willenserklärungen. Von demjenigen aber, was das BGB. über Willenserklärungen enthält, ist besonders Folgendes hervorzuheben, weil es von sehr allgemeiner Tragweite und selbst in das öffentliche Recht hereinzuspielen geeignet ist.

Erstes Kapitel.

Willenserklärungen.

Eine rechtlich wirksame Willenserklärung muß namentlich drei Grunderfordernissen genügen:

1. Sie darf mit keinem inneren Mangel behaftet sein.
2. Sie muß den Formerfordernissen entsprechen.
3. Das Rechtsgeschäft, dem sie dient, darf keinem gesetzlichen Verbote zuwiderlaufen.

Zu 1. Als innere Mängel kommen insbesondere vor Allem auch jetzt noch die altbekannten Drei in Betracht: Irrthum, Täuschung und Drohung. Ich muß mich desfalls darauf beschränken, auf die einschlägigen Vorschriften über den Einfluß und die Wirkungen dieser Mängel, wie solche in den §§ 119—123 BGB. niedergelegt sind, zu verweisen.

Weiter gehört zu den Mängelerscheinungen die sog. zweiseitige Simulation, d. h. der Fall, wenn eine Willenserklärung, welche einem Anderen gegenüber abzugeben ist, mit dessen Einverständniß nur zum Schein abgegeben ist (Scheingeschäft). Eine solche Willenserklärung ist nichtig. BGB. § 117 Abs. 1. Verschieden davon ist das „verdeckte Geschäft", d. h. der Fall, daß durch ein Scheingeschäft ein anderes Rechtsgeschäft verdeckt werden soll (negotium dissimulatum). Im letzteren Falle kommen die für das verdeckte Geschäft bestehenden Rechtsvorschriften zur Geltung. BGB. § 117 Abs. 2. Von der Nichtigkeit einer zweiseitig nur zum Scheine abgegebenen Erklärung macht übrigens eine selbstverständliche Ausnahme der im Einverständnisse beider Theile vollzogene Abschluß einer Ehe, welche eine solche nur zum Scheine sein sollte. Eine solche Ehe gilt — alle nöthigen Erfordernisse vorausgesetzt — als eine wirkliche Ehe. Dieser Fall führt schon nahe an einen anderen Begriff hin, den des geheimen Vorbehalts (Mentalreservation). Dieser wird nach § 116 nicht beachtet. Er macht aber die wirklich abgegebene Erklärung an sich noch nicht nichtig, außer wenn sie einem Anderen gegenüber abzugeben ist und dieser von dem Vorbehalte selbst Kenntniß hat.

Endlich bestimmt auch noch § 118 BGB., daß eine nicht ernstlich gemeinte Erklärung, welche abgegeben wird in der Voraussetzung, daß der Mangel der Ernstlichkeit werde erkannt werden, nichtig ist. Daß diese Erwartung irgendwie äußerlich erkennbar sein muß, ist selbstverständlich. Nicht erforderlich ist dagegen, daß die Nichternstlichkeit auch wirklich vom andern Theil erkannt wurde. Auch ist es irrelevant, was den Erklärenden bewogen hat, ob z. B. Scherz, Prahlerei oder sonst dergleichen.

Zu 2. In Bezug auf die Formen von Rechtsgeschäften sind nachstehende allgemeine Grundbestimmungen getroffen. Oberster Grundsatz ist, daß überall da Formfreiheit besteht, wo nicht eine besondere Form vorgeschrieben ist. Vorgezeichnet aber kann eine Form sein sowohl durch das Gesetz, wie durch ein besonderes Rechtsgeschäft. Die gesetzlichen Formvorschriften für die einzelnen Rechtsgeschäfte trifft das Gesetz bei den Sonderbestimmungen für letztere. Mangelt die gesetzlich vorgeschriebene Form, so ist das Rechtsgeschäft nichtig (§ 125). Der Mangel der durch Rechtsgeschäft bestimmten Form hat im Zweifel ebenfalls Nichtigkeit zur Folge (§ 125).*) Im Zweifel, d. h. wenn nicht eine gegentheilige Absicht der Partei hervortritt; so z. B. wenn die Parteien bei einem an sich der Schriftform nicht bedürfenden Vertrage gleichwohl die Aufnahme einer Urkunde ausbedungen haben, aber nur des Beweises halber, nicht um der Form eine constitutive Bedeutung beizulegen.

Die wichtigste und häufigste der Formen ist die Schriftform. Darüber enthalten die allgemeinen Gestaltungsvorschriften die §§ 126—129. Als Unterarten der Schriftform kommen vor: die einfache Schriftform, die Beglaubigung

*) Ueber Abweichungen vgl. Weyl, Vortr., Bd. 1 S. 243.

der Unterschrift, die Errichtung und Beurkundung vor Gericht oder Notar oder auch vor anderen Behörden.

Ist schriftliche Form und zwar nach Gesetzesvorschrift zu beachten, so muß:

a) bei einseitigen Rechtsgeschäften die Urkunde von dem Aussteller eigenhändig unterzeichnet werden. Die Urkunde kann also im Uebrigen auch von Jemand Anderem geschrieben sein, soweit nicht eigens Gegentheiliges vorgeschrieben ist, wie beim holographischen Testamente. Die Unterzeichnung hat mit Namensunterschrift*) oder mittelst gerichtlich oder notariell beglaubigten Handzeichens zu geschehen (§ 126 Art. 1).

b) Bei Verträgen muß die Unterzeichnung durch die Parteien, also auch den dabei nur berechtigten Theil, auf derselben Urkunde erfolgen. Werden über den Vertrag mehrere Urkunden aufgenommen, so genügt es, wenn jede Partei die für die andere Partei bestimmte Urkunde unterzeichnet (§ 126 Abs. 2).

In allen Fällen der gesetzlichen Schriftform wird die schriftliche Form durch die gerichtliche oder notarielle Beglaubigung ersetzt (§ 126 Abs. 3), aber hier — im Bereiche des gesetzlichen Schriftformerfordernisses — auch nur durch jene Beglaubigung. Der Schriftform ist dagegen hier z. B. durch telegraphische Vermittlung oder Briefwechsel nicht genügt.

Beruht das Schriftformerforderniß auf rechtsgeschäftlicher Bestimmung, so gelten im Zweifel die Bestimmungen des § 126 ebenfalls. Aber in einem solchen Falle genügt auch telegraphische Uebermittlung oder bei einem Vertragsabschluß auch Briefwechsel zum Rechtsgeschäft. Doch kann

*) Mit dem gesetzlichen Namen, nicht mit einem willkürlich gewählten Pseudonym. Vgl. S. 65, 81 fg.

dann nachträglich noch Beurkundung nach Maßgabe des § 126 von einem der Betheiligten verlangt werden.

Ist durch ein Gesetz: Reichs- oder Landesgesetz (das BGB. spricht ganz allgemein), die öffentliche Beglaubigung einer Erklärung vorgeschrieben, so muß:

a. die Erklärung in Schriftform gebracht und

b. die beizusetzende Unterschrift des Erklärenden beglaubigt werden und zwar

c. durch die zuständige Behörde oder einen zuständigen Beamten oder Notar.

Verfahren und Zuständigkeit in Bezug auf Beglaubigung von Unterschriften und Handzeichen bemessen sich theils nach Reichs-, theils nach Landesrecht. Vgl. RG. über die freiwillige Gerichtsbarkeit §§ 167, 183; bayr. Not.Ges. vom 9. Juni 1899 Art. 1, 35.

Ist vom Gesetze (Reichs- oder Landesgesetz) gerichtliche oder notarielle Beurkundung eines Vertrags vorgeschrieben, so ist es für die Regel auch zulässig, daß zunächst der Antrag und sodann dessen Annahme, also in getrennten Akten, beurkundet werden, was für Fälle des Aufenthalts an verschiedenen Orten seinen Werth haben kann. In verschiedenen gesetzlich bestimmten Fällen ist jedoch eigens vorgeschrieben, daß eine Einheit des Akts bei gleichzeitiger Anwesenheit beider Theile stattfinden muß. So z. B. bei Eheverträgen (§ 1434), bei der Auflassung zur Uebertragung des Eigenthums an Grundstücken (§ 925) u. s. w.

Uebrigens gibt es auch manche Fälle, in denen außer den im § 128 erwähnten Beurkundungsorganen Andere zur Beurkundung zuständig sein können, z. B. Standesbeamte (vgl. § 1317: Eheschließung; § 1718: Anerkennung eines außerehelichen Kindes).

Zu c. § 134 BGB. bezeichnet ausdrücklich als nichtig jedes Rechtsgeschäft, welches gegen ein gesetzliches Verbot verstößt, es müßte sich denn aus dem bezüglichen Verbote selbst ergeben, daß eine andere Rechtsfolge eintreten solle. Verbote im Sinne dieser Gesetzesstelle sind auch solche Bestimmungen, in denen gesagt ist, dies oder jenes könne nicht geschehen. Auch hier ist unter „Gesetz" jedes Reichs- oder Landesgesetz verstanden. In Betracht kommen daher auch sowohl privatrechtliche, wie öffentlich-rechtliche Verbote. Wenn z. B. der Verkauf von Wild oder Fischen während der Schonzeit durch eine auf gesetzlicher Grundlage erlassene Polizeivorschrift verboten ist, so ist eben auch ein verbotswidriger Kaufvertrag nichtig.

Eine besondere Art von Verboten eines Rechtsgeschäfts ist überhaupt das Veräußerungsverbot. Das BGB. faßt dasselbe in dreifacher Gestalt ins Auge, nämlich als:

a) gesetzliches Veräußerungsverbot,
b) gerichtliches oder behördliches Veräußerungsverbot,
c) rechtsgeschäftliches Veräußerungsverbot.

Zu a. Bei einem gesetzlichen Verbote fragt es sich, ob die Einschränkung der Veräußerung nur einen Schutz bestimmter Personen bezweckt oder auf allgemein wirkender Grundlage beruht. Im ersteren Falle ist es nur jenen Personen gegenüber unwirksam, im letzteren aber schlechthin nichtig (§ 135). Absolut nichtig sind namentlich auch Rechtsgeschäfte mit Verstoß gegen ein im öffentlichen Interesse gegebenes Veräußerungsverbot.

Zu b. Ein Veräußerungsverbot, das von einem Gerichte oder von einer anderen Behörde im Bereiche seiner oder ihrer Zuständigkeit erlassen ist, wird durch § 136 BGB. dem gesetzlichen Veräußerungsverbot der im § 135 bezeichneten Art gleichgestellt.

Zu c. In Bezug auf rechtsgeschäftliche Veräußerungsverbote enthält § 137 den wichtigen Grundsatz: „Die Befugniß zur Verfügung über ein veräußerliches Recht kann nicht durch Rechtsgeschäft ausgeschlossen oder beschränkt werden." Doch kann nach einem Beisatze im § 138 ein persönliches Sichverpflichten, über ein Recht jener Art nicht zu verfügen, wenigstens zwischen dem am Rechtsgeschäfte Betheiligten eine obligatorische Wirkung äußern.*)

Ein weittragendes, praktisch wichtiges Prinzip spricht § 138 Abs. 1 aus in Gestalt der Bestimmung, daß ein Rechtsgeschäft nichtig ist, wenn es gegen die guten Sitten verstößt. Von vorneherein zu beachten ist dieser Bestimmung gegenüber, daß der Begriff „gute Sitte" durchaus nicht gleichbedeutend ist mit dem anderwärts öfter im BGB. vorkommenden Begriffe: „Verkehrssitte". Der erstere Begriff ist im BGB. nicht definirt. Er konnte auch gar nicht eingegrenzt werden, denn er ist flüssig und wandelbar nach Ort und Zeit.

Dem richterlichen Ermessen ist daher ein erheblicher Spielraum gegeben. Immerhin wird dasselbe einen Anhalt suchen müssen an dasjenige, was den sittlichen Anschauungen in der Jetztzeit und im ganzen Volke entspricht. Musterbeispiele aus den Pandekten**) können darum ebenso unzutreffend sein, wie bloße Standesanschauungen und Standesvorurtheile einzelner Bevölkerungsklassen.

Ein ebenso belangreiches, wie voll zutreffendes Beispiel von einem Rechtsgeschäft, welches wegen Verstoßes gegen die guten Sitten nichtig ist, enthält Abs. 2 des § 138. (Vgl. das Wort: „insbesondere"). Die Stelle behandelt das wucher-

*) Wegen des möglicher Weise einschlagenden Prinzips des öffentlichen Glaubens des Grundbuchs vgl. § 1136 BGB.

**) Sehr treffend bemerkt von Weyl, Vorträge, Bd. 1 S. 256.

liche Rechtsgeschäft und ist bestimmt, die civilrechtlichen Bestimmungen der früheren Wuchergesetzgebung zu ersetzen. Als ein Rechtsgeschäft von solcher verbotener Art bezeichnet § 138 Abs. 2 dasjenige,

„durch das Jemand unter Ausbeutung der Nothlage, des Leichtsinns und der Unerfahrenheit eines Anderen sich oder einem Dritten für eine Leistung Vermögensvortheile versprechen oder gewähren läßt, welche den Werth der Leistung dergestalt übersteigen, daß den Umständen nach die Vermögensvortheile in auffälligem Mißverhältnisse zu der Sache stehen."

Ein solches wucherliches Geschäft ist nichtig. Diese civilrechtliche Folge der Nichtigkeit ist dabei nicht etwa davon abhängig, daß eine gewohnheits- oder gewerbsmäßige Bewucherung vorliegt. Auch ist der Ausdruck: „Vermögensvortheil" sehr allgemein und deßhalb die Stelle weitaus nicht auf bloßen Geldwucher beschränkt.

Zweites Kapitel.

Vertretung. — Vollmacht. — Einwilligung. — Genehmigung.

I. Namentlich im Gebiete der Schuldverhältnisse (auch im dinglichen Rechtsgebiete) kommt es vor, daß Rechtsgeschäfte durch Vertreter geschlossen werden können und geschlossen werden.

Eine solche Vertretung kann beruhen entweder auf Gesetz oder selbst wieder auf Rechtsgeschäft, nämlich auf Ertheilung von Vollmacht.

Gesetzliche Vertreter kommen vor bei Geschäftsunfähigkeit und bei beschränkter Geschäftsfähigkeit (als Vormünder oder Inhaber elterlicher Gewalt), dann in Pflegschaftsfällen. In gewisser Hinsicht gehören hieher auch die Repräsentanten von Vereinen, Korporationen und Stiftungen. Unter andere Gesichtspunkte aber fallen die güterrechtlichen Befugnisse des Ehemannes in den ehelichen Beziehungen zur Frau, ebenso auch die Stellungen der Testamentsvollstrecker, Nachlaß-verwalter, Konkursverwalter.

Von einem Vertreter wohl zu unterscheiden sind bloße Mittelspersonen, mögen diese z. B. nur eine Willenserklärung in der einen oder anderen Form einfach hin- und hertragen oder im Interesse des Geschäftsherrn als Unterhändler Dienste leisten.

Die Zulässigkeit einer Vertretung kann auch ausgeschlossen sein und zwar sowohl für gesetzliche Vertreter, wie für Vollmachtsträger. Man denke z. B. nur an den Abschluß einer Ehe oder an die Errichtung eines Testaments.

Das Vorhandensein einer wirklichen und zulässigen Vertretung hat nach § 164 Abs. 1 Satz 1 die wichtige grundsätzliche Wirkung, daß die Willenserklärung, welche der Vertreter innerhalb der ihm zustehenden Vertretungsmacht, möge sie auf Gesetz oder Vollmacht beruhen, im Namen des Vertretenen abgibt, unmittelbar für und gegen den Letzteren wirkt. Der Vertreter braucht hiebei die Willenserklärung nicht gerade ausdrücklich im Namen des Vertretenen abgegeben zu haben. Aber es müssen wenigstens die Umstände ergeben, daß der Vertreter im Namen des Vertretenen handelt (§ 164 Abs. 1).

Tritt der Wille, in fremdem Namen zu handeln, nicht erkennbar hervor, so kommt nach § 164 Abs. 2 der Mangel des Willens, im eigenen Namen zu handeln, nicht in Betracht, m. a. W. dem anderen Theile gegenüber kann der Vertreter auch in Person in Haftung kommen, natürlich vorbehaltlich seines Rückgriffes auf den Vertretenen oder Dritten.

Sehr bedeutungsvoll ist auch der Inhalt des § 166 Abs. 1, lautend:

„Soweit die rechtlichen Folgen einer Willenserklärung durch Willensmängel oder durch die Kenntniß oder das Kennenmüssen gewisser Umstände beeinflußt werden, kommt nicht die Person des Vertretenen, sondern die des Vertreters in Betracht."

Für Vollmachtsfälle macht übrigens Abs. 2 § 166 davon auch eine gewisse Ausnahme.

Die Ertheilung einer Vollmacht geschieht durch Erklärung des Vollmachtgebers entweder gegenüber dem zu Bevollmächtigenden oder gegenüber demjenigen Dritten, vor dem die Vertretung stattfinden soll (§ 167). Das Gesetz sagt: „gegenüber". Das besagt nach dem Sprachgebrauche des BGB., daß die Erklärung nicht persönlich vor dem Vollmachtsträger oder dem Dritten gegeben zu werden braucht, also z. B. auch schriftlich zugefertigt werden kann.

Eine besondere Form für die Vollmachtsertheilung ist im Allgemeinen nicht vorgeschrieben. Insbesondere braucht nicht auch diejenige Form beobachtet zu werden, welche das vorzunehmende Rechtsgeschäft selbst erheischt (§ 167 Abs. 2). Dieser Grundsatz im Allgemeinen schließt natürlich nicht aus, daß in irgend einer Specialbestimmung für diese oder jene Rechtshandlung etwas Besonderes über den Nachweis der erfolgenden Vollmachtsertheilung bestimmt sein kann.

Wird die Vollmacht durch Erklärung gegenüber einem Dritten ertheilt, so bleibt sie diesem gegenüber so lange in Kraft, bis ihm das Erlöschen von dem Vollmachtgeber angezeigt wird (§ 170). Die Vollmachtsertheilung kann übrigens nach § 171 auch durch öffentliche Bekanntmachung erfolgen. In solchem Falle ist der Vollmachtsträger gegenüber Jedermann zur Vertretung berechtigt und die Vertretungsmacht bleibt auch so lange bestehen, bis die Kundgebung in derselben Weise, wie geschehen, widerrufen ist.

Sehr belangreich für die bisherigen Rechtsgewohnheiten in Bezug auf Vollmachten ist die Bestimmung in § 172, wonach es einer besonderen Mittheilung durch den Vollmachtsgeber gleich steht, wenn dieser dem Vertreter eine

Vollmachtsurkunde ausgehändigt hat und der Vertreter sie dem Dritten vorlegt. Die Vertretungsmacht bleibt in diesem Falle bestehen, bis die Vollmachtsurkunde dem Vollmachtsgeber zurückgegeben oder für kraftlos erklärt wird. Zu solcher Rückgabe ist der Vollmachtsträger gesetzlich verpflichtet, sobald das Vollmachtsverhältniß erloschen ist. Ein Zurückbehaltungsrecht steht dem Bevollmächtigten keinesfalls zu (§ 175).

Die vorerwähnte Kraftloserklärung durch den Vollmachtgeber kann durch eine öffentliche Bekanntmachung geschehen. Deren Veröffentlichung aber muß dann nach den Vorschriften erfolgen, welche in der Civilprozeßordnung für die öffentliche Zustellung einer Ladung enthalten sind. Dazu gehört insbesondere auch die gerichtliche Bewilligung der öffentlichen Bekanntmachung (§ 176 Abs. 1). Ueber die sachliche und örtliche Zuständigkeit der Amtsgerichte hieher bestimmt § 176 Abs. 2. Dabei wird übrigens die Kraftloserklärung erst wirksam mit dem Ablaufe eines Monats nach der letzten Einrückung in die öffentlichen Blätter.

Das Erlöschen des Vollmachtsverhältnisses selbst bestimmt sich nach dem ihrer Ertheilung zu Grunde liegenden Rechtsverhältnisse. In der Regel ist übrigens die Bevollmächtigung auch beim Fortbestande des Rechtsverhältnisses widerruflich, soferne sich eben nicht aus diesem ein Anderes ergibt (§ 168).

Ein hochwichtiger Satz für Vertretungsverhältnisse jeder Art ist noch der des § 181, wonach ein Vertreter, soweit nicht ein Anderes ihm gestattet ist, im Namen des Vertretenen mit sich selbst, sei es im eigenen Namen oder als Vertreter eines Dritten, ein Rechtsgeschäft nicht vornehmen kann, es sei denn, daß das Rechtsgeschäft ausschließlich in der Erfüllung einer Verbindlichkeit besteht. Es kann also z. B. der Vertreter einer Korporation oder Stiftung aus deren Geldmitteln nicht sich selbst ein Darlehen bewilligen und auszahlen und dafür einen Schuldschein in die Kasse legen. Auf solche Weise könnte sonst leicht versucht werden, den Folgen einer Veruntreuung auszukommen.

II. Nahe verwandt mit den eben erörterten Vertretungsverhältnissen sind jene Rechtsvorkommnisse, in denen es sich um die Einwilligung oder Genehmigung einer Person zu einem anderweitig sich vollziehenden Rechtsakte handelt. In dieser Hinsicht ist auf einen schon einmal gelegentlich angedeuteten festen Sprachgebrauch unseres Gesetzbuchs hinzuweisen. Zu unterscheiden sind nämlich drei Begriffe:

Zustimmung,
allgemeiner Begriff.

Einwilligung,
vorherige Zustimmung.

Genehmigung,
nachträgliche Zustimmung.

Ueber die Abgabe solcher Erklärungen und ihre Rücknahme, über ihre Wirkungen, insbesondere diejenigen einer Genehmigung enthalten die §§ 182 bis 185 etliche allgemeine Bestimmungen.

Drittes Kapitel.

Fristen und Termine.

In den §§ 186—193 gibt das BGB. für die in Gesetzen, gerichtlichen Verfügungen und Rechtsgeschäften getroffenen Frist- und Terminsbestimmungen besondere Auslegungsregeln. Als solche sind die bezüglichen Rechtsregeln eigens bezeichnet. Eben darum können sie auch nur „im Zweifel“ einschlägig sein, also dann nicht, wenn es als zweifellos betrachtet werden kann, daß einem bestimmten Reichs- oder Landesgesetze, einer gerichtlichen Verfügung oder einer rechtsgeschäftlichen Bestimmung in Bezug auf Fristen und Termine ein anderer Sinn innewohnt. Danach löst sich auch die Frage, wieweit diese Vorschriften über Fristen und Termine auch auf das Gebiet des öffentlichen Rechts Anwendung zu finden haben. (Vgl. § 186: „in Gesetzen" ohne Unterscheidung).

Steht fest, daß in Bezug auf Fristen oder Termine einer öffentlich-rechtlichen Norm in rechtsgültiger Weise ein anderer Sinn innewohnt, so muß dieser Sinn festgehalten werden. Ist solches aber nicht der Fall, oder ist mehr oder minder deutlich die Beurtheilung der Norm nach bürgerlichem Rechte geradezu vorausgesetzt oder vollends direkt oder indirekt darauf verwiesen*), so kommen natürlich auch die §§ 186 fg. BGB. zur Anwendung. Das Gleiche muß Mangels gegentheiliger Gesetzesvorschriften auch angenommen werden in Ansehung von Frist- und Terminsbestimmungen, welche in Verfügungen von Verwaltungsbehörden enthalten sind, wenn auch im § 186 nur von gerichtlichen Verfügungen die Rede ist.

Nicht unerwünscht ist wohl eine kurze Zusammenstellung des Inhalts der §§ 186 fg. BGB:

1) Beginn einer Frist, § 187. Bei dessen Berechnung wird derjenige Tag nicht mitgerechnet, in welchen das maßgebende Ereigniß oder der maßgebende Zeitpunkt fällt (Abs. 1). Nur wenn der für die Berechnung maßgebende Zeitpunkt in den Beginn eines Tages fällt, wird auch dieser Tag als erster bei der Fristberechnung mitgerechnet. Das Gleiche gilt auch von dem Tage der Geburt eines Menschen bei Berechnung von dessen Lebensalter (Abs. 2).

2) Endigung einer Frist, § 188. Es ist zu unterscheiden, ob die Frist

*) Vgl. z. B. Bayr. Ges. über den Verwaltungsgerichtshof vom 8. Aug. 1878 Art. 22 mit CPO. § 222.

a. nach Tagen bestimmt ist; sie endigt dann mit dem letzten Tage der Frist;
b. oder ob sie nach Wochen, Monaten oder nach einem mehrere Monate umfassenden Zeitraum bestimmt ist. Eine solche Frist endigt
   α) im Falle des § 187 Abs. 1 mit dem Ablaufe desjenigen Tags der letzten Woche oder des letzten Monats, welcher durch seine Benennung oder Zahl dem Tage entspricht, in den das Ereigniß oder der Zeitpunkt fällt, wodurch die Frist in Lauf gesetzt wurde;
   β) im Falle des § 187 Abs. 2 (also namentlich auch bei Berechnung des Lebensalters eines Menschen) mit dem Ablaufe desjenigen Tags der letzten Woche oder des letzten Monats, welcher dem Tage vorangeht, der durch Benennung oder Frist dem Anfangstage der Frist entspricht.

   Fehlt in solchem Falle der zutreffende Tag in einem Monate (29. oder 30. oder 31.), so gilt der letzte Tag des bezüglichen Monats.

   Verstanden wird nach § 189 unter einem:
      halbem Jahre = eine Frist von sechs Monaten;
      Vierteljahr = eine Frist von drei Monaten.

   Ist eine Frist auf einen oder mehrere ganze Monate und einen halben Monat gestellt, so sind für letzteren 15 Tage zu berechnen und zwar zuletzt anzuhängen.

3) Fristenverlängerungen sind von dem Ablaufe der vorigen Frist an zu berechnen. § 190.

4) Geht eine Fristbestimmung nach Monaten oder Jahren in der Art, daß sie nicht zusammen-

zuhängen brauchen, so wird der Monat zu 30, das Jahr zu 365 Tagen berechnet.

5) Als Anfang eines Monats gilt der Erste, als Mitte desselben der Fünfzehnte, als Ende des Monats der letzte Tag desselben. § 192.

6) Ist an einem bestimmten Tage oder innerhalb bestimmter Frist eine Willenserklärung oder Leistung zu bewerkstelligen und fällt jener bestimmte Tag oder der Ablauf jener Frist auf einen Sonntag oder auf einen am Erklärungs- oder Leistungsort staatlich (d. h. nach Landesrecht) anerkannten allgemeinen Feiertag, so tritt an Stelle des Sonn- oder Feiertags der nächstfolgende Werktag (§ 193).

Viertes Kapitel.

Erlöschung von Schuldverhältnissen.

Der rechtlichen Gründe für das Erlöschen von Schuldverhältnissen gibt es mannigfache. Ein Theil derselben (z. B. Erlaß, Konfusion 2c.) ist hieher ohne oder doch ziemlich ohne Belang. Ueber andere ist verschiedenes zu erwähnen, so namentlich über die Leistung, Hinterlegung als Surrogat der Leistung, Aufrechnung und Verjährung.

I. Leistung. In diesem Punkte sind einige Bemerkungen veranlaßt zur Frage, was ist zu leisten? und wo ist zu leisten?

1) In ersterer Beziehung gilt im Allgemeinen auch jetzt noch die alte Rechtsregel: Der Gegenstand der Verpflichtung ist auch Gegenstand der Leistung. Letztere hat also die geschuldete Sache oder Handlung oder Unterlassung zu gewähren — unbeschadet dessen, was über die Hingabe an Zahlungsstatt, über Ersatzleistung, über Wahlleistung und Aehnliches Rechtens ist. Liegt eine Speciesschuld vor, so

ist auch zur Erfüllung die specielle Sache rc. zu leisten. Wird eine nur der Gattung nach bestimmte Sache geschuldet, so ist eine Sache von mittlerer Art und Güte zu leisten (§ 243). Besteht eine Geldschuld, welche im Inlande zu zahlen, jedoch in ausländischer Währung (z. B. in österreichischer Währung oder in der Frankenwährung der lateinischen Münzkonvention) ausgedrückt ist, so kann die Zahlung auch in deutscher Reichswährung*) erfolgen, soferne die Zahlung nicht eigens in ausländischer Währung bedungen ist. Umgerechnet wird nach dem Kurswerth, der zur Zeit der wirklichen Zahlung für den Zahlungsort maßgebend ist (§ 244). Geht eine Geldschuld auf Zahlung in einer bestimmten Münzsorte, welche zur Zahlungszeit nicht mehr im Umlaufe ist (z. B. in Kronenthalern), so ist die Zahlung so zu leisten, als wenn die bezügliche Münzsorte nicht bestimmt wäre (§ 245).

An dieser Stelle seien auch noch einige Worte über Verzinsung eingefügt. Wie das bisherige Recht kennt auch das BGB. sowohl gesetzliche Zinsen als vertragsmäßige Zinsen. Einzelne Unterarten der Ersteren sind die Verzugszinsen und die Prozeßzinsen.

Der allgemeine gesetzliche Zinsfuß (für gesetzliche Zinsen, wie für Vertragszinsen, wenn z. B. über die Zinsenhöhe nichts bestimmt ist), ist jetzt nur mehr 4 vom Hundert für das Jahr. Er gilt aber nur dann, wenn durch Gesetz oder Vertrag nichts Anderes bestimmt ist, wie es z. B. im Gebiete des Handels- und Wechselrechts der Fall ist.

In Bezug auf höhere Zinssätze schlägt übrigens auch der § 247 BGB. ein, welcher eine Bestimmung des früheren norddeutschen Bundesgesetzes über Zinsen vom 14. Nov. 1867

*) Vgl. RG. v. 4. Dez. 1871 (RGBl. S. 404).

reproducirt und Bayern gegenüber verallgemeinert. Die Gesetzesstelle lautet:

„Ist ein höherer Zinssatz als sechs vom Hundert für das Jahr vereinbart, so kann der Schuldner nach dem Ablaufe von sechs Monaten das Kapital unter Einhaltung einer Kündigungsfrist von sechs Monaten kündigen.

Dieses Kündigungsrecht kann nicht durch Vertrag ausgeschlossen oder beschränkt werden.

Diese Vorschriften gelten nicht für Schuldverschreibungen auf den Inhaber."

Der Schuldner soll also nicht dauernd beschränkt sein, wenn er z. B. billigeres Geld haben kann.

Zinseszinsen sind nicht statthaft. Vereinbarungen auf solche sind nichtig (§ 248 Abs. 1). Von diesem Grundsatze bringt aber Abs. 2 § 248 praktisch sehr erhebliche Ausnahmen. Sparkassen*), Kreditanstalten und Inhaber von Bankgeschäften können nämlich im Voraus vereinbaren, daß nicht erhobene Zinsen von Einlagen, welche bei ihnen gemacht sind, als neue Einlagen gelten sollen. Daraus können dann auch neue Zinsen berechnet werden.

Weiter können sich auch solche Kreditanstalten, welche berechtigt sind, für den Betrag der von ihnen gewährten Darlehen verzinsliche Schuldverschreibungen auf den Inhaber (meist Pfandbriefe benannt) auszugeben, bei jenen Darlehen im Voraus die Wiederverzinsung rückständiger Zinsen versprechen lassen.

Sind neben einer Hauptleistung Zinsen und Kosten oder auch nur eines von Beiden zu leisten, so wird eine aufs Ganze nicht reichende Leistung zunächst auf Kosten, dann auf Zinsen und erst in letzter Reihe auf die Hauptschuld angerechnet. Will

*) Ueber Einzahlung in Sparkassen, Wiederauszahlung der Einlagen und Kraftloserklärung der Sparkassaurkunden enthalten Vorschriften die Art. 109 bis 121 des bayr. Ausf.Ges. v. 9. Juni 1899.

der Schuldner eine andere Anrechnung, so kann der Gläubiger die Annahme verweigern (§ 367).

Ueber den Empfang der Leistung hat der Schuldner Quittung zu ertheilen. In der Regel genügt hiezu ein einfaches schriftliches Empfangsbekenntniß. Ausnahmsweise kann der Schuldner auch die Wahrnehmung einer anderen Form begehren, wenn er ein rechtliches Interesse daran hat (§ 368).

Die Kosten der Quittung hat der Schuldner zu tragen und vorzuschießen. Nur ausnahmsweise treffen sie den Gläubiger, wenn solches verabredet ist oder wenn nachgerade durch Uebertragung oder im Erbgange der Gläubiger Mehrere geworden sind, letzteren Falles aber nur bezüglich der Mehrkosten (§ 369).

Der Ueberbringer einer Quittung gilt für die Regel auch als ermächtigt zur Empfangnahme der Leistung.

Neben der Quittung kann bei vollzogener Leistung der Schuldner auch Rückgabe eines etwa ausgestellten Schuldscheines verlangen. Behauptet der Gläubiger, dazu außer Stand zu sein, so kann der Schuldner ein öffentlich beglaubigtes Anerkenntniß verlangen, daß die Schuld erloschen sei (§ 371).

Ein dem bisher Dargestellten nahe liegender interessanter (auch für Verhältnisse der öffentlichen Verwaltung) Punkt ist derjenige der Konventionalstrafe, wie sie namentlich bei sog. Accorden (Lieferungsvertrag, Werkvertrag ꝛc.) so häufig vorkommen. Eine solche Vertragsstrafe, welche stets eigens bedungen werden muß, kann sowohl in Bezahlung einer Geldsumme, wie in einer anderen Leistung bestehen. (Vgl. §§ 339, 342). Der Anspruch auf Vertragsstrafe steht als ein Nebenanspruch immer in Verbindung mit einem Hauptanspruch, ist in seinem Bestande immer bedingt durch das Bestehen und die Gültigkeit des Letzteren. Ist der Hauptanspruch aus einem rechtlichen Grunde erloschen, so entfällt damit auch der Nebenanspruch auf Konventionalstrafe. Ist der Hauptanspruch ungültig oder doch nicht erzwingbar, so ist auch die Konventionalstrafe ungültig (§ 344).*) Ein Hauptbeispiel ist hiefür die Ungültigkeit der Vereinbarung einer Vertragsstrafe für den Fall der Nichterfüllung eines Eheversprechens (BGB. § 1297).

Die Konventionalstrafe hat eine Doppelnatur und einen Doppelzweck. Sie soll vor Allem auf den Schuldner im Interesse wirklicher, richtiger und rechtzeitiger Erfüllung einen Druck ausüben und eine gewisse Garantie dafür schaffen, wie auch dem Gläubiger eine bestimmte Deckung für seine wirthschaftlichen und sonstigen Interessen gewähren.

Verwirkt wird die Strafe, sobald der Schuldner in Verzug kommt. Besteht die geschuldete Leistung in einem Unterlassen (z. B. in der Nichtausübung einer gewerblichen Konkurrenz), so tritt die Verwirkung mit der Zuwiderhandlung ein (§ 339).

Eine der praktisch wichtigsten Fragen, welche bisher gelegentlich bestritten war, geht dahin, wie sich der Anspruch auf Konventionalstrafe verhalte zu dem auf Erfüllung des Hauptanspruchs? Das BGB. regelt diese Frage in den §§ 340, 341. Bei der Beantwortung ist zu unterscheiden, ob die Konventionalstrafe versprochen ist für den Fall, daß der Schuldner seine Verbindlichkeit:

a. überhaupt nicht oder
b. nicht in gehöriger Weise, insbesondere nicht zu rechter Zeit erfüllt.

Im Falle a (§ 340) kann der Gläubiger die Vertragsstrafe statt der Erfüllung verlangen. Die Wahl hat er, nicht der Schuldner. Sobald der Gläubiger dem Schuldner erklärt hat, daß er die Konventionalstrafe verlange, hat er den

*) Cosack, Lehrb. d. Bürg. R. 2. Aufl. Bd. 1 S. 324.

Anspruch auf Erfüllung definitiv verloren. Hat er umgekehrt zunächst Erfüllung begehrt, so hat er damit den Anspruch auf Strafe vorerst noch nicht verloren, sondern kann auf diesen statt der Erfüllung immer noch zurückkommen (§ 340 Abs. 1). Ist dem Gläubiger wegen der Nichterfüllung ein Anspruch auf Schadensersatz erwachsen, so kann er ebenfalls wieder die Genugthuung, welche in der Vertragsstrafe liegt, nicht neben dem Schadensersatz verlangen. Der Betrag der Strafe stellt aber den Mindestbetrag dessen dar, was er bekommen muß, und den etwaigen Mehrbetrag der Schadenssumme kann er ebenfalls noch begehren (§ 340 Abs. 2).

Im Falle b dagegen kann der Gläubiger sowohl die Erfüllung, wie die Konventionalstrafe nebeneinander verlangen. Besteht ein Schadensanspruch, so wird es in Ansehung dessen gehalten, wie im vorigen Falle a. Nimmt der Gläubiger die Erfüllung an, so muß er sich den Anspruch auf Konventionalstrafe eigens vorbehalten, sonst erlischt derselbe (§ 341).

Eine weitere, namentlich vom socialen Standpunkte aus wichtige Bestimmung ist die des § 343. Das Gesetz begründet hier in Bezug auf Konventionalstrafen, welche eine unverhältnißmäßige Höhe darstellen, ein richterliches Ermäßigungsrecht. Sehr gut sagt Weyl*), daß dieses Letztere ein Sicherheitsventil bilden soll gegen eine allzu hohe Spannung des Prinzips der Vertragsfreiheit. Neu ist die Sache nicht vollauf. Es sind bisher schon Urtheile erflossen, welche Moderationen von Vertragsstrafen aussprachen. Das BGB. hat aber feste Normen geschaffen. Formell ist jetzt nothwendig ein Antrag des Schuldners. Von Amtswegen kann eine Ermäßigung nicht verhängt werden. Sachlich betrachtet ist die Moderation schon zulässig, wenn die Strafhöhe nur überhaupt arbiträr unverhältnißmäßig hoch ist. Daß sie gerade

*) Vorträge, Bd. I S. 377.

in einem bestimmten rechnerischen Mißverhältnisse stehe, verlangt das Gesetz nicht.*) Im Ganzen entscheidet das richterliche Ermessen bezüglich der Frage, ob eine Ermäßigung eintreten solle, als auch wie weit dieselbe gehen dürfe. Daß die Konventionalstrafe richterlich ganz gestrichen werde, geht natürlich nicht an. In Bezug auf die Höhe gibt übrigens der § 343 dem Richter eine bindende („ist") Richtschnur in der Art, daß bei Beurtheilung der Angemessenheit nicht etwa blos das Vermögensinteresse des Gläubigers, sondern jedes berechtigte Interesse desselben in Betracht zu ziehen ist, also namentlich auch z. B. die wirthschaftliche Lage beider Theile, der Grad etwaigen Verschuldens, die Höhe des etwaigen Schadens u. s. w. Zu betonen ist, daß § 343 dem Richter überhaupt nur die Ermächtigung ertheilt, nicht aber die Verpflichtung auferlegt, unter dieser oder jener Voraussetzung eine Ermäßigung auszusprechen. Auch darin, nach welcher Zeitlage er die Verhältnisse beurtheilen soll, hat der Richter freie Hand. Ausgeschlossen ist aber eine nachträgliche Ermäßigung, wenn die Vertragsstrafe bereits entrichtet ist.

Anzufügen ist auch noch, daß vorstehende Grundsätze nicht blos im Bereiche von Schuldverhältnissen gelten, sondern auch dann, wenn Jemand eine Strafe für den Fall verspricht, daß er sonst eine Handlung vornimmt oder unterläßt (§ 343 Abs. 2).

2. Im Prinzip hat die Leistung, wenn nichts Anderes vereinbart oder aus den Umständen zu entnehmen ist, an dem Orte zu erfolgen, an welchem der Schuldner zur Zeit der Entstehung des Schuldverhältnisses seinen Wohnsitz hatte. Entsprang letzteres aus einem Gewerbebetrieb des Schuldners, so tritt der Ort seiner gewerblichen Niederlassung an die Stelle (§ 269). Davon besteht nun eine wichtige Ausnahme.

---

*) Weyl, a. a. O.

§ 270 sagt bestimmt: Geld hat der Schuldner im Zweifel auf seine Gefahr und seine Kosten dem Gläubiger an dessen Wohnsitz, beziehungsweise dessen gewerbliche Niederlassung zu übersenden.*)

Diese Ausnahme erleidet aber wiederum eine Einschränkung durch den Art 92 EG., welcher als unberührt erklärt die landesrechtlichen Vorschriften, nach welchen Zahlungen aus öffentlichen Kassen an der Kasse in Empfang zu nehmen sind. Ausgefüllt ist dieser Vorbehalt für Bayern durch den Art. 11 des Ausf.Ges. v. 9. Juni 1899, welcher positiv verfügt, daß Zahlungen aus öffentlichen Kassen an der Kasse, welche die Zahlung zu leisten hat, auch in Empfang zu nehmen (also zu erheben: Holschuld) sind, wenn nicht ein Anderes bestimmt ist. Durch letztere Klausel ist es freigelassen, reglementär auch etwas Anderes zu bestimmen oder zu gewähren. Auch rechtsgeschäftliche Vereinbarungen (z. B. bei Lieferungen an den Staat, bei Accorden 2c.) können hieher gehören.**)

Zu 2. Als ein Surrogat für die Leistung kommt namentlich in Betracht die in den §§ 372 bis 386 BGB. geregelte Hinterlegung. Sie ist nicht zu verwechseln mit dem in den §§ 683 bis 700 BGB. behandelten Verwahrungsvertrage. Dieser letztere ist im Wesentlichen identisch mit dem römisch-rechtlichen Depositum. Der Eine gibt

---

*) Näheres im § 270 Abs. 2—4.

**) Zu vergl. sind die interessanten Verhandlungen im bayr. Landtag. S. namentlich Becher, Mat. Abthl. IV/V Bd. I S. 218 fg., 611 fg. Dort wurde speciell debattirt über die Modalitäten der Zahlung der Gehalte von Beamten, Ge'stlichen, Lehrern auf dem Lande außerhalb des Kassasitzes, dann auch über den Umfang des Begriffes: „öffentliche Kassen“ und dessen Anwendung auf bestimmte Kassen. Regierungsseits bejaht für die k. Bank und ihre Filialen, verneint für die Reichsbankstellen. Bejaht auch für die Gemeinde- und Distrikts-Kassen.

dabei im Wege der Vereinbarung dem Anderen ein Sache zur Aufbewahrung in seine Obhut. Dieses zweiseitige Rechtsgeschäft vollzieht sich aber lediglich um seiner selbst willen Die Hinterlegung nach §§ 372 fg. ist dagegen ein Rechtsgeschäft zu dem Zwecke, um dadurch ein anderes Rechtsverhältniß zur Erledigung zu bringen. Eben deßhalb ist auch bei der Hinterlegung die Wahl der Hinterlegungsstelle beschränkt, beim Verwahrungsvertrage freigegeben.

Die Hinterlegung als Surrogat einer Vertragserfüllung ist weiter nicht immer zulässig und mit den gesetzlich geregelten Rechtswirkungen ausgestattet. Sie findet nach § 372 in ihrer Art statt:

a. bei Annahmeverzug des Gläubigers;
b. in dem Falle, daß der Schuldner aus einem anderen in der Person des Gläubigers liegenden Grunde seine Verbindlichkeit nicht oder nicht mit Sicherheit erfüllen kann; endlich
c. auch dann, wenn letzteres der Fall ist in Folge davon, daß eine nicht auf Fahrlässigkeit des Schuldners beruhende Ungewißheit über die Person des Gläubigers besteht.

Das hier in Frage stehende Erfüllungssurrogat ist weiter auch in sachlicher Hinsicht nicht schlechthin zulässig. Hinterlegt können reichsrechtlich nach § 372 BGB. nur werden: Geld, Werthpapiere und sonstige Urkunden, sowie Kostbarkeiten. Andere Sachen können nur dann zur Hinterlegung kommen, wenn und soweit dies nach Art. 146 EG. z. BGB. im Landesrechte eigens gestattet ist.*) Ist auch letzteres nicht der Fall, so bietet sich für den Schuldner die Möglichkeit:

*) In Bayern ist darüber im Ausf.Ges. v. 9. Juni 1899 nichts enthalten.

a. zur Hinterlegung nicht geeignete bewegliche Sachen nach Maßgabe der § 383 fg. dem Selbsthilfeverkauf zu unterstellen und den Erlös daraus zu hinterlegen, dann

b. ein etwa herauszugebendes Grundstück bei Annahmeverzug des Gläubigers der Preisgebung nach § 303 auszusetzen.

Die Hinterlegung hat bei einer Hinterlegungsstelle zu geschehen und zwar in der Regel derjenigen des Leistungsorts. Erfolgt sie anderswo, so hat der Schuldner dem Gläubiger den daraus etwa entstehenden Schaden zu ersetzen. Von der geschehenen Hinterlegung hat der Schuldner dem Gläubiger Anzeige zu machen, soferne diese nicht nach der Sachlage unthunlich ist (§ 374).

Der Schuldner kann in der Regel die Hinterlegung zurücknehmen (BGB. § 376 Abs. 1). Die Ausnahmen bestimmt § 376 Abs. 2. Ist die Rücknahme der hinterlegten Sache nicht ausgeschlossen, so kann der Schuldner den Gläubiger auf die hinterlegte Sache verweisen (§ 379 Abs. 1). In Bezug auf die hinterlegte Sache trägt der Gläubiger die Gefahr. Während der Hinterlegungszeit ist der Schuldner auch nicht verpflichtet, Zinsen zu zahlen oder Ersatz für nicht gezogene Nutzungen zu leisten (§ 379 Abs. 2).

Diese und einige wenige andere Vorschriften des BGB. müssen ausreichende Ergänzung durch das Landesrecht finden. Dies ist in Art. 144, 145 EG. z. BGB. eigens vorgesehen. Insbesondere sind daselbst landesrechtliche Vorschriften vorbehalten über:

a. die sachliche und örtliche Zuständigkeit der Hinterlegungsstellen;

b. die Modalitäten der Hinterlegung und den Nachweis der Empfangsberechtigung;

c. den Uebergang der hinterlegten Gelder und Werthpapiere in das Eigenthum des Fiskus oder der als Hinterlegungsstelle bestimmten Anstalt;
d. den Verkauf hinterlegter Sachen;
e. das Erlöschen des Anspruchs auf Rückerstattung zu Gunsten des Fiskus oder der Hinterlegungsanstalt u. s. w.

Für Bayern ist die nächstliegende Ergänzungsvorschrift enthalten im Art. 76 des Ausf.Ges. z. Gerichtsverfassungsgesetz in der durch Art. 167 Nr. XXII des AG. z. BGB. festgesetzten neuen Fassung.

Dortselbst ist bestimmt, daß für die in Angelegenheiten des Bürgerlichen Rechts (oder nach den Vorschriften über das gerichtliche Verfahren) erfolgenden Hinterlegungen bei den Amtsgerichten Hinterlegungsstellen errichtet werden und entweder für je ein Amtsgericht oder für mehrere derselben zusammen.

Die näheren Bestimmungen über die Hinterlegung werden durch k. Verordnung getroffen. Die Staatsregierung kann auch die Besorgung des Hinterlegungswesens der kgl. Bank übertragen und die hiefür erforderlichen Vorschriften erlassen.

Dazu kommt noch Art. 4 des neuen Notariatsgesetzes v. 9. Juni 1899, welcher auch noch die Notare verpflichtet, die Hinterlegung von Geld, Werthpapieren und Kostbarkeiten, die ihnen aus Anlaß eines Amtsgeschäftes von den Betheiligten übergeben werden, zu übernehmen.

Für alle diese Hinterlegungsstellen ergingen wie anderwärts so auch in Bayern bereits Vollzugsvorschriften und zwar*) durch Kgl. Verordnung v. 18. Dez. 1899 die Hinter-

*) Just.Min.Bl. 1899 Nr. XXIV S. 1057 fg. 1900 Nr. V S. 299 fg.

legungsordnung, dann Verordnung v. 25. Dez. 1899 über die Hinterlegungsgebühren, ferner Just.Min.Entschl. v. 27. Dezbr. 1899 über die Errichtung gemeinschaftlicher amtsgerichtlicher Hinterlegungsstellen, endlich gemeinschaftliche Entschließung der kgl. Staatsministerien der Justiz und der Finanzen v. 28. Dez. 1899 über die Geschäftsführung der amtsgerichtlichen Hinterlegungsstellen. Letzterer Erlaß enthält namentlich auch Bestimmungen über die Beziehungen zu den Finanzstellen und Finanzbehörden und deren Betheiligung am Hinterlegungswesen; weiter auch speciell in Bezug auf die kgl. Bank (außer insbesondere den §§ 46 fg. der Hinterlegungsordnung v. 18. Dezember 1899), weiter noch zwei Entschl. der StM. der Justiz und der Finanzen v. 28. Dez. 1899, die Uebertragung der Besorgung des gerichtlichen Hinterlegungswesens bei der k. Bank betr.; JMEntschl. v. 28. Dez. 1899, die Anlage der gerichtlichen Depositen bei der kgl. Bank betr.; JME. v. 30. Dez. 1899, Reglement für die Hinterlegungsstellen bei der k. Bank betr.; endlich Entschl. der k. StM. der Justiz und der Finanzen v. 12. Jan. 1900, die Erhebung von Hinterlegungsgebühren betr.

Zu 3. Einer der wichtigeren Rechtsvorgänge, wodurch ein Schuldverhältniß zur Erledigung gebracht werden kann, ist die Aufrechnung, im gemeinen Rechte Kompensation genannt. Die Grundbestimmungen hierüber finden sich in den §§ 387 bis 396 BGB. Nach dem Zwecke dieser Vorträge interessiren hieher besonders einige Gesetzesbestimmungen über den Ausschluß der Aufrechnung.

a. Soweit eine Forderung der Pfändung nicht unterworfen ist, findet gegen dieselbe auch eine Aufrechnung nicht statt (§ 394). Dieselben Gründe, welche eine Pfändung ausschließen, rechtfertigen auch diese Vorschrift.

Eingehende Bestimmungen darüber, welche Forderungen der Pfändung nicht oder nur in beschränktem Umfange unterworfen sind (darunter insbesondere auch Diensteinkommen von Beamten, Geistlichen, Militärpersonen, verschiedenartige Pensionen, Arbeits- und Dienstlohn rc.) finden sich in der Civilprozeßordnung §§ 850 n. Nr., ebenso aber auch in verschiedenen Specialgesetzen. So z. B. in den Reichsgesetzen über eingeschriebene Hülfskassen, über Kranken- und Unfallversicherung, Alters- und Invaliditätsversicherung. Auf alle diese Fälle findet der vorerwähnte Grundsatz des § 394 BGB. Anwendung. Nur in einem Punkte fügt diese Gesetzesstelle sofort auch eine Einschränkung bei. Nach § 850 CPO. sind nämlich im Grundsatze der Pfändung ebenfalls nicht unterworfen und sohin auch nicht der Aufrechnung ausgesetzt: die aus Kranken-, Hülfs- oder Sterbekassen, insbesondere aus Knappschaftskassen und Kassen der Knappschaftsvereine zu beziehenden Hebungen. Gegenüber allen dieser Hebungen können jedoch nach § 394 BGB. wenigstens geschuldete Beiträge aufgerechnet werden.

b. Nach BGB. § 395 ist eine Aufrechnung gegen eine Forderung des Reichs oder eines Bundesstaats, sowie gegen eine Forderung einer Gemeinde oder eines anderen Kommunalverbandes nur dann zulässig, wenn die Leistung an dieselbe Kasse zu erfolgen hat, aus der die Forderung des Aufrechnenden zu berichtigen ist. Es sollen damit die bezüglichen Kassen gleichsam so behandelt werden, als ob sie selbstständige juristische Personen wären, obwohl sie solche nicht sind, da es nur einen einheitlichen Reichs- oder Landesfiskus, nur eine einheitliche juristische Person der Gemeinde rc. gibt.*) Jener Vorschrift liegen administrative Erwägungen, Rück-

*) Vgl. desfalls oben S. 159. S. auch Cosack, Lehrb. Bd. 1 S. 361.

sichten auf die rechnerische Ordnung zu Grunde. Es wird sich daher auch die Auslegung rechtfertigen, daß nicht die Verschiedenheit der Kassalokale, sondern die Verschiedenheit als Abrechnungsstelle das maßgebende Moment bildet.

c. Auf Grund des Art. 181 EG. z. BGB.*) bestimmt Art. 12 des bayer. Ausf.Ges. z. BGB. v. 9. Juni 1899 zunächst im Abs. 1, daß

„gegen Ansprüche der Hof-, Staats- und Gemeindebeamten,**) öffentlichen Diener***) und Geistlichen auf Gehalt oder Pension aufgerechnet werden können Ansprüche aus dem Amts- und Dienstverhältnisse,†) sowie die von dem Gehalt oder der Pension zu entrichtenden Steuern oder Umlagen und zwar unbeschränkt."

Auf letzterem Worte liegt der Nachdruck. Die Aufrechenbarkeit von Gegenansprüchen aus den vorbezeichneten Kategorien von Rechtstiteln††) soll im ganzen Umfange des Anspruchs auf Gehalt oder Pension statthaft sein, abweichend vom beschränkten Prinzipe des § 394.

*) Ueber dessen Bedeutung und Tragweite vgl. Wagner in Staudingers Komm. z. BGB. Bd. 6 S. 118

**) Bei den Landtagsverhandlungen wurden die Volksschullehrer als Gemeindebedienstete betrachtet. Becher, Mat. Abthl. IV/V Bd. 1 S. 233.

***) Darunter können auch nicht statusmäßige Bedienstete fallen, nicht aber im Tagelohn beschäftigte Personen: Becher, a. a. O. S. 233.

†) Vgl. Mot. z. Art. 6 Entw.; Becher, Mat. Abth. IV/V Bd. 1 S. 42 fg., 230 fg.

††) Enthält eine Einschränkung gegenüber dem früheren Rechte: Becher, Mat. a. a. O. S. 232. Eben daselbst finden sich auch Erörterungen über die Nichtbeschränkung der Aufrechenbarkeit, welche namentlich angesichts der so häufig erwachsenden Ersatzansprüche gegen Eisenbahnbedienstete als nothwendig empfunden wurde.

Im zweiten Absatze jenes Art. 12 ist bestimmt, daß Gleiches gilt in Ansehung der Ansprüche auf Wittwen- und Waisenbezüge seitens der Hinterbliebenen*) der im Abs. 1 bezeichneten Bediensteten, aber nur hinsichtlich der von jenen Bezügen zu entrichtenden Steuern und Umlagen.

Dabei ist auch noch die Bestimmung eingeschaltet, daß die fraglichen Wittwen- und Waisenbezüge weder abgetreten noch verpfändet werden können. (Vgl. Art. 81 EG.)

Beides gilt, den Inhalt des § 400 BGB. überragend, ebenfalls unbeschränkt.**)

Endlich spricht Art. 12 im dritten Absatze noch aus, daß die Bestimmungen der Absätze 1 und 2 auf die Bezüge der Angehörigen des Heeres und deren Wittwen und Waisen keine Anwendung finden.***)

Zu 4. Verjährung. Auf der Grundlage des gem. Rechts hat bekanntlich die ältere Rechtslehre zwischen erwerbender und erlöschender Verjährung unterschieden. Diese Art der Unterscheidung kehrt formell im BGB. nicht wieder. Materiell ist sie ja noch vorhanden. Das BGB. trennt aber beide Begriffe scharf und grundsätzlich von einander und construirt damit ganz verschiedene Rechtseinrichtungen. Was früher erwerbende Verjährung genannt wurde, fällt jetzt ausschließend unter den Begriff: „Ersitzung". Ueber diese und ihre jetzige enge Begrenzung im BGB. ist schon beim Sachenrechte (S. 354) abgehandelt. Nur was in die Gruppe der sonst sog. erlöschenden Verjährung fiel, heißt jetzt überhaupt Verjährung und nur Verjährung schlechthin.

---

*) Zu diesem Begriffe s. Becher, Mat. Abthl. IV, V Bd. 1 S. 233.

**) Becher, Mat., Abthl. IV/V, Bd. 1 S. 43.

***) Vgl. dazu Becher a. a. O. S. 43.

Das BGB. unterwirft der Verjährung nach § 194 im Grundsatze den „Anspruch", d. h. das Recht, von einem Anderen ein Thun oder ein Unterlassen zu verlangen. Der Anspruch in diesem materiellen (vom prozeßualen verschiedenen) Sinne kann sowohl ein persönlicher, wie ein dinglicher sein. Der Erstere fällt mit dem Schuldverhältnisse selbst zusammen. Der Letztere erscheint als das aus einem absoluten dinglichen Rechte hervorgehende Recht, von einer anderen Person ein bestimmtes Verhalten in Bezug auf eine Sache zu verlangen. Von diesem Standpunkte ausgehend, gestaltet das BGB. sein Rechtsinstitut der Verjährung als Anspruchsverjährung und nicht als bloße Klageverjährung. Immerhin läßt das BGB. den durch die Verjährung bedingten Verlust des ganzen Anspruchs nicht unbedingt und von selbst eintreten, sondern gibt nach § 222 dem Schuldner nur eine auf die Verjährung begründete zerstörliche Einrede. Danach entscheidet sich von selbst die alte Streitfrage, ob der Richter die Verjährung von Amtswegen berücksichtigen dürfe und müsse, in negativem Sinne. Es ist dabei in § 222 Abs. 2 ausdrücklich bestimmt:

a. daß das zur Befriedigung eines vollendet verjährten Anspruchs Geleistete nicht zurückgefordert werden kann, selbst wenn die Leistung in Unkenntniß der Vollendung der Verjährung erfolgte, dann

b. daß Gleiches der Fall sein soll, wenn noch ein vertragsmäßiges Anerkenntniß (mit allen Erfordernissen eines solchen) oder die Bestellung einer Sicherheitsleistung seitens des Verpflichteten eingetreten ist. Die Sicherheitsleistung wird eben so behandelt, als ob der Anspruch nicht schon verjährt wäre.

Weiter bestimmt dazu auch der § 223 BGB., daß durch die Verjährung eines Anspruchs, für den eine Hypothek oder ein Pfandrecht besteht, der Berechtigte nicht gehindert wird, gleichwohl seine Befriedigung aus dem verhafteten Gegenstande zu suchen, sowie daß auch die Rückübertragung eines zur Sicherung eines Anspruchs übertragenen Rechts auf Grund der Verjährung des Anspruchs nicht begehrt werden kann. Diese Vorschriften des § 223 finden übrigens keine Anwendung bei der Verjährung von Ansprüchen auf Rückstände von Zinsen oder anderen wiederkehrenden Leistungen.

Bezüglich der Aufrechenbarkeit geht nach § 390 die Regel dahin, daß durch Verjährung die Aufrechnung nicht ausgeschlossen wird, soferne die verjährte Forderung zu der Zeit, zu welcher sie gegen die andere Forderung aufgerechnet werden konnte, noch nicht verjährt war.

Auf diese Weise wird freilich die Wirkung der vollendeten Verjährung in mannigfacher Weise eingeschränkt. Andererseits wirkt aber auch ausdehnend der § 224, wonach mit dem Hauptanspruch unter den gleichen Modalitäten auch die davon abhängenden Nebenansprüche, z. B. Zinsen, Früchte, Nutzungen, Kosten 2c. verjähren und zwar selbst dann, wenn für diese eine besondere Verjährung besteht und diese noch nicht abgelaufen sein sollte.

Regel ist, daß für jeden Anspruch die gleiche normale Verjährung läuft. Davon gibt es aber auch viele Ausnahmen. Verschiedene Ansprüche sind unverjährbar. Dies setzt eine ausdrückliche gesetzliche Bestimmung voraus. Eine solche besteht beispielsweise:

nach § 194 für Ansprüche aus einem familienrechtlichen Verhältnisse, soweit sie auf Herstellung des entsprechenden Zustandes für die Zukunft gehen;

nach §§ 898, 902 für bestimmte sachenrechtliche Ansprüche, welche im Gebiete des Grundbuchwesens liegen, nach § 924 für bestimmte nachbarrechtliche Ansprüche;

nach § 728 für den obligationenrechtlichen Anspruch auf Aufhebung einer Gemeinschaft.

Durch Rechtsgeschäft kann die Verjährung weder ausgeschlossen noch erschwert werden. Dagegen können durch Rechtsgeschäft Erleichterungen der Verjährung, insbesondere Abkürzungen der Verjährungsfrist geschaffen werden (§ 225). Uebrigens gewährt auch das Gesetz ausnahmsweise abgekürzte Verjährungsfristen.

Die regelmäßige Verjährungszeit beträgt 30 Jahre. § 195. Das ist aber auch die längste Dauer. Noch längere Verjährungsfristen, z. B. wie früher als Privilegien für den Fiskus, für Korporationen oder für Minderjährige, gibt es nach dem BGB. nicht mehr. Ebensowenig kennt dasselbe den Begriff der „unvordenklichen Zeit" — ein Begriff, der übrigens ohnehin mehr in das Gebiet der Ersitzung, als in das der Verjährung einschlagen würde.

Sehr zahlreich sind solche Vorschriften des BGB., welche ausnahmsweise eine kürzere, als die regelmäßige Verjährungszeit festsetzen. Vor allem sind desfallsige Bestimmungen zerstreut an den verschiedensten Stellen in den speciellen Theilen des Gesetzbuchs zu finden. So z. B. in Bezug auf die Wandelungs- und Minderungsklage (§§ 477, 480, 490; auch ähnliches in § 638), in Bezug auf Ersatzansprüche in Miethverhältnissen, beim Nießbrauch, beim Pfandrecht, bei unerlaubten Handlungen, bei Auflösung eines Verlöbnisses, bei unehelicher Schwängerung (§§ 558, 638, 852, 1226, 1302, 1715) u. s. w. Von ganz besonderer Bedeutung ist aber die lange Reihe von Fällen abgekürzter Verjährungsfristen, welche die im allgemeinen Theile stehenden §§ 196, 197 enthalten. Sie mögen wegen ihrer praktischen Wichtigkeit im vollen Wortlaute hier stehen:

§ 196. In zwei Jahren verjähren die Ansprüche:

1. der Kaufleute, Fabrikanten, Handwerker und derjenigen, welche ein Kunstgewerbe betreiben, für Lieferung von Waaren, Ausführung von Arbeiten und Besorgung fremder Geschäfte, mit Einschluß der Auslagen, es sei denn, daß die Leistung für den Gewerbebetrieb des Schuldners erfolgt;
2. derjenigen, welche Land- oder Forstwirthschaft betreiben, für Lieferung von land- oder forstwirthschaftlichen Erzeugnissen, sofern die Lieferung zur Verwendung im Haushalte des Schuldners erfolgt;
3. der Eisenbahnunternehmungen, Frachtfuhrleute, Schiffer, Lohnkutscher und Boten wegen des Fahrgeldes, der Fracht, des Fuhr- und Botenlohns, mit Einschluß der Auslagen;
4. der Gastwirthe und derjenigen, welche Speisen oder Getränke gewerbsmäßig verabreichen, für Gewährung von Wohnung und Beköstigung, sowie für andere, den Gästen zur Befriedigung ihrer Bedürfnisse gewährte Leistungen, mit Einschluß der Auslagen;
5. derjenigen, welche Lotterieloose vertreiben, aus dem Vertriebe der Loose, es sei denn, daß die Loose zum Weitervertriebe geliefert werden;
6. derjenigen, welche bewegliche Sachen gewerbsmäßig vermiethen, wegen des Miethzinses;
7. derjenigen, welche, ohne zu den in Nr. 1 bezeichneten Personen zu gehören, die Besorgung fremder Geschäfte oder die Leistung von Diensten gewerbsmäßig betreiben, wegen der ihnen aus dem Gewerbebetriebe gebührenden Vergütungen mit Einschluß der Auslagen;
8. derjenigen, welche im Privatdienste stehen, wegen des Gehalts, Lohnes oder anderer Dienstbezüge mit Einschluß der Auslagen, sowie der Dienstberechtigten wegen der auf solche Ansprüche gewährten Vorschüsse;
9. der gewerblichen Arbeiter — Gesellen, Gehülfen, Lehrlinge, Fabrikarbeiter — der Tagelöhner und Handarbeiter wegen des Lohnes und anderer an Stelle oder als Theil des Lohnes vereinbarter Leistungen, mit Einschluß der Auslagen, sowie der Arbeitgeber wegen der auf solche Ansprüche gewährten Vorschüsse;

10. der Lehrherren und Lehrmeister wegen des Lehrgeldes und anderer im Lehrvertrage vereinbarter Leistungen sowie wegen der für die Lehrlinge bestrittenen Auslagen;

11. der öffentlichen Anstalten, welche dem Unterrichte, der Erziehung, Verpflegung oder Heilung dienen, sowie der Inhaber von Privatanstalten solcher Art für Gewährung von Unterricht, Verpflegung oder Heilung und für die damit zusammenhängenden Aufwendungen;

12. derjenigen, welche Personen zur Verpflegung oder zur Erziehung aufnehmen, für Leistungen und Aufwendungen der in Nr. 11 bezeichneten Art;

13. der öffentlichen Lehrer und der Privatlehrer wegen ihrer Honorare, die Ansprüche der öffentlichen Lehrer jedoch nicht, wenn sie auf Grund besonderer Einrichtungen gestundet sind;

14. der Aerzte, insbesondere auch der Wundärzte, Geburtshelfer, Zahnärzte und Thierärzte, sowie der Hebammen für ihre Dienstleistungen, mit Einschluß der Auslagen;

15. der Rechtsanwälte, Notare und Gerichtsvollzieher, sowie aller Personen, die zur Besorgung gewisser Geschäfte öffentlich bestellt oder zugelassen sind, wegen ihrer Gebühren und Auslagen, soweit nicht diese zur Staatskasse fließen;

16. der Parteien wegen der ihren Rechtsanwälten geleisteten Vorschüsse;

17. der Zeugen und Sachverständigen wegen ihrer Gebühren und Auslagen.

Soweit die im Abs. 1 Nr. 1, 2, 5 bezeichneten Ansprüche nicht der Verjährung von zwei Jahren unterliegen, verjähren sie in vier Jahren.

§ 197. In vier Jahren verjähren die Ansprüche auf Rückstände von Zinsen, mit Einschluß der als Zuschlag zu den Zinsen zum Zwecke allmählicher Tilgung des Kapitals zu entrichtenden Beträge, die Ansprüche auf Rückstände von Mieth- und Pachtzinsen, soweit sie nicht unter die Vorschrift des § 196, Abs. 1 Nr. 6 fallen, und die Ansprüche auf Rückstände von Renten, Auszugsleistungen, Besoldungen, Wartegeldern, Ruhegehalten, Unterhaltsbeiträgen und allen anderen regelmäßig wiederkehrenden Leistungen.

Ganz besonders liegen bei diesen Bestimmungen auch tiefgreifende sozialpolitische Erwägungen zu Grunde, namentlich die Rücksicht auf eine gewisse Versteifung der Rechtsordnung, auf die Verhütung eines durch fortgesetzte Borgung sich anbahnenden Vermögensverfalls auf der einen Seite und die Gewinnung wirthschaftlich erforderlicher Baarmittel und einer wirthschaftlichen Ordnung überhaupt auf der anderen Seite und zwar letzteres insoferne, als die kurze Verjährungsfrist den Gläubiger zur Beitreibung zwingt und ebenso auch deßwegen gegenüber dem Schuldner entschuldigt.

Derartige Gesetze über abgekürzte Verjährungsfristen sind bekanntlich schon vor Jahrzehnten in verschiedenen deutschen Staaten ergangen. So in Bayern namentlich das Ges. vom 26. März 1859. Dieses Gesetz hatte übrigens noch etwas längere Fristen, 3 und 5 Jahre, vorgesetzt, während das BGB. in den §§ 196, 197 2 und 4 Jahre bestimmt. Jenes bayr. Gesetz ist nunmehr außer Kraft getreten (Bayr. AusfGes. v. 9. Juni 1899 Art. 175 Ziff. 14), vorbehaltlich natürlich der Ueberleitungsvorschriften in Art. 169, 174 EG. z. BGB.

In Betracht kommt übrigens das Bayr. AusfGes. auch noch in anderer Richtung, nämlich insoferne dasselbe in Bezug auf landesrechtlich begründete Ansprüche

a. nach den Art. 58, 59 für gewisse Schadensersatzansprüche auf dem Gebiete der Haftpflicht bei Benützung öffentlicher Grundstücke oder Gewässer zu Anlagen oder Betrieben abgekürzte Verjährungsfristen (zwei Jahre) bestimmt und

b. in Art. 175 Ziff. 16 auch das Bayr. Ges. v. 29. Sept. 1861 über Verjährung der Forderungen aus Staatsschuldurkunden der Staatsschuldentilgungskassa zur Aufhebung bringt.

Ganz besonders wichtig sind die Art. 122 fg., welche sich

durchaus beziehen auf Ansprüche aus Rechtsverhältnissen des öffentlichen Rechts und Grundgefällen.

So setzt

a. Art. 122 eine besondere Verjährungsfrist bei Haftungen eines Grundstücks für Leistungen, die auf Grund eines Rechtsverhältnisses des öffentlichen Rechts von dem Grundstücke zu entrichten sind. Die Haftung für fällige Leistungen erlischt nämlich mit dem Ablaufe von zwei Jahren nach dem Eintritte des Zeitpunkts, von dem an die Leistung gefordert werden kann, wenn nicht vorher die Beschlagnahme des Grundstücks erfolgt ist.

b. Nach Art. 124 und 125 erlöschen die Ansprüche aus Rechtsverhältnissen des öffentlichen Rechts auf eine Geldzahlung, welche sowohl

α) für den Staat, eine Gemeinde oder einen anderen Kommunalverband, als auch

β) gegen den Staat, eine Gemeinde oder einen anderen Kommunalverband

entstanden sind, soweit nichts Anderes vorgeschrieben ist mit dem Ablaufe von drei Jahren, im Falle *α* aber nur dann, wenn die Thatsachen festgestellt sind, auf welchen der Anspruch beruht.

Ueber die näheren Modalitäten dieser Verjährung, Fristenlauf, Hemmung und Unterbrechung, Rückwirkung u. s. w. enthalten nähere Bestimmungen die Art. 124, 125, 127.

c. Nach Art. 126 finden die Vorschriften des Art. 124 entsprechende Anwendung auf die Ansprüche der Kirchen, der Geistlichen und der sonstigen Kirchenbediensteten wegen der Gebühren für kirchliche Handlungen, auf die Ansprüche einer Genossenschaft des öffentlichen Rechts*), auf

*) Solche sind z. B. die bayr. Be- und Entwässerungsgenossenschaften.

Leistungen, die den Mitgliedern aus dem Genossenschaftsverband obliegen, sowie auf die Ansprüche auf Brückenzölle, Pflasterzölle, die auf Grund eines besonderen Rechtsverhältnisses an eine Privatperson zu entrichten sind.

d. Die Verjährungsbestimmungen der Art. 125 und 126 gelten auch für Ansprüche auf Rückerstattung mit Unrecht erhobener Abgaben, Kosten eines Verfahrens und Leistungen der im Art. 125 Abs. 1 bezeichneten Art. —

Zu betonen ist der wesentliche begriffliche Unterschied, welchen das BGB. zwischen der Verjährungsfrist und einer Präclusiv- oder Ausschlußfrist macht.

Weyl*) charakterisirt diesen Unterschied dahin, „daß die Präclusivfrist eine auflösende Befristung darstellt, die dem Rechte von Anfang an derartig innewohnt, daß mit Eintritt des Schlußtermins das Recht ganz von selbst erlischt, während ein der Verjährung unterworfener Anspruch an sich eine zeitliche Begrenzung nicht hat und nur in Folge der Unthätigkeit des Berechtigten schließlich erlischt." Der Unterschied ist nicht etwa blos theoretischer Natur, sondern recht praktisch. So hat der Richter die Ausschlußfrist von Amtswegen zu beachten, während, wie schon erwähnt, die Verjährung durch Einrede geltend gemacht werden muß. Die Verjährung betrifft nur „Ansprüche"; Ausschlußfristen kommen in Bezug auf Rechte aller Art vor. Wo das BGB. Verjährungsnormen auch auf Ausschlußfristen angewendet wissen will, ist darauf eigens verwiesen.

Zur Regelung der Verjährungsverhältnisse geht das BGB. in 31 Paragraphen sehr ins Einzelne. Soweit es zur Orientirung nöthig ist, möge darüber noch Folgendes ange-

*) Vorträge, Bd. 1 S. 292.

deutet sein. Vorauszuschicken ist nochmals, daß hiebei, wie schon früher angedeutet wurde, einige feste terminologische Begriffe in Betracht kommen, insbesondere die Begriffe von **Hemmung** und **Unterbrechung** der Verjährung. Der Unterschied ist nicht blos formeller Natur, sondern von **sachlicher Bedeutung**. Denn bei der Hemmung wird nur der **bezügliche** Zeitraum, d. h. die Dauer der Hemmung, in die Verjährungszeit nicht eingerechnet (§ 205), während bei der Unterbrechung der ganze vorher bis zum Eintritt derselben verflossene Zeitraum fortan außer Betracht bleibt. Es beginnt eine ganz neue Verjährung, aber auch diese erst von da an, wenn die Unterbrechung beendigt ist.

a. **Beginn der Verjährung.** **Regel** ist, daß die Verjährung in Lauf kommt, sobald der Anspruch als solcher entstanden oder bei Ansprüchen auf ein Unterlassen eine Zuwiderhandlung erfolgt ist (§ 198). Neben dieser Regel stehen aber nach verschiedenen Sonderbestimmungen auch eine Reihe specieller, den bezüglichen Rechtsverhältnissen angepaßter Vorschriften. So z. B. sofort nebenan in den §§ 199, 200, 201. Danach beginnt der Lauf der Verjährung bei Ansprüchen, welche auf Kündigung stehen, erst mit dem Zeitpunkte, von welchem an die Kündigung zulässig ist oder sogar noch später, wenn zur Entstehung einer Leistungspflicht erst noch eine bestimmte Frist seit der Kündigung verstrichen sein muß. Hier wird der Beginn der Verjährung auch noch um die Dauer dieser Frist hinausgeschoben (§ 199). Hängt die Entstehung eines Anspruchs davon ab, daß der Berechtigte von einem Anfechtungsrechte Gebrauch macht, so beginnt die Verjährung (hier namentlich nicht zu verwechseln mit der Ausschlußfrist zur Geltendmachung der Anfechtung selbst) mit dem Zeitpunkte, von welchem an die Anfechtung zulässig ist. Ausgenommen sind hievon die Fälle, in denen die Anfechtung sich auf ein familienrechtliches Verhältniß bezieht (§ 200).

Ganz besonders hervorzuheben ist auch noch, daß bei der abgekürzten Verjährung nach den vorerwähnten §§ 196, 197 der Verjährungslauf immer erst beginnt mit dem Schlusse desjenigen Jahres, in welchem der nach §§ 198, 199, 200 maßgebende Zeitpunkt, also für die Regel die Entstehung des Anspruchs eingetreten ist. Kann die Leistung erst nach einer diesen Zeitpunkt überragenden Frist begehrt werden, so beginnt die Verjährung sogar erst am Schlusse desjenigen Jahres, in welchem jene Frist abläuft (§ 201).*)

b. Hemmung. Die Fälle, in denen nach den §§ 202, 203, 204 eine Hemmung der Verjährung eintritt, sind:

α. Hemmung besteht, solange die Leistung gestundet ist oder der Verpflichtete aus einem anderen Grunde vorübergehend zur Verweigerung der Leistung berechtigt ist (§ 202 Abs. 1). Ausgenommen sind hier aber verschiedene im Abs. 2 eigens bezeichnete Einreden.

β. Weiter tritt Hemmung ein, soferne bei einem Stillstand der Rechtspflege (nicht blos Behinderung des persönlichen Verkehrs mit dem Gerichte) der Berechtigte an der Rechtsverfolgung gehindert ist, oder soferne die gleiche Verhinderung auf eine andere Weise, aber durch höhere Gewalt herbeigeführt worden ist. In beiden Fällen kommt aber der Hemmungsgrund nur dann in Betracht, wenn er innerhalb der letzten sechs Monate der Verjährungsfrist besteht (§ 203).

*) Vgl. auch z. B. die Art. 59, 122 fg. des bayr. AusfGes. für landesrechtliche Fälle.

γ. Zwischen bestimmten Personen besteht Hemmung der Verjährung eines Anspruchs auf die Dauer des Bestandes eines bestimmten Verhältnisses und zwar:
zwischen Ehegatten während Bestandes der Ehe;
zwischen Eltern und Kindern während der Minderjährigkeit der Letzteren;
zwischen Vormund und Mündel während der Dauer des Vormundschaftsverhältnisses (§ 204).

c. Hinderung der Vollendung der Verjährung. In dieser Hinsicht kommen in Betracht die §§ 206, 207. Sie regeln bestimmte Zusatzfristen zur an sich bestehenden Verjährungsdauer. Solche Fälle sind:

α. wenn eine geschäftsunfähige oder in der Geschäftsfähigkeit beschränkte Person ohne gesetzlichen Vertreter ist. Hier kann die gegen sie laufende Verjährung erst vollendet werden mit dem Ablaufe von sechs Monaten nach demjenigen Zeitpunkte, in welchem entweder die betreffende Person geschäftsfähig wird oder der Mangel der Vertretung aufhört. Ist die Verjährungsfrist selbst kürzer als sechs Monate, so tritt ihre Dauer als Zusatzfrist an die Stelle derjenigen von sechs Monaten. Alles dieses fällt aber weg, soweit eine in der Geschäftsfähigkeit nur beschränkte Person prozeßfähig ist (§ 206).

β. Analoge Vorschriften bestehen nach § 207 für die Verjährung eines Anspruchs, der zu einem Nachlasse gehört oder sich gegen einen Nachlaß richtet.

d. Unterbrechung. Eine Unterbrechung der Verjährung mit der schon vorhin (S. 456) gekennzeichneten Rechtsfolge kann eintreten durch Rechtsvorgänge auf Seite des

Verpflichteten, wie auf Seite des Berechtigten, aber nur durch solche, welche im Gesetze eigens mit jener Wirkung ausgestattet sind.

α. Auf Seite des Verpflichteten bewirkt Unterbrechung ein von demselben ausgegangenes Anerkenntniß des Anspruchs. Dasselbe braucht nicht den Charakter eines formalisirten Rechtsgeschäftes an sich zu tragen. Nach §208 kann es auch erfolgen durch Abschlagzahlung, Zinszahlung, Sicherheitsleistung oder in anderer Weise. Der letztere Ausdruck lautet ganz allgemein und wirkt deßhalb auch eben so. Es gehört z. B. auch ein Ansuchen um Stundung, oder die nachträgliche Ausstellung eines Schuldscheins an Stelle einer Schuld für Waaren oder Dienste u. dgl. hieher.

β. Auf Seite des Berechtigten ergibt sich eine Unterbrechung der Verjährung nach §§ 209 fg. immer als Folge der Erhebung einer Klage, sei es der Leistungs- oder Feststellungsklage. Auch die Klage auf Ertheilung der Vollstreckungsklausel (CPO. § 731), sowie eines Vollstreckungsurtheils (zu einem ausländischen Urtheil: CPO. § 72) hat die gleiche Rechtswirkung. Zur Erhebung der Klage gehört auch die rechtsförmliche Zustellung des bezüglichen Schriftsatzes (CPO. § 253 fg.).

Außergerichtliche Mahnung oder Einlegung einer Rechtsverwahrung haben die Rechtswirkung einer Unterbrechung der Verjährung nicht.

Einer Klagserhebung stehen dagegen auch verschiedene andere prozessuale Vorgänge gleich. Der § 209 benennt in dieser Hinsicht die: Zustellung eines Zahlbefehls im Mahnverfahren — Anmeldung des Anspruchs im Konkurse — Geltendmachung des Anspruchs im Wege der Aufrechnung im Prozesse

— Streitverkündung in dem Prozesse, von dessen Ausgang der Anspruch abhängt — Vollstreckungshandlungen, beziehungsweise Vollstreckungsanträge. Hängt die Zulässigkeit des Rechtswegs von der Vorentscheidung einer Behörde ab, z. B. derjenigen des Verwaltungsgerichtshofs über das Verschulden eines Beamten, oder hat erst die Bestimmung des zuständigen Gerichts durch ein oberes Gericht zu erfolgen, so wird schon durch Einreichung des hierauf bezüglichen Gesuchs die Verjährung wie durch Klageerhebung unterbrochen, soferne die Klage binnen drei Wochen nach Erledigung des Gesuchs wirklich erhoben wird (§ 210).

Ueber verschiedene mit der Unterbrechung durch Prozeßvorgänge zusammenhängende Einzelfragen, insbesondere die fictive Wiederbeseitigung der Klageunterbrechung („gilt als nicht erhoben"), enthalten die §§ 211 Abs. 2, 212 fg. verschiedene Einzelvorschriften.

Die Unterbrechung durch Klageerhebung dauert fort, bis der Prozeß rechtskräftig entschieden oder anderweit erledigt ist (§ 211 Abs. 1), die Unterbrechung durch Anmeldung im Konkurse, bis dieser beendigt ist (§ 214 Abs. 1).

Besonders hervorzuheben ist hier noch, daß bei Geltendmachung des Anspruchs vor einem Schiedsgericht, vor einem besonderen Gerichte (z. B. einem Gewerbegericht), vor einem Verwaltungsgerichte oder einer Verwaltungsbehörde, die auf Punkte des Verfahrens bezüglichen Vorschriften der §§ 209 bis 213, 215, 216, 218, 219 entsprechende Anwendung finden (§ 220).

Ist ein Anspruch rechtskräftig festgestellt, so läuft für ihn fortan eine dreißigjährige Verjährung, auch wenn er an sich einer kürzeren Verjährung unterliegen würde. Nur dann, wenn jene Feststellung sich auf wiederkehrende, erst künftig fällig werdende Leistungen handelt, bleibt es für die einzelnen Leistungen bei der einschlägigen kürzeren Verjährungsfrist. Dem rechtskräftig festgestellten Anspruch stehen gleich der vollstreckbare Vergleich, eine vollstreckbare Urkunde, sowie ein Anspruch, welcher durch Feststellung im Konkurse vollstreckbar geworden ist (§ 218).

Fünftes Kapitel.

Sicherheitsleistung.

I. Im letzten Abschnitte des allgemeinen Theils, §§ 232 fg., enthält das BGB. auch noch eine Reihe von Bestimmungen über Sicherheitsleistungen. Solche kommen vor sowohl

1. nach einer großen Anzahl von verschiedenartigen gesetzlichen Vorschriften, welche theils dem bürgerlichen Rechte, theils dem Gebiete des civil- und strafrechtlichen Verfahrens, theils auch dem öffentlichen Rechte (man denke z. B. nur an Beamtenkautionen), angehören — wie auch
2. auf Grund von rechtsgeschäftlichen Bestimmungen, insbesondere von Verträgen, speciell Accordverträgen über Lieferungen oder Arbeiten für Private, Korporationen oder den Staat. Bei dem ganz allgemein lautenden Eingange des BGB. § 232: „Wer Sicherheit zu leisten hat ꝛc. kann dies ꝛc." ist anzunehmen, daß sich die Normen der § 232 fg. BGB. auf das eben gekennzeichnete Gesammtgebiet erstrecken, soweit sich nicht in den Gesetzen der einen oder anderen Art (Gesetz im weitesten Sinne genommen), specielle Bestimmungen abweichenden Inhalts (vgl. z. B. § 108 CPO.) vorfinden. Ebenso kann auch auf dem Gebiete der Rechtsgeschäfte, soweit die Normen für dieselben dispositiver Natur sind, etwas anderes bestimmt werden.*)

*) Vgl. auch Art. 90 EG. z. BGB.

Keinen Unterschied begründet es auch, ob derjenige, welcher eine Sicherheit zu leisten hat, aus dem einen oder anderen Rechtsgrunde dazu verpflichtet oder nur berechtigt ist, um dadurch eine gewisse Rechtswirkung zu erzielen.

II. Die Sicherheit kann geleistet werden entweder in Gestalt von Sachwerthen oder einer persönlichen Intercession (Bürgschaft). Von beiden Sicherheitsarten handelt § 232 BGB.

1. Im Abs. 1 zählt die Gesetzesstelle fünf Arten der Realsicherheit auf, unter denen der Sicherheitsleistende (mangels gegentheiliger Specialbestimmungen) die Wahl hat („kann"), die er aber natürlich auch mit einander verbinden darf. Diese fünf Arten sind:
   a. Hinterlegung von Geld oder Werthpapieren;
   b. Verpfändung von Forderungen, die in das Reichsschuldbuch oder in das Staatsschuldbuch eines Bundesstaats*) eingetragen sind;
   c. Verpfändung beweglicher Sachen;
   d. Bestellung von Hypotheken an inländischen (d. h. deutschen) Grundstücken;
   e. Verpfändung von Forderungen, für die eine Hypothek an einem inländischen Grundstücke besteht, oder durch Verpfändung von Grundschulden oder Rentenschulden an inländischen Grundstücken.
2. Im Abs. 2 erwähnt § 232 die Stellung eines tauglichen Bürgen, erklärt sie aber nur als zulässig, wenn die Sicherheit in anderer Weise nicht geleistet werden kann.

III. In den §§ 234 bis 239 gibt nun das BGB. zu den einzelnen Sicherheitsarten noch näher bestimmende und

---

*) Gibt es für Bayern z. Zt. nicht.

begrenzende Zusatzvorschriften, aus denen Folgendes hervorgehoben sein möge.

1. Zu der am meisten gebräuchlichen Sicherheitsleistung mit Werthpapieren sind letztere nur dann geeignet, wenn sie
   a. auf den Inhaber lauten,
   b. einen Kurswerth haben, und
   c. einer Gattung angehören, in der Mündelgeld angelegt werden darf.

   Den Werthpapieren stehen mit Blankoindossament versehene Ordrepapiere gleich. Zins-, Renten-, Gewinnantheil- und Erneuerungsscheine sind mit zu hinterlegen. Der Bemessung der Höhe der Sicherheit ist der Kurswerth der Werthpapiere zu Grund zu legen, wobei nur mehr drei Viertheile dieses Kurswerths angeschlagen werden dürfen (§ 234).

   Ueber den Umtausch von Geld und Werthpapieren bestimmt § 235.

2. Bewegliche Sachen als Mittel zur Sicherheitsleistung sind
   a. nur verwendbar in der Höhe von zwei Dritttheilen ihres Schätzungswerths, und
   b. können zurückgewiesen werden, wenn deren Verderb zu besorgen oder ihre Aufbewahrung mit Schwierigkeiten zu besorgen ist (§ 237).

3. Eine Hypothek, Grundschuld oder Rentenschuld ist zur Sicherheitsleistung nur tauglich, soweit sie am Orte der letzteren auch zur Anlegung von Mündelgeld verwendet werden könnte (§ 238 Abs. 1).

   Eine Forderung, für die eine Sicherungshypothek besteht, ist zur Sicherheitsleistung nicht verwendbar (§ 238 Abs. 2).

4. Ein Bürge gilt nur dann als tauglich, wenn er seinen allgemeinen Gerichtsstand im Inlande hat und ange-

messenes Vermögen in solcher Höhe besitzt, wie sie der zu leistenden Sicherheit entspricht (§ 239).

Die Bürgschaftserklärung muß selbstverständlich den allgemeinen Erfordernissen entsprechen, also auch nach § 766 schriftlich abgefaßt sein, und nach Vorschrift des § 239 den Verzicht auf die Einrede der Vorausklage enthalten.

IV. Die geleistete Sicherheit ist zu ergänzen oder durch eine andere zu ersetzen, wenn sie ohne Verschulden des Berechtigten unzureichend wird.

V. An hinterlegtem Geld oder hinterlegten Werthpapieren erwirbt der Berechtigte ein Pfandrecht, deßgleichen im Falle eines Eigenthumsübergangs nach Art. 145 EG. ein Pfandrecht an der Forderung auf Rückerstattung.

Zweiter Abschnitt.

Einzelne Schuldverhältnisse.

Erstes Kapitel.

Einleitendes.

Im 7. Abschnitt des zweiten Buchs regelt das BGB. in 420 Paragraphen eine lange Reihe einzelner Schuldverhältnisse, welche sich als Grunderscheinungen im gewöhnlichen Rechtsleben darstellen. Diese Typen von Schuldverhältnissen können sich natürlich auch unter sich combiniren und, soweit der Grundsatz der Vertragsfreiheit reicht, können durch Vereinbarung da und dort auch noch andere Formen zur Ausgestaltung kommen.

Im Bereiche der meisten dieser einzelnen Schuldverhältnisse ließen sich auch Beziehungen zum öffentlichen Leben und zu öffentlich-rechtlichen Verhältnissen herausfinden, zumal vielfach auch jene Rechtspersönlichkeiten, deren rechtliche Existenz im öffentlichen Rechte wurzelt, zeitweise oder ständig in privatrechtliche Verhältnisse, namentlich auf vermögensrechtlichem Gebiete, eintreten — der Staat nicht minder, wie die Gemeinden, Stiftungen u. s. w.

Eine Entdeckungsreise in dieser Richtung wäre an sich ergiebig und nutzbar. Schon eine nur kleine Erwähnung von Beispielen aus Titeln, welche dies nicht sofort vermuthen lassen, bringt dies zu klarer Anschauung:

1. Schon bei dem häufigsten Privatrechtsgeschäfte, dem Kauf (oder auch Tausch), ergeben sich, wenn es sich um den sog. Viehkauf und die Viehgewährschaft handelt, Beziehungen zum Veterinärwesen und den Viehmarktangelegenheiten.
2. Aus dem Rechtsgebiete der Schenkungen sei nur nochmals rückerinnert z. B. an die schon früher (S. 25 fg., 162 fg.) behandelten Schenkungen an geistliche Gesellschaften.
3. In den Bereich der Darlehensverhältnisse gehören auch die Normen über die Pfanddarlehen, wovon schon früher die Rede war, aber auch die Vorschriften über vielerlei Arten von Inhaberpapieren. Einigermaßen fallen hieher auch die Verhältnisse der Sparkassen. Zu dem, was deßfalls schon früher bemerkt wurde, sei noch kurz Folgendes angefügt. Im Art. 99 EG. z. BGB. sind eigens vorbehalten die landesgesetzlichen Vorschriften über die öffentlichen Sparkassen unbeschadet der Vorschriften des BGB.
   a. über Anlegung von Mündelgeld;
   b. in § 808 über die sog. qualificirten Legitimationspapiere, zu denen auch Sparkassabücher gehören können, namentlich in Hinsicht auf Einlösung derselben.

Auf Grund jenes Art. 99 EG. hat das Bayr. AG. z.

BGB. in den Art. 109 bis 121 eingehende Bestimmungen über Rechtsverhältnisse bei öffentlichen Sparkassen getroffen. So verordnet Art. 109 sichtlich im Interesse der Sparsamkeit, daß bei einer öffentlichen Sparkasse Spareinlagen auch gemacht werden können von Ehefrauen ohne Zustimmung des Ehemannes, von Minderjährigen und „anderen" in der Geschäftsfähigkeit beschränkten Personen ohne Einwilligung des gesetzlichen Vertreters. Daß das Gleiche nicht gilt für Geschäftsunfähige, insbesondere geschäftsunfähige Minderjährige ist selbstverständlich, ist übrigens auch der ganzen Fassung des Art. 109 zu entnehmen.

Art. 110 AG. schließt sich an den schon erwähnten § 808 BGB. an in Hinsicht auf die Auszahlung von Guthaben, während die Art. 111—120 die Kraftloserklärung von Sparurkunden und das damit Zusammenhängende regeln. Nach Art. 121 endlich finden die Bestimmungen der Art. 110 bis 120 auch auf die schon vor dem 1. Jan. 1900 ausgegebenen Sparurkunden Anwendung.

4. Ein Rechtsgeschäft, welches ein vollgültiges Schuldverhältniß begründen kann, ist die Auslobung. Das BGB. versteht darunter zunächst die im Wege öffentlicher Bekanntmachung sich vollziehende Aussetzung einer Belohnung für die Vornahme einer Handlung, insbesondere für die Herbeiführung eines Erfolgs. Wie von Privaten, kommen solche Auslobungen auch von Seite des Staates, von Gemeinden und anderen Korporationen vor und zwar häufig direkt im öffentlichen Interesse, wie z. B. bei Belohnungen auf Entdeckung eines Verbrechers. Die hiebei sich ergebenden Ansprüche und Verpflichtungen regeln die §§ 657 fg. BGB. Namentlich ist in § 659, 660 die Frage behandelt, wem die Belohnung gebührt oder wieweit der Einzelne daran Theil

nimmt, wenn die fragliche Handlung mehrmals vorgenommen wurde oder zu dem fraglichen Erfolge Mehrere mitgewirkt haben. Es sind dies Punkte, welche schon vielfältig zu Erörterungen und Streitigkeiten Anlaß gegeben haben.

Eine Unterart der Auslobung ist das Preisausschreiben, wie es so vielfach auf wissenschaftlichem und künstlerischem Gebiete, namentlich von Seite des Staats und verschiedenartiger Körperschaften, Vereine u. s. w., vorkommt. § 661 BGB. gibt darüber einige nothwendige Sondervorschriften bezüglich der Rechtsverbindlichkeit, Preisbewerbung und Preiszuerkennung. Interessant ist der Schlußabsatz der ganzen Gesetzesstelle, wonach die Uebertragung des Eigenthums an dem Werke der Auslobende nur verlangen kann, wenn er in der Auslobung eigens bestimmt hat, daß jene Uebertragung erfolgen solle.

5. Eine weittragende Gruppe von Rechtsvorschriften des BGB. ist die der §§ 812 fg. über die ungerechtfertigte Bereicherung. Sie behandeln namentlich Fälle, welche in das früher nach röm. Rechte sogenannte Condictionenrecht gehören, namentlich unter den alten Begriff der condictio sine causa und der condictio indebiti fallen würden. Vielfach streitig ist nun bisher gewesen, ob ein Anspruch auf Rückzahlung mit Unrecht erhobener öffentlicher Abgaben (an den Staat, an Gemeinden u. s. w.) oder Kosten eines Verfahrens als ein privatrechtlicher oder als ein rein öffentlichrechtlicher zu betrachten und zu behandeln sei. Ersteren Falles müßten jetzt die Grundsätze des BGB. über ungerechtfertigte Bereicherung angewendet werden und wären die Gerichte folgerichtig zuständig. Letzteren Falles ist die Frage selbstverständlich ganz nach öffentlichem Rechte zu behandeln und sind die

bezüglichen Verwaltungsbehörden, in letzter Instanz der Verwaltungsgerichtshof, zur Entscheidung zuständig. Das Uebergewicht der Meinungen hatte sich bisher schon auf die letztere Seite geneigt. Jetzt ist vollends die Frage gesetzlich entschieden. Im Art. 104 EG. z. BGB. steht eigens geschrieben: „Unberührt bleiben die landesgesetzlichen Vorschriften über den Anspruch auf Rückerstattung mit Unrecht erhobener öffentlicher Abgaben oder Kosten eines Verfahrens." Auf Grund dieses Vorbehalts, welcher sich sowohl auf die Frage der Statthaftigkeit, wie auf die zulässige Dauer u. s. w. der Rückforderung bezieht, sind nun in die Gruppe des bayr. AusfGes. z. BGB. Art. 122 fg., welche von Ansprüchen aus Rechtsverhältnissen des öffentlichen Rechtes handelt, bezügliche Vorschriften eingestellt und zwar, wie sich aus den Motiven zu Art. 113 Entw.*) ergibt, eigens zu dem Zwecke, um jene Zweifel und Meinungsstreite abzuschneiden. Der jetzige Art. 125 AG., welcher von Ansprüchen gegen den Staat, eine Gemeinde oder einen anderen Kommunalverband aus einem Rechtsverhältnisse des öffentlichen Rechts handelt, sagt im Abs. 3 eigens: „Diese Vorschriften gelten insbesondere auch für die Ansprüche auf Rückerstattung mit Unrecht erhobener Abgaben oder Kosten eines Verfahrens." Im Art. 126 Abs. 2 sind dieselben Vorschriften auch erstreckt auf Ansprüche auf Rückerstattung mit Unrecht erhobener Leistungen der im Art. 126 Abs. 1 bezeichneten Art. Die letztere Stelle aber handelt von

a. den Ansprüchen der Kirchen, der Geistlichen und der sonstigen Kirchenbediensteten wegen der Gebühren für kirchliche Handlungen;

*) Becher, Mat. Abthl. IV/V Bd. 1 S. 129.

b. auf die Ansprüche einer Genossenschaft des öffentlichen Rechts auf Leistungen, die den Mitgliedern aus dem Genossenschaftsverbande obliegen;
c. auf die Ansprüche auf Brückenzölle, Pflasterzölle und ähnliche Abgaben, die in Folge eines besonderen Rechtsverhältnisses an eine Privatperson zu richten sind.

Wegen der Verjährung aller dieser und jener Rückersatzansprüche vgl. oben S. 454.

Abgesehen nun von derartigen Einzelnheiten enthält der specielle Theil des Rechts der Schuldverhältnisse im BGB. noch unterschiedliche Titel, welche größere, auch die Verwaltung wesentlich berührende oder doch wenigstens interessirende Parthien behandeln. Von diesen soll verschiedenes in Nachstehendem noch eigens betrachtet werden.

Zweites Kapitel.

Miethe und Pacht.

I. Miethe. Der Miethvertrag verpflichtet nach BGB. § 535 den Vermiether, dem Miether den Gebrauch der vermietheten Sache während der Miethzeit zu gewähren. Das Miethverhältniß kann sich also nur auf körperliche Sachen erstrecken, nicht auch, wie der Pachtvertrag, auf Rechte.

Darin liegt neben Anderem von vorneherein ein wesentlicher Unterschied beider Begriffe. Beispielsweise wird z. B. eine reale Wirthschaftsgerechtigkeit gepachtet, nicht gemiethet. Als miethbare Sachen kommen aber sowohl bewegliche als unbewegliche Sachen in Betracht und von letzteren nicht blos Gebäude, sondern auch unbebaute Grundstücke. Miethen kann man z. B. auch ein Pferd bei einem Stallmeister zu einem Spazierritt, ein Schlittschuhpaar auf einem Eisplatze, ein Buch in einer Leihbibliothek, ebenso auch gerade so gut einen Lagerplatz auf einem Anger, einen Stall in einem Stallgebäude, wie ein Wohngebäude ganz oder in Theilen. Wesentlich ist immer die Verabredung einer Gegenleistung, sei es in Geld oder in anderer Weise, auch in der Leistung von Diensten, z. B. als Hausmeister. Fehlt eine Gegenleistung, so liegt Leihe vor (§§ 598 fg.).

In socialer Hinsicht tritt besonders die Wohnungsmiethe in Bedeutung. Sie spielt bekanntlich namentlich in den städtischen Gemeinwesen tagtäglich eine hervorragende Rolle. Sie ist es daher auch, welche hier unsere besondere Aufmerksamkeit in Anspruch nimmt. Denn gerade sie kommt in verschiedener Hinsicht auch für den Wirkungskreis der Polizeibehörden nach verschiedener Richtung in Betracht. Dies gilt sowohl unmittelbar in besonderen Einzelrichtungen, in denen den Polizeibehörden besondere Befugnisse in Bezug auf Miethangelegenheiten zustehen (wie z. B. in Bezug auf Miethräumung und Regelung der Umzüge nach Art. 92 EG. oder in Bezug auf Bewohnungskonsense bei Neubauten*), wie auch mittelbar in Bezug auf die Aufgaben der Sanitäts-, Sittlichkeits- und selbst Sicherheitspolizei. Endlich steht es mit den Gepflogenheiten des löblichen Publikums trotz mancher längst eingetretenen Aenderung der Zuständigkeit thatsächlich doch noch so, daß es bei Miethdifferenzen meist zuerst auf die Polizei läuft, um sich Hülfe oder wenigstens Aufklärung zu erholen (d. h. bei derjenigen Behörde, über welche Publikus meist zuerst und ausgiebigst raisonnirt!). Die mit Miethangelegenheiten befaßten Polizeibeamten werden daher nicht umhin können, sich eine nähere Kenntniß auch der Rechtslage nach bürgerlichem Gesetzbuche anzueignen.**)

Was in Letzterem gesagt ist über die Miethe

*) Vgl. auch den neuesten Gesetzentwurf zur Ergänzung des PolStGB.

**) Ganz besonders zu empfehlen: Arnold, die Wohnungsmiethe nach dem Bürgerl. Gesetzbuche. München 1899.

von Grundstücken im Allgemeinen, gilt auch speciell für die Miethe von Wohnräumen und anderen Räumen (§ 580).

I. Der Abschluß eines Miethvertrags*) bedarf zu seiner Rechtsgültigkeit an sich keiner besonderen Form. Er kann daher nach der Regel auch mit Rechtswirksamkeit lediglich mündlich abgeschlossen werden. Eine beschränkte Ausnahme enthält § 566, insoferne dort für einen auf längere Zeit als ein Jahr abgeschlossenen Miethvertrag über ein Grundstück, also auch über eine Wohnung schriftliche Form erfordert wird. Durch Nichtanwendung dieser Form wird aber hier der Vertrag nicht ungültig, sondern er gilt nur als für unbestimmte Zeit geschlossen und es tritt eine Sonderbestimmung für die Kündigung ein.

Besonders bei der Wohnungsmiethe ist es sehr gebräuchlich, die Miethverträge schriftlich festzustellen. Dies geschieht namentlich dann, wenn es darauf ankommt, von den meist nur dispositiven Normen des Gesetzbuchs Abweichungen zu vereinbaren. In einem solchen Falle hat — abgesehen von der obenerwähnten Ausnahme — das Schriftstück eben den Charakter einer Beweisurkunde.

Für die Verabredung von Abweichungen vom BGB. empfiehlt sich, namentlich auf Seite der Miether, große Vorsicht. Es ist nicht immer gut, solche Vortheile aufzugeben, welche das BGB. aus Gründen der Gerechtigkeit und der Socialpolitik eigens für die Miether vorgesehen hat. Jene Miethvertragsformulare aber, welche z. B. hier in München von einer Koalition von Vermiethern bereits aufgestellt sind, gehen natürlich auf deren Vortheil hinaus! Was freilich lediglich zur Sicherung gegen faule Miether, deren es ja genug gibt, dienen soll, ist nicht zu beanstanden.

*) Zur Frage, ob, inwieweit und mit welchen Wirkungen namentlich ein Minderjähriger einen Miethvertrag schließen kann, wie es so oft vorkommt, vgl. BGB. § 110 fg., sowie Arnold a. a. O. S. 11 fg.

Das gegenseitige Verhältniß von Rechten und Pflichten des Vermiethers einer- und des Miethers andererseits ist nicht immer ein ganz einfaches.

In möglichster Kürze sei aus den dafür vom BGB. gegebenen eingehenden Vorschriften nachfolgend auszugsweise Einiges bemerkt, vorher aber noch Folgendes eingeschaltet.

Bei den gewöhnlich mit Benützung von Formularen hergestellten Miethverträgen für Wohnungsmiethen wird meist auch auf die Beobachtung der „Hausordnung" verwiesen. Soweit deren Positionen zwischen den Parteien als maßgebend vereinbart oder als vereinbart zu betrachten sind, gelten sie als Bestandtheile des Miethvertrags, bindend für beide Theile. Ein anderer, sehr häufig in Frage kommender Punkt ist aber der, ob es auch dem Vermiether zusteht, nachträglich und einseitig zu der vereinbarten Hausordnung noch zusätzliche Anordnungen zu treffen, m. a. W. ob solche Nachträge Vertragswirkungen zu erzeugen geeignet sind. Arnold a. a. O. S. 25 fg. erörtert diese Frage im Prinzip wie in Einzelnheiten. Nach seinem Standpunkte kommt es darauf an, ob jene Nachtragsanordnungen lediglich im Bereiche der Pflicht des Vermiethers, für die Ordnung im Hause und die Fernhaltung von Störungen des Zusammenwohnens mehrerer zu sorgen, sowie seines Rechtes, Maßregeln zum Schutze des Gebäudes zu treffen, gelegen sind oder ob dadurch das vertragsmäßige Gebrauchsrecht des Miethers eingeschränkt oder (direkt oder indirekt) die Gegenleistung des Miethers vertheuert wird. Im ersteren Falle läßt Arnold Anordnungen fraglicher Art zu, im letzteren Falle aber nicht. Danach beurtheilt derselbe Schriftsteller eine Reihe von Einzelbestimmungen, macht aber auch darauf aufmerksam, daß Bestimmungen der Hausordnungen, welche nur zur Umgehung zwingender Gesetzesvorschriften dienen sollen, überhaupt ungültig sind. Das gilt natürlich gerade so auch für die Bestimmungen des Grundvertrags.

II. Die allgemeinen gesetzlichen Verpflichtungen beider Theile bei der Wohnungsmiethe faßt Arnold S. 30 fg. nach dem BGB. zusammen in folgende kurze Sätze:

A. Der Vermiether ist verpflichtet:

a. dem Miether die vermiethete Wohnung in einem zu dem vertragsmäßigen Gebrauch geeigneten Zustande rechtzeitig zu überlassen (BGB. §§ 536, 542);

b. die Wohnung während der Miethzeit in diesem Zustande zu erhalten (§ 536);

c. dem Miether den vertragsmäßigen Gebrauch der Wohnung während der Miethzeit zu gewähren (§ 535);

d. die auf der Sache ruhenden Lasten seinerseits zu tragen (§ 546).

B. Der Miether aber ist verpflichtet:

a. mit dem Zeitpunkte, in welchem ihm die Wohnung (nach Vertrag) eingeräumt wird, dieselbe auch in Obhut zu nehmen (§ 545);

b. die Wohnung vertragsgemäß zu gebrauchen (§ 550);

c. den vereinbarten Miethzins zu entrichten;

d. die Wohnung nach Beendigung des Miethverhältnisses zurückzugeben.

Aus der Nichterfüllung dieser Verbindlichkeiten können für beide Theile Schadensersatzverbindlichkeiten erwachsen oder besondere Kündigungsrechte entstehen.

Im Einzelnen sind obige Grundpflichten im BGB. vielfach näher ausgeführt.

III. 1. Die Gefahr des Untergangs des Miethobjekts trägt der Vermiether, soferne nicht den Miether eine

Schuld trifft. Veränderungen oder Verschlechterungen der gemietheten Sache, die durch den vertragsmäßigen Gebrauch herbeigeführt werden, hat der Miether nicht zu vertreten (§ 548).

2. Ist die Befugniß zur Vermiethung einer Wohnung (oder eines sonstigen Wohnraums) durch Polizeivorschrift, sei es z. B. eine ortspolizeiliche Vorschrift oder eine in Zuständigkeit erlassene besondere polizeiliche Anordnung eingeengt, wie z. B. in Ansehung baufälliger Wohnungen oder bis zur Ertheilung des polizeilichen Wohnungskonsenses bei Neubauten oder nach Ortspolizeivorschrift über neuhergestellte Wohnungen gemäß Art. 92 PStGB., so ist ein Miethvertrag entgegen einem schon vorliegenden Polizeiverbote auf die Dauer dieses Verbots für beide Theile unverbindlich. Ist gleichwohl die Wohnung bezogen und damit trotz jenes Verbots der Vertrag vollzogen, so haben die Parteien im Verhältnisse zu einander auch die sich ergebenden civilrechtlichen Pflichten wechselseitig zu erfüllen. Verlangt die Polizei das Verlassen der Wohnung, so hat Räumung derselben zu erfolgen, womit auch die Pflichten des Miethers von da ab für die Zukunft erlöschen. Ob Schadensersatz seitens des Miethers begehrt werden kann, bemißt sich danach, ob dieser von dem Verbote Kenntniß hatte und gleichwohl die Wohnung in Gebrauch nahm oder behielt, oder aber nicht. In jenem Falle kann ein Ersatzanspruch nicht Platz greifen.*)

3. Hat der Miether auf das Miethobjekt Verwendungen gemacht, welche sich als nothwendig erweisen, so muß ihm diese der Vermiether ersetzen, z. B. die Kosten der in Abwesenheit des Vermiethers besorgten Reparatur eines

*) In diesem Sinne auch Arnold, a. a. O. S. 14 fg.

zur Winterszeit gebrauchsunfähig gewordenen, zur Wohnung gehörigen Ofens. Die Frage, wie weit sonstige Verwendungen des Miethers vom Vermiether zu ersetzen sind, bemißt sich nach den Vorschriften über die Geschäftsführung ohne Auftrag (negotiorum gestio) (§ 547).

4. Nach § 547 Abs. 2 hat der Miether auch das Recht, eine Einrichtung, mit der er die Sache versehen hat, wegzunehmen (jus tollendi). Das Nähere richtet sich hiebei nach den allgemeinen Vorschriften des § 258 BGB.

5. Eine überaus praktische Frage ist die bezüglich der Pflichten des Vermiethers in Ansehung der Stiegenbeleuchtung. Bekanntlich sind bereits in niederen und höheren Instanzen civilgerichtliche Urtheile ergangen, welche den vermiethenden Hauseigenthümer für ersatzpflichtig erklärt haben, wenn Personen dadurch zu Schaden kamen, daß für eine Zeit, zu welcher man noch auf der Stiege zu verkehren pflegt, diese nicht beleuchtet war, d. h. der Vermiether es unterlassen hatte, dafür entweder durch Vereinbarungen mit seinen Miethern oder subsidiär durch eigene Thätigkeit zu sorgen. Streitig ist bereits, ob solches nur gegenüber Dritten, denen ohne gehörige Obsorge der Verkehr im Hause freigelassen ist, Platz greift oder auch gegenüber dem Miether und seinen Angehörigen. Eine ausdrückliche Bestimmung hierüber findet sich nicht. Das ist auch erklärlich, denn die Frage liegt thatsächlich z. B. ganz anders in der Stadt, als in einem Dorfe. Einzelne Schriftsteller bejahen auch in dieser Ausdehnung die Verpflichtung des Vermiethers. Arnold (a. a. O. S. 44) ist darin abweichender Ansicht. Er stellt eine gesetzliche Verpflichtung des Miethers in diesem Punkte in Abrede und führt aus: „Die fragliche Pflicht entspringt wenigstens gesetzlich nicht aus dem Miethver-

trage.*) Der Vermiether ist gesetzlich nicht gebunden, dem Miether den Gebrauch der Wohnung auf seine Kosten zu erleichtern oder angenehmer zu machen. Will der Miether beleuchtete Zugänge, so fallen die dafür entstehenden Ausgaben unter den ihn treffenden Gebrauchsaufwand. Er kann daher, von besonderen in diesem Punkte übrigens allgemein üblichen Verabredungen abgesehen, vom Vermiether nicht Beleuchtung der Zugänge verlangen und darauf klagen zc." So Arnold. Der Schwerpunkt seines Arguments liegt in den hervorgehobenen Worten: „erleichtern und angenehmer" machen. Dem kann aber doch auch der Schluß gegenüber gestellt werden: Wenn der Herr Vermiether durch Vermiethen seines Hauses seinen Nutzen daraus zieht, so ist er doch wohl auch verpflichtet, die ordnungsgemäße Benützung seiner Miethwohnung gefahrlos zu stellen. Mir scheint diese Annahme näher zu liegen. Uebrigens kommt eben auch viel auf die Umstände des einzelnen Falles an.

6. Die Frage, wann der Miethzins zu entrichten ist, richtet sich in erster Reihe nach den hierüber getroffenen Vereinbarungen. Fehlen solche, so greifen die gesetzlichen Vorschriften des § 551 BGB. ein. Dessen allgemeine Regel lautet: „Der Miethzins ist am Ende der Miethzeit zu entrichten." Ist die Miethzeit nach Zeitabschnitten bemessen, so hat die Entrichtung des Miethzinses nach dem Ablauf der einzelnen Zeitabschnitte zu erfolgen (§ 531 Abs. 1).

Besondere gesetzliche Vorschriften hat Abs. 2 für die Miethe von Grundstücken, also auch von Wohnungen.

*) Die Frage, wie weit den Vermiether mit Rücksicht auf die öffentliche Sicherheit Pflichten treffen, läßt dabei Arnold offen. Vgl. desfalls § 823 BGB.

(Vgl. oben S. 471). Ist hier der Miethzins nach kürzeren Zeitabschnitten als einem Kalendervierteljahre bemessen, (z. B. monatlich), so hat Berichtigung desselben am Ende jedes Zeitabschnitts zu erfolgen (nach der Regel des § 551 Abs. 1 Satz 2). Ist der Miethzins bemessen für eine ganze Miethzeit, welche ein Vierteljahr nicht erreicht, so hat Berichtigung einzutreten am Ende der ganzen kurzen Miethzeit (Regel des § 551 Abs. 1 Satz 1). Ist aber der Miethzins bemessen nach Kalendervierteljahren oder nach längeren Zeiträumen, so muß dessen Berichtigung geschehen nach Ablauf je eines Kalendervierteljahres und zwar am ersten Werktage des folgenden Kalendervierteljahres (§ 551 Abs. 2). Dieser letztere Zusatz entspricht der allgemeinen Regel des § 193 BGB. Wohl zu beachten ist dabei, daß der Ausdruck „Kalendervierteljahr" nicht identisch ist mit dem anderen: „drei Monate", also auch nicht zu berechnen ist von dem oder jenem Tage bis zum gleichen Datum, sondern vom 1. Januar bis 31. März, vom 1. April bis 30. Juni 2c. Die bisherigen, da und dort abweichenden Miethziele, z. B. Georgi und Michaeli oder Lichtmeß, Walburgis, Lorenzi, Allerheiligen oder Martini gelten daher fortan nicht mehr als gesetzliche Miethzahlzeiten für die neuentstehenden Miethverträge.

IV. Bezüglich der besonders für größere Städte wichtigen Frage, ob dem Miether eine Aftervermiethung — im BGB. Untermiethe genannt — gestattet ist, kommt abermals zunächst in Betracht, ob nach dem Miethvertrage dem Miether eine Aftervermiethung ausdrücklich gestattet oder ausdrücklich untersagt ist. Ist das eine oder andere der Fall, so hat es dabei maßgebend sein Bewenden. Liegt keinerlei Vereinbarung vor, so kommt die bezügliche gesetzliche Vorschrift in § 549 BGB. in Wirksamkeit.

Die After- oder Untermiethe i. S. dieser Gesetzesstelle begreift in Anwendung auf Wohnräume in sich sowohl die Weitervermiethung einzelner Theile, namentlich von Zimmern einer Wohnung, wie auch einer solchen im Ganzen. Da es sich hier ebenfalls um eine Miethe handelt, so wird ebenso wie bei der Hauptmiethe, die Gewährung einer Gegenleistung erfordert. Schon aus diesem Gesichtspunkte fällt die blos vorübergehende Beherbergung von verwandten oder befreundeten Gästen schlechterdings nicht unter den Begriff der Aftermiethe. Werden Personen in den allgemeinen Familienkreis des Miethers aufgenommen, wie z. B. Zöglinge, ohne daß sie in einer wirthschaftlichen Selbständigkeit innerhalb eines Theiles der Wohnung bleiben, so wird gewöhnlich auch keine Aftermiethe vorliegen. Gestellt ist letztere übrigens im § 549 unter den dortigen allgemeinen Begriff der Ueberlassung des Gebrauchs der gemietheten Sache. Eine solche Ueberlassung und speziell die Aftervermiethung ist nach § 549 BGB. dem Miether nur gestattet mit Erlaubniß des Vermiethers. Um diese Erlaubniß hat der Miether bei dem Vermiether nachzusuchen und diesem dabei den fraglichen Aftermiether zu bezeichnen, da der Vermiether aus dessen Person Einwendungen abzuleiten berechtigt ist.*) Der Vermiether kann die nachgesuchte Erlaubniß verweigern. Dabei kommt es aber doch darauf an, ob hiezu ein wichtiger, in der Person des Dritten liegender Grund vorliegt. Ist solches der Fall, so muß sich der Miether unbedingt fügen. Liegt aber ein Grund jener Art nicht vor, so bekommt dadurch der Miether gegenüber der Nichtertheilung der Erlaubniß seitens des Vermiethers das Recht, das Miethverhältniß mit Einhaltung der gesetzlichen Frist zu kündigen. Als Gründe zur Verwerfung

*) Arnold, a. a. O. S. 90.

des Aftermiethers seitens des Vermiethers*) können beispielsweise in Betracht kommen des Ersteren persönlicher Ruf, Aufführung, Charakter, Bildungsstufe, Erwerbs- und Standesverhältnisse, alles sowohl an und für sich betrachtet, wie auch im Vergleiche mit den Wohnungsverhältnissen. Letztere kommen auch dann mit in Betracht, wenn z. B. der Untermiether eine zum Familiengebrauche vermiethete Wohnung seinerseits zu einem lärmenden oder sonst störenden Gewerbe, wie überhaupt zu einem heterogenen, dem Vermiether lästigen Zwecke benützen wollte.

Tritt Aftermiethe ein, wenn auch mit Erlaubniß des Vermiethers, so bildet sich gleichwohl zwischen dem Letzteren und dem Untermiether kein obligatorisches Verhältniß. Ein solches besteht nur zwischen dem Untermiether und dem Untervermiether (Miether). Darum ist auch in § 549 Abs. 2 folgerichtig verordnet, daß, wenn der Miether den Gebrauch der Miethsache einem Dritten überläßt, e r, der Miether, ein dem Dritten bei dem Gebrauche der Sache zur Last fallendes Verschulden zu vertreten hat, z. B. einen Ofen zu bezahlen, den ein excessiver Aftermiether etwa eingeworfen hat. Dies gilt selbst dann, wenn der Vermiether seine Erlaubniß zur Ueberlassung ertheilt hat. Liegt diese Erlaubniß vor, so wird aber andererseits auch an dem rechtlichen Verhältnisse zwischen Vermiether und Hauptmiether durch die Aftermiethe nichts geändert. Beider Rechte und Pflichten bleiben sich gleich.

Mit dem Erlöschen der Hauptmiethe erlischt von selbst auch die Untermiethe und zwar auch dann, wenn die Aftermiethperiode länger sein sollte, als die der Hauptmiethe.

V. Während früher im gem. Rechte der, wenn auch juristisch consequente, aber für die praktischen Lebensverhältnisse

*) Näheres bei Arnold, a. a. O. S. 90 fg.

rigorose Satz galt: „Kauf bricht Miethe", bringt das BGB. in Bezug auf Grundstücke und sohin auch Wohnungen in §§ 571 fg. das umgekehrte Prinzip: „Kauf bricht nicht Miethe" zur Geltung.

Das BGB. geht darin sogar noch weiter, als der Bayr. Landtagsabschied v. 18. Febr. 1871, welcher mit jenem römischen Satze bereits aufzuräumen begonnen hatte. Das Rechtssprichwort redet zwar nur vom Kaufe, das BGB. § 571 spricht aber weiter von einer geschehenen „Veräußerung".*) Es fällt außer Kauf also auch z. B. Tausch und Schenkung darunter. Nicht aber gehören hieher solche Fälle, in welchen der Vermiether das Grundstück (§ 580!) überhaupt nicht im legalen Sinne veräußert, sondern nur darüber im Widerspruche mit dem Miethvertrage anderweitig obligatorisch disponirt, z. B. dasselbe doppelt vermiethet. Für solche Fälle greifen andere Normen ein, als die des § 571. Diese letztere Stelle setzt übrigens auch voraus:

a. daß die Veräußerung gerade von Seite des Vermiethers selbst erfolgt ist und

b. daß der Miether schon vor der Zeit der Veräußerung**) in den Miethbesitz gekommen war.

Zu Folge a) scheiden vom Bereiche des § 571 aus sowohl Veräußerungen seitens eines Eigenthümers, der nicht auch Vermiether war, wie auch Besitzwechsel im Erbgange.

Zu b aber sei bemerkt, daß wenn die Veräußerung schon erfolgte vor thatsächlicher Ueberlassung des Miethobjekts an den Miether die Bestimmungen des § 578 in Anwendung kommen.

Liegt nun eine Veräußerung eines Grundstücks von der

---

*) Eine eingehende Darlegung der sich ergebenden, mitunter verwickelten Rechtsverhältnisse, namentlich auch mit Rücksicht auf freiwillige und unfreiwillige Veräußerungen gibt Arnold, a. a. O. S. 96 fg.

**) Vgl. Planck, Komm. Bd. 2 S. 319.

im § 571 vorausgesetzten Art vor, so tritt der Erwerber an Stelle des Vermiethers in die sich während der Dauer seines Eigenthums aus dem Miethverhältnisse ergebenden Rechte und Pflichten ein. Zwischen ihm und dem Miether dauert also der Miethvertrag zunächst fort. Damit ist aber noch nicht gesagt, daß nun auch der ursprüngliche Vermiether gegenüber dem Miether von allen seinen Verpflichtungen sofort frei wird. Im Gegentheil haftet der ursprüngliche Vermiether, wenn der Erwerber seine Verpflichtungen gegen den Miether nicht erfüllt, diesem für den vom Erwerber zu ersetzenden Schaden wie ein Bürge, der auf die Einrede der Vorausklage verzichtet hat. Diese Haftung fällt aber fort, wenn der Miether von dem Uebergang des Eigenthums durch den Vermiether selbst Kenntniß erlangt hat und nicht das Miethverhältniß für den ersten Termin kündigt, für den dies (nach seinem Vertrage oder nach Gesetz*) zulässig ist.

In den folgenden §§ 572—576 BGB. wird dann der angenommene Grundsatz in Ansehung einer Reihe von Einzelfragen näher ausgestaltet. Im § 577 aber wird der gleiche Grundsatz (auch §§ 572—576) auf den Fall übertragen, wenn das vermiethete Grundstück nach der Ueberlassung an den Miether von dem Vermiether mit dem Rechte eines Dritten belastet wird, durch dessen Ausübung dem Miether der vertragsmäßige Gebrauch der Miethsache entzogen wird. Wird letzterer dadurch nur beschränkt, so ist der Dritte dem Miether gegenüber verpflichtet, die Ausübung zu unterlassen, soweit sie den vertragsmäßigen Gebrauch beeinträchtigen würde. Für eine Belastung nach Abschließung des Miethvertrags, aber vor Ueberlassung des Miethobjekts gilt ebenfalls § 578 BGB.

VI. Nach Art. 38 des Bayr. PolStGB. steht es den

*) Arnold, a. a. O. S. 101.

Polizeibehörden zu, in Fällen, in welchen die Verpflichtung zu einer Wohnungsräumung nicht streitig ist, an die bei einer solchen Räumung Betheiligten Anordnungen ergehen zu lassen und diese Anordnungen zwangsweise zu vollziehen. Diese auf Miethwohnungen bezügliche, hauptsächlich zur Regulirung der Umzüge in Städten dienende Vorschrift bringt nach wie vor keine Judicaturbefugnisse der Polizeibehörden für civilrechtliche Fragen mit sich. Auch spricht Art. 94 EG. z. BGB., durch welchen sie in ihrer eingeschränkten Weise gewahrt ist, nur von landesrechtlichen Vorschriften über die Fristen, bis zu deren Ablauf gemiethete Räume bei Beendigung des Miethverhältnisses zu räumen sind. Die Bestimmungen dieser Fristen erfolgen nun aber nach jenem Art. 38 in Bayern durch polizeiliche Anordnung. Für den Umfang und die Ausübung der diesbezüglichen Polizeibefugnisse ist es nun ganz von selbst von maßgebendem Belange, wann nach dem bürgerlichen Rechte durch Beendigung des Miethverhältnisses die Räumungspflicht entsteht?

Der Grundsatz steht im § 564 Abs. 1. Er lautet:

„Das Miethverhältniß endigt mit dem Ablaufe der Zeit, für die es eingegangen ist.

Diese Bestimmung äußert ihre Wirksamkeit hauptsächlich für Miethverträge, welche für eine festbestimmte Zeit abgeschlossen sind. Ist der Miethvertrag auf unbestimmte Zeit eingegangen, so hat jeder Theil das Kündigungsrecht nach den Vorschriften des § 565 BGB. (§ 564 Abs. 2).

Die Bestimmungen über Kündigungen sind sehr eingehend und setzen sich auch mit verschiedenen Vorschriften des allgemeinen Theils, namentlich über Geschäftsfähigkeit, Vertretung rc. zusammen. Behufs Feststellung der Grundlagen für die Handhabung jenes Art. 38 PolStGB. wird Folgendes dienlich sein, aber auch genügen.

Das BGB. kennt dreierlei Arten von Kündigungen: die

ordentliche, die vorzeitige und die außerordentliche Kündigung.

1. Ordentliche Kündigung. In dieser Hinsicht ist wiederum in erster Reihe der Miethvertrag maßgebend. Enthält dieser keine eigenen Bestimmungen, so treten die bezüglichen gesetzlichen Vorschriften in Wirksamkeit. Die Grundnormen stehen

a. im § 565. Durch ihre Aufstellung sind alle bisherigen „ortsüblichen" Fristen dauernd beseitigt. Hier liegt dasjenige Moment, welches die Kündigungszeit und die Kündigungsfrist bestimmt, bei der Miethe von Grundstücken und also auch von Wohnungen auf unbestimmte Dauer darin, in welcher Weise der Miethzins bemessen ist. Danach ergibt sich folgende Uebersicht:

Miethzins nach Tagen: Kündigung an jedem Tage — für den nächstfolgenden (§ 565 Abs. 3);

Miethzins nach Wochen: Kündigung spätestens am ersten Werktag der Woche — nur für den Schluß der Kalenderwoche (§ 565 Abs. 3);

Miethzins nach Monaten: Kündigung spätestens am 15. des Monats — nur für den Schluß des Kalendermonats;

Miethzins für längere Zeit: Kündigung spätestens am dritten Werktage eines Kalendervierteljahrs — nur für den Schluß des Kalendervierteljahrs.

Diese letztere Bestimmung gilt nach § 565 Abs. 4 auch für die Fälle, in denen das Miethverhältniß unter Einhaltung der gesetzlichen Frist vorzeitig gekündigt werden kann.

An dieser Stelle möge auch noch angefügt sein, was das BGB. über die stillschweigende Miethverlängerung (relocatio tacita) bestimmt. Der bezügliche § 568 sagt wörtlich:

„Wird nach dem Ablaufe der Miethzeit der Gebrauch der Sache von dem Miether fortgesetzt, so gilt das Miethverhältniß als auf unbestimmte Zeit verlängert, soferne nicht der Vermiether oder der Miether seinen entgegenstehenden Willen binnen einer Frist von zwei Wochen dem anderen Theile gegenüber erklärt. Die Frist beginnt für den Miether mit der Fortsetzung des Gebrauchs, für den Vermiether mit dem Zeitpunkte, in welchem er von der Fortsetzung Kenntniß erlangt.

2. Vorzeitige Kündigung. Dieser Begriff wurzelt im § 565 Abs. 4. Durch diese Art von Kündigung kann die Beendigung des Miethverhältnisses lediglich mit Einhaltung der gesetzlichen Kündigungsfrist unter Umständen herbeigeführt werden, unter denen sie an sich noch nicht statthaft wäre, z. B. weil der Vertrag auf eine bestimmte längere Zeit abgeschlossen oder die vertragsmäßige Kündigungsfrist länger wäre als die gesetzliche.

Eine solche vorzeitige Kündigung findet nur statt in den gesetzlich (sei es im BGB. selbst oder anderwärts), z. B. nach der Konkursordnung*) bestimmten Fällen.

Solche Fälle sind in Gemäßheit des BGB. selbst:

a. Nach § 566. Ein ohne Schriftform abgeschlossener Miethvertrag auf mehr als 1 Jahr, gilt als für unbestimmte Zeit geschlossen. Die Kündigung ist aber nicht für frühere Zeit als für den Schluß des ersten Jahres zulässig.

b. Nach § 567 Satz 1. Bei einem Miethvertrag auf längere Zeit als 30 Jahre, kann nach dreißig Jahren jeder Theil das Miethverhältniß unter Einhaltung der gesetzlichen Frist kündigen.

Nach § 567 Satz 2 ist Kündigung unzulässig, wenn der Vertrag für die Lebensdauer des Vermiethers oder Miethers abgeschlossen ist.

*) Arnold, a. a. O. S. 111 fg.

c. Nach § 569. Beim Tod des Miethers kann sowohl dessen Erbe als der Vermiether das Miethverhältniß unter Einhaltung der gesetzlichen Frist kündigen, mag auch die Miethe auf eine längere bestimmte Zeit eingegangen sein oder eine längere als die gesetzliche Kündigungsfrist vereinbart sein. Die Kündigung kann aber nur für den ersten Termin erfolgen, für den sie zulässig ist.

d. Nach § 549. Bei grundlos verweigerter Aftermiethe ꝛc. kann der Miether mit Einhaltung der gesetzlichen Frist kündigen.

e. Nach § 570. Eine besondere Ausnahmebestimmung liegt vor für Militärpersonen, Beamte, Geistliche und Lehrer an öffentlichen Unterrichtsanstalten.

Werden diese an einen anderen Ort, gleichviel ob auf oder ohne Ansuchen, ob mit oder ohne Beförderung, dienstlich versetzt, so können sie das Miethverhältniß in Ansehung der Räume (also nicht blos der Wohnung, sondern z. B. auch der Stallung), welche sie für sich oder ihre Familie an dem bisherigen Wohn- oder Garnisonsorte gemiethet haben, unter Einhaltung der gesetzlichen Frist kündigen, aber nur für den ersten Termin, für den sie zulässig ist. Diese Sonderbestimmung entspringt nicht blos der Rücksichtnahme auf die persönlichen Interessen jener Personen, sondern sicher auch dienstlich wichtigen Gesichtspunkten. Es läge deßhalb nahe, dem § 570 die Eigenschaft einer zwingenden Vorschrift beizulegen. Dem stehen aber die Ergebnisse der Verhandlungen über die Stelle in der Reichstagskommission entgegen.*) Die Literatur behandelt mit Rücksicht hierauf die Gesetzesstelle

*) Vgl. Mugdan, Materialien z. BGB. Bd. 2 S. 871 fg.

ebenfalls als eine solche von dispositiver Natur. Mich persönlich befriedigt dies recht wenig.

3. Außerordentliche Kündigung. Dieser Rechtsbehelf findet in den gesetzlich oder im Miethvertrage vorgesehenen Fällen bei allen, in zeitlicher Hinsicht, sowie in Ansehung der ordentlichen Kündigung so oder so gestalteten Miethverhältnissen statt. Die außerordentliche Kündigung dient zu sofortiger Lösung der Miethe, ohne jede Kündigungsfrist. Arnold (S. 132 fg.) schreibt desfalls: „Die außerordentliche Kündigung beruht auf der Billigkeitserwägung, daß keinem Theile die Fortsetzung eines auf längere Zeit abgeschlossenen Verhältnisses zugemuthet werden soll, wenn die weitere Fortsetzung, sei es in Folge Vertragsverletzung des Gegentheils, sei es in Folge von, seitens des Kündigenden nicht verschuldeter Unmöglichkeit richtiger Vertragserfüllung durch den Gegentheil, gegen das berechtigte Interesse des Kündigenden verstoßen würde."

Gesetzliche Fälle der Zulässigkeit außerordentlicher Kündigung sind:

a. Nach § 553. Der Vermiether kann kündigen, wenn der Miether, ungeachtet einer Abmahnung des Vermiethers einen vertragswidrigen Gebrauch der Sache fortsetzt, der die Rechte des Vermiethers in erheblichem Maße verletzt, insbesondere einem Dritten den ihm unbefugt überlassenen Gebrauch beläßt oder die Sache durch Vernachlässigung der dem Miether obliegenden Sorgfalt erheblich gefährdet. Es springt in die Augen, daß hiemit sehr viel in das Ermessen des Richters gelegt ist.

b. Nach § 554. Der Vermiether hat weiterhin das fragliche Kündigungsrecht, wenn der Miether für zwei aufeinanderfolgende Termine mit der Entrichtung des Miethzinses oder eines Theiles desselben im Verzuge ist. Ob Verzug vorliegt, bemißt sich nach den §§ 284 fg.

Ausgeschlossen ist die Kündigung, wenn vor derselben der Miether noch den Vermiether befriedigt.

Unwirksam ist die Kündigung, wenn sich der Miether von seiner Schuld durch Aufrechnung befreien konnte und unmittelbar nach der Kündigung die Aufrechnung auch erklärt hat.

c. Nach § 542. Auch dem Miether steht außerordentliche Kündigung zu, wenn ihm der Gebrauch des Miethobjekts ganz oder zum Theil nicht rechtzeitig gewährt oder wieder entzogen wird. Die Voraussetzungen und Modalitäten bestimmen die §§ 542, 543.

d. Nach § 544. Der Miether kann weiter außerordentlich kündigen, wenn das Miethobjekt eine Wohnung oder ein anderer für Menschen bestimmter Raum, aber so beschaffen ist, daß die Benutzung mit einer erheblichen Gefährdung der Gesundheit verbunden ist. Daß bereits eine Gesundheitsstörung erfolgte, ist nicht erforderlich. Der Rechtsbehelf fällt in diesem Punkte nicht weg, wenn auch der Miether die gefahrbringende Beschaffenheit schon bei dem Vertragsabschlusse gekannt, und ebenso auch selbst dann nicht, wenn er auf die Geltendmachung der ihm wegen jener Beschaffenheit zustehenden Rechte verzichtet haben sollte. Die Bestimmung des § 544 ist also zwingender Natur.

VII. Einen wichtigen, namentlich auch für die polizeiliche Thätigkeit bemerkenswerthen Punkt bilden die Vorschriften über die Rechte des Vermiethers wegen seiner Forderungen an den eingebrachten Sachen. Diese schon aus dem röm. Rechte herstammenden Rechte hat auch das BGB. wieder aufgenommen und zwar in folgender, kurz dargestellter Konstruktion (§§ 559 fg.):

a. An den Illaten des Miethers gewährt das BGB. dem Vermiether ausdrücklich ein förmliches Pfandrecht, nicht blos, wie manches bisherige Recht, ein Retentionsrecht.

b. Das Pfandrecht ergreift nur Sachen, welche dem Miether selbst gehören, nicht solche Dritter, wenn sie sich auch im Miethobjekte befinden, insbesondere auch nicht Sachen, welche seiner Ehefrau, seinen Kindern, Aftermiethern gehören.

c. Ausgeschlossen ist die Geltendmachung des Pfandrechts für künftige Entschädigungsforderungen, sowie für den Miethzins auf eine spätere Zeit als das laufende oder nächstfolgende Jahr.

d. Dieses Pfandrecht erstreckt sich nicht auf Sachen, welche auch der Pfändung nicht unterworfen sind.

e. Kraft seines Pfandrechts darf der Miether die Entfernung der dem Ersteren unterworfenen Sachen, soweit er ihr zu widersprechen befugt ist, auch ohne Anrufen des Gerichts im Wege der Selbsthülfe verhindern und, wenn der Miether auszieht, die Sachen in seinen Besitz nehmen. Der Vermiether darf also das sog. „Rücken“ verhindern.

f. Im Grundsatz erlischt das Pfandrecht mit der Entfernung der Sachen vom Grundstück. Diese Erlöschung ist aber ausgeschlossen, wenn die Entfernung der Sachen ohne Wissen oder unter Widerspruch des Vermiethers erfolgt ist.

g. Ein Widerspruch gegen eine Entfernung ist unzulässig, wenn sie

α) im regelmäßigen Betriebe des Geschäfts des Miethers oder den gewöhnlichen Lebensverhältnissen entsprechend erfolgt oder wenn β) die noch zurückbleibenden Sachen zur Sicherung des Vermiethers offenbar ausreichen.

h. Ueber des Vermiethers Rechte an den ohne sein Wissen oder wider seinen berechtigten Widerspruch entfernten Sachen bestimmt Näheres der zweite Absatz des § 561.

i. Das Pfandrecht erlischt mit dem Ablaufe eines Monats, seitdem der Vermiether von der Entfernung Kenntniß bekommen hat, soferne er nicht vorher schon den Anspruch gerichtlich geltend gemacht hat.

VII. Uebergangsbestimmungen enthalten Art. 171, 172 EG. Die Rechtslage gestaltet sich desfalls unter Umständen gar nicht recht einfach und es bestehen schon manche Zweifels- und Streitfragen. Von deren Darlegung kann und will ich aber absehen, da aus mehrfachen Gründen die Verhältnisse meist schon bald geregelt sein werden.

II. Pacht. Die*) Pacht unterscheidet sich von der Miethe grundsätzlich insoferne, als

a. bei der Miethe nur der Gebrauch der gemietheten Sache (§ 535), dagegen

b. bei der Pacht sowohl der Gebrauch des Pachtgegenstandes, wie auch der Genuß seiner Früchte, soweit sie nach den Regeln einer ordnungsmäßigen Wirthschaft als Ertrag anzusehen sind (§ 581),

gewährt wird.

Als Früchte kommen sowohl sog. Natural-, wie Civilfrüchte in Betracht. Darum kann auch Pachtgegenstand sowohl eine Sache, wie auch ein Recht sein, z. B. eine Wirthschaftsgerechtigkeit, ein Jagdrecht, ein Fischereirecht u. s. w. Von Sachen kann man ebensowohl Grundstücke jeder Art,

---

*) Das BGB. sagt, abweichend vom süddeutschen Sprachgebrauche: Die Pacht!

mit und ohne Häuser, wie auch bewegliche Sachen pachten, wenn sie nur außer dem Gebrauche auch noch eine Nutzung darbieten. So kann z. B. sogar ein Luftballon als Schau- und Experimentirstück zum Geldverdienen gepachtet werden.

Die Grenzlinie zwischen Miethe und Pacht ist nicht immer jedem Zweifel entrückt.

Beispielsweise: Jemand will ein Pensionat betreiben und braucht dazu Räume. Wann miethet, wann pachtet er? Ein Pacht liegt zweifellos vor, wenn derselbige Jemand ein schon als Pension eingerichtetes Haus oder Stockwerk sich verschafft. Hier verbindet sich der Gebrauch der Sache mit der Nutzung einer solchen, welche schon gemäß ihrer Bestimmung und Beschaffenheit für die Gewinnung von sog. Civilfrüchten eigens dient. Miethet dagegen Jemand eine gewöhnliche größere Familienwohnung und fängt nun an, dieselbe erst zu Pensionszwecken einzurichten und auszunützen, so liegt zunächst und gegenüber dem anderen Kontrahenten eine Miethe vor. Das ist kein bloßer Wortunterschied. Denn im letzteren Falle liegt in Gestalt der Aufnahme von Pensionsbewohnern eine Untermiethe i. S. des § 549 BGB. vor, welche der Erlaubniß des Vermiethers bedarf, während in dem ersteren Falle die Ausnützung des dazu eigens gepachteten Objekts durch Aufnahme von Pensionsgästen zur ordnungsgemäßen Gewinnung von Civilfrüchten gehört.

Der begriffliche Unterschied verwischt sich übrigens insoferne nicht unerheblich, als nach BGB. § 581 Abs. 2 auf die Pacht im Allgemeinen auch die Vorschriften über die Miethe entsprechende Anwendung finden, „soweit sich aus den (vom Pachtvertrage handelnden) §§ 583 bis 597 nicht etwas Anderes ergibt.“ Diese Paragraphenreihe mit ihren Sonderbestimmungen bezieht sich aber vorzugsweise auf landwirthschaftliche Pachtobjekte. In dieser Hinsicht werden namentlich behandelt: die Erhaltungs- und Ausbesserungspflichten des Pächters

(§ 582), die Aenderung in der wirthschaftlichen Bestimmung des Pachtgrundstücks (§ 583), die Fälligkeit des Pachtzinses (§ 584), der hier bestehende Umfang des Pfandrechts des Verpächters (§ 585), die Rechtsverhältnisse in Bezug auf lebendes und todtes Inventar (§§ 586—589), das Pfandrecht des Pächters in Bezug auf seine Ansprüche gegen den Verpächter (§ 590), die Rückgewähr des Pachtobjekts und gewisser Erzeugnisse, dann der gegenseitige Ersatzausgleich bei Beendigung der Pacht (§§ 591—594).

Allgemeinere Bestimmungen für Pachtgegenstände enthalten die §§ 595, 596, 597. Sie behandeln Kündigungs- und Entschädigungsverhältnisse. Darüber sei kurz Folgendes vermerkt:

a. Ist bei Pacht eines Grundstücks (landwirthschaftlichen oder anderen) oder eines Rechtes die Pachtzeit unbestimmt gelassen, so ist Kündigung nur für den Schluß des Pachtjahres (beginnend mit dem Anfang der Pacht*) zulässig. Zu erfolgen hat dann die Kündigung am ersten Werktage desjenigen Halbjahres, mit dessen Ablauf die Pacht endigen soll. In Bezug auf bewegliche Sachen als selbstständige Pachtobjekte bleibt es beim § 565 BGB. (§ 595).

b. Das im § 549 festgesetzte vorzeitige Kündigungsrecht des Miethers wegen Nichtgestattung von Untermiethe steht dem Pächter nicht zu (§ 596 Abs. 1).

c. Das vorzeitige Kündigungsrecht des Vermiethers beim Tod des Miethers fällt für den Verpächter weg (§ 596 Abs. 2).

d. Das vorzeitige Kündigungsrecht von Beamten 2c. als Miethern haben diese in Versetzungsfällen als Pächter nicht.

*) Planck, Komm. Bd. 2 S. 393.

Pachtverhältnisse jener Kategorie von Personen haben ja auch mit dem Dienste nichts zu thun (§ 596 Abs. 3).

e. § 597 bestimmt noch:

„Giebt der Pächter den gepachteten Gegenstand nach der Beendigung der Pacht nicht zurück, so kann der Verpächter für die Dauer der Vorenthaltung als Entschädigung den vereinbarten Pachtzins nach dem Verhältnisse verlangen, in welchem die Nutzungen, die der Pächter während dieser Zeit gezogen hat oder hätte ziehen können, zu den Nutzungen des ganzen Pachtjahres stehen. Die Geltendmachung eines weiteren Schadens ist nicht ausgeschlossen.

Drittes Kapitel.

Dienstvertrag.

Aufgabe dieser Verträge kann nicht sein, die eingehenden Normen des BGB. über Dienstverträge nach allen Seiten und auf allen einzelnen Anwendungsgebieten zu durchforschen, allen ihren weiten Verzweigungen im Leben überhaupt nachzugehen. Jene Aufgabe kann vielmehr nur darin liegen, eine Uebersicht über die wichtigsten Punkte zu geben und insbesondere hervorzuheben, was allenfalls gerade für das öffentliche Leben als bedeutsam erscheinen mag.

I. Den in den §§ 611—630 enthaltenen Vorschriften des BGB. wohnt eine gewisse universelle Bedeutung bei. Sie sind bestimmt, für Dienstverhältnisse der verschiedensten Art als grundlegende Normen zu dienen, welche überall eingreifen, wo nicht besondere rechtsgültige Normen gegeben sind. Solche specielle Vorschriften giebt es sowohl auf reichsrechtlichem wie auf landesrechtlichem Gebiete.

1. Von reichsrechtlichen Bestimmungen außer-

halb des BGB. seien beispielsweise*) erwähnt diejenigen des Handelsgesetzbuchs (§§ 59—83) über die Dienstleistungen der Handlungsgehülfen und Handlungslehrlinge, oder diejenigen der Gewerbeordnung über die gewerblichen Arbeiter (Gesellen, Gehülfen, Lehrlinge, Fabrikarbeiter; GewOrdn. §§ 105—139b, 154 rc.). Auch die Rechtsanwaltsordnung und Rechtsanwaltsgebührenordnung kommt hier in Betracht.

2. Auf landesrechtlichem Gebiete liegt z. B. das besondere Gesinderecht, welches Art. 95 EG. z. BGB. innerhalb gewisser Grenzen dem Landesrechte anheimgegeben hat. Davon später.

In allen diesen Sonderrichtungen können übrigens selbstverständlich die Bestimmungen des BGB., soweit eben Specialbestimmungen nicht bestehen oder nicht ausreichen, immer auch noch supplementär eingreifen. Im Art. 95 EG. z. BGB. ist dies für das Gesinderecht sogar in einzelnen Punkten eigens vorgesehen.

Dienstverhältnisse, welche rein im öffentlichen Rechte wurzeln, liegen von selbst außerhalb des Gebiets der Normen des BGB. So bleiben hier außer Betracht alle Gesetzesvorschriften aus dem Gebiete des Beamtenrechts, natürlich unbeschadet jener allgemeinen Grundsätze, welche den Beamten oder gegen dieselben für gewisse Rechtsansprüche Civilklagen gewähren.

Uebrigens gibt es auch Dienstverhältnisse, welche sich dem Publikum gegenüber bilden und in dieser Beziehung rein privatrechtlicher Natur sind, daher auch insoweit den Bestimmungen des BGB. anheimfallen, immerhin aber von öffentlichrechtlichen Normen beherrscht sind. Man denke hier beispielsweise nur an die verschiedenen Einrichtungen für Dienste im Bereiche des öffentlichen Verkehrs. Die in dieser Hinsicht

*) Von den seerechtlichen und auf Binnenschiffahrt bezüglichen Bestimmungen der Reichsgesetze ist hier gänzlich abgesehen.

rechtsgültig bestehenden öffentlich-rechtlichen Normen für Dienstleistende bestehen natürlich neben dem BGB. in voller Wirksamkeit, wie z. B. Droschken- und Fiakerordnungen, Packträger- und Dienstmann-, Holzmesser- und Kaminkehrerordnungen u. dgl. mehr, und zwar mitsammt den Strafbestimmungen, welche etwa für Zuwiderhandlungen dagegen bestehen. Es bleiben hier auch jene Vorschriften wirksam, welche auf öffentlich-rechtlicher Grundlage sogar einen Zwang zur Dienstleistung begründen, während in privatrechtlicher Hinsicht ein solcher Zwang weder dem BGB. bekannt ist, noch wenn er nach Landesgesetzen bestünde, jetzt mehr haltbar wäre. In Streitfällen wäre daher immer zu untersuchen und festzustellen, auf welcher Kategorie von Rechtsnormen eine Zwangsvorschrift beruht.

III. Der § 611 BGB. enthält für den Dienstvertrag ebenfalls wieder eine Art von Begriffsbestimmung in zwei Sätzen. Der eine Satz bezeichnet als Gegenstand des Dienstvertrags die Leistung von Diensten und zwar von jeder Art. Nach dem anderen Satze wird durch den Dienstvertrag derjenige, welcher Dienste zusagt, zur Leistung der versprochenen Dienste, der andere zur Gewährung der vereinbarten Vergütung verpflichtet.

1. Nur die Leistung von Diensten und die Belohnung von geleisteten Diensten gehört in den Bereich des Dienstvertrags. Verträge auf Verschaffung einer Bedienstung gehören dagegen nicht hieher. Sie werden meist unter den Mäklervertrag fallen (§ 652 fg.)

2. Nach der ausdrücklichen Gesetzesvorschrift können Dienste jeder Art hieher gehören. Also sowohl solche körperlicher wie geistiger Art, in socialer Hinsicht höher wie niedriger stehende Dienste. Die dem röm. Recht entstammende und auch in neuere Gesetzgebungen übergegangene Unterscheidung zwischen: „Operae liberales“ und „Operae

illiberales“ ist hiermit aufgegeben*). Dieser Standpunkt läßt sich begreifen und billigen. Abgesehen davon, daß zwischen den verschiedenen vorerwähnten Unterbegriffen schwer eine Grenze zu ziehen ist, sanktionirt das BGB. den hochsittlichen, verschiedene Klassenschroffheiten versöhnenden Gesichtspunkt, daß Arbeit, redliche, treue Arbeit in keiner Form zur Schande, sondern jedem Braven gleich sehr zur Ehre gereicht, mag eben der Einzelne mit dem ihm gewordenen Pfunde arbeiten, wie es ihm gegeben und beschieden ist. Es möge daher auch Jeder den gleichen Rechtsschutz genießen.

Uebrigens hat das BGB. die Gleichbehandlung aller Arten von Dienstleistungen doch nicht auf die Spitze getrieben, sondern nach etlichen Einzelrichtungen auch besondere Vorschriften aufgenommen. So für die mit festen Bezügen zur Leistung von Diensten höherer Art Angestellten, (§ 622), dann für Diejenigen, welche bei einem dauernden Dienstverhältnisse in die häusliche Gemeinschaft aufgenommen sind. (Näheres später).

IV. Das in dem vorliegenden Titel geregelte Vertragsverhältniß ist „Dienstvertrag“ genannt. Der Ausdruck Dienstmiethe ist absichtlich vermieden. Dahinter verbirgt sich die sozialpolitische Anschauung, daß nicht die Person des Dienstpflichtigen wie eine gemiethete Sache Vertragsgegenstand sein solle, sondern der Dienstpflichtige als an sich freie Person nur zu den durch den zweiseitigen Vertrag bestimmten concreten Dienstleistungen gehalten sein solle. Diese feinfühlige Unterscheidung ist aber mehr von theoretischer als von praktischer Bedeutung, indessen doch einer derjenigen Gesichtspunkte, mit Rücksicht auf welche die alte begriffliche Trennung der operae liberales und illiberales preisgegeben werden konnte.

---

*) Die starke Gegenagitation der Aerzte namentlich blieb bei den Gesetzgebungsfaktoren wirkungslos.

V. Die vom Dienstverpflichteten zu leistenden Dienste sind im Zweifel, also wenn keine gegentheilige erkennbare Verabredung vorliegt, dem Dienstberechtigten von dem Ersteren in Person zu leisten. Andererseits kann der Dienstberechtigte auch nicht seinen Anspruch auf die Dienste einem Anderen übertragen.

VI. Wesentlich ist für das fragliche Rechtsverhältniß die Gewährung einer vereinbarten Vergütung. Ohne solche läge der rechtliche Begriff des „Auftrags“ vor. Die Vereinbarung kann ausdrücklich oder auch stillschweigend geschehen. Eine Vergütung gilt als stillschweigend vereinbart, wenn die Dienstleistung den Umständen nach nur gegen eine Vergütung zu erwarten ist (§ 612 Abs. 1).

Die Vergütung braucht nicht immer und auch nicht durchaus in Geld zu bestehen. Sie kann namentlich auch in Naturalverpflegung ganz oder theilweise geleistet werden. Bei Erziehern, Erzieherinnen, sog. Störarbeitern, Dienstboten ist dies bekanntermaßen sogar die Regel. Vorkommt es auch, daß eine bestimmte Vereinbarung über die Höhe der Vergütung nicht stattfindet, z. B. wenn Jemand an eine Droschke herantritt, einsteigt und dem Kutscher lediglich das Ziel der Fahrt bezeichnet. Für solche Fälle unterscheidet das BGB. danach, ob für die Dienstleistung eine bestimmte Taxe besteht oder nicht. Wenn ja, so ist diese maßgebend. Wenn nein, so ist die übliche Vergütung als vereinbart anzusehen. (§ 612 Abs. 2). Gewährt auch letzteres Moment keinen Anhaltspunkt, so muß eben nach § 316 entschieden werden, wonach hier die Bestimmung der Vergütung demjenigen zustünde, welcher dieselbe zu fordern hat. Was übrigens jene Taxe anlangt, so ist darunter eine obrigkeitlich festgesetzte zu verstehen, wie solche namentlich die §§ 76—79 der Gew.Ordn. vorsehen. Ist in solchen Taxnormen bestimmt, daß die Dienstleistenden die Taxe nicht überschreiten dürfen, so gilt dies nach wie vor, allerdings nicht kraft bürgerlichen, aber kraft öffentlichen Rechts. Andere Taxnormen haben nur den Charakter supplementärer Vorschriften „für strittige Fälle". So die Taxen für Aerzte nach § 80 Abs. 2 Gew.-Ordnung. Für die nach BGB. §§ 612 und 316 zu beurtheilenden Fälle kommen sie ebenfalls in Betracht.

VII. Nach § 614 besteht Vorleistungspflicht des Dienstleistenden m. a. W. die Vergütung ist erst nach der Leistung der Dienste zu entrichten. Ist die Vergütung nach Zeitabschnitten bemessen, so ist sie auch nach Ablauf der einzelnen Zeitabschnitte zu gewähren, z. B. das vereinbarte Monatssalair einer Erzieherin. Diese Vorschriften des § 614 sind natürlich dispositiver Natur. Sie können durch Vereinbarung geändert werden. Gewisse Vorleistungen des Dienstberechtigten sind auch so tief in der Natur der Verhältnisse begründet, daß sie Mangels gegentheiligen Abkommens geradezu als stillschweigend vereinbart angesehen werden müssen. Z. B. wenn einem Dienstleistenden Naturalbezüge zugesichert worden sind, welche wie Wohnung, Kost u. dgl. zu seinen unabweisbaren täglichen Lebensbedürfnissen gehören.

Auch durch Polizeivorschrift kann eine Vorausbezahlung angeordnet sein, namentlich aus Gründen der Verkehrsordnung, z. B. für eine Droschkenfahrt ans Hoftheater.

Eine von großer Humanität getragene Bestimmung ist die des § 616, wonach der zur Dienstleistung Verpflichtete seines Vergütungsanspruchs nicht dadurch verlustig wird, daß er für eine verhältnißmäßig nicht erhebliche Zeit durch einen in seiner Person liegenden Grund ohne sein Verschulden an der Dienstleistung verhindert, namentlich etwa durch eigenes kurzes Kranksein, durch ein Familienereigniß (Geburt, Todesfall; ob auch durch Besuch einer Hochzeit? kommt auf die Umstände an!), Gerichtstermine und Anderes. Der zweite

Satz des § 616 enthält desfalls aber die Beifügung einer Einschränkung dahin, daß sich der Dienstverpflichtete vom Dienstberechtigten auf die von diesem zu gewährende Vergütung denjenigen Betrag aufrechnen lassen muß, welcher ihm für die Zeit der Verhinderung aus einer auf Grund gesetzlicher Verpflichtung bestehenden Kranken- oder Unfallversicherung zukommt. Also eine Aufrechnung Seitens des Dienstberechtigten und nicht umgekehrt ein Abzug des fortlaufenden Dienstlohns Seitens der Versicherungskassa! Darauf, wer die Beiträge zur Kassa gezahlt hat, kommt hier gar nichts an. Auf selbst genommene Privatversicherung und die Bezüge daraus erstreckt sich ohnehin die Aufrechnungsbefugniß des § 616 nicht.

VIII. Aus sozialpolitischen Erwägungen entsprungen sind die hochwichtigen Bestimmungen der §§ 617, 618. Sie liegen auf sanitärem Gebiete und belasten den Dienstberechtigten mit desfallsigen besonderen Pflichten.

1. Nach § 617 BGB, in welchem eine zwingende Rechtsvorschrift niedergelegt ist, trifft den Dienstberechtigten eine gesetzlich normirte Fürsorge bei Fällen von Erkrankung eines Dienstverpflichteten. Eine solche Fürsorgepflicht besteht aber nicht bei jeder Art von Dienstleistung, sondern nur unter folgenden Voraussetzungen:

a. Das Dienstverhältniß muß dauernder Art sein, also nicht etwa blos für Tage, oder wenige Wochen, oder blos zur Aushülfe für einen anderen ständigen Bediensteten. Natürlich ist die Beurtheilung dieses Punktes in vielen Fällen arbiträrer Natur.

b. Durch das Dienstverhältniß muß die Erwerbsthätigkeit des Verpflichteten vollständig oder doch hauptsächlich in Anspruch genommen sein.

c. Der bezügliche Verpflichtete muß in die häusliche Gemeinschaft des Dienstberechtigten aufgenommen sein, zu seinem Hausstande gehören.

Liegen diese Verhältnisse vor, so hat der Dienstberechtigte bei einer, selbstverständlich nach Aufnahme des Dienstverpflichteten in jene häusliche Gemeinschaft eintretenden Erkrankung des Dienstleistenden die erforderliche Verpflegung und ärztliche Behandlung dem Letzteren zu gewähren und folgeweise auch für die Kosten aufzukommen.

Beschränkt ist diese Pflicht in zeitlicher Hinsicht stets auf die Dauer von sechs Wochen. Endigt das Dienstverhältniß ohnehin schon früher, so endigt damit auch jene Verpflichtung. Sie endigt aber nicht vor jenen sechs Wochen, wenn der Dienstgeber die Erkrankung als wichtigen Grund zur Kündigung betrachtet und demgemäß nach § 626 eine außerordentliche Kündigung vornimmt.

Ausgeschlossen ist die Anwendung des § 617 immer dann, wenn der Dienstleistende sich die Erkrankung vorsätzlich oder grob fahrlässig selbst zugezogen hat. Das Erstere wird wohl selten vorkommen, desto öfter das Letztere. Jedenfalls gehören hieher auch die Fälle erworbener Syphilis oder anderer durch außerehelichen Geschlechtsverkehr und vollends durch außereheliche Schwängerung herbeigeführter Leidenszustände.

Ob Krankenverpflegung und ärztliche Behandlung erforderlich ist, bemißt sich natürlich nach den Umständen des einzelnen Falles, aber stets nach objektiven Gesichtspunkten, nicht nach den rein subjektiven Anschauungen und Lebensgepflogenheiten des Erkrankten oder des Dienstgebers.

Letzterer ist übrigens nicht unbedingt verpflichtet, den Kranken schlechterdings sechs Wochen im Hause zu behalten. Er hat das Recht, seine Obliegenheit auch durch Einschaffung in eine Krankenanstalt zu bethätigen. Weigert sich des letzteren die erkrankte Person, wie es bei Dienstmädchen so häufig vorkommt, so muß der Dienstgeber als dadurch entlastet betrachtet werden. Die Kosten können auf die für die Zeit der Erkrankung geschilderte Vergütung angerechnet werden.

Endlich fällt die Verpflichtung des Dienstberechtigten überhaupt auch dann weg, wenn für die Verpflegung und ärztliche Behandlung durch eine Versicherung oder durch eine Einrichtung der öffentlichen Krankenpflege Vorsorge getroffen ist. Vor „Versicherung" fehlt hier jener Beisatz, der im § 612 steht, und zwar absichtlich. Hier kommt daher auch eine private Versicherung in Betracht. Keinen Unterschied begründet es auch hier, wer die Beiträge zu Versicherungen oder Krankenkassen bezahlt hat.

Verabsäumt der Dienstberechtigte seine besprochenen Verpflichtungen, so kann nicht allein dem anderen Theil ein Recht zu außerordentlicher Kündigung erwachsen, sondern auch dem Ersteren eine civilrechtliche Schadensersatzpflicht.

2. § 618 begründet für den Dienstberechtigten Schutzpflichten gegen Gefahren für Leben und Gesundheit der bei ihm Bediensteten. Hiebei bezieht sich zunächst

a. der Abs. 1 auf die entsprechende Einrichtung und Unterhaltung der Räume, Vorrichtungen oder Geräthschaften zur Verrichtung der Dienste sowie auf die angemessene Regelung der Dienstleistung selbst. Die Vorschrift des BGB. steht dabei in voller Analogie zu dem Inhalte des § 120a der Gew.-Ordnung. Während aber die letztere Gesetzesstelle sich nur auf das Gebiet gewerblicher Unternehmungen und Dienstleistungen bezieht, umfaßt § 618 Abs. 1 BGB. alle Arten von Dienstleistungen, konnte ebendarum aber auch nicht so ins Einzelne gehen, wie der § 120a der Gew.-Ordn.

b. Der Abs. 2 des § 618 BGB. bezieht sich lediglich auf solche Dienstverpflichtete, welche in die häusliche Gemeinschaft des Dienstgebers aufgenommen sind. Letzterer ist danach verpflichtet, für den Dienstleistenden in Ansehung

α) des Wohn- und Schlafraums,

β) der **Verpflegung**,

γ) der **Einrichtung von Arbeits- und Erholungszeit**

die erforderlichen Einrichtungen und Anordnungen zu treffen.

Was erforderlich ist, bemißt sich nach drei zusammentreffenden Gesichtspunkten, nämlich nach den Anforderungen der

Gesundheit,
Sittlichkeit,
Religion.

Der Dienstgeber ist danach z. B. verpflichtet, die Arbeitszeit entsprechend mäßig zu halten, namentlich anständige und gesunde Schlafräume zu gewähren, dem Dienstleistenden Zeit zum Kirchgange zu lassen, ja selbst einem Katholiken an gebotenen Fasttagen die hiefür entsprechende Kost zu verabreichen. In keiner der gedachten Richtungen kann aber der Dienstleistende Ungewöhnliches verlangen, das seiner Stellung nicht entspricht. Der Regulator liegt im § 242 BGB. und in dessen Satz, daß die Leistung stets so zu bewirken ist, wie Treu und Glauben mit Rücksicht auf die Verkehrssitte es erfordern. Gewisse Konsequenzen aus § 618 Abs. 2 werden ohnehin manchem Dienstgeber etwas eigenartig vorkommen.

Was im § 618 BGB. verordnet wird, ist privatrechtlicher Natur. Die Gesetzesstelle spricht daher auch nur von denjenigen Folgen der Nichterfüllung der bezüglichen Pflichten, welche sich auf dem Privatrechtsgebiete ergeben. Hier kann den die Verpflichtungen nicht Erfüllenden Schadensersatz treffen. Auf diesen finden die für unerlaubte Handlungen geltenden Vorschriften der §§ 842 bis 846 entsprechende Anwendung. Was etwa sonst noch auf Grund **öffentlich-rechtlicher** Vorschriften geboten ist und allenfalls der Polizeibehörde oder dem Strafrichter zusteht, ist eine Sache für sich.

Betont sei schließlich noch einmal die zwingende Natur der Vorschriften der §§ 617, 618. Der § 619 BGB. trifft ausdrücklich Vorkehrungen gegen Umgehungen der fraglichen Verpflichtungen im Vertragswege, indem er bestimmt, daß diese Verpflichtungen nicht im Voraus durch Vertrag aufgehoben oder beschränkt werden können.

IX. Das Dienstverhältniß endigt mit dem Ablaufe der Zeit, für welche es eingegangen wurde. Diese Zeit kann vertragsmäßig fest bestimmt oder auch unbestimmt gelassen worden sein oder auch aus der Beschaffenheit und dem Zwecke der Dienstleistung sich von selbst ergeben. Engagire ich einen Wagen zu einer Fahrt nach da- oder dorthin, so ist mit Erreichung des Ziels das Dienstverhältniß erledigt, ebenso wenn ich einen Dienstmann mit einer Besorgung betraue, nach Verrichtung dieses Geschäfts. Ist die Dauer des Dienstverhältnisses weder fest bestimmt, noch durch Beschaffenheit und Zweck der Dienste begrenzt, so steht das Rechtsverhältniß auf Kündigung (§ 620). Aber mit welchen Modalitäten? Wie bei der Sachmiethe kennt auch hier das BGB. drei Kündigungsarten: die ordentliche, vorzeitige, außerordentliche.

1. Ordentliche Kündigung. Auch hier kommt es wiederum darauf an, wie die Vergütung bemessen ist. Ist dies der Fall:

nach Tagen, so ist Kündigung zulässig an jedem Tage für den folgenden Tag;

nach Wochen = Kündignng nur für den Schluß einer Kalenderwoche und zwar spätestens am ersten Werktage der Woche;

nach Monaten = Kündigung nur für den Schluß eines Kalendermonats und zwar spätestens am 15. des Monats;

nach Vierteljahren oder längeren Zeitabschnitten = Kündigung nur für den Schluß eines Kalendervierteljahres und nur unter Einhaltung einer Kündigungsfrist von sechs Wochen (§ 621).

Handelt es sich um ein Dienstverhältniß von mit festen Bezügen zur Leistung von Diensten höherer Art Angestellten, deren Erwerbsthätigkeit durch das Dienstverhältniß vollständig oder hauptsächlich in Anspruch genommen wird, insbesondere von Lehrern, Erziehern, Privatbeamten, Gesellschafterinnen, so kann ebenfalls nur für den Schluß eines Kalendervierteljahres und nur unter Einhaltung einer Kündigungsfrist von sechs Wochen gekündigt werden, auch wenn die Vergütung nach kürzeren Zeitabschnitten als Vierteljahren bemessen ist (§ 622).

Ist die Vergütung nicht nach Zeitabschnitten (sondern z. B. nach Stücklohn) bemessen, so kann das Dienstverhältniß im Grundsatze zu jeder Zeit gekündigt werden Auch hier aber ist eine Kündigungsfrist von zwei Wochen einzuhalten, wenn durch das Dienstverhältniß die Erwerbsthätigkeit des Verpflichteten vollständig oder hauptsächlich in Anspruch genommen ist (§ 623).

2. Vorzeitige Kündigung kann eintreten, wenn das Dienstverhältniß für die Lebenszeit einer Person oder für längere Zeit als fünf Jahre eingegangen ist. In solchem Falle kann es von dem Verpflichteten nach dem Ablaufe von fünf Jahren mit sechsmonatlicher Kündigungsfrist gekündigt werden (§ 624).

3. Außerordentliche Kündigung ist für den Dienstvertrag durch das BGB. nicht sehr erschwert. Regel ist nach § 626, daß das Dienstverhältniß von beiden Theilen ohne Einhaltung einer Kündigungsfrist gekündigt werden kann, wenn ein wichtiger Grund vorliegt. Was als wich-

tiger Grund anzusehen ist, unterliegt im Streitfalle dem arbiträren richterlichen Ermessen. Der Grund kann sowohl in der Person des Kündigenden, als in der des anderen Theils begründet sein. Als solche Gründe lassen sich denken: Erkrankungen, Ungeeignetheit zur Dienstleistung, Vertrauens- und Treubruch, Schädigung des Dienstgebers oder seiner Angehörigen, Unsittlichkeit, Trunkenheit, sonstiger schlimmer Lebenswandel, Nichtauszahlung des Lohnes; überhaupt solche Vorkommnisse oder Zustände, deren Beschaffenheit es dem Kündigenden nicht zumuthen läßt, in dem Dienstverhältnisse zu verharren.

Eine wesentliche Steigerung erfährt noch diese leichte Lösbarkeit des Rechtsverhältnisses, wenn der zur Dienstleistung Verpflichtete, ohne in einem dauernden Dienstverhältnisse mit festen Bezügen zu stehen, Dienste höherer Art zu leisten hat, welche auf Grund besonderen Vertrauens übertragen zu werden pflegen, wie es beim Sachwalter, Arzt, Lehrer gemeinhin der Fall ist. Hier ist die jederzeitige Kündigung auch ohne das besondere Vorhandensein eines wichtigen Grundes zulässig. Doch darf der Dienstverpflichtete nur so kündigen, daß sich der Dienstberechtigte die Dienste anderweit beschaffen kann, es müßte denn sein, daß auch zu solch unzeitiger Kündigung ein wichtiger Grund vorliegt. Fehlt es daran, so hat der unzeitig kündigende Dienstverpflichtete dem Berechtigten den etwa daraus entstehenden Schaden zu ersetzen.

Ueber die Gestaltung der Vergütungsleistungen nach §§ 626 oder 627 enthält für unterschiedliche Fälle der § 628 BGB. die civilrechtlichen Normen.

Zu bemerken ist noch, daß die in den §§ 624, 626, 627 enthaltenen Vorschriften über vorzeitige und außerordentliche Kündigung nach ihrer rechtlichen und socialen Tendenz als mit zwingendem Charakter ausgestattet zu betrachten sind, weshalb darauf nicht im Voraus rechtswirksam verzichtet werden kann.

X. Hat Kündigung eines dauernden Dienstverhältnisses stattgefunden, so erwächst dem Dienstberechtigten, gleichviel wer gekündigt hat, die besondere Verpflichtung, dem Dienenden angemessene Zeit zum Aufsuchen einer anderen Bedienstung zu gewähren (§ 629). Ist vollends:

XI. das Dienstverhältniß beendigt, so kann, wenn dasselbe ein dauerndes war, der Dienstverpflichtete von dem anderen Theile ein schriftliches Zeugniß über das Dienstverhältniß und dessen Dauer fordern. Auf Verlangen ist das Zeugniß auf Leistungen und Führung zu erstrecken.*) Sich hierauf erstreckende Beisätze kann der dienstverpflichtet Gewesene ablehnen. Daß dieser so geartete Anspruch auf ein Zeugniß durch Vertrag abgeändert werden könne, ist nicht anzunehmen.

Der Anspruch auf das Zeugniß wird vom BGB. sichtlich als Ausfluß des privatrechtlichen Vertragsverhältnisses behandelt. In Folge dieser Stellungnahme des Gesetzbuchs fallen Rechtsstreitigkeiten über die Verpflichtung zum Zeugniß und dessen Ausstellung von selbst fortan in die civilrichterliche Zuständigkeit.

XII. Neben dem BGB. enthält auch das EG. zu demselben noch einige Bestimmungen über Dienstverträge. Zunächst brachte

1) der § 171 eine Uebergangsbestimmung dahin, daß ein am 1. Jan. 1900 bestandenes Dienstverhältniß sich, wenn nicht die Kündigung nach dem Inkrafttreten des BGB. für den ersten Termin erfolgt, für den sie nach den vorigen Gesetzen zulässig ist, von diesem Termine an nach dem neuen Rechte bestimmt.

---

*) Vgl. auch GewOrdn. § 113, 129; HGB. §§ 73 fg.

2) Im Art. 95 EG. ist dem Landesrechte vorbehalten „das Gesinderecht" einschlüssig einiger speciell bezeichneter Punkte. Dieser Vorbehalt bezieht sich aber eben auch nur auf das Gesinde, auf die anderwärts sog. „Dienstboten".

Vollfreie Hand hat dabei übrigens das Landesrecht doch nicht. Denn schon im Art. 95 EG. selbst ist bestimmt, daß jedenfalls aus dem BGB. die §§ 104—105 (über Geschäftsfähigkeit), § 131 (Mängel bei Willenserklärungen aus dem Gesichtspunkte der Geschäftsfähigkeit), §§ 278, 831, 840 (Haftung für Hülfspersonen); §§ 611—619, 624 (aus den Bestimmungen über den Dienstvertrag), § 1318 (Stellung einer Ehefrau), (Fürsorge bei Erkrankung) Anwendung zu finden haben, dabei aber der § 617 nur insoweit, als nicht die Landesgesetze dem Gesinde noch weitergehende Ansprüche gewähren. Auch ist in jenem Art. 95 selbst reichsrechtlich ganz allgemein vorgeschrieben, daß dem Dienstberechtigten gegenüber dem Gesinde ein Züchtigungsrecht nicht zusteht.

Auf Grund des im Art. 95 EG. aufgenommenen Vorbehalts und nach Maßgabe seines sachlichen Umfangs hat nun die bayr. Landesgesetzgebung eine Neuregelung der rechtlichen Dienstbotenverhältnisse eintreten lassen und zu diesem Zwecke in das AusfGes. v. 9. Juni 1899 Art. 15—31 eine Reihe von Sonderbestimmungen unter dem Gesammttitel: „Gesinderecht" eingestellt. Für die bezüglichen Verhältnisse gilt der Inhalt dieser Artikel an erster Stelle; daneben und ergänzend greifen die Bestimmungen des BGB., speciell diejenigen über Dienstvertrag ein.

XIII. Aus dieser neuen bayr. Gesindeordnung, welche gar vielen Unklarheiten und Verschiedenheiten des bisherigen Rechts ein erfreuliches Ende bereitet, sei Folgendes noch in kurzem Auszuge hervorgehoben:

1. Umfang des Gesinderechts in Ansehung der Personen. Darüber, wer zum „Gesinde", zu den „Dienstboten", zu rechnen sei, enthält weder das BGB. nebst EG. noch das bayr. AusfGes. eine reichs- oder landesrechtliche Vorschrift. Hier wie dort wurde die Einstellung einer solchen absichtlich abgelehnt. Man erwog, daß an sich schon die Grenze in allgemein zutreffender Weise schwer festzustellen sei, überdies aber die Volksanschauungen in diesem Punkte verschiedenen Orts auch sehr verschieden seien. So viel aber geht doch aus allen Verhandlungen*) hervor, daß man der Ansicht war, jene Begriffe müßten eben im landläufigen Sinne genommen werden. Ueber Zweifel wird man damit aber doch nicht hinüberkommen. Solche hat es ja auch schon bisher gegeben, namentlich auf dem Gebiete der Jurisdiction der sog. Gewerbegerichte in Ansehung der Abgrenzung des Begriffes „gewerbliche Arbeiter" u. dgl. von dem anderen: „Dienstbote."

2. Eingehung von Dienstverträgen von und mit Dienstboten. Die Frage, von wem solche Verträge geschlossen werden können, bemißt sich in grundsätzlicher Richtung nach den allgemeinen Normen des BGB. Hieher einschlägig sind von denselben namentlich die Vorschriften

a) über Rechtsgeschäfte von in der Geschäftsfähigkeit beschränkten Personen (BGB. §§ 104—115);
b) des § 113 BGB. über die allgemeine Ermächtigung Minderjähriger zu Dienst- und Arbeitsverhältnissen Seitens ihrer gesetzlichen Vertreter;
c) über eheherrliche Befugnisse gegenüber der sich zu persönlichen Diensten verpflichtenden Ehefrau (BGB. § 1358);
d) über die Schlüsselgewalt der Ehefrau und deren daraus entspringende Berechtigungen mit ihren Rechtsfolgen (BGB. § 1357).

*) Vgl. namentlich Becher, Materialien, Abthl. IV/V Bd. I S. 48.

Zu diesen reichsrechtlichen Normen gesellte der Art. 16 des bayr. AusfGes. v. 9. Juni 1899 als Bestandtheil der Gesindeordnung noch eine landesrechtliche Zusatzvorschrift, welche nach dem Vorbilde der sächsischen Gesindeordnung v. 2. Mai 1892 der Polizeibehörde bemerkenswerthe Befugnisse gibt. Die Polizeibehörde kann nämlich das Halten von Dienstboten unter achtzehn Jahren solchen Personen untersagen, die nicht im Besitze der bürgerlichen Ehrenrechte sind oder unter Polizeiaufsicht (im Sinne des §§ 38 fg. StGB.) stehen — natürlich nur so lange das Eine oder Andere der Fall ist. In diesem Falle liegt kein unbedingtes, schon von Gesetzeswegen eintretendes Verbot vor. Vielmehr muß eigens eine polizeiliche Untersagung ergehen. Diese Maßregel aber steht im Ermessen der Polizeibehörde. Anders übrigens bei solchen Personen, welche wegen gewerbsmäßiger Unzucht einer polizeilichen Aufsicht (im Sinne des § 361 Nr. 6 StGB.) unterstellt sind. Denen ist schon kraft Gesetzes (Art. 16 Abs. 2 AG.) das Halten von Dienstboten unter 21 Jahren verboten.

Zwischen männlichen und weiblichen Dienstboten wird weder im ersten, noch im zweiten Absatze des Art. 16 unterschieden.

Für alle Fälle nach Abs. 1 und 2 Art. 16 gilt auch die weitere Bestimmung des Abs. 3, daß die Entlassung von Dienstboten, welche jenen Vorschriften zuwider gehalten werden, von der Polizeibehörde erzwungen werden kann. Mittel hiezu gewährt Art. 21 PolStGB.*)

3. Hat sich ein Dienstbote für dieselbe Zeit mehrfach verdungen, so hat er bei derjenigen Dienstherrschaft auf deren Verlangen einzutreten, mit welcher er zuerst abgeschlossen hat. Den anderen Dienstherrschaften ist er schadensersatzpflichtig. Art. 17.

---

*) Becher, Mater. Abthl. IV, V, Bd. I S. 49.

4. Nach Art. 18 AG. verbleibt das beim Vertragsabschlusse gewöhnlich gegebene (aber nicht gerade nothwendige) sog. Draufgeld dem Dienstboten d. h. wenn nichts anderes verabredet ist. Unter dieser Voraussetzung findet daher ein Abzug desselben vom Lohne nicht statt. Ebenso darf es im Zweifel auch nicht auf einen Schadensersatzbetrag angerechnet werden, welchen etwa die Dienstherrschaft bei Aufhebung des Dienstverhältnisses zu leisten haben sollte.

5. Recht löblich betont und recht gut zu lesen sind die im Art. 19 eingestellten allgemeinen Verhaltungspflichten der Dienstboten. Sie stehen nur leider mit den heutzutage tagtäglichen Erscheinungen des praktischen Lebens in schwerem Konflikte. Geheilt aber werden die so gestalteten Zustände durch jene akademische Vorlesung wohl auch nicht. Einige praktische Bedeutung aber haben die Sätze des Art. 19 immerhin doch insoferne, als sie Anhaltspunkte dafür bieten, was (abgesehen von den besonderen Fällen des Art. 24) als „wichtiger Grund" zu einer außerordentlichen Kündigung im Sinne des Art. 23 betrachtet werden kann. Nicht unzweckmäßig ist auch die im zweiten Satze des Art. 19 enthaltene Festsetzung, daß der Dienstbote nach Maßgabe seiner Kräfte und Stellung in Nothfällen auch in anderen Dingen mit anpacken muß, als denjenigen, für die er gerade gedungen ist.

6. In Bezug auf Lohnverhältnisse bringt die Gesindeordnung nur zwei Sonderbestimmungen, nämlich dahingehend:

a) daß der Dienstbote, wenn dessen Lohn auch nach längeren Zeitabschnitten als Vierteljahren bemessen ist, doch nach Ablauf von je drei Monaten der Dienstzeit die Zahlung der Hälfte des dafür treffenden Lohnes verlangen kann (Art. 20), dann

b) daß die Dienstherrschaft gegen die Lohnforderung unbeschränkt diejenigen Entschädigungsansprüche aufrechnen kann, welche sie gegen den Dienstboten hat wegen einer vorsätzlichen oder grobfahrlässigen Verletzung der ihm obliegenden Verpflichtungen. (Art. 21).

Desto eingehender sind die in der Gesindeordnung enthaltenen besonderen Vorschriften über:

7. Dienstzeit- und Kündigungsverhältnisse. Nach beiden Richtungen erneuert zunächst

a. Art. 22 Abs. 1 eine in Bayern althergebrachte Einrichtung in Gestalt des vollen Dienstjahres für landwirthschaftliche Dienstboten, womit bekanntlich hauptsächlich bezweckt wird, der Dienstherrschaft für die drängende Arbeitszeit von der Saat bis zur Ernte den Bedarf an Arbeitskräften, den „Ehehalten" aber auch für die stillere Winterszeit Nahrung und Nothdurft zu sichern. Früher begann jenes Dienstjahr herkömmlich an Lichtmeß, jetzt beginnt es am 1. Februar. Im Zweifel, also namentlich wenn nichts anderes verabredet ist, gilt das Dienstverhältniß als für ein Jahr, von jenem Tage an gerechnet, eingegangen. Erfolgt der Dienstantritt erst nach jenem Zeitpunkte, so gilt der Dienst im Zweifel für die Zeit bis zum Schlusse des regelmäßigen Dienstjahres. Ist der Dienst auf unbestimmte Zeit eingegangen, so ist auch Kündigung nur zulässig für den Schluß des besagten Dienstjahres und auch dies nur mit Einhaltung einer Frist von sechs Wochen.

b. Für Dienstboten, die nicht zu den landwirthschaftlichen gehören, ist die im § 621 Abs. 4 BGB. vorgesehene sechswöchentliche Kündigungsfrist hieher auf eine solche von einem Monate ermäßigt und zwar entsprechend dem, was für das eigentliche Dienstbotenwesen hier zu Land für die Fälle einer nach Vierteljahren oder länger bemessenen Lohnvergütung schon früher üblich war. Mehr und mehr greift aber bekanntlich in Städten jetzt die monatliche Lohnvergütung um sich. Für diese Fälle bleibt es bei § 621 Abs. 3 BGB.

c. Eine besondere Rolle spielt bekanntermaßen gerade im Dienstbotenwesen die außerordentliche Kündigung. In dieser Hinsicht wiederholt zunächst Art. 23 AG. den Grundsatz des § 626 BGB., nur mit einem kleinen Zusatze. Danach kann außerordentliche Kündigung von jedem Theile ohne Kündigungsfrist zu jeder Zeit, und zwar auch schon vor dem Antritte des Dienstes erfolgen, wenn ein wichtiger Grund vorliegt. Während aber § 626 BGB. die Beurtheilung, was als wichtiger Grund zu erachten sei, ganz dem Ermessen für den einzelnen Fall anheimgibt, zählt die bayr. Gesindeordnung in den Art. 24, 25 AG. lange Reihen von Vorkommnissen auf, welche beispielsweise als „wichtige Gründe" anzusehen sind, „soferne nicht besondere Gründe eine andere Beurtheilung rechtfertigen". Diese Kataloge, deren Inhalt am besten im Gesetze nachzulesen ist, werfen manche kräftige X-Strahlen auf das Innere der Dienstboten, wie auch der Dienstherrschaften. Bezüglich einzelner Verhältnisse gilt dabei übrigens noch die Besonderheit, daß sie nur binnen einer bestimmten Zeit zur außerordentlichen Kündigung berechtigen, nämlich nicht mehr, wenn sie dem anderen (kündigenden) Theile länger als eine Woche bekannt sind.

Eingehende Vorschriften enthält Art. 26 AG. darüber, wie sich für die Fälle der Kündigung wegen vertragswidrigen Verhaltens des anderen Theils die Lohn- und Schadensersatzansprüche gestalten. In dieser Hinsicht entwickelt sich eine gewisse gesetzliche Kasuistik.

d. Einige besondere Fälle regeln noch die Art. 27, 28 AG. Der erste derselben betrifft namentlich die Heiraths- und ähnlichen Fällen auf Seite des Dienstboten. Schon nach Art. 24 Nr. 13 gibt der Fall, wenn ein weiblicher Dienstbote sich verheirathet, der Dienstherrschaft das Recht zu sofortiger Auflösung des Dienstverhältnisses.

Dem Dienstboten aber (männlichen wie weiblichen) gibt Art. 27 das Recht zur Kündigung, wenn er durch den Antritt oder die Fortsetzung des Dienstes verhindert würde, von einer gebotenen Gelegenheit zur Verheirathung (ohne Unterschied!) oder der Begründung eines eigenen Hausstands Gebrauch zu machen. In solchem Falle ist jedoch nach Antritt des Dienstes immerhin die Einhaltung einer Kündigungsfrist gesetzlich geboten. Die Kündigung ist nämlich nur für den Schluß eines Kalendermonats zulässig und hat spätestens am fünfzehnten desselben Monats zu geschehen.

Ein einfaches Davonlaufen mit dem Vorgeben, „ich heirathe", wie es nicht selten vorkommt, ist ungerechtfertigt.

Eine weitere Regelung der Kündigungsverhältnisse enthält Art. 28 für den Fall einer wesentlichen Veränderung der Umstände, insbesondere wegen

α) Verlegung des Wohnsitzes der Dienstherrschaft,

β) Todes des Dienstherrn,

γ) Veräußerung des Gutes, zu dessen Bewirthschaftung der Dienstbote aufgenommen ist.

8. Im Prinzip von großer Wichtigkeit und wahrlich recht heilsam ist trotz ihrer sachlichen Einschränkung die Bestimmung des Art. 29 AG., welche eine privatrechtliche

Verantwortlichkeit der Dienstherrschaft begründet für den Schaden, welcher der nachfolgenden Dienstherrschaft erwächst aus dem Vertrauen auf die Richtigkeit eines ausgestellten Dienstzeugnisses. Diese Verantwortlichkeit ist übrigens beschränkt auf den Fall der Bezeugung treuen Verhaltens des Dienstboten, obwohl dieser gegen die Herrschaft eine schwere Veruntreuung sich zu Schulden kommen ließ und die Dienstherrschaft diese Thatsache kannte. Die Verantworlichkeit ist auch zeitlich insoferne begrenzt, als sie mit dem Ablaufe von drei Jahren seit der Ertheilung des Zeugnisses erlischt, soweit jene nicht schon vorher gerichtlich geltend gemacht wird.*)

9. Eine privatrechtliche Schadensersatzpflicht gegenüber der Dienstherrschaft begründet auch noch Art. 30 AG. für denjenigen, (und zwar als Gesammtschuldner mit dem Dienstboten selbst), welcher einen Dienstboten verleitet,

a. den Dienst ohne rechtlichen Grund nicht anzutreten oder

b. vor der Beendigung des Dienstverhältnisses zu verlassen.

Ebenso trifft denjenigen eine Schadensersatzpflicht, welcher wissentlich einen bereits verdungenen Dienstboten für die nämliche Zeit für sich dingt.**)

10. Die Uebergangsbestimmung des Art. 31 AG. geht dahin, daß die neuen gesetzlichen Vorschriften auch für alle am 1. Jan. 1900 bestandenen Dienstverhältnisse gelten, wenn nicht ab 1. Jan. 1900 die Kündigung für den ersten Termin erfolgt, für den sie nach den bisherigen Gesetzen zulässig ist.

---

*) Ueber Zeugnißertheilung und Dienstbücherwesen s. auch schon oben S. 505 und nachher unter Nr. 11.

**) Ueber öffentlich-rechtliche Folgen solcher Vorkommnisse s. bayr. PolStGB. Art. 106 Nr. 2, 3, 4. Art. 108.

11. Neben den privatrechtlichen Vorschriften über die Dienstbotenverhältnisse bestehen in Bayern bekanntlich auch noch öffentlich-rechtliche. Sie sind niedergelegt in den Art. 106 bis 110 des bayr. PolStGB. und enthalten zumeist Strafsatzungen, begründen aber auch gewisse Executivbefugnisse der Polizeibehörden. Diese gesammten Vorschriften des PolStGB. bleiben neben der neuen Gesindeordnung des AusfGes. vom 9. Juni 1899 in Geltung.

Ueber jene Befugnisse der Polizeibehörden sei noch Folgendes bemerkt:

a. Die im Art. 106 Abs. 4, 5, 6 des PolStGB. begründete Befugniß der Polizeibehörden, auf Antrag der Dienstherrschaft

α) Dienstboten, welche widerrechtlich den Antritt oder die Fortsetzung des Dienstes verweigern, desgleichen

β) landwirthschaftliche, auf längere Zeit in Beschäftigung genommene Taglöhner, welche ohne genügenden Rechtfertigungsgrund zur Erntezeit oder zur Saat- und Ausbauzeit die Arbeit verlassen,

zwangsweise durch Vorführung wieder einzuschaffen, bleibt ganz unberührt.

b. Nicht aufgehoben, aber in systematischer Hinsicht etwas anders situirt, ist die Vorschrift des Art. 108 PolStGB., welche die Polizeibehörde ermächtigt, die Dienstherrschaft nach Auflösung des Dienstverhältnisses zur Ausstellung des Zeugnisses im Dienstbotenbuch durch Aufforderung anzuhalten, und welche die weitere Verweigerung dieses Zeugnisses trotz geschehener solcher Aufforderung mit Strafe bedroht.

Wie schon wiederholt betont (S. 5, 505, 513), ist die allgemeine Bestimmung des § 630 BGB. über das

Recht des Dienstverpflichteten auf ein Dienstzeugniß und über die Gestaltung desselben privatrechtlicher Natur. Jeder Dienstverpflichtete und sohin auch speciell der Dienstbote kann seinen diesbezüglichen Anspruch stets im Rechtswege mit Civilklage verfolgen. Die Angelegenheit hat aber auch für Dienstboten ihre öffentlich-rechtliche Seite, insoferne bei uns in Bayern die verwaltungsrechtliche Ordnung des Dienstbotenwesens, namentlich auch die Einrichtung und Ausgestaltung der Dienstbotenbücher (Art. 107, 108 PolStGB.) als im öffentlichen Interesse gelegen zu betrachten ist. Eine solche öffentlich-rechtliche Maßnahme ist jene im Art. 108 PolStGB. vorgesehene polizeiliche Anordnung. Sie kann nach wie vor, unabhängig vom § 630 BGB., vorgekehrt werden und zwar sowohl von Amtswegen, wie auch auf Ansinnen des Dienstboten, wenn dieser nicht sofort civilrechtlich vorgehen will. Ist aber daraufhin eine Zeugnißausstellung erfolgt, so ist damit die Aufgabe und Zuständigkeit der Polizeibehörde erschöpft. Bestehen noch Differenzen, namentlich über den Inhalt des Dienstzeugnisses, so mag die Polizeibehörde den Imploranten auf den Rechtsweg verweisen. Denn diese Differenzen liegen nach der jetzt vorgezeichneten Auffassung auf dem privatrechtlichen Gebiete. In dieser Weise ist die dermalige Rechtslage ohngefähr auch in den Mot. zu Art. 23 des Entw. des AG. z. BGB. v. 9. Juni 1899*) geschildert.

Viertes Kapitel.

Werkvertrag.

Nahe verwandt mit dem vorstehend behandelten Dienstvertrag ist der Werkvertrag. Ihn regelt das BGB. in den §§ 631 bis 651.

*) Vgl. Becher, Mat. Abthl. IV, V Bd. 1 S. 63 fg., 339 fg.

I. Während der Dienstvertrag durch Gewinnung fremder körperlicher oder geistiger Arbeitskraft (oder beider zugleich) gegen eine Vergütung in Geld oder anderen Vortheilen die Arbeitsthätigkeit selbst in ihrer unmittelbaren Entwicklung zur Verwerthung bringt, erwirbt dagegen im Werkvertrag der Eine das Werk der geistigen oder körperlichen Thätigkeit eines Anderen als etwas Gewordenes, Vollendetes, als schon erzielten Erfolg gegen eine für letzteren zu leistende Vergütung vereinbarter Art.

Gleichwie mit dem Dienstvertrage ist der Werkvertrag auch verwandt mit dem Kaufe, so zwar, daß beide Vertragstypen nicht selten in einander übergehen oder sich doch äußerst nahe berühren. Dieses Verhältniß führte im BGB. § 651 zur Konstruktion des Nebenbegriffes: „Werklieferungsvertrag". Einen solchen nimmt jene Gesetzesstelle dann an, wenn sich der Unternehmer verpflichtet, das Werk aus einem von ihm zu beschaffenden Stoffe herzustellen. Besteht dabei das herzustellende Werk aus einer vertretbaren Sache, so finden auf das Rechtsgeschäft laut § 651 BGB. die Vorschriften über den Kauf Anwendung. Trägt dagegen das zu liefernde Werk nicht die rechtliche Eigenschaft einer vertretbaren Sache an sich, so treten an die Stelle verschiedener, den Kauf betreffender Vorschriften diejenigen über den Werkvertrag, mit Ausnahme zweier Stellen, welche sich nur auf Bauverhältnisse beziehen. Die Errichtung von Bauten aber fällt, was das Verhältniß des Unternehmers zum Besteller im Ganzen betrifft, nach der m. E. richtigen Ansicht, lediglich unter den Begriff des Werkvertrags. Gerade hier complicirt sich das Verhältniß wieder mit anderen Vertragsformen, namentlich was die Beziehungen des Unternehmers zu weiteren Personen: Lieferanten, Gewerbsleuten dieser und jener Art, Bauarbeitern, Taglöhnern 2c. betrifft. Hier muß oft genau geprüft werden, ob das eine oder andere Rechtsverhältniß unter diese oder jene Vertragsform (Kauf, Dienstvertrag, Werklieferungsvertrag oder reinen Werkvertrag) fällt, namentlich wenn es sich um Haftungsfragen handelt. Ueberhaupt erlangen die Rechtsnormen über den Werkvertrag gerade für Bauarbeiten eine besonders weittragende Wichtigkeit. Dabei gestalten sich die Rechtsbeziehungen vielfach anders, je nachdem es sich um einen sog. Regiebau handelt, den der Bauherr selbst ausführt, oder um einen sog. Accord- oder Entreprisebau, den er als Besteller einem Hauptunternehmer überträgt. Der erstere Weg führt nothwendig zu den verschiedenartigsten Einzelverträgen des Bauherrn selbst, der letztere zu solchen des Unternehmers mit Dritten. Beide Formen kommen überaus häufig vor im Bereiche des Staats- und Gemeindebauwesens der verschiedensten Gestaltung als Hoch- oder Tiefbau u. s. w. Gerade mit Rücksicht hierauf mögen einige nähere Bemerkungen nachfolgen. Uebrigens kommen auch im Bereiche der Staats- und Kommunalverwaltung überaus häufig Werk- und Werklieferungsverträge in Bezug auf Herstellung beweglicher Sachen vor. Man denke nur z. B. an die Beschaffung von Militärrequisiten im Accordwege. Ueberhaupt vollziehen sich Mobiliarwerk- und Werklieferungsverträge im Allgemeinen tagtäglich zu Tausenden Wenn man sich beispielsweise nur einen Rock oder ein paar Stiefel anschafft, so kann sich damit ein Werk- oder Werklieferungsvertrag, freilich aber auch ein Kauf- oder Dienstvertrag vollziehen, je nachdem sich die Beschaffung in der einen oder anderen Weise abwickelt.

II. Von diesen verschiedenen Vertragsformen ist bei Bauten jedenfalls der wichtigste der Werkvertrag. Ihn charakterisirt § 631 des Bürgerl. Gesetzbuches kurz und bündig dahin, daß er den Unternehmer zur Herstellung des versprochenen Werkes, den Besteller zur Entrichtung der vereinbarten Vergütung verpflichtet, nach § 640 auch zur Abnahme des hergestellten Werkes, sofern nicht wider das eine oder andere ein rechtlicher Gegengrund vorliegt. Das ganz Wesentliche und Charakteristische liegt dabei — abweichend von den Grundsätzen über Zahlungsleistung beim Dienstvertrag — gerade darin, daß beim Werkvertrag erst nach Herstellung und bei Ablieferung des fertigen Werks gezahlt zu werden braucht. Doch können selbstverständlich durch besondere Vereinbarung auch Zahltermine in früherer Zeit, z. B. bei einem Hausbau nach Vollendung des ersten Stockwerks, Aufsetzung des Dachstuhls rc. rc., bestimmt werden. Wesentlich und selbstverständlich ist das aber nicht. Für den Fall, daß die Höhe der Vergütung nicht fest bestimmt ist, trifft das Bürgerl. Gesetzbuch in § 632 Abs. 2 Bestimmung. Bei Accordübernahme z. B. eines Baues wird der Mangel einer solchen Preisbestimmung wohl nicht leicht vorkommen. Er kommt aber gar nicht selten vor bei Bestellung von Plänen und Kostenvoranschlägen. Daraus entstehen dann leicht Differenzen über die Höhe der Vergütung, namentlich wenn der Hersteller von Plan und Kostenvoranschlag nicht auch den Bau zur Ausführung bekommt. Für solche Fälle bestimmt § 632 Abs. 2, daß beim Bestehen einer Taxe die taxmäßige Vergütung, in Ermangelung einer Taxe die *übliche Vergütung* als vereinbart anzusehen ist. Keinem Zweifel kann es namentlich wegen des damit zusammenhängenden Inhalts der Gewerbeordnung unterliegen, daß unter den erwähnten Taxen nur obrigkeitlich normirte zu begreifen sind. Auch kann man unter „üblicher Vergütung" nicht schon diejenige verstehen, welche Geschäftsleute gemeinhin zu *begehren* pflegen oder unter sich standesmäßig vereinbart haben. Es muß auch üblich sein, das also Begehrte zu *gewähren*. In dem § 632 scheint mir also durchaus noch keine unbedingte Sanktion von Tarifen jener Art zu liegen, wie sie z. B. in Gestalt der sog. Hamburger Normen schon so viel Staub aufgewirbelt haben.

III. Im vorerwähnten § 631 BGB. findet sich der Begriff: „Abnahme des hergestellten Werks". Das ist ein gesetzestechnisch fester Begriff. Bei Bauten hat er durchaus nicht die Bedeutung einer Eigenthumsübertragung oder Eigenthumserwerbung. Denn diese vollzieht sich hier nach § 946 BGB. kraft des Gesetzes von selbst durch die Inaedifikation auf dem Grund und Boden des Bauherrn. Das Schwergewicht der Abnahme liegt vielmehr in anderen Dingen. Bei uns zu Lande ist der Begriff freilich bisher nicht so geläufig gewesen, als in Nord- und Westdeutschland.

Der Gebotssatz des § 640: „Der Besteller ist verpflichtet, das vertragsmäßig hergestellte Werk abzunehmen, soferne ꝛc. ꝛc." läßt schon erkennen, daß es sich hier um einen gewissen Formalakt handelt, wenn auch keine besonders formalisirten Beurkundungen oder dergleichen Dinge vorgeschrieben sind. Die Abnahme enthält zwei verbundene Momente, die körperliche Hinnahme und die Anerkennung der Leistung als Vertragserfüllung. Diese Anerkennung kann sich auch stillschweigend, durch konkludente Handlungen, vollziehen. Sie hat auch, selbst wenn sie mit einer Prüfung des Werkes verbunden wurde, nicht eine so weitgreifende Bedeutung, daß dadurch die nachträgliche Geltendmachung von Mängeln des Werkes schlechthin ausgeschlossen wäre. Das ist nicht der Fall. Zeigen sich bei der Abnahme Mängel, so kann ja der Besteller die Abnahme vorerst ablehnen oder Vorbehalt einlegen. Er kann umgekehrt auch gehalten sein, ein vorbehaltlos abgenommenes Werk selbst bei Offenbarung von Mängeln sich gefallen zu lassen, wenn er nämlich durch besondere Vereinbarung verpflichtet ist, sofort bei der Abnahme in eine abschließende Prüfung einzutreten. Ist aber dergleichen nicht der Fall, so können Mängel, insbesondere die nicht sofort erkennbaren, unter Umständen auch noch später geltend gemacht werden.

Aber die Beweislast kann sich dabei zu Ungunsten des Bestellers verschieben. Im § 640 ist auch eigens gesagt, daß dem Besteller die beim Werkvertrage gesetzlich normirten (§§ 633, 634) besonderen Rechtsansprüche wegen Mängel des Werkes nicht zustehen, wenn er ein mangelhaftes Werk abnahm, obschon er den Mangel kannte, soferne er sich nicht seine Rechte wegen des Mangels eigens vorbehielt.

Ein weiterer wichtiger Punkt, welcher betreffs der Wirkungen der Abnahme zu kennzeichnen ist, betrifft die Haftung für Gefahr.

IV. Gemäß § 644 gilt der Grundsatz: Der Unternehmer trägt die Gefahr bis zur Abnahme des Werks. Von da an lastet sie auf dem Besteller. „Gefahr": das heißt die Gefahr für Untergang oder Verschlechterung des Werkes. Der Unternehmer hat daher in einem solchen Falle seiner Gefahrhaftung für das von ihm schon Geleistete oder zur Leistung bereit Gerichtete keine Vergütung vom Besteller zu beanspruchen.

Von obigem Grundsatze gibt es nun aber auch bedeutsame Ausnahmen. Nicht eigens im Gesetze erwähnt, weil selbstverständlich, ist von vorneherein der Fall, wenn zwischen den bei der Gefahrenhaftung in dieser oder jener Richtung Betheiligten etwas Anderes vereinbart ist. Weiter legt aber auch der § 644 dem Besteller die fernere Haftung auf, wenn er mit der Abnahme in Verzug kommt. Solch ein Fall kann und soll den Rechten des Unternehmers nicht präjudiziren. Das Risiko geht vom Verzug an auf den Besteller über. Hat der Besteller selbst Materialien zum Bau geliefert, so ist für zufälligen Untergang oder zufällige Verschlechterung dieser Materialien nicht der Unternehmer, sondern auch der Besteller selbst verantwortlich.

Ein verwandter anderer Fall ist der, wenn infolge eines Mangels an dem vom Besteller selbst gelieferten Material das ganze Werk vor seiner Abnahme untergegangen, verschlechtert oder unausführbar geworden ist. In diesem Falle, wie ebenso auch dann, wenn das Nämliche eintritt infolge einer vom Besteller selbst ertheilten Anweisung, kann der Unternehmer nach § 645 einen der geleisteten Arbeit entsprechenden Theil der Vergütung und Ersatz der nicht inbegriffenen Auslagen verlangen.

Soweit ein besonderer Haftungstitel für den einen oder anderen Theil vorliegt, insbesondere z. B. ein Verschulden des Bestellers, zieht der bezügliche Rechtsgrund natürlich auch hier die entsprechenden Rechtsfolgen nach Maßgabe der einschlägigen allgemeinen Vorschriften nach sich.

In vorstehenden Bemerkungen habe ich stets nur vom Besteller und Unternehmer gesprochen. Es liegt natürlich das nämliche Verhältniß vor, wenn z. B. in Bezug auf Bauten der Besteller bei Generalentreprise einem Hauptakkordanten gegenübersteht, als wenn er, ganz oder theilweise in Regie bauend, seinerseits in verschiedene Einzelakkorde eingetreten ist, welche sich wiederum als Werkverträge darstellen. Ist bei Generalentreprise der Hauptübernehmer seinerseits in Verträge mit Lieferanten und anderen sich am Werke Betheiligenden eingetreten, so ist eben jeweilig auch in der momentan hier fraglichen Richtung zu untersuchen, von welcher rechtlichen Art die betreffenden Rechtsgeschäfte sind, ob Käufe, Werkverträge oder Dienstverträge. Danach richtet sich dann das Haftungsverhältniß zwischen dem Hauptunternehmer und seinen Leuten, denen gegenüber er einfach der Unterbesteller ist.

V. Treten Mängel am Werke hervor, so gebühren dem davon nachtheilig Betroffenen selbstverständlich schon im Grundsatze alle diejenigen Rechtszuständigkeiten, welche das BGB. im Allgemeinen für Vertragswidrigkeiten schlechthin gewährt. Das BGB. enthält aber in den §§ 633 fg. auch verschiedene

Sondervorschriften in jenem Punkte, welche speziell dem Werkvertrage gewidmet und ganz besonders für Bauten von Bedeutung sind.

Das BGB. § 633 erklärt den Unternehmer ausdrücklich als verpflichtet, das Werk — und zwar je nach der Sachlage persönlich oder durch Hilfskräfte — so herzustellen, daß es sowohl

a) die zugesicherten Eigenschaften hat, als auch

b) nicht mit Fehlern behaftet ist, die den Werth oder die Tauglichkeit zu dem gewöhnlichen oder dem nach dem Vertrage vorausgesetzten Gebrauch entweder aufheben oder doch mindern.

Das sind übrigens Vorschriften nachgiebiger und nicht zwingender Art. Sie können durch freiwillige Vereinbarung auch modifizirt, das heißt erlassen oder beschränkt werden. So steht geschrieben im § 637, aber mit dem ausdrücklichen Beisatze, daß eine solche Vereinbarung, sei sie vor oder nach der Abnahme getroffen, nichtig ist, wenn der Unternehmer dabei einen bestehenden Mangel arglistig, also mit Wissen und Willen verschweigt und auf diese Weise den anderen Theil übers Ohr haut.

Ist ein hergestelltes Werk mit einem der vorerwähnten Defekte — also entweder mit dem Fehlen einer eigens zugesicherten Eigenschaft oder mit einem Mangel behaftet, so erwächst zunächst der Anspruch auf Beseitigung jenes Defekts. Dieser Anspruch ist für die Regel doppelseitig, d. h. der Besteller ist berechtigt, die Mangelbeseitigung vom Unternehmer zu verlangen und letzterer kann beanspruchen, diese Beseitigung bewerkstelligen und dadurch das Werk fehlerfrei stellen zu dürfen. Nach beiden Richtungen gibt es aber Ausnahmen. Vor allem kann der Unternehmer die Verbesserung verweigern, wenn sie einen unverhältnißmäßigen Aufwand erfordert, also wenn z. B. ein Bauwerk völlig umgebaut werden müßte. (§ 633). Das heißt aber nicht: Der Besteller muß sich dann den Defekt gefallen lassen, sondern es treten eben die sonstigen Rechtsfolgen des Mangels ein. Das Recht des Bestellers, Beseitigung eines Mangels zu verlangen, ist an sich nicht an eine Frist gebunden, wohl aber greift eine kurze Verjährungszeit ein. Immerhin soll die Angelegenheit der Beseitigung von Mängeln, namentlich seitens des Uebernehmers nicht beliebig hingehalten werden dürfen. Darum gibt § 634 dem Besteller das Recht, dem zur Beseitigung eines Mangels Verpflichteten eine angemessene Frist mit der Erklärung zu bestimmen, daß er nach dem Ablauf die Beseitigung des Mangels ablehne. Läuft die Frist fruchtlos ab, so ist ein Anspruch auf Beseitigung des Mangels ausgeschlossen und dem Besteller steht Wandelungs- oder Minderungsklage zu. Zeigt sich der Mangel schon vor der Ablieferung des Werkes, so kann auch sofort die Frist zur Beseitigung vorgesetzt werden, jedoch nicht so, daß sie schon vor der Ablieferungszeit endigen würde. Ist die Beseitigung des Mangels überhaupt unmöglich, so ist es auch nicht nöthig, eine Frist zur Beseitigung vorzusetzen. Das gleiche gilt,

a) wenn der Unternehmer verweigert, in eine Verbesserung einzutreten, oder auch

b) wenn die sofortige Geltendmachung des Anspruchs auf Wandelung oder Minderung durch ein besonderes Interesse des Bestellers gerechtfertigt wird.

Im Allgemeinen hat der Besteller eines Werks bei Mängeln zwischen beiden Rechtsbehelfen die Wahl. Doch bestimmt § 634 ausdrücklich, daß die Wandelung ausgeschlossen ist, wenn der Mangel den Werth oder die Tauglichkeit des Werks nur unerheblich vermindert. In diesem Falle steht also nur der Minderungsanspruch zu Gebot. Nebenbei bestehen übrigens auch noch zwei weitere Rechtsmöglichkeiten.

1. Nach § 633 kann der Besteller auch den Mangel selbst beseitigen und den Ersatz der erforderlichen Aufwendungen dafür verlangen, wenn der Pflichtige mit Beseitigung des Mangels im Verzuge ist, und

2. nach § 635 kann auch statt Wandelung oder Minderung Schadensersatz wegen Nichterfüllung gewährt werden, wenn der Mangel des Werkes auf einem Umstande beruht, den der Unternehmer zu vertreten hat.

Der Anspruch des Bestellers auf Mängelbeseitigung, Wandelung, Minderung oder Schadensersatz verjährt bei Bauwerken in fünf Jahren von Abnahme des Werkes an. Diese Frist kann nach BGB. § 638 durch Vertrag verlängert, es kann aber nicht die Verjährung gänzlich ausgeschlossen werden.

Eine gar nicht so seltene Beschwerniß für den Besteller ist die, daß das Werk nicht rechtzeitig fertiggestellt wird. Ebenso häufig ist in solchen Fällen, daß von den Uebernehmern eingewendet wird, die Fertigstellung sei eben aus diesem oder jenem Grunde nicht möglich gewesen. Wie gestaltet sich nun die Rechtslage nach BGB.?

Vor allem ist zu unterscheiden zwischen den für den Besteller gegebenen allgemeinen Rechtsbehelfen und den für den Werkvertrag getroffenen besonderen Bestimmungen.

Daß die allgemeinen Rechtsbehelfe, wie z. B. Klage auf Vertragserfüllung, eventuell auch auf Schadensersatz, auch hier gegeben sind, ist schon mangels einer gegentheiligen Gesetzesvorschrift an sich selbstverständlich. Ueberdies finden sich aber auch in § 636 die ausdrücklichen Worte:

„Die im Falle des Verzugs des Unternehmers dem Besteller zustehenden Rechte bleiben unberührt.“

Zu betonen sind nur dabei die Worte „im Falle des Verzugs"! Die Voraussetzungen für die Annahme eines Verzugs müssen vorliegen, also müssen auch Umstände vorliegen, welche der Säumige zu vertreten hat. Liegen nur casuelle Verhinderungen vor, für die nach den Grundsätzen über Verzug und Unmöglichkeit der Leistung ein Schuldner überhaupt nicht einzutreten hat, so ist letzteres eben auch hier der Fall.

Diesen allgemeinen Rechtsbehelfen setzt nun aber der § 636 auch noch einen besonderen für das Gebiet des Werkvertrags zur Seite, welcher — und das ist hier zu betonen — von dem Vorhandensein eines Verzugszustandes nicht abhängig ist. Der § 636 knüpft nämlich an die Analogie der Rechtsbehandlung beim Vorhandensein von Mängeln in der Art an, daß er ebenfalls dem Besteller das Recht gibt, eine angemessene Frist zur Fertigstellung zu setzen und zwar mit demselben Charakter und derselben Rechtswirkung, wie im Falle der Mängelrüge. Was dort für die Wandelungs- oder Minderungsklage gilt, gilt auch hieher, nur mit dem Abmaße daß hier an die Stelle des Anspruchs auf Wandelung das Recht des Bestellers tritt, nach § 327 vom Vertrage zurückzutreten. Die Wirkungen einer Nichteinhaltung der Frist gehen also hier sehr weit. Und da sie nicht durch die Voraussetzungen eines Verzugs bedingt sind, so können sie auch eintreten, wenn casuelle Dinge, z. B. Arbeitseinstellungen u. s. w., in Mitte liegen. Man wird in solchem Falle übrigens annehmen können und müssen, daß die zu setzende Nachholungsfrist sich nur dann als eine angemessene im Sinne des Gesetzes darstellt, wenn sie eine auf die Verhältnisse angepaßt lange ist.

Vorkommen kann es auch, daß eine Verzögerung der Ausführung eines Werks entsteht durch einen Verzug des Bestellers in einer Handlung, welche dieser seinerseits vorzunehmen hat, insbesondere wenn ihm z. B. bei einem Baue obliegt, Materialien zu liefern oder Anweisungen zu ertheilen oder Baustellen frei zu richten u. dgl. Für solche Fälle enthält § 642 eine Norm. Die Gesetzesstelle gibt aber dabei dem Unternehmer weder das Recht, seine eigene Thätigkeit derjenigen des Bestellers zu substituiren, noch auch diesen direkt auf Vornahme der Handlung zu verklagen. Wohl aber kann er eine angemessene Entschädigung verlangen. Diese natürlich nur dann, wenn ihm durch den Verzug des Bestellers ein Schaden erwachsen ist, namentlich insoferne, als er in Folge jenes Verzugs wegen Bereithaltung für die Zwecke des Bestellers seine Arbeits- oder Kapitalskräfte nicht anderweitig verwerthen kann.

Weiterhin ist in Fällen fraglicher Art der Unternehmer auch berechtigt, die Sache dadurch zu Ende zu bringen, insbesondere sich von einer weiteren Bereitstellung seiner Kapitals- und Arbeitskräfte dadurch zu befreien, daß er seinerseits dem in vorgedachter Art säumigen Besteller zur Nachholung seiner Handlung eine der Sachlage angemessene Frist mit der Erklärung bestimmt, daß er den Vertrag kündige, wenn nicht die mangelnde Handlung des Bestellers bis zum Ablaufe der Frist vorgenommen werde. Geschieht letzteres nicht, so gilt der Vertrag sofort für aufgehoben, d. h. für die Zukunft, nicht so, als ob er überhaupt nicht bestanden hätte. Eine Geltendmachung von Ansprüchen für die Vergangenheit ist daher nicht ausgeschlossen. Vergleiche desfalls auch § 645.

VI. Eine unter Umständen etwas weitgehende Befugniß ist die, welche § 649 dem Besteller einräumt. Er kann bis zur Vollendung des Werkes, aber nicht bis zur Abnahme, jederzeit den Vertrag kündigen. Natürlich bezieht sich dies nur auf Werkverträge, nicht auch auf Lieferungskäufe. Auch gilt der § 649 wortdeutlich nur für den Besteller. Mit dessen Kündigung erlischt der Vertrag für die Zukunft, für die Vergangenheit aber behält er seine Geltung. Der Besteller hat deshalb dem Unternehmer auf dessen Verlangen die ihm zugesicherte Vergütung zu bezahlen, selbst wenn

Letzterer noch nichts geleistet oder nur eine Theilleistung gemacht hat. Nur muß sich der Unternehmer dasjenige anrechnen lassen, was er in Folge Aufhebung des Vertrags an Aufwendungen erspart oder durch anderweitige Verwendung seiner Arbeitskraft erwirbt, also thatsächlich erwirbt, oder zu erwerben böswillig unterläßt. Hier also wird das Vorhandensein einer böswilligen Unterlassung erfordert.

Was übrigens hier alles in Bezug auf Verhältnisse der Vertragsaufhebung gesagt ist, liegt auf einem Gebiete, welches „dispositiver" Natur ist.

Eine Besonderheit sieht noch der § 656 vor für den Fall einer Kündigung seitens des Bestellers wegen Ueberschreitung eines Kostenvoranschlags. Diese Kostenvoranschläge sind namentlich bei Bauten eine vielfach recht bedenkliche Geschichte, weil sie gemeinhin mehr oder minder überschritten werden. Juristisch betrachtet, sind sie doppelter Natur, was als wesentlich von vorneherein beachtet werden muß. Sie können lediglich ein Gutachten darstellen, welches der Unternehmer über den Kostenpunkt dem Bauherrn vorlegt. In diesem Falle kann, wenn nicht eigens etwas anderes beim Geschäftsabschlusse vereinbart wurde, der Unternehmer den wirklichen Kostenbetrag fordern, wenn er auch den Voranschlag übersteigt, aber auch nur den wirklichen Kostenbetrag, wenn er unter dem Anschlage bleibt. Ein anderer Fall ist der, daß der Kostenvoranschlag eine fixe unüberschreitbare Grundlage des Vertragsverhältnisses bildet, wobei der Unternehmer die Gewähr für die Richtigkeit des Anschlags übernimmt. Wird hiebei — ohne daß die Schuld am Besteller liegt — der Anschlag überschritten, so kann gleichwohl der Unternehmer nur die Anschlagssumme fordern. Darum handelt auch jener § 650 von diesem Falle nicht, nimmt ihn sogar eigens aus und beschränkt seine Satzung auf den Fall, daß eine Gewähr vorgedachter Art nicht vorliegt. Ergibt sich in diesem Falle eine wesentliche

Ueberschreitung des Anschlags, so kann der Besteller kündigen. Das ist an sich nichts Besonderes, entspricht vielmehr schon der Regel des § 649. Die Besonderheit liegt aber darin, daß bei Kündigung aus diesem Grunde dem Unternehmer nur ein beschränkter Anspruch gegen den Besteller zusteht, nämlich nicht auf die ganze vertragsmäßige Vergütung, sondern nur auf einen der geleisteten Arbeit entsprechenden Theil derselben nebst Ersatz der in der Vergütung nicht inbegriffenen Auslagen. Das Gesetz legt dabei auch dem Unternehmer die Rechtspflicht auf, dem Besteller unverzüglich (das heißt ohne schuldhaftes Zögern, § 121) Anzeige zu erstatten, wenn eine solche Ueberschreitung des Anschlags zu erwarten ist. Unterlassung oder Verzögerung der Anzeige macht den Unternehmer schadensersatzpflichtig.

VII. Schließlich noch ein ganz specieller Punkt zum Kapitel von den Bauverhältnissen. Schon seit Jahren bildet einen Gegenstand lebhafter Bestrebungen, ja selbst Agitationen seitens der Architekten, Bauunternehmer, Baulieferanten und Bauhandwerker die Sicherstellung ihrer Geldansprüche gegenüber den Baubestellern und namentlich auch im Verhältnisse zu den sog. Baukapitalisten, welche so oft im Hintergrunde stehen. Die diesbezüglichen Anforderungen an die Gesetzgebung sind bekanntlich in letzterer Zeit recht weit gegangen, nicht selten weiter, als man ihnen Berechtigung zugestehen kann, selbst wenn man anerkennen muß, daß gar manche Klagen begründet sind.

Im Ganzen und Großen bewegen sich jene Forderungen nach drei Richtungen. Sie begehren für die in den Bau verwendeten Werthe an Arbeit, Material, sonstigen Auslagen, Unternehmergewinn u. s. w.

a. Realsicherheit, selbst
b. gewisse Vorzugsrechte und zwar
c. für eine ganz ausgedehnte Reihe von Personen.

Das BGB., wie es nun eben einmal liegt, entspricht diesen Forderungen nur zu einem Theil — weitaus nicht voll. Maßgebend ist zunächst der § 648.

Dieser § 648 steht im Titel über dem Werkvertrag. Er bezieht sich also nur auf dessen Gebiet, schützt nur Ansprüche aus dem Werkvertrag, nicht aber andere Forderungen, mögen sie auch mit einem Werke, speciell einem Baue, sonstwie im Zusammenhange stehen. Er bezieht sich also z. B. nicht auf einfache Lieferungskäufe.

Der Sicherungsanspruch steht nur dem Unternehmer zu, d. h. nur einem solchen, welcher zu dem Besteller (Bauherrn) selbst in Vertragsbeziehung steht, nicht also z. B. einem Unteraccordanten, der nur im Vertragsverhältnisse zum Hauptunternehmer sich befindet.

Ob der Unternehmer ein solcher für das ganze Bauwerk ist, oder nur für einzelne Theile oder Arbeitsgebiete, z. B. nur für Dachbedeckung u. s. w., begründet keinen Unterschied, wenn nur die direkte Beziehung zum Bauherrn gegeben ist, da es sich um eine Sicherungshypothek am Baugrundstück handelt und nur an diesem handeln kann.

Eingeräumt wird kein gesetzlicher Hypothektitel in der Art, daß auf dessen Grund der Sicherungsberechtigte sich sofort eine Hypothek eintragen lassen könnte. Die Hypothek kann vielmehr nur eingetragen werden auf Grund der Bewilligung des Bauherrn als Eigenthümers des Baugrundstücks, oder auf Grund eines ihn dazu verurtheilenden Urtheils. Weigert sich also der Bauherr dessen, so muß ihn eben der Sicherungsberechtigte erst darauf verklagen. Auf Grund einstweiliger Verfügung kann aber nach § 883 fg. vorerst auch schon eine Hypothekvormerkung eingeschrieben werden.

Eingeräumt wird vom BGB. nicht der Anspruch auf eine jetzt sog. Verkehrshypothek, sondern auf eine Sicherungshypothek, deren Umfang sich also nach dem Maße der wirklich bestehenden Forderung bemißt.

Der Rang des eingetragenen Anspruchs richtet sich einfach nach der Zeit des Eintrags oder der Vormerkung.

Daß das Werk schon vollendet ist, wird für den Sicherungseintrag nicht verlangt. Der Sicherungszweck gebietet gar oft schon einen früheren Eintrag. Dieser ist verstattet, aber natürlich vorerst nur für einen der geleisteten Arbeit entsprechenden Theil der Vergütung und für die in der Vergütung nicht inbegriffenen Auslagen.

Ob nicht im Wege eines Specialgesetzes oder Zusatzes zu den Rechtsnormen über Immobiliarzwangsversteigerung den Bauleuten einige Bevorrechtigungen einzuräumen seien, kann als eine noch offene Frage bezeichnet werden.

Weitergehende Sicherungsansprüche können ja selbstverständlich im Wege freiwilliger Einräumung zwischen den Betheiligten geschaffen werden. Sie können aber niemals den im Grundbuche schon eingetragenen Rechten Dritter präjudiziren, also insbesondere nicht zu deren Nachtheil Vorrechte schaffen, welche an sich nicht begründet sind.

Gerade darin liegt aber einer der Punkte, in welchem die Bauleute besonders hochgespannte Anforderungen haben.

Fünftes Kapitel.

Mäklerwesen.

Im allgemeinsten Sinne bezieht sich der gesetzliche Begriff: „Mäkler“ auf die Vermittlung von Rechtsgeschäften. Eine solche Thätigkeit kann gewerbsmäßig sein oder auch in nicht gewerbsmäßiger Gestaltung vorkommen. Im ersteren Falle kommen vor allem die auf dem Gebiete des öffentlichen Rechts liegenden Bestimmungen der Gewerbeordnung in Betracht, welche in diesem Punkte durch das

BGB. und das EG. dazu nicht berührt sind. Zu vergleichen sind desfalls namentlich die Vorschriften der §§ 35, 72 Gew.-Ordnung.*) Dieselben beziehen sich namentlich auf gewerbsmäßige Vermittelung von Immobiliarverträgen, Darlehen, Dienstverträgen, Heirathen. Auch auf landesrechtlicher Grundlage können für gewerbsmäßige Geschäftsvermittler polizeiliche Reglementirungen einschlägig werden, wie sich z. B. aus Art. 146 Abs. 4 bayr. PStGB. (nach G. v. 12. Mai 1898) bezüglich der jetzt sog. Viehschaffner**) ergibt.

Ueber civilrechtliche Verhältnisse enthält das BGB. in den §§ 652—656 einige Bestimmungen. Hinsichtlich derselben ist von vorneherein zu betonen, daß sie sich sowohl auf gewerbsmäßige, wie auf nicht gewerbsmäßige Verrichtung von Mäklerdiensten beziehen. Sie kommen aber außer Betracht, soweit das bezügliche Rechtsgebiet von den einschlägigen Normen des Handelsgesetzbuchs beherrscht wird. Dieses letztere Gesetzbuch enthält nämlich in den §§ 93 fg. eigene Vorschriften über die Handelsmäkler, d. h. für Solche, welche gewerbsmäßig für andere Personen, ohne von ihnen auf Grund eines Vertragsverhältnisses ständig damit betraut zu sein, die Vermittelung von Verträgen über Anschaffung oder Veräußerung von Waaren oder Werthpapieren oder Versicherungen, Güterbeförderung, Bodmerei, Schiffsmiethe oder sonstige Gegenstände des Handelsverkehrs übernehmen.***)

*) Vgl. Landmann, Komm. z. Gew.-Ordn. 3. Aufl. Bd. I S. 122, 614.

**) In München früher „Kälberpraxer" geheißen.

***) Wiederum verschieden davon sind nach neuem Handelsrecht die sog. Handelsagenten, deren Rechtsverhältnisse nunmehr in den §§ 84 fg. HGB. geregelt sind. Handelsagent ist nach § 84 HGB. Derjenige, welcher, ohne als Handlungsgehülfe angestellt zu sein, ständig damit betraut ist, für das Handelsgewerbe eines Anderen Geschäfte zu vermitteln oder im Namen des Anderen abzuschließen. In der stän-

Die nach dem älteren Handelsgesetzbuche vorgesehene amtliche Bestellung von Handelsmäklern (Wechsel- und Waarensensalen) ist nach dem neuen Handelsgesetzbuche in Wegfall gekommen.*) Nur nach dem Börsengesetze v. 22. Juni 1896 haben noch die sog. Kursmäkler bestimmte amtliche Funktionen. Im Uebrigen sind auch diese sog. Kursmäkler Privatvermittler.**)

Bringt man nun alle diejenigen Personen und Funktionen in Abrechnung, welche nach Obigem gemäß der gesetzlich aufgestellten Begriffsbestimmungen dem Gebiete des Handelsrechts anheimfallen, so bleiben für den Bereich der §§ 652 fg. außer Denjenigen, welche zwar eine Unterhändlerthätigkeit übernehmen, aber nicht eigentlich gewerbsmäßig derartige Geschäfte betreiben, von gewerbsmäßigen Betrieben insbesondere noch beispielsweise übrig die Mäkler für Veräußerung von Grundstücken, für hypothekarische Belehnungen und Aehnliches, für Dienstverträge, für Eheschließungen. In verschiedenen dieser Geschäftsbereiche spielt die Unterhändlerthätigkeit eine große und nicht immer gleichgültige Rolle. Es gibt Orte und Rechtsgeschäfte, wo und wofür die Interessenten ohne Unterhändler (Mäkler) kaum durchkommen. So z. B. sehr häufig bei Kauf und Tausch von Grundstücken. Die Mäklerthätigkeit kann hiebei, je nachdem!, recht förderlich, ebenso aber auch mit Schäden und Nachtheilen behaftet sein. Speziell in München kommen sog. Unterhändlerprozesse häufig vor. Gestritten wurde dabei bisher meist über die Höhe des Proxenetikums, aber auch darüber, unter welchen Voraussetzungen überhaupt ein

---

digen Betrauung gegenüber einer bestimmten Firma, liegt das unterscheidende Kriterium vom Mäklerverhältniß. Der Mäkler erhält einzelne Aufträge dieser und jener Art von Fall zu Fall von der einen oder anderen Firma. Gareis, HGB. S. 93.

*) Gareis, HGB. S. 10, 97.

**) Gareis, HGB. S. 97.

Mäklerlohn gefordert werden kann, wie zur Begründung eines bezüglichen Anspruchs die Mäklerthätigkeit überhaupt beschaffen gewesen, wie weit sie gegangen sein muß. Es ist zu begrüßen, daß durch das BGB. hiefür nun wenigstens einige feste Normen geschaffen wurden. Dies geschieht vor allem durch BGB. § 652.

Nach dieser Gesetzesstelle gehört

1. zum Begriffe der Mäklerthätigkeit vor allem eine gewisse Bemühung um den Abschluß eines Vertrags. Diese Bemühung kann beschränkt sein auf den bloßen Nachweis der Gelegenheit zum Vertragsabschluß. Sie kann sich aber auch ausdehnen auf die förmliche Vermittelung eines Vertrags. Ob das eine oder andere der Fall ist, und ob das eine oder andere für die Ausfüllung der in Anspruch genommenen Mäklerthätigkeit genügend beziehungsweise erforderlich war, gehört in das Gebiet thatsächlicher Fragen. In allen Fällen aber kann ein Anspruch auf Mäklerlohn nur dann erwachsen, wenn der in Rede stehende Vertrag zu Stande gekommen und wenn der Vertragsabschluß erfolgt ist in Folge des vom Mäkler gelieferten Nachweises oder im Falle jener zweiten Alternative in Folge seiner Vermittelungsthätigkeit. Insoferne danach der Mäklervertrag als solcher einen bestimmten Erfolg voraussetzt*), nähert er sich sehr dem Werkvertrag, von dem er sich aber auch wieder dadurch unterscheidet, „daß der Mäkler zur Herbeiführung des Erfolges nur berechtigt, nicht verpflichtet ist.“ **)

---

*) Allerdings kann für Vermittlerdienste schon als solche auch ohne Rücksicht auf Erfolg eine bestimmte Entlohnung versprochen und deshalb zu entrichten sein. In einer solchen Verabredung liegt aber dann eben kein Mäkler-, sondern ein Dienstvertrag.

**) Planck, Komm. Bd. 2 S. 393.

Von welcher Art die Nachweis- oder Vermittlerthätigkeit zu sein hat, ist nach den Umständen des Einzelfalls, insbesondere auch nach der Rechtsnatur des in Absicht stehenden Vertrags zu bemessen. Entspricht das vom Mäkler Geleistete nicht der ihm eigens gesetzten Aufgabe, so kann er einen Mäklerlohn auch nicht beanspruchen, selbst wenn der Vertrag vielleicht wegen anderer Umstände oder geänderter Erwägungen doch zu Stande kam; z. B. dann, wenn ein Mäklerlohn für die Vermittelung eines Kaufes zu bestimmtem billigem Preise zugesagt wurde, und der Kauf zwar zu Stande kam, aber nur zu einem höheren Preise, zu dem sich der Käufer schließlich aus anderweitigen Erwägungen gezwungen sah.

2. Wesentlich ist bei dem Mäklervertrag die Vereinbarung eines Mäklerlohnes (Courtage, Schmusgeldes) § 652. Diese Vereinbarung kann ausdrücklich erfolgen. Sie gilt aber auch als stillschweigend geschehen, wenn die dem Mäkler übertragene Leistung den Umständen nach nur gegen eine Vergütung zu erwarten ist (BGB. § 653). Letzteres wird regelmäßig dann zutreffen, wenn der angegangene Mäkler seine Mäklergeschäfte gewerbsmäßig betreibt. Seine Thätigkeit muß aber als vom anderen Theile bindend angenommen betrachtet werden können. Bloße nicht acceptirte Zudringlichkeiten eines Unterhändlers, wie solche gar nicht so selten vorkommen, können an und für sich noch keine Rechtsverbindlichkeit begründen.

Die Höhe des Mäklerlohnes richtet sich zunächst nach der ausdrücklichen Vereinbarung. Ist die Höhe der Vergütung nicht bestimmt, so ist bei dem Bestehen einer Taxe der taxmäßige Lohn, in Ermangelung einer Taxe der übliche Lohn als vereinbart anzusehen. Diese im § 653 Abs. 2 enthaltene Bestimmung entspricht genau dem Inhalte des vom Dienstvertrage handelnden § 632 BGB. Hier wie dort ist daher auch die Bezugnahme auf eine „Taxe" nur von „obrigkeitlichen Taxen" zu verstehen. „Ueblich" ist, was in örtlicher und zeitlicher Hinsicht, sowie mit Rücksicht auf die Natur des zu fördernden Geschäfts der Verkehrssitte entspricht. So wird vielen Orts z. B. bei Vermittelungen von Immobiliarverträgen die Entlohnung mit 1% der Geschäftssumme (Kaufpreis, Tauschwerth u. s. w.) als üblich betrachtet.

Zahlungsfällig wird der Mäklerlohn erst mit der formellen und materiellen Perfektion desjenigen, durch den Mäkler angebahnten Geschäfts, für welches gerade der Lohn vereinbart wurde oder als vereinbart anzusehen ist.

Wird der Vertrag unter einer aufschiebenden Bedingung abgeschlossen, so kann der Mäklerlohn erst verlangt werden, wenn die Bedingung eintritt (§ 652 Abs. 1 Satz 2). Darüber aber, wie sich die Entlohnungsverhältnisse gestalten und regeln, wenn eine dem Vertrag beigefügte Resolutivbedingung eintritt oder wenn der Vertrag mit Erfolg angefochten ist oder wenn der Auftraggeber selbst das Zustandekommen des vom Mäkler angebahnten Vertrags wieder verhindert oder wenn er den Vertrag mit arglistiger Umgehung des letzteren selbst zum Abschlusse bringt, sind im BGB. ausdrückliche Bestimmungen nicht enthalten. Die Doctrin entwickelt darüber verschiedenartige Ansichten und Konstruktionen.*) Näher darauf einzugehen, ist hier nicht angezeigt.

*) Vgl. z. B. Fischer-Henle, BGB. Note zu § 652; Planck, Komm. Bd. 2 S. 395 fg.; Weyl, Vortr., Bd. 1 S. 461; Cosack, Lehrb. Bd. 1 S. 548.

3. In Bezug auf den Ersatz besonderer „Aufwendungen“, welche der Mäkler zum Zwecke der vertragsmäßigen Thätigkeit gemacht hat, (z. B. an Reisespesen, Zeitungsinseratkosten, Portis u. s. w.) gilt nach § 652 Abs. 2 der Grundsatz, daß ein solcher Ersatz nur dann und insoweit Platz greift, wenn und als es vereinbart ist. Man wird wohl hier verlangen dürfen und müssen, daß eine ausdrückliche Zusicherung vorliegt und zwar schon deshalb, weil im § 653 nur vom Mäklerlohn die Rede ist. Abgesehen davon würde es wieder Rechtsunsicherheiten in Fülle geben, wenn nicht im Bereiche des § 652 Abs. 2 eine ausdrückliche Zusicherung erfordert würde.

Jener Grundsatz über den Ersatz von Aufwendungen gilt übrigens stets, also auch ohne Unterschied, ob der angestrebte Vertrag zu Stand gekommen ist oder nicht.

4. Eine häufig genug vortretende Frage ist die, ob der Mäkler für beide Theile thätig werden und daher auch von Beiden eine Vergütung sich versprechen und entrichten lassen darf? Diese Frage ist im § 654 BGB. berührt, aber nicht vollauf positiv entschieden, sondern mehr von der negativen Seite aus behandelt. Planck*) erörtert, nach der dem Gesetze zu Grund liegenden Auffassung müsse man davon ausgehen, daß der Mäkler eine doppelte Stellung einnehmen könne, nämlich die eines völlig unparteiischen Vermittlers oder aber die eines Vertrauensmannes.

Im ersten Falle dürfe er sich von beiden Seiten eine Vergütung versprechen lassen, im letzteren Falle dagegen solle er nur für den ersten Auftraggeber thätig werden. Ob das eine oder andere zutreffe, sei eben aus den Umständen zu entnehmen. Rein theoretisch be-

*) Komm. Bd. 2 S. 398.

trachtet, läßt sich dies ja recht gut hören und es wird auch in der That Fälle geben, wo jene Unterscheidung thatsächlich zutrifft. Ganz gewiß liegen aber praktisch die Verhältnisse so, daß es häufig recht schwierig sein wird, in deren Beurtheilung mit jener Unterscheidung zu operiren. Man begreift daher die negative Formulirung in § 654 BGB. Dort ist lediglich verordnet, daß der Anspruch auf den Mäklerlohn und auf den Ersatz von Aufwendungen ausgeschlossen ist, wenn der Mäkler dem Inhalte des Vertrags zuwider auch für den anderen Theil thätig gewesen ist. Also die Doppeldienstleistung ist nicht schlechthin verboten, darf aber den Vertragspflichten nicht zuwider laufen. Ein derartiges Zuwiderhandeln liegt aber nicht blos vor, wenn ausdrücklich ein Doppeldienst ausgeschlossen wurde, sondern auch dann, wenn sich dies auch nur aus den Umständen ergibt oder wenn Kollisionen der Vertragspflichten hervortreten.

Liegt einer dieser widrigen Fälle vor, so ist jeder Anspruch auf Lohn und Aufwendungsersatz ausgeschlossen. Kann die Doppeldienstleistung als zulässig erachtet werden, so hat aber auch der Mäkler vollen Anspruch auf den vereinbarten Lohn und Ersatz nach beiden Seiten, nicht etwa nur nach jeder Seite auf die Hälfte.

5. Sonderbestimmungen enthält das BGB. in §§ 655, 656 für zwei Formen der Mäklerthätigkeit, nämlich für die Dienstvermittlung und für die Heirathsvermittlung, aber auch nur für diese Fälle.

   a. Dienstvermittlung. Davon handelt § 655 BGB. In Betracht kommen dabei alle Arten von Dienstverträgen, also insbesondere sowohl die Mäklerthätigkeit für eigentliches Gesinde, wie für höhere Dienstleistungen (Placirungsbureaux ꝛc. und namentlich auch die vielbesprochenen sog. Theater- und Artisten-Agenten).

Speziell auch hier begründet es keinen Unterschied, ob die Mäklerthätigkeit auf diesem Gebiete gewerbsmäßig oder nicht gewerbsmäßig auftritt. Die Gesetzesstelle erstreckt sich, wie der grundlegende § 652, ebenfalls nach zwei Richtungen, nämlich sowohl auf den Fall des bloßen Nachweises der Gelegenheit zum Abschluß eines Dienstvertrags, als auch auf den Fall einer abschließenden Vermittlung eines solchen Vertrags. Wird nun im einen oder anderen solchen Falle ein unverhältnißmäßig hoher Lohn vereinbart, so kann dieser letztere, so lange er noch nicht entrichtet ist, auf Antrag des Schuldners durch richterliches Urtheil auf einen (nach Maßgabe der Umstände) angemessenen Betrag herabgesetzt werden. Dieses für manche Fälle und Gebräuche recht heilsame Moderationsrecht geht analog demjenigen, welches im § 343 für Konventionalstrafen vorgesehen ist. Vgl. desfalls oben S. 438.

b. Heirathsvermittlung. Auch die hierauf bezügliche Vorschrift des § 656 BGB. bezieht sich auf den Doppelfall des bloßen Nachweises der Gelegenheit zur Eingehung einer Ehe, wie für die Vermittelung des Zustandekommens einer solchen.

Keiner dieser Fälle begründet nach § 656 eine rechtliche Verbindlichkeit zur Entrichtung des versprochenen Lohnes. Das auf Grund eines solchen Versprechens bereits thatsächlich Geleistete kann aber auch nicht deshalb zurückgefordert werden, weil eine Verbindlichkeit nicht bestanden habe. Liegt ein anderer gesetzlicher Rückforderungsgrund vor, so ist an diesem natürlich nichts benommen.

In der Doctrin wird hin und her erörtert, ob das BGB. mit dieser die entlohnbare Heirathsvermittelung offensichtlich reprobirenden Vorschrift im Grundsatz eine volle Nichtigkeit des Lohnversprechens im Sinne des von Verfehlungen gegen die guten Sitten handelnden § 138 Abs. 1 BGB. habe schaffen, oder solche Versprechen nur als „anstößig" habe behandeln wollen. Praktisch genommen ist diese Frage ziemlich werthlos, nachdem das Gesetz alle Rechtsfolgen deutlich genug festgestellt hat. Zu den letzteren gehört auch noch die Vorschrift des § 656 Abs. 2, daß die grundlegenden Bestimmungen des ersten Absatzes über den Ausschluß einer Rechtsverbindlichkeit, aber auch der Rückforderung, ebenfalls gelten sollen für eine Vereinbarung, durch die der andere Theil zum Zwecke der Erfüllung des Versprechens dem Mäkler gegenüber — mit oder ohne Ausstellung einer Urkunde — eine noch andere Verbindlichkeit eingeht, insbesondere ein abstraktes Schuldversprechen oder Schuldanerkenntniß (vgl. §§ 780, 781). Dadurch soll Umgehungen der beschränkenden Bestimmung des ersten Absatzes vorgebeugt werden. Allen diesen Beschränkungen aber wird man die Zustimmung aus ethischen Gründen nicht versagen können, und zwar selbst dann nicht, wenn man bisher einem mit anderen gesetzlichen Anschauungen*) ausgestatteten Rechtsgebiete angehört hat oder die bisher in gar manchen Ständen (namentlich in bäuerlichen Kreisen) und selbst Religionsgemeinschaften („Schadchen"!) herrschend gewesenen und manchen Orts bis zur Volkssitte gesteigerten Anschauungen in Betracht zieht. Ob freilich der § 656 allein den Heirathsbureaux, oder wie sie sonst

*) Vgl. z. B. Bayr. LR. Thl. I Tit. 6 § 33!

heißen mögen, ein Ende bereiten werde, ist leider zu bezweifeln. Praxis est multiplex!

Sechstes Kapitel.

Einbringung von Sachen bei Gastwirthen.

In unserer verkehrsreichen Zeit kommt es oft genug vor, daß zwischen Gastwirthen und Fremden rechtliche Irrungen entstehen. Häufig beziehen sich diese auf jene Sachen, welche der Fremde in eine Gastwirthschaft eingebracht hat, sei es, daß er in Ansehung dieser Sachen eine Haftung des Wirthes in Anspruch nimmt oder daß umgekehrt der Wirth eine Haftung der Sachen für seine Ansprüche geltend macht.

An sich sind dies rein civilrechtliche Verhältnisse und Streitpunkte. Gleichwohl wird in Fällen fraglicher Art recht häufig von dem einen oder anderen Theile die Intervention der Polizeibehörde in Anspruch genommen. Eine civilrechtliche Entscheidung steht letzterer bei uns nun freilich in keiner Weise zu. Allein ganz abgesehen von jenen Fällen, in welchen etwa eine die Strafrechtspflege unterstützende Polizeithätigkeit mit in Frage kommt, kann die angerufene polizeiliche Intervention gar manchmal zu einer Beilegung der persönlichen Differenzen beitragen. Es wird darum gut sein, wenn die Polizeibeamten auch über die Civilrechtslage wenigstens im Allgemeinen informirt sind.

Das BGB. enthält über die fraglichen Verhältnisse besondere Vorschriften in den §§ 701—704 und zwar nach den beiden oben im Eingange bezeichneten Richtungen.

I. Einbringung von Sachen bei Gastwirthen. Bekanntlich hat schon das röm. Recht besondere Rechtsgrundsätze über das receptum nautarum, cauponum, stabulariorum aufgestellt. Dieselben haben sich auch im gem. Rechte erhalten und sind in die verschiedenartigsten Particularrechte mit dieser oder jener Gestaltung übergegangen. Das BGB. hat, ganz im Allgemeinen betrachtet, die bisherige Rechtsanschauung über die Nothwendigkeit solcher Sonderbestimmungen beibehalten, seine Einzelvorschriften über die Haftung gewisser Gewerbetreibender für bei ihnen eingebrachte Sachen im Vergleiche mit dem Inhalte seitheriger Rechtsnormen aber theils verschärft, theils abgemäßigt, und zwar letzteres namentlich in Ansehung des Kreises der haftpflichtigen Personen.

1. Was das BGB. in den §§ 701 fg. vorschreibt, hat den Charakter von Sonderbestimmungen. Die bezüglichen Normen sind daher zu einer analogen Uebertragung oder ausdehnenden Auslegung nicht geeignet. Sie beschränken sich aber auch andererseits nicht etwa auf eine bloße Verschiebung der Beweislast, wie sie nach den allgemeinen Grundsätzen sich ergeben würde, sondern verschärfen auch die sachlichen Rechtsnormen für den Fall der Einbringung von Sachen in Gasthäusern über die durch die allgemeinen Rechtsnormen bezüglich der Haftung in Mieth-, Verwahrungs-, Auftrags- ꝛc. Fällen gezogenen Grenzen hinaus.

2. Von grundlegender Bedeutung ist, daß das BGB.*) die von ihm gesetzte Haftpflicht der Gastwirthe für bei ihnen eingebrachte Sachen nicht behandelt als die Rechtsfolge eines Quasidelikts, sondern als Ausfluß eines besonderen, eigens construirten Aufnahmevertrags. Dieser kann sowohl ausdrücklich als stillschweigend abgeschlossen werden. Letzteres wird sogar vielfach der Fall sein. Daraus ergeben sich erhebliche Konsequenzen hinsichtlich der Voraussetzungen und der Tragweite der Rechtspflicht.

---

*) Vgl. Mot. z. E. I Bd. 2 S. 584 fg.

3. Unterworfen sind der fraglichen, gesteigerten Haftpflicht nur Gastwirthe*), und zwar nach ausdrücklichem Beisatze in § 701 BGB. nur solche, welche gewerbsmäßig Fremde zur Beherbergung aufnehmen. Diese drei Momente müssen zusammentreffen. Als gewerbsmäßig wird gewiß derjenige Betrieb zu betrachten sein, welcher nach § 33 Gew.Ordn. concessionirt ist. Für den civilrechtlichen Thatbestand ist aber eine solche verwaltungsrechtliche Concession keine unbedingte Vorbedingung; m. a. W. es kann Jemand dem § 701 BGB. auch verfallen, wenn er, ohne eine förmliche Concession erworben zu haben, selbst nur thatsächlich das Gastwirthsgewerbe nach Maßgabe der Kriterien des § 701 betreibt. Nach diesen Kriterien findet aber § 701 keine Anwendung auf bloße Restaurateure, Wein- und Bierwirthe, welche keine Fremdenbeherbergung ausüben,**) auch nicht auf bloße Zimmervermiether ohne offene Wirthschaft. Dem § 701 verfällt auch der Gastwirth nicht, wenn er einen Verwandten oder Freund außerhalb seines Gewerbebetriebs als Besuch bei sich aufnimmt oder Räume seines Gasthauses nur zu gelegentlichen Veranstaltungen, wie Festlichkeiten, Bällen, Hochzeiten 2c. vermiethet.

4. Die Gäste, welche eine Haftung des Gastwirths in Anspruch nehmen wollen, müssen im Betriebe des auf Fremdenbeherbergung gerichteten Gewerbes aufgenommen sein. Dazu gehören z. B. Solche nicht, welche nur in einem Hotel zu Mittag speisen oder gelegentliche Besuche dort machen. Wohl aber gehören

*) Die Haftung der im gem. Rechte mitinbegriffenen „Schiffsführer" bemißt sich nach anderweitigen Rechtsnormen, insbesondere denen über das Frachtgeschäft.

**) Hier haben sich also die Gäste z. B. gegen sog. Paletotmarder u. s. w. selbst zu schützen!

dazu auch die ständigen Begleiter und Dienerschaften des Gastes, welche in dessen Gefolge Aufnahme im Gasthause finden.

5. Die besondere Haftpflicht der §§ 701 fg. bezieht sich zunächst auch nur auf die Rechtsfolgen aus der gewerblichen Aufnahme von Menschen. Die bloße Aufnahme eingestellter Viehstücke (Pferde, Rinder &c. z. B. bei Viehmärkten) gehört an sich nicht in den Bereich des § 701. Liegt aber die Sache so, daß ein Gast Aufnahme findet, der z. B. auch eine Equipage bei sich hat, so findet allerdings § 701 Anwendung. Wagen und Pferde sind dann eben solche Sachen, welche der haftungsberechtigte Gast mit sich führt.

6. Positive Voraussetzung der Haftung des Gastwirths ist, daß von dessen Seite der Gast bei ihm aufgenommen wurde. Dieses kann mit ausdrücklichen Worten, aber auch stillschweigend geschehen, und zwar nicht blos durch den Wirth in Person, sondern auch in dessen Vertretung durch seine hiezu bestellten Leute, eben je nach Gestalt des einzelnen Gastwirthschaftsbetriebes (z. B. durch den Hoteldirektor oder auch schon durch den sog. Oberkellner u. dgl.). Eine solche Aufnahme liegt immer in der auf Verlangen geschehenen Anweisung eines Zimmers.

7. Der aufgenommene Gast muß diejenigen Sachen, in Ansehung deren es sich um die Haftung des Wirthes handelt, in dessen bezügliche Gewerbsräume eingebracht haben. Nach ausdrücklicher Gesetzesvorschrift (§ 701 Abs. 2) gelten als eingebracht „die Sachen, welche der Gast dem Gastwirth oder Leuten des Gastwirths, die zur Entgegennahme der Sachen bestellt oder nach den Umständen als dazu bestellt anzusehen waren, übergeben oder an einen ihm von diesen angewiesenen Ort oder in Ermangelung einer Anweisung an den hiezu bestimmten

Ort gebracht hat." Es gehören also hieher nicht blos solche Gegenstände, welche der Gast selbst in das Gasthaus verbracht, sondern auch solche, welche er z. B. dem Hoteldiener oder Hotelkutscher schon am Bahnhof behufs Verbringung ins Gasthaus übergeben hat. Ebenso gehören hieher außer den eigens zu behandelnden eigentlichen Gepäckstücken auch diejenigen Gegenstände, welche der Gast schon bei Aufnahme ins Gasthaus am Leibe getragen oder mit sich geführt hat. Die in Rede stehende Haftung wird ja auch begründet sowohl durch förmliche Uebergabe der Sachen an den Gastwirth oder dessen Leute, wie auch durch eigene Verbringung derselben Seitens des Gastes an den ihm angewiesenen oder dazu bestimmten Ort, also z. B. in das bezogene Zimmer.

Die Haftung erstreckt sich weiterhin nicht blos auf solche Sachen, welche schon bei Aufnahme in das Gasthaus eingebracht wurden, sondern nicht minder auf solche Gegenstände, welche der Gast während seines dortigen Aufenthalts, sei es persönlich oder in Gestalt einer für ihn eintreffenden Sendung oder Ablieferung einbringt, z. B. in Folge von Einkäufen, Bestellungen u. s. w. Was nach Obigem über den Begriff des Einbringens in § 701 Abs. 2 bestimmt ist, darf nicht als von schlechthin abschließender Natur angesehen werden. In Einzelfällen können auch noch andere Umstände Sachen als „eingebracht" erscheinen lassen.

8. Die durch die Einbringung der Sachen entstehende gesteigerte Verpflichtung des Gastwirths umfaßt der Regel nach dessen Verbindlichkeit zum Ersatz desjenigen Schadens, welchen der Gast entweder durch den Verlust oder auch durch die Beschädigung einer eingebrachten Sache erleidet. Daß das Eine oder Andere in einem Verschulden des Wirthes oder seiner Leute seine Ursache hat,

wird nicht erfordert. Der Gast hat nur zu beweisen, daß die Sachen eingebracht wurden, sowie daß und welcher Schaden eingetreten ist. Will der Gastwirth einen ausnahmsweisen Wegfall oder eine Beschränkung seiner Haftung geltend machen, so hat er die bezüglichen Gründe im Wege der Einrede zu behaupten und beweisen. Hat der Gast einen Entschädigungsanspruch auch gegen einen Dritten erworben, so ändert dieser Umstand an und für sich an der Ersatzpflicht des Gastwirths nichts. Dieser und der Dritte haften eben nach BGB. § 421 als Gesammtschuldner.

9. Das BGB. kennt übrigens immerhin auch Gründe, welche die Haftbarkeit des Gastwirths ausnahmsweise ausschließen oder einschränken. Hieher gehört vor allem
   a. eine Vorschrift im § 701 Abs. 1 Satz 2, welche besagt, daß die Ersatzpflicht nicht eintritt, wenn der Schaden von dem Gaste selbst, einem Begleiter desselben oder einer Person, die er bei sich aufgenommen hat, verursacht wird. Das Gesetz sagt nur „verursacht“, nicht „verschuldet!“ Es genügt also einfacher Kausalzusammenhang, ohne daß böse Absicht oder auch nur Fahrlässigkeit auf Seite des Verursachenden zu erfordern wäre.
   b. Nach demselben § 701 Abs. 1 Satz 2 tritt eine Ersatzpflicht des Gastwirths auch dann nicht ein, wenn der Schaden durch die Beschaffenheit der Sachen*) oder durch höhere Gewalt entstanden ist. Auch hier genügt der einfache objektive Kausalzusammenhang. Ein Beispiel wäre z. B. die Schadensentstehung durch einen eingebrachten Explosivstoff oder

*) D. h. der beschädigten Sache selbst oder einer anderen miteingebrachten Sache.

die Schädigung durch einen natürlichen Verderb der Sache. Der Begriff: „höhere Gewalt“ ist hier der nämliche, wie in anderweitigen denselben enthaltenen Gesetzesstellen.

c. Eine ganz specielle Einschränkung erleidet die Haftpflicht des Gastwirths in Ansehung „von Geld, Werthpapieren und Kostbarkeiten“ nach der Sonderbestimmung des § 702. Im Allgemeinen besteht auch für solche Sachen grundsätzlich die Haftpflicht des Gastwirths nach den Regeln des § 701. Sie ist aber, um ungemessene Verbindlichkeiten des Gastwirths zu dessen Schonung ferne zu halten, in Ansehung jener Gegenstände an sich quantitativ eingeschränkt und zwar in der Art, daß der Gastwirth gemeinhin für eingebrachte Sachen bezeichneter Art nur bis zu dem Betrage von 1000 Mark haftet. Diese eingeschränkte Haftung erweitert sich aber wieder zur unbeschränkten Haftung, wenn

α. der Wirth die Aufbewahrung der Gegenstände in Kenntniß ihrer Eigenschaft als Werthsachen (nicht nöthig auch die genaue Kenntniß der Werthshöhe) eigens und zwar selbst oder durch Einen seiner hiezu befugten Leute zur Aufbewahrung übernommen hat, oder

β. wenn er eine solche ihm angesonnene Aufbewahrung, gleichviel aus welchen Gründen, abgelehnt hat oder

γ. wenn der Schaden vom Wirth selbst oder seinen Leuten verschuldet wurde. Was alles als Verschulden zu betrachten ist, läßt sich nicht im Allgemeinen erschöpfend feststellen. Die Verhältnisse im einzelnen Falle und wie

Planck*) zutreffend bemerkt, auch die (örtliche und zeitliche) Verkehrssitte sind hier von maßgebendem Belange.

Liegt ein concurrirendes Verschulden des Gastes vor, (z. B. dadurch, daß er nöthige Verschlüsse unterlassen hat), so ist § 254 BGB. mit in Betracht zu ziehen.

Darüber, wie jene im § 702 BGB. erwähnten 1000 Mk. zu berechnen sind, wenn sich z. B. eine ganze Familie einlogirt und Jedes davon Werthsachen fraglicher Art bei sich hat, sind die Meinungen getheilt.**) Die eine Ansicht rechnet schlechthin zusammen, die andere für jedes Familienglied eigens. Die letztere Ansicht erscheint begründet, aber nur dann, wenn und soweit es sich hier um gesondertes Eigen- oder Besitzthum des einen und anderen Familienglieds handelt. Andernfalls muß in der Person des Familienoberhaupts zusammengerechnet werden.

10. Keinem Zweifel kann es unterliegen, daß die vorerörterten Haftungsgrundsätze durch eine besondere, eigens getroffene, äußerlich erkennbar gewordene Vereinbarung beider Theile modificirt werden können. Insoferne sind die Normen der §§ 701 fg. nicht zwingender Natur. Diese Abänderbarkeit ergibt sich aber auch nur als Rechtsfolge einer Vereinbarung jener Art. Nicht abwendbar ist dagegen die Haftpflicht des Wirthes durch einseitige Ablehnung Seitens des Letzteren, möge diese Ablehnung mit Worten oder Werken geschehen. Insbesondere erklärt § 701

*) Komm. z. BGB. Bd. 2 S. 449.

**) Vgl. Planck, Komm. z. BGB. Bd. 2 S. 449.

Abs. 3 eigens und ausdrücklich einen die Haftung des Wirthes ablehnenden Anschlag als rechtlich wirkungslos. Das ist sehr angemessen! Alles dieses gilt selbstverständlich auch für die Fälle des § 702.

11. Die Frage, mit welchem Zeitpunkte die Haftung des Wirthes erlischt, beantwortet sich sehr verschieden je nach Gestalt der thatsächlichen Verhältnisse. Reist der Gast ab, so endigt die Haftung des Wirths mit der Ausschaffung der Sachen aus dem Gasthaus, soferne sie vom Gaste selbst oder dessen Vertreter (z. B. einem von ihm bestellten Dienstmann) erfolgt. Bringen sie dagegen z. B. der Wirth und dessen Leute zur Bahn, so wird anzunehmen sein, daß des ersteren Haftung fortdauert bis zur völligen Uebergabe an den Reisenden selbst. Stirbt der Gast im Gasthause, so dauert die Haftung des Wirthes fort bis zur Uebergabe an die Erben oder Hinterlegung nach § 372 fg. Läßt der Gast aus Vergeßlichkeit etwas zurück, so tritt der Wirth, wenn er die Sachen aufbewahrt, hiemit in die Stellung eines Geschäftsführers ohne Auftrag ein. Als Mandatar oder Depositar aber erscheint der Wirth, wenn er die zurückgelassenen Sachen zur Nachsendung oder einstweiligen Verwahrung übernimmt.

12. Die Erhebung eines Haftungsanspruchs nach §§ 701 und 702 Seitens des Gastes ist zu Folge § 703 BGB. dadurch bedingt, daß der Gast unverzüglich, nachdem er von dem Verluste oder der Beschädigung einer Sache Kenntniß erlangt hat, davon dem Wirthe Anzeige macht. Hievon ergibt sich gemäß § 703 BGB. eine Ausnahme nur aber auch immer dann, wenn die Sachen dem Gastwirthe zur Aufbewahrung übergeben waren.

II. Ein gesetzliches Pfandrecht an den eingebrachten Sachen des Gastes gibt § 704 dem Gastwirthe für seine Forderung für Wohnung und andere dem Gaste zur Befriedigung seiner Bedürfnisse gewährte Leistungen mit Einschluß seiner etwaigen Auslagen. Dieses Pfandrecht geht analog demjenigen des Vermiethers. Es finden daher auch die Bestimmungen im BGB. § 559 Satz 3, dann in §§ 560 bis 563 hieher entsprechende Anwendung.

Siebentes Kapitel.

Spiel und Lotterie.

Von den in den §§ 762 bis 764 behandelten einzelnen besonderen Formen der Glücksverträge (aleatorischen Verträge), nämlich dem Spiele, der Wette, der Lotterie und Ausspielung, sowie den sog. Differenzgeschäften haben namentlich das Spiel, die Lotterie und Ausspielung Beziehungen zum öffentlichen Rechte, insbesondere dem Strafrechte.

I. Spiel. Mangels einer gesetzlichen Begriffsbestimmung ist das Wort im vulgären Sinne zu verstehen. Das BGB. stellt das Spiel unter den Gesichtspunkt eines Vertrags. Unter den zahlreichen Erscheinungsformen des Spiels lassen sich bekanntlich drei Grundarten unterscheiden, nämlich:

1. das reine Glücksspiel, wobei Gewinn und Verlust lediglich vom Zufalle abhängt, (z. B. die Spiele am Roulette, manche Kartenspiele), andererseits aber
2. das Fertigkeitsspiel, bei welchem die Entscheidung lediglich von der größeren geistigen oder körperlichen Fertigkeit der Mitspielenden abhängt (z. B. Schach-, Ball-, Kegelspiel) und endlich

3. die gemischten Spielformen, wobei Zufall und Fertigkeit sich verbinden (z. B. die Mehrzahl der gewöhnlichen Kartenspiele).

Als ein schlechthin unsittliches Rechtsgeschäft hat das BGB. das Spiel nicht behandelt und konnte solches auch nicht angesichts der eben gekennzeichneten Verschiedenartigkeit der Spielformen.

Das BGB. berücksichtigt aber doch die nicht abzuleugnenden sittlichen und wirthschaftlichen Gefahren, welche aus dem Spiele erwachsen können, namentlich wenn Spielleidenschaft entfacht wird. Im Anschlusse an die ethischen und rechtlichen Anschauungen der Gegenwart unterwirft daher unser Gesetzbuch die Rechtswirkungen der Spielverträge erheblichen Beschränkungen.

Es gestaltet das Spiel als einen Vertrag, welcher, wie Planck zutreffend schreibt*), „nicht klagbar, aber erfüllbar ist." In ganz gleicher Weise, wie es in anderer Richtung (bezüglich des hier zu Lande sog. Kuppelpelzes; vgl. oben S. 538) schon dargelegt wurde, bestimmt auch BGB. § 762, daß durch Spiel eine Verbindlichkeit nicht begründet wird, aber das auf Grund des Spiels Geleistete nicht deshalb zurückgefordert werden kann, weil eine Verbindlichkeit nicht bestanden hat.

Zu betonen ist vor allem, daß hier das Gesetz vom Spiel schlechthin ohne Artenunterschied spricht, insbesondere auch nicht unterscheidet zwischen verbotenen und nicht verbotenen Spielen. Spielverbote gibt es ja bekanntlich nach öffentlichem Rechte. Man denke nur z. B. an die Bestimmung im § 360 Nr. 14 StGB.**) An solchen öffentlich-rechtlichen Spielverboten ist natürlich durch das BGB. ebensowenig etwas

*) Komm. z. BGB. Bd. 2 S. 501.

**) Vgl. auch RG. v. 1. Juli 1868, betr. die Spielbanken.

geändert, wie an einschlägigen Strafnormen (vgl. z. B. auch StGB. §§ 284, 285). Liegt ein verbotenes Spiel vor, so ergibt sich schon nach der allgemeinen Bestimmung des § 134 BGB. volle Nichtigkeit des Rechtsgeschäfts, soferne sich nicht aus dem Verbotsgesetze selbst ergibt, daß dieses den Vorgang nur unter Strafe stellen, nicht aber auch mit civilrechtlichen Folgen belasten wollte. Liegt eine Nichtigkeit i. S. des § 134 vor, so kann selbstverständlich auch das schon Geleistete zurückgefordert werden. Für alle anderen Fälle ist der § 762 maßgebend. Der Ausschluß der Rückforderung des Geleisteten greift Platz, gleichviel ob die Leistung schon vor oder erst nach der Entscheidung des Spiels erfolgt ist. Derselbe tritt aber nicht ein, wenn die Rückforderung auf einen anderen, als den im § 762 selbst liegenden Rechtsgrund gestützt wird, z. B. auf einen Betrug durch Falschspiel, oder auf einen Willensmangel in der Person des Rückfordernden u. dgl.

Analog dem § 656 (vgl. oben S. 538) enthält auch der § 762 Abs. 2 zur Abschneidung von Umgehungen der Vorschriften des ersten Absatzes eine Bestimmung dahin, daß diese Vorschriften auch gelten sollen „für eine Vereinbarung, durch die der verlierende Theil zum Zwecke der Erfüllung einer Spielschuld dem gewinnenden Theile gegenüber eine Verbindlichkeit eingeht, insbesondere für ein Schuldanerkenntniß."

Nicht eigens behandelt ist im BGB. die Frage der Rechtswirksamkeit eines zu Spielzwecken gegebenen Darlehens. Diese Frage hat nur civilrechtlichen Charakter. Es sei deshalb lediglich auf Planck, Komm. Bd. 2 S. 502 fg. verwiesen und nur bemerkt, daß jene Rechtswirksamkeit jedenfalls dann nicht gegeben ist, wenn in dem Darlehen nur die Creditirung einer Spielschuld versteckt ist oder ein dem § 138 BGB. zuwiderlaufendes Rechtsgeschäft vorliegt.

Die mit dem Spiele verwandte Wette ist im BGB. § 702 durchaus dem Spiele gleichgestellt. Zu den Wetten

i. S. des § 762 gehören zweifellos auch die Wetten auf Pferderennen beim Totalisator oder Buchmacher. Gerade hier tritt der bedenkliche, rechtlich abzulehnende Charakter besonders deutlich zu Tage.

II. Lotterie und Ausspielung. Auch diese aleatorischen Vorgänge behandelt das BGB. unter dem Gesichtspunkte eines dem Spiele analogen Vertrags, aus welchem für beide Theile, den Unternehmer und den Spieler, ebensowohl Rechte als Pflichten erwachsen können.

Begriffsbestimmungen enthält das BGB. auch hier nicht. Es kann indessen nicht zweifelhaft sein, was einerseits unter Lotterie, andererseits unter Ausspielung zu verstehen ist. Darauf deutet auch schon § 286 StGB. hin. Demnach ist unter Lotterie ein Unternehmen zu verstehen, bei welchem gegenüber einer Mehrheit von Spielern, welche Geldeinsätze machen, dafür nach Maßgabe eines bestimmten Spielplans im Wege einer Verloosung Geldgewinne zufallen können. Ausspielung aber liegt vor, wenn für einen oder mehrere Spielende gegen Geldeinsatz Gewinne an beweglichen oder unbeweglichen Sachen (außer Geld), welche durch Loosziehung oder auch auf andere Weise zufallen, erlangbar sind.*) Da übrigens das BGB. im § 763 die Lotterie und die Ausspielung einander vollständig gleichstellt, so kommt auf jenen Begriffsunterschied nichts Wesentliches an, wenigstens insoweit es sich um die lediglich civilrechtlichen Normen jenes § 763 handelt. Diese letzteren gehen aber einfach dahin, daß ein Lotterievertrag oder ein Ausspielvertrag verbindlich ist, wenn die Lotterie oder die Ausspielung staatlich genehmigt ist, daß aber andernfalls die schon oben unter Nr. I besprochenen Bestimmungen des § 762 BGB. über das Spiel zur Anwendung zu kommen haben.

---

*) Darunter fallen also auch die sog. Glückshafen.

Zu einiger Erläuterung der bezüglichen Verhältnisse mögen etliche Bemerkungen nachfolgen. Was dabei über Lotterien gesagt ist, gilt entsprechend auch für Ausspielungen.

An Lotterien kommen besonders folgende Formen vor:

1. Das sog. genuesische Zahlenlotto: In früheren Zeiten in Bayern staatlich eingerichtet und betrieben, wurde es hier schon vor annähernd einem halben Jahrhundert erfreulicher Weise hauptsächlich aus ethischen Gründen*) abgeschafft. Es besteht aber noch z. B. in Oesterreich und Italien.
2. Die sog. Klassenlotterie, wie sie noch als staatliches Unternehmen z. B. in Preußen, Sachsen, Braunschweig ausgeführt wird. Sie wäre vom höheren, als blos fiskalischen Standpunkte aus auch längst zur Abschaffung reif.
3. Die zur Zeit sehr in Verbreitung (namentlich auch in Bayern) begriffenen Lotterien zum Besten von wohlthätigen oder gemeinnützigen Zwecken, Kirchenbauten u. dgl. Sie werden mit staatlicher Genehmigung meist von Gemeinden, (namentlich Pfarrgemeinden), Vereinen und anderen Körperschaften unternommen. In gewissem Sinne gehören hieher auch die sog. Inhaberpapiere mit Prämien, welchen aber schon das RG. v. 8. Juni 1871 sehr enge Schranken gesetzt hat.

Nach Vorstehendem stehen sich also Lotterien gegenüber, welche sich einerseits als Staatsunternehmen, andererseits als Unternehmungen sonstiger Rechtspersönlichkeiten darstellen, also letzterenfalls Privatunternehmen in diesem Sinne sind. In einem anderen Sinne unterscheidet man ebenfalls öffentliche und private Lotterien und Ausspielungen,

---

*) Ein angesehener Nationalökonom hat einst dieses Lotto zutreffend bezeichnet als eine Steuer auf die Armuth und die Dummheit.

nämlich insoferne sie sich mit ihren Vertragsangeboten öffentlich an die Allgemeinheit im Publikum wenden, oder nur in einem engeren geschlossenen Kreise von Theilnehmern arrangirt werden. Oeffentliche Lotterien und Ausspielungen in diesem Sinne sind nach § 286 StGB. reichsrechtlich verboten und an den Unternehmern strafbar, wenn sie ohne Erlaubniß der Obrigkeit veranstaltet werden. Hieran ist durch das BGB. nichts geändert. Wie weit nichtöffentliche Lotterien oder Ausspielungen eine obrigkeitliche Erlaubniß bedürfen, bemißt sich nach Landesrecht. Nach diesem richtet sich auch in allen vorstehend erwähnten Fällen die behördliche Zuständigkeit. Das Erforderniß staatlicher Genehmigung hat nun § 763 BGB. auch in die von ihm behandelten civilrechtlichen Verhältnisse hereingezogen, indem er als rechtlich vollwirksam und demgemäß auch als beiderseits klagbar nur diejenigen Lotterien und Ausspielungen behandelt, welche staatlich genehmigt sind, also damit schon gewisse Garantien bieten und einen weiteren Schutz für die sich daran Betheiligenden als entbehrlich erscheinen lassen. Dieses civilrechtliche Erforderniß staatlicher Genehmigung gilt gemäß § 763 BGB. allgemein, also sowohl für öffentliche wie private Lotterien und Ausspielungen im oben erläuterten Sinne.*) Liegt aber dabei eine Zuwiderhandlung gegen ein positiv-rechtliches Verbot vor, also z. B. die Veranstaltung einer öffentlichen Lotterie ohne obrigkeitliche Genehmigung, oder eine Außerachtlassung des § 7 des RG. über die Abzahlungsgeschäfte v. 8. Juni 1871, so kann auch die Anwendung der Nichtigkeitsbestimmung des § 134 BGB. mit allen ihren Konsequenzen (Rückforderungsrechten) in Frage kommen. Wo dies nicht der Fall ist, greift

*) Der Genehmigung des Staats steht natürlich gleich die Eigenunternehmung desselben.

Mangels der erforderlichen Staatsgenehmigung der Inhalt des § 763 Satz 2 BGB. ein.

Die vom BGB. erforderte Staatsgenehmigung steht demjenigen Bundesstaate zu, in dessen Gebiet die Lotterie oder Ausspielung veranstaltet werden soll, und nach dem bezüglichen Landesrechte richtet sich dann auch die Frage, von welcher Behörde die Genehmigung zu ertheilen und in welcher Weise die letztere auszugestalten ist.

Hier ergibt sich nun die Frage, welche Tragweite eine solche Genehmigung des einen Bundesstaats für die Gebiete anderer Bundesstaaten hat, m. a. W. ob, wenn in einem Bundesstaate die reichscivilrechtlich erforderliche Genehmigung erfolgt, diese Thatsache dem Lotterie- oder Ausspielvertrage wenigstens civilrechtlich Gültigkeit für das ganze Reich gibt?

Ich stehe auf dem Standpunkte der Verneinung dieser Frage. Planck erörtert dieselbe eingehend.*) An die Spitze stellt er den Satz: „Die Genehmigung der Lotterie Seitens eines einzelnen Bundesstaats hat die Wirkung, daß die auf Grund dessen abgeschlossenen Lotterieverträge auch in den anderen Bundesstaaten als verbindlich gelten, welche die Lotterie nicht genehmigt haben.“ Dem muß ich schon aus principiellen, zum Theil auch politischen Gründen entschieden widersprechen.**) Planck sagt selbst: „Denkbar ist auch eine Auslegung des § 763 dahin, daß die Verbindlichkeit des Lotterievertrags nur soweit reichen solle als die Genehmigung und daß die Genehmigung nur als für das Gebiet des betreffenden Staates ertheilt zu betrachten sei und nur in dieser Beschränkung ertheilt werden könne.“ Das ist voll zutreffend. Planck gibt weiter zu, daß besondere Zweifel auch dann entstehen, wenn in einem Bundesstaate Strafverbote gegen das Spielen in

*) Komm. Bd. 2 S. 505 fg.

**) Die Vorverhandlungen bieten keine Behelfe zur Frage!

auswärtigen Lotterien bestehen, wie z. B. in Bayern und Preußen. Diese landesrechtlichen Vorschriften stehen zweifellos neben dem § 763 BGB. noch in fortdauernder Geltung. Sie enthalten absolute Prohibitivbestimmungen, welche die völlige Unterdrückung des Spiels in auswärtigen Lotterien zum Zwecke haben. Wie kann man solchen Verboten gegenüber dem Richter des Verbotsstaates zumuthen, einer Thatsache civilrechtliche Wirkung zuzusprechen, welche einer so gearteten strafrechtlichen Reprobirung unterliegt. Eine andere Beurtheilung der Frage würde insbesondere auch in Widerspruch gerathen mit allen jenen Maßregeln, welche man seither hier zu Lande für nothwendig erachtet und durchgeführt hat gegen die widerwärtige Ueberschwemmung mit brieflichen und anders gestalteten Angeboten der Kollekteure für die norddeutschen Klassenlotterien. —

Nachdem das BGB. die Lotterie grundsätzlich unter den Gesichtspunkt eines civilrechtlichen Vertrags gestellt hat, gewinnt eine erhöhte Bedeutung auch die Frage der Verschiebungen der Lotterieziehungen. Bekanntlich sind diese Vorkommnisse bei den Lotterien zu gemeinnützigen ꝛc. Zwecken an der Tagesordnung und meistens hervorgerufen durch die Thatsache, daß noch nicht alle oder noch nicht genügend Loose abgesetzt sind.

Zweifellos ist der Unternehmer in solchem Falle berechtigt, mit den übrig gebliebenen Loosen mitzuspielen. Ob aber, einer schon bei Aufstellung des Lotterievertragsprogramms getroffenen ausdrücklichen Bestimmung entgegen, die Loosziehung verschoben werden dürfe, wird davon abhängen, ob nach den Umständen des Falls die sofortige Bestimmung des Ziehungstages als eine förmliche Vertragsnorm zu betrachten ist. Bejahenden Falles ist anzunehmen, daß von den Looskäufern die Einhaltung des Ziehungstermins auch mit der Vertragsklage gefordert werden könnte, wenn Jene solches als in ihrem Interesse gelegen erachten und — der Kosten werth befinden sollten. Vielleicht wäre es angezeigt, dieser Frage schon bei Ertheilung der Staatsgenehmigung jeweilig eine klare Regelung zu Theil werden zu lassen.*) —

An den reichs- und landesrechtlichen Bestimmungen über die Besteuerung von Lotterien und Ausspielungen und über die aus diesem Gesichtspunkte nöthigen Formalitäten ist selbstverständlich durch das BGB. nichts geändert.

III. Im § 764 hat das BGB. auch der Frage der Rechtsverbindlichkeit der sog. Differenzgeschäfte (in Waaren oder Werthpapieren) eine Regelung zu Theil werden lassen, indem es diese Geschäfte unter bestimmten Voraussetzungen dem Spiele gleich stellt. Die bezüglichen Verhältnisse liegen an sich auf rein privatrechtlichem Gebiete. Das öffentliche Recht kommt nur insoferne in Berührung, als der besondere sog. Börsenterminhandel in Frage steht. Darüber enthält reichsrechtliche Normen das Börsengesetz v. 22. Juni 1896 § 66 fg.**)

Achtes Kapitel.

Schuldverschreibungen auf den Inhaber.

Ueber die Rechtsverhältnisse in Bezug auf die sog. Inhaberpapiere müßte man, wenn man in die Materie näher eingehen will oder soll, ein ganzes Buch schreiben, wie auch schon geschehen ist. Ebendarum kann auch in diesen Vorträgen, welche ihre sachgemäße Begrenzung finden müssen, nur mit flüchtigen Strichen eine kurze Skizze geboten

*) Auf ohngefähr gleichem Standpunkte stehen auch die Mot. zu E. I Bd. 2 S. 649.

**) Vgl. auch EG. zum neuen Handelsgesetzbuch Art. 14 V.

werden. So viel wenigstens aber erscheint hier immerhin angezeigt, da die Angelegenheit vielfach auch die Finanzverhältnisse des Staats, der Gemeinden und anderer Korporationen berührt, überhaupt Schuldverschreibungen auf den Inhaber im Vermögensverkehre der Gegenwart eine große und wichtige Rolle spielen. Das BGB. handelt von denselben in den §§ 793 bis 807 (808). Zu vergleichen sind dazu die Art. 174 bis 178 EinfGes. Im Einzelnen besteht Anlaß zu folgenden Bemerkungen.

I. Begriff. Als Schuldverschreibung auf den Inhaber bezeichnet das BGB. § 793 eine Urkunde, worin der Aussteller dem Inhaber der Urkunde eine Leistung verspricht. Eine Leistung muß versprochen sein. Darum ist auch z. B. eine Aktie kein Inhaberpapier i. S. jenes § 793. Die Leistung braucht aber gerade nicht unbedingt eine Geldzahlung zu sein. Davon ausgehend sind auch im § 807 BGB. gewisse andere Urkunden, welche nicht auf Zahlung von Geld gerichtet sind, auch den Vorschriften der §§ 793 Abs. 1, 794, 796, 793 zu entsprechender Anwendung unterworfen. Als solche sind bezeichnet Karten (z. B. Theaterkarten, Fahrkarten), Marken (Biermarken, Speisemarken, Lohnmarken) oder ähnliche Urkunden, in denen ein Gläubiger nicht bezeichnet ist, bezüglich deren aber aus den Umständen der Ausgabe sich ergibt, daß der Aussteller dem Inhaber zu einer Leistung verpflichtet sein will.

Wie die seitherige Doctrin und Rechtsprechung setzt auch das BGB. den Schuldverschreibungen auf den Inhaber mit einer gewissen gegensätzlichen Bedeutung zur Seite die sog. qualifizirten Legitimationspapiere (§ 808), d. h. solche Urkunden, in welchen zwar der Gläubiger benannt, jedoch bestimmt ist, daß die in der Urkunde versprochene Leistung auch an den Inhaber derselben — ohne daß dieser der Innehabung allein wegen die Leistung fordern dürfte — mit befreiender Wirkung bewirkt werden kann. Bekanntlich gehören hieher, kraft vielfacher bezüglicher urkundlicher Bestimmung, namentlich Versicherungspolicen, Sparkassenurkunden, Pfandscheine u. s. w. Vgl. darüber BGB. § 808.

II. Rechtsverhältniß im Grundsatze. Die dem Reichstage vorgelegte Denkschrift zum E. III BGB. schreibt S. 96 fg. wörtlich:

„Wenn in der Schuldverschreibung auf den Inhaber der Aussteller dem Inhaber der Urkunde eine Leistung verspricht, so geschieht dies doch nicht in dem Sinne, daß das Gläubigerrecht einfach dem Inhaber, d. h. dem Besitzer der Urkunde zustehen soll. Eine solche Gestaltung würde dahin führen, daß nicht nur derjenige, welcher die Urkunde als Vertreter, Beauftragter u. s. w. inne hat, sondern im Widerspruche mit dem allgemeinen Rechtsbewußtsein selbst der Dieb das Gläubigerrecht erlangen würde. Es wird vielmehr grundsätzlich davon ausgegangen, daß das Gläubigerrecht dem Eigenthümer des Papiers zusteht. Der Zweck des Instituts erfordert freilich, daß der Inhaber die Leistung verlangen kann, ohne darzulegen, wie er das Papier erworben hat und daß der Aussteller an den Inhaber mit befreiender Wirkung leisten kann, ohne dessen Recht am Papier zu prüfen." *)

Eben deshalb ist im § 793 bestimmt, daß der Inhaber die Leistung nicht verlangen kann, wenn er zur Verfügung über die Urkunde nicht berechtigt ist, daß aber der Aussteller auch durch die Leistung an einen nicht verfügungsberechtigten Inhaber befreit wird.

Die Verpflichtung des Ausstellers zur Leistung an den Inhaber der Schuldverschreibung tritt auch dann ein, wenn die letztere irgendwie ohne seinen Willen in den Verkehr gelangt, insbesondere ihm gestohlen oder verloren gegangen ist (BGB. § 794) — eine Bestimmung, welche im Interesse der Verkehrssicherheit für den Erwerber eines Inhaberpapiers aufgestellt ist.

---

*) Diese Erörterung steht auch in Concordanz mit dem vom BGB. in § 932 eingenommenen Standpunkt (guter Glaube!)

III. Staatsgenehmigung. Eine der wichtigsten Vorschriften ist die des § 795 BGB. Daraus ergeben sich folgende Sätze:

1. Im Inlande (d. h. im deutschen Reiche) ausgestellte Schuldverschreibungen auf den Inhaber, in denen die Zahlung einer bestimmten*) Geldsumme versprochen wird, dürfen nur mit staatlicher Genehmigung in den Verkehr gebracht werden.
2. Ohne diese Staatsgenehmigung ist die in den Verkehr gelangte Schuldverschreibung nichtig.**) Der Aussteller ist verpflichtet, dem Inhaber den durch die Ausgabe (also mit Willen des Ausstellers!) verursachten Schaden zu ersetzen.
3. Die staatliche Genehmigung steht der Centralstelle desjenigen Bundesstaats zu, in dessen Gebiet der Aussteller seinen Wohnsitz oder seine gewerbliche Niederlassung hat. Die Ertheilung und die Modalitäten der Genehmigung sind durch den Reichsanzeiger bekannt zu machen.
4. Auf Schuldverschreibungen des Reichs oder eines Bundesstaats finden diese Formvorschriften keine Anwendung.

IV. Eine Anzahl von Paragraphen im BGB. enthalten verschiedene Bestimmungen über:

1. die Ertheilung neuer Schuldverschreibungen auf den Inhaber, wenn die ursprünglichen in Folge einer Beschädigung oder Verunstaltung zum Umlauf nicht mehr geeignet sind (BGB. § 798);
2. Kraftloserklärung abhanden gekommener oder vernichteter Inhaberschuldverschreibungen im Wege des Auf-

---

*) Daher gehören so wenig wie Aktien selbst, auch bezügliche Dividendenscheine zu Urkunden obiger Art.

**) Strafbestimmung i. StGB. § 145a. S. auch das RG. über die Inhaberpapiere mit Prämien v. 8. Juni 1871 und das Reichsbankgesetz v. 14. März 1875.

gebotsverfahrens (BGB. § 799, 800; CPO. § 946 fg., 1003 fg.; ausgenommen davon: Zins-, Renten-, Gewinnantheilscheine, sowie die auf Sicht zahlbaren unverzinslichen Schuldverschreibungen);

3. Erlöschung des Anspruchs und Vorlegungsfristen zur Abwendung desselben, dann Verjährung einer vorgelegten Urkunde (§ 801 bis 802);

4. Verlust oder Vernichtung von Zins-, Renten- oder Gewinnantheilscheinen, desgleichen von Erneuerungsscheinen (Talons) und die sich daraus ergebenden Rechtsverhältnisse und Maßnahmen (§§ 804, 805).

V. Selbständigkeit von Zinsscheinen für eine Inhaberschuldverschreibung. Erstere besteht insoferne, als jene Scheine, soferne sie selbst nicht eine gegentheilige Bestimmung enthalten, auch dann in Kraft bleiben, wenn die Hauptforderung, z. B. in Folge von Auslosung oder anderweitig zulässiger Kündigung erlischt oder die Verpflichtung zur Vergütung aufgehoben oder geändert (z. B. durch eine berechtigte Zinsreduktion) wird. Werden solche Zinsscheine bei der Einlösung der Hauptschuldverschreibung nicht zurückgegeben, so ist der Aussteller berechtigt, den Betrag zurückzubehalten, den er nach jener Bestimmung darauf zu zahlen verpflichtet ist (BGB. § 803).

VI. Außerkurssetzung und Vinkulirung von Inhaberpapieren. Während nach einzelnen bisherigen Landesgesetzen eine Außerkurssetzung, d. h. eine solche durch Vermerk des Inhabers, statthaft war, ist sie jetzt nach Inkrafttreten des BGB. ausgeschlossen und eine solche vor dem 1. Jan. 1900 geschehene Außerkurssetzung nicht mehr wirksam (Art. 176 EG. z. BGB.). Dagegen ist nach BGB. § 806 eine Umschreibung des Inhaberpapiers in eine Schuldverschreibung auf den Namen eines bestimmten Berechtigten zulässig, kann aber nur durch den Aussteller geschehen, welcher übrigens reichsrechtlich hiezu nicht verpflichtet ist. Im Anschluße hieran trifft besondere Vorschriften über die Vinkulirung von bayr. Staatsschuldverschreibungen auf den Inhaber, sowie der dem bayerischen Staate angehörenden Körperschaften, Stiftungen oder Anstalten des öffentlichen Rechts das Bayr. AusfGes. z. BGB. v. 9. Juni 1899 in den Art. 49—57. Diese Sonderbestimmungen beziehen sich hauptsächlich auf die Berechtigung zur Beantragung der Vinkulirung, auf Formalien hiebei und bei eingetretener Aenderung in der Person des Berechtigten, auf die Zahlungsverhältnisse für vinkulirte Papiere, auf deren Kraftloserklärung und das Erlöschen und die Verjährung der Ansprüche hieraus u. s. w.

VII. Mit Rücksicht auf die Bestimmungen des BGB. über Inhaberpapiere ist das bezügliche bayr. Gesetz vom 18. Mai 1896 am 1. Jan. 1900 außer Kraft getreten, wie sich schon aus Art. 175 Nr. 35 des bayr. AusfGes. z. BGB. v. 9. Juni 1899 ergibt. Eine tiefgreifende Aenderung des jüngsten Rechtszustands in Bayern wurde dadurch übrigens nicht bewirkt, da der Inhalt des Gesetzes v. 18. Mai 1896 schon im Voraus in der Hauptsache den bereits in Aussicht gestandenen Vorschriften des BGB. angepaßt war.*) Uebergangsbestimmungen enthält Art. 8 des bayr. Uebergangsgesetzes v. 9. Juni 1899.

*) Deshalb ist der vorzügliche Kommentar z. bayr. Gesetz vom 18. Mai 1896 von Min.Rath W. Henle auch jetzt noch vollwerthig.

Neuntes Kapitel.

Unerlaubte Handlungen.

A. Einen ziemlich breiten Raum nehmen im BGB. ein die Bestimmungen über Schuldverhältnisse aus unerlaubten Handlungen. Sie stehen speciell in den §§ 823 bis 853 BGB. Daneben sind aber natürlich auch noch manche andere Vorschriften allgemeiner Art einschlägig.

Was im BGB. über unerlaubte Handlungen enthalten ist, betrifft selbstverständlich nur die civilrechtlichen Rechtsfolgen, insbesondere die Haftungsfragen. Die hier gegebenen Rechtsnormen sind auch nicht abschließender Natur. Denn weitere hieher bezügliche Normen finden sich auch in gar manchen anderen speciellen Reichsgesetzen und auch in Geltung bleibende oder kommende Landesgesetze enthalten einschlägige Bestimmungen.

Die strafrechtlichen Gesetzesvorschriften über unerlaubte Handlungen und daneben auch die denselben entsprechenden strafpolizeilichen Bestimmungen bilden im Allgemeinen ein eigenes Gebiet für sich — nach wie vor.

Damit soll übrigens nicht gesagt sein, daß die Strafgesetzgebung von der Einführung des neuen bürgerlichen Rechts völlig unberührt geblieben sei.*) So hat namentlich das Strafgesetzbuch durch Art. 34 des EG. zum BGB. schon formell und unmittelbar einige, wenn auch nicht erhebliche Abänderungen erfahren. Etwas tiefer greifen einzelne mittelbare Rückwirkungen des neuen bürgerlichen Rechts auf das Strafrechtsgebiet. Es sei nur z. B. Bezug genommen auf die Vorschrift des Art. 33 EG. z. BGB. über die Sub-

*) Vgl. Schmidt in d. Deutschen Juristenztg. 1900 Bd. 5 S. 146.

stituirung der neuen civilrechtlichen Bestimmungen über Verwandtschaft und Schwägerschaft auf dem strafrechtlichen Gebiete. Es sei weiter daran erinnert, daß die neuen Rechtsnormen über Besitz und Eigenthum unter Umständen nothwendig zu einer veränderten Applikation der Thatbestände von Diebstahl und Unterschlagung führen müssen. Eine ganz eigenartige Bedeutung haben auch gegenüber dem Strafrechte die in den §§ 228 bis 230 BGB. (vgl. auch § 904) enthaltenen Bestimmungen über die abwehrende und angreifende Selbsthülfe. Die Zulassung einer solchen geht nach diesen neuen Rechtsnormen erheblich weiter, als nach den meisten bisherigen. Allerdings beziehen sich auch diese zunächst nur auf das civilrechtliche Gebiet. Auf diesem aber schließt die Zulässigkeit eines Selbsthülfeakts, auch wenn dieser einen Anderen an seiner Person oder seinem Vermögen schädigt, den Begriff der „Widerrechtlichkeit" aus. Dies muß selbstverständlich auch rückwirken z. B. auf diejenigen strafrechtlichen Thatbestände, zu denen eine Widerrechtlichkeit des Handelns oder Unterlassens im civilrechtlichen Sinne gehört. So z. B. in Bezug auf Sachbeschädigung.

Im umgekehrten Verhältnisse kommt es auch vor, daß die in den reinen Civilgesetzen enthaltenen Normen über Rechtsfolgen unerlaubter Handlungen sich ergänzen aus Normen gleichen Charakters, welche in Strafgesetzen eingeflochten sind. Hieher gehören z. B. die reichsrechtlichen Bestimmungen über „Bußen" (statt Schadensersatz), wie solche sowohl im Strafgesetzbuche, wie in einer Reihe von strafrechtlichen Specialgesetzen enthalten sind, desgleichen z. B. die in Geltung gebliebenen landesrechtlichen Bestimmungen der bayerischen Forstgesetze über Schadensersatz und Civilverantwortlichkeit bei Forstfreveln.

B. Die civilrechtlichen Bestimmungen des BGB. über unerlaubte Handlungen bewegen sich auf einem verhältnißmäßig mannigfachen Boden. Sie können nach drei Richtungen ausgeschieden werden, nämlich als Vorschriften über:

I. subjective Voraussetzungen und Gestaltungen der civilrechtlichen Verantwortlichkeit (BGB. §§ 287 bis 830, 840);

II. objective Gestaltung der Rechtsfolgen (BGB. §§ 842 bis 853);

III. einzelne Thatbestände (BGB. §§ 823 bis 826; 831 bis 839, 841).

Auf diesen drei Grundpfeilern errichtet (wenn auch in etwas anderer Anordnung) das BGB. seine Konstruktionen. Ueber deren Aufbau gewähre nachfolgende Skizze wenigstens im Allgemeinen einige Aufklärung.

Zu I. Verantwortlich ist auf dem civilrechtlichen Gebiete für unerlaubte Handlungen vor allem nur derjenige, welcher:

1. im deliktsfähigen Alter steht. Nicht verantwortlich ist im Grundsatze, wer noch nicht das siebente Lebensjahr zurückgelegt hat. Voll verantwortlich ist dagegen Derjenige, welcher das achtzehnte Lebensjahr vollendet hat. Für die Zwischenzeit zwischen 7. und 18. Lebensjahr ist die Verantwortlichkeit dann, aber auch nur dann begründet, wenn der Betreffende bei Begehung der schädigenden Handlung die zur Erkenntniß der Verantwortlichkeit (nämlich für das concrete Vorkommniß) erforderliche Einsicht hat. Der letztere Grundsatz gilt auch gegenüber Taubstummen (BGB. § 828).

2. Hat sich der an sich Verantwortliche im gegebenen Falle bei der Schadenszufügung im Zustande der Bewußtlosigkeit oder in einem die freie Willensbestimmung ausschließenden Zustande krankhafter Störung der Geistesthätigkeit befunden, so ist er für den Schaden nicht verantwortlich. Indem das BGB. die Frage in dieser

Weise erledigt, muß gefolgert werden, daß ein in einem sog. lichten Zwischenraum befindlicher Geisteskranker, wenn dieser Zustand eine freie Willensbestimmung gestattet, civilrechtlich verantwortlich werden kann. Hat sich Jemand durch geistige Getränke oder ähnliche Mittel (z. B. Morphium, Opiumrauchen, Haschisch u. dgl.) in einen vorübergehenden Zustand jener Art (also in Bewußtlosigkeit, Mangel der freien Willensthätigkeit rc.) versetzt, so ist er für einen Schaden, den er in diesem Zustande widerrechtlich verursacht, so verantwortlich, als wenn ihm Fahrlässigkeit zur Last fiele. Er bleibt also außer Verantwortlichkeit, wenn der concrete Thatbestand Absicht voraussetzt, ebenso aber auch, wenn er ohne Verschulden in den Zustand gerathen ist. Letzteren Fall begründet aber z. B. bloßes unmäßiges Zutrinken, Befolgung eines sog. Bierkomments u. dgl. gewiß nicht (BGB. § 827). Zornwuth u. dgl. und ähnliche Affekte sind in der Gesetzesstelle der Berauschung nicht gleichgestellt, können also nur unter den Voraussetzungen des ersten Satzes § 827 in Betracht kommen.

3. Von den eben dargelegten Grundsätzen über den Ausschluß der Verantwortlichkeit läßt BGB. § 829 Ausnahmen zu, welche unter Umständen recht sehr von Bedeutung werden können. Dieser wichtige § 829 lautet wörtlich:

„Wer in einem der in den §§ 823 bis 826 bezeichneten Fälle für einen von ihm verursachten Schaden auf Grund der §§ 827, 828 nicht verantwortlich ist, hat gleichwohl, sofern der Ersatz des Schadens nicht von einem aufsichtspflichtigen Dritten erlangt werden kann, den Schaden insoweit zu ersetzen, als die Billigkeit nach den Umständen, insbesondere nach den Verhältnissen der Betheiligten, eine Schadloshaltung erfordert und ihm nicht die Mittel entzogen werden, deren er zum standesmäßigen Unterhalte, sowie zur Erfüllung seiner gesetzlichen Unterhaltspflichten bedarf."

Unter Abweichung von der strengen Rechtsconsequenz wird hier dem Richter die Möglichkeit eröffnet, durch Geltendmachung von Billigkeitsrücksichten, namentlich der Gegensätze von Arm und Reich (als Beschädigter und Schädiger) offenliegende Härten auszugleichen. Insoferne hat die Bestimmung eine besondere socialpolitische Bedeutung. Sie ist auch von nicht geringer Tragweite. Denn wenn sie auch im Eingange auf bestimmte Fälle (s. nachher zu III 1—4) beschränkt ist, so befindet sich doch unter diesen der überaus weittragende § 823. Daß hiedurch manchmal der Schadensersatz im Erfolge auf einen Dritten sich überwälzen kann, ist richtig, z. B. für einen nichtsnutzigen Buben auf dessen Vater. Das ist manchmal aber auch in solchen Fällen ganz gesund: der Vater bekommt dann eine heilsame Mahnung, und der Junge meistentheils wenigstens Hiebe.

4. Ist von Mehreren durch eine gemeinschaftlich begangene unerlaubte Handlung ein Schaden verursacht worden oder unter mehreren Betheiligten der Verursacher des Schadens nicht zu ermitteln, so ist Jeder civilrechtlich verantwortlich. Anstifter und Gehülfen stehen Mitthätern gleich (BGB. § 830). Begünstiger und Hehler begehen selbstständige Delikte.

Ueber die Haftung als Gesammtschuldner und noch einiges Andere vgl. § 840 BGB.

5. Ueber konkurrirendes Verschulden des Verletzten s. §§ 254, 846.

Zu II. Als Rechtsfolge einer civilrechtlich unerlaubten Handlung kommt in objectiver Richtung der Schadensersatz in Betracht. Die allgemeinen Rechtsgrundlagen für den bezüglichen Anspruch enthalten die §§ 249 fg. BGB., insbesondere der § 249, wonach

a. derjenige, welcher zum Schadensersatz verpflichtet ist, den Zustand herzustellen hat, der bestehen würde, wenn der zum Ersatze verpflichtende Umstand nicht eingetreten wäre und

b. statt solcher „Herstellung" bei Leistung von Schadensersatz im Falle der Verletzung einer Person oder Beschädigung einer Sache der Ersatzberechtigte den zur Herstellung erforderlichen Geldbetrag verlangen kann.

Dazu trifft nun das BGB. in dem Titel über unerlaubte Handlungen noch eine Reihe von Sonderbestimmungen, bemessen je nach der Art des Delikts. Sie mögen daher auch nachher bei den einzelnen Thatbeständen erwähnt werden. Von mehr allgemeiner Bedeutung sind folgende Punkte:

1. Eine Verzinsung der Ersatzsumme kann der Verletzte verlangen, wenn wegen Entziehung einer Sache der Werth oder wegen Beschädigung einer solchen die Werthminderung zu ersetzen ist. Die Zinspflicht läuft von dem Zeitpunkt an, welcher der Bestimmung des Werthes zu Grund gelegt wird (§ 849).

2. Verjährung des Ersatzanspruchs aus einer unerlaubten Handlung tritt ein in drei Jahren von dem Zeitpunkt an, in welchem der Verletzte von dem Schaden und der Person des Ersatzpflichtigen Kenntniß erlangt und ohne Rücksicht auf diese Kenntniß in dreißig Jahren von der Begehung der Handlung an (§ 852 Abs. 1).

3. Hat der Ersatzpflichtige durch die unerlaubte Handlung auf Kosten des Verletzten etwas erlangt, so ist er auch nach Vollendung der Verjährung noch zur Herausgabe nach den Vorschriften über die Herausgabe einer ungerechtfertigten Bereicherung verpflichtet (§ 852 Abs. 2).

Zu III. Unter den verschiedenen Thatbeständen civilrechtlich unerlaubter, nicht in Verletzung von Vertragsverhältnissen bestehender Handlungen (auch Unterlassungen), welche das BGB. aneinanderreiht, stellt das Gesetzbuch

1. an die Spitze den § 823, dessen in anderem Zusammenhange schon früher gedacht wurde und dessen Wortlaut oben S. 81 abgedruckt ist. Der erste Absatz dieses § 823 enthält ein wichtiges allgemeines Prinzip, wenn er ohne Ausscheidung vieler einzelner Fälle und Thatbestände schlechthin Jeden für schadensersatzpflichtig erklärt, welcher absichtlich oder wenigstens fahrlässig das Leben, den Körper, die Gesundheit, die Freiheit, das Eigenthum oder ein sonstiges Recht eines Anderen verletzt. Dogmengeschichtlich betrachtet, führt diese Gesetzesstelle unverkennbar auf die gemeinrechtliche actio ex lege Aquilia zurück. Jene ist aber von größerer Tragweite als Letztere selbst in ihrer durch die Praxis geschaffenen weitesten Ausdehnung.

Besonders betont werden muß im Abs. 1 § 823 das Wort „widerrechtlich". Nicht nöthig ist, daß dieser Begriff ausgeschlossen werde durch eine besondere ausdrückliche Erlaubniß zu Dem und Jenem. Was nicht unmittelbar oder mittelbar verboten ist, hat vielmehr als erlaubt zu gelten. Ein mittelbares Verbot liegt auch in der Strafandrohung gegen eine bestimmte Handlung oder Unterlassung. Auch enthält häufig ein rechtliches Gebot das Verbot des Gegentheils. So z. B. ist das Gebot, Blumenstöcke vor dem Fenster gegen Hinabfallen und dadurch verursacht werdende Beschädigung Vorübergehender durch eine besondere Vorrichtung zu sichern, zugleich ein unverkennbares Verbot des Hinausstellens ohne Sicherungsmaßregeln.

Widerrechtlich ist übrigens auch noch die Zuwiderhandlung gegen ein absolutes Recht, welches einem Anderen zusteht. „Doch ist die Verletzung nur eine Rechtswidrigkeit gegenüber dem Berechtigten, während das gesetzlich absolute Verbot einem Jeden zum Schutze dient. Durch ein dem Handelnden zustehendes eigenes Recht, die Handlung oder Unterlassung vorzunehmen, wird die Widerrechtlichkeit ausgeschlossen, weil das Recht eines Anderen stets als Beschränkung des eigenen Rechtes zu verstehen ist. Auch abgesehen von einem dem Handelnden zustehenden subjectiven Rechte, die Handlung vorzunehmen, gestattet das Gesetz unter Umständen die Verletzung des absoluten Rechtes eines Anderen, so daß die Widerrechtlichkeit der Verletzung ausgeschlossen wird.“ *)

So z. B. bei erlaubter Selbsthülfe, Nothwehr, Nothstand; vgl. BGB. § 227 fg.

Uebrigens gibt es auch noch andere Rechtsgründe zur Ausschließung der Widerrechtlichkeit, wie z. B. rechtlich wirksamer Befehl, unter Umständen auch Einwilligung des Verletzten selbst u. s. w.

Nur eine Konsequenz aus dem vom Gesetze im Abs. 1 § 823 eingenommenen Standpunkte liegt vor, wenn der zweite Absatz die Schadensersatzpflicht auch noch eigens anerkennt bei Verstößen gegen ein den Schutz eines Anderen bezweckendes Gesetz. Wie schon oben S. 61 angedeutet wurde, steht dieser Beisatz namentlich in Beziehung zu den §§ 120a und 147 der Gewerbeordnung, welche Vorschriften zum Zwecke des Arbeiterschutzes enthalten. Uebrigens ist im zweiten Satze des Abs. 2 § 823 noch beigefügt, daß in den Fällen des Abs. 2 die Ersatzpflicht nur im Falle des Verschuldens eintritt, wenn

*) Wörtlich nach Mot. z. E. I Bd. 2 S. 726.

auch nach dem Inhalte des Gesetzes ein Verstoß selbst ohne Verschulden möglich sein sollte. Denn, wie die Mot. z. E. I Bd. 2 S. 727 wörtlich bemerken, durfte „der in der Strafrechtswissenschaft vertretenen Ansicht, es sei in Ansehung aller oder gewisser Vergehungen gegen polizeiliche Vorschriften nicht einmal Fahrlässigkeit zum Thatbestande erforderlich, für die Schadensersatzpflicht nicht gefolgt werden." —

Ueber die objective Gestaltung des Schadensersatzes enthält das BGB. für einzelne unter den § 823 gehörige Fälle noch Sonderbestimmungen in den §§ 842 fg.

a) Nach § 842 erstreckt sich die Verpflichtung zum Schadensersatze wegen einer gegen die Person gerichteten unerlaubten Handlung auf die Nachtheile, welche die Handlung für den Erwerb oder das Fortkommen des Verletzten herbeiführt. Heilungskosten fallen ohnehin schon unter § 823.

b) Nach § 843 tritt in der Regel die Schadensersatzleistung in Gestalt der Entrichtung einer Geldrente ein, wenn in Folge der Verletzung des Körpers oder der Gesundheit des Verletzten dessen Erwerbsfähigkeit aufgehoben oder gemindert wird oder wenn eine Vermehrung seiner Bedürfnisse, z. B. durch die Nothwendigkeit ständiger Pflege eintritt. Nur wenn ein wichtiger Grund vorliegt, kann der Verletzte eine Abfindung in Kapital verlangen. Weiteres über die Rente s. in § 843 Abs. 2. Wichtig ist Abs. 4, welcher bestimmt, es werde hier der Anspruch nicht dadurch ausgeschlossen, daß ein Anderer dem Verletzten Unterhalt zu gewähren hat. Wohl aber kann unter Umständen umgekehrt die Gewährung der Rente auf den Umfang der Unterhaltspflicht eines Dritten eine Rückwirkung äußern; so namentlich auf die blos subsidiäre Unterhaltsverpflichtung der gesetzlichen Armenpflege.

c) Nach § 845 findet auch eine Ersatzleistung in Gestalt einer Geldrente und zwar ebenfalls nach Maßgabe des § 843 Abs. 2 bis 4 statt im Falle der Tödtung, der Verletzung des Körpers oder der Gesundheit, sowie im Falle der Freiheitsentziehung, wenn der Verletzte kraft Gesetzes einem Dritten zur Leistung von Diensten in dessen Hauswesen oder Gewerbe verpflichtet war. Für diese entgehenden Dienste ist hier die Rente an den Dritten zu leisten. Beispielsweise vgl. BGB. §§ 1356, 1617. Weiterhin sieht

d) § 844 Abs. 2 eine Geldrente gleicher Art vor bei der Tödtung eines Menschen, welche Rente zu gewähren sein kann an einen Dritten auf den Titel hin von Unterhaltsansprüchen an den Getödteten. § 844 Abs. 2 enthält darüber nähere Vorschriften.

e) Nach § 844 Abs. 1 sind im Falle der Tödtung eines Menschen vom Ersatzpflichtigen auch die Kosten der Beerdigung zu ersetzen und zwar an denjenigen, welchem an sich die Verpflichtung obliegt, diese Beerdigungskosten zu tragen. Vgl. oben S. 263.

f) Nach § 847 Abs. 1 kann im Falle der Verletzung des Körpers oder der Gesundheit sowie im Falle der Freiheitsentziehung der Verletzte auch wegen des Schadens, der nicht Vermögensschaden ist (z. B. wegen einer die Erwerbsfähigkeit nicht beeinträchtigenden Verunstaltung) eine billige in Geld zu leistende Entschädigung verlangen. Dieser Anspruch ist aber weder übertragbar noch vererblich, wenn und solange er nicht vertragsmäßig anerkannt oder rechtshängig geworden ist.

2. Neben der Vorschrift im § 823 BGB. enthalten die §§ 824, 825, 826 einige besonders vom socialpolitischen Standpunkte aus hochbemerkenswerthe Specialbestimmungen:

a) § 824 verpflichtet Denjenigen, welcher der Wahrheit zuwider eine Thatsache behauptet oder verbreitet, die geeignet ist, den Kredit eines Anderen zu gefährden oder sonstige Nachtheile für dessen Erwerb oder Fortkommen herbeizuführen, zum Ersatz des daraus entstehenden Schadens und zwar auch dann, wenn er die Unwahrheit zwar nicht kennt, aber kennen muß. Erfolgt eine Mittheilung, deren Unwahrheit dem Mittheilenden unbekannt ist, wird Letzterer nicht schadensersatzpflichtig, wenn er oder der Empfänger der Mittheilung an ihr ein berechtigtes Interesse hat. Wichtig werden diese Vorschriften namentlich für den Handels- und Gewerbeverkehr in Bezug auf Nachreden und Auskünfte über finanzielle Verhältnisse, Verlässigkeit, Brauchbarkeit ꝛc. von Geschäftsleuten und Geschäftsbediensteten. Die sog. Auskunftsbureaux sind hiemit einer gesteigerten Verantwortlichkeit unterworfen.

b) § 825 begründet für denjenigen, welcher eine Frauensperson durch Hinterlist, durch Drohung oder durch Mißbrauch eines Abhängigkeitsverhältnisses zur Gestattung der außerehelichen Beiwohnung bestimmt, die Verpflichtung, jener Frauensperson den ihr daraus entstandenen Schaden zu ersetzen. Dieser Schaden kann ein Vermögensschaden (z. B. durch

Verlust einer Bedienstung bei eingetretener Schwangerschaft), aber auch ein anderweitig gestalteter Schaden sein, z. B. als sog. dommage moral in der Erschwerung einer Versorgung durch Heirath. Ebendeßhalb erklärt BGB. § 847 Abs. 2 die vorhin (S. 572) schon besprochene Vorschrift auch anwendbar auf den Fall des § 825, sowie auf den Fall, daß gegen eine Frauensperson ein Verbrechen oder Vergehen wider die Sittlichkeit begangen wurde.

Die im § 825 aufgezählten Fälle sind in abschließender Weise hingestellt. In Bezug auf dieselben liegt eine Ausnahmebestimmung gegenüber dem allgemeinen Standpunkte des BGB. insoferne vor, als unser Gesetzbuch im Grundsatze eine Verpflichtung zur Bezahlung von Deflorationsgeldern nicht kennt. Ebendeßhalb ist auch § 825 einer ausdehnenden Auslegung nicht zugänglich.

c) § 826 endlich verpflichtet zum Schadensersatze auch dann, wenn Jemand in einer gegen die guten Sitten (vgl. § 138 Abs. 1 und Abs. 2; letzterer betr. den Wucher) verstoßenden Weise einem Anderen vorsätzlich Schaden zufügt. Formell nicht voll zutreffend ist es, wenn diese Bestimmung als zum Schutze gegen „illoyale Handlungen" bestimmt bezeichnet wird.

3. Während die bisher besprochenen Bestimmungen §§ 823 bis 826 sich auf deliktmäßige Verletzungen durch Menschen beziehen, behandeln die weiterfolgenden §§ 833, 834, 835 Verletzungen durch Thiere und die dadurch begründeten Ersatzverpflichtungen bestimmter dafür verantwortlicher Menschen. Jene Art von Responsabilität, welche nach den Konstruktionen des röm. Rechts zu einer noxae datio, zu einer ersatzweisen Hingabe des

Thieres selbst, führen konnte, ist unserem neuen Rechte fremd. Dessen Grundstandpunkt ist im § 833 BGB. niedergelegt mit den Worten: „Wird durch ein Thier ein Mensch getödtet oder der Körper oder die Gesundheit eines Menschen verletzt oder eine Sache beschädigt, so ist derjenige, welcher das Thier hält, verpflichtet, dem Verletzten den daraus entstehenden Schaden zu ersetzen." Die Vorschrift lautet im Ganzen sehr allgemein. Insbesondere bezieht sie sich auf Thiere jeder Art, also nicht blos auf sog. Haus- oder Nutzthiere (Pferde, Rinder, Hunde, Katzen 2c.). Voraussetzung ist aber, daß ein Mensch sie „hält", das Thier also sich nicht als ein sog. wildes Thier darstellt, sich nicht in natürlicher Freiheit befindet und deßhalb als herrenlos gilt. (Vgl. BGB. § 960). Die Thatsache des „Haltens" eines Thieres, mag solches um eines Nutzens willen oder nur aus Liebhaberei oder Mode geschehen, begründet für sich allein schon die civilrechtliche Verantwortlichkeit für dasjenige, was das Thier nach den im § 833 bezeichneten Richtungen etwa anstellt. Als Sachbeschädigung ist dabei ebenso die Verunstaltung, wie das An- und Auffressen oder die Besudelung einer (beweglichen oder unbeweglichen) Sache zu betrachten. Ersatzpflichtig ist derjenige, welcher „das Thier hält". Solches kann sowohl der Eigenthümer, wie ein Dritter sein.

Unberührt bleiben natürlich von den civilrechtlichen Bestimmungen des BGB. alle jene straf- und polizeirechtlichen Vorschriften, welche sich auf die Behandlung, Verwahrung 2c. von Thieren beziehen. Namentlich gilt dies von den Bestimmungen auf dem Gebiete der Hundepolizei und Hundebesteuerung. Solches sei besonders betont Angesichts der manchen Orts (z. B. in München) immer mehr überhand nehmenden Zahl der

Hunde und der Belästigungen durch dieselben. Vielleicht hilft hiegegen indirekt auch unser § 833 etwas, zumal nachdem § 834 allgemein die Schadensersatzpflicht noch ausgedehnt hat auf solche, welche die Aufsichtsführung über das Thier durch Vertrag übernommen haben, z. B. Wärter, Stallknechte, Stallmägde, Kutscher, Bereiter, Dresseure u. dgl.

4. Besonderes Interesse bieten für den Verwaltungsbeamten ob der bezüglichen dienstlichen Funktionen im Gebiete der inneren Verwaltung die Vorschriften des BGB. über den Wildschadensersatz. Man wollte auch hierüber im BGB. wenigstens etliche Bestimmungen treffen, offenbar um Einiges dadurch reichsrechtlich festzulegen. Darob entbrannte aber im Reichstag ein heftiger Kampf namentlich zwischen den Vertretern der verschiedenartigen jagdlichen und landwirthschaftlichen Interessen. Es hätte wahrlich wenig gefehlt, so wäre an der Hasenfrage, d. h. an der Frage, ob auch für Hasenfraß reichsrechtlich Wildschadensersatz geleistet werden müsse, das ganze Bürgerliche Gesetzbuch gescheitert. Schließlich verhalf wieder die Ueberlassung der Frage an die Landesgesetzgebung zum Ausgleiche (vgl. BGB. § 835 mit EG. Art. 71). Auf diese Weise und mittelst auch noch anderer Vorbehalte im EG. z. BGB. entstand in der ganzen Frage eine Doppelgestaltung. Das Eine ist reichsrechtlich, das Andere landesrechtlich, das Ganze aber wenig übersichtlich geregelt.

Reichsrechtlich ist im BGB. § 835 Folgendes bestimmt:

a) Wildschaden ist derjenige Schaden, welcher durch bestimmte Wildgattungen an Grundstücken irgendwelcher Art und zwar sowohl an der

Substanz wie an den Früchten (Erzeugnissen) derselben durch Fraß (Aesung), Verwüstung oder auf sonstige Art angerichtet wird. Hiezu gehört auch der Schaden, den die Thiere an den getrennten, aber noch nicht eingeernteten Erzeugnissen des Grundstücks anrichten.

b) In Betracht kommen reichsrechtlich die Schäden durch Schwarz-, Roth-, Elch-, Dam- oder Rehwild oder durch Fasanen.

c) Für Wildschaden ist Ersatz zu leisten, aber nur dann, wenn dem Eigenthümer des Grundstücks nicht selbst das Jagdrecht zusteht.

d) Ersatzpflichtig ist der Jagdberechtigte, gleichviel auf welchem Titel sein Jagdrecht beruht. Ist dem Eigenthümer die Ausübung des ihm an sich zustehenden Jagdrechts gesetzlich entzogen, so hat Derjenige den Schaden zu ersetzen, welcher zur Ausübung des Jagdrechts nach dem Gesetze berechtigt ist. (Ueber Fälle gemeinschaftlicher Jagdausübung auf jagdlich zusammengesetzten Grundstücken, sowie über Verbandsjagden s. Sonderbestimmungen in BGB. § 839 Abs. 2 Satz 2, Abs. 3.)

e) Ersatzberechtigt ist der Verletzte, d. h. Derjenige, welcher den Schaden zu tragen hat, unter Umständen also auch ein Pächter oder Nießbraucher des Grundstücks.

Das sind die reichsrechtlichen, immer und überall maßgebenden Grundsätze. Im Uebrigen enthält aber das EG. z. BGB. in seinen Art. 70, 71 noch eine stattliche Reihe von Vorbehalten zu Gunsten der Landesgesetzgebung.*) Diese Vorbehalte beziehen sich namentlich auf landesrechtliche Ausdehnung der Ersatzpflicht auf den Schaden durch noch andere jagdbare Thiere (z. B. namentlich Hasen oder Kaninchen), über Wildschaden durch aus einem Gehege ausgetretenen jagdbare Thiere, über bestimmte Fälle des Wildschadens an Gärten, Obstgärten, Weinbergen, Baumschulen und Einzelbäumen, über bestimmte Gestaltungen der subjektiven Haftungsverpflichtung oder der Rückgriffe auf Andere, ganz besonders aber auch über

a) die Grundsätze der Schadensfeststellung, sowie

b) das Erforderniß der Einhaltung einer bestimmten Frist für die Geltendmachung des Ersatzanspruches bei der zuständigen Behörde. Wer diese zuständige Behörde ist, bestimmt sich selbstverständlich auch nach Landesrecht.

Aus dieser Sach- und Rechtslage erwuchs in Bayern von selbst das Bedürfniß nach einer Revision des seither in Geltung gewesenen Landesgesetzes über den Ersatz des Wildschadens v. 15. Juni 1850. Das Ergebniß dieser Revision ist niedergelegt im Art. 144 des bayer. Ausf.Ges. v. 9. Juni 1899 und geht dahin:

a) Die Art. 4, 6 sind aufgehoben.

b) Art. 2 besagt nunmehr, daß die Ersatzpflicht sich auch auf den Schaden erstreckt, welcher durch jagdbare Säugethiere anderer als der im Bürger-

*) Umfang und Inhalt dieser Vorbehalte legen gar sehr die Frage nahe, ob es nicht schließlich richtiger gewesen wäre, die ganze Materie des Wildschadensersatzes, wie im Uebrigen nach Art. 69 E.G. das Jagdrecht überhaupt, dem Landesrechte zu überlassen, zumal hier so viel von dem öffentlichen Rechte in Betracht kommt. Das absolute „Gleichmachen“ hat eben auch stellenweise seine Bedenken und wohlberechtigte Grenzen!

lichen Gesetzbuche bezeichneten Gattungen angerichtet wird, also namentlich durch Hasen, Gemsen, etwa auch Otter und Füchse u. s. w. Doch muß in letzterer Hinsicht daran festgehalten werden, daß es sich nach BGB. § 835 überhaupt nur um Schaden an Grundstücken handeln kann, der Schaden durch jene einheimischen Raubthiere aber sich gewöhnlich auf anderen Gebieten bewegt.

c) Art. 3 Abs. 1 und 2 ist geändert und regelt die Haftung für Wildschaden durch die Gemeinden als Verpächter oder bei Selbstausübung der Jagd.

d) Der abgeänderte Art. 5 behandelt den Wildschaden in Baumschulen, in Obstgärten oder an einzelnstehenden jungen Bäumen. Endlich ist

e) noch ein neuer § 8a eingeschaltet, welcher lautet:

> „Der Beschädigte hat den Anspruch auf Ersatz des Wildschadens bei Verlust des Anspruchs binnen sechs Tagen, nachdem er von der Beschädigung Kenntniß erlangt, bei der Ortspolizeibehörde anzumelden, in deren Bezirk der Schaden entstanden ist. Zur Wahrung der Frist genügt die Absendung der Anmeldung. Die Ortspolizeibehörde soll die Anmeldung sofort dem Ersatzpflichtigen mittheilen."

Im Uebrigen ist an Zuständigkeit und Verfahren nichts geändert.

5. Wer zur Rückgabe einer Sache verpflichtet ist, die er einem Anderen durch eine unerlaubte Handlung (irgendwelcher Art) entzogen hat, ist auch für den zufälligen Untergang, für eine aus anderem Grunde eintretende zufällige Unmöglichkeit der Herausgabe oder eine zufällige Verschlechterung der Sache verantwortlich, es sei denn, daß diese Eventualitäten auch ohne die Entziehung eingetreten sein würden. § 848.

6. Für die baulichen und baurechtlichen Verhältnisse wichtige spezielle Haftpflichtbestimmungen enthalten die §§ 836, 837, 838 BGB. für den Fall, wenn durch den Einsturz eines Gebäudes oder eines anderen mit einem Grundstücke verbundenen Werkes oder durch die Ablösung von Theilen des Gebäudes oder des Werkes ein Mensch getödtet, der Körper oder die Gesundheit eines Menschen verletzt oder eine Sache beschädigt wird. Hier trifft den Besitzer des Grundstücks eine Schadensersatzpflicht, soferne der Einsturz oder die Ablösung die Folge fehlerhafter Errichtung oder mangelhafter Unterhaltung ist, es müßte denn der Besitzer zum Zwecke der Abwendung der Gefahr die im Verkehre erforderliche Sorgfalt angewendet haben.

Die gleiche Haftbarkeit kann unter Umständen auch einen Vorbesitzer treffen nach näherer Maßgabe des § 836 Abs. 2. Stand das eingestürzte Gebäude oder Werk auf einem fremden Grundstücke, so trifft die Haftung nicht den Besitzer des Grundstücks, sondern den des Gebäudes oder Werks. (§ 837.) Wer die Unterhaltung eines Gebäudes oder eines mit einem Grundstücke verbundenen Werkes für den Besitzer übernimmt oder die Gebäude oder das Werk vermöge eines ihm zustehenden Nutzungsrechts zu unterhalten hat, ist für den durch den Einsturz oder die Ablösung von Theilen verursachten Schaden in gleicher Weise verantwortlich wie der Besitzer. (§ 838).

7. An dieser Stelle sei auch noch Erwähnung gethan von einigen durch das bayer. Ausf.-Ges. z. BGB. vom 9. Juni 1899 Art. 58 und 59 festgesetzten weiteren, zu Schadensersatz verpflichtenden Thatbeständen. Sie betreffen die Haftpflicht bei Benutzung öffentlicher Grundstücke oder Gewässer zu Anlagen oder Betrieben. Besonders wichtig ist davon für Städte der Art. 58,

welcher, wenn öffentliche Straßen oder Plätze mit Genehmigung der Behörde zu dem Betriebe einer Eisenbahn benützt werden, den Unternehmer (ausgenommen den Fall höherer Gewalt oder eigenen Verschuldens des in Schaden Gekommenen) auch verantwortlich macht für denjenigen Schaden, der bei dem Betriebe in Folge des öffentlichen Gebrauchs der Straßen oder Plätze an einer fremden Sache entsteht. Derartige Vorfälle gibt es ja häufig bei den sogen. Straßenbahnen, seien sie mit Dampf, Elektricität oder Pferdekraft betrieben.

8. Von erheblicher praktischer Tragweite nach mannigfachen Richtungen, insbesondere für die leider so häufigen Unfälle bei und an Bauten und ähnlichen Unternehmungen, sind die Vorschriften der §§ 831, 832 BGB. in Bezug auf die Haftung für Handlungen Dritter seitens des Geschäftsherren oder eines Aufsichtspflichtigen.

a) Grundsatz ist es nach § 831 BGB., daß Derjenige, welcher einen Anderen zu einer Verrichtung — sei es einer Einzelnen oder einer Mehrheit solcher — bestellt, zum Ersatze des Schadens verpflichtet ist, den dieser Andere in Ausführung der Verrichtung einem Dritten zufügt.

Dieser die Verantwortlichkeit nicht unerheblich steigernde Grundsatz erfährt übrigens für bestimmte Fälle ebenso eine gewisse Abschwächung, wie andererseits sogar noch eine Ausdehnung. Eine Abschwächung ergibt sich insoferne, als eine Ersatzpflicht nicht eintritt, wenn der Geschäftsherr

α) bei Auswahl der bestellten Personen und

β) soferne derselbe Verrichtungen oder Geräthschaften zu beschaffen oder die Ausführung der Verrichtung zu leiten hat, bei der Beschaffung oder der Leitung die im Verkehr erforderliche Sorgfalt beobachtet oder wenn der Schaden auch bei Anwendung dieser Sorgfalt entstanden sein würde.

Jene Ausdehnung aber beruht darin, daß diese Art von Verantwortlichkeit gesetzlich erstreckt ist auch auf solche Personen, welche für den Geschäftsherrn durch Vertrag die Besorgung eines der (vorhin unter α und β) bezeichneten Geschäfte übernehmen. Für Architekten, Ingenieure, Baumeister, Bauführer, Paliere, Werkmeister in Fabriken u. dgl. recht beachtenswerth!!

b) Ein weiterer Grundsatz geht dahin, daß die Verpflichtung zur Führung der Aufsicht über eine Person, welche entweder wegen Minderjährigkeit oder wegen ihres geistigen oder körperlichen Zustandes der Beaufsichtigung bedarf, auch die Verpflichtung zum eigenen Ersatze desjenigen Schadens in sich schließt, den jene Person einem Dritten zufügt. Die Aufsichtspflicht kann begründet sein sowohl in einem Gesetze (z. B. im BGB. für Eltern, Vormünder, Pfleger), wie auch in einem Vertragsverhältnisse (z. B. einem Dienstvertrage). Eine Ersatzpflicht dieser Art findet jedoch nicht statt, wenn entweder:

α) der Aufsichtspflichtige seiner Aufsichtspflicht in der Art und dem Umfange, wie sie besteht, genügt hat oder wenn

β) der Schaden auch bei gehöriger Aufsichtspflicht entstanden sein würde.

9. Von schädigender Verletzung der Amtspflicht durch einen Beamten handelt § 839 BGB. Die Gesetzesstelle betrifft die Frage selbstverständlich auch nur in civilrechtlicher Hinsicht d. h. in Ansehung des Schadens-

ersatzes. Aber selbst in dieser Hinsicht wird durch den § 839 die Materie nicht voll erschöpft.

Zu unterscheiden sind zwei Richtungen, in denen auch auf civilrechtlichem Gebiete die Frage nach den Rechtsfolgen von Verletzungen der Amtspflichten von Beamten sich geltend machen kann, nämlich gegenüber dritten Personen und gegenüber der vorgesetzten Dienstesstelle, dem Staate oder dem sonstigen Gemeinwesen, in dessen Dienst der Beamte steht.

a) Von dem Schadensersatze gegenüber Dritten (auch Privaten), und nur gegenüber solchen handelt der § 839 BGB. Die Stelle spricht von „Beamten". Es wird richtig sein, diesen Begriff auch hier in Ansehung der civilrechtlichen Folgen von Verfehlungen in demselben Sinne zu behandeln, wie ihn für das strafrechtliche Gebiet der § 350 St.-GB. feststellt.

Der Beamte haftet im Grundsatze für den aus seiner Verletzung der Amtspflicht entsprungenen Schaden sowohl bei vorsätzlicher wie bei fahrlässiger Handlungsweise, bei Fahrlässigkeit aber nur in abgeschwächter Weise, nämlich nur unter der Voraussetzung, daß der Beschädigte nicht auf andere Weise Ersatz zu erlangen vermag.

In Betracht kommt auch die Verletzung bloßer sog. Dienstvorschriften, aber nur dann, wenn sie eine Amtspflicht nicht etwa nur gegenüber der vorgesetzten Stelle, sondern auch gegenüber dem geschädigten Dritten begründet hatten.*)

Civilrechtlich verantwortlich nach § 839 sind sowohl die einzelbediensteten Beamten, wie auch die Mitglieder eines Collegiums, nicht aber das Collegium als solches,

---

*) Denkschrift z. E. d. BGB. S. 105.

sondern nur dessen schuldige Mitglieder, diese aber nach § 840 als Gesammtschuldner.*) Gesammtschuldhaftung tritt auch dann ein, wenn mit dem Verschulden eines Beamten dasjenige eines Dritten konkurrirt.**)

Etwas abweichende Bestimmungen enthält § 839 in Abs. 2 für den Fall, daß die Schädigung aus der Amtspflichtverletzung bei einem Urtheil in einer Rechtssache entstanden ist oder sein soll. In einem solchen Falle ist nach ausdrücklicher Gesetzesvorschrift der Beamte nur dann verantwortlich, „wenn die Pflichtverletzung mit einer im Wege des gerichtlichen Strafverfahrens zu verhängenden öffentlichen Strafe bedroht ist.“ Das Gesetz sagt: „bedroht“. Es ist also hier nicht vorauszusetzen, daß die Strafe bereits verhängt ist. Uebrigens kommt diese Einschränkung der Haftbarkeit überhaupt nicht in Wirksamkeit, wenn es sich um eine pflichtwidrige Verweigerung oder Verzögerung der Ausübung des Amtes handelt. Eine gegenüber der bisher sog. Syndikatsklage manchmal erhobene Streitfrage wird abgeschnitten durch die Vorschrift des § 839 Abs. 2, wonach die Ersatzpflicht nicht eintritt, wenn der Verletzte vorsätzlich oder fahrlässig, aber immerhin mit einem gewissen Verschulden, unterlassen hat, den Schaden durch (natürlich rechtzeitigen) Gebrauch eines ihm zustehenden Rechtsmittels abzuwenden. Es kann keinem Zweifel unterliegen, daß diese Bestimmung mangels einer gesetzlichen Unterscheidung Anwendung findet sowohl auf Entscheidungen der Civil- und Strafgerichte, in Sachen der streitigen, wie freiwilligen Rechtspflege, als auch auf Entscheidungen der Organe der Verwaltungsrechtspflege

---

*) Denkschrift S. 106.

**) Ebendaselbst S. 106.

in den zu ihrer Zuständigkeit gehörigen Rechtsangelegenheiten. Dies gilt selbstverständlich auch für den Bereich des zweiten Absatzes des § 839.

Spezialbestimmungen bestehen z. B. nach BGB. § 1674, 1848 für den Vormundschaftsrichter, nach § 12 Gr.B.O. für den Grundbuchbeamten, nach dem RG. v. 31. März 1873 für Reichsbeamte. Keiner näheren Begründung bedarf es, daß die unter den § 839 BGB. treffenden Fälle bei der rein civilrechtlichen Natur der hiedurch begründeten Ersatzpflicht auch zur civilgerichtlichen Judikatur ressortiren. Der landesrechtlichen Regelung verblieb nach wie vor die Frage, ob, inwieweit, in welcher Art und in welchen Formen eine anderweitige Vorentscheidung über das dienstliche Verschulden des Beamten einzutreten habe. Der hierauf bezügliche Art. 7 Abs. 2 des bayer. Gesetzes über den Verwaltungsgerichtshof v. 8. Aug. 1878 hat übrigens durch Art. 165 des Ausf.-Ges. z. BGB. eine Umgestaltung erfahren. Durch diese neue Vorschrift ist die ältere jetzt namentlich dem § 839 BGB. angepaßt, die Tragweite der Vorentscheidung gegenüber weiteren Entscheidungen bestimmt und insbesondere festgestellt worden, daß die Vorentscheidung für das Gericht bindend ist. Sehr wichtig ist für die Gesammtfrage der im Art. 77 EG. z. BGB. stehende Vorbehalt. Dieser Artikel lautet wörtlich:

> „Unberührt bleiben die landesgesetzlichen Vorschriften über die Haftung des Staates, der Gemeinden und anderer Kommunalverbände (Provinzial-, Kreis-, Amtsverbände) für den von ihren Beamten in Ausübung der diesen anvertrauten öffentlichen Gewalt zugefügten Schaden, sowie die landesgesetzlichen Vorschriften, welche das Recht des Beschädigten, von dem Beamten den Ersatz eines solchen Schadens zu

verlangen, insoweit ausschließen, als der Staat oder der Kommunalverband haftet."

Ueber diese Haftung des Staats und anderer Gemeinwesen für Amtsverfehlungen von Beamten haben die Art. 60, 61 des AusfGes. z. BGB. v. 9. Juni 1899 für Bayern eingehende Bestimmungen getroffen, auf welche hier verwiesen sein möge. Sie weichen vom bisherigen Rechte in einem wichtigen Punkte wesentlich ab, insoferne sie nämlich eine primäre Verantwortlichkeit des Staates und der Kommunalverbände an Stelle des Beamten begründen. Der Beamte hat dann dem Staate oder dem Verbande, in dessen Dienste er steht, den Schaden zu ersetzen, der dem Staate oder dem Verbande aus der Verletzung der Amtspflicht entsteht. Die Vorschriften des § 852 BGB. über Verjährung und damit Zusammenhängendes finden mit der Maßgabe Anwendung, daß die dreijährige Verjährungsfrist erst mit dem Zeitpunkte beginnt, in dem die Ersatzpflicht des Staates oder des Verbandes dem Beschädigten gegenüber anerkannt oder rechtskräftig festgestellt ist.

Wegen der Gerichtsvollzieher s. Art. 60 AG. z. BGB., wegen der Notare und Notariatsverweser Art. 126 des bayr. Notariatsgesetzes v. 9. Juni 1899. Die hierin enthaltenen Bestimmungen bewegen sich in gleichgeartetem Geleise wie die erst erwähnten Gesetzesvorschriften.

b) Ein wesentlich anders gearteter Fall liegt vor, wenn es sich um einen dem Amts- und Dienstverhältnisse entsprechenden Ersatzanspruch des Staates oder Verbandes selbst gegen den Beamten oder umgekehrt des letzteren gegen den Staat ꝛc. handelt. Dieser Fall wird in erster Linie beherrscht von dem öffentlichen Landesrechte, wie es für die konkreten Beamtenverhältnisse einschlägig ist. Immerhin können auch hier privatrechtliche Rechtsnormen einschlagen und zwar selbst in der Art, daß die ganze Rechtssache sich als eine solche von privatrechtlichem Charakter darstellt und somit auch der Civilgerichtsbarkeit zufällt. Anerkannt ist dies z. B. in Bayern durch die bekannten, nach Art. 80 des EG. z. BGB. vorbehaltenen Vorschriften über die vermögensrechtlichen Gehaltsansprüche der Beamten und Bediensteten aus dem Amts- oder Dienstverhältnisse. In manchen anderen Richtungen ist es streitig, ob und inwieweit der eine oder andere Anspruch fraglicher Art nach rein öffentlichrechtlichen oder auch privatrechtlichen Gesichtspunkten zu beurtheilen ist. Ein näheres Eingehen hierauf würde hier zu weit führen.

Vorbehalten sind durch Art. 78, 79 EG. z. BGB. weiterhin die landesgesetzlichen Vorschriften:

α. nach welchen die Beamten für die von ihnen angenommenen Stellvertreter und Gehilfen, dann

β. nach welchen die zur amtlichen Festsetzung des Werthes von Grundstücken bestellten Sachverständigen für den aus einer Verletzung ihrer Berufspflicht entstandenen Schaden

in weiterem Umfange als nach dem BGB. haften. (Zu β vgl. Art. 88 des bayr. AG. z. BGB. v. 9. Juni 1899.)

Sechste Abtheilung.

Einige Punkte erbrechtlichen Inhalts.

Die erbrechtlichen Bestimmungen des BGB. erstrecken sich über 464 Paragraphen (§§ 1922 bis 2385), sind also sehr ausgedehnt. Sachlich sind sie zum Theil schwieriger Natur, namentlich was die Lehre von der Haftung des Erben betrifft, welche von dem bisherigen Rechte vielfach abweicht. Ob mit Glück, bleibt abzuwarten. Der Berührungspunkte mit dem öffentlichen Rechte und dessen Einrichtungen sind nur wenige, denn das Erbrecht ist fast durchgängig rein privatrechtlicher Natur. Darum mögen auch zum Abschlusse meiner Gesammterörterungen nur einige kurze Bemerkungen hier noch Platz finden.

Erstes Kapitel.

Einleitendes.

Zur Nachfolge in die überhaupt übertragbaren Vermögensrechte eines Verstorbenen ist grundsätzlich jedes zur Zeit des Todes desselben bereits und noch existirende rechtsfähige Subjekt befähigt, sei es eine physische oder juristische Person.*)

*) Von der Aufhebung des sog. Klostertodes einerseits und den Erwerbsbeschränkungen durch die sog. Amortisationsgesetze (Art. 86, 87 EG. z. BGB.) andererseits war schon an früheren Stellen die Rede.

Durch die gesetzliche Fiktion des § 1923 BGB. ist auch demjenigen, der zur Zeit des Erbfalles noch nicht lebte, aber bereits erzeugt war (nasciturus) Successionsfähigkeit beigelegt, ebenso nach § 84 BGB. einer gemäß Verfügung von Todeswegen erst nach dem Tode des Erblassers zur Entstehung kommenden *Stiftung*.

Jener Eintritt in die Vermögensrechte des Erblassers vollzieht sich, wie im bisherigen Rechte entweder in Gestalt der *Erbschaft* oder des *Vermächtnisses*. Nebenher geht die *Schenkung von Todeswegen*.

Die *Erbfolge ist Universalsuccession*; die Erbschaft geht als Ganzes oder nach Antheilen über (§ 1922). Das *Vermächtniß begründet nur Singularsuccession*; es ist begrifflich die testamentarische Zuwendung eines Vermögensvortheils an einen Anderen durch den Erblasser ohne Erbeseinsetzung des Ersteren. In diesen Grundbegriffen folgt das BGB. im Allgemeinen dem bisherigen Rechte. Von dem gemeinen Rechte und verschiedenen Particularrechten weicht das BGB. aber darin ab, daß es in allen Fällen für den Erwerb der Erbschaft sowohl, wie für die Entstehung des Vermächtnißanspruchs gegen den Erben nicht mehr einen förmlichen Erbschaftsantritt erfordert, sondern Beides eintreten läßt schon mit dem Erbfalle, d. h. *mit dem Tode des Erblassers*, vorbehaltlich des Rechtes der *Ausschlagung*.

Der Erbschaftserwerb kann, wie im bisherigen Rechte, beruhen entweder auf dem *gesetzlichen Erbfolgerechte* oder auf einer *gewillkürten rechtsförmlichen Verfügung von Todeswegen seitens des Erblassers*. Diese Letztere aber kann liegen sowohl in einem *Erbvertrage* als in einem *Testamente* (letztwillige Verfügung). Die rechtsbeständige Verfügung von Todeswegen geht dem gesetzlichen Erbrechte vor. Letzteres tritt nur ein, wenn und soweit die Erstere nicht vorliegt oder nicht eingreift.

Zweites Kapitel.

Gesetzliche Erbfolge.

Die gesetzliche Erbfolge greift Platz sowohl zu Gunsten von Verwandten, als zu Gunsten des überlebenden Ehegatten.

1. Die Erbfolge der Verwandten ist im Allgemeinen bestimmt in den §§ 1924 bis 1930. Abweichend von dem römischrechtlichen Gradualsystem regelt das BGB. die Verwandtenerbfolge nach dem deutsch-rechtlichen sog. Parentelsystem (Sippenrecht). Es vertheilt die Verwandten der absteigenden, aufsteigenden und Seitenlinie in gesetzliche Erben erster, zweiter, dritter, vierter und fünfter Ordnung. Diese Staffelung beginnt mit den Abkömmlingen des Erblassers als nächstberufenen. Jede vorhergehende Ordnung schließt die nachfolgenden Ordnungen aus, so lange ein Verwandter einer vorhergehenden Ordnung vorhanden ist (§ 1930).

2. Im Anschlusse an zahlreiche deutsche Particularrechte, aber abweichend vom gem. Rechte gibt das BGB. auch dem überlebenden Ehegatten des Erblassers ein gesetzliches Erbfolgerecht an dessen Nachlaß, d. h. an demjenigen Vermögen, welches der Erblasser schon während der Ehe im Sondereigenthum hatte, desgleichen welches sich mit seinem Tode als sein Antheil an dem Ehevermögen der Gatten ausscheidet. Neben dem Erbanspruche behält der überlebende Ehegatte natürlich auch sein Sondereigen und seinen Antheil am Ehevermögen je nach dem ehelichen Güterstande.

Der bis zu einem Pflichttheilsanspruche gesteigerte Erbanspruch des überlebenden Ehegatten gegenüber dem Nachlasse des Verstorbenen geht je nach dem Familienstande nach näherer Maßgabe des § 1931 entweder auf ein Viertheil oder auf die Hälfte, unter Umständen auf noch mehr, ja selbst auf das Ganze der Erbschaft. Soweit dieser Ehegattenanspruch reicht, entfällt das Recht der Verwandten, welches also nur auf das noch übrig Bleibende geht.

Neben diesem Erbrechte hat der überlebende Ehegattte, wenn er neben Verwandten der zweiten Ordnung oder neben Großeltern gesetzlicher Erbe ist, einen nach den Vorschriften über Vermächtnisse zu behandelnden Anspruch auf einen „Voraus", bestehend in den zum ehelichen Haushalte gehörenden Gegenständen, soweit sie nicht Zubehör eines Grundstücks sind, sowie in den Hochzeitsgeschenken.

3. Während der Vorverhandlungen zum BGB. war es auch zum Vorschlag gekommen, das gesetzliche Erbrecht der Verwandten von einem bestimmten entfernten Zugehörigkeitsverhältniß an überhaupt auszuschließen und schon von da an ein Recht des Staates auf die Erbschaft eintreten zu lassen, wenn bessere Erbberechtigte nicht da sind. Dieser Vorschlag fand keine Annahme. Immerhin setzt das BGB. aber doch ein eingeschränkteres Erbrecht des Fiskus fest. Damit hat es folgende Bewandtniß:

   a) Das fiskalische Erbrecht ist ein gesetzliches. Es tritt also auch nur ein, wenn nicht andere Erben durch Erbvertrag oder Testament berufen sind.

   b) Das Recht ist nur subsidiär. Es greift nur Platz, wenn zur Zeit des Erbfalls weder ein Verwandter noch ein Ehegatte des Erblassers vorhanden ist (§ 1936).

c) Die fiskalische Erbberechtigung stellt ein wirkliches Erbrecht dar, nicht etwa nur eine Befugniß zur Aneignung eines herrenlosen Gutes. Die Erbschaft fällt also unter den erforderlichen Voraussetzungen dem Fiskus kraft des Gesetzes zu. Letzterer hat nach ausdrücklicher Bestimmung des § 1942 Abs. 2 BGB. nicht einmal die Befugniß, die Erbschaft auszuschlagen. Als Erbe wird der Fiskus auch Träger der auf einen Erben übergehenden Verbindlichkeiten des Erblassers. Es kann aber von dem Fiskus als gesetzlichem Erben und gegen denselben in dieser Eigenschaft ein Recht erst geltend gemacht werden, wenn von dem Nachlaßgerichte in den Formen nach §§ 1964, 1965 festgestellt worden ist, daß ein anderer Erbe nicht vorhanden ist. Auch kann von dem Fiskus die Errichtung eines Inventars durch Setzung einer Inventarfrist nicht verlangt werden. Der Fiskus ist aber verpflichtet, den Nachlaßgläubigern über den Bestand des Nachlasses wenigstens Auskunft zu geben (§ 2011). Auch kann er veranlaßten Falles Nachlaßverwaltung oder Nachlaßkonkurs beantragen. Jedenfalls gelten auch für ihn die Bestimmungen der §§ 1975, 1990 über die beschränkte Haftung.

d) Berechtigt ist nach § 1936 der Fiskus desjenigen Bundesstaats, dem der Erblasser zur Zeit seines Todes angehört hat. War der Erblasser ein Deutscher, der keinem Bundesstaate angehörte, so ist der Reichsfiskus gesetzlicher Erbe.

Unberührt bleiben übrigens nach EG. z. BGB. Art. 138 die landesgesetzlichen Vorschriften, nach welchen im Falle des § 1936 BGB. an Stelle des Fiskus eine Körperschaft, Stiftung oder Anstalt des öffentlichen Rechts (also nicht auch eine Privatperson) gesetzlicher Erbe wird. Für Bayern ist deßfalls in den Ausführungsgesetzen nichts bestimmt worden.

4. Vorbehalten sind durch Art. 139 EG. z. BGB. weiterhin die landesgesetzlichen Vorschriften, nach welchen dem Fiskus oder einer anderen juristischen Person in Ansehung des Nachlasses einer verpflegten oder unterstützten Person ein Erbrecht, ein Pflichttheilsanspruch oder ein Recht auf bestimmte Sachen zusteht. Es bezieht sich dies namentlich auf Spitäler, Pfründehäuser und andere Verpflegungsanstalten, auch private und öffentlich-rechtliche Stiftungen, soferne sie eben juristische Persönlichkeit besitzen.

Anknüpfend an jene letztere Alternative hat das Bayrische Landesrecht durch Art. 102 AG. den öffentlichen Verpflegungsanstalten, aber auch nur diesen ein Recht auf diejenigen Sachen eingeräumt, welche von einer Person, die in der Anstalt bis zum Tode unentgeltlich verpflegt worden ist, zum Zwecke des Gebrauchs eingebracht worden sind. Unumgängliche gesetzliche Voraussetzung ist dabei aber, daß die Satzungen der Anstalt eine diesbezügliche Bestimmung enthalten.

Ein gesetzliches Erbrecht wird also hiedurch nicht verliehen, vielmehr nur ein sachlich recht eingeschränkter Anspruch auf einen Eigenthumserwerb. Das Eigenthum an den der Anstalt zufallenden Sachen geht mit dem Eintritt des Erbfalls auf die Anstalt über. Der Werth der Sachen wird auf den der Anstalt zustehenden Ersatzanspruch angerechnet.

Drittes Kapitel.

Gewillkürte Erbfolge.

In erster Reihe, namentlich hinsichtlich der die gesetzliche Erbfolge ausschließenden Wirkung, steht

1. der Erbvertrag. Dieser kann vom Erblasser jeder Zeit, jedoch nur persönlich und in der Regel (Ausnahme bei Ehegatten und Verlobten: § 2275 Abs. 2, 3 BGB.) auch nur bei unbeschränkter Geschäftsfähigkeit geschlossen, übrigens auch mit einem Ehevertrage verbunden werden.

   Die erforderliche Form ist die gleiche wie für ein vor Gericht oder Notar (in Bayern notariell) errichtetes öffentliches Testament. Wird der Erbvertrag mit einem Ehevertrag verbunden, so genügt die für letzteren vorgeschriebene Form.

2. Wenn kein Erbvertrag vorliegt oder soweit er nicht im Wege steht, kann das Erbrecht durch Testament (letztwillige Verfügung) begründet werden. Dasselbe kann übrigens auch andere Anordnungen, namentlich Aussetzung von Vermächtnissen, Bestimmung von Auflagen u. s. w. enthalten. Eine Unterscheidung zwischen Testament und Codicil besteht nicht mehr.

   Die Testamentsmündigkeit beginnt schon mit Vollendung des sechzehnten Lebensjahres (§ 2229). In ordentlicher Form kann nach § 2231 ein Testament errichtet werden sowohl

a) vor einem Richter oder einem Notar (in Bayern gilt letzteres), wofür im BGB. § 2232 fg. eingehende Formvorschriften getroffen sind, als auch

b) durch eine von dem Erblasser unter Angabe des Ortes und Tages eigenhändig geschriebene und unterschriebene Erklärung. (Sog. holographisches Testament.) Das Ganze muß eigenhändig geschrieben und die Unterschrift mit dem wahren gesetzlichen Namen vollzogen sein. Ein willkürlich angenommenes Pseudonym genügt selbstverständlich nicht, mag auch dessen Träger darin noch so berühmt oder noch so modern sein.

Nicht befähigt zur Errichtung eines holographischen Testaments ist nach § 2247 ein Minderjähriger oder wer Geschriebenes nicht zu lesen vermag. Unter letztere Vorschrift fällt nach ihrer Zweckbestimmung sowohl derjenige, welcher überhaupt des Lesens nicht kundig, wie auch wer körperlich daran verhindert (also z. B. blind) ist.

Daneben bestehen übrigens noch erleichternde außerordentliche Testamentsformen. Abgesehen von dem Soldaten-, Marine- und sonstigen Schiffstestamente (vgl. § 44 des Reichsmilitärgesetzes v. 2. Mai 1874; Art. 44 EG. z. BGB.; § 2251 BGB.) sind leichtere Formen für gewisse Nothfälle zugelassen.

a) Nach § 2249 kann ein Testament vor dem Vorsteher der Gemeinde, in der sich der Testator aufhält, errichtet werden, wenn zu besorgen ist, daß der Erblasser früher sterben werde, als die Errichtung eines Testaments vor einem Richter oder Notar (in Bayern notariell) möglich ist. Durch die erst vom Reichstage eingefügte Zulassung des holograpischen Testaments hat diese außerordentliche Testamentsform viel an Bedeutung verloren. Eine solche besteht aber immer noch für Fälle, in welchen das holographische Testament nach § 2247 ausgeschlossen ist oder nicht angewendet werden kann, weil z. B. der Testator des Schreibens nicht kundig oder physisch durch Krankheit oder sonstwie daran verhindert ist.

Dem Gemeindevorstand steht gleich der Vorsteher eines Verbands oder eines Gutsbezirks, der durch Landesgesetz einer Gemeinde gleichgestellt ist, also z. B. eines Bürgermeistereiverbandes. Ferner steht gleich der ordentliche gesetzmäßige Stellvertreter des Vorstehers. Zur Begründung der Zuständigkeit genügt bloßer Aufenthalt in dem bezüglichen Bezirke. Nicht einmal ständiger oder längerer Aufenthalt wird verlangt. Es dürfte das auch nicht der Fall sein, da die Vorschrift vornehmlich doch auf Unglücksfälle gerichtet ist. Der zuständige Vorsteher tritt an die Stelle des Richters oder Notars. Darum finden auch hieher die formellen Vorschriften der §§ 2236—2246 Anwendung. In dem aufzunehmenden Protokolle muß (also zwingende Vorschrift!) festgestellt werden, daß die Besorgniß bestand, es werde die Errichtung eines Testaments vor einem Richter oder Notare nicht mehr möglich sein. Daß die Besorgniß unbegründet war, steht der Gültigkeit des Testaments nicht entgegen.

b) Eine ähnliche Vorkehrung trifft § 2250 BGB. für den Fall, wenn sich Jemand an einem Orte aufhält, der in Folge des Ausbruchs einer Krankheit oder in Folge sonstiger außerordentlicher Umstände (z. B. einer Ueberschwemmung) dergestalt abgesperrt ist, daß die Errichtung eines Testaments vor einem Richter oder vor einem Notar nicht möglich oder erheblich erschwert sein würde. In einem solchen Falle kann das Testament in der durch § 2249 vorgesehenen Form (s. vorhin) oder selbst nur durch mündliche Erklärung vor drei Zeugen errichtet werden. Müßte ein Dolmetscher zugezogen werden, so ist diese Testamentsform ausgeschlossen.

Bei Testamentserrichtung vor drei Zeugen muß über Erstere ein Protokoll aufgenommen werden. Auf dieses Protokoll finden die §§ 2240 bis 2242, 2245, auf die Zeugen die §§ 2234, 2235, 2237 Nr. 1 bis 3 Anwendung.

Im BGB. beziehen sich zahlreiche Bestimmungen auch auf die letztwillige Einsetzung eines Nacherben, d. h. eines Erben in der Weise, daß dieser erst dann Erbe wird, nachdem zunächst ein Anderer Erbe geworden ist. Im Wesentlichen ist dies eine ähnliche Rechtseinrichtung, wie die fideicommissarische Substitution des röm. Rechts, welche für Bayern bekanntlich durch § 109 der bayr. VII. Verf.Beil. (außer dem Falle des besonderen adeligen Familienfideicommisses) auf einen Substitutionsfall beschränkt war. Diese Beschränkung wäre mit dem BGB., welches die Nacherbschaft unbeengt zuläßt, nicht mehr vereinbar. Jene Bestimmung der VII. Verf.Beil. verfiel daher der Aufhebung. (Vgl. Art. 135 Nr. 3 des AG. vom 9. Juni 1899). Im Uebrigen blieb die VII. Verf.Beil., abgesehen von unbedeutenden textuellen Aenderungen und der Aufhebung des § 28 Satz 2 gemäß jenes Art. 135 in unveränderter Geltung.

Ueber das Nachvermächtniß s. § 2191. Außer mit Vermächtnissen kann der Erbe durch letztwillige Zuwendung auch mit den sog. Auflagen beschwert werden, z. B. mit der Pflicht zur Errichtung einer Stiftung, einer gemeinnützigen Unternehmung und vielem Anderen (§§ 2192 fg.). Liegt die Vollziehung der Auflage im öffentlichen Interesse, so kann auch die zuständige Behörde die Vollziehung verlangen (§ 2194). Hieran anschließend verfügt Art. 107 des bayr. AusfGes. z. BGB. daß, wenn die Auflage die Förderung von Interessen bezweckt, die zum Wirkungskreise einer Körperschaft, Stiftung oder Anstalt des öffentlichen Rechts gehört, deren Behörde zuständig ist, die Vollziehung der Auflage zu verlangen.*)

Viertes Kapitel.

Sicherung des Nachlasses.

Zu den vielfach anders als bisher gestalteten Funktionen des Nachlaßgerichts gehört auch die Aufgabe, bis zur Annahme der Erbschaft für die Sicherung des Nachlasses zu sorgen, soweit ein Bedürfniß hiezu besteht.

Die gleiche Obliegenheit besteht auch, wenn der Erbe unbekannt ist oder wenn ungewiß ist, ob er die Erbschaft angenommen hat. „Das Nachlaßgericht kann insbesondere die Anlegung von Siegeln, die Hinterlegung von Geld, Werthpapieren und Kostbarkeiten, sowie die Aufnahme eines Nachlaßverzeichnisses anordnen und für denjenigen, welcher Erbe wird, einen Pfleger (Nachlaßpfleger) bestellen.“ Alles gemäß § 1960 BGB. Hieran knüpft Art. 105 des bayr. Ausf.Ges. v. 9. Juni 1899 eine praktisch wichtige Vorschrift, welche die Mitwirkung der Gemeindebehörde in Anspruch nimmt. Jener Art. 105 lautet:

„Die Anlegung von Siegeln zur Sicherung eines Nachlasses, der sich nicht in der Gemeinde befindet, in welcher das zuständige Amtsgericht seinen Sitz hat, kann dem Bürgermeister übertragen

*) Gleiches gilt nach Art. 107 AG. auch für Auflagen bei Schenkungen gemäß BGB. § 525 Abs. 2.

werden. In dringenden Fällen hat der Bürgermeister für die Sicherung des Nachlasses vorläufig durch Anlegung von Siegeln zu sorgen; die getroffene Maßregel ist sofort dem Amtsgerichte anzuzeigen.

Dem Bürgermeister kann auch die Entsiegelung übertragen werden.

2. Angedeutet möge hier auch noch sein, daß selbstverständlich auch jene Bestimmungen geltender Staatsverträge des Reichs oder der Bundesstaaten (Art. 56 EG. z. BGB.) in Wirksamkeit bleiben, welche die Mitwirkung von Gesandtschaften oder Konsulaten nicht deutscherStaaten bei der Behandlung von Nachlässen ihrer Staatsangehörigen oder auch die Alleinbehandlung solcher Nachlässe durch Jene zulassen oder vorschreiben.

3. Gewisse besondere Sicherungsmaßregeln bei dem Tode eines Beamten sieht Art. 106 des bayr. Ausf.Ges. z. BGB. vor. Danach können durch Königliche Verordnung für den Fall des Todes eines Beamten des Staats, einer Kreisgemeinde, einer Distriktsgemeinde oder einer nicht unter gemeindlicher Verwaltung stehenden öffentlichen Stiftung Bestimmungen über die Sicherung der amtlichen Schriftstücke, Gelder und sonstigen Gegenstände, die der Verstorbene in Verwahrung gehabt hat, insbesondere über die Anlegung von Siegeln getroffen werden. Vgl. dazu V. v. 7. Dez. 1899 (G. u. VBl. S. 1013) u. JME. v. 31. Dez. 1899 § 23 (JM.Bl. 1900 S. 1 fg.).

Schlußbemerkung.

An der Zulässigkeit von Erbschaftssteuern ist durch die Einführung des BGB. nichts geändert. In den Einzelnheiten hat aber das bayr. Erbschaftssteuergesetz v. 18. Aug. 1879 durch Art. 169 des Ausf.Ges. z. BGB. eine ganze Reihe von Aenderungen erfahren.

Alphabetisches Inhaltsverzeichniß.

(Die Zahlen bedeuten die Seiten.)

A.

B.

C.

D.

O.

P.

Q.

R.

T.

U.

W.

Z.

Kolibri 360 GmbH
Ferdinand-Jühlke-Straße 7
99095 Erfurt, Deutschland
produktsicherheit@kolibri360.de